누구나 꼭 알아야 할

법률상식백과

법학박사 · 행정사 김동근

변호사 최나리

공저

법률출판사

머리말

법은 만인을 위해 만들어졌고 만인을 위해 존재한다. 하지만, 대부분 일반인은 이해하기 어렵고 다루기 힘든 분야라 생각하고 외면해 오고 있다. 법이 전문가들만의 특수한 분야라고 생각하기 때문일 것이다.

날로 복잡해지는 현대사회에서 우리의 일상생활 대부분은 법과 관련되어 있다. 백화점에 가서 물건 사는 일에서 아파트를 구매하는 문제까지, 어느 하나 법률적 문제와 연관되지 않은 것이 없다. 그러면서도 법에 대해 무심하게 지내는 것이 현실이다.

사실상 '법률생활'은 결국 '일상생활'의 또 다른 표현이다. 이러한 사회현상은 일반인을 무관심했던 법 앞으로 한 걸음 다가서게 했고, 보다 쉬운 이해를 위한 법률상식서적 발간의 필요성 또한 생겨났다.

본 도서 [누구나 꼭 알아야 할 법률상식]은 독자들이 그 내용상 어려운 법률상식을 더욱 쉽게 이해할 수 있도록 관련 법규와 필수 법률용어의 해설과 관련 대법원 판례를 소개함으로써 상호 입체적으로 파악할 수 있게 하였다.

목차에서 훑어보아도 알 수 있듯이, 일반인에게는 알아두면 실생활에 요긴하게 쓰일 법률상식을, 법학도에게는 상아탑에서 배우는 교과서적 지식의 바탕 위에

살아있는 법률실무지식을 보태게 해 줄 것이며, 실무가에게는 자신의 전공 이외의 법 분야까지 폭넓게 이해할 수 있게 서술하였다.

본 도서, 제1편 형법 일반과 제2편 형사소송 일반에서는 필수적인 형사법적 법률용어해설과 각종 범죄를 소개하고, 아울러 그 고소장 작성례와 관련 대법원 판례를 소개하여 실무에 참고할 수 있게 하였다.
또한, 제3편 민법 일반과 제4편 민사소송 일반에서는 민사법적 법률용어의 해설과 관련 대법원 판례 및 각종 신청서와 소장의 작성례를 소개하였다.
또, 제5편 가사소송 일반에서는 가사조정 및 재판상이혼 그리고 양육비에 관한 법률분쟁에 대비할 수 있도록 서술하였다,
마지막 제6편 민사집행 일반에서는 집행권원과 강제집행에 관한 민사집행의 규정을 설명하였고, 재산명시제도 및 강제경매, 추심명령과 전부명령, 가압류 가처분까지 서술 함으로써 학습 및 실무에 보탬이 될 수 있게 하였다.

앞으로도 판을 거듭하면서 개정되는 법령의 내용을 충실히 반영은 물론이며, 사회의 변화에 따라 새롭게 부각되는 법률적 문제를 조명하며 해설해 나아갈 것을 약속드린다.

2025년 3월 저자 드림

차 례

제1편 형법 일반

제2편 형사소송 일반

제3편 민법 일반

제4편 민사소송 일반

제5편 가사소송 일반

제6편 민사집행 일반

제1편

형법 일반

1. 형사미성년자와 비행소년(非行少年)

형사미성년자

우리 「민법」은 19세 이상의 사람을 성년(成年)이라고 규정하였다. 「형법」은 "14세 되지 아니한 자의 행위는 벌하지 아니한다."고 규정하여 13세 이하의 사람은 형사미성년자로 규정하였다.

한편, 14세 미만의 사람이 범죄행위를 저질러 타인에게 손해를 가한 때에는 그를 보호 및 감독하는 친권자가 피해자에게 민사적 책임을 부담할 경우가 있다는 점은 형사처벌과는 다른 문제이다.

비행소년(非行少年)

「소년법」은 19세 미만인 사람을 '소년'이라고 규정하고, 이 소년 중 형벌 법령에 저촉되는 행위를 한 10세 이상 14세 미만인 소년은 비행소년으로서 법원 소년부의 보호사건으로써 심리하도록 규정하였다. 과거 한 때는 비행소년을 '촉법소년(觸法小年)'이라고 명명하였다.

○ 관련 법조 : 민법 제4조, 형법 제9조, 소년법 제4조 제2호
○ 친권자 : 친권을 행사할 권리와 의무를 가진 사람. 보통 부모가 된다.

2. 심신장애인

심신장애인에 관한 형법의 규정

형법

[시행 2023. 8. 8.] [법률 제19582호, 2023. 8. 8., 일부개정]

제10조(심신장애인) ① 심신장애로 인하여 사물을 변별할 능력이 없거나 의사를 결정할 능력이 없는 자의 행위는 벌하지 아니한다.

② 심신장애로 인하여 전항의 능력이 미약한 자의 행위는 형을 감경할 수 있다.

③ 위험의 발생을 예견하고 자의로 심신장애를 야기한 자의 행위에는 전 2항의 규정을 적용하지 아니한다.

형법 제10조 제3항에 대한 해설

'심신장애(心神障碍)'는 엄청나게 큰 정신적인 쇼크 등에 의한 일시적인 신경쇠약과 알코올 중독, 노쇠, 자폐성 장애, 지적장애, 정신장애 등 지속적인 심신장애가 있다. 판단력 등을 완전히 상실한 상태를 심신상실(心神喪失)이라 하고, 판단력 등이 있긴 있는데 부실한 경우를 심신미약(心神微弱)이라고 한다.

형법 제10조 제3항은 "위험의 발생을 예견하고 자의(自意)로 심신장애를 야기한 자의 행위"는 형을 감경하지 않는다."는 취지로 규정하였다. 이는 '원인에 있어 자유로운 행위'이기 때문이다. 원인에 있어 자유로운 행위란 행위자가 고의 또는 과실에 의하여 자기를 심신장애(심신상실 또는 심신미약)의 상태에 빠지게 한 다음 이러한 상태에서 범죄를 실행하는 경우를 말한다. 가령, 피해자를 살해할 목적은 있으나 용기가 나지 않자 마약을 투약하여 스스로 심신미약의 상태를 야기한 후 살해행위를 하는 경우이다. 이처럼 범죄행위의 착수시점에는 심신미약의 상태에서 이루어졌지만, 그 원인이 책임능력을 가진 행위자의 의사에 따라 자유롭게 결정된 경우이기 때문에 형을 감경하지 않는 것이다.

심신장애자에 대하여 형벌을 감경하는 이유는 책임성이 조각되기 때문이다. 범죄가 성립하고 행위자를 처벌하기 위해서는 구성요건 해당성, 위법성 및 책임성이라는 3요소가 모두 충족되어야 한다. 그런데 심신장애자의 행위는 구성요건에 해당하며 위법성이 조각되지 않는다고 하더라도 심신장애로 인하여 행위자가 행위의 위법성을 인식하면서 적법하게 행동할 기대가능성(책임성)이 없다. 다시 말해 비난이 불가능하기 때문에 처벌도 가능하지 않은 것이다.

- 구성요건 해당성 : 일정한 행위가 범죄의 구성요건에 합치하는 성질
- 위법성 : 구성요건에 해당하는 행위가 법질서 전체의 입장과 모순·저촉되기 때문에 허용되지 않는다는 부정적 가치판단
- 조각(阻却) : 배제함

3. 청각 및 언어장애인

▌청각장애 및 언어장애를 모두 가진 사람에 대한 처벌

듣거나 말하는 데 모두 장애가 있는 사람의 행위에 대해서는 형을 감경한다(형법 제11조). 형(刑)을 감경한다고 함은 법률이 정한 형보다 가벼운 형벌로 다스린다는 의미이다. 과거의 형법은 이를 '농아자(聾啞者)'라고 명명하였다.

4. 부작위범(不作爲犯)

▌부작위범의 뜻

'부작위범'은 기대되거나 요구되는 행위를 하지 않는 경우, 즉 명령규범을 부작위로 위반하는 것을 말한다. 법적인 작위의무를 지고 있는 자가 결과발생을 쉽게 방지할 수 있었음에도 불구하고 이를 방관한 채 그 의무를 이행하지 아니한 경우에, 그 부작위가 작위에 의한 법익침해와 동등한 형법적 가치가 있는 것이어서 그 범죄의 실행행위로 평가될 만한 것이라면 부작위범으로 처벌할 수 있다. 부작위자를 도구로 이용한 간접정범도 가능하다.

부작위범은 진정부작위범과 부진정부작위범으로 구분할 수 있다. 진정부작위범은 처음부터 부작위의 형식으로 정해진 것이다. 퇴거불응죄가 여기에 해당한다. 부진정부작위범은 작위의 형식으로 규정되어 있는 구성요건이 부작위에 의하여 실현되는 것을 뜻한다. 부진정부작위범이 성립하기 위해서는 ① 위험발생을 방지할 작위의무가 있는 사람이, ② 작위가 가능하고, ③ 자신에 의해서만 위험발생이 방지될 수 있는 상황에서, ④ 부작위를 해야 하고, ⑤ 그 부작위가 작위에 의한 범죄실행과 동일하다고 평가할 수 있어야 한다(부작위의 동가치성).

작위의무는 법령, 법률행위, 선행행위로 인한 경우는 물론 기타 신의성실의 원칙이나 사회상규 혹은 조리상 작위의무가 기대되는 경우에도 인정된다.

위험의 발생을 방지할 의무가 있거나 자기의 행위로 인하여 위험발생의 원인을 야기한 자가 그 위험발생을 방지하지 아니한 때에는 그 발생된 결과에 의하여 처벌한다(형법 제18조).

대법원판례

범죄는 보통 적극적인 행위에 의하여 실행되지만 때로는 결과의 발생을 방지하지 아니한 부작위에 의하여도 실현될 수 있다. 형법 제18조는 "위험의 발생을 방지할 의무가 있거나 자기의 행위로 인하여 위험발생의 원인을 야기한 자가 그 위험발생을 방지하지 아니한 때에는 그 발생된 결과에 의하여 처벌한다."라고 하여 부작위범의 성립 요건을 별도로 규정하고 있다.

자연적 의미에서의 부작위는 거동성이 있는 작위와 본질적으로 구별되는 무(無)에 지나지 아니하지만, 위 규정에서 말하는 부작위는 법적 기대라는 규범적 가치판단 요소에 의하여 사회적 중요성을 가지는 사람의 행태가 되어 법적 의미에서 작위와 함께 행위의 기본 형태를 이루게 되므로, 특정한 행위를 하지 아니하는 부작위가 형법적으로 부작위로서의 의미를 가지기 위해서는, 보호법익의 주체에게 해당 구성요건적 결과발생의 위험이 있는 상황에서 행위자가 구성요건의 실현을 회피하기 위하여 요구되는 행위를 현실적·물리적으로 행할 수 있었음에도 하지 아니하였다고 평가될 수 있어야 한다.

나아가 살인죄와 같이 일반적으로 작위를 내용으로 하는 범죄를 부작위에 의하여 범하는 이른바 부진정 부작위범의 경우에는 보호법익의 주체가 법익에 대한 침해위협에 대처할 보호능력이 없고, 부작위행위자에게 침해위협으로부터 법익을 보호해 주어야 할 법적 작위의무가 있을 뿐 아니라, 부작위행위자가 그러한 보호적 지위에서 법익침해를 일으키는 사태를 지배하고 있어 작위의무의 이행으로 결과발생을 쉽게 방지할 수 있어야 부작위로 인한 법익침해가 작위에 의한 법익침해와 동등한 형법적 가치가 있는 것으로서 범죄의 실행행위로 평가될 수 있다. 다만, 여기서의 작위의무는 법령, 법률행위, 선행행위로 인한 경우는 물론, 신의성실의 원칙이나 사회상규 혹은 조리상 작위의무가 기대되는 경우에도 인정된다.

또한 부진정 부작위범의 고의는 반드시 구성요건적 결과발생에 대한 목적이나 계획적인 범행 의도가 있어야 하는 것은 아니고 법익침해의 결과발생을 방지할 법적 작위의무를 가지고 있는 사람이 의무를 이행함으로써 결과발생을 쉽게 방지할 수 있었음을 예견하고도 결과발생을 용인하고 이를 방관한 채 의무를 이행하지 아니한다는 인식을 하면 족하며, 이러한 작위의무자의 예견 또는 인식 등은 확정적인 경우는 물론 불확정적인 경우이더라도 미필적 고의로 인정될 수 있다. 이때 작위의무자에게 이러한 고의가 있었는지는 작위의무자의 진술에만 의존할 것이 아니라, 작위의무의 발생근거, 법익침해의 태양과 위험성, 작위의무자의 법익침해에 대한 사태지배의 정도, 요구되는 작위의무의 내용과 이행의 용이성, 부작위에 이르게 된 동기와 경위, 부작위의 형태와 결과발생 사이의 상관관계 등을 종합적으로 고려하여 작위의무자의 심리상태를 추인하여야 한다.

선장의 권한이나 의무, 해원의 상명하복체계 등에 관한 해사안전법 제45조, 구 선원법(2015. 1. 6. 법률 제13000호로 개정되기 전의 것) 제6조, 제10조, 제11조, 제22조, 제23조 제2항, 제3항은 모두 선박의 안전과 선원 관리에 관한 포괄적이고 절대적인 권한을 가진 선장을 수장으로 하는 효율적인 지휘명령체계를 갖추어 항해 중인 선박의 위험을 신속하고 안전하게 극복할 수 있도록 하기 위한 것이므로, 선장은 승객 등 선박공동체의 안전에 대한 총책임자로서 선박공동체가 위험에 직면할 경우 그 사실을 당국에 신고하거나 구조세력의 도움을 요청하는 등의 기본적인 조치뿐만 아니라 위기상황의 태양, 구조세력의 지원 가능성과 규모, 시기 등을 종합적으로 고려하여 실현가능한 구체적인 구조계획을 신속히 수립하고, 선장의 포괄적이고 절대적인 권한을 적절히 행사하여 선박공동체 전원의 안전이 종국적으로 확보될 때까지 적극적 · 지속적으로 구조조치를 취할 법률상 의무가 있다.

또한 선장이나 승무원은 수난구호법 제18조 제1항 단서에 의하여 조난된 사람에 대한 구조조치의무를 부담하고, 선박의 해상여객운송사업자와 승객 사이의 여객운송계약에 따라 승객의 안전에 대하여 계약상 보호의무를 부담하므로, 모든 승무원은 선박 위험 시 서로 협력하여 조난된 승객이나 다른 승무원을 적극적으로 구조할 의무가 있다.

따라서 선박침몰 등과 같은 조난사고로 승객이나 다른 승무원들이 스스로 생명에 대한 위협에 대처할 수 없는 급박한 상황이 발생한 경우에는 선박의 운항을 지배하고 있는 선장이나 갑판 또는 선내에서 구체적인 구조행위를 지배하고 있는 선원들은 적극적인 구호활동을 통해 보호능력이 없는 승객이나 다른 승무원의 사망 결과를 방지하여야 할 작위의무가 있으므로, 법익침해의 태양과 정도 등에 따라 요구되는 개별적 · 구체적인 구호의무를 이행함으로써 사망의 결과를 쉽게 방지할 수 있음에도 그에 이르는 사태의 핵심적 경과를 그대로 방관하여 사망의 결과를 초래하였다면, 부작위는 작위에 의한 살인행위와 동등한 형법적 가치를 가지고, 작위의무를 이행하였다면 결과가 발생하지 않았을 것이라는 관계가 인정될 경우에는 작위를 하지 않은 부작위와 사망의 결과 사이에 인과관계가 있다(대법원 2015. 11. 12. 선고 2015도6809 전원합의체 판결).

○ 미필적 고의(未必的 故意) : 자기의 어떤 행위로 인해 범죄 결과가 일어날 수 있음을 알면서도 그 행위를 행하는 심리 상태를 말한다. "내가 이렇게 하면 누가 죽을지도 몰라. 그렇지만 누군가 죽어도 할 수 없지"라는 인식으로 요약될 수 있다.

5. 정당행위

정당행위의 뜻

법령에 의한 행위 또는 업무로 인한 행위 기타 사회상규에 위배되지 아니하는 행위는 벌하지 아니한다(형법 제20조).

'법령에 의한 행위'와 '업무로 인한 행위'의 대표적인 것으로는 의사의 진료행위가 있다. 의사는 환자를 치료하기 위하여 환자의 신체를 훼손하는 행위를 하는 것이 그것이다. 경찰관, 검사, 판사, 교도관이 피의자, 피고인이나 수형자(受刑者)를 구금하는 행위도 업무로 인한 행위 및 법령에 의한 행위이다.

한편, '사회상규'란 국가질서의 존엄성을 기초로 한 국민일반의 건전한 도의감 또는 공정하게 사유하는 일반인의 건전한 윤리감정을 말한다. 또한 공정하게 사유하는 평균인이 건전한 사회생활을 하면서 옳다고 승인한 정상적인 행위규칙이라고도 할 수 있다. 사회상규는 형법질서 내에서 원칙적인 금지와 예외적인 허용을 실질적 위법성의 관점에서 최종적인 한계를 그음으로써 사회생활의 원칙적인 자유의 영역을 확보해 주는 기능을 한다.

6. 정당방위

정당방위의 뜻

현재의 부당한 침해로부터 자기 또는 타인의 법익(法益)을 방위하기 위하여 한 행위는 상당한 이유가 있는 경우에는 벌하지 아니한다(형법 제21조 제1항).

정당방위가 성립하기 위해서는 '현재의 부당한 침해'가 있어야 한다. 따라서 과거의 침해에 대한 보복이나 장래에 다가올 침해의 예방을 목적으로 하는 정당방위는 허용되지 않는다. 그리고 '법익', 즉 법률이 보호하는 이익을 보호할 목적이어야 한다. '상당한 이유'는 침해를 물리치기 위한 '정도'의 문제이다. 즉, 맨주먹으로 덤벼드는 상대방을 물리치기 위해서 흉기를 들고 대항하는 경우에는 상당성을 잃은 행위라고 평가할 수 있다. 한편, 우리 대법원의 한결같은 견해에 따르면 상호간에 싸우는 과정에서는 정당방위를 인정하지 않는다.

▒ 과잉방위

방위행위가 그 정도를 초과한 경우에는 정황(情況)에 따라 그 형을 감경하거나 면제할 수 있다. 이 경우에 야간이나 그 밖의 불안한 상태에서 공포를 느끼거나 경악(驚愕)하거나 흥분하거나 당황하였기 때문에 그 행위를 하였을 때에는 벌하지 아니한다(형법 제21조 제2항 및 제3항).

▒ 대법원판례

어떠한 행위가 정당방위로 인정되려면 그 행위가 자기 또는 타인의 법익에 대한 현재의 부당한 침해를 방어하기 위한 것으로서 상당성이 있어야 하므로, 위법하지 않은 정당한 침해에 대한 정당방위는 인정되지 않는다.
이때 방위행위가 사회적으로 상당한 것인지는 침해행위로 침해되는 법익의 종류와 정도, 침해의 방법, 침해행위의 완급, 방위행위로 침해될 법익의 종류와 정도 등 일체의 구체적 사정을 참작하여 판단하여야 한다.
가해자의 행위가 피해자의 부당한 공격을 방위하기 위한 것이라기보다는 서로 공격할 의사로 싸우다가 먼저 공격을 받고 이에 대항하여 가해를 한 경우 가해행위는 방어행위인 동시에 공격행위의 성격을 가지므로 정당방위 또는 과잉방위행위라고 볼 수 없다(대법원 2021. 5. 7. 선고 2020도15812 판결).

7. 긴급피난

▒ 긴급피난의 뜻

자기 또는 타인의 법익에 대한 현재의 위난을 피하기 위한 행위는 상당한 이유가 있는 때에는 벌하지 아니한다. 위난을 피하지 못할 책임이 있는 자에 대하여는 이 규정을 적용하지 아니한다(형법 제22조).

위난의 원인은 제한이 없으며 적법과 위법을 불문한다. 정당방위는 위법한 침해를 전제로 하고, 방위행위는 직접적인 침해자를 대상으로 하기 때문에 부정 대 정의 관계로 표현되지만, 긴급피난은 위난의 원인에 위법과 적법을 불문하고, 피난행위도 위난을 야기한 자뿐만 아니라 이와 무관한 제3자에게도 가능하기 때문에 정 대 정의 관계로 표현된다.

과잉피난

피난행위가 그 정도를 초과한 경우에는 정황(情況)에 따라 그 형을 감경하거나 면제할 수 있다. 이 경우에 야간이나 그 밖의 불안한 상태에서 공포를 느끼거나 경악(驚愕)하거나 흥분하거나 당황하였기 때문에 그 행위를 하였을 때에는 벌하지 아니한다.

대법원판례

형법 제22조 제1항의 긴급피난이란 자기 또는 타인의 법익에 대한 현재의 위난을 피하기 위한 상당한 이유 있는 행위를 말하고, 여기서 '상당한 이유 있는 행위'에 해당하려면, 첫째 피난행위는 위난에 처한 법익을 보호하기 위한 유일한 수단이어야 하고, 둘째 피해자에게 가장 경미한 손해를 주는 방법을 택하여야 하며, 셋째 피난행위에 의하여 보전되는 이익은 이로 인하여 침해되는 이익보다 우월해야 하고, 넷째 피난행위는 그 자체가 사회윤리나 법질서 전체의 정신에 비추어 적합한 수단일 것을 요하는 등의 요건을 갖추어야 한다(대법원2006. 4. 13. 선고 2005도9396 판결).

8. 자구행위

자구행위의 뜻

법률에서 정한 절차에 따라서는 청구권을 보전(保全)할 수 없는 경우에 그 청구권의 실행이 불가능해지거나 현저히 곤란해지는 상황을 피하기 위하여 한 행위는 상당한 이유가 있는 때에는 벌하지 아니한다(형법 제23조 제1항).

우리의 법제에서는 자력구제(自力救濟)가 허용되지 않음이 원칙이다. 다만, 예외적으로 청구권을 보전할 필요성과 급박한 사정이 있는 경우에만 허용할 뿐이다.

과잉자구행위

자구행위가 그 정도를 초과한 경우에는 정황에 따라 그 형을 감경하거나 면제할 수 있다(형법 제23조 제2항).

대법원판례

형법상 자구행위라 함은 법정절차에 의하여 청구권을 보전하기 불능한 경우에 그 청구권의 실행불능 또는 현저한 실행곤란을 피하기 위한 상당한 행위를 말하는 것인바, 이 사건에서 피고인들에 대한 채무자인 피해자가 부도를 낸 후 도피하였고, 다른 채권자들이 채권확보를 위하여 피해자의 물건들을 취거해 갈 수도 있다는 사정만으로는 피고인들이 법정절차에 의하여 자신들의 피해자에 대한 청구권을 보전하는 것이 불가능한 경우에 해당한다고 볼 수 없을 뿐만 아니라, 피해자 소유의 가구점에 관리종업원이 있음에도 불구하고 위 가구점의 시정장치를 쇠톱으로 절단하고 들어가 가구들을 무단으로 취거한 행위가 피고인들의 피해자에 대한 청구권의 실행불능이나 현저한 실행곤란을 피하기 위한 상당한 이유가 있는 행위라고도 할 수 없다(대법원 2006. 3. 24. 선고 2005도8081 판결).

9. 피해자의 승낙

승낙의 뜻

처분할 수 있는 자의 승낙에 의하여 그 법익을 훼손한 행위는 법률에 특별한 규정이 없는 한 벌하지 아니한다(형법 제24조). 여기에서 말하는 승낙은 처분권을 가진 자의 승낙이다. 승낙은 명시적인 경우뿐만 아니라 묵시적(黙示的)인 승낙과 추정적 승낙도 가능하다.
'추정적 승낙'은 피해자의 현실적인 승낙은 없었으나 행위당시의 사정에 비추어 볼 때 만약 피해자 혹은 승낙권자가 그 사태를 인식하였더라면 당연히 승낙할 것으로 기대되는 경우를 말한다. 이 경우에는 위법성이 조각된다.

대법원판례

본인의 승낙을 받고 승낙의 범위 내에서 그의 사생활에 관한 사항을 공개할 경우 이는 위법한 것이라 할 수 없다 할 것이나, 본인의 승낙을 받은 경우에도승낙의 범위를 초과하여 승낙 당시의 예상과는 다른 목적이나 방법으로 이러한 사항을 공개할 경우 이는 위법한 것이라 아니할 수 없다.
피고 1이 원고로부터 아무도 원고를 알아볼 수 없도록 하여 달라는 조건하에 취재 및 방영을 승낙을 받은 이상 영상을 모자이크 무늬로 가리고 음성을 변조하는 등 원고 주변 사람들을 포함한 일반인들이 피촬영자가 원고임을 알아 볼 수 없도록 적절한 조치를 취한 다음 이를 방영하여야 하고, 그러한 방법에 의하여 원고의 신분노출을 막을 수 있음에도 불구하고 시청자들의 관심을 끌기 위한 방편으로 이러한 방법을 취하지 아니한 채 원고의 육성을 그대로 방송하는 등 앞서 본 바와 같은 방법으로 방송함으로써 원고 주변 사람들로 하여금 피촬영자가 원고임을 알 수 있도록 한 이상 이는 원고의 승낙 범위를 초과하여 승낙 당시의 예상과는 다른 방법으로 부당하게 원고의 사생활을 공개한 것으로 봄이 상당하다(대법원 1998. 9. 4. 선고 96다11327 판결).

기록에 의하면, 이 사건 임대차계약서 제16조 제2항은 "제16조 제1항의 경우 임대인이 임차인에게 단전조치 등을 요구할 수 있다."는 취지로 규정되어 있으나, 피해자는 임대차계약의 종료 후 '갱신계약에 관한 의사표시 혹은 명도의무를 지체'하였을 뿐 차임, 관리비의 연체 등과 같은 위 제16조 제1항 각 호의 위반행위를 한 적이 없기 때문에 이 사건의 경우 단전조치에 관한 계약상의 근거가 없고(가사 계약상의 근거가 있다 하여도 피해자의 승낙은 언제든지 철회할 수 있는 것이므로, 이 사건에 있어서와 같이 피해자 측이 단전조치에 대해 즉각 항의하였다면 그 승낙은 이미 철회된 것으로 보아야 할 것이다), 피해자가 이 사건 단전조치와 같은 이유로 2003. 12.경에도 피고인에 의한 단전조치를 당한 경험이 있다거나 이 사건 단전조치 전 수십 차례에 걸쳐 피고인으로부터 단전조치를 통지받았다거나, 혹은 피고인에게 기한유예 요청을 하였다는 사정만으로는 이 사건 단전조치를 묵시적으로 승낙하였던 것으로 볼 수도 없으므로, 이 사건 단전조치는 피해자의 승낙에 의한 행위로서 무죄라고 볼 수 없다(대법원 2006. 4. 27. 선고 2005도8074 판결).

자동차를 빌려 주면서 포괄적인 관리를 위임한 경우에는 전대(轉貸)까지를 승낙한 것으로 보아야 할 것이며, 그 전대의 승낙도 명시적 개별적일 필요는 없고 묵시적 포괄적이어도 무방할 것이며, 자동차를 빌린 사람만이 사용하도록 그 승낙이 한정되어 있지 아니하고, 자동차의 전대가능성이 예상되며, 또는 기명피보험자와 자동차를 빌리는 사람과의 사이에 밀접한 인간관계나 특별한 거래관계가 있어 전대를 제한하지 아니하였을 것이라고 추인할 수 있는 등 특별한 사정이 있는 경우에는 전대의 추정적 승낙도 인정할 수 있을 것이다(대법원1993. 1. 19. 선고 92다32111 판결).

10. 미수범

미수범의 뜻

범죄의 실행에 착수하여 행위를 종료하지 못하였거나 결과가 발생하지 아니한 때에는 미수범으로 처벌한다. 미수범의 형은 기수범보다 감경할 수 있다(형법 제25조).

이는 임의적 감경이므로, 법원은 감경을 할 수도 있고, 감경하지 아니할 수도 있다.

중지범

범인이 실행에 착수한 행위를 자의(自意)로 중지하거나 그 행위로 인한 결과의 발생을 자의로 방지한 경우에는 형을 감경하거나 면제한다(형법 제26조).

여기에서 말하는 '자의(自意)'는 외부적인 요인에 의한 것이 아니라 범인 스스로 반성하거나 피해자에 대한 연민 따위에 의하여 이미 착수한 범행을 중단하는 것을 뜻한다.

불능범(不能犯)

실행의 수단 또는 대상의 착오로 인하여 결과의 발생이 불가능하더라도 위험성이 있는 때에는 처벌한다. 단, 형을 감경 또는 면제할 수 있다(형법 제27조).

미수범을 처벌하는 죄

미수범을 처벌할 죄는 각칙의 해당 죄에서 정한다. 따라서 형법 각칙의 해당 죄에서 "미수범은 처벌한다."는 내용의 규정이 없는 경우에는 미수범을 처벌하지 못한다.

대법원판례

피고인들이 강도행위를 하던 중 피고인 C와 A는 피해자 1을 강간하려고 작은방으로 끌고 가 팬티를 강제로 벗기고 음부를 만지던 중 피해자가 수술한지 얼마 안 되어 배가 아프다면서 애원하는 바람에 그 뜻을 이루지 못하였다는 것인바, 강도행위의 계속 중 이미 공포상태에 빠진 피해자를 위와 같이 강간하려고 한 이상 강간의 실행에 착수한 것으로 보아야 할 것이고, 피해자의 진술을 비롯한 관계증거의 내용에 비추어 보면 피고인들이 간음행위를 중단한 것은 피해자를 불쌍히 여겨서가 아니라 피해자의 신체조건상 강간을 하기에 지장이 있다고 본 데에 기인한 것이므로, 이는 일반의 경험상 강간행위를 수행함에 장애가 되는 외부적 사정에 의하여 범행을 중지한 것에 지나지 않는 것으로서 중지범의 요건인 자의성을 결여한 것이라 보아야 할 것이다(대법원 1992. 7. 28. 선고 92도917 판결).

중지범은 범죄의 실행에 착수한 후 자의로 그 행위를 중지한 때를 말하는 것이고, 실행의 착수가 있기 전인 예비·음모의 행위를 처벌하는 경우에 있어서 중지범의 관념은 이를 인정할 수 없는 것이다(대법원 1999. 4. 9. 선고 99도424 판결).

불능범은 범죄행위의 성질상 결과발생 또는 법익침해의 가능성이 절대로 있을 수 없는 경우를 말하는 것이다(대법원 1998. 10. 23. 선고 98도2313 판결 참조).
기록에 의하면 '초우뿌리'나 '부자'는 만성관절염 등에 효능이 있으나 유독성 물질을 함유하고 있어 과거 사약(死藥)으로 사용된 약초로서 그 독성을 낮추지 않고 다른 약제를 혼합하지 않은 채 달인 물을 복용하면 용량 및 체질에 따라 다르나 부작용으로 사망의 결과가 발생할 가능성을 배제할 수 없는 사실을 알 수 있는바, 원심이 그 설시 증거를 종합하여 피고인이 원심 공동피고인과 공모하여 일정량 이상을 먹으면 사람이 사망에 이를 수도 있는 '초우뿌리' 또는 '부자' 달인 물을 피해자(원심 공동피고인의 남편)에게 마시게 하여 피해자를 살해하려고 하였으나, 피해자가 이를 토해버림으로써 미수에 그친 행위를 불능범이 아닌 살인미수죄로 본 제1심의 판단을 유지한 것은 정당하고 거기에 앞서 본 불능범에 관한 법리오해 또는 채증법칙 위배 등의 위법이 없다(대법원2007. 7. 26. 선고 2007도3687 판결).

ㅇ 예비·음모 : 예비는 범죄를 실현할 의사를 가지고 그 준비행위(범행장소물색, 칼 등의 범행 도구 구입 등)를 하는 것을 말하고, 음모란 2인 이상의 자가 일정한 범죄를 실현하기 위하여 범행을 계획하고 합의하는 것을 말한다. 예비, 음모는 법률에 특별한 규정이 있는 경우에만 예외적으로 처벌한다.

11. 공동정범

공동정범의 뜻

2인 이상이 공동하여 죄를 범한 때에는 각자를 그 죄의 정범으로 처벌한다(형법 제30조).

신분이 있어야 성립되는 범죄에 신분 없는 사람이 가담한 경우에는 그 신분 없는 사람에게도 제30조의 규정을 적용한다. 다만, 신분 때문에 형의 경중이 달라지는 경우에 신분이 없는 사람은 무거운 형으로 벌하지 아니한다(형법 제33조).

여기에서 말하는 '신분(身分)'이란 범죄구성요건으로써의 신분을 말한다. 가령 횡령죄에서는 "타인의 재물을 보관하는 자", 배임죄에서는 "타이의 사무를 처리하는 자", 허위공문서작성죄에서는 "공무원"이 신분에 해당한다.

대법원판례

신분관계가 없는 사람이 신분관계로 인하여 성립될 범죄에 가공한 경우에는 신분관계가 있는 사람과 공범이 성립한다(형법 제33조 본문 참조). 이 경우 신분관계가 없는 사람에게 공동가공의 의사와 이에 기초한 기능적 행위지배를 통한 범죄의 실행이라는 주관적·객관적 요건이 충족되면 공동정범으로 처벌한다.

공동가공의 의사는 공동의 의사로 특정한 범죄행위를 하기 위하여 일체가 되어 서로 다른 사람의 행위를 이용하여 자기의 의사를 실행에 옮기는 것을 내용으로 한다. 따라서 공무원이 아닌 사람(이하 '비공무원'이라 한다)이 공무원과 공동가공의 의사와 이를 기초로 한 기능적 행위지배를 통하여 공무원의 직무에 관하여 뇌물을 수수하는 범죄를 실행하였다면 공무원이 직접 뇌물을 받은 것과 동일하게 평가할 수 있으므로, 공무원과 비공무원에게 형법 제129조 제1항에서 정한 뇌물수수죄의 공동정범이 성립한다(대법원 2019. 8. 29. 선고2018도2738 전원합의체 판결).

ㅇ 기능적 행위지배 : 공동의 결의에 따라 분업적인 협력을 통해 공동으로 구성요건을 실행하는 것을 말하며, 부분적 가담행위도 전체적 행위지배가 될 수 있음

12. 교사범(敎唆犯)

▌교사범의 뜻

타인을 교사하여 죄를 범하게 한 자는 죄를 실행한 자와 동일한 형으로 처벌한다(형법 제31조 제1항).

'교사(敎唆)'는 범죄의 의사가 없는 자(피교사자)를 꾀어 그 자로 하여금 범죄를 실행하게 하는 행위이다.

▌효과 없는 교사

교사를 받은 자가 범죄의 실행을 승낙하고 실행의 착수에 이르지 아니한 때에는 교사자와 피교사자를 음모 또는 예비에 준하여 처벌한다(형법 제31조 제2항).

▌실패한 교사

교사를 받은 자가 범죄의 실행을 승낙하지 아니한 때에도 교사자에 대하여는 음모 또는 예비에 준하여 처벌한다(형법 제31조 제3항).

▌대법원판례

교사범이란 타인(정범)으로 하여금 범죄를 결의하게 하여 그 죄를 범하게 한 때에 성립하는 것이고 피교사자는 교사범의 교사에 의하여 범죄실행을 결의하여야 하는 것이므로, 피교사자가 이미 범죄의 결의를 가지고 있을 때에는 교사범이 성립할 여지가 없고, 또 막연히 "범죄를 하라"거나 "절도를 하라"고 하는 등의 행위만으로는 부족하다 하겠으나, 그렇다고 하더라도 타인으로 하여금 일정한 범죄를 실행할 결의를 생기게 하는 행위를 하면 되는 것으로서 교사의 수단·방법에 제한이 없다 할 것이며, 교사범의 교사가 정범이 그 죄를

범한 유일한 조건일 필요도 없다.
교사범이 성립하기 위하여는 범행의 일시, 장소, 방법 등의 세부적인 사항까지를 특정하여 교사할 필요는 없는 것이고, 정범으로 하여금 일정한 범죄의 실행을 결의할 정도에 이르게 하면 교사범이 성립된다 할 것이다.
또한, 교사범의 교사가 정범이 죄를 범한 유일한 조건일 필요는 없으므로, 교사행위에 의하여 정범이 실행을 결의하게 된 이상 비록 정범에게 범죄의 습벽이 있어 그 습벽과 함께 교사행위가 원인이 되어 정범이 범죄를 실행한 경우에도 교사범의 성립에 영향이 없다 할 것이다(대법원 1991. 5. 14. 선고 91도542 판결).

교사범이란 정범인 피교사자로 하여금 범죄를 결의하게 하여 그 죄를 범하게 한 때에 성립하는 것이므로, 교사자의 교사행위에도 불구하고 피교사자가 범행을 승낙하지 아니하거나 피교사자의 범행결의가 교사자의 교사행위에 의하여 생긴 것으로 보기 어려운 경우에는 이른바 실패한 교사로서 형법 제31조 제3항에 의하여 교사자를 음모 또는 예비에 준하여 처벌할 수 있을 뿐이다.
한편, 피교사자가 범죄의 실행에 착수한 경우에 있어서 그 범행결의가 교사자의 교사행위에 의하여 생긴 것인지 여부는 교사자와 피교사자의 관계, 교사행위의 내용 및 정도, 피교사자가 범행에 이르게 된 과정, 교사자의 교사행위가 없더라도 피교사자가 범행을 저지를 다른 원인의 존부 등 제반 사정을 종합적으로 고려하여 사건의 전체적 경과를 객관적으로 판단하는 방법에 의하여야 하고, 이러한 판단 방법에 의할 때 피교사자가 교사자의 교사행위 당시에는 일응 범행을 승낙하지 아니한 것으로 보여진다 하더라도 이후 그 교사행위에 의하여 범행을 결의한 것으로 인정되는 이상 교사범의 성립에는 영향이 없다고 할 것이다(대법원 2013. 9. 12. 선고 2012도2744 판결).

○ 습벽(習癖) : 오랜 기간 동안 자꾸 반복하여 몸에 익혀버린 행동, 즉 범죄를 습관적으로 저지르는 버릇

13. 종범(從犯)

▒ 종범의 뜻

타인의 범죄를 방조한 자는 종범으로 처벌한다. 종범의 형은 정범의 형보다 감경한다(형법 제32조). 여기에서 말하는 '방조(傍助)'는 정범의 범죄를 돕는 행위를 뜻한다. 방조의 방법에는 제한이 없다. 따라서 범죄행위를 응원하는 등의 정신적인 방조행위도 여기에 해당한다.

신분이 있어야 성립되는 범죄에 신분 없는 사람이 가담한 경우에는 그 신분 없는 사람에게도 제32조의 규정을 적용한다. 다만, 신분 때문에 형의 경중이 달라지는 경우에 신분이 없는 사람은 무거운 형으로 벌하지 아니한다.

▒ 간접정범과 특수한 교사 · 방조

어느 행위로 인하여 처벌되지 아니하는 자 또는 과실범으로 처벌되는 자를 교사 또는 방조하여 범죄행위의 결과를 발생하게 한 자는 교사 또는 방조의 예에 의하여 처벌한다(형법 제34조 제1항). 이는 간접정범에 관한 규정이다.

자기의 지휘, 감독을 받는 자를 교사 또는 방조하여 범죄행위의 결과를 발생하게 한 자는 교사인 때에는 정범에 정한 형의 장기 또는 다액에 그 2분의 1까지 가중하고, 방조인 때에는 정범의 형으로 처벌한다(형법 제34조 제2항). 이는 특수한 교사와 방조에 관한 규정이다.

간접정범(間接正犯)이란 타인을 생명 있는 도구로 이용하여 간접적으로 범죄를 실행하는 정범형태를 말한다. 따라서 이용자가 동물을 이용하거나 사람을 생명 없는 도구로 이용한 경우에는 간접정범이 아니라 직접정범이 성립한다.

간접정범은 타인을 이용하여 간접적으로 범죄를 실현한다는 점에서 자기 스스로 구성요건을 실현하는 직접정범과 구별되고, 정범성의 표지가 의사지배라는 점에서 기능적 행위지배를 하는 공동정범과 구별된다. 그리고 간접정범은 정범이라는 점에서 공범인 교사범과 구별된다.

▌대법원판례

형법상 방조행위는 정범이 범행을 한다는 정을 알면서 그 실행행위를 용이하게 하는 직접 · 간접의 모든 행위를 가리키는 것으로서 유형적, 물질적인 방조뿐만 아니라 정범에게 범행의 결의를 강화하도록 하는 것과 같은 무형적, 정신적방조행위까지도 이에 해당한다. 종범은 정범의 실행행위 중에 이를 방조하는 경우뿐만 아니라, 실행 착수 전에 장래의 실행행위를 예상하고 이를 용이하게 하는 행위를 하여 방조한 경우에도 성립한다.
형법상 방조행위는 정범이 범행을 한다는 정을 알면서 그 실행행위를 용이하게 하는 직접·간접의 행위를 말하므로, 방조범은 정범의 실행을 방조한다는 이른바 방조의 고의와 정범의 행위가 구성요건에 해당하는 행위인 점에 대한 정범의 고의가 있어야 하나, 이와 같은 고의는 내심적 사실이므로 피고인이 이를 부정하는 경우에는 사물의 성질상 고의와 상당한 관련성이 있는 간접사실을 증명하는 방법에 의하여 증명할 수밖에 없다. 이때 무엇이 상당한 관련성이 있는 간접사실에 해당할 것인가는 정상적인 경험칙에 바탕을 두고 치밀한 관찰력이나 분석력에 의하여 사실의 연결상태를 합리적으로 판단하여야 하고, 방조범에서 요구되는 정범의 고의는 정범에 의하여 실현되는 범죄의 구체적 내용을 인식할 것을 요하는 것은 아니고 미필적 인식이나 예견으로 족하다(대법원2018. 9. 13. 선고 2018도7658, 2018전도54, 55, 2018보도6, 2018모2593 판결).

피고인은 광주시장의 토지구획정리사무를 보조하는 지방행정주사보로서 행사할 목적으로 그 직무상 초안하는 문서에 허위사실을 기재한 체비지매각증명서 및 매도증서를 기안하여 그 정을 모르는 총무과 직원으로 하여금 시장직인을 압날케 하여 시장명의의 위 문서들을 작성한 사실이 인정되는바, 피고인의 위 소위를 허위공문서작성죄에 문의한 원심의 조처를 기록과 대조하여 살펴보면 정당하고, 거기에 허위공문서작성죄에 관한 법리오해의 위법은 없다(대법원1983. 9. 27. 선고 83도1404 판결).

- 간접사실 : 주요사실의 존부를 경험칙에 의해 추정시키는 자료로 되는 사실. 징빙(徵憑) 또는 정황시실이라고도 함
- 미필적 인식 : 자기의 어떤 행위로 인해 범죄 결과가 일어날 수 있음을 알면서도 그 행위를 행하는 심리 상태. '미필적 고의'라고도 함. "내가 이렇게 하면 상대방이 죽을지도 몰라. 그렇지만 죽어도 할 수 없지"라는 인식으로 요약될 수 있음

14. 누범(累犯)

▒ 누범의 뜻

금고(禁錮) 이상의 형을 선고받아 그 집행이 종료되거나 면제된 후 3년 내에 금고 이상에 해당하는 죄를 지은 사람은 누범(累犯)으로 처벌한다. 누범의 형은 그 죄에 대하여 정한 형의 장기(長期)의 2배까지 가중한다(형법 제35조).

'금고'는 징역형과 유사한 자유형의 하나이다. 다만, 징역형과는 달리 강제노역을 시키지는 않는다.

누범에 대하여는 형이 가중되어(누범가중) 그 죄에 대하여 정한 형의 장기의 2배까지 가중한다. 예를 들면 통상의 절도라면 6년 이하의 징역이지만, 그것이 누범의 요건에 해당되었다면 12년 이하의 징역이 된다는 것이다. 이와 같이 누범의 형이 가중되는 것은 이미 형에 처하게 된 자가 마음을 고쳐먹지 아니하고 또다시 범행을 거듭하였다는 점이 중한 비난의 대상이 됨과 동시에 이러한 행위자는 특히 강한 반사회적 위험성을 지니고 있기 때문이다.

15. 경합범

▒ 경합범의 뜻

① 판결이 확정되지 아니한 여러 개의 죄 또는 ② 금고 이상의 형에 처한 판결이 확정된 죄와 그 판결확정 전에 범한 죄를 경합범으로 한다(형법 제37조).

경합범의 종류에는 실체적 경합범과 상상적 경합범이 있다. 여기의 경합범은 각각의 행위로 인해 복수의 죄를 범하게 된 경우를 말한다. 좁은 의미의 경합범이 이에 해당한다. 이를테면 공문서를 위조하고, 이를 행사하였다면 공문서위조죄와 위조공문서행사죄가 따로 성립하게 되는 것과 같은 경우이다. 판례에서 수식어를 빼고 단순히 '경합범'이라고 표현하면 이 경합범(실체적 경합범)을 뜻한다.

이에 비하여 '상상적 경합범(想像的 競合犯)'은 단 하나의 행위가 복수의 죄에 해당되는 경우를 말한다. 가령 유리창을 깨뜨리기 위해서 돌을 던졌는데, 유리창도 깨지고 사람도 다친 경우이다(재물손괴죄와 과실치상죄). 이 경우에는 가장 중한 죄에서 정한 형으로 처벌한다.

경합범의 처벌례

형 법

[시행 2023. 8. 8.] [법률 제19582호, 2023. 8. 8., 일부개정]

제38조(경합범과 처벌례) ① 경합범을 동시에 판결할 때에는 다음 각 호의 구분에 따라 처벌한다.

1. 가장 무거운 죄에 대하여 정한 형이 사형, 무기징역, 무기금고인 경우에는 가장 무거운 죄에 대하여 정한 형으로 처벌한다.
2. 각 죄에 대하여 정한 형이 사형, 무기징역, 무기금고 외의 같은 종류의 형인 경우에는 가장 무거운 죄에 대하여 정한 형의 장기 또는 다액(多額)에 그 2분의 1까지 가중하되 각 죄에 대하여 정한 형의 장기 또는 다액을 합산한 형기 또는 액수를 초과할 수 없다. 다만, 과료와 과료, 몰수와 몰수는 병과(倂科)할 수 있다.
3. 각 죄에 대하여 정한 형이 무기징역, 무기금고 외의 다른 종류의 형인 경우에는 병과한다.

② 제1항 각 호의 경우에 징역과 금고는 같은 종류의 형으로 보아 징역형으로 처벌한다.

대법원판례

유죄의 확정판결을 받은 사람이 그 후 별개의 후행범죄를 저질렀는데 유죄의 확정판결에 대하여 재심이 개시된 경우, 후행범죄가 그 재심대상판결에 대한 재심판결 확정 전에 범하여졌다 하더라도 아직 판결을 받지 아니한 후행범죄와 재심판결이 확정된 선행범죄 사이에는 후단 경합범이 성립하지 않는다. 그 이유는 다음과 같다.

가) 형법 제37조 후단 및 제39조 제1항의 문언, 입법 취지 등에 비추어 보면, 아직 판결을 받지 아니한 죄가 이미 판결이 확정된 죄와 동시에 판결할 수 없었던 경우에는 후단

경합범 관계가 성립할 수 없고, 형법 제39조 제1항에 따라 동시에 판결할 경우와 형평을 고려하여 그 형을 감경 또는 면제할 수 없다. 따라서 아직 판결을 받지 아니한 수개의 죄가 판결 확정을 전후해 저질러진 경우에는 판결 확정 전에 범한 죄를 이미 판결이 확정된 죄와 동시에 판결할 수 없었던 경우라고 해서 마치 확정된 판결이 존재하지 않는 것처럼 그 수 개의 죄 사이에 형법 제37조 전단의 경합범 관계가 인정되어 형법 제38조가 적용된다고 볼 수도 없으므로, 판결 확정을 전후한 각각의 범죄에 대해 별도로 형을 정해 선고할 수밖에 없다(대법원 2014. 3. 27. 선고 2014도469 판결 등 참조).

나) 재심판결이 후행범죄 사건에 대한 판결보다 먼저 확정된 경우에 후행범죄에 대해 재심판결을 근거로 후단 경합범이 성립한다고 하려면 재심심판법원이 후행범죄를 동시에 판결할 수 있었어야 한다. 그러나 아직 판결을 받지 아니한 후행범죄는 재심심판절차에서 재심대상이 된 선행범죄와 함께 심리하여 동시에 판결할 수 없었으므로 후행범죄와 재심판결이 확정된 선행범죄 사이에는 후단 경합범이 성립하지 않고, 동시에 판결할 경우와 형평을 고려하여 그 형을 감경 또는 면제할 수 없다.

다) 후행범죄에 대한 판결이 먼저 확정되고 재심심판법원이 선행범죄에 대한 재심판결을 하는 경우에는 후행범죄에 대한 확정판결을 근거로 선행범죄를 판결확정 전에 범한 범죄로 보아 후단 경합범이 성립한다고 볼 수 없다. 후행범죄에 대하여 판결을 선고할 당시에는 선행범죄에 대한 재심대상판결이 확정되어 존재하고 있으므로, 재심대상판결이 확정된 선행범죄와 후행범죄를 동시에 판결할 수 없기 때문이다. 그럼에도 재심판결이 후행범죄에 대한 판결보다 먼저 확정되는 경우에는 재심판결을 근거로 형식적으로 후행범죄를 판결확정 전에 범한 범죄로 보아 후단 경합범이 성립한다고 하면, 선행범죄에 대한 재심판결과 후행범죄에 대한 판결 중 어떤 판결이 먼저 확정되느냐는 우연한 사정에 따라 후단 경합범 성립이 좌우되는 형평에 반하는 결과가 발생한다(대법원2019. 6. 20. 선고 2018도20698 전원합의체 판결).

ㅇ **재심(再審)** : 재심은 형사상 재판에서 유죄 확정판결을 받았으나 중대한 사실오인이나 그 오인의 의심이 있는 경우에 확정판결을 받은 당사자에 대하여 판결의 부당함과 판결의 결과를 시정하는 형사소송법상 비상구제절차임

16. 형의 종류와 경중(輕重)

■ 형의 종류

제41조(형의 종류) 형의 종류는 다음과 같다.

1. 사형
2. 징역
3. 금고
4. 자격상실
5. 자격정지
6. 벌금
7. 구류
8. 과료
9. 몰수

징역과 금고(禁錮)의 기간

징역 또는 금고는 무기 또는 유기로 하고 유기는 1개월 이상 30년 이하로 한다. 단, 유기징역 또는 유기금고에 대하여 형을 가중하는 때에는 50년까지로 한다(형법 제42조).

형의 선고와 자격정지 및 자격상실

제43조(형의 선고와 자격상실, 자격정지) ① 사형, 무기징역 또는 무기금고의 판결을 받은 자는 다음에 기재한 자격을 상실한다.

1. 공무원이 되는 자격
2. 공법상의 선거권과 피선거권
3. 법률로 요건을 정한 공법상의 업무에 관한 자격
4. 법인의 이사, 감사 또는 지배인 기타 법인의 업무에 관한 검사역이나 재산관리인이 되는 자격

② 유기징역 또는 유기금고의 판결을 받은 자는 그 형의 집행이 종료하거나 면제될 때까지 전항 제1호 내지 제3호에 기재된 자격이 정지된다. 다만, 다른 법률에 특별한 규정이 있는 경우에는 그 법률에 따른다.

자격정지의 기간

자격의 전부 또는 일부에 대한 정지는 1년 이상 15년 이하로 한다. 유기징역 또는 유기금고에 자격정지를 병과한 때에는 징역 또는 금고의 집행을 종료하거나 면제된 날로부터 정지기간을 기산한다(형법 제44조).

벌금, 구류, 과료

벌금은 5만원 이상으로 한다. 다만, 감경하는 경우에는 5만원 미만으로 할 수 있다형법 제45조). 구류는 1일 이상 30일 미만으로 한다(형법 제46조). 과료는 2천원 이상 5만원 미만으로 한다(형법 제47조).

몰수의 대상과 추징

제48조(몰수의 대상과 추징) ① 범인 외의 자의 소유에 속하지 아니하거나 범죄 후 범인 외의 자가 사정을 알면서 취득한 다음 각 호의 물건은 전부 또는 일부를 몰수할 수 있다.

1. 범죄행위에 제공하였거나 제공하려고 한 물건
2. 범죄행위로 인하여 생겼거나 취득한 물건
3. 제1호 또는 제2호의 대가로 취득한 물건

② 제1항 각 호의 물건을 몰수할 수 없을 때에는 그 가액(價額)을 추징한다.

③ 문서, 도화(圖畵), 전자기록(電磁記錄) 등 특수매체기록 또는 유가증권의 일부가 몰수의 대상이 된 경우에는 그 부분을 폐기한다.

몰수의 부가성(附加性)

몰수는 타형에 부가하여 과한다. 단, 행위자에게 유죄의 재판을 아니할 때에도 몰수의 요건이 있는 때에는 몰수만을 선고할 수 있다(형법 제49조).

형의 경중

형의 경중은 제41조 각 호의 순서에 따른다. 다만, 무기금고와 유기징역은 무기금고를 무거운 것으로 하고 유기금고의 장기가 유기징역의 장기를 초과하는 때에는 유기금고를 무거운 것으로 한다.
같은 종류의 형은 장기가 긴 것과 다액이 많은 것을 무거운 것으로 하고 장기 또는 다액이 같은 경우에는 단기가 긴 것과 소액이 많은 것을 무거운 것으로 한다. 이상을 제외하고는 죄질과 범정(犯情)을 고려하여 경중을 정한다(형법 제50조).

17. 형의 감경

정상참작감경

범죄의 정상(情狀)에 참작할 만한 사유가 있는 경우에는 그 형을 감경할 수 있다(형법 제53조).
한 개의 죄에 정한 형이 여러 종류인 때에는 먼저 적용할 형을 정하고 그 형을 감경한다(형법 제54조).

법률상의 감경

제55조(법률상의 감경) ① 법률상의 감경은 다음과 같다.

1. 사형을 감경할 때에는 무기 또는 20년 이상 50년 이하의 징역 또는 금고로 한다.
2. 무기징역 또는 무기금고를 감경할 때에는 10년 이상 50년 이하의 징역 또는 금고로 한다.
3. 유기징역 또는 유기금고를 감경할 때에는 그 형기의 2분의 1로 한다.
4. 자격상실을 감경할 때에는 7년 이상의 자격정지로 한다.
5. 자격정지를 감경할 때에는 그 형기의 2분의 1로 한다.
6. 벌금을 감경할 때에는 그 다액의 2분의 1로 한다.
7. 구류를 감경할 때에는 그 장기의 2분의 1로 한다.
8. 과료를 감경할 때에는 그 다액의 2분의 1로 한다.

② 법률상 감경할 사유가 수개 있는 때에는 거듭 감경할 수 있다.

가중과 감경의 순서

第56조(가중 · 감경의 순서) 형을 가중·감경할 사유가 경합하는 경우에는 다음 각 호의 순서에 따른다.

1. 각칙 조문에 따른 가중
2. 제34조 제2항에 따른 가중
3. 누범 가중
4. 법률상 감경
5. 경합범 가중
6. 정상참작감경

> * 형법
>
> 제34조(간접정범, 특수한 교사, 방조에 대한 형의 가중) ① 어느 행위로 인하여 처벌되지 아니하는 자 또는 과실범으로 처벌되는 자를 교사 또는 방조하여 범죄행위의 결과를 발생하게 한 자는 교사 또는 방조의 예에 의하여 처벌한다.
>
> ② 자기의 지휘, 감독을 받는 자를 교사 또는 방조하여 전항의 결과를 발생하게 한 자는 교사인 때에는 정범에 정한 형의 장기 또는 다액에 그 2분의 1까지 가중하고 방조인 때에는 정범의 형으로 처벌한다.

판결선고 전 구금일수의 통산(通算)

판결선고 전의 구금일수는 그 전부를 유기징역, 유기금고, 벌금이나 과료에 관한 유치 또는 구류에 산입한다. 이 경우에는 구금일수의 1일은 징역, 금고, 벌금이나 과료에 관한 유치 또는 구류의 기간의 1일로 계산한다(형법 제57조).

18. 형의 선고유예

선고유예의 요건

1년 이하의 징역이나 금고, 자격정지 또는 벌금의 형을 선고할 경우에 제51조의 사항을 고려하여 뉘우치는 정상이 뚜렷할 때에는 그 형의 선고를 유예할 수 있다. 다만, 자격정지 이상의 형을 받은 전과가 있는 사람에 대해서는 예외로 한다. 형을 병과할 경우에도 형의 전부 또는 일부에 대하여 선고를 유예할 수 있다(형법 제59조).

* 형법

제51조(양형의 조건) 형을 정함에 있어서는 다음 사항을 참작하여야 한다.

1. 범인의 연령, 성행, 지능과 환경
2. 피해자에 대한 관계
3. 범행의 동기, 수단과 결과
4. 범행 후의 정황

선고유예와 보호관찰

형의 선고를 유예하는 경우에 재범방지를 위하여 지도 및 원호가 필요한 때에는 보호관찰을 받을 것을 명할 수 있다. 보호관찰의 기간은 1년으로 한다(형법 제59조의2).

선고유예의 효과

형의 선고유예를 받은 날로부터 2년을 경과한 때에는 면소된 것으로 간주한다(형법 제60조). 면소(免訴)는 소송조건 중 실체적 소송조건(형사소송법 제326조)이 결여되어 공소가 부적당하다고 판단해 소송을 종결시키는 재판이다. 소송을 진행시키는 실체판결을 하기 위한 조건을 소송조건이라 한다. 이 면소판결은 기판력(일사부재리의 효력)이 있다.

선고유예의 실효(失效)

형의 선고유예를 받은 자가 유예기간 중 자격정지 이상의 형에 처한 판결이 확정되거나 자격정지 이상의 형에 처한 전과가 발견된 때에는 유예한 형을 선고한다.

제59조의2의 규정에 의하여 보호관찰을 명한 선고유예를 받은 자가 보호관찰기간 중에 준수사항을 위반하고 그 정도가 무거운 때에는 유예한 형을 선고할 수 있다(형법 제61조).

19. 자수와 자복

자수와 자복의 뜻

죄를 지은 후 수사기관에 자수한 경우에는 형을 감경하거나 면제할 수 있다(형법 제52조 제1항). 이는 자수(自首)에 관한 규정이다.

피해자의 의사에 반하여 처벌할 수 없는 범죄의 경우에는 피해자에게 죄를 자복(自服)하였을 때에도 형을 감경하거나 면제할 수 있다(형법 제52조 제2항).

피해자의 의사에 반하여 처벌할 수 없는 범죄를 '반의사불벌죄(反意思不罰罪)'라고 한다. 여기에 해당하는 범죄로는 폭행죄, 존속폭행죄, 과실치상죄, 협박죄, 존속협박죄, 명예훼손죄, 출판물 등에 의한 명예훼손죄 등이 있다.

반의사불벌죄는 피해자의 고소가 없더라도 기소할 수 있지만, 피해자가 범인의 처벌을 원하지 않는다는 의사를 표시하면 기소할 수 없고, 기소한 후에 그러한 의사를 표시하면 형사재판을 종료해야 하는 범죄를 말한다.

이 범죄에 대해 기소 후에 피해자가 처벌을 원하지 않는다는 의사를 표시하거나 1심 판결 선고 전까지 처벌을 희망하는 의사를 철회한 경우, 법원은 친고죄와 마찬가지로 공소기각의 판결을 선고 하여야 한다(형사소송법 제327조 제6호). 처벌을 원하는 의사를 1심 판결 선고 전까지 유효하게 철회한 경우에는 다시 고소하지 못한다(형사소송법 제232조).

대법원판례

형법 제52조 제1항 소정의 자수란 범인이 자발적으로 자신의 범죄사실을 수사기관에 신고하여 그 소추를 구하는 의사표시로서 이를 형의 감경사유로 삼는 주된 이유는 범인이 그 죄를 뉘우치고 있다는 점에 있으므로, 범죄사실을 부인하거나 죄의 뉘우침이 없는 자수는 그 외형은 자수일지라도 법률상 형의 감경사유가 되는 진정한 자수라고는 할 수 없는 것이고, 또 수개의 범죄사실 중 일부에 관하여만 자수한 경우에는 그 부분 범죄사실에 대하여만 자수의 효력이 있다고 할 것이다(대법원 1994. 10. 14. 선고 94도2130 판결).

형법 제52조의 자수, 자복 감경이나 소년법 제60조 제2항이 규정한 감경은 필요적인 것이 아니고 법원의 재량에 속하는 것이다(대법원 1990. 4. 27. 선고90도321 판결).

20. 형의 집행유예

집행유예의 뜻

3년 이하의 징역이나 금고 또는 500만원 이하의 벌금의 형을 선고할 경우에 제51조의 사항을 참작하여 그 정상에 참작할 만한 사유가 있는 때에는 1년 이상 5년 이하의 기간 형의 집행을 유예할 수 있다. 다만, 금고 이상의 형을 선고한 판결이 확정된 때부터 그 집행을 종료하거나 면제된 후 3년까지의 기간에 범한 죄에 대하여 형을 선고하는 경우에는 그러하지 아니하다.

형을 병과할 경우에는 그 형의 일부에 대하여 집행을 유예할 수 있다. 형을 병과한다고 함은 여러 개의 형, 가령 징역형과 벌금형을 함께 선고하는 경우를 말한다.

제51조의 정상참작사유란 다음을 말한다.

1. 범인의 연령, 성행, 지능과 환경
2. 피해자에 대한 관계
3. 범행의 동기, 수단과 결과
4. 범행 후의 정황

보호관찰 · 사회봉사 · 수강명령

형의 집행을 유예하는 경우에는 보호관찰을 받을 것을 명하거나 사회봉사 또는 수강(受講)을 명할 수 있다. 보호관찰의 기간은 집행을 유예한 기간으로 한다. 다만, 법원은 유예기간의 범위 내에서 보호관찰기간을 정할 수 있다. 사회봉사명령 또는 수강명령은 집행유예기간 내에 이를 집행한다.

집행유예의 실효

집행유예의 선고를 받은 자가 유예기간 중 고의로 범한 죄로 금고 이상의 실형을 선고받아 그 판결이 확정된 때에는 집행유예의 선고는 효력을 잃는다(형법 제63조).

집행유예기간 중 범한 죄라고 할지라도 '과실'에 의한 범죄는 집행유예의 실효 요건에 해당하지 않는다. 과실범은 법률이 특별히 처벌한다고 규정한 경우에만 처벌된다.

집행유예의 취소

집행유예의 선고를 받은 후 제62조 단행의 사유가 발각된 때에는 집행유예의 선고를 취소한다(형법 제64조 제1항). 제62조 단행은 "다만, 금고 이상의 형을 선고한 판결이 확정된 때부터 그 집행을 종료하거나 면제된 후 3년까지의 기간에 범한 죄에 대하여 형을 선고하는 경우에는 그러하지 아니하다."고 규정하였다.

제62조의2의 규정에 의하여 보호관찰이나 사회봉사 또는 수강을 명한 집행유예를 받은 자가 준수사항이나 명령을 위반하고 그 정도가 무거운 때에는 집행유예의 선고를 취소할 수 있다(형법 제64조 제2항).

집행유예의 효과

집행유예의 선고를 받은 후 그 선고의 실효 또는 취소됨이 없이 유예기간을 경과한 때에는 형의 선고는 효력을 잃는다(형법 제65조). 형의 선고는 효력을 잃는다고 함은 처음부터 형의 선고가 없었던 것과 같이 취급한다는 의미이다.

대법원판례

집행유예 기간 중에 범한 죄에 대하여 형을 선고할 때에, 집행유예의 결격사유를 정하는 형법 제62조 제1항 단서 소정의 요건에 해당하는 경우란, 이미 집행유예가 실효 또는 취소된 경우와 그 선고 시점에 미처 유예기간이 경과하지 아니하여 형선고의 효력이 실효되지 아니한 채로 남아 있는 경우로 국한되고, 집행유예가 실효 또는 취소됨이 없이 유예기간을 경과한 때에는, 형의 선고가 이미 그 효력을 잃게 되어 '금고 이상의 형을 선고'한 경우에 해당한다고 보기 어려울 뿐 아니라, 집행의 가능성이 더 이상 존재하지 아니하여 집행종료나 집행면제의 개념도 상정하기 어려우므로 위 단서 소정의 요건에 해당하지 않는다고 할 것이므로, 집행유예 기간 중에 범한 범죄라고 할지라도 집행유예가 실효 취소됨이 없이 그 유예기간이 경과한 경우에는 이에 대해 다시 집행유예의 선고가 가능하다(대법원 2007. 2. 8. 선고 2006도6196 판결).

형법 제37조 후단의 경합범 관계에 있는 죄에 대하여 형법 제39조 제1항에 의하여 따로 형을 선고하여야 하기 때문에 하나의 판결로 두 개의 자유형을 선고하는 경우 그 두 개의 자유형은 각각 별개의 형이므로, 형법 제62조 제1항에 정한 집행유예의 요건에 해당하면 그 각 자유형에 대하여 각각 집행유예를 선고할 수 있는 것이고, 또 그 두 개의 자유형 중 하나의 자유형에 대하여 실형을 선고하면서 다른 자유형에 대하여 집행유예를 선고하는 것도 우리 형법상 이러한 조치를 금하는 명문의 규정이 없는 이상 허용되는 것으로 보아야 한다.

우리 형법이 집행유예기간의 시기(始期)에 관하여 명문의 규정을 두고 있지는 않지만 형사소송법 제459조가 "재판은 이 법률에 특별한 규정이 없으면 확정한 후에 집행한다."고 규정한 취지나 집행유예 제도의 본질 등에 비추어 보면 집행유예를 함에 있어 그 집행유예기간의 시기는 집행유예를 선고한 판결 확정일로 하여야 하고, 법원이 판결 확정일 이후의 시점을 임의로 선택할 수는 없다(대법원 2002. 2. 26. 선고 2000도4637 판결).

21. 벌금과 과료(科料)

벌금과 과료의 뜻

벌금과 과료는 판결확정일로부터 30일내에 납입하여야 한다. 단, 벌금을 선고할 때에는 동시에 그 금액을 완납할 때까지 노역장에 유치할 것을 명할 수 있다. 벌금을 납입하지 아니한 자는 1일 이상 3년 이하, 과료를 납입하지 아니한 자는 1일 이상 30일 미만의 기간 노역장에 유치하여 작업에 복무하게 한다.

벌금은 가장 많이 선고되는 형벌이다. 그러나 과료가 선고되는 경우를 찾아보기 어렵다. 과료는 각종 행정법에서 규정하는 '과태료'와는 구별할 필요가 있다. 가령, 「감염병의 예방 및 관리에 관한 법률」의 규정에 의하여 방역수칙을 위반한 자에게 부과하는 행정질서벌은 과태료이다.

노역장유치

벌금이나 과료를 선고할 때에는 이를 납입하지 아니하는 경우의 노역장 유치기간을 정하여 동시에 선고하여야 한다. 선고하는 벌금이 1억원 이상 5억원 미만인 경우에는 300일 이상, 5억원 이상 50억원 미만인 경우에는 500일 이상, 50억원 이상인 경우에는 1천일 이상의 노역장 유치기간을 정하여야 한다.

벌금이나 과료의 선고를 받은 사람이 그 금액의 일부를 납입한 경우에는 벌금 또는 과료액과 노역장 유치기간의 일수(日數)에 비례하여 납입금액에 해당하는 일수를 뺀다.

ㅇ 관련 법조 : 형법 제69조 ~ 제71조

22. 가석방

가석방의 요건

징역이나 금고의 집행 중에 있는 사람이 행상(行狀)이 양호하여 뉘우침이 뚜렷한 때에는 무기형은 20년, 유기형은 형기의 3분의 1이 지난 후 행정처분으로 가석방을 할 수 있다. 이 경우에 벌금이나 과료가 병과되어 있는 때에는 그 금액을 완납하여야 한다(형법 제72조).

판결선고 전 구금과 가석방

형기에 산입된 판결선고 전 구금일수는 가석방을 하는 경우 집행한 기간에 산입한다. 이 경우에 벌금이나 과료에 관한 노역장 유치기간에 산입된 판결선고 전 구금일수는 그에 해당하는 금액이 납입된 것으로 본다(형법 제73조).

가석방의 기간 및 보호관찰

가석방의 기간은 무기형에 있어서는 10년으로 하고, 유기형에 있어서는 남은 형기로 하되, 그 기간은 10년을 초과할 수 없다.

가석방된 자는 가석방기간 중 보호관찰을 받는다. 다만, 가석방을 허가한 행정관청이 필요가 없다고 인정한 때에는 그러하지 아니하다(형법 제73조의2).

가석방의 실효

가석방 기간 중 고의로 지은 죄로 금고 이상의 형을 선고받아 그 판결이 확정된 경우에 가석방 처분은 효력을 잃는다(형법 제74조).

가석방의 취소

가석방의 처분을 받은 자가 감시에 관한 규칙을 위배하거나, 보호관찰의 준수사항을 위반하고 그 정도가 무거운 때에는 가석방처분을 취소할 수 있다(형법 제75조).

가석방의 효과

가석방의 처분을 받은 후 그 처분이 실효 또는 취소되지 아니하고 가석방기간을 경과한 때에는 형의 집행을 종료한 것으로 본다.

가석방의 실효 또는 가석방의 취소의 경우에는 가석방중의 일수는 형기에 산입하지 아니한다(형법 제76조).

23. 공무집행방해죄

공무집행방해죄의 뜻

직무를 집행하는 공무원에 대하여 폭행 또는 협박한 자는 5년 이하의 징역 또는 1천만원 이하의 벌금에 처한다. 공무원에 대하여 그 직무상의 행위를 강요 또는 저지하거나 그 직을 사퇴하게 할 목적으로 폭행 또는 협박한 자도 같다(형법 제136조).

대법원판례

형법상 업무방해죄의 보호법익은 업무를 통한 사람의 사회적 · 경제적 활동을 보호하려는 데 있으므로, 그 보호대상이 되는 '업무'란 직업 또는 계속적으로 종사하는 사무나 사업을 말하고, 여기서 '사무' 또는 '사업'은 단순히 경제적 활동만을 의미하는 것이 아니라 널리 사람이 그 사회생활상의 지위에서 계속적으로 행하는 일체의 사회적 활동을 의미한다.

한편, 형법상 업무방해죄와 별도로 규정한 공무집행방해죄에서 '직무의 집행'이란 널리 공무원이 직무상 취급할 수 있는 사무를 행하는 것을 의미하는데, 이 죄의 보호법익이 공무원에 의하여 구체적으로 행하여지는 국가 또는 공공기관의 기능을 보호하고자 하는 데 있는 점을 감안할 때, 공무원의 직무집행이 적법한 경우에 한하여 공무집행방해죄가 성립하고, 여기에서 적법한 공무집행이란 그 행위가 공무원의 추상적 권한에 속할 뿐 아니라 구체적 직무집행에 관한 법률상 요건과 방식을 갖춘 경우를 가리키는 것으로 보아야 한다.

이와 같이 업무방해죄와 공무집행방해죄는 그 보호법익과 보호대상이 상이할 뿐만 아니라 업무방해죄의 행위유형에 비하여 공무집행방해죄의 행위유형은 보다 제한되어 있다. 즉, 공무집행방해죄는 폭행, 협박에 이른 경우를 구성요건으로 삼고 있을 뿐 이에 이르지 아니하는 위력 등에 의한 경우는 그 구성요건의 대상으로 삼고 있지 않다. 또한, 형법은 공무집행방해죄 외에도 여러 가지 유형의 공무방해행위를 처벌하는 규정을 개별적·구체적으로 마련하여 두고 있으므로, 이러한 처벌조항 이외에 공무의 집행을 업무방해죄에 의하여 보호받도록 하여야 할 현실적 필요가 적다는 측면도 있다.
그러므로 형법이 업무방해죄와는 별도로 공무집행방해죄를 규정하고 있는 것은 사적 업무와 공무를 구별하여 공무에 관해서는 공무원에 대한 폭행, 협박 또는 위계의 방법으로 그 집행을 방해하는 경우에 한하여 처벌하겠다는 취지라고 보아야 한다. 따라서 공무원이 직무상 수행하는 공무를 방해하는 행위에 대해서는 업무방해죄로 의율할 수는 없다고 해석함이 상당하다(대법원 2009. 11. 19. 선고 2009도4166 전원합의체 판결).

24. 위증죄

▌위증죄의 뜻

법률에 의하여 선서한 증인이 허위의 진술을 한 때에는 5년 이하의 징역 또는 1천만원 이하의 벌금에 처한다(형법 제152조 제1항).
위증죄의 주체가 될 수 있는 사람은 '선서한 증인'이다. 따라서 선서를 하지 않았으면 허위의 진술을 하더라도 위증죄는 성립하지 않는다. 여기에서 말하는 '허위'는 증인의 기억에 반하는 것이다. 즉, 증인의 진술이 객관적인 사실과 다르더라도 그 진술이 증인의 주관적인 기억에는 합치하는 경우라면 위증죄를 구성하지 않는다.

▌모해위증죄(謀害僞證罪)

형사사건 또는 징계사건에 관하여 피고인, 피의자 또는 징계혐의자를 모해할 목적으로 위증죄를 범한 때에는 10년 이하의 징역에 처한다(형법 제152조 제2항).
모해위증죄는 목적범이다. 따라서 '모해할 목적'이 없으면 단순 위증죄(형법 제152조 제1항)만 성립할 뿐 모해위증죄로 처벌할 수 없다.

자백과 자수의 특례

위증죄나 모해위증죄를 범한 자가 그 공술한 사건의 재판 또는 징계처분이 확정되기 전에 자백 또는 자수한 때에는 그 형을 감경 또는 면제한다(형법 제153조).

'자백'은 자기가 저지른 잘못을 타인(피해자) 앞에서 스스로 고백하는 것을 말하고, '자수'는 범인이 스스로 수사 기관에 자기의 범죄 사실을 신고하고, 그 처분을 구하는 일을 말한다.

대법원판례

위증죄와 형사소송법의 취지, 정신과 기능을 고려하여 볼 때, 형법 제152조 제1항에서 정한 '법률에 의하여 선서한 증인'이라 함은 '법률에 근거하여 법률이 정한 절차에 따라 유효한 선서를 한 증인'이라는 의미이고, 그 증인신문은 법률이 정한 절차 조항을 준수하여 적법하게 이루어진 경우여야 한다고 볼 것이다.

위증죄의 의의 및 보호법익, 형사소송법에 규정된 증인신문절차의 내용, 증언거부권의 취지 등을 종합적으로 살펴보면, 증인신문절차에서 법률에 규정된 증인 보호를 위한 규정이 지켜진 것으로 인정되지 않은 경우에는 증인이 허위의 진술을 하였다고 하더라도 위증죄의 구성요건인 "법률에 의하여 선서한 증인"에 해당하지 아니한다고 보아 이를 위증죄로 처벌할 수 없는 것이 원칙이다. 다만, 법률에 규정된 증인 보호 절차라 하더라도 개별 보호절차 규정들의 내용과 취지가 같지 아니하고, 당해 신문 과정에서 지키지 못한 절차 규정과 그 경위 및 위반의 정도 등 제반 사정이 개별 사건마다 각기 상이하므로, 이러한 사정을 전체적·종합적으로 고려하여 볼 때, 당해 사건에서 증인 보호에 사실상 장애가 초래되었다고 볼 수 없는 경우에까지 예외 없이 위증죄의 성립을 부정할 것은 아니라고 할 것이다(대법원 2010. 1. 21. 선고 2008도942 전원합의체 판결).

형법 제152조 제2항의 모해위증죄에 있어서 '모해할 목적'이란 피고인·피의자 또는 징계혐의자를 불리하게 할 목적을 말하고, 허위진술의 대상이 되는 사실에는 공소 범죄사실을 직접, 간접적으로 뒷받침하는 사실은 물론 이와 밀접한 관련이 있는 것으로서 만일 그것이 사실로 받아들여진다면 피고인이 불리한 상황에 처하게 되는 사실도 포함된다.

그리고 이러한 모해의 목적은 허위의 진술을 함으로써 피고인에게 불리하게 될 것이라는 인식이 있으면 충분하고 그 결과의 발생까지 희망할 필요는 없다(대법원 2007. 12. 27. 선고 2006도3575 판결).

▒ 고소장 작성례(위증죄)

고　　소　　장

고 소 인　　○○○ (000000-0000000)
　　　　　　주소 :
　　　　　　전화번호 :
　　　　　　전자우편주소 :

피고소인　　○○○ (000000-0000000)
　　　　　　주소 :
　　　　　　전화번호 :
　　　　　　전자우편주소 :

고　소　취　지

고소인은 피고소인을 위증죄로 고소하오니 철저히 조사하여 엄히 벌하여 주시기 바랍니다.

고　소　사　실

1. 피고소인은 2019. 0. 00.경부터 ○○시 ○○로 25-12에 있는 ○○주식회사 구매담당 과장으로 재직하다가 2021. 0. 0. 퇴직한 사람입니다.
2. 피고소인은 2020. 0. 0. 14시 30분경 ○○지방법원 제000호 법정에서 고소인이 위 회사를 상대로 제기한 물품대금 청구소송 사건(○○지방법원 2020가단0000호)의 변론기일에 나와 증인으로 선서한 사실이 있습니다.

3. 피고소인은 선서한 증인으로서 진술을 함에 있어 사실은 고소인이 위 회사에 납품한 물품에는 아무런 하자가 없었고, 위 회사가 고소인에게 반품을 한 사실이 없음에도 불구하고, "원고(고소인)가 회사에 납품한 물품에는 하자가 있어 반품을 하였다."는 취지로 증인(피고소인)의 기억에 반하는 진술을 한 사실이 있습니다.

첨 부 서 류

1. 증인신문조서 등본 1통.

2022. 0. 0.

위 고소인 ○○○ (인)

○○경찰서장 귀하

참고사항

* 반드시 적어야 하는 내용 : ①증인선서를 한 사건의 법원사건번호, ②실제로 있었던 사건 · 사실, ③증인이 허위로 진술한 내용
* 고소장에 첨부할 자료 : 신청에 의하여 법원으로부터 교부받은 증인신문조서 등본
* 비용 : 없음(이하 모든 고소장에 같음)
* 제출할 기관 : 피고소인의 주소지를 관할하는 경찰서 민원실

25. 무고죄

무고의 뜻

타인으로 하여금 형사처분 또는 징계처분을 받게 할 목적으로 공무소 또는 공무원에 대하여 허위의 사실을 신고한 자는 10년 이하의 징역 또는 1천500만원 이하의 벌금에 처한다(형법 제156조).

무고죄는 범죄자에게 타인으로 하여금 형사처분이나 징계처분을 받게 할 목적이 있어야 성립하는 '목적범'이다.

자백과 자수에 대한 특례

무고죄를 범한 자가 그 공술한 사건의 재판 또는 징계처분이 확정되기 전에 자백 또는 자수한 때에는 그 형을 감경 또는 면제한다(형법 제157조 및 제153조).

대법원판례

무고죄에 있어서 허위사실 적시의 정도는 수사관서 또는 감독관서에 대하여 수사권 또는 징계권의 발동을 촉구하는 정도의 것이면 충분하고 반드시 범죄구성요건 사실이나 징계요건 사실을 구체적으로 명시하여야 하는 것은 아니다.

무고죄는 타인으로 하여금 형사처분이나 징계처분을 받게 할 목적으로 신고한 사실이 객관적 진실에 반하는 허위사실인 경우에 성립되는 범죄이므로 신고한 사실이 객관적 사실에 반하는 허위사실이라는 요건은 적극적인 증명이 있어야 하며, 신고사실의 진실성을 인정할 수 없다는 소극적 증명만으로 곧 그 신고사실이 객관적 진실에 반하는 허위사실이라고 단정하여 무고죄의 성립을 인정할 수는 없다.

무고죄에 있어서의 범의는 반드시 확정적 고의임을 요하지 아니하고 미필적 고의로서도 족하다 할 것이므로 무고죄는 신고자가 진실하다는 확신 없는 사실을 신고함으로써 성립하고, 그 신고사실이 허위라는 것을 확신함을 필요로 하지 않는다.

무고죄에 있어서 '형사처분 또는 징계처분을 받게 할 목적'은 허위신고를 함에 있어서 다른 사람이 그로 인하여 형사 또는 징계처분을 받게 될 것이라는 인식이 있으면 족한 것이고 그 결과발생을 희망하는 것을 요하는 것은 아닌바, 피고인이 고소장을 수사기관에 제출한 이상 그러한 인식은 있었다 할 것이다(대법원 2006. 5. 25. 선고 2005도4642 판결).

고소장 작성례(무고죄)

고 소 장

고 소 인 김말자 (000000-0000000)
주소 :
전화번호 :
전자우편주소 :

피고소인 이미라 (000000-0000000)
주소 :
전화번호 :
전자우편주소 :

고 소 취 지

피고소인을 무고죄로 고소하오니 철저히 조사하여 엄히 벌하여 주시기 바랍니다.

고 소 사 실

1. 고소인은 2020. 0. 0. 농협중앙회 ○○지점에서 돈 5,000만원을 대출 받은 사실이 있습니다.
2. 고소인이 위 돈을 대출 받음에 있어 피고소인은 고소인의 부탁을 승낙하여 연대

보증을 한 사실이 있습니다.

3. 그 후 고소인은 영위하는 사업이 어려움에 처하게 되어 위 대출금을 갚지 못할 사정이 생겼습니다. 이에 따라 피고소인은 위 농협중앙회 ○○지점으로부터 보증채무를 변제하라는 독촉을 받게 되었습니다.
4. 피고소인은 위 독촉을 받자 2021. 0. 0.경 고소인에 대하여 허위 사실을 기재한 고소장을 작성하여 ○○경찰서장에게 제출함으로써 고소인을 무고한 사실이 있는데, 그 내용은 다음과 같습니다.
5. 무고의 내용 : "김말자가 2020. 0. 0. 농협중앙회 ○○지점에서 돈 5,000만원을 대출받음에 있어 이미라는 연대보증을 승낙한 사실이 없음에도 불구하고, 김말자는 이미라가 김말자의 대출금채무를 연대보증한 것처럼 김말자 명의의 사문서를 위조함과 아울러 김말자 명의의 인감증명서를 부정한 용도로 사용한 사실이 있습니다."
6. 더 구체적인 내용은 고소인을 부르시면 관련 자료를 가지고 출석하여 진술하겠습니다.

2022. 0. 0.

위 고소인 김말자(인)

○○경찰서장 귀하

참고사항

* 반드시 포함되어야 할 내용 : ①무고행위 일시, ②무고의 방법, ③무고의 내용, ④무고에 해당하는 이유, ⑤무고행위가 된 사건의 수사 · 재판기관 사건번호

* 고소장을 제출할 기관 : 피고소인의 주소지를 관할하는 경찰서 민원실

26. 문서에 관한 죄

▮ 공문서 등의 위조 · 변조죄

행사할 목적으로 공무원 또는 공무소의 문서 또는 도화를 위조 또는 변조한 자는 10년 이하의 징역에 처한다(형법 제225조).

▮ 자격모용(資格貌容)에 의한 공문서의 작성죄

행사할 목적으로 공무원 또는 공무소의 자격을 모용하여 문서 또는 도화를 작성한 자는 10년 이하의 징역에 처한다(형법 제226조).

여기서 자격을 모용한다 함은 공무소나 공무원이 아닌 자가 그 지위를 허위로 기재하는 것을 말한다.

▮ 공정증서 원본 등의 부실기재죄

공무원에 대하여 허위신고를 하여 공정증서원본 또는 이와 동일한 전자기록등 특수매체기록에 부실의 사실을 기재 또는 기록하게 한 자는 5년 이하의 징역 또는 1천만원 이하의 벌금에 처한다.

공무원에 대하여 허위신고를 하여 면허증, 허가증, 등록증 또는 여권에 부실의 사실을 기재하게 한 자는 3년 이하의 징역 또는 700만원 이하의 벌금에 처한다(형법 제228조).

여기에서 말하는 공정증서 원본에는 상업등기부, 화해조서, 가족관계등록부, 부동산전산등기부, 공증인이 작성한 공정증서 등이 있다.

▮ 위조 등 공문서의 행사죄

공문서 등의 위조 · 변조죄, 자격모용에 의한 공문서 등의 작성죄, 공정증서원본 등의 부실기재죄에 의하여 만들어진 문서, 도화, 전자기록등 특수매체기록, 공정증서원본, 면허증, 허가증, 등록증 또는 여권을 행사한 자는 그 각 죄에 정한 형에 처한다(형법 제229조). 여기에서 말하는 행사는 그 문서의 용도에 사용하는 것을 뜻한다.

사문서 등의 위조 · 변조죄

행사할 목적으로 권리 · 의무 또는 사실증명에 관한 타인의 문서 또는 도화를 위조 또는 변조한 자는 5년 이하의 징역 또는 1천만원 이하의 벌금에 처한다(형법 제231조).

자격모용에 의한 사문서의 작성죄

행사할 목적으로 타인의 자격을 모용하여 권리 · 의무 또는 사실증명에 관한 문서 또는 도화를 작성한 자는 5년 이하의 징역 또는 1천만원 이하의 벌금에 처한다.
여기에서 타인의 자격을 모용한다 함은 가령 갑이 을인 것처럼 을명의의 문서를 작성하는 경우를 말한다. 이는 목적범이므로, 사용할 목적이 있어야 하고, 권리 · 의무나 사실증명에 관한 문서 또는 도화가 그 객체이다.

사전자기록 위작 · 변작죄

사무처리를 그르치게 할 목적으로 권리 · 의무 또는 사실증명에 관한 타인의 전자기록등 특수매체기록을 위작 또는 변작한 자는 5년 이하의 징역 또는 1천만원 이하의 벌금에 처한다(형법 제232조의2).

위조사문서 등의 행사죄

사문서 등의 위조 · 변조죄, 자격모용에 의한 사문서의 작성죄, 사전자기록위작 · 변작죄에 의하여 만들어진 문서, 도화 또는 전자기록등 특수매체기록을 행사한 자는 그 각 죄에 정한 형에 처한다(형법 제234조).

미수범의 처벌

공문서 등의 위조 · 변조죄, 자격모용에 의한 공문서 등의 작성죄, 공정증서원본 등의 부실기재죄, 위조등 공문서의 행사죄, 사문서 등의 위조 · 변조죄, 자격모용에 의한 사문서의 작성죄, 사전자기록 위작 · 변작죄, 위조사문서 등의 행사죄의 미수범은 처벌한다(형법 제235조).

대법원판례

일반인으로 하여금 공무원 또는 공무소의 권한 내에서 작성된 문서라고 믿을 수 있는 형식과 외관을 구비한 문서를 작성하면 공문서위조죄가 성립하지만, 평균 수준의 사리분별력을 갖는 사람이 조금만 주의를 기울여 살펴보면 공무원 또는 공무소의 권한 내에서 작성된 것이 아님을 쉽게 알아볼 수 있을 정도로 공문서로서의 형식과 외관을 갖추지 못한 경우에는 공문서위조죄가 성립하지 않는다(대법원 2020. 12. 24. 선고 2019도8443 판결).

사문서변조죄는 권한 없는 자가 이미 진정하게 성립된 타인 명의의 문서내용에 대하여 동일성을 해하지 않을 정도로 변경을 가하여 새로운 증명력을 작출케 함으로써 공공적 신용을 해할 위험성이 있을 때 성립한다.
사문서의 위·변조죄는 작성권한 없는 자가 타인 명의를 모용하여 문서를 작성하는 것을 말하므로 사문서를 작성·수정할 때 명의자의 명시적이거나 묵시적인 승낙이 있었다면 사문서의 위·변조죄에 해당하지 않고, 한편 행위 당시 명의자의 현실적인 승낙은 없었지만 행위 당시의 모든 객관적 사정을 종합하여 명의자가 행위 당시 그 사실을 알았다면 당연히 승낙했을 것이라고 추정되는 경우 역시 사문서의 위·변조죄가 성립하지 않는다고 할 것이나, 명의자의 명시적인 승낙이나 동의가 없다는 것을 알고 있으면서도 명의자가 문서작성 사실을 알았다면 승낙하였을 것이라고 기대하거나 예측한 것만으로는 그 승낙이 추정된다고 단정할 수 없다(대법원 2011. 9. 29. 선고 2010도14587 판결).

자격모용 사문서작성죄를 구성하는지 여부는 그 문서를 작성함에 있어 타인의 자격을 모용하였는지 아닌지의 형식에 의하여 결정하여야 하고, 그 문서의 내용이 진실한지 아닌지는 이에 아무런 영향을 미칠 수 없으므로, 타인의 대표자 또는 대리자가 그 대표 또는 대리명의로 문서를 작성할 권한을 가지는 경우에 그 지위를 남용하여 단순히 자기 또는 제3자의 이익을 도모할 목적으로 문서를 작성하였다 하더라도 자격모용 사문서작성죄는 성립하지 아니한다(대법원 2007. 10. 11. 선고 2007도5838 판결).

형법 제228조 제1항에서 정한 공정증서원본 불실기재죄나 공전자기록 등 불실기재죄는 특별한 신빙성이 인정되는 공문서에 대한 공공의 신용을 보장하는 것을 보호법익으로 하는 범죄로서, 공무원에게 진실에 반하는 허위신고를 하여공정증서원본 또는 이와 동일한 전자기록 등 특수매체기록에 그 증명하는 사항에 관해 실체관계에 부합하지 않는 불실의 사실을 기재하거나 기록하게 한 때 성립한다. 불실의 사실이란 권리의무관계에 중요한 의미를 갖는 사항이 진실에 반하는 것을 말한다.

주식회사의 발기인 등이 상법 등 법령에 정한 회사설립의 요건과 절차에 따라 회사설립등기를 함으로써 회사가 성립하였다고 볼 수 있는 경우 회사설립등기와 그 기재 내용은 특별한 사정이 없는 한 공정증서원본 불실기재죄나 공전자기록 등 불실기재죄에서 말하는 불실의 사실에 해당하지 않는다. 발기인 등이 회사를 설립할 당시 회사를 실제로 운영할 의사 없이 회사를 이용한 범죄 의도나 목적이 있었다거나, 회사로서의 인적·물적 조직 등 영업의 실질을 갖추지 않았다는 이유만으로는 불실의 사실을 법인등기부에 기록하게 한 것으로 볼 수 없다(대법원 2020. 2. 27. 선고 2019도9293 판결).

고소장 작성례(사문서위조죄 등)

고 소 장

고 소 인　　○○○ (000000-0000000)
주소 :
전화번호 :
전자우편주소 :

피고소인　　○○○ (000000-0000000)
주소 :
전화번호 :

고 소 사 실

1. 피고소인은 ○○새마을금고에서 대부알선, 신용조사 등의 업무를 담당하는 사람입니다.
2. 피고소인은 0000. 0. 0. ○○시 ○○길 00-0에 있는 ○○새마을금고에서 대출신청인을 고소인으로, 대출신청금액을 10,000,000원으로, 연대보증인을 고소외 ○○○로 기재한 고소인 명의의 사문서를 위조하고, 이를 위 새마을금고 대출담당 직원인 고소외 ○○○에게 제출하여 행사한 사실이 있습니다.
3. 피고소인이 위와 같은 행위를 한 목적은 성공할 경우 위 대출금을 피고소인이 편취하려는 것이었습니다. 피고소인을 엄히 벌하여 주시기 바랍니다.

2022. 0. 0.

위 고소인 ○○○(인)

○○경찰서장 귀하

27. 상해죄

상해죄의 뜻

사람의 신체를 상해한 자는 7년 이하의 징역, 10년 이하의 자격정지 또는 1천만원 이하의 벌금에 처한다. 여기에서 말하는 '상해'는 신체의 완전성을 훼손하는 것이다. 상해죄의 미수범은 처벌한다.

존속상해죄

자기 또는 배우자의 직계존속에 대하여 상해의 죄를 범한 때에는 10년 이하의 징역 또는 1천500만원 이하의 벌금에 처한다. 존속상해죄의 미수법은 처벌한다.

중상해죄와 존속중상해죄

사람의 신체를 상해하여 생명에 대한 위험을 발생하게 한 자는 1년 이상 10년 이하의 징역에 처한다.

신체의 상해로 인하여 불구 또는 불치나 난치의 질병에 이르게 한 자도 1년 이상 10년 이하의 징역에 처한다.

자기 또는 배우자의 직계존속에 대하여 중상해나 존속중상해의 죄를 범한 때에는 2년 이상 15년 이하의 징역에 처한다.

특수상해죄

단체 또는 다중의 위력을 보이거나 위험한 물건을 휴대하여 상해죄나 존속상해죄를 범한 때에는 1년 이상 10년 이하의 징역에 처한다. 미수범은 처벌한다.

단체 또는 다중의 위력을 보이거나 위험한 물건을 휴대하여 중상해죄나 존속중상홰죄를 범한 때에는 2년 이상 20년 이하의 징역에 처한다.

상해치사죄

사람의 신체를 상해하여 사망에 이르게 한 자는 3년 이상의 유기징역에 처한다.

자기 또는 배우자의 직계존속에 대하여 상해치사죄를 범한 때에는 무기 또는 5년 이상의 징역에 처한다.

동시범

독립행위가 경합하여 상해의 결과를 발생하게 한 경우에 있어서 원인된 행위가 판명되지 아니한 때에는 공동정범의 예에 의한다.

상습범의 가중처벌

상습으로 상해죄 · 존속상해죄, 중상해죄 · 존속중상해죄, 특수상해죄를 범한 때에는 그 죄에 정한 형의 2분의 1까지 가중한다.

대법원판례

형사사건에서 상해진단서는 피해자의 진술과 함께 피고인의 범죄사실을 증명하는 유력한 증거가 될 수 있다. 그러나 상해 사실의 존재 및 인과관계 역시 합리적인 의심이 없는 정도의 증명에 이르러야 인정할 수 있으므로, 상해진단서의 객관성과 신빙성을 의심할 만한 사정이 있는 때에는 증명력을 판단하는 데 매우 신중하여야 한다. 특히 상해진단서가 주로 통증이 있다는 피해자의 주관적인 호소 등에 의존하여 의학적인 가능성만으로 발급된 때에는 진단일자 및 진단서 작성일자가 상해 발생 시점과 시간상으로 근접하고 상해진단서 발급 경위에 특별히 신빙성을 의심할 만한 사정은 없는지, 상해진단서에 기재된 상해 부위 및 정도가 피해자가 주장하는 상해의 원인 내지 경위와 일치하는지, 피해자가 호소하는 불편이 기왕에 존재하던 신체 이상과 무관한 새로운 원인으로 생겼다고 단정할 수 있는지, 의사가 상해진단서를 발급한 근거 등을 두루 살피는 외에도 피해자가 상해 사건 이후 진료를 받은 시점, 진료를 받게 된 동기와 경위, 그 이후의 진료 경과 등을 면밀히 살펴 논리와 경험법칙에 따라 증명력을 판단하여야 한다(대법원 2016. 11. 25. 선고 2016도15018 판결).

상해죄의 성립에는 상해의 고의와 신체의 완전성을 해하는 행위 및 이로 인하여 발생하는 인과관계 있는 상해의 결과가 있어야 하므로 상해죄에 있어서는 신체의 완전성을 해하는 행위와 그로 인한 상해의 부위와 정도가 증거에 의하여 명백하게 확정되어야 하고, 상해부위의 판시 없는 상해죄의 인정은 위법하다(대법원 1982. 12. 28. 선고 82도2588 판결).

형법 제258조 제1항, 제2항에서 정하는 중상해는 사람의 신체를 상해하여 생명에 대한 위험을 발생하게 하거나, 신체의 상해로 인하여 불구 또는 불치나 난치의 질병에 이르게 한 경우에 성립한다.
그런데 공소사실의 기재에 의하더라도 피고인은 공소외 1에게 "피해자의 다리를 부러뜨려 1~2개월간 입원케 하라."고 말하여 교사하고, 또한 공소외 1로부터 순차 지시를 받은 공소외 2, 공소외 3으로 하여금 칼로 피해자의 우측가슴을 찔러 피해자에게 약 3주간의 치료를 요하는 우측흉부자상 등을 가하였다는 것인데, 1~2개월간 입원할 정도로 다리가 부러지는 상해 또는 3주간의 치료를 요하는 우측흉부자상은 그로 인하여 생명에 대한 위험을 발생하게 한 경우라거나 불구 또는 불치나 난치의 질병에 이르게 한 경우에 해당한다고 보기 어렵고, 달리 피고인이 교사한 상해가 중상해에 해당한다거나 피해자가 입은 상해가 중상해에 해당한다고 단정할 자료도 없어 보인다.
그럼에도 원심은 피고인이 중상해를 교사하고, 피해자가 중상해를 입었음을 전제로 피고인의 행위를 중상해교사죄로 의율하고 말았으니, 이러한 원심판결에는 중상해에 관한 법리를 오해하였거나 피고인이 한 교사의 내용과 피해자가 입은 상해의 내용에 대한 심리를 다하지 아니한 위법이 있다고 할 것이다(대법원 2005. 12. 9. 선고 2005도7527 판결).

상해죄에 있어서의 동시범은 두 사람 이상이 가해행위를 하여 상해의 결과를 가져올 경우에 그 상해가 어느 사람의 가해행위로 인한 것인지가 분명치 않다면 가해자 모두를 공동정범으로 본다는 것이므로, 가해행위를 한 것 자체가 분명치 않은 사람에 대하여는 동시범으로 다스릴 수 없다(대법원 1984. 5. 15. 선고 84도488 판결).

상습성을 갖춘 자가 여러 개의 죄를 반복하여 저지른 경우에는 각 죄를 별죄로 보아 경합범으로 처단할 것이 아니라 그 모두를 포괄하여 상습범이라고 하는 하나의 죄로 처단하는 것이 상습범의 본질 또는 상습범 가중처벌규정의 입법취지에 부합한다(대법원 2004. 9. 16. 선고 2001도3206 전원합의체 판결).

○ 관련 법조 : 형법 제257조 ~ 제264조

고소장 작성례(상해죄)

고 소 장

고 소 인 ○○○ (000000-0000000)
주소 :

전화번호 :

전자우편주소 :

피고소인 ○○○ (000000-0000000)

주소 :

전화번호 :

전자우편주소 :

고 소 취 지

피고소인을 고소인에 대한 상해죄로 고소하오니 엄히 벌하여 주시기 바랍니다.

고 소 사 실

1. 고소인은 2020. 0. 0.경 피고소인으로부터 컴퓨터 1대를 외상으로 구입한 사실이 있습니다.
2. 고소인과 피고소인은 2021. 0. 0. ○○시 ○○구 ○○○길 25-12에 있는 ○○은행 ○○지점 앞 길가에서 위 컴퓨터 관련 영수증의 진위 문제로 말싸움을 하던 중 피고소인은 갑자기 들고 있던 핸드백으로 고소인의 얼굴을 1회 가격하고, 계속하여 고소인의 머리채를 잡아 흔들면서 고소인을 땅에 넘어뜨림과 동시에 고소인의 얼굴을 손톱으로 할퀴어 약 3주 간의 치료를 요하는 뇌진탕상 등의 상해를 입힌 사실이 있습니다.

첨 부 자 료

1. 상해진단서 1통.

2022. 0. 0.

위 고소인 ○○○ (인)

○○○경찰서장 귀하

참고자료

* 반드시 적어야 할 내용 : ①상해를 입힌 방법, ②상해의 부위, ③상해의 내용
* 첨부할 자료 : 상해진단서
* 고소장을 제출할 기관 : 피고소인의 주소지 관할 경찰서 민원실

28. 폭행죄

폭행죄의 뜻

사람의 신체에 대하여 폭행을 가한 자는 2년 이하의 징역, 500만원 이하의 벌금, 구류 또는 과료에 처한다. 폭행죄의 상습범은 폭행죄에 정한 형의 2분의 1까지 가중하여 처벌한다. 폭행죄는 피해자의 명시한 의사에 반하여 처벌할 수 없는 '반의사불벌죄(反意思不罰罪)'이다. 여기에서 말하는 '폭행'은 사람의 신체에 대한 유형력(有形力)의 행사를 가리키며, 그 유형력의 행사는 신체적 고통을 주는 물리력의 작용을 의미하므로, 신체의 청각기관을 직접적으로 자극하는 음향(音響)도 경우에 따라서는 유형력에 포함될 수 있다.

존속폭행죄

자기 또는 배우자의 직계존속에 대하여 제1항의 죄를 범한 때에는 5년 이하의 징역 또는 700만원 이하의 벌금에 처한다. 존속폭행죄의 상습범은 그 죄에서 정한 형의 2분의 1까지 가중하여 처벌한다.
존속폭행죄는 피해자의 명시한 의사에 반하여 처벌할 수 없는 '반의사불벌죄'이다.

특수폭행죄

단체 또는 다중의 위력을 보이거나 위험한 물건을 휴대하여 폭행죄나 존속폭행죄를 범한 때에는 5년 이하의 징역 또는 1천만원 이하의 벌금에 처한다. 특수폭행죄의 상습범은 그 죄에서 정한 형의 2분의 1까지 가중하여 처벌한다.

'위험한 물건'이라 함은 흉기는 아니라고 하더라도 널리 사람의 생명, 신체에 해를 가하는 데 사용할 수 있는 일체의 물건을 포함한다고 풀이할 것이므로, 본래 살상용 · 파괴용으로 만들어진 것뿐만 아니라 다른 목적으로 만들어진 칼 · 가위 · 유리병 · 각종 공구 · 자동차 등은 물론 화학약품 또는 사주된 동물 등도 그것이 사람의 생명 · 신체에 해를 가하는 데 사용되었다면 본조의 '위험한 물건'에 해당한다. 한편, 이러한 물건을 '휴대하여'라는 말은 소지뿐만 아니라 널리 이용한다는 뜻도 포함한다.

폭행치사죄와 폭행치상죄

폭행죄, 존속폭행죄, 특수폭행죄를 지어 사람을 사망이나 상해에 이르게 한 경우에는 상해죄 · 존속상해죄, 중상해죄 · 존속중상해죄, 특수상해죄, 상해치사죄의의 예에 따른다.

상해죄와 폭행치상죄는 사람의 신체에 상해의 결과를 야기한 점에서는 같다. 이를 구분하는 기준은 그 행위이다. 폭행행위의 결과 상해를 야기한 경우에는 결과적 가중범인 폭행치상죄가 성립하고, 처음부터 상해를 가한 경우에는 결합범이 아닌 단순 상해죄가 성립한다.

대법원판례

폭행죄에서 말하는 폭행이란 사람의 신체에 대하여 육체적 · 정신적으로 고통을 주는 유형력을 행사함을 뜻하는 것으로서 반드시 피해자의 신체에 접촉함을 필요로 하는 것은 아니고, 그 불법성은 행위의 목적과 의도, 행위 당시의 정황, 행위의 태양과 종류, 피해자에게 주는 고통의 유무와 정도 등을 종합하여 판단하여야 한다. 따라서 자신의 차를 가로막는 피해자를 부딪친 것은 아니라고 하더라도, 피해자를 부딪칠 듯이 차를 조금씩 전진시키는 것을 반복하는 행위 역시 피해자에 대해 위법한 유형력을 행사한 것이라고 보아야 한다(대법원2016. 10. 27. 선고 2016도9302 판결).

○ 관련 법조 : 형법 제260조 ~ 제264조

고소장 작성례(폭행죄)

고 소 장

고 소 인 ○○○ (000000-0000000)

주소 :

전화번호 :

전자우편주소 :

피고소인 ○○○ (000000-0000000)

주소 :

전화번호 :

전자우편주소 :

고 소 취 지

피고소인을 고소인에 대한 폭행죄로 고소하오니 엄히 벌하여 주시기 바랍니다.

고 소 사 실

1. 고소인은 ○○시 ○○동 ○○-○에서 ○○식당을 운영하는 사람입니다.
2. 피고소인은 2021. 0. 0. 위 식당에 들어와 위 식당에서 일하는 ○○○에게 시비를

걸어 말다툼을 한 사실이 있습니다. 이 때 고소인은 그러지 말라면서 이를 만류했는데, 피고소인은 고소인에 대하여 "너도 똑같은 년이야"라면서 고소인의 뺨을 손바닥으로 2회 때리면서 고소인의 얼굴에 침을 뱉은 사실이 있습니다.

2022. 0. 0.

위 고소인 ○○○ (인)

○○○경찰서장 귀하

참고사항

* 반드시 적시할 내용 : ①폭행행위의 일시 및 장소, ②폭행을 가한 신체 부위, ③폭행의 방법, ④피고소인의 처벌을 바라는 뜻
* 고소장을 제출할 기관 : 피고소인의 주소지 관할 경찰서 민원실

29. 협박죄

협박죄의 뜻

사람을 협박한 자는 3년 이하의 징역, 500만원 이하의 벌금, 구류 또는 과료에 처한다. 협박죄는 피해자의 명시한 의사에 반하여 공소를 제기할 수 없는 반의사불벌죄이다.

협박죄는 사람으로 하여금 공포심을 일으킬 수 있는 해악(害惡)을 통보하여 의사형성의 자유를 침해하는 범죄를 말한다. 행위의 객체는 자연인인 사람만을 의미하기 때문에, 법인은 협박죄의 객체가 될 수 없다.

협박은 경고와 구별된다. 단순 경고란 '자연적인 길흉화복이나 천재지변이 온다고 알리는 것'을 일컫는 데 반해, 협박이란 '해악의 발생이 직접 혹은 간접적으로 행위자에 의해서 좌우될 수 있다'는 것을 알리는 점에서 차이를 보인다.

존속협박죄

자기 또는 배우자의 직계존속에 대하여 협박죄를 범한 때에는 5년 이하의 징역 또는 700만원 이하의 벌금에 처한다. 존속협박죄는 피해자의 명시한 의사에 반하여 공소를 제기할 수 없는 반의사불벌죄이다.

특수협박죄

단체 또는 다중의 위력을 보이거나 위험한 물건을 휴대하여 협박죄나 특수협박죄를 범한 때에는 7년 이하의 징역 또는 1천만원 이하의 벌금에 처한다.

상습범과 미수범

협박죄, 존속협박죄, 특수협박죄의 상습범과 미수범은 처벌한다. 단, 상습범은 해당 죄에서 정한 형의 2분의 1까지 가중하여 처벌한다.

대법원판례

협박죄가 성립하려면 고지된 해악의 내용이 행위자와 상대방의 성향, 고지 당시의 주변 상황, 행위자와 상대방 사이의 친숙의 정도 및 지위 등의 상호관계, 제3자에 의한 해악을 고지한 경우에는 그에 포함되거나 암시된 제3자와 행위자 사이의 관계 등 행위 전후의 여러 사정을 종합하여 볼 때에 일반적으로 사람으로 하여금 공포심을 일으키게 하기에 충분한 것이어야 하지만, 상대방이 그에 의하여 현실적으로 공포심을 일으킬 것까지 요구하는 것은 아니며, 그와 같은 정도의 해악을 고지함으로써 상대방이 그 의미를 인식한 이상, 상대방이 현실적으로 공포심을 일으켰는지 여부와 관계없이 그로써 구성요건은 충족되어 협박죄의 기수에 이르는 것으로 해석하여야 한다.
결국, 협박죄는 사람의 의사결정의 자유를 보호법익으로 하는 위험범이라 봄이 상당하고, 협박죄의 미수범 처벌조항은 해악의 고지가 현실적으로 상대방에게 도달하지 아니한 경우나, 도달은 하였으나 상대방이 이를 지각하지 못하였거나 고지된 해악의 의미를 인식하지 못한 경우 등에 적용될 뿐이다(대법원2007. 9. 28. 선고 2007도606 전원합의체 판결).

○ 관련 법조 : 형법 제283조 ~ 제286조

○ 위험범 : 구성요건의 내용으로서 단순히 법익침해의 위험이 생긴 것으로 족하고 법익침해의 결과가 실제로 생길 것을 필요하지 않는 범죄

고소장 작성례(협박죄)

고 소 장

고 소 인 ○○○ (000000-0000000)

주소 :

전화번호 :

전자우편주소 :

피고소인 ○○○ (000000-0000000)

주소 :

전화번호 :

전자우편주소 :

고 소 취 지

피고소인을 고소인에 대한 협박죄로 고소하오니 엄히 벌하여 주시기 바랍니다.

고 소 사 실

1. 피고소인은 ○○시 ○○길 22-2에 있는 지하1층 지상 3층 건물의 소유자입니다.

2. 고소인은 위 건물의 지상 1층을 임차하여 '○○식당'을 운영하고 있습니다.

3. 위 식당용 건물 부분 임대차기간의 만료일은 2023. 3. 31.까지입니다. 그런데 임대차기간이 종료하지도 않았고, 고소인이 임대료를 연체한 사실도 없음에도 불구하고 피고소인은 오래 전부터 식당용 건물 부분을 자신에게 명도하라고 요구해 왔습니다. 그러던 중 피고소인은 2022. 2. 2. 경 위 식당으로 고소인을 찾아와 "1주일 이내에 식당 부분을 비우지 않으면 폭력배들을 시켜 영업을 못하게 하겠다. 애들이 학교에 다니지 못하게 하겠다."고 말한 사실이 있습니다. 이에 겁을 먹은 고소인은 식당에 나가 영업을 하는 일이 무척 어려운 지경입니다.

첨 부 자 료

1. 녹취서 1통.

2022. 0. 0.

위 고소인 ○○○ (인)

○○경찰서장 귀하

참고사항

* 반드시 적어야 할 내용 : ①협박행위의 일시 및 장소, ②협박의 내용, ③협박행위가 있었다는 사실을 증명할 방법(직접 들은 참고인 또는 녹취서), ④피고소인의 처벌을 희망하는 의사표시
* 녹취서 : 고소인이 녹음한 내용을 속기사가 작성한 문서
* 고소장을 제출할 기관 : 피고소인의 주소지를 관할하는 경찰서 민원실

30. 강간죄

▌강간죄의 뜻

폭행 또는 협박으로 사람을 강간한 자는 3년 이상의 유기징역에 처한다. 강간죄의 미수범은 처벌한다. 강간죄의 상습범은 강간죄에서 정한 형의 2분의 1을 가중하여 처벌한다.

강간죄에서 말하는 '폭행 또는 협박'은 폭행죄의 폭행이나 협박죄의 협박과는 그 의미가 다르다. 강간죄에 있어서의 수단인 폭행 또는 협박은 피해자의 항거를 현저히 곤란하게 할 정도의 것이어야 한다.

▌유사강간죄

폭행 또는 협박으로 사람에 대하여 구강, 항문 등 신체(성기는 제외한다)의 내부에 성기를 넣거나 성기, 항문에 손가락 등 신체(성기는 제외한다)의 일부 또는 도구를 넣는 행위를 한 사람은 2년 이상의 유기징역에 처한다. 유사강간죄의 미수범은 처벌한다. 유사강간죄의 상습범은 그 죄에 2분의 1을 가중하여 처벌한다.

▌준강간죄

사람의 심신상실 또는 항거불능의 상태를 이용하여 간음을 한 자는 강간죄, 유사강간죄의 예에 따라 처벌한다. 준강간죄의 미수범은 처벌한다.

▌강간 등 상해죄 · 치상죄

강간죄나 유사강간죄를 범한 자가 사람을 상해하거나 상해에 이르게 한 때에는 무기 또는 5년 이상의 징역에 처한다.

▌강간 등 살인죄 · 치사죄

강간죄나 유사강간죄를 범한 자가 사람을 살해한 때에는 사형 또는 무기징역에 처한다. 사망에 이르게 한 때에는 무기 또는 10년 이상의 징역에 처한다.

▒ 미성년자 등에 대한 간음죄

미성년자 또는 심신미약자에 대하여 위계 또는 위력으로써 간음 또는 추행을 한 자는 5년 이하의 징역에 처한다.

위계에 의한 간음죄에서 '위계'란 행위자의 행위목적을 달성하기 위하여 피해자에게 오인, 착각, 부지를 일으키게 하여 이를 이용하는 것을 말한다.

한편, '위력'이란 피해자의 자유의사를 제압하기에 충분한 힘을 말하고, 유형적이든 무형적이든 묻지 않고 폭행 · 협박뿐만 아니라 사회적 · 경제적 · 정치적인 지위나 권세를 이용하는 것도 가능하며, 현실적으로 피해자의 자유의사가 제압될 필요는 없다.

▒ 업무상 위력 등에 의한 간음죄

업무, 고용 기타 관계로 인하여 자기의 보호 또는 감독을 받는 사람에 대하여 위계 또는 위력으로써 간음한 자는 7년 이하의 징역 또는 3천만원 이하의 벌금에 처한다.

법률에 의하여 구금된 사람을 감호하는 자가 그 사람을 간음한 때에는 10년 이하의 징역에 처한다.

▒ 미성년자에 대한 간음죄

13세 미만의 사람에 대하여 간음한 자는 강간죄, 유사강간죄, 강간 등 상해죄 · 치상죄의 예에 따라 처벌한다. 13세 이상 16세 미만의 사람에 대하여 간음한 19세 이상의 자도 같다.

▒ 예비죄 · 음모죄의 처벌

강간죄, 유사강간죄, 준강간죄, 강간 등 상해죄를 범할 목적으로 예비 또는 음모한 사람은 3년 이하의 징역에 처한다.

▒ 대법원판례

강간죄가 성립하려면 가해자의 폭행 · 협박은 피해자의 항거를 불가능하게 하거나 현저히 곤란하게 할 정도의 것이어야 하고, 그 폭행·협박이 피해자의 항거를 불가능하게 하거나 현저히 곤란하게 할 정도의 것이었는지 여부는 그 폭행·협박의 내용과 정도는 물론, 유형력을 행사하게 된 경위, 피해자와의 관계, 성교 당시와 그 후의 정황 등 모든 사정을 종합하여 판단하여야 한다.

가해자가 폭행을 수반함이 없이 오직 협박만을 수단으로 피해자를 간음 또는 추행한 경우에도 그 협박의 정도가 피해자의 항거를 불가능하게 하거나 현저히 곤란하게 할 정도의 것(강간죄)이거나 또는 피해자의 항거를 곤란하게 할 정도의 것(강제추행죄)이면 강간죄 또는 강제추행죄가 성립하고, 협박과 간음 또는 추행 사이에 시간적 간격이 있더라도 협박에 의하여 간음 또는 추행이 이루어진 것으로 인정될 수 있다면 달리 볼 것은 아니다(대법원 2007. 1. 25. 선고 2006도5979 판결).

준강간죄에서 '심신상실'이란 정신기능의 장애로 인하여 성적 행위에 대한 정상적인 판단능력이 없는 상태를 의미하고, '항거불능'의 상태란 심신상실 이외의 원인으로 심리적 또는 물리적으로 반항이 절대적으로 불가능하거나 현저히 곤란한 경우를 의미한다. 이는 준강제추행죄의 경우에도 마찬가지이다.

피해자가 깊은 잠에 빠져 있거나 술·약물 등에 의해 일시적으로 의식을 잃은 상태 또는 완전히 의식을 잃지는 않았더라도 그와 같은 사유로 정상적인 판단능력과 대응·조절능력을 행사할 수 없는 상태에 있었다면 준강간죄 또는 준강제추행죄에서의 심신상실 또는 항거불능 상태에 해당한다.

의학적 개념으로서의 '알코올 블랙아웃(black out)'은 중증도 이상의 알코올 혈중농도, 특히 단기간 폭음으로 알코올 혈중농도가 급격히 올라간 경우 그 알코올 성분이 외부 자극에 대하여 기록하고 해석하는 인코딩 과정(기억형성에 관여하는 뇌의 특정 기능)에 영향을 미침으로써 행위자가 일정한 시점에 진행되었던 사실에 대한 기억을 상실하는 것을 말한다.

알코올 블랙아웃은 인코딩 손상의 정도에 따라 단편적인 블랙아웃과 전면적인 블랙아웃이 모두 포함된다. 그러나 알코올의 심각한 독성화와 전형적으로 결부된 형태로서의 의식상실의 상태, 즉 알코올의 최면진정작용으로 인하여 수면에 빠지는 의식상실(passing out)과 구별되는 개념이다.

따라서 음주 후 준강간 또는 준강제추행을 당하였음을 호소한 피해자의 경우, 범행 당시 알코올이 위의 기억형성의 실패만을 야기한 알코올 블랙아웃 상태였다면 피해자는 기억장애 외에 인지기능이나 의식 상태의 장애에 이르렀다고 인정하기 어렵지만, 이에 비하여 피해자가 술에 취해 수면상태에 빠지는 등 의식을 상실한 패싱아웃 상태였다면 심신상실의 상태에 있었음을 인정할 수 있다.
또한 '준강간죄 또는 준강제추행죄에서의 심신상실·항거불능'의 개념에 비추어, 피해자가 의식상실 상태에 빠져 있지는 않지만 알코올의 영향으로 의사를 형성할 능력이나 성적 자기결정권 침해행위에 맞서려는 저항력이 현저하게 저하된 상태였다면 '항거불능'에 해당하여, 이러한 피해자에 대한 성적 행위 역시 준강간죄 또는 준강제추행죄를 구성할 수 있다(대법원 2021. 2. 4. 선고2018도9781 판결).

남녀 간의 정사를 내용으로 하는 강간, 간통, 강제추행, 업무상 위력 등에 의한 간음 등의 범죄에 있어서는 행위의 성질상 당사자 간에서 극비리에 또는 외부에서 알기 어려운 상태하에서 감행되는 것이 보통이고, 그 피해자 외에는 이에 대한 물적 증거나 직접적 목격증인 등의 증언을 기대하기가 어려운 사정이 있는 것이라 할 것이니, 이런 범죄는 피해자의 피해전말에 관한 증언을 토대로 하여 범행의 전후사정에 관한 제반증거를 종합하여 우리의 경험법칙에 비추어서 범행이 있었다고 인정될 수 있는 경우에는 이를 유죄로 인정할 수 있는 것이다(대법원 1976. 2. 10. 선고 74도1519 판결).

○ 관련 법조 : 형법 제297조 ~ 제305조의3

고소장 작성례(강간치상죄)

고 소 장

고 소 인 ○○○

주소 :

전화번호 :

전자우편주소 :

피고소인 ○○○ (000000-0000000)

주소 :

전화번호 :

전자우편주소 :

고 소 취 지

피고소인을 고소인에 대한 강간치상죄로 고소하오니 엄히 벌하여 주시기 바랍니다.

고 소 사 실

1. 고소인은 ○○시 ○○로 11-1에 있는 '○○호프'를 운영하는 사람이고, 피고소인은 위 주점에 자주 드나들며 술을 마시는 관계로 알게 된 사람입니다.
2. 피고소인은 2022. 0. 0. 위 주점에서 술을 마시던 중 23시 30분경 다른 손님이 없게 되자 갑자기 고소인에게 과도를 들이대어 고소인이 겁을 먹자 주점 내에 있는 내실로 고소인을 끌고 들어간 다음 고소인의 바지와 팬티를 강제로 벗긴 상태에서 피고소인의 성기를 고소인의 음부에 삽입하여 1회 강간한 사실이 있습니다.

3. 이 과정에서 고소인은 회음부열상 등 3주의 치료를 요하는 상해를 입은 사실이 있습니다.

첨 부 서 류

1. 상해진단서 1통.

2022. 0. 0.

위 고소인 ○○○ (인)

○○경찰서장 귀하

참고사항

* 반드시 적어야 할 내용 : ①폭행 또는 협박 행위, ②반항을 하지 못한 이유, ③성기의 삽입행위, ④상해가 발생한 신체 부위 및 상해의 정도
* 고소장을 제출할 기관 : 피고소인의 주거지를 관할하는 경찰서 민원실

31. 강제추행죄

강제추행죄의 뜻

폭행 또는 협박으로 사람에 대하여 추행을 한 자는 10년 이하의 징역 또는 1천500만원 이하의 벌금에 처한다. 강제추행죄의 미수범은 처벌한다. 강제추행죄를 상습으로 범한 자는 그 죄에서 정한 형의 2분의 1까지 가중하여 처벌한다.

상대방에 대하여 폭행 또는 협박을 가하여 추행행위를 하는 경우에 강제추행죄가 성립하려면 그 폭행 또는 협박이 항거를 곤란하게 할 정도일 것을 요하고, 그 폭행·협박이 피해자

의 항거를 곤란하게 할 정도의 것이었는지 여부 역시 그 폭행 · 협박의 내용과 정도는 물론, 유형력을 행사하게 된 경위, 피해자와의 관계, 추행 당시와 그 후의 정황 등 모든 사정을 종합하여 판단하여야 한다.

준강제추행죄

사람의 심신상실 또는 항거불능의 상태를 이용하여 추행을 한 자는 강제추행죄의 예에 의하여 처벌한다. 준강제추행죄의 미수범은 처벌한다. 준강제추행죄의 상습범은 그 죄에서 정한 형의 2분의 1까지 가중하여 처벌한다.

강제추행 등 상해죄 · 치상죄

강제추행죄, 준강제추행죄와 이들 죄의 미수범이 사람을 상해하거나 상해에 이르게 한 때에는 무기 또는 5년 이상의 징역에 처한다.

강제추행 등 살인죄 · 치사죄

강제추행죄, 준강제추행죄와 이들 죄의 미수범이 사람을 살해한 때에는 사형 또는 무기징역에 처한다. 사망에 이르게 한 때에는 무기 또는 10년 이상의 징역에 처한다.

미성년자 등에 대한 추행죄

미성년자 또는 심신미약자에 대하여 위계 또는 위력으로써 추행을 한 자는 5년 이하의 징역에 처한다. 본죄의 객체는 미성년자 또는 심신미약자이다. 여기서 미성년자란 19세 미만의 자를 말한다. 다만 형법 제305조와의 관계에서 13세 미만의 자는 제외된다. 심신미약자란 정신기능의 장애로 정상적인 판단능력이 부족한 자를 말하며, 그 연령은 묻지 않는다.

본죄의 행위는 위계 또는 위력에 의하여 추행하는 것이다. 여기에서의 '위계'라 함은 행위자가 추행의 목적으로 상대방에게 오인 · 착각 · 부지를 일으키고 상대방의 그러한 심적 상태를 이용하여 추행의 목적을 달성하는 것을 말하며, 기망뿐만 아니라 유혹도 포함된다.

미성년자에 대한 추행죄

13세 미만의 사람에 대하여 추행을 한 자는 강제추행죄, 강제추행치상죄, 강제추행치사죄, 강제추행살인죄의 예에 따라 처벌한다. 13세 이상 16세 미만의 사람에 대하여 간음 또는 추행을 한 19세 이상의 자도 또한 같다.

대법원판례

강제추행죄는 상대방에 대하여 폭행 또는 협박을 가하여 항거를 곤란하게 한 뒤에 추행행위를 하는 경우뿐만 아니라 폭행행위 자체가 추행행위라고 인정되는 이른바 기습추행의 경우도 포함된다. 특히 기습추행의 경우 추행행위와 동시에 저질러지는 폭행행위는 반드시 상대방의 의사를 억압할 정도의 것임을 요하지 않고 상대방의 의사에 반하는 유형력의 행사가 있기만 하면 그 힘의 대소강약을 불문한다는 것이 일관된 판례의 입장이다. 이에 따라 대법원은, 피해자의 옷 위로 엉덩이나 가슴을 쓰다듬는 행위, 피해자의 의사에 반하여 그 어깨를 주무르는 행위, 교사가 여중생의 얼굴에 자신의 얼굴을 들이밀면서 비비는 행위나 여중생의 귀를 쓸어 만지는 행위 등에 대하여 피해자의 의사에 반하는 유형력의 행사가 이루어져 기습추행에 해당한다고 판단한 바 있다.

나아가 추행은 객관적으로 일반인에게 성적 수치심이나 혐오감을 일으키게 하고 선량한 성적 도덕관념에 반하는 행위로서 피해자의 성적 자유를 침해하는 것으로, 이에 해당하는지 여부는 피해자의 의사, 성별, 연령, 행위자와 피해자의 이전부터의 관계, 그 행위에 이르게 된 경위, 구체적 행위태양, 주위의 객관적 상황과 그 시대의 성적 도덕관념 등을 종합적으로 고려하여 신중히 결정되어야 한다(대법원 2020. 3. 26. 선고 2019도15994 판결).

ㅇ 관련 법조 : 형법 제298조 이하

고소장 작성례(강제추행죄)

고 소 장

고 소 인 ○○○

주소 :

전화번호 :

전자우편주소 :

피고소인 ○○○ (000000-0000000)

주소 :

전화번호 :

전자우편주소 :

고 소 취 지

피고소인을 고소인에 대한 강제추행죄로 고소하오니 엄히 벌하여 주시기 바랍니다.

고 소 사 실

1. 피고소인은 고소인의 직장 내 상사입니다.
2. 피고소인은 2022. 0. 0. ○○시 ○○길 110-10에 있는 '○○노래연습장'에서 직장 동료인 일행 2명 및 고소인과 피고소인이 함께 노래를 부르던 중 갑자기 고소인의 가슴을 손으로 만지고, 이어 고소인의 엉덩이를 쓰다듬는 방법으로 추행행위를 한 사실이 있습니다.

2022. 0. 0.

위 고소인 ○○○ (인)

○○경찰서장 귀하

참고사항

* 반드시 적어야 할 내용 : ①피고소인이 기습적으로 추행한 사실, ②피고소인이 만진 고소인의 신체 부위, ③고소인과 피고소인의 관계, ④처벌을 바란다는 의사표시
* 고소장을 제출할 기관 : 피고소인의 주거지 관할 경찰서 민원실

32. 명예훼손죄

명예훼손죄의 뜻

공연히 사실을 적시하여 사람의 명예를 훼손한 자는 2년 이하의 징역이나 금고 또는 500만원 이하의 벌금에 처한다. 이를 '사실적시 명예훼손죄'라고 한다.

공연히 허위의 사실을 적시하여 사람의 명예를 훼손한 자는 5년 이하의 징역, 10년 이하의 자격정지 또는 1천만원 이하의 벌금에 처한다. 이를 '허위사실적시 명예훼손죄'라고 한다.

명예훼손죄는 피해자의 명시한 의사에 반하여 처벌할 수 없는 '반의사불벌죄'이다.

자연인은 물론 법인도 설립 시부터 청산종결 시까지 명예훼손죄의 주체가 될 수 있다.

을과 사이가 나쁜 갑이 마을 방송에서 "어떤 분자가 종중재산을 횡령했다"고 말했는데, 마을 사람들은 을을 가리키는 것을 알 수 있었다. 대법원은 이 경우에 명예훼손죄가 성립되려면 피해자가 특정되어야 하지만, 주위 사정과 종합해 특정인인지를 알 수 있는 경우라면 명예훼손죄를 구성한다고 설명한 적이 있다.

명예훼손죄는 어떤 특정한 사람 또는 인격을 보유하는 단체에 대하여 그 명예를 훼손함으로써 성립하는 것이므로 그 피해자는 특정될 것을 요하고, 다만 '서울시민' 또는 '경기도민'이라고 지칭함과 같은 막연한 표시에 의해서는 명예훼손죄를 구성하지 아니한다 할 것이지

만, 집합적 명사를 쓴 경우에도 그것에 의하여 그 범위에 속하는 특정인을 가리키는 것이 명백하면, 이를 각자의 명예를 훼손하는 행위라고 볼 수 있다.

명예훼손죄에서 적시의 대상이 되는 사실이란 현실적으로 발생하고 증명할 수 있는 과거 또는 현재의 사실을 말하며 장래의 일을 적시하더라도 그것이 과거 또는 현재의 사실을 기초로 하거나 이에 대한 주장을 포함하는 경우에는 명예훼손죄가 성립한다.

사자(死者)의 명예훼손죄

공연히 허위의 사실을 적시하여 사자의 명예를 훼손한 자는 2년 이하의 징역이나 금고 또는 500만원 이하의 벌금에 처한다.

여기의 '사자'는 죽은 사람을 말한다. 사자의 명예훼손죄는 고소가 있어야 공소를 제기할 수 있는 '친고죄(親告罪)'이다.

출판물 등에 의한 명예훼손죄

사람을 비방할 목적으로 신문, 잡지 또는 라디오 기타 출판물에 의하여 '사실적시 명예훼손죄'를 범한 자는 3년 이하의 징역이나 금고 또는 700만원 이하의 벌금에 처한다.

사람을 비방할 목적으로 신문, 잡지 또는 라디오 기타 출판물에 의하여 '허위사실적시 명예훼손죄'를 범한 자는 7년 이하의 징역, 10년 이하의 자격정지 또는 1천500만원 이하의 벌금에 처한다.

출판물에 의한 명예훼손죄는 피해자의 명시한 의사에 반하여 처벌할 수 없는 '반의사불벌죄'이다.

위법성의 조각

'사실적시 명예훼손' 행위가 진실한 사실로서 오로지 공공의 이익에 관한 때에는 처벌하지 아니한다.

대법원판례

명예훼손죄의 관련 규정들은 명예에 대한 침해가 '공연히' 또는 '공공연하게' 이루어질 것을 요구하는데, '공연히' 또는 '공공연하게'는 사전적으로 '세상에서 다 알 만큼 떳떳하게', '숨김이나 거리낌이 없이 그대로 드러나게'라는 뜻이다. 공연성을 행위 태양으로 요구하는 것은 사회에 유포되어 사회적으로 유해한 명예훼손 행위만을 처벌함으로써 개인의 표현의 자유가 지나치게 제한되지 않도록 하기 위함이다. 대법원 판례는 명예훼손죄의 구성요건으로서 공연성에 관하여 '불특정 또는 다수인이 인식할 수 있는 상태'를 의미한다고 밝혀 왔고, 이는 학계의 일반적인 견해이기도 하다.

대법원은 명예훼손죄의 공연성에 관하여 개별적으로 소수의 사람에게 사실을 적시하였더라도 그 상대방이 불특정 또는 다수인에게 적시된 사실을 전파할 가능성이 있는 때에는 공연성이 인정된다고 일관되게 판시하여, 이른바 전파가능성 이론은 공연성에 관한 확립된 법리로 정착되었다. 이러한 법리는 정보통신망 이용촉진 및 정보보호 등에 관한 법률(이하 '정보통신망법'이라 한다)상 정보통신망을 이용한 명예훼손이나 공직선거법상 후보자비방죄 등의 공연성 판단에도 동일하게 적용되어, 적시한 사실이 허위인지 여부나 특별법상 명예훼손 행위인지 여부에 관계없이 명예훼손 범죄의 공연성에 관한 대법원 판례의 기본적 법리로 적용되어 왔다.

공연성에 관한 전파가능성 법리는 대법원이 오랜 시간에 걸쳐 발전시켜 온 것으로서 현재에도 여전히 법리적으로나 현실적인 측면에 비추어 타당하므로 유지되어야 한다. 대법원 판례와 재판 실무는 전파가능성 법리를 제한 없이 적용할 경우 공연성 요건이 무의미하게 되고 처벌이 확대되게 되어 표현의 자유가 위축될 우려가 있다는 점을 고려하여, 전파가능성의 구체적·객관적인 적용 기준을 세우고, 피고인의 범의를 엄격히 보거나 적시의 상대방과 피고인 또는 피해자의 관계에 따라 전파가능성을 부정하는 등 판단 기준을 사례별로 유형화하면서 전파가능성에 대한 인식이 필요함을 전제로 전파가능성 법리를 적용함으로써 공연성을 엄격하게 인정하여 왔다. 구체적으로 살펴보면 다음과 같다.

(가) 공연성은 명예훼손죄의 구성요건으로서, 특정 소수에 대한 사실적시의 경우 공연성이 부정되는 유력한 사정이 될 수 있으므로, 전파될 가능성에 관하여는 검사의 엄격한 증명이 필요하다. 나아가 대법원은 '특정의 개인이나 소수인에게 개인적 또는 사적으

로 정보를 전달하는 것과 같은 행위는 공연하다고 할 수 없고, 다만 특정의 개인 또는 소수인이라고 하더라도 불특정 또는 다수인에게 전파 또는 유포될 개연성이 있는 경우라면 공연하다고 할 수 있다'고 판시하여 전파될 가능성에 대한 증명의 정도로 단순히 '가능성'이 아닌 '개연성'을 요구하였다.

(나) 공연성의 존부는 발언자와 상대방 또는 피해자 사이의 관계나 지위, 대화를 하게 된 경위와 상황, 사실적시의 내용, 적시의 방법과 장소 등 행위 당시의 객관적 제반 사정에 관하여 심리한 다음, 그로부터 상대방이 불특정 또는 다수인에게 전파할 가능성이 있는지 여부를 검토하여 종합적으로 판단하여야 한다. 발언 이후 실제 전파되었는지 여부는 전파가능성 유무를 판단하는 고려요소가 될 수 있으나, 발언 후 실제 전파 여부라는 우연한 사정은 공연성 인정 여부를 판단함에 있어 소극적 사정으로만 고려되어야 한다. 따라서 전파가능성 법리에 따르더라도 위와 같은 객관적 기준에 따라 전파가능성을 판단할 수 있고, 행위자도 발언 당시 공연성 여부를 충분히 예견할 수 있으며, 상대방의 전파의사만으로 전파가능성을 판단하거나 실제 전파되었다는 결과를 가지고 책임을 묻는 것이 아니다.

(다) 추상적 위험범으로서 명예훼손죄는 개인의 명예에 대한 사회적 평가를 진위에 관계없이 보호함을 목적으로 하고, 적시된 사실이 특정인의 사회적 평가를 침해할 가능성이 있을 정도로 구체성을 띠어야 하나, 위와 같이 침해할 위험이 발생한 것으로 족하고 침해의 결과를 요구하지 않으므로, 다수의 사람에게 사실을 적시한 경우뿐만 아니라 소수의 사람에게 발언하였다고 하더라도 그로 인해 불특정 또는 다수인이 인식할 수 있는 상태를 초래한 경우에도 공연히 발언한 것으로 해석할 수 있다.

(라) 전파가능성 법리는 정보통신망 등 다양한 유형의 명예훼손 처벌규정에서의 공연성 개념에 부합한다고 볼 수 있다. 인터넷, 스마트폰과 같은 모바일 기술 등의 발달과 보편화로 SNS, 이메일, 포털사이트 등 정보통신망을 통해 대부분의 의사표현이나 의사전달이 이루어지고 있고, 그에 따라 정보통신망을 이용한 명예훼손도 급격히 증가해 가고 있다. 이러한 정보통신망과 정보유통과정은 비대면성, 접근성, 익명성 및 연결성 등을 본질적 속성으로 하고 있어서, 정보의 무한 저장, 재생산 및 전달이 용이하여 정보통신망을 이용한 명예훼손은 '행위 상대방' 범위와 경계가 불분명해지고, 명예훼손 내용을 소수에게만 보냈음에도 행위 자체로 불특정 또는 다수인이 인식할 수 있는 상

태를 형성하는 경우가 다수 발생하게 된다. 특히 정보통신망에 의한 명예훼손의 경우 행위자가 적시한 정보에 대한 통제가능성을 쉽게 상실하게 되고, 빠른 전파성으로 인하여 피해자의 명예훼손의 침해 정도와 범위가 광범위하게 되어 표현에 대한 반론과 토론을 통한 자정작용이 사실상 무의미한 경우도 적지 아니하다.

따라서 정보통신망을 이용한 명예훼손 행위에 대하여, 상대방이 직접 인식하여야 한다거나, 특정된 소수의 상대방으로는 공연성을 충족하지 못한다는 법리를 내세운다면 해결 기준으로 기능하기 어렵게 된다. 오히려 특정 소수에게 전달한 경우에도 그로부터 불특정 또는 다수인에 대한 전파가능성 여부를 가려 개인의 사회적 평가가 침해될 일반적 위험성이 발생하였는지를 검토하는 것이 실질적인 공연성 판단에 부합되고, 공연성의 범위를 제한하는 구체적인 기준이 될 수 있다. 이러한 공연성의 의미는 형법과 정보통신망법 등의 특별법에서 동일하게 적용되어야 한다(대법원 2020. 11. 19. 선고 2020도5813 전원합의체 판결).

형법 제310조는 "제307조 제1항의 행위가 진실한 사실로서 오로지 공공의 이익에 관한 때에는 처벌하지 않는다."고 규정하고 있는바, 공연히 사실을 적시하여 사람의 명예를 훼손한 행위가 위 규정에 따라서 위법성이 조각되어 처벌받지 않기 위하여는 적시된 사실이 객관적으로 볼 때 공공의 이익에 관한 것으로서 행위자도 공공의 이익을 위하여 그 사실을 적시한 것이어야 될 뿐만 아니라, 그 사실이 진실한 것이어야 될 것이다.

"공공의 이익에 관한 것"이라 함은 널리 국가 · 사회 기타 일반 다수인의 이익에 관한 것뿐만 아니라 특정한 사회집단이나 그 구성원 전체의 이익에 관한 것도 포함된다고 할 것인바, 공공의 이익에 관한 것인지의 여부는 적시된 사실 자체의 내용과 성질에 비추어 객관적으로 판단하여야 할 것이고, 사실을 적시한 행위자의 주요한 목적이 공공의 이익을 위한 것이라면 부수적으로 다른 목적이 있었다고 하더라도 형법 제310조의 적용을 배제할 수는 없다고 할 것이다(대법원 1993. 6. 22. 선고 93도1035 판결).

○ 관련 법조 : 형법 제307조 ~ 제312조
○ 적시(摘示) : 지적하여 알림
○ 추상적 위험범 : 보호법익이 현실적으로 침해를 받은 경우에만 처벌하는 범죄를 '침해범'이라 하고, 보호법익이 침해를 받을 위험만 있어도 처벌하는 범죄를 '위험범'이라고 함. 추상적 위험범은 구체적 위험범에 대응하는 것으로, 그 위험이 추상적으로만 존재해도 벌하는 범죄를 말함

고소장 작성례(명예훼손죄)

고 소 장

고 소 인 ○○○ (000000-0000000)
주소 :
전화번호 :
전자우편주소 :

피고소인 ○○○ (000000-0000000)
주소 :
전화번호 :
전자우편주소 :

고 소 취 지

피고소인을 고소인에 대한 명예훼손죄로 고소하오니 엄히 벌하여 주시기 바랍니다.

고 소 사 실

1. 고소인은 ○○주식회사의 주주이고, 피고소인은 위 회사의 대표이사입니다.
2. 피고소인은 2021. 0. 0. 서울 강남구 ○○○로 00-0에 있는 위 회사 강당에서 열린 임시주주총회에서 사실은 고소인이 위 회사의 돈을 횡령한 사실이 없음에도 불구하고 위 회사 주주 약 60명이 모인 자리에서 고소인을 지목하여 "저 사람은 회사의 공금을 횡령한 범죄자입니다. 고소해서 처벌받게 할 생각인데, 주주님들은 어떻게 생각하십니까?"라고 허위사실을 유포함으로써 고소인의 명예를 훼손한 일이 있습니다.

2022. 0. 0.

위 고소인 ○○○ (인)

○○경찰서장 귀하

참고사항

* 꼭 적어야 할 내용 : ①고소인의 명예를 훼손한 내용(사실 또는 허위사실의 적시), ②전파가능성(불특정인 또는 다수인의 존재), ③피고소인의 처벌을 바라는 의사표시
* 고소장을 제출할 기관 : 피고소인의 주소지 관할 경찰서 민원실

33. 모욕죄

모욕죄의 뜻

공연히 사람을 모욕한 자는 1년 이하의 징역이나 금고 또는 200만원 이하의 벌금에 처한다(형법 제311조). 모욕죄는 고소가 있어야 공소를 제기할 수 있는 친고죄이다(형법 제312조).

모욕죄(侮辱罪)는 공연히 사람을 모욕하여 사회적 평가를 해할 때 성립하는 범죄이다. 여기에서 말하는 '모욕'은 모멸의 일종이다. 모멸(侮蔑)은 다른 사람을 경멸 · 비하 · 조롱하고 무시하는 행위의 총칭이다. 경멸의 의도가 얇고 적대적 의도가 강한 경우는 모욕(侮辱)이라고 한다. 풍자의 의도가 강한 경우는 비꼼 또는 야유(揶揄)라고 한다.

대법원판례

모욕죄에서 말하는 모욕이란 사실을 적시하지 아니하고 사람의 사회적 평가를 저하시킬 만한 추상적 판단이나 경멸적 감정을 표현하는 것을 의미한다.

다만, 어떤 글이 모욕적 표현을 담고 있는 경우에도 그 글이 객관적으로 타당성이 있는 사실을 전제로 하여 그 사실관계나 이를 둘러싼 문제에 관한 자신의 판단과 피해자의 태도 등이 합당한가 하는 데 대한 자신의 의견을 밝히고, 자신의 판단과 의견이 타당함을 강조하는 과정에서 부분적으로 모욕적인 표현이 사용된 것에 불과하다면 사회상규에 위배되지 않는 행위로서 형법 제20조에 의하여 위법성이 조각될 수 있다.

그리고 특정 사안에 대한 의견을 공유하는 인터넷 게시판 등의 공간에서 작성된 단문의 글에 모욕적 표현이 포함되어 있더라도, 그 글이 동조하는 다른 의견들과 연속적 · 전체적인 측면에서 볼 때, 그 내용이 객관적으로 타당성이 있는 사정에 기초하여 관련 사안에 대한 자신의 판단 내지 피해자의 태도 등이 합당한가 하는 데 대한 자신의 의견을 강조하거나 압축하여 표현한 것이라고 평가할 수 있고, 그 표현도 주로 피해자의 행위에 대한 것으로서 지나치게 악의적이지 않다면, 다른 특별한 사정이 없는 한 그 글을 작성한 행위는 사회상규에 위배되지 않는 행위로서 위법성이 조각된다고 보아야 한다(대법원2021. 3. 25. 선고 2017도17643 판결).

공연히 타인을 모욕한 경우에 이를 처벌하는 것은 사람의 인격적 가치에 대한 사회적 평가, 즉 외부적 명예를 보호하기 위함이다. 반면에 모욕죄의 형사처벌은 표현의 자유를 제한하고 있으므로, 어떠한 글이 모욕적 표현을 포함하는 판단이나 의견을 담고 있을 경우에도 그 시대의 건전한 사회통념에 비추어 살펴보아 그 표현이 사회상규에 위배되지 않는 행위로 볼 수 있는 때에는 형법 제20조의 정당행위에 해당하여 위법성이 조각된다고 보아야 하고, 이로써 표현의 자유로 획득되는 이익 및 가치와 명예 보호에 의하여 달성되는 이익 및 가치를 적절히 조화할 수 있다(대법원 2021. 8. 19. 선고 2020도14576 판결).

고소장 작성례(모욕죄)

고　　소　　장

고 소 인　　○○○ (000000-0000000)

주소 :

전화번호 :

전자우편주소 :

피고소인　　○○○ (000000-0000000)

주소 :

전화번호 :

전자우편주소 :

고 소 취 지

피고소인을 고소인에 대한 모욕죄로 고소하오니 엄히 벌하여 주시기 바랍니다.

고 소 사 실

1. 고소인은 경기도 ○○군 ○○면 ○○리에서 슈퍼마켓을 운영하는 사람이고, 피고소인은 같은 동네에 거주하는 사람입니다.
2. 피고소인은 2022. 0. 0. 13시 무렵 위 슈퍼마켓에서 같은 동네 주민인 고소외 ○○○ 등 약 5명이 보는 자리에서 고소인이 평소 피고소인에게 물건을 외상으로 판매하지 않는다는 이유를 들어 불만을 표시함에 있어 고소인에게 "이 돼지 같은 년아, 네가 혼자 잔뜩 처먹고 배 두드리며 사나 보자"고 경멸적인 언어를 사용한 사

실이 있습니다.

3. 위와 같은 일이 있은 후에도 피고소인은 고소인에게 사과를 하기는커녕 동네 사람들에게 고소인을 비방하는 내용의 말을 계속하고 있다는 풍문도 있어 부득이 고소합니다.

2022. 0. 0.

위 고소인 ○○○ (인)

○○경찰서자 귀하

참고사항

* 꼭 적시해야 할 내용 : ①모욕행위의 일시 및 장소, ②같은 장소에 있던 사람(참고인), ③피고소인이 사용한 경멸적인 표현, ④피고소인의 처벌을 바라는 취지

* 고소장을 제출할 기관 : 피고소인의 주소지를 관할하는 경찰서 민원실

34. 업무방해죄

업무방해죄의 뜻

허위의 사실을 유포하거나 기타 위계 또는 위력으로써 사람의 업무를 방해한 자는 5년 이하의 징역 또는 1천500만원 이하의 벌금에 처한다.

컴퓨터등 정보처리장치 또는 전자기록등 특수매체기록을 손괴하거나 정보처리장치에 허위의 정보 또는 부정한 명령을 입력하거나 기타 방법으로 정보처리에 장애를 발생하게 하여 사람의 업무를 방해한 자도 같다(형법 제314조).

이 죄에서 말하는 '업무'란 사람이 사회생활상의 지위에 의하여 계속 반복의 의사로 행하는 사무를 말하며, 업무는 사회상규상 보호할 가치가 있는 것이면 되고, 반드시 그 업무의 기

초가 된 계약이나 행정행위 등이 적법하여야 하는 것은 아니다. 업무방해죄의 성립에 있어서는 업무방해의 결과가 실제로 발생함을 요하는 것은 아니고, 업무방해의 결과를 초래할 위험이 있으면 충분하다.

한편, "못된 장난(가령 119에 허위 신고) 등으로 다른 사람, 단체 또는 공무수행 중인 자의 업무를 방해한 사람"은 업무방해로 규정하여 20만원 이하의 벌금, 구류나 과료로 처벌할 수 있다(경범죄처벌법 제3조 제2항).

대법원판례

형법상 업무방해죄의 보호법익은 업무를 통한 사람의 사회적·경제적 활동을 보호하려는 데 있으므로, 그 보호대상이 되는 '업무'란 직업 또는 계속적으로 종사하는 사무나 사업을 말하고, 여기서 '사무' 또는 '사업'은 단순히 경제적 활동만을 의미하는 것이 아니라 널리 사람이 그 사회생활상의 지위에서 계속적으로 행하는 일체의 사회적 활동을 의미한다.

한편, 형법상 업무방해죄와 별도로 규정한 공무집행방해죄에서 '직무의 집행'이란 널리 공무원이 직무상 취급할 수 있는 사무를 행하는 것을 의미하는데, 이 죄의 보호법익이 공무원에 의하여 구체적으로 행하여지는 국가 또는 공공기관의 기능을 보호하고자 하는 데 있는 점을 감안할 때, 공무원의 직무집행이 적법한 경우에 한하여 공무집행방해죄가 성립하고, 여기에서 적법한 공무집행이란 그 행위가 공무원의 추상적 권한에 속할 뿐 아니라 구체적 직무집행에 관한 법률상 요건과 방식을 갖춘 경우를 가리키는 것으로 보아야 한다. 이와 같이 업무방해죄와 공무집행방해죄는 그 보호법익과 보호대상이 상이할 뿐만 아니라 업무방해죄의 행위유형에 비하여 공무집행방해죄의 행위유형은 보다 제한되어 있다. 즉, 공무집행방해죄는 폭행, 협박에 이른 경우를 구성요건으로 삼고 있을 뿐 이에 이르지 아니하는 위력 등에 의한 경우는 그 구성요건의 대상으로 삼고 있지 않다. 또한, 형법은 공무집행방해죄 외에도 여러 가지 유형의 공무방해행위를 처벌하는 규정을 개별적·구체적으로 마련하여 두고 있으므로, 이러한 처벌조항 이외에 공무의 집행을 업무방해죄에 의하여 보호받도록 하여야 할 현실적 필요가 적다는 측면도 있다. 그러므로 형법이 업무방해죄와는 별도로 공무집행방해죄를 규정하고 있는 것은 사적 업무와 공무를 구별하여 공무에 관해서는 공무원에 대한 폭행, 협박 또는 위계의 방법으로 그 집행을 방해하는 경우에 한하여 처벌하겠다는 취지라고 보아야 한다. 따라서 공무원이 직무상 수행하는 공무를 방해하는 행위에 대해서는 업무방해죄로 의율할 수는 없다고 해석함이 상당하다(대법원 2009. 11. 19. 선고 2009도4166 전원합의체 판결).

○ 위계(僞計) : 행위자의 행위목적을 달성하기 위하여 피해자에게 오인, 착각, 부지를 일으키게 하여 이를 이용하는 것 ○ 위력(威力) : 사람의 자유의사를 제압·혼란케 할 만한 일체의 세력

▌고소장 작성례(업무방해죄)

고 소 장

고 소 인 ○○○ (000000-0000000)

주소 :

전화번호 :

전자우편주소 :

피고소인 ○○○ (000000-0000000)

주소 :

전화번호 :

전자우편주소 :

고 소 취 지

피고소인을 고소인에 대한 업무방해죄로 고소하오니 엄히 벌하여 주시기 바랍니다.

고 소 사 실

1. 고소인은 ㅇㅇ시 ㅇㅇ길 11-1에서 'ㅇㅇ호프'라는 상호로 일반음식점 영업을 하는 사람이고, 피고소인은 위 음식점을 간헐적으로 이용하는 고객입니다.
2. 피고소인은 2022. 0. 0. 21시 무렵 위 ㅇㅇ호프에서 고소인이 고용한 사건외 ㅇㅇㅇ과 동석을 요구했지만, 고소인이 이에 응하지 않는다는 이유로 "이 씹할 년들이 내 말을 안 들어! 영업을 할 수 있는가 보자"라고 큰 소리로 욕설을 하면서 테이블과 의자 등을 발로 차서 쓰러뜨리는 등 약 30분 동안 난동을 부린 사실이 있습니다.
3. 피고소인의 이와 같은 업무방해행위로 인하여 고소인은 당일 영업을 하지 못하였습니다.

2022. 0. 0.

위 고소인 ㅇㅇㅇ (인)

ㅇㅇ경찰서장 귀하

참고사항

* 꼭 적어야 할 내용 : ①고소인이 취급하는 업무의 내용, ②방해의 방법(허위사실 유포, 위계에 의한 신용훼손 또는 위력)

* 고소장 제출 기관 : 피고소인의 주거지 관할 경찰서 민원실

35. 주거침입죄

주거침입죄의 뜻

사람의 주거, 관리하는 건조물, 선박이나 항공기 또는 점유하는 방실에 침입한 자는 3년 이하의 징역 또는 500만원 이하의 벌금에 처한다.

퇴거불응죄

사람의 주거, 관리하는 건조물, 선박이나 항공기 또는 점유하는 방실에서 퇴거 요구를 받고 응하지 아니한 자는 3년 이하의 징역 또는 500만원 이하의 벌금에 처한다.

특수주거침입죄

단체 또는 다중의 위력을 보이거나 위험한 물건을 휴대하여 주거침입죄, 퇴거불응죄를 범한 때에는 5년 이하의 징역에 처한다.

주거수색죄와 신체수색죄

사람의 신체, 주거, 관리하는 건조물, 자동차, 선박이나 항공기 또는 점유하는 방실을 수색한 자는 3년 이하의 징역에 처한다.

미수범의 처벌

주거침입죄, 퇴거불응죄, 특수주거침입죄, 주거수색죄 및 신체수색죄의 미수범은 처벌한다.

대법원판례

외부인이 공동거주자의 일부가 부재중에 주거 내에 현재하는 거주자의 현실적인 승낙을 받아 통상적인 출입방법에 따라 공동주거에 들어간 경우라면 그것이 부재중인 다른 거주자의 추정적 의사에 반하는 경우에도 주거침입죄가 성립하지 않는다고 보아야 한다. 구체적인 이유는 다음과 같다.

(가) 주거침입죄의 보호법익은 사적 생활관계에 있어서 사실상 누리고 있는 주거의 평온, 즉 '사실상 주거의 평온'으로서, 주거를 점유할 법적 권한이 없더라도 사실상의 권한이 있는 거주자가 주거에서 누리는 사실적 지배·관리관계가 평온하게 유지되는 상태를 말한다. 외부인이 무단으로 주거에 출입하게 되면 이러한 사실상 주거의 평온이 깨어지는 것이다. 이러한 보호법익은 주거를 점유하는 사실상태를 바탕으로 발생하는 것으로서 사실적 성질을 가진다.

한편, 공동주거의 경우에는 여러 사람이 하나의 생활공간에서 거주하는 성질에 비추어 공동거주자 각자는 다른 거주자와의 관계로 인하여 주거에서 누리는 사실상 주거의 평온이라는 법익이 일정 부분 제약될 수밖에 없고, 공동거주자는 공동주거관계를 형성하면서 이러한 사정을 서로 용인하였다고 보아야 한다.

부재중인 일부 공동거주자에 대하여 주거침입죄가 성립하는지를 판단할 때에도 이러한 주거침입죄의 보호법익의 내용과 성질, 공동주거관계의 특성을 고려하여야 한다. 공동거주자 개개인은 각자 사실상 주거의 평온을 누릴 수 있으므로, 어느 거주자가 부재중이라고 하더라도 사실상의 평온상태를 해치는 행위태양으로 들어가거나 그 거주자가 독자적으로 사용하는 공간에 들어간 경우에는 그 거주자의 사실상 주거의 평온을 침해하는 결과를 가져올 수 있다. 그러나 공동거주자 중 주거 내에 현재하는 거주자의 현실적인 승낙을 받아 통상적인 출입방법에 따라 들어갔다면, 설령 그것이 부재중인 다른 거주자의 의사에 반하는 것으로 추정된다고 하더라도 주거침입죄의 보호법익인 사실상 주거의 평온을 깨뜨렸다고 볼 수는 없다. 만일 외부인의 출입에 대하여 공동거주자 중 주거 내에 현재하는 거주자의 승낙을 받아 통상적인 출입방법에 따라 들어갔음에도 불구하고 그것이 부재중인 다른 거주자의 의사에 반하는 것으로 추정된다는 사정만으로 주거침입죄의 성립을 인정하게 되면, 주거침입죄를 의사의 자유를 침해하는 범죄의 일종으로 보는 것이 되어 주거침입죄가 보호하고자 하는 법익의 범위를 넘어서게 되고, '평온의 침해' 내용이 주관화·관념화되며, 출입 당시 현실적으로 존재하지 않는, 부재중인 거주자의 추정적 의사에 따라 주거침입죄의 성립 여부가 좌우되어 범죄 성립 여부가 명확하지 않고 가벌성의 범위가 지나치게 넓어지게 되어 부당한 결과를 가져오게 된다.

(나) 주거침입죄의 구성요건적 행위인 침입은 주거침입죄의 보호법익과의 관계에서 해석하여야 한다. 따라서 침입이란 '거주자가 주거에서 누리는 사실상의 평온상태를 해치는 행위태양으로 주거에 들어가는 것'을 의미하고, 침입에 해당하는지 여부는 출입 당시 객관적·외형적으로 드러난 행위태양을 기준으로 판단함이 원칙이다. 사실상의 평온상태를 해치는 행위태양으로 주거에 들어가는 것이라면 대체로 거주자의 의사에 반하는 것이겠지만, 단순히 주거에 들어가는 행위 자체가 거주자의 의사에 반한다는 거주자의 주관적 사정만으로 바로 침입에 해당한다고 볼 수는 없다.
외부인이 공동거주자 중 주거 내에 현재하는 거주자로부터 현실적인 승낙을 받아 통상적인 출입방법에 따라 주거에 들어간 경우라면, 특별한 사정이 없는 한 사실상의 평온상태를 해치는 행위태양으로 주거에 들어간 것이라고 볼 수 없으므로, 주거침입죄에서 규정하고 있는 침입행위에 해당하지 않는다(대법원2021. 9. 9. 선고 2020도12630 전원합의체 판결).

* **판례해설** : 종전의 판례는 부부가 거주하는 주거에 외부인이 부부 중 어느 한 사람과 정교(情交)를 목적으로 들어간 경우에는 주거침입죄를 구성한다고 판단하였다. 이제부터는 그러한 경우에도 주거침입죄가 성립하지 않는 것으로 대법원판례를 변경하였다.

주거침입죄는 사실상의 주거의 평온을 보호법익으로 하는 것이므로 그 주거자 또는 간수자가 건조물 등에 거주 또는 간수할 권리를 가지고 있는가의 여부는 범죄의 성립을 좌우하는 것이 아니며, 점유할 권리 없는 자의 점유라고 하더라도 그 주거의 평온은 보호되어야 할 것이므로, 권리자가 그 권리를 실행함에 있어 법에 정하여진 절차에 의하지 아니하고 그 건조물 등에 침입한 경우에는 주거침입죄가 성립한다(대법원 1987. 11. 10. 선고 87도1760 판결).

○ 관련 법조 : 형법 제319조 ~ 제322조

36. 권리행사방해죄

권리행사방해죄의 뜻

타인의 점유 또는 권리의 목적이 된 자기의 물건 또는 전자기록등 특수매체기록을 취거, 은닉 또는 손괴하여 타인의 권리행사를 방해한 자는 5년 이하의 징역 또는 700만원 이하의 벌금에 처한다(형법 제323조).

친족 사이의 범행과 고소

형 법

[시행 2023. 8. 8.] [법률 제19582호, 2023. 8. 8., 일부개정]

제328조(친족간의 범행과 고소) ① 직계혈족, 배우자, 동거친족, 동거가족 또는 그 배우자간의 제323조의 죄는 그 형을 면제한다.

② 제1항 이외의 친족간에 제323조의 죄를 범한 때에는 고소가 있어야 공소를 제기할 수 있다.

③ 전 2항의 신분관계가 없는 공범에 대하여는 전 2항을 적용하지 아니한다.

[헌법불합치 2020헌마468, 2020헌바341, 2021헌바420, 2024헌마146(병합), 2024. 6.27., 형법(2005.3.31. 법률제7427호로 개정된 것) 제328조 제1항은 헌법에 합치되지 아니한다. 법원 기타 국가기관 및 지방자치단체는 2025.12.31.을 시한으로 입법자가 개정할 때까지 위 법률 조항의 적용을 중지하여야 한다]

대법원판례

형법 제323조의 권리행사방해죄에 있어서의 타인의 점유라 함은 권원으로 인한 점유, 즉 정당한 원인에 기하여 그 물건을 점유하는 권리 있는 점유를 의미하는 것으로서 본권을 갖지 아니한 절도범인의 점유는 여기에 해당하지 아니하나, 반드시 본권에 의한 점유만에 한하지 아니하고 동시이행항변권 등에 기한 점유와 같은 적법한 점유도 여기에 해당한다고 할 것이고, 한편, 쌍무계약이 무효로 되어 각 당사자가 서로 취득한 것을 반환하여야 할 경우, 어느 일방의 당사자에게만 먼저 그 반환의무의 이행이 강제된다면 공평과 신의칙에 위배되는 결과가 되므로 각 당사자의 반환의무는 동시이행 관계에 있다고 보아 민법 제536조를 준용함이 옳다고 해석되고, 이러한 법리는 경매절차가 무효로 된 경우에도 마찬가지라고 할 것이므로, 무효인 경매절차에서 경매목적물을 경락받아 이를 점유하고 있는 낙찰자의 점유는 적법한 점유로서 그 점유자는 권리행사방해죄에 있어서의 타인의 물건을 점유하고 있는 자라고 할 것이다(대법원 2003. 11. 28. 선고 2003도4257 판결).

형법 제323조의 권리행사방해죄는 타인의 점유 또는 권리의 목적이 된 자기의 물건을 취거, 은닉 또는 손괴하여 타인의 권리행사를 방해함으로써 성립하므로 그 취거, 은닉 또는 손괴한 물건이 자기의 물건이 아니라면 권리행사방해죄가 성립할 수 없다(대법원 2017. 5. 30. 선고 2017도4578 판결).

- 취거(取去) : 가지고 감
- 은닉(隱匿) : 숨김
- 손괴(損壞) : 물건의 효용가치를 떨어뜨림
- 본권(本權) : 점유를 법률상 정당하게 하는 권리(소유권, 지상권, 전세권, 임차권 등)
- 동시이행의 항변권 : 쌍무계약에서, 상대방이 채무를 이행할 때까지 자기 채무의 이행을 거절할 수 있는 권리
- 쌍무계약(雙務契約) : 계약의 당사자 쌍방이 서로 의무를 부담하는 계약

고소장 작성례(권리행사방해죄)

고 소 장

고 소 인 ○○○ (000000-0000000)

주소 :

전화번호 :

전자우편주소 :

피고소인 ○○○ (000000-0000000)

주소 :

전화번호 :

전자우편주소 :

고 소 취 지

피고소인을 권리행사방해죄로 고소하오니 엄히 벌하여 주시기 바랍니다.

고 소 사 실

1. 고소인은 피고소인과의 사이에 피고소인 소유 24인승 승합자동차를 고소인이 임차하여 사용하기로 약정한 사실이 있고(약정일 : 2021. 1. 1.), 고소인은 위 자동차를 점유하면서 그 용법에 따라 계속 사용하고 있었습니다(임대차기간 만료일 : 2021. 12. 31.).
2. 피고소인은 2021. 10. 15.경 위 자동차를 고소인이 알지 못하는 사이에 함부로 가지고 가 취거함으로써 고소인의 권리행사를 방해한 사실이 있습니다.

2022. 0. 0.

위 고소인 ○○○ (인)

○○경찰서장 귀하

참고사항

* 꼭 적어야 할 내용 : ①문제가 된 물건의 특정, ②해당 물건의 소유자가 피고소인이라는 사실, ③해당 물건의 점유자는 고소인이라는 사실, ④고소인의 점유는 정당한 권원에 근거한다는 사실, ⑤피고소인의 범행 수법(취거, 은닉 또는 손괴)

* 고소장을 제출할 기관 : 피고소인의 주거지를 관할하는 경찰서 민원실

37. 강요죄

강요죄의 뜻

폭행 또는 협박으로 사람의 권리행사를 방해하거나 의무 없는 일을 하게 한 자는 5년 이하의 징역 또는 3천만원 이하의 벌금에 처한다(형법 제324조 제1항).

단체 또는 다중의 위력을 보이거나 위험한 물건을 휴대하여 제1항의 죄를 범한 자는 10년 이하의 징역 또는 5천만원 이하의 벌금에 처한다(형법 제324조 제2항). 강요죄의 미수범은 처벌한다(형법 제324조의5).

강요죄는 폭행 또는 협박으로 사람의 권리행사를 방해하거나 의무 없는 일을 하게 함으로써 성립하는 범죄로 다른 죄와 보충관계에 있는 죄이다. 과거에 '폭력에 의한 권리행사방해죄'란 명칭을 강요죄로 개정하였다. 개인의 자유로운 활동의 전제가 되는 일반적인 정신적 의사의 자유, 즉 의사결정과 의사활동의 자유를 보호하는 점에서 협박죄와 그 본질을 같이 한다. 그러나 협박죄가 개인의 의사가 부당한 외부적 영향을 받아서는 안 된다는 상태를

보호하는 범죄로서 개인의 의사의 자유 내지 의사결정의 자유를 보호법익으로 하는 죄임에 대하여, 강요죄는 의사결정의 자유뿐만 아니라 그 활동의 자유도 보호법익으로 하는 범죄이다.

▒ 대법원판례

강요죄는 폭행 또는 협박으로 사람의 권리행사를 방해하거나 의무 없는 일을 하게 하는 범죄이다. 여기에서 협박은 객관적으로 사람의 의사결정의 자유를 제한하거나 의사실행의 자유를 방해할 정도로 겁을 먹게 할 만한 해악을 고지하는 것을 말한다.
이와 같은 협박이 인정되기 위해서는 발생 가능한 것으로 생각할 수 있는 정도의 구체적인 해악의 고지가 있어야 한다. 행위자가 직업이나 지위에 기초하여 상대방에게 어떠한 이익 등의 제공을 요구하였을 때 그 요구 행위가 강요죄의 수단으로서 해악의 고지에 해당하는지 여부는 행위자의 지위뿐만 아니라 그 언동의 내용과 경위, 요구 당시의 상황, 행위자와 상대방의 성행 · 경력 · 상호관계 등에 비추어 볼 때 상대방으로 하여금 그 요구에 불응하면 어떠한 해악에 이를 것이라는 인식을 갖게 하였다고 볼 수 있는지, 행위자와 상대방이 행위자의 지위에서 상대방에게 줄 수 있는 해악을 인식하거나 합리적으로 예상할 수 있었는지 등을 종합하여 판단해야 한다.
공무원인 행위자가 상대방에게 어떠한 이익 등의 제공을 요구한 경우 위와 같은 해악의 고지로 인정될 수 없다면 직권남용이나 뇌물요구 등이 될 수는 있어도 협박을 요건으로 하는 강요죄가 성립하기는 어렵다(대법원 2020. 2. 13. 선고 2019도5186 판결).

강요죄는 폭행 또는 협박으로 사람의 권리행사를 방해하거나 의무 없는 일을 하게 하는 범죄이다(형법 제324조 제1항). 여기에서 폭행은 사람에 대한 직접적인 유형력의 행사뿐만 아니라 간접적인 유형력의 행사도 포함하며, 반드시 사람의 신체에 대한 것에 한정되지 않는다.
사람에 대한 간접적인 유형력의 행사를 강요죄의 폭행으로 평가하기 위해서는 피고인이 유형력을 행사한 의도와 방법, 피고인의 행위와 피해자의 근접성, 유형력이 행사된 객체와 피해자의 관계 등을 종합적으로 고려해야 한다(대법원2021. 11. 25. 선고 2018도1346 판결).

▒ 고소장 작성례(강요죄)

고　소　장

고 소 인　　○○○ (000000-0000000)
주소 :
전화번호 :
전자우편주소 :

피고소인　　○○○ (000000-0000000)
주소 :
전화번호 :
전자우편주소 :

고 소 취 지

피고소인을 고소인에 대한 강요죄로 고소하오니 엄히 벌하여 주시기 바랍니다.

고 소 사 실

1. 피고소인은 ○○지역에서 활동하는 이른바 '○○○파' 소속 조직폭력배 행동대원으로 알려진 사람입니다.
2. 고소인은 ○○시 ○○로 00-0에서 유흥주점인 '○○룸쌀롱'을 경영하는 사람입니다.
3. 고소인은 위 룸쌀롱에서 일할 종업원을 채용할 생각이 전혀 없었음에도 불구하고 피고소인은 2021. 0. 0.경 고소외 ○○○을 위 룸쌀롱에 데리 고 와서 "웨이타로

고용해달라"는 취지로 요구했습니다. 이에 대하여 고 소인은 "저의 업소에는 3명의 웨이타가 있으니 그 요구를 들어줄 수 없다"는 취지로 말하며 거절한 사실이 있습니다. 이에 대하여 피고소인은 "이 지역에서 장사를 하시려면 저의 말을 따라야 한다는 사실을 모릅니까? 제가 누군지 몰라요?"라면서 피고소인의 요구를 거절할 경우 영업을 하지 못하게 할 듯한 말과 태도를 보인 사실이 있습니다.

4. 고소인으로서는 어쩔 수 없이 피고소인이 데리고 온 ○○○을 웨이타로 고용한 사실이 있는데, 위 ○○○은 고소인이 운영하는 룸쌀롱에서 일은의 하지 않으면서 매월 300만원씩 6개월 동안 월급을 받아 간 사실이 있습니다.

2022. 0. 0.

위 고소인 ○○○ (인)

○○경찰서장 귀하

참고사항

* 반드시 적어야 할 내용 : ①피고소인이 저지른 폭행 또는 협박의 내용, ②피고소인이 고소인에게 의무 없는 일을 하게 한 내용, ③고소인이 의무 없는 일을 한 사실
* 고소장을 제출할 기관 : 피고소인의 주소지를 관할하는 경찰서 민원실

38. 강제집행면탈죄

▒ 강제집행면탈죄의 뜻

강제집행을 면할 목적으로 재산을 은닉, 손괴, 허위양도 또는 허위의 채무를 부담하여 채권자를 해한 자는 3년 이하의 징역 또는 1천만원 이하의 벌금에 처한다(형법 제327조).

강제집행면탈죄는 채권자의 채권보호에 중점을 두고 있으며 '강제집행'은 민사집행법의 가압류와 가처분의 집행 등에 한한다. 그러나 민사집행법의 담보권에 의한 경매집행이나 국

세징수법에 의한 체납처분 등의 경우에는 본죄의 성립을 인정하지 않는 것이 대법원의 태도이다. 이때는 공무집행방해죄, 위계에 의한 공무집행방해죄, 공무상 표시무효죄, 경매입찰방해죄, 조세범처벌법이 적용될 수 있을 뿐이다.

강제집행을 면할 목적이 있어야 하지만(목적범), 위험범이므로 그 달성 여부는 불문한다.

'재산'은 채무자 소유임을 전제로 동산 · 부동산뿐 아니라, 채권 기타 일체의 재산상의 권리를 말한다. 은닉 · 손괴 · 허위양도 · 허위채무부담행위에 의하여 채권자를 해할 우려 있는 상태가 발생하면 족하며, 현실로 채권자를 해하였음을 요하지 않는다.

대법원판례

형법 제327조의 강제집행면탈죄는 채권자의 정당한 권리행사 보호 외에 강제집행의 기능보호도 법익으로 하는 것이나, 현행 형법상 강제집행면탈죄가 개인적 법익에 관한 재산범의 일종으로 규정되어 있는 점과 채권자를 해하는 것을 구성요건으로 규정하고 있는 점 등에 비추어 보면 주된 법익은 채권자의 권리보호에 있다고 해석하는 것이 타당하므로, 강제집행의 기본이 되는 채권자의 권리, 즉 채권의 존재는 강제집행면탈죄의 성립요건으로서 채권의 존재가 인정되지 않을 때에는 강제집행면탈죄는 성립하지 않는다.

그리고 채권이 존재하는 경우에도 채무자의 재산은닉 등 행위 시를 기준으로 채무자에게 채권자의 집행을 확보하기에 충분한 다른 재산이 있었다면 채권자를 해하였거나 해할 우려가 있다고 쉽사리 단정할 것이 아니다(대법원 2011. 9. 8. 선고 2011도5165 판결).

형법 제327조의 강제집행면탈죄가 적용되는 강제집행은 민사집행법 제2편의 적용 대상인 '강제집행' 또는 가압류 · 가처분 등의 집행을 가리키는 것이고, 민사집행법 제3편의 적용대상인 '담보권 실행 등을 위한 경매'를 면탈할 목적으로 재산을 은닉하는 등의 행위는 위 죄의 규율 대상에 포함되지 않는다(대법원2015. 3. 26. 선고 2014도14909 판결).

형법 제327조에 규정된 강제집행면탈죄에서 재산의 '은닉'이란 강제집행을 실시하는 자에 대하여 재산의 발견을 불능 또는 곤란케 하는 것을 말하는 것으로서, 재산의 소재를 불명케 하는 경우는 물론 그 소유관계를 불명하게 하는 경우도 포함하나, 채무자가 제3자 명의로 되어 있던 사업자등록을 또 다른 제3자 명의로 변경하였다는 사정만으로는 그 변경이 채권자의 입장에서 볼 때 사업장 내 유체동산에 관한 소유관계를 종전보다 더 불명하게 하여 채권자에게 손해를 입게 할 위험성을 야기한다고 단정할 수 없다(대법원 2014. 6. 12. 선고 2012도2732 판결).

형법 제327조의 강제집행면탈죄는 위태범으로서 현실적으로 민사집행법에 의한 강제집행 또는 가압류 · 가처분의 집행을 받을 우려가 있는 객관적인 상태 아래, 즉 채권자가 본안 또는 보전소송을 제기하거나 제기할 태세를 보이고 있는 상태에서 주관적으로 강제집행을 면탈하려는 목적으로 재산을 은닉, 손괴, 허위양도하거나 허위의 채무를 부담하여 채권자를 해할 위험이 있으면 성립하는 것이고, 반드시 채권자를 해하는 결과가 야기되거나 행위자가 어떤 이득을 취하여야 범죄가 성립하는 것은 아니다(대법원 2012. 6. 28. 선고 2012도3999 판결).

형법 제327조의 강제집행면탈죄가 적용되는 강제집행은 민사집행법의 적용대상인 강제집행 또는 가압류 · 가처분 등의 집행을 가리키는 것이므로, 국세징수법에 의한 체납처분을 면탈할 목적으로 재산을 은닉하는 등의 행위는 위 죄의 규율대상에 포함되지 않는다(대법원 2012. 4. 26. 선고 2010도5693 판결).

강제집행면탈죄의 객체는 채무자의 재산 중에서 채권자가 민사집행법상 강제집행 또는 보전처분의 대상으로 삼을 수 있는 것만을 의미하므로, '보전처분 단계에서의 가압류채권자의 지위' 자체는 원칙적으로 민사집행법상 강제집행 또는 보전처분의 대상이 될 수 없어 강제집행면탈죄의 객체에 해당한다고 볼 수 없고, 이는 가압류채무자가 가압류해방금을 공탁한 경우에도 마찬가지이다.
채무자가 가압류채권자의 지위에 있으면서 가압류집행해제를 신청함으로써 그 지위를 상실하는 행위는 형법 제327조에서 정한 '은닉, 손괴, 허위양도 또는 허위채무부담' 등 강제집행면탈행위의 어느 유형에도 포함되지 않는 것이므로, 이러한 행위를 처벌대상으로 삼을 수 없다(대법원 2008. 9. 11. 선고2006도8721 판결).

*** 판례해설 :** 채무자 을은 을의 채무자 병의 재산을 가압류하였다. 이에 병은 가압류해방금을 법원에 공탁하였다. 을은 집행법원에 가압류집행의 해제를 신청하였다. 따라서 을은 가압류채권자의 지위를 상실하였다. 이 상태에서 을의 채권자 갑은 을을 강제집행면탈죄로 고소하였다.

을이 갖고 있던 '가압류채권자의 지위'는 을이 계속하여 그 지위를 유지하고 있었더라도 갑이 을을 상대로 강제집행을 할 수 있는 집행대상물이 아니기 때문에 - 강제집행의 객체가 아니므로 - 강제집행면탈죄가 성립하지 않는다는 것이 이 판례의 설명이다. 즉, 강제집행을 하기 위해서는 압류를 해야 하는데, '가압류채권자의 지위'는 압류의 목적물이 될 수 없기 때문이다.

가압류에는 처분금지적 효력이 있으므로 가압류 후에 목적물의 소유권을 취득한 제3취득자 또는 그 제3취득자에 대한 채권자는 그 소유권 또는 채권으로써 가압류권자에게 대항할 수 없다. 따라서 가압류 후에 목적물의 소유권을 취득한 제3취득자가 다른 사람에 대한 허위의 채무에 기하여 근저당권설정등기 등을 경료하더라도 이로써 가압류채권자의 법률상 지위에 어떤 영향을 미치지 않으므로, 강제집행면탈죄에 해당하지 아니한다(대법원 2008. 5. 29. 선고2008도2476 판결).

*** 판례해설 :** 채권자 갑은 채무자 을 소유 부동산을 가압류하였다. 이 가압류 이후 을은 해당 부동산을 병에게 양도하였다. 이 부동산을 양수한 병은 해당 부동산에 대하여 정에게 근저당권을 설정해 주었다. 만약, 이후 정이 근저당권을 실행하여 해당 부동산을 경매에 붙이더라도 채권자 갑은 경매대금의 배당절차에서 병과 정에 우선하여 배당을 받을 수 있는 지위를 가지고 있으므로, 강제집행면탈죄는 성립할 수 없다는 것이다.

강제집행면탈죄에 있어서 허위양도라 함은 실제로 양도의 진의가 없음에도 불구하고 표면상 양도의 형식을 취하여 재산의 소유명의를 변경시키는 것이고, 은닉이라 함은 강제집행을 실시하는 자로 하여금 채무자의 재산을 발견하는 것을 불능 또는 곤란하게 만드는 것을 말하는바, 그와 같은 행위로 인하여 채권자를 해할 위험이 있으면 강제집행면탈죄가 성립하고 반드시 현실적으로 채권자를 해하는 결과가 야기되어야만 강제집행면탈죄가 성립하는 것은 아니다.

강제집행면탈죄에 있어서 재산에는 동산·부동산뿐만 아니라 재산적 가치가 있어 민사집행법에 의한 강제집행 또는 보전처분이 가능한 특허 내지 실용신안 등을 받을 수 있는 권리도 포함된다(대법원 2001. 11. 27. 선고 2001도4759 판결).

피고인이 장래에 발생할 특정의 조건부채권을 담보하기 위한 방편으로 부동산에 대하여 근저당권을 설정한 것이라면, 특별한 사정이 없는 한 이는 장래 발생할 진실한 채무를 담보하기 위한 것으로서, 피고인의 위 행위를 가리켜 강제집행면탈죄 소정의 '허위의 채무를 부담'하는 경우에 해당한다고 할 수 없다(대법원 1996. 10. 25. 선고 96도1531 판결).

강제집행면탈죄에 있어서의 허위양도라 함은 진실한 양도가 아님에도 불구하고 표면상 진실한 양도인 것처럼 가장하여 재산의 명의를 변경하는 것을 말하므로, 진실한 양도라면 그것이 강제집행을 면탈할 목적으로 된 것으로서 채권자를 해할 우려가 있는 행위라고 할지라도 위 허위양도에는 해당하지 않는다(대법원 1983. 9. 27. 선고 83도1869 판결).

- 민사집행법 제2편 : 민사집행법 제2편은 '강제집행'을 규정함
- 담보권 실행을 위한 경매 : 민사집행법 제264조 ~ 제275조에 의한 경매
- 위태범(危殆犯) : 법익에 대한 위험상태를 야기하는 것만으로 구성요건이 충족되는 범죄. '위험범'이라고도 함
- 강제집행 : 집행권원에 터 잡은 민사집행
- 가압류 : 법원이 채권자를 위하여 나중에 강제집행을 할 목적으로 채무자의 재산을 임시로 확보하는 일
- 가처분 : 금전채권이 아닌 청구권에 대한 집행을 보전하거나 권리 관계의 다툼에 대하여 임시적인 지위를 정하기 위하여 법원이 행하는 일시적인 명령
- 본안소송 : 보전소송(가압류, 가처분)과 관련 있는 청구권의 실행을 위한 소송
- 보전소송 : 가압류와 가처분. '보전처분'이라고도 함

▌고소장 작성례(강제집행면탈죄)

고 소 장

고 소 인 ○○○ (000000-0000000)
주소 :
전화번호 :
전자우편주소 :

피고소인 ○○○ (000000-0000000)
주소 :
전화번호 :
전자우편주소 :

고 소 취 지

피고소인을 강제집행면탈죄로 고소하오니 엄히 벌하여 주시기 바랍니다.

고 소 사 실

1. 고소인은 피고소인에 대하여 120,000,000원의 채권을 가지고 있는바, 이 채권의 변제기는 2022. 0. 0.입니다.
2. 피고소인은 위 채권의 변제기가 임박하자 고소인의 강제집행을 면탈할 목적으로 2022. 0. 0. 피고소인의 유일한 재산인 ○○시 ○○동 00-0에 있는 토지 250㎡를 피고소인의 4촌인 고소외 ○○○에게 소유권을 이전함으로써 허위양도를 한 사실이 있습니다.

첨 부 자 료

1. 채무 이행각서 1통.

2022. 0. 0.

위 고소인 ○○○ (인)

○○경찰서장 귀하

참고사항

* 반드시 기재할 내용 : ①고소인의 피고소인에 대한 채권의 내용, ②피고소인의 강제집행면탈행위(재산의 은닉 · 손괴 · 허위양도 또는 허위의 채무부담)

* 첨부자료 : 고소인이 피고소인에 대하여 갖고 있는 채권이 있음을 증명하는 문서라면 '차용증', '채무이행각서' 등 문서의 명칭은 무관함

* 고소장을 제출할 기관 : 피고소인의 주소지 관할 경찰서 민원실

39. 절도죄

절도죄의 뜻

타인의 재물을 절취한 자는 6년 이하의 징역 또는 1천만원 이하의 벌금에 처한다. 절도죄를 이해함에는 '타인', '재물(財物)' 및 '절취(竊取)'가 그 핵심이다.

절도죄에 있어서 행위의 객체는 타인이 소지(점유)하고 있는 타인의 재물이다. 따라서 타인이 점유하고 있는 자기의 재물은 권리행사방해죄의 대상은 될지언정 절도죄의 대상으로는 되지 않는다. 또 누구의 점유에도 속하지 않는 물건은 점유이탈물횡령죄의 대상이 될 뿐이다.

'점유'는 사실상의 재물지배상태(財物支配狀態)을 의미한다. 그 지배상태는 적법이든 불법이든 불문한다. 따라서 절도범인이 소지한 재물을 다시 절취한 경우에도 절도죄를 구성한다. 대체로 민법상의 점유와 일치하는 것으로 보아도 좋으나, 형법에서는 민법상 인정되는 간접점유(間接占有)와 상속에 의한 점유승계(占有承繼)를 인정하지 않는다. 한편, 민법상으로는 점유가 인정되지 않는 점유보조자(占有補助者)도 사실상의 실력적 지배를 가진 이상 형법에서는 점유자로 보는 등 양자에는 다소의 차이가 있다. 요컨대 민법상의 점유가 다분히 법률적인 개념인 데 반하여 형법상의 점유는 보다 현실적인 개념에 가깝다고 할 수 있다. 그러나 형법상의 점유라고 하여 언제나 현실적이고 물리적인 지배를 필요로 하는 것은 아니고, 집에 문을 잠그고 여행을 떠난 집주인, 집에 돌아오는 길을 아는 가축의 경우와 같이 사회규범적 의미에서 점유가 인정되는 경우가 있는가 하면, 편지통에 들어 있는 우편물, 바다에 쳐놓은 그물에 잡혀 있는 물고기의 경우와 같이 점유의사(占有意思)를 통하여 점유가 인정되는 경우도 있다. 공동점유(共同占有)의 경우에는 다른 공동점유자의 점유를 침해하는 것으로 인정되는 한에서 본죄가 성립한다.

'절취'는 폭행 · 협박에 의하지 아니하고 재물에 대한 타인의 점유를 그 의사에 반하여 자기 또는 제3자의 점유에 옮기는 것이다. 점유자의 의사에 반한다고 하여 반드시 재물의 점유 이전이 남몰래 행하여지는 것을 요하지는 않는다. 예를 들면 피해자의 면전에서, 재물의 지배자가 명확히 보고 있고 또 그 절취를 방지할 수 있는 위치에 있을 경우에도 절도죄는 성립한다.

점유를 옮김으로써 본죄는 즉시 기수가 되고, 이후 위법상태는 계속하더라도 본죄 자체는 기수와 동시에 종료한다(상태범). 따라서 일단 기수가 된 후 절취물의 운반, 처분 등에 가공하는 행위는 장물죄가 되는 것은 별론으로 하고 절도죄의 공범으로는 되지 아니한다. 불가벌적 사후행위(不可罰的 事後行爲)이기 때문이다.

야간주거침입절도죄

야간에 사람의 주거, 관리하는 건조물, 선박, 항공기 또는 점유하는 방실(房室)에 침입하여 타인의 재물을 절취(竊取)한 자는 10년 이하의 징역에 처한다.

특수절도죄

야간에 문이나 담 그 밖의 건조물의 일부를 손괴하고 사람의 주거, 관리하는 건조물, 선박, 항공기 또는 점유하는 방실(房室)에 침입하여 타인의 재물을 절취한 자는 1년 이상 10년 이하의 징역에 처한다. 흉기를 휴대하거나 2명 이상이 합동하여 타인의 재물을 절취한 자도 같다.

자동차등 불법사용죄

권리자의 동의 없이 타인의 자동차, 선박, 항공기 또는 원동기장치자전거를 일시 사용한 자는 3년 이하의 징역, 500만원 이하의 벌금, 구류 또는 과료에 처한다.

상습범의 가중처벌

상습으로 절도죄, 야간주거침입죄, 특수절도죄, 자동차등 불법사용죄를 범한 자는 그 죄에 정한 형의 2분의 1까지 가중하여 처벌한다.

친족간의 범행

형법

[시행 2021. 12. 9.] [법률 제17571호, 2020. 12. 8., 일부개정]

제344조(친족간의 범행) 제328조의 규정은 제329조 내지 제332조의 죄 또는 미수범에 준용한다.

제328조(친족간의 범행과 고소) ① 직계혈족, 배우자, 동거친족, 동거가족 또는 그 배우자간의 제323조의 죄는 그 형을 면제한다.

② 제1항 이외의 친족간에 제323조의 죄를 범한 때에는 고소가 있어야 공소를 제기할 수 있다.

③ 제2항의 신분관계가 없는 공범에 대하여는 전 2항을 적용하지 아니한다.

대법원판례

절도죄란 재물에 대한 타인의 점유를 침해함으로써 성립하는 것이다. 여기서의 '점유'라고 함은 현실적으로 어떠한 재물을 지배하는 순수한 사실상의 관계를 말하는 것으로서, 민법상의 점유와 반드시 일치하는 것이 아니다. 물론 이러한 현실적 지배라고 하여도 점유자가 반드시 직접 소지하거나 항상 감수(監收)하여야 하는 것은 아니고, 재물을 위와 같은 의미에서 사실상으로 지배하는지 여부는 재물의 크기·형상, 그 개성의 유무, 점유자와 재물과의 시간적·장소적 관계 등을 종합하여 사회통념에 비추어 결정되어야 한다(대법원 1981. 8. 25. 선고 80도509 판결 등 참조).

그렇게 보면 종전 점유자의 점유가 그의 사망으로 인한 상속에 의하여 당연히 그 상속인에게 이전된다는 민법 제193조는 절도죄의 요건으로서의 '타인의 점유'와 관련하여서는 적용의 여지가 없고, 재물을 점유하는 소유자로부터 이를 상속받아 그 소유권을 취득하였다고 하더라도 상속인이 그 재물에 관하여 위에서 본 의미에서의 사실상의 지배를 가지게 되어야만 이를 점유하는 것으로서 그때부터 비로소 상속인에 대한 절도죄가 성립할 수 있다.

기록에 의하면, 피고인이 공소외 1과 내연관계에 있어 그의 사망 전부터 이 사건 아파트에서 공소외 1과 함께 거주한 사실, 공소외 1이 그 전처 공소외 5와의 사이에 얻은 자식인 공소외 3 및 공소외 4는 이 사건 아파트에서 전혀 거주한 일이 없고 공소외 5와 같이 다른 곳에서 거주·생활하여 왔으나, 공소외 1의 사망으로 이 사건 아파트 등의 소유권을 상속한 사실, 공소외 3 및 공소외 4가 공소외 1이 사망한 후 피고인이 이 사건 아파트로부터 이 사건 가방을 가지고 가기까지 그들의 소유권 등에 기하여 이 사건 아파트 또는 그곳에 있던 이 사건 가방의 인도 등을 요구한 일이 전혀 없는 사실, 다만 공소외 1의 형인 공소외 6이 피고인에게 이 사건 아파트의 문을 열어 달라고 요구하였다가 거부당하자 2005. 8. 29.경 이 사건 아파트 현관문의 열쇠를 교체한 사실을 인정할 수 있다.

그렇다면 피고인이 이 사건 아파트에서 이 사건 가방을 들고 나온 2005. 8. 26.경에 공소외 3 및 공소외 4가 이 사건 아파트에 있던 이 사건 가방을 사실상 지배하여 이를 점유하고 있었다고 볼 수 없고, 그렇다면 피고인이 이 사건 가방을 가지고 간 행위가 공소외 3 등의 이 사건 가방에 대한 점유를 침해하여 절도죄를 구성한다고 할 수 없다.

그럼에도 원심이 그 판시와 같은 이유로 피고인이 이 사건 가방을 들고 나온 것이 피해자들의 이 사건 가방에 대한 점유를 침해한 것이라고 인정한 제1심판결을 그대로 유지한 것에는 절도죄에서의 점유에 관한 법리를 오해하거나 논리와 경험칙에 반하여 사실을 잘못 인정하여 판결에 영향을 미친 위법이 있다 할 것이다(대법원 2012. 4. 26. 선고 2010도6334 판결).

형법 제331조 제2항의 특수절도에 있어서 주거침입은 그 구성요건이 아니므로, 절도범인이 그 범행수단으로 주거침입을 한 경우에 그 주거침입행위는 절도죄에 흡수되지 아니하고 별개로 주거침입죄를 구성하여 절도죄와는 실체적 경합의 관계에 있게 되고, 2인 이상이 합동하여 야간이 아닌 주간에 절도의 목적으로 타인의 주거에 침입하였다 하여도 아직 절취할 물건의 물색행위를 시작하기 전이라면 특수절도죄의 실행에는 착수한 것으로 볼 수 없는 것이어서 그 미수죄가 성립하지 않는다(대법원 2009. 12. 24. 선고 2009도9667 판결).

형법은 제329조에서 절도죄를 규정하고 곧바로 제330조에서 야간주거침입절도죄를 규정하고 있을 뿐, 야간절도죄에 관하여는 처벌규정을 별도로 두고 있지 아니하다.

이러한 형법 제330조의 규정형식과 그 구성요건의 문언에 비추어 보면, 형법은 야간에 이루어지는 주거침입행위의 위험성에 주목하여 그러한 행위를 수반한 절도를 야간주거침입절도죄로 중하게 처벌하고 있는 것으로 보아야 하고, 따라서 주거침입이 주간에 이루어진 경우에는 야간주거침입절도죄가 성립하지 않는다고 해석하는 것이 타당하다(대법원 2011. 4. 14. 선고 2011도300, 2011감도5 판결).

절도죄의 객체는 관리 가능한 동력을 포함한 '재물'에 한한다 할 것이고, 또 절도죄가 성립하기 위해서는 그 재물의 소유자 기타 점유자의 점유 내지 이용가능성을 배제하고 이를 자신의 점유하에 배타적으로 이전하는 행위가 있어야만 할 것인바, 컴퓨터에 저장되어 있는 '정보' 그 자체는 유체물이라고 볼 수도 없고, 물질성을 가진 동력도 아니므로 재물이 될 수 없다 할 것이며, 또 이를 복사하거나 출력하였다 할지라도 그 정보 자체가 감소하거나 피해자의 점유 및 이용가능성을 감소시키는 것이 아니므로, 그 복사나 출력 행위를 가지고 절도죄를 구성한다고 볼 수도 없다.

피고인이 컴퓨터에 저장된 정보를 출력하여 생성한 문서는 피해 회사의 업무를 위하여 생성되어 피해 회사에 의하여 보관되고 있던 문서가 아니라, 피고인이 가지고 갈 목적으로 피해 회사의 업무와 관계없이 새로이 생성시킨 문서라 할 것이므로, 이는 피해 회사 소유의 문서라고 볼 수는 없다 할 것이어서, 이를 가지고 간 행위를 들어 피해 회사 소유의 문서를 절취한 것으로 볼 수는 없다(대법원 2002. 7. 12. 선고 2002도745 판결).

형법 제331조의2에서 규정하고 있는 자동차등불법사용죄는 타인의 자동차 등의 교통수단을 불법영득의 의사 없이 일시 사용하는 경우에 적용되는 것으로서 불법영득의사가 인정되는 경우에는 절도죄로 처벌할 수 있을 뿐 본죄로 처벌할 수 없다 할 것이며, 절도죄의 성립에 필요한 불법영득의 의사라 함은 권리자를 배제하고 타인의 물건을 자기의 소유물과 같이 이용, 처분할 의사를 말하고 영구적으로 그 물건의 경제적 이익을 보유할 의사임은 요치 않으며 일시사용의 목적으로 타인의 점유를 침탈한 경우에도 이를 반환할 의사 없이 상당한 장시간 점유하고 있거나 본래의 장소와 다른 곳에 유기하는 경우에는 이를 일시 사용하는 경우라고는 볼 수 없으므로 영득의 의사가 없다고 할 수 없다 할 것이다(대법원 1984. 12. 26. 선고 84감도392, 1988. 9. 13. 선고 88도917 판결 등 참조).
기록과 원심판결이 인용한 제1심판결 이유에 의하면, 피고인이 강도상해 등의 범행을 저지르고 도주하기 위하여 피고인이 근무하던 인천 중구 항동7가 소재 연안아파트 상가 중국집 앞에 세워져 있는 오토바이를 소유자의 승낙 없이 타고 가서 신흥동 소재 뉴스타호텔 부근에 버린 다음 버스를 타고 광주로 가버렸다는 것이므로 피고인에게 위 오토바이를 불법영득할 의사가 없었다고 할 수 없어, 원심이 이를 형법 제331조의2의 자동차등불법사용죄가 아닌 절도죄로 의율한 조치는 정당한 것으로 수긍이 가고, 거기에 상고이유로 주장하는 바와 같이 절도죄에 관한 법리를 오해한 위법이 있다고 할 수 없다(대법원2002. 9. 6. 선고 2002도3465 판결).

형법상 절취란 타인이 점유하고 있는 자기 이외의 자의 소유물을 점유자의 의사에 반하여 점유를 배제하고 자기 또는 제3자의 점유로 옮기는 것을 말한다.
그리고 절도죄의 성립에 필요한 불법영득의 의사란 타인의 물건을 그 권리자를 배제하고 자기의 소유물과 같이 그 경제적 용법에 따라 이용 · 처분하고자 하는 의사를 말하는 것으로서, 단순히 타인의 점유만을 침해하였다고 하여 그로써 곧 절도죄가 성립하는 것은 아니나, 재물의 소유권 또는 이에 준하는 본권을 침해하는 의사가 있으면 되고 반드시 영구적으로 보유할 의사가 필요한 것은 아니며, 그것이 물건 자체를 영득할 의사인지 물건의 가치만을 영득할 의사인지를 불문한다.
따라서 어떠한 물건을 점유자의 의사에 반하여 취거하는 행위가 결과적으로 소유자의 이익으로 된다는 사정 또는 소유자의 추정적 승낙이 있다고 볼 만한 사정이 있다고 하더라도, 다른 특별한 사정이 없는 한 그러한 사유만으로 불법영득의 의사가 없다고 할 수는 없다(대법원 2014. 2. 21. 선고 2013도14139 판결).

피고인이 피해자 경영의 까페에서 야간에 아무도 없는 그 곳 내실에 침입하여 장식장 안에 들어 있던 정기적금통장 등을 꺼내 들고 까페로 나오던 중 발각되어 돌려 준 경우 피고인은 피해자의 재물에 대한 소지(점유)를 침해하고, 일단 피고인 자신의 지배 내에 옮겼다고 볼 수 있으니 절도의 미수에 그친 것이 아니라 야간주거침입절도의 기수라고 할 것이다(대법원 1991. 4. 23. 선고 91도476 판결).

야간에 타인의 재물을 절취할 목적으로 사람의 주거에 침입한 경우에는 주거에 침입한 행위의 단계에서 이미 형법 제330조에서 규정한 야간주거침입절도죄라는 범죄행위의 실행에 착수한 것이라고 볼 것이다(대법원 1984. 12. 26. 선고 84도2433 판결).

- ㅇ 관련 법조 : 형법 제329조 ~ 제332조, 제344조
- ㅇ 실체적 경합 : 두 개 이상의 행위가 각각 범죄로 성립하는 경우. 이에 비하여 상상적 경합(想像的 競合)은 1개의 행위가 두 개 이상의 범죄에 해당하는 경우임
- ㅇ 본권(本權) : 사실상의 관계로서 점유를 정당하게 하는 권리(소유권, 점유권, 전세권, 지상권, 유치권 등)

▌고소장 작성례(절도죄)

고 소 장

고 소 인 ○○○ (000000-0000000)

주소 :

전화번호 :

전자우편주소 :

피고소인 ○○○ (000000-0000000)

주소 :

전화번호 :

고 소 사 실

1. 피고소인은 학습지 일일교사로 일하는 사람입니다.
2. 피고소인은 0000. 0. 0. ○○시 ○○구 ○○길 00-0에 있는 고소인의 집에 고소인의 아들인 고소외 ○○○에 대한 학습지도를 하기 위하여 방문한 기회에 고소인의 안방 책상 서랍에 있던 고소인 소유 현금 5,000,000(오만원권 100매)을 가지고 가 이를 절취한 사실이 있습니다.
3. 피고소인은 고소인이 추궁하자 범행을 시인하면서도 반성하는 태도는 보이지 않고 있어 고소하오니 엄히 벌하여 주시기 바랍니다.

2022. 0. 0.

위 고소인 ○○○(인)

○○○경찰서장 귀하

40. 강도죄

강도죄의 뜻

폭행 또는 협박으로 타인의 재물을 강취하거나 기타 재산상의 이익을 취득하거나 제삼자로 하여금 이를 취득하게 한 자는 3년 이상의 유기징역에 처한다.

강도는 폭행과 협박을 그 수단으로 하는데, 이때 폭행 또는 협박의 정도가 상대방의 반항을 억압하거나 불가능하게 할 정도에 이르렀을 때이거나 상대방에게 무력을 사용하여 때려 눕히면 강도죄가 성립한다. 만약, 상대방을 억압했지만 항거를 불가능하게 하는 정도에 이르지 않고 공포심을 일으킬 정도라면 공갈죄가 성립한다.

강도죄의 주된 보호법익은 재산권이지만, 폭행이나 협박을 수단으로 한다는 점에서 자유권(의사결정과 의사활동의 자유)도 보호법익이 된다.

특수강도죄

야간에 사람의 주거, 관리하는 건조물, 선박이나 항공기 또는 점유하는 방실에 침입하여 강도죄를 범한 자는 무기 또는 5년 이상의 징역에 처한다. 흉기를 휴대하거나 2인 이상이 합동하여 강도죄를 범한 자도 같다.

준강도죄

절도가 재물의 탈환에 항거하거나 체포를 면탈하거나 범죄의 흔적을 인멸할 목적으로 폭행 또는 협박한 때에는 강도죄와 특수강도죄의 예에 따른다.

▮ 인질강도죄

사람을 체포·감금·약취 또는 유인하여 이를 인질로 삼아 재물 또는 재산상의 이익을 취득하거나 제3자로 하여금 이를 취득하게 한 자는 3년 이상의 유기징역에 처한다.

▮ 강도상해죄, 강도치상죄

강도가 사람을 상해하거나 상해에 이르게 한 때에는 무기 또는 7년 이상의 징역에 처한다.

▮ 강도살인죄, 강도치사죄

강도가 사람을 살해한 때에는 사형 또는 무기징역에 처한다. 사망에 이르게 한 때에는 무기 또는 10년 이상의 징역에 처한다.

▮ 강도강간죄

강도가 사람을 강간한 때에는 무기 또는 10년 이상의 징역에 처한다.

▮ 해상강도죄

다중의 위력으로 해상에서 선박을 강취하거나 선박내에 침입하여 타인의 재물을 강취한 자는 무기 또는 7년 이상의 징역에 처한다.

해상강도죄를 범한 자가 사람을 상해하거나 상해에 이르게 한 때에는 무기 또는 10년 이상의 징역에 처한다.

해상강도죄를 범한 자가 사람을 살해 또는 사망에 이르게 하거나 강간한 때에는 사형 또는 무기징역에 처한다.

▮ 상습범의 가중처벌

상습으로 강도죄, 특수강도죄, 인질강도죄, 해상강도죄를 범한 자는 무기 또는 10년 이상의 징역에 처한다.

▒ 미수범의 처벌

강도죄, 특수강도죄, 준강도죄, 인질강도죄, 강도상해죄, 강도치상죄, 도살인죄, 강도치사죄, 강도강간죄, 해상강도죄, 강도의 죄 과련 상습범에 대한 각 미수범은 처벌한다.

▒ 대법원판례

강도죄에 있어서 폭행과 협박의 정도는 사회통념상 객관적으로 상대방의 반항을 억압하거나 항거불능케 할 정도의 것이라야 한다(대법원 2001. 3. 23. 선고2001도359 판결).

강도죄는 공갈죄와는 달리 피해자의 반항을 억압할 정도로 강력한 정도의 폭행·협박을 수단으로 재물을 탈취하여야 성립하므로, 피해자로부터 현금카드를 강취하였다고 인정되는 경우에는 피해자로부터 현금카드의 사용에 관한 승낙의 의사표시가 있었다고 볼 여지가 없다. 따라서 강취한 현금카드를 사용하여 현금자동지급기에서 예금을 인출한 행위는 피해자의 승낙에 기한 것이라고 할 수 없으므로, 현금자동지급기 관리자의 의사에 반하여 그의 지배를 배제하고 그 현금을 자기의 지배하에 옮겨 놓는 것이 되어서 강도죄와는 별도로 절도죄를 구성한다(대법원 2007. 5. 10. 선고2007도1375 판결).

* 판례해설 : 이 사례는 강도죄와 절도죄의 경합범(실체적 경합)이라는 설명이다.

형법 제333조 후단의 강도죄, 이른바 강제이득죄의 요건인 재산상의 이익이란 재물 이외의 재산상의 이익을 말하는 것으로서 적극적 이익(적극적인 재산의 증가)이든 소극적 이익(소극적인 부채의 감소)이든 상관없는 것이고, 강제이득죄는 권리의무관계가 외형상으로라도 불법적으로 변동되는 것을 막고자 함에 있는 것으로서 항거불능이나 반항을 억압할 정도의 폭행, 협박을 그 요건으로 하는 강도죄의 성질상 그 권리의무관계의 외형상 변동의 사법상 효력의 유무는 그 범죄의 성립에 영향이 없고, 법률상 정당하게 그 이행을 청구할 수 있는 것이 아니라도 강도죄에 있어서의 재산상의 이익에 해당하는 것이며, 따라서 이와 같은 재산상의 이익은 반드시 사법상 유효한 재산상의 이득만을 의미하는 것이 아니고, 외견상 재산상의 이득을 얻을 것이라고 인정할 수 있는 사실관계만 있으면 된다(대법원 1994. 2. 22. 선고 93도428 판결).

강도죄는 재물탈취의 방법으로 폭행, 협박을 사용하는 행위를 처벌하는 것이므로 폭행, 협박으로 타인의 재물을 탈취한 이상 피해자가 우연히 재물탈취 사실을 알지 못하였다고 하더라도 강도죄는 성립하고, 폭행, 협박당한 자가 탈취당한 재물의 소유자 또는 점유자일 것을 요하지도 아니하며, 강간범인이 부녀를 강간할 목적으로 폭행, 협박에 의하여 반항을 억압한 후 반항억압 상태가 계속 중임을 이용하여 재물을 탈취하는 경우에는 재물탈취를 위한 새로운 폭행, 협박이 없더라도 강도죄가 성립한다(대법원 2010. 12. 9. 선고 2010도9630 판결).

형법 제335조에서 절도가 재물의 탈환을 항거하거나 체포를 면탈하거나 죄적을 인멸할 목적으로 폭행 또는 협박을 가한 때에 준강도로서 강도죄의 예에 따라 처벌하는 취지는, 강도죄와 준강도죄의 구성요건인 재물탈취와 폭행·협박 사이에 시간적 순서상 전후의 차이가 있을 뿐 실질적으로 위법성이 같다고 보기 때문인바, 이와 같은 준강도죄의 입법 취지, 강도죄와의 균형 등을 종합적으로 고려해 보면, 준강도죄의 기수 여부는 절도행위의 기수 여부를 기준으로 하여 판단하여야 한다(대법원 2004. 11. 18. 선고 2004도5074 전원합의체 판결).

강도상해죄가 성립하려면 먼저 강도죄의 성립이 인정되어야 하고, 강도죄가 성립하려면 불법영득 또는 불법이득의 의사가 있어야 한다.
채권자를 폭행·협박하여 채무를 면탈함으로써 성립하는 강도죄에서 불법이득의사는 단순 폭력범죄와 구별되는 중요한 구성요건 표지이다. 폭행·협박 당시 피고인에게 채무를 면탈하려는 불법이득의사가 있었는지는 신중하고 면밀하게 심리·판단되어야 한다.
불법이득의사는 마음속에 있는 의사이므로, 피고인과 피해자의 관계, 채무의 종류와 액수, 폭행에 이르게 된 경위, 폭행의 정도와 방법, 폭행 이후의 정황 등 범행 전후의 객관적인 사정을 종합하여 불법이득의사가 있었는지를 판단할 수밖에 없다(대법원 2021. 6. 30. 선고 2020도4539 판결).

형법 제334조 제1항 소정의 야간주거침입강도죄는 주거침입과 강도의 결합범으로서 시간적으로 주거침입행위가 선행되므로 주거침입을 한 때에 본죄의 실행에 착수한 것으로 볼 것인바, 같은 조 제2항 소정의 흉기휴대 합동강도죄에 있어서도 그 강도행위가 야간에 주거에 침입하여 이루어지는 경우에는 주거침입을 한 때에 실행에 착수한 것으로 보는 것이 타당하다.
절도범인이 체포를 면탈할 목적으로 경찰관에게 폭행·협박을 가한 때에는 준강도죄와 공무집행방해죄를 구성하고 양죄는 상상적 경합관계에 있으나, 강도범인이 체포를 면탈할 목적으로 경찰관에게 폭행을 가한 때에는 강도죄와 공무집행방해죄는 실체적 경합관계에 있고, 상상적 경합관계에 있는 것이 아니다(대법원 1992. 7. 28. 선고 92도917 판결).

절도범인이 처음에는 흉기를 휴대하지 아니하였으나, 체포를 면탈할 목적으로 폭행 또는 협박을 가할 때에 비로소 흉기를 휴대 사용하게 된 경우에는 형법 제334조의 예에 의한 준강도(특수강도의 준강도)가 된다(대법원 1973. 11. 13. 선고 73도1553 전원합의체 판결).

준강도의 주체는 절도범인으로, 절도의 실행에 착수한 이상 미수이거나 기수이거나 불문하고, 야간에 타인의 재물을 절취할 목적으로 사람의 주거에 침입한 경우에는 주거에 침입한 단계에서 이미 형법 제330조에서 규정한 야간주거침입절도죄라는 범죄행위의 실행에 착수한 것이라고 보아야 하며, 주거침입죄의 경우 주거침입의 범의로써 예컨대, 주거로 들어가는 문의 시정장치를 부수거나 문을 여는 등 침입을 위한 구체적 행위를 시작하였다면 주거침입죄의 실행의 착수는 있었다고 보아야 한다(대법원 2003. 10. 24. 선고 2003도4417 판결).

준강도죄에 있어서의 폭행이나 협박은 상대방의 반항을 억압하는 수단으로서 일반적 객관적으로 가능하다고 인정하는 정도의 것이면 되고, 반드시 현실적으로 반항을 억압하였음을 필요로 하는 것은 아니다(대법원 1981. 3. 24. 선고81도409 판결).

절도가 체포를 면탈할 목적으로 추격하여 온 수인에 대하여 같은 기회에 동시 또는 이시에 폭행 또는 협박을 하였다 하더라도 준강도의 포괄일죄가 성립한다.
 준강도행위가 진전하여 상해행위를 수반한 경우에도 일괄하여 준강도상해죄의 일죄가 성립하는 것이지 별도로 준강도죄의 성립이 있는 것은 아니다(대법원 1966. 12. 6. 선고 66도1392 판결).

감금행위가 단순히 강도상해 범행의 수단이 되는 데 그치지 아니하고 강도상해의 범행이 끝난 뒤에도 계속된 경우에는 1개의 행위가 감금죄와 강도상해죄에 해당하는 경우라고 볼 수 없고, 이 경우 감금죄와 강도상해죄는 형법 제37조의 경합범 관계에 있다(대법원 2003. 1. 10. 선고 2002도4380 판결).

형법 제337조의 강도상해죄, 강도치상죄는 재물강취의 기수와 미수를 불문하고 범인이 강도범행의 기회에 사람을 상해하거나 치상하게 되면 성립하는 것이다(대법원 1986. 9. 23. 선고 86도1526 판결).

강도상해죄에 있어서의 상해는 피해자의 신체의 건강상태가 불량하게 변경되고 생활기능에 장애가 초래되는 것을 말하는 것으로서, 피해자가 입은 상처가 극히 경미하여 굳이 치료할 필요가 없고 치료를 받지 않더라도 일상생활을 하는 데 아무런 지장이 없으며 시일이 경과함에 따라 자연적으로 치유될 수 있는 정도라면, 그로 인하여 피해자의 신체의 건강상태가 불량하게 변경되었다거나 생활기능에 장애가 초래된 것으로 보기 어려워 강도상해죄에 있어서의 상해에 해당한다고 할 수 없다(대법원 2003. 7. 11. 선고 2003도2313 판결).

- ㅇ 관련 법조 : 형법 제333조 ~ 제343조
- ㅇ 체포 : 사람의 신체에 대하여 직접적이고 현실적인 구속을 가하여 행동의 자유를 빼앗는 일
- ㅇ 감금 : 드나들지 못하도록 일정한 곳에 가둠
- ㅇ 약취(略取) : 폭행이나 협박 따위의 수단으로 타인을 자기의 실력적 지배 아래에 둠
- ㅇ 유인 : 주의나 흥미를 일으켜 꾀어냄

41. 사기죄

▒ 사기죄의 뜻

사람을 기망하여 재물의 교부를 받거나 재산상의 이익을 취득한 자는 10년 이하의 징역 또는 2천만원 이하의 벌금에 처한다. 같은 방법으로 제삼자로 하여금 재물의 교부를 받게 하거나 재산상의 이익을 취득하게 한 때에도 같다.
사기죄에서 말하는 '기망(欺罔)'은 신의성실의 원칙(신의칙)에 반하여 진실이 아닌 것을 진실이라고 하거나, 진실을 은폐하는 행위를 말한다. 크게 적극적 기망행위와 소극적 기망행위로 나뉜다. 침묵도 기망행위가 될 수 있다.

▒ 컴퓨터등 사용사기죄

컴퓨터 등 정보처리장치에 허위의 정보 또는 부정한 명령을 입력하거나 권한 없이 정보를 입력·변경하여 정보처리를 하게 함으로써 재산상의 이익을 취득하거나 제3자로 하여금 취득하게 한 자는 10년 이하의 징역 또는 2천만원 이하의 벌금에 처한다.

▒ 준사기죄

미성년자의 사리분별력 부족 또는 사람의 심신장애를 이용하여 재물을 교부받거나 재산상 이익을 취득한 자는 10년 이하의 징역 또는 2천만원 이하의 벌금에 처한다. 같은 방법으로 제3자로 하여금 재물을 교부받게 하거나 재산상 이익을 취득하게 한 경우에도 같다.
심신장애는 엄청나게 큰 정신적인 쇼크 등에 의한 일시적인 신경쇠약과 알코올 중독, 노쇠, 자폐성 장애, 지적장애, 정신장애 등 지속적인 심신장애가 있다. 판단력 등을 완전히 상실한 상태를 심신상실, 판단력 등이 있긴 있는데 부실한 경우를 심신미약이라 한다.
심신장애는 정신의학상의 관념이 아니라 법률상의 관념이므로, 그 심신장애의 인정은 헌법과 책임에 비추어 법관이 행하는 것이며, 의학적인 평가로 판단되는 것이 아니다.
 형법상 범죄가 성립하기 위해서는 행위자의 책임능력이 요구되기 때문에 심신상실자의 행위는 범죄가 아니며, 심신미약자의 행위는 범죄이긴 하지만 그 형이 감경될 수 있다. 형법이 취하고 있는 책임주의는 책임 없는 곳에 형벌 없다는 법언(法諺)이 말해주듯 책임이 없으면 처벌할 수 없고, 책임이 부족하면 처벌도 그만큼 가벼워야 한다는 원리이다.

편의시설 부정이용죄

부정한 방법으로 대가를 지급하지 아니하고 자동판매기, 공중전화 기타 유료자동설비를 이용하여 재물 또는 재산상의 이익을 취득한 자는 3년 이하의 징역, 500만원 이하의 벌금, 구류 또는 과료에 처한다.

부당이득죄

사람의 곤궁하고 절박한 상태를 이용하여 현저하게 부당한 이익을 취득한 자는 3년 이하의 징역 또는 1천만원 이하의 벌금에 처한다. 같은 방법으로 제3자로 하여금 부당한 이익을 취득하게 한 경우에도 같다.

상습범의 가중처벌

상습으로 사기죄를 범한 자는 그 죄에 정한 형의 2분의 1까지 가중한다.

미수범의 처벌

사기죄, 컴퓨터등 사용사기죄, 준사기죄, 편의시설 부정이용죄의 미수범은 처벌한다.

대법원판례

사기죄는 타인을 기망하여 착오에 빠뜨리고 그로 인하여 피기망자(기망행위의 상대방)가 처분행위를 하도록 유발하여 재물 또는 재산상의 이익을 얻음으로써 성립하는 범죄이다. 따라서 사기죄가 성립하려면 행위자의 기망행위, 피기망자의 착오와 그에 따른 처분행위, 그리고 행위자 등의 재물이나 재산상 이익의 취득이 있고, 그 사이에 순차적인 인과관계가 존재하여야 한다.

그리고 사기죄의 피해자가 법인이나 단체인 경우에 기망행위로 인한 착오, 인과관계 등이 있었는지는 법인이나 단체의 대표 등 최종 의사결정권자 또는 내부적인 권한 위임 등에 따라 실질적으로 법인의 의사를 결정하고 처분을 할 권한을 가지고 있는 사람을 기준으로 판단하여야 한다.

따라서 피해자 법인이나 단체의 대표자 또는 실질적으로 의사결정을 하는 최종결재권자 등이 기망행위자와 동일인이거나 기망행위자와 공모하는 등 기망행위임을 알고 있었던 경우에는 기망행위로 인한 착오가 있다고 볼 수 없고, 재물 교부 등의 처분행위가 있었더라도 기망행위와 인과관계가 있다고 보기 어렵다. 이러한 경우에는 사안에 따라 업무상횡령죄 또는 업무상배임죄 등이 성립하는 것은 별론으로 하고 사기죄가 성립한다고 볼 수 없다. 반면에 피해자 법인이나 단체의 업무를 처리하는 실무자인 일반 직원이나 구성원 등이 기망행위임을 알고 있었더라도, 피해자 법인이나 단체의 대표자 또는 실질적으로 의사결정을 하는 최종결재권자 등이 기망행위임을 알지 못한 채 착오에 빠져 처분행위에 이른 경우라면, 피해자 법인에 대한 사기죄의 성립에 영향이 없다(대법원 2017. 9. 26. 선고 2017도8449 판결).

사기죄에서 처분행위는 행위자의 기망행위에 의한 피기망자의 착오와 행위자 등의 재물 또는 재산상 이익의 취득이라는 최종적 결과를 중간에서 매개·연결하는 한편, 착오에 빠진 피해자의 행위를 이용하여 재산을 취득하는 것을 본질적 특성으로 하는 사기죄와 피해자의 행위에 의하지 아니하고 행위자가 탈취의 방법으로 재물을 취득하는 절도죄를 구분하는 역할을 한다. 처분행위가 갖는 이러한 역할과 기능을 고려하면, 피기망자의 의사에 기초한 어떤 행위를 통해 행위자 등이 재물 또는 재산상의 이익을 취득하였다고 평가할 수 있는 경우라면 사기죄에서 말하는 처분행위가 인정된다.
사기죄에서 피기망자의 처분의사는 기망행위로 착오에 빠진 상태에서 형성된 하자 있는 의사이므로 불완전하거나 결함이 있을 수밖에 없다. 처분행위의 법적 의미나 경제적 효과 등에 대한 피기망자의 주관적 인식과 실제로 초래되는 결과가 일치하지 않는 것이 오히려 당연하고, 이 점이 사기죄의 본질적 속성이다. 따라서 처분의사는 착오에 빠진 피기망자가 어떤 행위를 한다는 인식이 있으면 충분하고, 그 행위가 가져오는 결과에 대한 인식까지 필요하다고 볼 것은 아니다.
사기죄의 성립요소로서 기망행위는 널리 거래관계에서 지켜야 할 신의칙에 반하는 행위로서 사람으로 하여금 착오를 일으키게 하는 것을 말하고, 착오는 사실과 일치하지 않는 인식을 의미하는 것으로, 사실에 관한 것이든, 법률관계에 관한 것이든, 법률효과에 관한 것이든 상관없다. 또한 사실과 일치하지 않는 하자 있는 피기망자의 인식은 처분행위의 동기, 의도, 목적에 관한 것이든, 처분행위 자체에 관한 것이든 제한이 없다. 따라서 피기망자가 기망당한 결과 자신의 작위 또는 부작위가 갖는 의미를 제대로 인식하지 못하여 그러한 행위가 초래하는 결과를 인식하지 못하였더라도 그와 같은 착오 상태에서 재산상 손해를 초래하는 행위를 하기에 이르렀다면 피기망자의 처분행위와 그에 상응하는 처분의사가 있다고 보아야 한다.

피해자의 처분행위에 처분의사가 필요하다고 보는 근거는 처분행위를 피해자가 인식하고 한 것이라는 점이 인정될 때 처분행위를 피해자가 한 행위라고 볼 수 있기 때문이다. 다시 말하여 사기죄에서 피해자의 처분의사가 갖는 기능은 피해자의 처분행위가 존재한다는 객관적 측면에 상응하여 이를 주관적 측면에서 확인하는 역할을 하는 것일 뿐이다. 따라서 처분행위라고 평가되는 어떤 행위를 피해자가 인식하고 한 것이라면 피해자의 처분의사가 있다고 할 수 있다. 결국 피해자가 처분행위로 인한 결과까지 인식할 필요가 있는 것은 아니다.

결론적으로, 사기죄의 본질과 구조, 처분행위와 그 의사적 요소로서 처분의사의 기능과 역할, 기망행위와 착오의 의미 등에 비추어 보면, 비록 피기망자가 처분행위의 의미나 내용을 인식하지 못하였더라도, 피기망자의 작위 또는 부작위가 직접 재산상 손해를 초래하는 재산적 처분행위로 평가되고, 이러한 작위 또는 부작위를 피기망자가 인식하고 한 것이라면 처분행위에 상응하는 처분의사는 인정된다. 다시 말하면 피기망자가 자신의 작위 또는 부작위에 따른 결과까지 인식하여야 처분의사를 인정할 수 있는 것은 아니다(대법원 2017. 2. 16. 선고 2016도13362 전원합의체 판결).

형법 제347조의2는 정보처리장치에 허위의 정보 또는 부정한 명령을 입력하거나 권한 없이 정보를 입력·변경하여 정보처리를 하게 함으로써 재산상의 이익을 취득하거나 제3자로 하여금 취득하게 한 자는 이를 처벌하도록 규정하고 있는바, 금융기관 직원이 범죄의 목적으로 전산단말기를 이용하여 다른 공범들이 지정한 특정계좌에 무자원 송금의 방식으로 거액을 입금한 것은 형법 제347조의2에서 정하는 컴퓨터 등 사용사기죄에서의 '권한 없이 정보를 입력하여 정보처리를 하게 한 경우'에 해당한다고 할 것이고, 이는 그 직원이 평상시 금융기관의 여·수신업무를 처리할 권한이 있었다고 하여도 마찬가지이다(대법원 2006. 1. 26. 선고 2005도8507 판결).

형법 제348조의2에서 규정하는 편의시설부정이용의 죄는 부정한 방법으로 대가를 지급하지 아니하고 자동판매기, 공중전화 기타 유료자동설비를 이용하여 재물 또는 재산상의 이익을 취득하는 행위를 범죄구성요건으로 하고 있는데, 타인의 전화카드(한국통신의 후불식 통신카드)를 절취하여 전화통화에 이용한 경우에는 통신카드서비스 이용계약을 한 피해자가 그 통신요금을 납부할 책임을 부담하게 되므로, 이러한 경우에는 피고인이 '대가를 지급하지 아니하고' 공중전화를 이용한 경우에 해당한다고 볼 수 없어 편의시설부정이용의 죄를 구성하지 않는다(대법원 2001. 9. 25. 선고 2001도3625 판결).

* **판례해설 :** 피고인 갑은 피해자 을의 전화카드를 훔쳤다. 갑은 이 전화카드를 사용하였다. 이 카드를 훔친 갑의 행위는 절도죄가 성립한다. 그러나 갑이 그 카드를 사용한 행위는 편의시설 부정이용죄에는 해당하지 않는다. 그 이유는 이 죄의 피해자가 될 수 있는 자는 이 카드를 발행한 한국통신인데, 이 카드의 사용대가는 을이 부담하기 때문에 한국통신에게는 피해가 발생하지 않기 때문이다.

사용자에 관한 각종 정보가 전자기록되어 있는 자기띠가 카드번호와 카드발행자 등이 문자로 인쇄된 플라스틱 카드에 부착되어 있는 전화카드의 경우 그 자기띠 부분은 카드의 나머지 부분과 불가분적으로 결합되어 전체가 하나의 문서를 구성하므로, 전화카드를 공중전화기에 넣어 사용하는 경우 비록 전화기가 전화카드로부터 판독할 수 있는 부분은 자기띠 부분에 수록된 전자기록에 한정된다고 할지라도, 전화카드 전체가 하나의 문서로서 사용된 것으로 보아야 하고 그 자기띠 부분만 사용된 것으로 볼 수는 없으므로, 절취한 전화카드를 공중전화기에 넣어 사용한 것은 권리의무에 관한 타인의 사문서를 부정행사한 경우에 해당한다(대법원 2002. 6. 25. 선고 2002도461 판결).

소송사기는 법원을 기망하여 자기에게 유리한 판결을 얻음으로써 상대방의 재물 또는 재산상 이익을 취득하는 것을 내용으로 하는 범죄로서, 이를 처벌하는 것은 필연적으로 누구든지 자기에게 유리한 주장을 하고 소송을 통하여 권리구제를 받을 수 있다는 민사재판제도의 위축을 가져올 수밖에 없으므로, 피고인이 그 범행을 인정한 경우 외에는 그 소송상의 주장이 사실과 다름이 객관적으로 명백하거나 피고인이 그 소송상의 주장이 명백히 허위인 것을 인식하였거나 증거를 조작하려고 한 흔적이 있는 등의 경우 외에는 이를 쉽사리 유죄로 인정하여서는 안 된다(대법원 2002. 12. 10. 선고 2002도5190 판결).

- 관련 법조 : 형법 제347조 ~ 제349조, 제351조, 제352조
- 인과관계(因果關係) : 어떤 행위와 그 후에 발생한 사실과의 사이에 원인과 결과의 관계가 있는 일
- 작위(作爲) : 금지규범에 위반하는 행위
- 부작위(不作爲) : 명령규범에 위반하는 행위

고소장 작성례(사기죄)

고 소 장

고 소 인　○○○ (000000-00000000)
주소 :
전화번호 :
전자우편주소 :

피고소인　○○○ (000000-0000000)
주소 :
전화번호 :
전자우편주소 :

고 소 취 지

피고소인을 고소인에 대한 사기죄로 고소하오니 엄히 처벌하시기 바랍니다.

고 소 사 실

1. 고소인과 피고소인은 고소인의 친구인 고소외 ○○○의 소개로 알게 된 사이입니다. 위 ○○○은 피고소인을 고소인에게 소개함에 있어 피고소인은 민물장어의 유통업을 하는 사람이라고 하였고, 피고소인도 민물장어의 유통업을 전국을 대상으로 한다고 자랑한 일이 있습니다.
2. 피고소인은 2021. 0. 0. ○○시 ○○길 00-0에 있는 고소인의 사무실로 고소인을 찾아와 돈 1억원을 빌려주면 2개월 뒤에 원금과 함께 이자 10%를 합하여 1억1천만원을 변제하겠다고 말하므로, 고소인은 피고소인의 이 말을 믿고 돈 1억원을 대여한 사실이 있습니다.
3. 피고소인은 위 돈의 변제기가 지났음에도 불구하고 그 변제시기를 차일피일 미루기만 할뿐 변제할 뜻이 없어 보이므로, 고소인은 피고소인의 생활 실태를 수소문하여 알아보았습니다.
4. 그 결과 피고소인은 민물장어의 유통업을 영위한 사실은 없고, 건설공사장 등에서 일용노동을 하거나 도박장에 드나들면서 매우 빈곤한 생활을 하는 사람이라는 사실을 알게 되었습니다.
5. 결국, 피고소인은 고소인으로부터 돈을 차용하더라도 갚을 의사나 능력이 전혀 없었음에도 불구하고 고소인을 속인 사실을 알게 되어 이 고소장을 제출하게 되었습니다.

첨 부 서 류

1. 차용증서 1통.

2022. 0. 0.

위 고소인 ○○○ (인)

○○○경찰서장 귀하

참고사항

* 반드시 적시할 내용 : ①피고소인이 고소인을 속인 내용(기망행위), ②고소인이 피고소인에게 교부한 재산의 내용(처분행위)
* 고소장을 제출할 기관 : 피고소인의 주소지를 관할하는 경찰서 민원실

42. 공갈죄

공갈죄의 뜻

사람을 공갈하여 재물의 교부를 받거나 재산상의 이익을 취득한 자는 10년 이하의 징역 또는 2천만원 이하의 벌금에 처한다. 같은 방법으로 제삼자로 하여금 재물의 교부를 받게 하거나 재산상의 이익을 취득하게 한 때에도 같다.

공갈죄와 사기죄는 재물의 교부를 받거나 재산상의 이득을 취득한다는 점에서는 같다. 사기죄는 행위자의 기망에 의해 착오에 빠진 피해자가 재물을 교부하는 반면 공갈죄는 겁에 질린 피해자가 재물을 교부한다는 점에서 차이가 있다.

한편, 공갈죄는 피해자의 교부행위가 있지만, 강도죄의 경우에는 피해자의 교부행위가 없더라도 행위자가 재물을 직접 취득한다는 점에서 다르다.

특수공갈죄

단체 또는 다중의 위력을 보이거나 위험한 물건을 휴대하여 공갈죄를 범한 자는 1년 이상 15년 이하의 징역에 처한다.

특수공갈죄는 단체 또는 다중의 위력을 보이거나 위험한 물건을 휴대했기 때문에 더 무거운 형으로 다스리는 것이다.

상습범의 가중처벌

상습으로 공갈죄, 특수공갈죄를 범한 자는 그 죄에 정한 형의 2분의 1까지 가중하여 처벌한다.

미수범의 처벌

공갈죄, 특수공갈죄, 상습공갈죄의 미수범은 처벌한다.

대법원판례

공갈죄의 본질은 피공갈자의 외포로 인한 하자있는 동의를 이용하는 재물 또는 재산상 이익을 취득하는 행위라 할 것이다(대법원 1979. 7. 24. 선고79도1329 판결).

재산상 이익의 취득으로 인한 공갈죄가 성립하려면 폭행 또는 협박과 같은 공갈행위로 인하여 피공갈자가 재산상 이익을 공여하는 처분행위가 있어야 한다. 물론 그러한 처분행위는 반드시 작위에 한하지 아니하고 부작위로도 족하여서, 피공갈자가 외포심을 일으켜 묵인하고 있는 동안에 공갈자가 직접 재산상의 이익을 탈취한 경우에도 공갈죄가 성립할 수 있다.

그러나 폭행의 상대방이 위와 같은 의미에서의 처분행위를 한 바 없고, 단지 행위자가 법적으로 의무 있는 재산상 이익의 공여를 면하기 위하여 상대방을 폭행하고 현장에서 도주함으로써 상대방이 행위자로부터 원래라면 얻을 수 있었던 재산상 이익의 실현에 장애가 발생한 것에 불과하다면, 그 행위자에게 공갈죄의 죄책을 물을 수 없다(대법원 2012. 1. 27. 선고 2011도16044 판결).

공갈죄에 있어서 공갈의 상대방은 재산상의 피해자와 동일함을 요하지는 아니하나, 공갈의 목적이 된 재물 기타 재산상의 이익을 처분할 수 있는 사실상 또는 법률상의 권한을 갖거나 그러한 지위에 있음을 요한다고 할 것이다.

원심판결 이유에 의하면, 원심은, 그 채용 증거들에 의하여, 피고인 1, 피고인 3, 피고인 7 등이 공동하여, 판시 각 일시에 피해자 공소외 2가 종업원으로 일하고 있던 ○○○룸살롱(공소외 3이 건물주로부터 임차하여 공소외 4에게 운영을 위임하였다.)에서 위 피해자에게 은근히 조직폭력배임을 과시하면서 "이 새끼들아 술 내놔."라고 소리치고, 피고인 1 등은 험악한 인상을 쓰면서 "너희들은 공소외 4가 깡패도 아닌데 왜 따라 다니며 어울리냐?"라고 말하는 등의 방법으로 신체에 위해를 가할 듯한 태도를 보여 이에 겁을 먹은 위 피해자로부터 판시와 같이 주류를 제공받아 이를 각 갈취하였다는 범죄사실을 유죄로 인정한 제1심을 그대로 유지하면서, 위 피고인들로부터 협박을 당한 공소외 2는 위 주류에 대한 사실상의 처분권자이므로 공소외 2를 공갈죄의 피해자라고 봄이 상당하다고 판단하였다.

앞서 본 법리와 관계 증거를 기록에 비추어 살펴보면, 원심의 위와 같은 사실인정과 판단은 정당한 것으로 수긍이 가고, 거기에 상고이유로 주장하는 바와 같이 채증법칙을 위반하여 사실을 잘못 인정하거나 공갈죄에 있어서의 피해자에 관한 법리오해, 공소시효 완성 및 범행방법에 관한 공소사실의 특정에 관한 법리오해 등의 위법이 있다고 할 수 없다(대법원 2005. 9. 29. 선고 2005도4738 판결).

강요죄나 공갈죄의 수단인 협박은 사람의 의사결정의 자유를 제한하거나 의사실행의 자유를 방해할 정도로 겁을 먹게 할 만한 해악을 고지하는 것을 말하는데, 해악의 고지는 반드시 명시적인 방법이 아니더라도 말이나 행동을 통해서 상대방으로 하여금 어떠한 해악에 이르게 할 것이라는 인식을 갖게 하는 것이면 족하고, 피공갈자 이외의 제3자를 통해서 간접적으로 할 수도 있으며, 행위자가 그의 직업, 지위 등에 기하여 불법한 위세를 이용하여 재물의 교부나 재산상 이익을 요구하고 상대방으로 하여금 그 요구에 응하지 않을 때에는 부당한 불이익을 당할 위험이 있다는 위구심을 일으키게 하는 경우에도 해악의 고지가 된다(대법원 2013. 4. 11. 선고 2010도13774 판결).

* **판례해설** : 이 판례의 문언 중 "피공갈자 이외의 제3자를 통해서 간접적으로 할 수도 있으며"라는 부분은 이러하다. 공갈행위자(범인) 갑이 피공갈자(피해자) 을을 공

갈함에 있어 을과 밀접한 관련이 있는 병에게 해악을 줄 듯한 말이나 태도를 보이는 방법으로 공갈행위를 할 수도 있다는 의미이다.

피해자의 기망에 의하여 부동산을 비싸게 매수한 피고인이라도 그 계약을 취소함이 없이 등기를 피고인 앞으로 둔 채 피해자의 전매차익을 받아낼 셈으로 피해자를 협박하여 재산상의 이득을 얻거나 돈을 받았다면 이는 정당한 권리행사의 범위를 넘은 것으로서 사회통념상 용인될 수 없으므로 공갈죄를 구성한다(대법원 1991. 9. 24. 선고 91도1824 판결).

정당한 권리자(당연히 받을 이익금의 분배)라 하더라도 그 권리실행의 수단, 방법이 사회통념상 허용되는 범위를 넘은 경우에는 공갈죄의 성립을 방해하지 않는다(대법원 1984. 3. 27. 선고 83도3204 판결).

'다중'이라 함은 단체를 이루지 못한 다수인의 집합을 말하는 것으로, 이는 결국 집단적 위력을 보일 정도의 다수 혹은 그에 의해 압력을 느끼게 해 불안을 줄 정도의 다수를 의미한다 할 것이고, 다중의 '위력'이라 함은 다중의 형태로 집결한 다수 인원으로 사람의 의사를 제압하기에 족한 세력을 지칭하는 것으로서 그 인원수가 다수에 해당하는가는 행위 당시의 여러 사정을 참작하여 결정하여야 할 것이며, 이 경우 상대방의 의사가 현실적으로 제압될 것을 요하지는 않는다고 할 것이지만 상대방의 의사를 제압할 만한 세력을 인식시킬 정도는 되어야 한다(대법원 2006. 2. 10. 선고 2005도174 판결).

- ○ 관련 법조 : 형법 제350조 ~ 제352조
- ○ 다중(多衆) : 단체를 이루지 못한 다수인의 집합을 말하는 것으로, 이는 결국 집단적 위력을 보일 정도의 다수 혹은 그에 의해 압력을 느끼게 해 불안을 줄 정도의 다수를 의미함

고소장 작성례(공갈죄)

고 소 장

고 소 인 ○○○ (000000-0000000)

주소 :

전화번호 :

전자우편주소 :

피고소인 ○○○ (000000-0000000)

주소 :

전화번호 :

전자우편주소 :

고 소 취 지

피고소인을 고소인에 대한 공갈죄로 고소하오니 엄히 벌하여 주시기 바랍니다.

고 소 사 실

1. 고소인은 ○○시 ○○길 000-0에서 '○○단란주점'을 운영하는 사람입니다.
2. 피고소인은 2022. 0. 0. 21시경 위 단란주점에 손님으로 찾아와 맥주, 양주 및 안주 약 35만원 상당을 먹고 마신 뒤 "술값은 외상으로 합시다."라고 말했고, 고소인은 이에 대하여 외상거래는 하지 않는다고 말한 사실이 있습니다.
3. 그러자 피고소인은 자신과 함께 동석하여 노래를 부른 고소외 ○○○에게 "너 나하

고 같이 술 마시면서 노래 부른 사실을 여기에 적어"라면서 피고소인이 소지하고 있던 수첩에 단란주점의 종업원이 손님과 동석하여 여흥을 돋운 사실을 기재하도록 강요한 다음 고소인을 향해서는 112에 신고를 하겠다면서 겁을 주었습니다.

4. 이에 식품위생법을 위반한 고소인으로서는 피고소인에게 신고는 하지 말아달라면서 애원을 할 수밖에 없었습니다. 그러자 피고소인은 "신고를 하지 않을 테니 돈 50만원을 달라"고 요구하였습니다. 피고소인의 태도와 언행으로 볼 때 돈을 주지 않으면 경찰관서에 신고할 것이 분명했고, 그렇게 되면 형사처벌은 물론 감독관청으로부터 영업정지의 행정처분을 받게 될 것이 두려운 나머지 피고소인에게 돈 50만원을 주고 말았습니다.

2022. 0. 0.

위 고소인 ○○○ (인)

○○경찰서장 귀하

참고사항

* 반드시 기재할 내용 : ①피고소인이 저지른 협박의 내용, ②고소인이 공포심을 느낀 이유, ③고소인이 피고소인에게 교부한 재산의 내용
* 고소장을 제출할 기관 : 피고소인의 주소지를 관할하는 경찰서 민원실

43. 횡령죄

▒ 횡령죄의 뜻

타인의 재물을 보관하는 자가 그 재물을 횡령하거나 그 반환을 거부한 때에는 5년 이하의 징역 또는 1천500만원 이하의 벌금에 처한다.

횡령죄와 배임죄는 타인의 신임관계를 배반한다는 점에서 같은 성질을 가진다. 그러나 횡령죄는 재물죄인 반면 배임죄는 이득죄이다. 따라서 횡령죄와 배임죄는 특별법과 일반법의 관계에 있다.

▒ 업무상 횡령죄

업무상의 임무에 위배하여 횡령죄를 범한 자는 10년 이하의 징역 또는 3천만원 이하의 벌금에 처한다.

'업무'란 사회생활상의 지위에서 계속 또는 반복하여 행하는 사무를 말한다. 업무상횡령죄는 보관자라는 신분과 업무자라는 신분을 기반으로 해야 하며 타인의 재물을 횡령하거나 그 반환을 거부하는 것을 말한다.

여기서 업무상횡령죄의 업무는 위탁관계에 의해 타인의 재물을 보관 또는 점유하는 것을 바탕으로 하며, 그것이 주된 업무이든 부수적 업무이든 상관이 없다. 업무상횡령죄를 저지른 자는 신분범이므로, 업무는 일정한 사회생활상의 지위를 따라 계속 행하는 사무를 총칭하며 생계수단이나 영리목적의 영업에 국한되지 않는다.

▒ 점유이탈물횡령죄

유실물, 표류물 또는 타인의 점유를 이탈한 재물을 횡령한 자는 1년 이하의 징역이나 300만원 이하의 벌금 또는 과료에 처한다. 매장물을 횡령한 자도 같다.

▒ 미수범의 처벌

횡령죄와 업무상 횡령죄의 미수범은 처벌한다.

▌친족 사이의 범행에 대한 특례

제328조의 규정은 횡령죄, 업무상 횡령죄, 점유이탈물횡령죄에 준용한다.

> **형법**
>
> [시행 2023. 8. 8.] [법률 제19582호, 2023. 8. 8., 일부개정]
>
> **제328조(친족간의 범행과 고소)** ① 직계혈족, 배우자, 동거친족, 동거가족 또는 그 배우자간의 제323조의 죄는 그 형을 면제한다.
>
> ② 제1항 이외의 친족간에 제323조의 죄를 범한 때에는 고소가 있어야 공소를 제기할 수 있다. 〈개정 1995. 12. 29.〉
>
> ③ 전 2항의 신분관계가 없는 공범에 대하여는 전 이항을 적용하지 아니한다.

▌대법원판례

횡령죄는 다른 사람의 재물에 관한 소유권 등 본권을 보호법익으로 하고 법익침해의 위험이 있으면 침해의 결과가 발생되지 아니하더라도 성립하는 위험범이다. 그리고 일단 특정한 처분행위(이를 '선행 처분행위'라 한다)로 인하여 법익침해의 위험이 발생함으로써 횡령죄가 기수에 이른 후 종국적인 법익침해의 결과가 발생하기 전에 새로운 처분행위(이를 '후행 처분행위'라 한다)가 이루어졌을 때, 후행 처분행위가 선행 처분행위에 의하여 발생한 위험을 현실적인 법익침해로 완성하는 수단에 불과하거나 그 과정에서 당연히 예상될 수 있는 것으로서 새로운 위험을 추가하는 것이 아니라면 후행 처분행위에 의해 발생한 위험은 선행 처분행위에 의하여 이미 성립된 횡령죄에 의해 평가된 위험에 포함되는 것이므로 후행 처분행위는 이른바 불가벌적 사후행위에 해당한다. 그러나 후행 처분행위가 이를 넘어서서, 선행 처분행위로 예상할 수 없는 새로운 위험을 추가함으로써 법익침해에 대한 위험을 증가시키거나 선행 처분행위와는 무관한 방법으로 법익침해의 결과를 발생시키는 경우라면, 이는 선행 처분행위에 의하여 이미 성립된 횡령죄에 의해 평가된 위험의 범위를 벗어나는 것이므로 특별한 사정이 없는 한 별도로 횡령죄를 구성한다고 보아야 한다.

따라서 타인의 부동산을 보관 중인 자가 불법영득의사를 가지고 그 부동산에 근저당권설정등기를 경료함으로써 일단 횡령행위가 기수에 이르렀다 하더라도 그 후 같은 부동산에 별개의 근저당권을 설정하여 새로운 법익침해의 위험을 추가함으로써 법익침해의 위험을 증가시키거나 해당 부동산을 매각함으로써 기존의 근저당권과 관계없이 법익침해의 결과를 발생시켰다면, 이는 당초의 근저당권 실행을 위한 임의경매에 의한 매각 등 그 근저당권으로 인해 당연히 예상될 수 있는 범위를 넘어 새로운 법익침해의 위험을 추가시키거나 법익침해의 결과를 발생시킨 것이므로 특별한 사정이 없는 한 불가벌적 사후행위로 볼 수 없고, 별도로 횡령죄를 구성한다(대법원 2013. 2. 21. 선고 2010도10500 전원합의체 판결).

타인의 재물을 공유하는 자가 공유자의 승낙을 받지 않고 공유대지를 담보에 제공하고 가등기를 경료한 경우 횡령행위는 기수에 이르고, 그 후 가등기를 말소했다고 하여 중지미수에 해당하는 것이 아니며, 가등기말소 후에 다시 새로운 영득의사의 실현행위가 있을 때에는 그 두 개의 횡령행위는 경합범 관계에 있다.
횡령죄는 상태범이므로 횡령행위의 완료 후에 행하여진 횡령물의 처분행위는 그것이 그 횡령행위에 의하여 평가되어 버린 것으로 볼 수 있는 범위 내의 것이라면 새로운 법익의 침해를 수반하지 않은 이른바 불가벌적 사후행위로서 별개의 범죄를 구성하지 않는다(대법원 1978. 11. 28. 선고 78도2175 판결).

횡령 범행으로 취득한 돈을 공범자끼리 수수한 행위가 공동정범들 사이의 범행에 의하여 취득한 돈을 공모에 따라 내부적으로 분배한 것에 지나지 않는다면 별도로 그 돈의 수수행위에 관하여 뇌물죄가 성립하는 것은 아니다.
그와 같이 수수한 돈의 성격을 뇌물로 볼 것인지 횡령금의 분배로 볼 것인지 여부는 돈을 공여하고 수수한 당사자들의 의사, 수수된 돈의 액수, 횡령 범행과 수수행위의 시간적 간격, 수수한 돈이 횡령한 그 돈인지 여부, 수수한 장소와 방법 등을 종합적으로 고려하여 객관적으로 평가하여 판단하여야 한다(대법원 2019. 11. 28. 선고 2019도11766 판결).

동업자 사이에 손익분배의 정산이 되지 아니하였다면 동업자의 한 사람이 임의로 동업자들의 합유에 속하는 동업재산을 처분할 권한이 없는 것이므로, 동업자의 한 사람이 동업재산을 보관 중 임의로 횡령하였다면 지분비율에 관계없이 임의로 횡령한 금액 전부에 대하여 횡령죄의 죄책을 부담하는 것이다.

원심이 인정한 바에 의하더라도, 피고인과 피해자 사이에는 손익분배에 관한 정산이 이루어지지 않았다는 것이므로, 피고인이 피해자에게 이익금 또는 투자금의 상환으로써 지급하여야 할 금원을 피해자를 위하여 보관하는 지위에 있었다고 할 수 없고, 오히려 피고인은 피해자로부터 받은 투자금과 공소외인으로부터 지급받은 이 사건 공사대금을 동업자인 피고인과 피해자의 합유에 속하는 동업재산으로 보관하는 지위에 있었다고 보아야 할 것인바, 이러한 경우 피고인이 보관하던 동업재산 중 일부를 동업체를 위하여 사용하지 아니하고 자기 또는 제3자를 위하여 임의로 소비하였다면 피해자에게 상환하여야 할 이익금 또는 투자금의 액과 관계없이 피고인이 임의소비한 금액을 바로 횡령금액으로 볼 수 있다고 할 것이다(대법원 2000. 11. 10. 선고 2000도3013 판결).

승객이 놓고 내린 지하철의 전동차 바닥이나 선반 위에 있던 물건을 가지고 간 경우, 지하철의 승무원은 유실물법상 전동차의 관수자로서 승객이 잊고 내린 유실물을 교부받을 권능을 가질 뿐 전동차 안에 있는 승객의 물건을 점유한다고 할 수 없고, 그 유실물을 현실적으로 발견하지 않는 한 이에 대한 점유를 개시하였다고 할 수도 없으므로, 그 사이에 위와 같은 유실물을 발견하고 가져간 행위는 점유이탈물횡령죄에 해당함은 별론으로 하고 절도죄에 해당하지는 않는다(대법원 1999. 11. 26. 선고 99도3963 판결).

고속버스 운전사는 고속버스의 관수자로서 차내에 있는 승객의 물건을 점유하는 것이 아니고 승객이 잊고 내린 유실물을 교부받을 권능을 가질 뿐이므로 유실물을 현실적으로 발견하지 않는 한 이에 대한 점유를 개시하였다고 할 수 없고, 그 사이에 다른 승객이 유실물을 발견하고 이를 가져갔다면 절도에 해당하지 아니하고 점유이탈물횡령에 해당한다(대법원 1993. 3. 16. 선고 92도3170 판결).

- ○ 관련 법조 : 형법 제355조 ~ 제361조
- ○ 유실물(遺失物) : 남이 잃어버린 물건
- ○ 표류물(漂流物) : 사람의 점유(占有)를 떠나 바다나 하천에 떠다니는 물건

○ 매장물(埋藏物) : 땅 속 등에 파묻혀 있는 물건

○ 공유(共有) : 하나의 물건을 두 사람 이상이 함께 소유하는 것. 조합체(동업자들)가 소유하는 것은 합유(合有)라고 함

○ 중지미수 : 범죄의 실행에 착수한 자가 그 범죄가 완성되기 전에 자의(自意)로 그 행위를 중지하거나 그 행위로 인한 결과 발생을 방지한 경우

고소장 작성례(횡령죄)

고 소 장

고 소 인　○○○ (000000-0000000)

주소 :

전화번호 :

전자우편주소 :

피고소인　○○○ (000000-0000000)

주소 :

전화번호 :

전자우편주소 :

고 소 취 지

피고소인을 횡령죄로 고소하오니 엄히 벌하시기 바랍니다.

고 소 사 실

1. 고소인과 피고소인은 이웃에 거주하는 사이로서 서로를 잘 알고 있습니다.
2. 피고소인은 귀금속 영업을 했던 사람이므로, 고소인은 2022. 0. 0. 고소인이 가지고 있던 다이아몬드 반지 1개를 팔아달라면서 피고소인에게 보관을 시킨 사실이 있습니다.
3. 그런데, 피고소인은 이 반지를 처분하여 얻은 돈 2천만원을 피고소인이 임의로 소비하여 이를 횡령한 사실이 있습니다.

2022. 0. 0.

위 고소인 ○○○ (인)

○○경찰서장 귀하

참고사항

* 꼭 적어야 할 내용 : ①피고소인이 보관한 물건의 특정, ②피고소인이 반환을 거부한 물건 또는 돈

* 고소장을 제출할 기관 : 피고소인의 주소지를 관할하는 경찰서 민원실

44. 배임죄

배임죄의 뜻

타인의 사무를 처리하는 자가 그 임무에 위배하는 행위로써 재산상의 이익을 취득하거나 제삼자로 하여금 이를 취득하게 하여 본인에게 손해를 가한 때에는 5년 이하의 징역 또는 1천500만원 이하의 벌금에 처한다. 배임죄의 주체는 '타인의 사무를 처리하는 자'이다. 배임죄의 본질은 본인에 대한 배신행위에 있다.

업무상 배임죄

업무상의 임무에 위배하여 배임죄를 범한 자는 10년 이하의 징역 또는 3천만원 이하의 벌금에 처한다.

배임수증재죄

형법

[시행 2021. 12. 9.] [법률 제17571호, 2020. 12. 8., 일부개정]

제357조(배임수증재) ① 타인의 사무를 처리하는 자가 그 임무에 관하여 부정한 청탁을 받고 재물 또는 재산상의 이익을 취득하거나 제3자로 하여금 이를 취득하게 한 때에는 5년 이하의 징역 또는 1천만원 이하의 벌금 에 처한다.

② 제1항의 재물 또는 재산상 이익을 공여한 자는 2년 이하의 징역 또는 500만원 이하의 벌금에 처한다.

③ 범인 또는 그 사정을 아는 제3자가 취득한 제1항의 재물은 몰수한다. 그 재물을 몰수하기 불가능하거나 재산상의 이익을 취득한 때에는 그 가액을 추징한다.

미수범의 처벌

배임죄, 업무상 배임죄, 배임수재죄, 배임증재죄의 미수범은 처벌한다.

친족 사이의 범행, 동력에 대한 특례

형법

[시행 2021. 12. 9.] [법률 제17571호, 2020. 12. 8., 일부개정]

제361조(친족간의 범행, 동력) 제328조와 제346조의 규정은 본장의 죄에 준용한다.

제328조(친족간의 범행과 고소) ① 직계혈족, 배우자, 동거친족, 동거가족 또는 그 배우자간의 제323조의 죄는 그 형을 면제한다.
② 제1항 이외의 친족간에 제323조의 죄를 범한 때에는 고소가 있어야 공소를 제기할 수 있다.
③ 전 2항의 신분관계가 없는 공범에 대하여는 전 이항을 적용하지 아니한다.
제346조(동력) 본장의 죄에 있어서 관리할 수 있는 동력은 재물로 간주한다.

대법원판례

회사의 대표이사는 이사회 또는 주주총회의 결의가 있더라도 그 결의내용이 회사 채권자를 해하는 불법한 목적이 있는 경우에는 이에 맹종할 것이 아니라 회사를 위하여 성실한 직무수행을 할 의무가 있으므로, 대표이사가 임무에 배임하는 행위를 함으로써 주주 또는 회사 채권자에게 손해가 될 행위를 하였다면 그 회사의 이사회 또는 주주총회의 결의가 있었다고 하여 그 배임행위가 정당화 될 수는 없다 할 것이어서, 이에 반하는 상고이유의 주장은 받아들일 수 없다.
배임죄는 재산상 이익을 객체로 하는 범죄이므로, 1인 회사의 주주가 자신의 개인채무를 담보하기 위하여 회사 소유의 부동산에 대하여 근저당권설정등기를 마쳐 주어 배임죄가 성립한 이후에 그 부동산에 대하여 새로운 담보권을 설정해 주는 행위는 선순위 근저당권의 담보가치를 공제한 나머지 담보가치 상당의 재산상 이익을 침해하는 행위로서 별도의 배임죄가 성립한다 할 것이다.
거래상대방의 대향적 행위의 존재를 필요로 하는 유형의 배임죄에 있어서 거래상대방으로서는 기본적으로 배임행위의 실행행위자와는 별개의 이해관계를 가지고 반대편에서 독자적으로 거래에 임한다는 점을 감안할 때, 거래상대방이 배임행위를 교사하거나 그 배임행위의 전 과정에 관여하는 등으로 배임행위에 적극 가담함으로써 그 실행행위자와의 계약이 반사회적 법률행위에 해당하여 무효로 되는 경우 배임죄의 교사범 또는 공동정범이 될 수 있음은 별론으로 하고, 관여의 정도가 거기에까지 이르지 아니하여 법질서 전체적인 관점에서 살펴볼 때 사회적 상당성을 갖춘 경우에 있어서는 비록 정범의 행위가 배임행위에 해당한다는 점을 알고 거래에 임하였다는 사정이 있어 외견상 방조행위로 평가될 수 있는 행위가 있었다 할지라도 범죄를 구성할 정도의 위법성은 없다고 봄이 상당하다 할 것이다.

위와 같은 법리에 비추어 살피건대, 원심이 인정한 바와 같이 피고인 1 등은 상속세 납부자금 마련을 주된 목적으로 하는 주식매매계약이라는 개인적 거래에 수반하여 독립된 법인 소유의 이 사건 부동산을 피고인 2에게 담보로 제공하였고 피고인 2는 이러한 사정을 알면서 이 사건 가등기의 설정을 요구하고 그 등기를 경료한 것에 불과하다면, 거래상대방의 지위에 있는 피고인 2에게 배임행위의 교사범 또는 공동정범의 책임뿐만 아니라 방조범의 책임도 물을 수 없다 할 것이다.

그럼에도 불구하고, 원심은 피고인 2가 이 사건 가등기를 설정받은 행위가 배임방조죄를 구성한다고 판단하고 말았으니, 이러한 원심판결에는 배임방조죄에 관한 법리를 오해함으로써 판결 결과에 영향을 미친 위법이 있다 할 것이다. 이 점을 지적하는 피고인 2의 변호인들의 상고논지는 이유 있다(대법원2005. 10. 28. 선고 2005도4915 판결).

업무상배임죄에 있어서 본인에게 손해를 가한다 함은 총체적으로 보아 본인의 재산상태에 손해를 가하는 경우를 말하고, 위와 같은 손해에는 장차 취득할 것이 기대되는 이익을 얻지 못하는 경우도 포함된다 할 것인바, 금융기관이 금원을 대출함에 있어 대출금 중 선이자를 공제한 나머지만 교부하거나 약속어음을 할인함에 있어 만기까지의 선이자를 공제한 경우 금융기관으로서는 대출금채무의 변제기나 약속어음의 만기에 선이자로 공제한 금원을 포함한 대출금 전액이나 약속어음 액면금 상당액을 취득할 것이 기대된다 할 것이므로, 배임행위로 인하여 금융기관이 입는 손해는 선이자를 공제한 금액이 아니라 선이자로 공제한 금원을 포함한 대출금 전액이거나 약속어음 액면금 상당액으로 보아야 하고, 이러한 법리는 투신사가 회사채 등을 할인하여 매입하는 경우라고 달리 볼 것은 아니다.

배임죄에 있어서 임무에 위배하는 행위라 함은 처리하는 사무의 내용, 성질 등 구체적 상황에 비추어 법령의 규정, 계약의 내용 또는 신의칙상 당연히 하여야 할 것으로 기대되는 행위를 하지 않거나 당연히 하지 않아야 할 것으로 기대되는 행위를 함으로써 본인과의 신임관계를 저버리는 일체의 행위를 의미한다.

배임죄에 있어서 배임의 범의는 배임행위의 결과 본인에게 재산상의 손해가 발생하거나 발생할 염려가 있다는 인식과 자기 또는 제3자가 재산상의 이득을 얻는다는 인식이 있으면 족하고 본인에게 재산상의 손해를 가한다는 의사나 자기 또는 제3자에게 재산상의 이득을 얻게 하려는 목적은 요하지 아니하며, 이러한 인식은 미필적 인식으로도 족한 것인바, 피고인이 본인의 이익을 위하여 문제가 된 행위를 하였다고 주장하면서 범의를 부인하는 경우에는, 사물의 성질상 고의와 상당한 관련성이 있는 간접사실을 증명하는 방법에 의하여 입증할 수밖에 없고, 무엇이 상당한 관련성이 있는 간접사실에 해당할 것인가는 정상적인 경험칙에 바탕을 두고 치밀한 관찰력이나 분석력에 의하여 사실의 연결상태를 합리적으로 판단하는 방법에 의하여야 한다.
수 개의 업무상 배임행위가 있더라도 피해법익이 단일하고 범죄의 태양이 동일할 뿐만 아니라, 그 수 개의 배임행위가 단일한 범의에 기한 일련의 행위라고 볼 수 있는 경우에는 그 수 개의 배임행위는 포괄하여 일죄를 구성한다.
업무상배임죄에 있어서 타인의 사무를 처리하는 자라 함은 고유의 권한으로서 그 처리를 하는 자에 한하지 않고, 직접 업무를 담당하고 있는 자가 아니더라도 그 업무 담당자의 상급기관으로서 실행행위자의 행위가 피해자인 본인에 대한 배임행위에 해당한다는 것을 알면서도 실행행위자의 배임행위를 교사하거나 또는 배임행위의 전 과정에 관여하는 등으로 배임행위에 적극 가담한 경우에는 배임죄의 주체가 된다(대법원 2004. 7. 9. 선고 2004도810 판결).

매매와 같이 당사자 일방이 재산권을 상대방에게 이전할 것을 약정하고 상대방이 그 대금을 지급할 것을 약정함으로써 그 효력이 생기는 계약의 경우(민법 제563조), 쌍방이 그 계약의 내용에 좇은 이행을 하여야 할 채무는 특별한 사정이 없는 한 '자기의 사무'에 해당하는 것이 원칙이다.
매매의 목적물이 동산일 경우, 매도인은 매수인에게 계약에 정한 바에 따라 그 목적물인 동산을 인도함으로써 계약의 이행을 완료하게 되고 그때 매수인은 매매목적물에 대한 권리를 취득하게 되는 것이므로, 매도인에게 자기의 사무인 동산인도채무 외에 별도로 매수인의 재산의 보호 내지 관리 행위에 협력할 의무가 있다고 할 수 없다. 동산매매계약에서의 매도인은 매수인에 대하여 그의 사무를 처리하는 지위에 있지 아니하므로, 매도인이 목적물을 매수인에게 인도하지 아니하고 이를 타에 처분하였다 하더라도 형법상 배임죄가 성립하는 것은 아니다(대법원 2011. 1. 20. 선고 2008도10479 전원합의체 판결).

업무상배임죄의 고의는 업무상 타인의 사무를 처리하는 자가 본인에게 재산상의 손해를 가한다는 의사와 자기 또는 제3자의 재산상의 이득의사가 임무에 위배된다는 인식과 결합되어 성립되는 것이며, 이와 같은 업무상배임죄의 주관적 요소인 고의, 동기 등은 피고인이 오직 본인의 이익을 위하여 문제된 행위를 하였노라고 주장하면서 자백을 하지 않고 있는 경우에는 그것을 입증함에 있어서 사물의 성질상 고의와 상당한 관련성이 있는 간접사실을 증명하는 방법에 의할 수밖에 없는 것이나, 그 때에 무엇이 상당한 관련성이 있는 간접사실에 해당할 것인가는 정상적인 경험칙에 바탕을 두고 치밀한 관찰력이나 분석력에 의하여 사실의 연결상태를 합리적으로 판단하는 것 외에 다른 방법이 없다(대법원 1999. 7. 23. 선고 99도1911 판결).

부동산 매매계약에서 계약금만 지급된 단계에서는 어느 당사자나 계약금을 포기하거나 그 배액을 상환함으로써 자유롭게 계약의 구속력에서 벗어날 수 있다. 그러나 중도금이 지급되는 등 계약이 본격적으로 이행되는 단계에 이른 때에는 계약이 취소되거나 해제되지 않는 한 매도인은 매수인에게 부동산의 소유권을 이전해 줄 의무에서 벗어날 수 없다. 따라서 이러한 단계에 이른 때에 매도인은 매수인에 대하여 매수인의 재산보전에 협력하여 재산적 이익을 보호·관리할 신임관계에 있게 된다. 그때부터 매도인은 배임죄에서 말하는 '타인의 사무를 처리하는 자'에 해당한다고 보아야 한다. 그러한 지위에 있는 매도인이 매수인에게 계약 내용에 따라 부동산의 소유권을 이전해 주기 전에 그 부동산을 제3자에게 처분하고 제3자 앞으로 그 처분에 따른 등기를 마쳐 준 행위는 매수인의 부동산 취득 또는 보전에 지장을 초래하는 행위이다. 이는 매수인과의 신임관계를 저버리는 행위로서 배임죄가 성립한다. 그 이유는 다음과 같다.

① 배임죄는 타인과 그 재산상 이익을 보호·관리하여야 할 신임관계에 있는 사람이 신뢰를 저버리는 행위를 함으로써 타인의 재산상 이익을 침해할 때 성립하는 범죄이다. 계약관계에 있는 당사자 사이에 어느 정도의 신뢰가 형성되었을 때 형사법에 의해 보호받는 신임관계가 발생한다고 볼 것인지, 어떠한 형태의 신뢰위반 행위를 가벌적인 임무위배행위로 인정할 것인지는 계약의 내용과 이행의 정도, 그에 따른 계약의 구속력 정도, 거래 관행, 신임관계의 유형과 내용, 신뢰위반의 정도 등을 종합적으로 고려하여 타인의 재산상 이익 보호가 신임관계의 전형적·본질적 내용이 되었는지, 해당 행위가 형사법의 개입이 정당화

될 정도의 배신적인 행위인지 등에 따라 규범적으로 판단해야 한다. 이와 같이 배임죄의 성립 범위를 확정함에 있어서는 형벌법규로서의 배임죄가 본연의 기능을 다하지 못하게 되어 개인의 재산권 보호가 소홀해지지 않도록 유의해야 한다.

② 우리나라에서 부동산은 국민의 기본적 생활의 터전으로 경제활동의 근저를 이루고 있고, 국민 개개인이 보유하는 재산가치의 대부분을 부동산이 차지하는 경우도 상당하다. 이렇듯 부동산이 경제생활에서 차지하는 비중이나 이를 목적으로 한 거래의 사회경제적 의미는 여전히 크다.

③ 부동산 매매대금은 통상 계약금, 중도금, 잔금으로 나뉘어 지급된다. 매수인이 매도인에게 중도금을 지급하면 당사자가 임의로 계약을 해제할 수 없는 구속력이 발생한다(민법 제565조 참조). 그런데 매수인이 매도인에게 매매대금의 상당부분에 이르는 계약금과 중도금까지 지급하더라도 매도인의 이중매매를 방지할 보편적이고 충분한 수단은 마련되어 있지 않다. 이러한 상황에서도 매수인은 매도인이 소유권이전등기를 마쳐 줄 것으로 믿고 중도금을 지급한다. 즉, 매수인은 매도인이 소유권이전등기를 마쳐 줄 것이라는 신뢰에 기초하여 중도금을 지급하고, 매도인 또한 중도금이 그러한 신뢰를 바탕으로 지급된다는 것을 인식하면서 이를 받는다. 따라서 중도금이 지급된 단계부터는 매도인이 매수인의 재산보전에 협력하는 신임관계가 당사자 관계의 전형적·본질적 내용이 된다. 이러한 신임관계에 있는 매도인은 매수인의 소유권 취득 사무를 처리하는 자로서 배임죄에서 말하는 '타인의 사무를 처리하는 자'에 해당하게 된다. 나아가 그러한 지위에 있는 매도인이 매수인에게 소유권을 이전하기 전에 고의로 제3자에게 목적부동산을 처분하는 행위는 매매계약상 혹은 신의칙상 당연히 하지 않아야 할 행위로서 배임죄에서 말하는 임무위배행위로 평가할 수 있다.

④ 대법원은 오래전부터 부동산 이중매매 사건에서, 매도인은 매수인 앞으로 소유권이전등기를 마칠 때까지 협력할 의무가 있고, 매도인이 중도금을 지급받은 이후 목적부동산을 제3자에게 이중으로 양도하면 배임죄가 성립한다고 일관되게 판결함으로써 그러한 판례를 확립하여 왔다. 이러한 판례 법리는 부동산 이중매매를 억제하고 매수인을 보호하는 역할을 충실히 수행하여 왔고, 현재 우리의 부동산 매매거래 현실에 비추어 보더라도 여전히 타당하다. 이러한 법리가 부동산 거래의 왜곡 또는 혼란을 야기하는 것도 아니고, 매도인의 계약의 자유를 과도하게 제한한다고 볼 수도 없다. 따라서 기존의 판례는 유지되어야 한다(대법원 2018. 5. 17. 선고 2017도4027 전원합의체 판결).

ㅇ 관련 법조 : 형법 제355조 ~ 제359조, 제361조

ㅇ 몰수(沒收) : 범죄행위에 제공하거나 범죄행위로 취득한 물건을 빼앗아 국고에 귀속시는 것

ㅇ 추징(追徵) : 몰수해야 할 물건을 몰수할 수 없을 때 그 몰수 대상 물건의 값을 금전으로 받는 것

ㅇ 반사회적 법률행위 : 선량한 풍속 기타 사회질서에 위반한 사항을 내용으로 하는 법률행위

ㅇ 신의칙(信義則) : 신의성실의 원칙

ㅇ 경험칙(經驗則) : 관찰과 측정에서 얻은 법칙

고소장 작성례(업무상배임죄)

고 소 장

고 소 인　○○은행 주식회사 대표이사 ○○○
주소 :
전화번호 :
전자우편주소 :

피고소인　○○○ (000000-0000000)
주소 :
전화번호 :
전자우편주소 :

고 소 취 지

피고소인을 업무상배임죄로 고소하오니 엄히 벌하여 주시기 바랍니다.

고 소 사 실

1. 고소인은 ○○은행 주식회사의 대표이사이고, 피고소인은 2018. 0. 0.부터 2022. 0. 0.까지 위 은행 ○○지점에서 대리로 재직한 사람입니다.
2. 위 은행의 내규에 따르면 일반 고객에게 1억원을 초과한 금액을 대출할 경우에는 반드시 담보를 제공 받아야 합니다.
3. 그런데, 피고소인은 2021. 0. 0. 자신의 친구인 고소외 ○○○에게 돈 1억5천만원을 대출함에 있어 아무런 담보도 제공 받지 않았고, 이에 따라 위 대출금은 회수가 불가능한 상태에 놓이게 되었습니다.
4. 이에 따라 피고소인은 ○○은행 주식회사에게 위 금액 상당의 손해를 가한 것입니다.

2022. 0. 0.

위 고소인 ○○은행 주식회사 대표이사 ○○○ (인)

○○경찰서장 귀하

참고사항

* 반드시 기재할 내용 : ①피고소인은 고소인의 사무를 처리하는 자라는 사실, ②피고소인이 임무에 위배하는 배신행위를 했다는 점, ③고소인에게 손해가 발생한 사실, ④고소인이 입은 손해액

* 고소장을 제출할 기관 : 피고소인의 주소지 관할 경찰서 민원실

45. 재물손괴죄

▌재물손괴죄의 뜻

타인의 재물, 문서 또는 전자기록등 특수매체기록을 손괴 또는 은닉 기타 방법으로 기 효용을 해한 자는 3년 이하의 징역 또는 700만원 이하의 벌금에 처한다. 여기의 '재물(財物)'은 재산적 가치가 있는 물건을 총칭한다.

▌공익건조물파괴죄

공익에 공하는 건조물을 파괴한 자는 10년 이하의 징역 또는 2천만원 이하의 벌금에 처한다.

▌중손괴죄

재물손괴죄나 공익건조물파괴죄를 범하여 사람의 생명 또는 신체에 대하여 위험을 발생하게 한 때에는 1년 이상 10년 이하의 징역에 처한다.
재물손괴죄나 공익건조물파괴죄를 범하여 사람을 상해에 이르게 한 때에는 1년 이상의 유기징역에 처한다. 사망에 이르게 한 때에는 3년 이상의 유기징역에 처한다.

▌특수손괴죄

단체 또는 다중의 위력을 보이거나 위험한 물건을 휴대하여 재물손괴죄를 범한 때에는 5년 이하의 징역 또는 1천만원 이하의 벌금에 처한다.
단체 또는 다중의 위력을 보이거나 위험한 물건을 휴대하여 공익건조물파괴죄를 범한 때에는 1년 이상의 유기징역 또는 2천만원 이하의 벌금에 처한다.

▌경계침범죄

경계표를 손괴, 이동 또는 제거하거나 기타 방법으로 토지의 경계를 인식 불능하게 한 자는 3년 이하의 징역 또는 500만원 이하의 벌금에 처한다.

미수범의 처벌

재물손괴죄, 공익건조물파괴죄, 특수손괴죄의 미수범은 처벌한다.

동력(動力)

손괴의 죄에 있어서 관리할 수 있는 동력은 재물로 간주한다.

대법원판례

재물손괴죄는 타인의 재물, 문서 또는 전자기록 등 특수매체기록을 손괴 또는 은닉 기타 방법으로 그 효용을 해한 경우에 성립한다(형법 제366조).
여기에서 손괴 또는 은닉 기타 방법으로 그 효용을 해하는 경우에는 물질적인 파괴행위로 물건 등을 본래의 목적에 사용할 수 없는 상태로 만드는 경우뿐만 아니라 일시적으로 물건 등의 구체적 역할을 할 수 없는 상태로 만들어 효용을 떨어뜨리는 경우도 포함된다.
따라서 자동문을 자동으로 작동하지 않고 수동으로만 개폐가 가능하게 하여 자동잠금장치로서 역할을 할 수 없도록 한 경우에도 재물손괴죄가 성립한다(대법원 2016. 11. 25. 선고 2016도9219 판결).

형법 제366조는 "타인의 재물, 문서 또는 전자기록 등 특수매체기록을 손괴 또는 은닉 기타 방법으로 그 효용을 해한 자는 3년 이하의 징역 또는 700만 원 이하의 벌금에 처한다."라고 규정하고 있다.
여기에서 '기타 방법'이란 형법 제366조의 규정 내용 및 형벌법규의 엄격해석 원칙 등에 비추어 손괴 또는 은닉에 준하는 정도의 유형력을 행사하여 재물 등의 효용을 해하는 행위를 의미한다고 봄이 타당하고, '재물의 효용을 해한다.'고 함은 사실상으로나 감정상으로 그 재물을 본래의 사용목적에 제공할 수 없게 하는 상태로 만드는 것을 말하며, 일시적으로 그 재물을 이용할 수 없거나 구체적 역할을 할 수 없는 상태로 만드는 것도 포함한다.
구체적으로 어떠한 행위가 재물의 효용을 해하는 것인지는 재물 본래의 용도와 기능, 재물에 가해진 행위와 그 결과가 재물의 본래적 용도와 기능에 미치는 영향, 이용자가 느끼는 불쾌감이나 저항감, 원상회복의 난이도와 거기에 드는 비용, 그 행위의 목적과 시간적 계속성, 행위 당시의 상황 등 제반 사정을 종합하여 사회통념에 따라 판단하여야 한다(대법원 2021. 5. 7. 선고 2019도13764 판결).

문서손괴죄는 타인 소유의 문서를 손괴 또는 은닉 기타 방법으로 효용을 해함으로써 성립하고, 문서의 효용을 해한다는 것은 문서를 본래의 사용목적에 제공할 수 없게 하는 상태로 만드는 것은 물론 일시적으로 그것을 이용할 수 없는 상태로 만드는 것도 포함한다.
따라서 소유자의 의사에 따라 어느 장소에 게시 중인 문서를 소유자의 의사에 반하여 떼어내는 것과 같이 소유자의 의사에 따라 형성된 종래의 이용상태를 변경시켜 종래의 상태에 따른 이용을 일시적으로 불가능하게 하는 경우에도 문서손괴죄가 성립할 수 있다.
그러나 문서손괴죄는 문서의 소유자가 문서를 소유하면서 사용하는 것을 보호하려는 것이므로, 어느 문서에 대한 종래의 사용상태가 문서 소유자의 의사에 반하여 또는 문서 소유자의 의사와 무관하게 이루어진 경우에 단순히 종래의 사용상태를 제거하거나 변경시키는 것에 불과하고 손괴, 은닉하는 등으로 새로이 문서 소유자의 문서 사용에 지장을 초래하지 않는 경우에는 문서의 효용, 즉 문서 소유자의 문서에 대한 사용가치를 일시적으로도 해하였다고 할 수 없어서 문서손괴죄가 성립하지 아니한다(대법원 2015. 11. 27. 선고 2014도13083 판결).

재물손괴죄는 타인의 소유물에 대한 효용의 전부 또는 일부를 침해하겠다는 인식을 가지고 물건의 전부 또는 일부에 대하여 유형력을 행사함으로써 그 원래의 용도에 따른 효용을 멸실시키거나 감손시킬 때 성립한다(대법원 1989. 1. 31. 선고 88도1592 판결).

우물에 연결하고 땅속에 묻어서 수도관적인 역할을 하고 있는 고무호오스 중 약 1.5미터를 발굴하여 우물가에 제쳐 놓음으로써 물이 통하지 못하게 한 행위는 호오스 자체를 물질적으로 손괴한 것은 아니라 할지라도 그 구체적인 역할을 하고 있는 고무호오스 효용을 해한 것이라고 볼 수 있다(대법원 1971. 1. 26. 선고 70도2378 판결).

형법 제370조의 경계침범죄는 토지의 경계에 관한 권리관계의 안정을 확보하여 사권을 보호하고 사회질서를 유지하려는 데 그 규정목적이 있는바, 여기에서 말하는 경계는 반드시 법률상의 정당한 경계를 가리키는 것은 아니고, 비록 법률상의 정당한 경계에 부합되지 않는 경계라 하더라도 그것이 종래부터 일반적으로 승인되어 왔거나 이해관계인들의 명시적 또는 묵시적 합의에 의하여 정해진 것으로서 객관적으로 경계로 통용되어 왔다면 이는 본조에서 말하는 경계라 할 것이고, 그와 같이 종래 통용되어 오던 사실상의 경계가 법률상의 정당한 경계인지 여부에 대하여 다툼이 있다고 하더라도, 그 사실상의 경계가 법률상 정당한 경계가 아니라는 점이 이미 판결로 확정되었다는 등 경계로서의 객관성을 상실하는 것으로 볼 만한 특단의 사정이 없는 한, 여전히 본조에서 말하는 경계에 해당되는 것이라고 보아야 할 것이다.

이 사건에서 원심은, 기존에 건립된 위 담벽이 과연 법률상의 정당한 경계인지 여부에 집착하여, 위 담벽이 지적도상의 경계와 상치하다는 점을 들어, 위 담벽이 아닌 지적도상의 경계가 경계침범죄에서 말하는 경계인 것으로 보고 있는 듯하나, 위 인정사실과 같이 위 담벽이 이해관계인 사이에 사실상 경계선으로 그동안 통용되어 왔다면, 오히려 위 담벽과 이를 기준으로 한 연장선을 지적도상의 경계와의 부합 여부에 관계없이 경계침범죄의 객체로서의 경계인 것으로 보아야 할 것이지, 지적도상의 경계선을 경계침범죄의 객체인 경계로 볼 수는 없다 할 것이다(위와 같은 사실상의 경계선이 법률적으로 정당하지 못하다면 피해자가 민사소송으로 권리구제를 받을 수 있음은 별론이다).

사실관계와 법리가 그와 같음에도, 원심이 이 사건에서 사실상의 경계가 아닌 지적도상의 경계선을 경계침범죄의 경계로 보고, 이를 전제로 피고인의 판시 행위가 경계침범죄에 해당한다고 보았음은 결국 경계침범죄의 경계를 잘못 이해하고 이로 인하여 심리를 다하지 아니한 위법의 소치라 할 것이다.

한편, 경계침범죄는 어떠한 행위에 의하여 토지의 경계가 인식불능하게 됨으로써 비로소 성립되는 것이어서, 가령 경계를 침범하고자 하는 행위가 있었다 하더라도 그 행위로 인하여 토지경계 인식불능의 결과가 발생하지 않는 한 경계침범죄가 성립될 수 없다고 볼 것인바, 피고인의 행위는 앞서 인정한 사실관계에서 보는 바와 같이 기왕에 건립되어 있던 담벽의 연장선상에 위 담벽과 연결하여 추가로 담벽을 설치한 것으로서, 이는 피고인 주장의 경계를 보다 확실히 하고자 한 행위에 지나지 아니할 뿐, 이로써 새삼스레 피해자 소유의 토지경계에 대한 인식불능의 결과를 초래한다고는 볼 수 없다(대법원 1992. 12. 8. 선고 92도1682 판결).

형법 제370조의 법의는 사회질서유지를 위하여 자력구제행동을 취하는 것을 막으려는데 있으므로, 여기서 말하는 경계라 함은 소유권 등 권리의 장소적 한계를 나타내는 지표를 말함이니 실체상의 권리관계에 부합하지는 않더라도 관습으로 인정되었거나 일반적으로 승인되어 왔다거나 이해관계인의 명시 또는 묵시의 합의에 의하여 정하여진 것이거나 또는 권한 있는 당국에 의하여 확정된 것이어야 함도 아니고, 사실상의 경계표로 되어 있다면 침해의 객체가 되는 것이다.
그리고 기존의 경계의 인식을 불능케 하는 방법은 법이 예시하고 있는 바와 같다. 따라서 기존경계를 진실한 권리상태와 부합하지 않는다는 이유로 당사자의 한쪽이 측량 같은 방법을 써서 권리에 합치된 경계라고 주장하여 표시한 계표는 본조에서 말하는 경계라고 할 수 없다.
이 사건에서 원심이 증거를 가리어 적법히 확정한 사실에 따르면 피고인의 형 되는 공소외 1 소유인 경북 (주소 생략) 논 207평과 고소인 공소외 2 소유인 같은 동 (지번 생략) 논 79평과는 오래전부터 논두렁으로 경계를 이루고 맞붙어 있었는데, 위 공소외 2가 1972. 4. 30. 위 논 79평을 전시 논두렁을 경계로 하여 매수하고 거기에 주택을 짓기 위하여 여러 차례 측량하여 본 후 종전경계가 자기 소유의 토지를 침범하였다 하여 그 소유지를 한계로 하는 선을 새로 설정하고 거기에 임의로 말뚝을 박아 놓았기로 공소외 1의 재산관리인인 피고인은 이에 승복치 아니하고 종전 경계인 논두렁 위에 부록크담을 축조하였다는 것이고, 원심은 위 피고인의 부록크담을 싼 행위가 경계침범이 된다고 볼 수 없다고 하여 무죄를 선고한 판단은 앞서의 설시 법리에 따른 것으로서 소론과 같은 경계침범죄의 법리오해 심리미진의 위법은 없으므로 논지는 이유 없다(대법원 1976. 5. 25. 선고 75도2564 판결).

피고인이 건물을 신축하면서 그 건물의 1층과 2층 사이에 있는 처마를 피해자소유의 가옥 지붕위로 나오게 한 사실만으로는 양토지의 경계가 인식불능되었다고 볼 수 없으므로 경계침범죄의 구성요건에 해당하지 아니한다(대법원1984. 2. 28. 선고 83도1533 판결).

ㅇ 관련 법조 : 형법 제366조 ~ 제372조, 제346조
ㅇ 공익건조물 : 공공의 이익을 위하여 사용되는 가옥 기타 이와 비슷한 건축물을 말하며, 국유·사유를 불문하지만 공무소에서 사용하는 건조물은 제외됨

고소장 작성례(재물손괴죄)

고 소 장

고 소 인 ○○○ (000000-0000000)

주소 :

전화번호 :

전자우편주소 :

피고소인 ○○○ (000000-0000000)

주소 :

전화번호 :

전자우편주소 :

고 소 취 지

피고소인을 재물손괴죄로 고소하오니 엄히 벌하여 주시기 바랍니다.

고 소 사 실

1. 고소인과 피고소인은 서로 이웃에 거주하는 사람들입니다.
2. 피고소인은 2022. 0. 0. ○○시 ○○구 ○○길 00-0 길가에서 주차 문제로 고소인과 말다툼을 하던 중 길가에 있던 벽돌을 집어던져 고소인 소유의 승용차 앞 유리를 깨뜨림으로써 시가 450,000원 상당의 재물을 손괴한 사실이 있습니다.

첨 부 문 서

1. 자동차 유리 견적서 1통.

2022. 0. 0.

위 고소인 ○○○ (인)

○○경찰서장 귀하

참고사항

* 반드시 기재할 내용 : ①재물의 종류, ②피고소인이 재물을 손괴한 방법, ③재물의 금전적 가치
* 견적서 : 수리 전이면 견적서를, 수리 후라면 영수증을 첨부하면 된다.
* 고소장을 제출할 기관 : 피고소인의 주소지 관할 경찰서 민원실

제2편

형사소송 일반

1. 국선변호인

▌ 국선변호인의 뜻

'국선변호인(國選辯護人)'은 경제 사정 등을 이유로 변호사를 선임할 수 없는 피고인이 법원에 신청하거나 재판장이 판단하기에 "변호인의 조력이 필요하다"고 인정할 때 직권으로 선임하는 변호인을 말한다. '국선대리인'이라고도 한다.

변호인의 조력을 받을 권리는 피의자나 피고인을 불문하고 보장되나, 그 중 특히 국선변호인의 조력을 받을 권리는 피고인에게만 인정되는 것이며 피의자에 대하여 일반적으로 국선변호인의 조력을 받을 권리가 있음을 천명한 것이라고 볼 수 없으며, 그 밖에 헌법상의 다른 규정을 살펴보아도 명시적이나 해석상으로 이를 인정할 근거가 없음은 물론, 더 나아가 사법경찰관이 피의자가 제출하는 국선변호인 선임신청서를 법원에 제출할 의무가 있다고 볼 헌법상의 근거도 없다.

▌ 국선변호인의 선정 요건

형사소송법

[시행 2024. 2. 13.] [법률 제20265호, 2024. 2. 13., 일부개정]

제33조(국선변호인) ① 다음 각 호의 어느 하나에 해당하는 경우에 변호인이 없는 때에는 법원은 직권으로 변호인을 선정하여야 한다.

1. 피고인이 구속된 때
2. 피고인이 미성년자인 때
3. 피고인이 70세 이상인 때
4. 피고인이 듣거나 말하는 데 모두 장애가 있는 사람인 때
5. 피고인이 심신장애가 있는 것으로 의심되는 때
6. 피고인이 사형, 무기 또는 단기 3년 이상의 징역이나 금고에 해당하는 사건으로 기소된 때

② 법원은 피고인이 빈곤이나 그 밖의 사유로 변호인을 선임할 수 없는 경우에 피고인

이 청구하면 변호인을 선정하여야 한다.
③ 법원은 피고인의 나이·지능 및 교육 정도 등을 참작하여 권리보호를 하여 필요하다고 인정하면 피고인의 명시적 의사에 반하지 아니하는 범위에서 변호인을 선정하여야 한다.

대법원판례

헌법상 보장되는 '변호인의 조력을 받을 권리'는 변호인의 '충분한 조력'을 받을 권리를 의미하므로, 일정한 경우 피고인에게 국선변호인의 조력을 받을 권리를 보장하여야 할 국가의 의무에는 형사소송절차에서 단순히 국선변호인을 선정하여 주는 데 그치지 않고, 한 걸음 더 나아가 피고인이 국선변호인의 실질적인 조력을 받을 수 있도록 필요한 업무 감독과 절차적 조치를 취할 책무까지 포함된다고 할 것이다.
피고인을 위하여 선정된 국선변호인이 법정기간 내에 항소이유서를 제출하지 아니하면 이는 피고인을 위하여 요구되는 충분한 조력을 제공하지 아니한 것으로 보아야 하고, 이런 경우에 피고인에게 책임을 돌릴 만한 아무런 사유가 없는데도 항소법원이 형사소송법 제361조의4 제1항 본문에 따라 피고인의 항소를 기각한다면, 이는 피고인에게 국선변호인으로부터 충분한 조력을 받을 권리를 보장하고 이를 위한 국가의 의무를 규정하고 있는 헌법의 취지에 반하는 조치이다. 따라서 피고인과 국선변호인이 모두 법정기간 내에 항소이유서를 제출하지 아니하였더라도, 국선변호인이 항소이유서를 제출하지 아니한 데 대하여 피고인에게 귀책사유가 있음이 특별히 밝혀지지 않는 한, 항소법원은 종전 국선변호인의 선정을 취소하고, 새로운 국선변호인을 선정하여 다시 소송기록접수통지를 함으로써 새로운 국선변호인으로 하여금 그 통지를 받은 때로부터형사소송법 제361조의3 제1항의 기간 내에 피고인을 위하여 항소이유서를 제출하도록 하여야 한다(대법원 2012. 2. 16.자 2009모1044 전원합의체 결정).

피고인이 빈곤 등을 이유로 국선변호인의 선정을 청구하면서, 국선변호인의 조력을 받아 항소이유서를 작성·제출하는 데 필요한 충분한 시간 여유를 두고 선정청구를 하였는데도 법원이 정당한 이유 없이 그 선정을 지연하여 항소이유서 제출기간이 경과한 후에야 비로

소 항소기각결정을 함과 동시에 국선변호인선정청구를 기각함으로써 항소이유서의 작성·제출에 필요한 변호인의 조력을 받지도 못한 상태로 피고인에 대한 항소이유서 제출기간이 도과해 버렸다면 이는 변호인의 조력을 받을 피고인의 권리가 법원에 의하여 침해된 것과 다를 바 없으므로, 설사 항소이유서 제출기간 내에 그 피고인으로부터 적법한 항소이유서의 제출이 없었다고 하더라도 그러한 사유를 들어 곧바로 결정으로 피고인의 항소를 기각하여서는 아니 된다(대법원 2003. 10. 27.자 2003모306 결정).

국선변호인에게 소송기록 접수통지를 하지 아니함으로써 항소이유서 제출기회를 주지 아니한 채 판결을 선고하는 것은 위법하다.

한편, 국선변호인 선정의 효력은 선정 이후 병합된 다른 사건에도 미치는 것이므로, 항소심에서 국선변호인이 선정된 이후 변호인이 없는 다른 사건이 병합된 경우에는 형사소송법 제361조의2, 형사소송규칙 제156조의2의 규정에 따라 항소법원은 지체 없이 국선변호인에게 병합된 사건에 관한 소송기록 접수통지를 함으로써 국선변호인이 통지를 받은 날로부터 기산한 소정의 기간 내에 피고인을 위하여 항소이유서를 작성·제출할 수 있도록 하여 변호인의 조력을 받을 피고인의 권리를 보호하여야 한다.

기록에 의하면, 원심은 의정부지방법원 2009노2204 사건(이하 '제1사건'이라 한다)에 대하여 피고인의 국선변호인을 선정한 다음 같은 법원 2009노2293 사건(이하 '제2사건'이라 한다)과 같은 법원 2010노124 사건(서울동부지방법원에서 이송된 '제3사건'이다)을 순차로 병합심리하기로 결정한 사실, 그런데 원심은 국선변호인에게는 병합심리결정문만 송달한 채 소송기록 접수통지서를 송달하지 아니하였고, 국선변호인은 제1사건에 대한 항소이유서만을 제출하고 제2, 3사건에 대하여는 항소이유서를 제출하지 아니한 사실, 원심은 국선변호인이 제2, 3사건에 대한 항소이유서를 제출하지 아니하였음에도 불구하고 위 각 사건에 대한 제1심판결들을 모두 파기하고, 제1사건 중 판시 제1범죄사실에 대하여는 형법 제37조 후단을 적용하여 징역 2월에 처하며, 제1사건 중 판시 제2 내지 제5범죄사실과 제2사건 중 판시 제6범죄사실 및 제3사건의 판시 제7, 8범죄사실에 대하여는 형법 제37조 전단을 적용하여 징역 1년에 처하며, 제2사건 중 판시 점유이탈물횡령의 점에 대하여는 공소를 기각하는 판결을 선고한 사실을 알 수 있다.

그러나 원심의 이와 같은 조치는 앞서 본 법리에 비추어 볼 때 이를 그대로 수긍하기 어렵고, 원심으로서는 마땅히 국선변호인이 선정된 이후에 병합된 제2, 3사건에 대하여도 국선변호인에게 소송기록 접수통지를 함으로써 통지를 받은 날로부터 기산한 소정의 기간 내에 국선변호인이 피고인을 위하여 항소이유서를 작성·제출할 수 있도록 하여 변호인의 조력을 받을 피고인의 권리를 보호하였어야 할 것이다. 그럼에도 불구하고, 원심은 국선변호인에게 소송기록 접수통지를 하지 아니함으로써 항소이유서 제출기회를 주지 아니한 채 판결을 선고하였는바, 이러한 원심판결에는 소송절차의 법령위반으로 인하여 판결에 영향을 미친 위법이 있다고 할 것이다(대법원 2010. 5. 27. 선고 2010도3377 판결).

국선변호인 선임청구서 작성례

국선변호인 선임청구서

사 건 2022고합000 강도강간

피고인 ○○○

위 사람에 대한 2022고합000 강도강간 피고사건에 관하여 다음과 같은 이유로 변호인을 선임할 수가 없으므로, 귀원에서 국선변호인을 선임하여 주시기 바랍니다.

다 음

사유 : 피고인의 경제 사정상 변호인을 선임할 자력이 없음.

2022. 0. 0.

위 피고인 ○○○(인)

○○지방법원 귀중

2. 서류 · 증거물의 열람 · 복사

▌서류 · 증거물의 열람 · 복사 신청권

피고인과 변호인은 소송계속 중의 관계 서류 또는 증거물을 열람하거나 복사할 수 있다. 피고인의 법정대리인, 특별대리인, 보조인 또는 피고인의 배우자 · 직계친족 · 형제자매로서 피고인의 위임장 및 신분관계를 증명하는 문서를 제출한 자도 같다(형사소송법 제35조). 이 신청권은 공소가 제기된 후 판결이 선고되기 전까지 행사할 수 있다.

3. 확정판결서 등의 열람 · 복사

▌확정판결서 등의 열람 · 복사 신청권

형사소송법

[시행 2022. 2. 3.] [법률 제18799호, 2022. 2. 3., 일부개정]

제59조의3(확정 판결서등의 열람 · 복사) ① 누구든지 판결이 확정된 사건의 판결서 또는 그 등본, 증거목록 또는 그 등본, 그 밖에 검사나 피고인 또는 변호인이 법원에 제출한 서류 · 물건의 명칭 · 목록 또는 이에 해당하는 정보(이하 "판결서등"이라 한다)를 보관하는 법원에서 해당 판결서등을 열람 및 복사(인터넷, 그 밖의 전산정보처리시스템을 통한 전자적 방법을 포함한다. 이하 이 조에서 같다)할 수 있다. 다만, 다음 각 호의 어느 하나에 해당하는 경우에는 판결서등의 열람 및 복사를 제한할 수 있다.

1. 심리가 비공개로 진행된 경우
2. 「소년법」 제2조에 따른 소년에 관한 사건인 경우
3. 공범관계에 있는 자 등의 증거인멸 또는 도주를 용이하게 하거나 관련 사건의 재판에 중대한 영향을 초래할 우려가 있는 경우
4. 국가의 안전보장을 현저히 해할 우려가 명백하게 있는 경우
5. 제59조의2 제2항 제3호 또는 제6호의 사유가 있는 경우. 다만, 소송관계인의

신청이 있는 경우에 한정한다.

↳ **제59조의2(재판확정기록의 열람 · 등사)** ② 검사는 다음 각 호의 어느 하나에 해당하는 경우에는 소송기록의 전부 또는 일부의 열람 또는 등사를 제한할 수 있다. 다만, 소송관계인이나 이해관계 있는 제3자가 열람 또는 등사에 관하여 정당한 사유가 있다고 인정되는 경우에는 그러하지 아니하다.

3. 소송기록의 공개로 인하여 사건관계인의 명예나 사생활의 비밀 또는 생명 · 신체의 안전이나 생활의 평온을 현저히 해할 우려가 있는 경우

6. 소송기록의 공개로 인하여 사건관계인의 영업비밀(「부정경쟁방지 및 영업비밀보호에 관한 법률」 제2조 제2호의 영업비밀을 말한다)이 현저하게 침해될 우려가 있는 경우

④ 열람 및 복사에 관하여 정당한 사유가 있는 소송관계인이나 이해관계는 제3자는 제1항 단서에도 불구하고 제1항 본문에 따른 법원의 법원사무관등이나 그 밖의 법원공무원에게 판결서등의 열람 및 복사를 신청할 수 있다. 이 경우 법원사무관등이나 그 밖의 법원공무원의 열람 및 복사에 관한 처분에 불복하는 경우에는 제1항 본문에 따른 법원에 처분의 취소 또는 변경을 신청할 수 있다.

⑤ 제4항의 불복신청에 대하여는 제417조 및 제418조를 준용한다.

↳ **제417조(동전)** 검사 또는 사법경찰관의 구금, 압수 또는 압수물의 환부에 관한 처분과 제243조의2에 따른 변호인의 참여 등에 관한 처분에 대하여 불복이 있으면 그 직무집행지의 관할법원 또는 검사의 소속검찰청에 대응한 법원에 그 처분의 취소 또는 변경을 청구할 수 있다.

제418조(준항고의 방식) 전2조의 청구는 서면으로 관할법원에 제출하여야 한다.

⑥ 판결서등의 열람 및 복사의 방법과 절차, 개인정보 보호조치의 방법과 절차, 그 밖에 필요한 사항은 대법원규칙으로 정한다.

형사 판결서 등의 열람 및 복사에 관한 규칙

[시행 2019. 1. 1.] [대법원규칙 제2809호, 2018. 12. 4., 일부개정]

제5조(열람 · 복사의 방법과 절차) ① 판결서 등의 열람 및 복사는 판결이 확정된 후 해당 판결을 선고한 법원에 신청하거나 법원 인터넷홈페이지를 통하여 열람 및 출력하는 방법으로 할 수 있다. 다만, 피고인이 수인인 경우에는 모든 피고인에 대한 판결이 확

정된 후 열람 및 복사를 할 수 있다.
② 제1항의 열람 및 복사를 신청하거나 법원 인터넷 홈페이지를 통하여 열람 및 출력하는 때에는 재판기록 열람·복사 규칙에서 정하는 수수료를 내야 한다.

4. 구속의 사유

법원이 피고인을 구속할 수 있는 사유

형사소송법

[시행 2022. 2. 3.] [법률 제18799호, 2022. 2. 3., 일부개정]

제70조(구속의 사유) ① 법원은 피고인이 죄를 범하였다고 의심할 만한 상당한 이유가 있고 다음 각 호의 1에 해당하는 사유가 있는 경우에는 피고인을 구속할 수 있다.

1. 피고인이 일정한 주거가 없는 때
2. 피고인이 증거를 인멸할 염려가 있는 때
3. 피고인이 도망하거나 도망할 염려가 있는 때

② 법원은 제1항의 구속사유를 심사함에 있어서 범죄의 중대성, 재범의 위험성, 피해자 및 중요 참고인 등에 대한 위해우려 등을 고려하여야 한다.
③ 다액 50만원 이하의 벌금, 구류 또는 과료에 해당하는 사건에 관하여는 제1항 제1호의 경우를 제한 외에는 구속할 수 없다.

5. 보석(保釋)

보석의 청구권자

피고인, 피고인의 변호인·법정대리인·배우자·직계친족·형제자매·가족·동거인 또는 고용주는 법원에 구속된 피고인의 보석을 청구할 수 있다(형사소송법 제94조).

필요적 보석

제95조(필요적 보석) 보석의 청구가 있는 때에는 다음 이외의 경우에는 보석을 허가하여야 한다.

1. 피고인이 사형, 무기 또는 장기 10년이 넘는 징역이나 금고에 해당하는 죄를 범한 때
2. 피고인이 누범에 해당하거나 상습범인 죄를 범한 때
3. 피고인이 죄증을 인멸하거나 인멸할 염려가 있다고 믿을 만한 충분한 이유가 있는 때
4. 피고인이 도망하거나 도망할 염려가 있다고 믿을 만한 충분한 이유가 있는 때
5. 피고인의 주거가 분명하지 아니한 때
6. 피고인이 피해자, 당해 사건의 재판에 필요한 사실을 알고 있다고 인정되는 자 또는 그 친족의 생명ㆍ신체나 재산에 해를 가하거나 가할 염려가 있다고 믿을만한 충분한 이유가 있는 때

임의적 보석

법원은 제95조(필요적 보석)의 규정에 불구하고 상당한 이유가 있는 때에는 직권 또는 보석청구권자의 청구에 의하여 결정으로 보석을 허가할 수 있다.

보석의 조건

제98조(보석의 조건) 법원은 보석을 허가하는 경우에는 필요하고 상당한 범위 안에서 다음 각 호의 조건 중 하나 이상의 조건을 정하여야 한다.

1. 법원이 지정하는 일시ㆍ장소에 출석하고 증거를 인멸하지 아니하겠다는 서약서를 제출할 것
2. 법원이 정하는 보증금에 해당하는 금액을 납입할 것을 약속하는 약정서를 제출할 것
3. 법원이 지정하는 장소로 주거를 제한하고 주거를 변경할 필요가 있는 경우에는 법원의 허가를 받는 등 도주를 방지하기 위하여 행하는 조치를 받아들일 것
4. 피해자, 당해 사건의 재판에 필요한 사실을 알고 있다고 인정되는 사람 또는 그 친족의 생명ㆍ신체ㆍ재산에 해를 가하는 행위를 하지 아니하고 주거ㆍ직장 등 그 주변에 접근하지 아니할 것

5. 피고인 아닌 자가 작성한 출석보증서를 제출할 것
6. 법원의 허가 없이 외국으로 출국하지 아니할 것을 서약할 것
7. 법원이 지정하는 방법으로 피해자의 권리 회복에 필요한 금전을 공탁하거나 그에 상당하는 담보를 제공할 것
8. 피고인이나 법원이 지정하는 자가 보증금을 납입하거나 담보를 제공할 것
9. 그 밖에 피고인의 출석을 보증하기 위하여 법원이 정하는 적당한 조건을 이행할 것

보석조건의 변경과 취소

제102조(보석조건의 변경과 취소 등) ① 법원은 직권 또는 보석청구권자의 신청에 따라 결정으로 피고인의 보석조건을 변경하거나 일정기간 동안 당해 조건의 이행을 유예할 수 있다.
② 법원은 피고인이 다음 각 호의 어느 하나에 해당하는 경우에는 직권 또는 검사의 청구에 따라 결정으로 보석을 취소할 수 있다.

1. 도망한 때
2. 도망하거나 죄증을 인멸할 염려가 있다고 믿을 만한 충분한 이유가 있는 때
3. 소환을 받고 정당한 사유 없이 출석하지 아니한 때
4. 피해자, 당해 사건의 재판에 필요한 사실을 알고 있다고 인정되는 자 또는 그 친족의 생명·신체·재산에 해를 가하거나 가할 염려가 있다고 믿을 만한 충분한 이유가 있는 때
5. 법원이 정한 조건을 위반한 때

③ 법원은 피고인이 정당한 사유 없이 보석조건을 위반한 경우에는 결정으로 피고인에 대하여 1천만원 이하의 과태료를 부과하거나 20일 이내의 감치에 처할 수 있다.
④ 제3항의 결정에 대하여는 즉시항고를 할 수 있다.

보석보증금 등의 몰취(沒取)

법원은 보석을 취소하는 때에는 직권 또는 검사의 청구에 따라 결정으로 보증금 또는 담보의 전부 또는 일부를 몰취할 수 있다.

법원은 보증금의 납입 또는 담보제공을 조건으로 석방된 피고인이 동일한 범죄사실에 관하

여 형의 선고를 받고 그 판결이 확정된 후 집행하기 위한 소환을 받고 정당한 사유 없이 출석하지 아니하거나 도망한 때에는 직권 또는 검사의 청구에 따라 결정으로 보증금 또는 담보의 전부 또는 일부를 몰취하여야 한다(형사소송법 제103조).

보석보증금 등의 환부

보석을 취소하거나 구속영장의 효력이 소멸된 때에는 몰취하지 아니한 보증금 또는 담보를 청구한 날로부터 7일 이내에 환부하여야 한다(형사소송법 제104조).

보석조건의 효력상실

구속영장의 효력이 소멸한 때에는 보석조건은 즉시 그 효력을 상실한다. 보석이 취소된 경우에도 같다. 다만, 피고인의 출석을 보증하기 위하여 법원이 정하는 적당한 조건은 예외로 한다(형사소송법 제104조의2).

대법원판례

피고인이 집행유예의 기간 중에 있어 집행유예의 결격자라고 하여 보석을 허가할 수 없는 것은 아니고 형사소송법 제95조는 그 제1 내지 5호 이외의 경우에는 필요적으로 보석을 허가하여야 한다는 것이지 여기에 해당하는 경우에는보석을 허가하지 아니할 것을 규정한 것이 아니므로, 집행유예기간 중에 있는 피고인의 보석을 허가한 것이 누범과 상습범에 대하여는 보석을 허가하지 아니할 수 있다는 형사소송법 제95조 제2호의 취지에 위배되어 위법이라고 할 수 없다(대법원 1990. 4. 18.자 90모22 결정).

- ㅇ 누범(累犯) : 금고 이상의 형을 받아 그 집해이 끝나거나 면제를 받은 사람이 3년 안에 다시 금고 이상의 형에 해당하는 범죄를 범한 경우
- ㅇ 상습범(常習犯) : 일정한(형법이 정한) 범죄를 습관적으로 범한 죄
- ㅇ 죄증(罪證) : 범죄의 증거
- ㅇ 공탁(供託) : 법의 규정에 따라 금전이나 유가증권 등을 법원에 맡기는 일

○ 감치(監置) : 법원이 법정질서를 어지럽힌 사람을 일정한 장소에 가두는 것
○ 즉시항고 : 법원의 결정에 대하여 3일 안에 제기하는 불복신청
○ 몰취(沒取) : 법원이 일정한 물건의 소유권을 박탈하여 국가에 귀속시키는 결정

6. 현행범인과 준현행범인

현행범인의 뜻

범죄를 실행하고 있거나 실행하고 난 직후의 사람을 현행범인이라 한다(형사소송법 제211조 제1항).

준현행범인의 뜻

다음 각 호의 어느 하나에 해당하는 사람은 현행범인으로 본다(형사소송법 제211조 제2항).

1. 범인으로 불리며 추적되고 있을 때
2. 장물이나 범죄에 사용되었다고 인정하기에 충분한 흉기나 그 밖의 물건을 소지하고 있을 때
3. 신체나 의복류에 증거가 될 만한 뚜렷한 흔적이 있을 때
4. 누구냐고 묻자 도망하려고 할 때

현행범인의 체포

현행범인은 누구든지 영장 없이 체포할 수 있다(형사소송법 제212조).

체포된 현행범인의 인도(引渡)

검사 또는 사법경찰관리 아닌 자가 현행범인을 체포한 때에는 즉시 검사 또는 사법경찰관리에게 인도하여야 한다.

사법경찰관리가 현행범인의 인도를 받은 때에는 체포자의 성명, 주거, 체포의 사유를 물어야 하고 필요한 때에는 체포자에 대하여 경찰관서에 동행함을 요구할 수 있다(형사소송법 제213조).

▒ 경미한 사건과 현행범인의 체포

다액(多額) 50만원 이하의 벌금, 구류 또는 과료에 해당하는 죄의 현행범인에 대하여는 범인의 주거가 분명하지 아니한 때에 한하여 제212조 내지 제213조의 규정을 적용한다.

▒ 대법원판례

현행범인은 누구든지 영장 없이 체포할 수 있는데(형사소송법 제212조), 현행범인으로 체포하기 위하여는 행위의 가벌성, 범죄의 현행성·시간적 접착성, 범인·범죄의 명백성 이외에 체포의 필요성, 즉 도망 또는 증거인멸의 염려가 있어야 하고, 이러한 요건을 갖추지 못한 현행범인 체포는 법적 근거에 의하지 아니한 영장 없는 체포로서 위법한 체포에 해당한다.
여기서 현행범인 체포의 요건을 갖추었는지는 체포 당시 상황을 기초로 판단하여야 하고, 이에 관한 검사나 사법경찰관 등 수사주체의 판단에는 상당한 재량 여지가 있으나, 체포 당시 상황으로 보아도 요건 충족 여부에 관한 검사나 사법경찰관 등의 판단이 경험칙에 비추어 현저히 합리성을 잃은 경우에는 그 체포는 위법하다고 보아야 한다(대법원 2011. 5. 26. 선고 2011도3682 판결).

현행범인은 누구든지 영장 없이 체포할 수 있고(형사소송법 제212조), 검사 또는 사법경찰관리(이하 '검사 등'이라고 한다) 아닌 이가 현행범인을 체포한 때에는 즉시 검사 등에게 인도하여야 한다(형사소송법 제213조 제1항).
여기서 '즉시'라고 함은 반드시 체포시점과 시간적으로 밀착된 시점이어야 하는 것은 아니고, '정당한 이유 없이 인도를 지연하거나 체포를 계속하는 등으로 불필요한 지체를 함이 없이'라는 뜻으로 볼 것이다. 또한 검사 등이 현행범인을 체포하거나 현행범인을 인도받은 후 현행범인을 구속하고자 하는 경우 48시간 이내에 구속영장을 청구하여야 하고, 그 기간 내에 구속영장을 청구하지 아니하는 때에는 즉시 석방하여야 한다(형사소송법 제213조의2, 제200조의2 제5항). 위와 같이 체포된 현행범인에 대하여 일정 시간 내에 구속영장 청구 여부를 결정하도록 하고 그 기간 내에 구속영장을 청구하지 아니하는 때에는 즉시 석방하도록 한 것은 영장에 의하지 아니한 체포 상태가 부당하게 장기화되어서는 안 된다는 인권보호의 요청과 함께 수사기관에서 구속영장 청구 여부를 결정하기 위한 합리적이고 충분한 시간을 보장해 주려는 데에도 그 입법취지가 있다고 할 것이다.
따라서 검사 등이 아닌 이에 의하여 현행범인이 체포된 후 불필요한 지체 없이 검사 등에게 인도된 경우 위 48시간의 기산점은 체포시가 아니라 검사 등이 현행범인을 인도받은 때라고 할 것이다(대법원 2011. 12. 22. 선고 2011도12927 판결).

형사소송법 제211조가 현행범인으로 규정한 '범죄의 실행의 즉후인 자'라고 함은, 범죄의 실행행위를 종료한 직후의 범인이라는 것이 체포하는 자의 입장에서 볼 때 명백한 경우를 일컫는 것으로서, 위 법조가 제1항에서 본래의 의미의 현행범인에 관하여 규정하면서 '범죄의 실행의 즉후인 자'를 '범죄의 실행 중인 자'와 마찬가지로 현행범인으로 보고 있고, 제2항에서는 현행범인으로 간주되는 준현행범인에 관하여 별도로 규정하고 있는 점 등으로 미루어 볼 때, '범죄의 실행행위를 종료한 직후'라고 함은, 범죄행위를 실행하여 끝마친 순간 또는 이에 아주 접착된 시간적 단계를 의미하는 것으로 해석되므로, 시간적으로나 장소적으로 보아 체포를 당하는 자가 방금 범죄를 실행한 범인이라는 점에 관한 죄증이 명백히 존재하는 것으로 인정되는 경우에만 현행범인으로 볼 수 있다.
현행범인으로서의 요건을 갖추고 있었다고 인정되지 않는 상황에서 경찰관들이 동행을 거부하는 자를 체포하거나 강제로 연행하려고 하였다면, 이는 적법한 공무집행이라고 볼 수 없고, 그 체포를 면하려고 반항하는 과정에서 경찰관에게 상해를 가한 것은 불법 체포로 인한 신체에 대한 현재의 부당한 침해에서 벗어나기 위한 행위로서 정당방위에 해당하여 위법성이 조각된다(대법원2002. 5. 10. 선고 2001도300 판결).

ㅇ 장물(贓物) : 범죄행위로 부당하게 얻은 남의 물건 ㅇ 정당방위 : 자기 또는 타인의 법익에 대한 현재의 위법한 침해를 방위하기 위한 상당한 이유 있는 행위

7. 체포와 구속의 적부심사

체포와 구속의 적부심사 청구권자

체포되거나 구속된 피의자 또는 그 변호인, 법정대리인, 배우자, 직계친족, 형제자매나 가족, 동거인 또는 고용주는 관할법원에 체포 또는 구속의 적부심사(適否審査)를 청구할 수 있다.

피의자를 체포하거나 구속한 검사 또는 사법경찰관은 체포되거나 구속된 피의자와 그 변호인, 법정대리인, 배우자, 직계친족, 형제자매나 가족, 동거인 또는 고용주 중에서 피의자가 지정하는 사람에게 적부심사를 청구할 수 있음을 알려야 한다(형사소송법 제214조의2 제1항 · 제2항).

적부심사청구에 대한 법원의 재판

형사소송법

[시행 2024. 2. 13.] [법률 제20265호, 2024. 2. 13., 일부개정]

제214조의2(체포와 구속의 적부심사) ③ 법원은 구속적부심사청구가 다음 각 호의 어느 하나에 해당하는 때에는 제4항에 따른 심문 없이 결정으로 청구를 기각할 수 있다.

1. 청구권자 아닌 사람이 청구하거나 동일한 체포영장 또는 구속영장의 발부에 대하여 재청구한 때
2. 공범이나 공동피의자의 순차청구(順次請求)가 수사 방해를 목적으로 하고 있음이 명백한 때

④ 구속적부심사청구를 받은 법원은 청구서가 접수된 때부터 48시간 이내에 체포되거나 구속된 피의자를 심문하고 수사 관계 서류와 증거물을 조사하여 그 청구가 이유 없다고 인정한 경우에는 결정으로 기각하고, 이유 있다고 인정한 경우에는 결정으로 체포되거나 구속된 피의자의 석방을 명하여야 한다. 심사 청구 후 피의자에 대하여 공소제기가 있는 경우에도 또한 같다.

⑤ 법원은 구속된 피의자(심사청구 후 공소제기된 사람을 포함한다)에 대하여 피의자의 출석을 보증할 만한 보증금의 납입을 조건으로 하여 결정으로 제4항의 석방을 명할 수 있다. 다만, 다음 각 호에 해당하는 경우에는 그러하지 아니하다.

1. 범죄의 증거를 인멸할 염려가 있다고 믿을 만한 충분한 이유가 있는 때
2. 피해자, 당해 사건의 재판에 필요한 사실을 알고 있다고 인정되는 사람 또는 그 친족의 생명·신체나 재산에 해를 가하거나 가할 염려가 있다고 믿을 만한 충분한 이유가 있는 때

⑥ 제5항의 석방결정을 하는 경우에는 주거의 제한, 법원 또는 검사가 지정하는 일시·장소에 출석할 의무, 그 밖의 적당한 조건을 부가할 수 있다.

⑦ 제5항에 따라 보증금 납입을 조건으로 석방을 하는 경우에는 제99조와 제100조를 준용한다.

↳ **제99조(보석조건의 결정 시 고려사항)** ① 법원은 제98조의 조건을 정할 때 다음 각 호의 사항을 고려하여야 한다.

1. 범죄의 성질 및 죄상(罪狀)
2. 증거의 증명력
3. 피고인의 전과(前科)·성격·환경 및 자산
4. 피해자에 대한 배상 등 범행 후의 정황에 관련된 사항

② 법원은 피고인의 자금능력 또는 자산 정도로는 이행할 수 없는 조건을 정할 수 없다.

제100조(보석집행의 절차) ① 제98조 제1호·제2호·제5호·제7호 및 제8호의 조건은 이를 이행한 후가 아니면 보석허가결정을 집행하지 못하며, 법원은 필요하다고 인정하는 때에는 다른 조건에 관하여도 그 이행 이후 보석허가결정을 집행하도록 정할 수 있다.

② 법원은 보석청구자 이외의 자에게 보증금의 납입을 허가할 수 있다.

③ 법원은 유가증권 또는 피고인 외의 자가 제출한 보증서로써 보증금에 갈음함을 허가할 수 있다.

④ 전항의 보증서에는 보증금액을 언제든지 납입할 것을 기재하여야 한다.

⑤ 법원은 보석허가결정에 따라 석방된 피고인이 보석조건을 준수하는데 필요한 범위 안에서 관공서나 그 밖의 공사단체에 대하여 적절한 조치를 취할 것을 요구할 수 있다.

⑧ 제3항과 제4항의 결정에 대해서는 항고할 수 없다.

⑨ 검사·변호인·청구인은 제4항의 심문기일에 출석하여 의견을 진술할 수 있다.

⑩ 체포되거나 구속된 피의자에게 변호인이 없는 때에는 제33조를 준용한다.

↳ **제33조(국선변호인)** ① 다음 각 호의 어느 하나에 해당하는 경우에 변호인이 없는 때에는 법원은 직권으로 변호인을 선정하여야 한다.

1. 피고인이 구속된 때
2. 피고인이 미성년자인 때
3. 피고인이 70세 이상인 때
4. 피고인이 듣거나 말하는 데 모두 장애가 있는 사람인 때
5. 피고인이 심신장애가 있는 것으로 의심되는 때
6. 피고인이 사형, 무기 또는 단기 3년 이상의 징역이나 금고에 해당하는 사건으로 기소된 때

② 법원은 피고인이 빈곤이나 그 밖의 사유로 변호인을 선임할 수 없는 경우에 피고인이 청구하면 변호인을 선정하여야 한다.

③ 법원은 피고인의 나이·지능 및 교육 정도 등을 참작하여 권리보호를 위하여 필요하다고 인정하면 피고인의 명시적 의사에 반하지 아니하는 범위에서 변호인을 선정하여야 한다.

⑪ 법원은 제4항의 심문을 하는 경우 공범의 분리심문이나 그 밖에 수사상의 비밀보호를 위한 적절한 조치를 하여야 한다.

⑫ 체포영장이나 구속영장을 발부한 법관은 제4항부터 제6항까지의 심문·조사·결정에 관여할 수 없다. 다만, 체포영장이나 구속영장을 발부한 법관 외에는 심문·조사·결정을 할 판사가 없는 경우에는 그러하지 아니하다.

⑬ 법원이 수사 관계 서류와 증거물을 접수한 때부터 결정 후 검찰청에 반환된 때까지의 기간은 제200조의2 제5항(제213조의2에 따라 준용되는 경우를 포함한다) 및 제200조의4 제1항을 적용할 때에는 그 제한기간에 산입하지 아니하고, 제202조·제203조 및 제205조를 적용할 때에는 그 구속기간에 산입하지 아니한다.

⑭ 제4항에 따라 피의자를 심문하는 경우에는 제201조의2 제6항을 준용한다.

재체포 및 재구속의 제한

제214조의3(재체포 및 재구속의 제한) ① 제214조의2 제4항에 따른 체포 또는 구속 적부심사결정에 의하여 석방된 피의자가 도망하거나 범죄의 증거를 인멸하는 경우를 제외하고는 동일한 범죄사실로 재차 체포하거나 구속할 수 없다.

② 제214조의2 제5항에 따라 석방된 피의자에게 다음 각 호의 어느 하나에 해당하는 사유가 있는 경우를 제외하고는 동일한 범죄사실로 재차 체포하거나 구속할 수 없다.

1. 도망한 때
2. 도망하거나 범죄의 증거를 인멸할 염려가 있다고 믿을 만한 충분한 이유가 있는 때
3. 출석요구를 받고 정당한 이유 없이 출석하지 아니한 때
4. 주거의 제한이나 그 밖에 법원이 정한 조건을 위반한 때

보증금의 몰수

제214조의4(보증금의 몰수) ① 법원은 다음 각 호의 1의 경우에 직권 또는 검사의 청구에 의하여 결정으로 제214조의2 제5항에 따라 납입된 보증금의 전부 또는 일부를 몰수할 수 있다.

1. 제214조의2 제5항에 따라 석방된 자를 제214조의3 제2항에 열거된 사유로 재차 구속할 때
2. 공소가 제기된 후 법원이 제214조의2 제5항에 따라 석방된 자를 동일한 범죄사실에 관하여 재차 구속할 때

② 법원은 제214조의2 제5항에 따라 석방된 자가 동일한 범죄사실에 관하여 형의 선고를 받고 그 판결이 확정된 후, 집행하기 위한 소환을 받고 정당한 이유 없이 출석하지 아니하거나 도망한 때에는 직권 또는 검사의 청구에 의하여 결정으로 보증금의 전부 또는 일부를 몰수하여야 한다.

대법원판례

형사소송법은 수사단계에서의 체포와 구속을 명백히 구별하고 있고 이에 따라 체포와 구속의 적부심사를 규정한 같은 법 제214조의2에서 체포와 구속을 서로 구별되는 개념으로 사용하고 있는바, 같은 조 제4항에 기소 전 보증금 납입을 조건으로 한 석방의 대상자가 '구속된 피의자'라고 명시되어 있다 . 그런데 체포 또는 구속의 적부심사와는 달리 기소 전 보증금 납입을 조건으로 한 석방은 헌법상 그에 관한 권리가 규정되어 있지 아니하며, 체포의 적부심사권이 인정되고 체포한 때부터 48시간 이내에 구속영장을 청구하지 아니하는 때

에는 피의자를 즉시 석방하여야 하며, 구속의 사유를 판단하기 위하여 필요하다고 인정하는 때에는 피의자의 심문이 이루어지는 점 등을 고려하면 체포의 단계에서 보증금 납입을 조건으로 한 석방을 허용하지 아니하더라도 피의자의 신체의 자유에 대한 절차적 보장이 미흡하다고 볼 수는 없고, 한편 기소 전 보증금 납입을 조건으로 석방된 피의자의 재체포 및 재구속의 제한에 관하여 규정하고 있는 같은 법 제214조의3 제2항의 취지를 체포된 피의자에 대하여도 보증금 납입을 조건으로 한 석방이 허용되어야 한다는 근거로 보기는 어렵다고 할 것이다.

그러므로 현행법상 체포된 피의자에 대하여는 보증금 납입을 조건으로 한 석방이 허용되지 않는다고 보아야 할 것이다(대법원 1997. 8. 27.자 97모21 결정).

구속적부심사청구서 작성례

구속적부심사청구서

피의자 ○○○ (000000-0000000)

주소 :

청구인 ○○○ (000000-0000000)

주소 :

전화번호 :

전자우편주소 :

피의자와의 관계 : 배우자

위 피의자는 사기 피의사건으로 귀원에서 0000. 0. 0. 발부한 구속영장에 의하여 현재 ○○구치소에 수감되어 있는바, 피의자에 대한 구속적부심사를 청구하오니 청구취지와 같은 결정을 해주시기 바랍니다.

청 구 취 지

피의자 ○○○의 석방을 명한다.
라는 경정을 구합니다.

청 구 원 인

1. 피의자와 이 사건의 피해자 ○○○는 10년 이상의 거래 관계로 친구처럼 잘 지내던 관계입니다.
2. 피해자로부터 편취한 돈은 피의자가 구속된 뒤 피해자에게 돌려주고 원만히 합의를 하였습니다.
3. 피의자는 구속되기 전에 ○○시장에서 포목상을 영위하였는데, 주변 상인들 30명은 이 사건과 관련하여 피의자가 구속된 사실을 안 후 연명으로 피의자를 석방해 주실 것을 탄원하고 있습니다.

첨 부 서 류

1. 구속영장 사본 1통.
2. 합의서 1통.
3. 탄원서 1통.
4. 주민등록등본 1통.

2022. 0. 0.

위 청구인(피의자의 배우자) ○○○(인)

○○지방법원 귀중

참고사항

* 합의서 : 이것의 명칭은 '고소취소장'이 되어도 무방할 것이다. 이 문서에는 피해자가 "피해를 회복하였으므로 원만히 합의하고, 고소를 취소한다."는 내용이 기재되어야 한다. 그리고 피해자의 인감증명서도 첨부해야 한다.

* 탄원서 : 탄원서에는 "피의자는 평소 품행이 단정하고 성실한 사람이었다."는 취지의 내용을 기재하고 관련 있는 사람들 여러 사람이 하나의 문서에 연대서명을 해도 되고, 각 사람마다 1통의 문서로 작성하여도 무방하다.

* 주민등록등본 : 청구인에게는 구속적부심사를 청구할 권한이 있다는 점을 소명하는 자료이다.

* 구속적부심사청구는 피의자에 대하여 공소가 제기되기 전에 하여야 한다. 공소제기 후에는 보석을 청구할 수 있다.

8. 고소

고소권자

범죄로 인한 피해자는 고소할 수 있다(형사소송법 제223조).

고소의 제한

자기 또는 배우자의 직계존속을 고소하지 못한다(형사소송법 제224조).

비피해자인 고소권자

피해자의 법정대리인은 독립하여 고소할 수 있다. 피해자가 사망한 때에는 그 배우자, 직계친족 또는 형제자매는 고소할 수 있다. 단, 피해자의 명시한 의사에 반하지 못한다. 피해자의 법정대리인이 피의자이거나 법정대리인의 친족이 피의자인 때에는 피해자의 친족은 독립하여 고소할 수 있다. 사자의 명예를 훼손한 범죄에 대하여는 그 친족 또는 자손은 고소할 수 있다(형사소송법 제225조 ~ 제227조).

고소권자의 지정

친고죄에 대하여 고소할 자가 없는 경우에 이해관계인의 신청이 있으면 검사는 10일 이내에 고소할 수 있는 자를 지정하여야 한다(형사소송법 제228조).
'친고죄(親告罪)'는 피해자의 고소가 없으면 공소를 제기하지 못하는 범죄를 말한다. 여기에 해당하는 죄로는 사자명예훼손죄, 모욕죄, 비밀침해죄, 업무상비밀누설죄 등이 있다.

고소기간

친고죄에 대하여는 범인을 알게 된 날로부터 6월을 경과하면 고소하지 못한다. 단, 고소할 수 없는 불가항력의 사유가 있는 때에는 그 사유가 없어진 날로부터 기산한다(형사소송법 제230조).

고소권자가 여러 사람인 경우

고소할 수 있는 자가 수인인 경우에는 1인의 기간의 해태는 타인의 고소에 영향이 없다(형사소송법 제231조).

고소의 취소

고소는 제1심 판결선고 전까지 취소할 수 있다. 고소를 취소한 자는 다시 고소할 수 없다. 피해자의 명시한 의사에 반하여 공소를 제기할 수 없는 사건에서 처벌을 원하는 의사표시를 철회한 경우에도 위와 같다.
피해자의 명시한 의사에 반하여 공소를 제기할 수 없는 죄를 '반의사불벌죄(反意思不罰罪)'라고 한다. 여기에 해당하는 죄로는 폭행죄, 존속폭행죄, 과실치상죄, 협박죄, 존속협박죄,

명예훼손죄, 출판물 등에 의한 명예훼손죄 등이 있다.

고소의 불가분성

친고죄의 공범 중 그 1인 또는 수인에 대한 고소 또는 그 취소는 다른 공범자에 대하여도 효력이 있다(형사소송법 제233조).

대리고소

고소 또는 그 취소는 대리인으로 하여금 하게 할 수 있다(형사소송법 제236조).

대법원판례

친고죄에서 고소는, 고소권 있는 자가 수사기관에 대하여 범죄사실을 신고하고 범인의 처벌을 구하는 의사표시로서 서면뿐만 아니라 구술로도 할 수 있고, 다만 구술에 의한 고소를 받은 검사 또는 사법경찰관은 조서를 작성하여야 하지만 그 조서가 독립된 조서일 필요는 없으며, 수사기관이 고소권자를 증인 또는 피해자로서 신문한 경우에 그 진술에 범인의 처벌을 요구하는 의사표시가 포함되어 있고 그 의사표시가 조서에 기재되면 고소는 적법하다. 고소를 할 때는 소송행위능력, 즉 고소능력이 있어야 하나, 고소능력은 피해를 입은 사실을 이해하고 고소에 따른 사회생활상의 이해관계를 알아차릴 수 있는 사실상의 의사능력으로 충분하므로, 민법상 행위능력이 없는 사람이라도 위와 같은 능력을 갖추었다면 고소능력이 인정된다.

친고죄에서 적법한 고소가 있었는지는 자유로운 증명의 대상이 되고, 일죄의 관계에 있는 범죄사실 일부에 대한 고소의 효력은 일죄 전부에 대하여 미친다(대법원 2011. 6. 24. 선고 2011도4451,2011전도76 판결).

형사소송법 제232조 제1항, 제3항에 의하면 친고죄에서 고소의 취소 및 반의사불벌죄에서 처벌을 희망하는 의사표시의 철회는 제1심판결 선고 전까지만 할 수 있고, 따라서 제1심판결 선고 후에 고소가 취소되거나 처벌을 희망하는 의사표시가 철회된 경우에는 효력이 없으므로, 형사소송법 제327조 제5호 내지제6호의 공소기각 재판을 할 수 없다.

그리고 고소의 취소나 처벌을 희망하는 의사표시의 철회는 수사기관 또는 법원에 대한 법률행위적 소송행위이므로, 공소제기 전에는 고소사건을 담당하는 수사기관에, 공소제기 후에는 고소사건의 수소법원에 대하여 이루어져야 한다(대법원 2012. 2. 23. 선고 2011도17264 판결).

성폭력범죄의처벌및피해자보호등에관한법률이 시행된 이후에도 여전히 친고죄로 남아 있는 강간죄의 경우, 고소가 없거나 고소가 취소된 경우 또는 강간죄의 고소기간이 경과된 후에 고소가 있는 때에는 강간죄로 공소를 제기할 수 없음은 물론, 나아가 그 강간범행의 수단으로 또는 그에 수반하여 저질러진 폭행 · 협박의 점 또한 강간죄의 구성요소로서 그에 흡수되는 법조경합의 관계에 있는 만큼 이를 따로 떼어내어 폭행죄 · 협박죄 또는 폭력행위등처벌에관한법률위반의 죄로 공소제기할 수 없다고 해야 마땅하고, 이는 만일 이러한 공소제기를 허용한다면, 강간죄를 친고죄로 규정한 취지에 반하기 때문이므로 결국 그와 같은 공소는 공소제기의 절차가 법률에 위반되어 무효인 경우로서 형사소송법 제327조 제2호에 따라 공소기각의 판결을 하여야 한다.
따라서 강간죄에 대하여 고소취소가 있는 경우에 그 수단인 폭행만을 분리하여 공소제기하였다면 이는 범죄로 되지 아니하는 경우에 해당하므로, 무죄를 선고하여야 한다고 본 대법원 1976. 4. 27. 선고 75도3365 판결의 견해는 이와 저촉되는 한도 내에서 변경하기로 한다(대법원 2002. 5. 16. 선고 2002도51 전원합의체 판결).

강제추행의 피해자가 범인을 안 날로부터 6월이 경과된 후에 고소제기하였더라도, 범행 당시 피해자가 11세의 소년에 불과하여 고소능력이 없었다가 고소당시에 비로소 고소능력이 생겼다면, 그 고소기간은 고소능력이 생긴 때로부터 기산되어야 하므로, 고소기간이 경과된 것으로 볼 것이 아니다(대법원 1995. 5. 9. 선고 95도696 판결).

형사소송법 제236조의 대리인에 의한 고소의 경우, 대리권이 정당한 고소권자에 의하여 수여되었음이 실질적으로 증명되면 충분하고, 그 방식에 특별한 제한은 없으므로, 고소를 할 때 반드시 위임장을 제출한다거나 '대리'라는 표시를 하여야 하는 것은 아니고, 또 고소기간은 대리고소인이 아니라 정당한 고소권자를 기준으로 고소권자가 범인을 알게 된 날부터 기산한다(대법원 2001. 9. 4. 선고 2001도3081 판결).

고소·고발 등을 함에 있어 피고소인 등에게 범죄혐의가 없음을 알았거나 과실로 이를 알지 못한 경우 그 고소인 등은 그 고소·고발로 인하여 피고소인 등이 입은 손해를 배상할 책임이 있다 할 것인바, 이 때 고소·고발 등에 의하여 기소된 사람에 대하여 무죄의 판결이 확정되었다고 하여 그 무죄라는 형사판결 결과만으로 그 고소인 등에게 고의 또는 과실이 있었다고 바로 단정할 수는 없고, 고소인 등의 고의 또는 과실의 유무에 대한 판단은 선량한 관리자의 주의를 표준으로 하여 기록에 나타난 모든 증거와 사정을 고려하여 판단하여야 한다(대법원 1996. 5. 10. 선고 95다45897 판결).

- ○ 법조경합(法條競合) : 1개나 여러 개의 행위가 여러 개의 형벌법규에 해당되는 것으로 보이나 실제로는 하나만 적용이 되고 나머지는 배척되는 것
- ○ 행위능력 : 단독으로 확정적인 유효한 법률행위를 할 수 있는 능력. 스스로 법률행위를 할 수 없는 자를 제한능력자라고 하며 민법은 미성년자, 피한정후견인, 피성년후견인을 제한능력자로 규정하고 있다. 미성년자와 피한정후견인은 법정의가 있으면 법률행위를 스스로 할 수 있으나 피성년후견인은 혼자서 법률행위를 할 수 없다.
- ○ 수소법원(受訴法院) : 소송을 맡아 처리하는 법원

9. 고발

고발권자와 고발의무자

누구든지 범죄가 있다고 사료하는 때에는 고발할 수 있다. 공무원은 그 직무를 행함에 있어 범죄가 있다고 사료하는 때에는 고발하여야 한다(형사소송법 제234조).

고발의 제한

자기 또는 배우자의 직계존속은 고발할 수 없다(형사소송법 제235조, 제224조).

■ 대법원판례

친고죄나 세무공무원 등의 고발이 있어야 논할 수 있는 죄에 있어서 고소 또는 고발은 이른바 소추조건에 불과하고 당해 범죄의 성립 요건이나 수사의 조건은 아니므로, 위와 같은 범죄에 관하여 고소나 고발이 있기 전에 수사를 하였다고 하더라도, 그 수사가 장차 고소나 고발이 있을 가능성이 없는 상태하에서 행해졌다는 등의 특단의 사정이 없는 한, 고소나 고발이 있기 전에 수사를 하였다는 이유만으로 그 수사가 위법하다고 볼 수는 없다(대법원 1995. 2. 24. 선고 94도252 판결).

○ 소추조건(訴追條件) : 검사가 공소를 제기할 수 있는 조건

10. 고소인 등의 이의신청

■ 고소인 등의 이의신청권

제245조의5(사법경찰관의 사건송치 등) 사법경찰관은 고소·고발 사건을 포함하여 범죄를 수사한 때에는 다음 각 호의 구분에 따른다.

1. 범죄의 혐의가 있다고 인정되는 경우에는 지체 없이 검사에게 사건을 송치하고, 관계 서류와 증거물을 검사에게 송부하여야 한다.
2. 그 밖의 경우에는 그 이유를 명시한 서면과 함께 관계 서류와 증거물을 지체 없이 검사에게 송부하여야 한다. 이 경우 검사는 송부받은 날부터 90일 이내에 사법경찰관에게 반환하여야 한다.

제245조의6(고소인 등에 대한 송부통지) 사법경찰관은 제245조의5 제2호의 경우에는 그 송부한 날부터 7일 이내에 서면으로 고소인·고발인·피해자 또는 그 법정대리인(피해자가 사망한 경우에는 그 배우자·직계친족·형제자매를 포함한다)에게 사건을 검사에게 송치하지 아니하는 취지와 그 이유를 통지하여야 한다.

제245조의6의 통지를 받은 사람은 해당 사법경찰관의 소속 관서의 장에게 이의를 신청할

수 있다. 사법경찰관은 이의신청이 있는 때에는 지체 없이 검사에게 사건을 송치하고 관계 서류와 증거물을 송부하여야 하며, 처리결과와 그 이유를 이의신청인에게 통지하여야 한다(형사소송법 제245조의7).

이의신청사건에 대한 검사의 처리

검사는 제245조의5 제2호의 경우에 사법경찰관이 사건을 송치하지 아니한 것이 위법 또는 부당한 때에는 그 이유를 문서로 명시하여 사법경찰관에게 재수사를 요청할 수 있다. 사법경찰관은 이 요청이 있는 때에는 사건을 재수사하여야 한다(형사소송법 제245조의8).

11. 공소시효의 기간

공소시효의 뜻

공소시효(公訴時效)란 범죄행위가 종료한 후 일정한 기간이 지날 때까지 그 범죄에 대하여 기소를 하지 않는 경우에 국가의 소추권(訴追權) 및 형벌권을 소멸시키는 제도를 말한다. 공소시효는 국가기관이 재판을 요구할 수 있는 소추권을 소멸시킨다는 점에서, 재판이 확정된 후에 형벌권을 소멸시키는 형의 시효와 다르다. 공소시효가 완성된 범죄가 기소된 경우에는 법원은 면소의 판결을 하여야 한다. 공소시효의 기간은 범죄의 법정형이 무거울수록 그 기간을 길게 하고, 살인죄에 대해서는 공소시효를 적용하지 않는다.

공소시효 기간

제249조(공소시효의 기간) ① 공소시효는 다음 기간의 경과로 완성한다.

1. 사형에 해당하는 범죄에는 25년
2. 무기징역 또는 무기금고에 해당하는 범죄에는 15년
3. 장기 10년 이상의 징역 또는 금고에 해당하는 범죄에는 10년
4. 장기 10년 미만의 징역 또는 금고에 해당하는 범죄에는 7년
5. 장기 5년 미만의 징역 또는 금고, 장기10년 이상의 자격정지 또는 벌금에 해당하는 범죄에는 5년

6. 장기 5년 이상의 자격정지에 해당하는 범죄에는 3년

7. 장기 5년 미만의 자격정지, 구류, 과료 또는 몰수에 해당하는 범죄에는 1년

② 공소가 제기된 범죄는 판결의 확정이 없이 공소를 제기한 때로부터 25년을 경과하면 공소시효가 완성한 것으로 간주한다.

두 개 이상의 형과 공소시효 기간

두 개 이상의 형을 병과(倂科)하거나 두 개 이상의 형에서 한 개를 과(科)할 범죄에 대해서는 무거운 형에 의하여 제249조를 적용한다(형사소송법 제250조).

형의 가중 · 감경과 공소시효 기간

「형법」에 의하여 형을 가중 또는 감경한 경우에는 가중 또는 감경하지 아니한 형에 의하여 공소시효 규정을 적용한다(형사소송법 제251조).

공소시효의 기산점(起算點)

공소시효는 범죄행위의 종료한 때로부터 진행한다. 공범에는 최종행위의 종료한 때로부터 모든 공범에 대한 시효기간을 기산한다(형사소송법 제252조). 여기에서 말하는 공범(共犯)에는 공동정범, 교사범과 방조범이 있다.

공소시효의 정지와 효력

공소시효는 공소의 제기로 진행이 정지되고 공소기각 또는 관할위반의 재판이 확정된 때로부터 진행한다.

공범의 1인에 대한 시효정지는 다른 공범자에게 대하여 효력이 미치고 당해 사건의 재판이 확정된 때로부터 진행한다.

범인이 형사처분을 면할 목적으로 국외에 있는 경우 그 기간 동안 공소시효는 정지된다.

공소시효의 적용 배제

사람을 살해한 범죄(종범은 제외한다)로 사형에 해당하는 범죄에 대하여는 제249조부터 제253조까지에 규정된 공소시효를 적용하지 아니한다(형사소송법 제253조의2).

대법원판례

공소시효 정지에 관한 형사소송법 제253조 제3항의 입법 취지는 범인이 우리나라의 사법권이 실질적으로 미치지 못하는 국외에 체류한 것이 도피의 수단으로 이용된 경우에 그 체류기간 동안은 공소시효가 진행되는 것을 저지하여 범인을 처벌할 수 있도록 하여 형벌권을 적정하게 실현하고자 하는 데 있다. 따라서 위 규정이 정한 '형사처분을 면할 목적'은 국외 체류의 유일한 목적으로 되는 것에 한정되지 않고 범인이 가지는 여러 국외 체류 목적 중에 포함되어 있으면 족하다. 범인이 국외에 있는 것이 형사처분을 면하기 위한 방편이었다면 '형사처분을 면할 목적'이 있었다고 볼 수 있고, 위 '형사처분을 면할 목적'과 양립할 수 없는 범인의 주관적 의사가 명백히 드러나는 객관적 사정이 존재하지 않는 한 국외 체류기간 동안 '형사처분을 면할 목적'은 계속 유지된다.

국외에 체류 중인 범인에게 형사소송법 제253조 제3항의 '형사처분을 면할 목적'이 계속 존재하였는지가 의심스러운 사정이 발생한 경우, 그 기간 동안 '형사처분을 면할 목적'이 있었는지 여부는 당해 범죄의 공소시효의 기간, 범인이 귀국할 수 없는 사정이 초래된 경위, 그러한 사정이 존속한 기간이 당해 범죄의 공소시효의 기간과 비교하여 도피 의사가 인정되지 않는다고 보기에 충분할 만큼 연속적인 장기의 기간인지, 귀국 의사가 수사기관이나 영사관에 통보되었는지, 피고인의 생활근거지가 어느 곳인지 등의 제반 사정을 참작하여 판단하여야 한다. 통상 범인이 외국에서 다른 범죄로 외국의 수감시설에 수감된 경우, 그 범행에 대한 법정형이 당해 범죄의 법정형보다 월등하게 높고, 실제 그 범죄로 인한 수감기간이 당해 범죄의 공소시효 기간보다도 현저하게 길어서 범인이 수감기간 중에 생활근거지가 있는 우리나라로 돌아오려고 했을 것으로 넉넉잡아 인정할 수 있는 사정이 있다면, 그 수감기간에는 '형사처분을 면할 목적'이 유지되지 않았다고 볼 여지가 있다. 그럼에도 그러한 목적이 유지되고 있었다는 점은 검사가 입증하여야 한다(대법원 2008. 12. 11. 선고2008도4101 판결).

공소시효는 범죄행위가 종료한 때부터 진행한다(형사소송법 제252조 제1항). 미수범은 범죄의 실행에 착수하여 행위를 종료하지 못하였거나 결과가 발생하지 아니한 때에 처벌받게 되므로(형법 제25조 제1항), 미수범의 범죄행위는 행위를 종료하지 못하였거나 결과가 발생하지 아니하여 더 이상 범죄가 진행될 수 없는 때에 종료하고, 그때부터 미수범의 공소시효가 진행한다(대법원 2017. 7. 11. 선고 2016도14820 판결).

구 농지법(2005. 1. 14. 법률 제7335호로 개정되기 전의 것) 제2조 제9호에서 말하는 '농지의 전용'이 이루어지는 태양은, 첫째로 농지에 대하여 절토, 성토 또는 정지를 하거나 농지로서의 사용에 장해가 되는 유형물을 설치하는 등으로 농지의 형질을 외형상으로뿐만 아니라 사실상 변경시켜 원상회복이 어려운 상태로 만드는 경우가 있고, 둘째로 농지에 대하여 외부적 형상의 변경을 수반하지 않거나 외부적 형상의 변경을 수반하더라도 사회통념상 원상회복이 어려운 정도에 이르지 않은 상태에서 그 농지를 다른 목적에 사용하는 경우 등이 있을 수 있다.

전자의 경우와 같이 농지전용행위 자체에 의하여 당해 토지가 농지로서의 기능을 상실하여 그 이후 그 토지를 농업생산 등 외의 목적으로 사용하는 행위가 더 이상 '농지의 전용'에 해당하지 않는다고 할 때에는, 허가 없이 그와 같이 농지를 전용한 죄는 그와 같은 행위가 종료됨으로써 즉시 성립하고 그와 동시에 완성되는 즉시범이라고 보아야 한다.

그러나 후자의 경우와 같이 당해 토지를 농업생산 등 외의 다른 목적으로 사용하는 행위를 여전히 농지전용으로 볼 수 있는 때에는 허가 없이 그와 같이 농지를 전용하는 죄는 계속범으로서 그 토지를 다른 용도로 사용하는 한 가벌적인 위법행위가 계속 반복되고 있는 계속범이라고 보아야 한다(대법원 2009. 4. 16. 선고 2007도6703 전원합의체 판결).

- ㅇ 공동정범 : 2인 이상이 공동하여 죄를 범함으로써 성립하는 정범형태
- ㅇ 교사범(教事犯) : 범죄를 실행할 의사가 없는 타인에게 범죄실행을 결의하도록 하는 자
- ㅇ 방조범(幇助犯) : 범죄를 실행할 결의를 가지고 있는 자에게 실행행위를 용이하게 하거나 범행의 결의를 강화하도록 하는 자

ㅇ 종범(從犯) : 방조범을 달리 일컫는 말

ㅇ 입증(立證) : 증거로써 증명함

ㅇ 즉시범 : 범죄의 구성요건적 실행행위에 의하여 법익침해가 발생함으로써 범죄가 기수에 이르고, 그 위법 상태도 종료하는 범죄(살인죄, 상해죄, 방화죄, 모욕죄 등)

ㅇ 계속범 : 범죄 구성요건의 내용인 행위의 위법상태가 어느 정도의 시간적 계속을 필요로 하는 범죄(감금죄, 퇴거불응죄 등)

12. 재정신청

재정신청의 뜻

고소권자로서 고소를 한 자(「형법」 제123조부터 제126조까지의 죄에 대하여는 고발을 한 자를 포함한다)는 검사로부터 공소를 제기하지 아니한다는 통지를 받은 때에는 그 검사 소속의 지방검찰청 소재지를 관할하는 고등법원(이하 "관할 고등법원"이라 한다)에 그 당부에 관한 재정을 신청할 수 있다. 다만, 「형법」 제126조의 죄에 대하여는 피공표자의 명시한 의사에 반하여 재정을 신청할 수 없다(형사소송법 제260조 제1항).

형법 제123조는 직권남용죄, 제124조는 불법체포죄와 불법감금죄, 제125조는 폭행, 가혹행위죄, 제126조는 피의사실공표죄를 각각 규정하였다.

재정신청의 요건과 방식

제260조(재정신청) ② 제1항에 따른 재정신청을 하려면 「검찰청법」 제10조에 따른 항고를 거쳐야 한다. 다만, 다음 각 호의 어느 하나에 해당하는 경우에는 그러하지 아니하다.

1. 항고 이후 재기수사가 이루어진 다음에 다시 공소를 제기하지 아니한다는 통지를 받은 경우
2. 항고신청 후 항고에 대한 처분이 행하여지지 아니하고 3개월이 경과한 경우
3. 검사가 공소시효 만료일 30일 전까지 공소를 제기하지 아니하는 경우

③ 제1항에 따른 재정신청을 하려는 자는 항고기각 결정을 통지받은 날 또는 제2항 각 호

의 사유가 발생한 날부터 10일 이내에 지방검찰청 검사장 또는 지청장에게 재정신청서를 제출하여야 한다. 다만, 제2항 제3호의 경우에는 공소시효 만료일 전날까지 재정신청서를 제출할 수 있다.

④ 재정신청서에는 재정신청의 대상이 되는 사건의 범죄사실 및 증거 등 재정신청을 이유 있게 하는 사유를 기재하여야 한다.

검찰청법

[시행 2022. 9. 10.] [법률 제18861호, 2022. 5. 9., 일부개정]

제10조(항고 및 재항고) ① 검사의 불기소처분에 불복하는 고소인이나 고발인은 그 검사가 속한 지방검찰청 또는 지청을 거쳐 서면으로 관할 고등검찰청 검사장에게 항고할 수 있다. 이 경우 해당 지방검찰청 또는 지청의 검사는 항고가 이유 있다고 인정하면 그 처분을 경정(更正)하여야 한다.

② 고등검찰청 검사장은 제1항의 항고가 이유 있다고 인정하면 소속 검사로 하여금 지방검찰청 또는 지청 검사의 불기소처분을 직접 경정하게 할 수 있다. 이 경우 고등검찰청 검사는 지방검찰청 또는 지청의 검사로서 직무를 수행하는 것으로 본다.

③ 제1항에 따라 항고를 한 자[「형사소송법」 제260조에 따라 재정신청(裁定申請)을 할 수 있는 자는 제외한다. 이하 이 조에서 같다]는 그 항고를 기각하는 처분에 불복하거나 항고를 한 날부터 항고에 대한 처분이 이루어지지 아니하고 3개월이 지났을 때에는 그 검사가 속한 고등검찰청을 거쳐 서면으로 검찰총장에게 재항고할 수 있다. 이 경우 해당 고등검찰청의 검사는 재항고가 이유 있다고 인정하면 그 처분을 경정하여야 한다.

④ 제1항의 항고는 「형사소송법」 제258조 제1항에 따른 통지를 받은 날부터 30일 이내에 하여야 한다.

↳ 「형사소송법」

제258조(고소인등에의 처분고지) ① 검사는 고소 또는 고발 있는 사건에 관하여 공소를 제기하거나 제기하지 아니하는 처분, 공소의 취소 또는 제256조의 송치를 한 때에는 그 처

분한 날로부터 7일 이내에 서면으로 고소인 또는 고발인에게 그 취지를 통지하여야 한다.
⑤ 제3항의 재항고는 항고기각 결정을 통지받은 날 또는 항고 후 항고에 대한 처분이 이루어지지 아니하고 3개월이 지난날부터 30일 이내에 하여야 한다.
⑥ 제4항과 제5항의 경우 항고 또는 재항고를 한 자가 자신에게 책임이 없는 사유로 정하여진 기간 이내에 항고 또는 재항고를 하지 못한 것을 소명하면 그 항고 또는 재항고 기간은 그 사유가 해소된 때부터 기산한다.
⑦ 제4항 및 제5항의 기간이 지난 후 접수된 항고 또는 재항고는 기각하여야 한다. 다만, 중요한 증거가 새로 발견된 경우 고소인이나 고발인이 그 사유를 소명하였을 때에는 그러하지 아니하다.

지방검찰청 검사장 등의 처리

제261조(지방검찰청검사장 등의 처리) 제260조 제3항에 따라 재정신청서를 제출받은 지방검찰청검사장 또는 지청장은 재정신청서를 제출받은 날부터 7일 이내에 재정신청서·의견서·수사 관계 서류 및 증거물을 관할 고등검찰청을 경유하여 관할 고등법원에 송부하여야 한다. 다만, 제260조 제2항 각 호의 어느 하나에 해당하는 경우에는 지방검찰청검사장 또는 지청장은 다음의 구분에 따른다.

1. 신청이 이유 있는 것으로 인정하는 때에는 즉시 공소를 제기하고 그 취지를 관할 고등법원과 재정신청인에게 통지한다.
2. 신청이 이유 없는 것으로 인정하는 때에는 30일 이내에 관할 고등법원에 송부한다.

심리와 결정

제262조(심리와 결정) ① 법원은 재정신청서를 송부받은 때에는 송부받은 날부터 10일 이내에 피의자에게 그 사실을 통지하여야 한다.
② 법원은 재정신청서를 송부받은 날부터 3개월 이내에 항고의 절차에 준하여 다음 각 호의 구분에 따라 결정한다. 이 경우 필요한 때에는 증거를 조사할 수 있다.

1. 신청이 법률상의 방식에 위배되거나 이유 없는 때에는 신청을 기각한다.

2. 신청이 이유 있는 때에는 사건에 대한 공소제기를 결정한다.

③ 재정신청사건의 심리는 특별한 사정이 없는 한 공개하지 아니한다.

④ 제2항 제1호의 결정에 대하여는 제415조에 따른 즉시항고를 할 수 있고, 제2항 제2호의 결정에 대하여는 불복할 수 없다. 제2항 제1호의 결정이 확정된 사건에 대하여는 다른 중요한 증거를 발견한 경우를 제외하고는 소추할 수 없다.

⑤ 법원은 제2항의 결정을 한 때에는 즉시 그 정본을 재정신청인·피의자와 관할 지방검찰청검사장 또는 지청장에게 송부하여야 한다. 이 경우 제2항 제2호의 결정을 한 때에는 관할 지방검찰청검사장 또는 지청장에게 사건기록을 함께 송부하여야 한다.

⑥ 제2항 제2호의 결정에 따른 재정결정서를 송부받은 관할 지방검찰청 검사장 또는 지청장은 지체 없이 담당 검사를 지정하고 지정받은 검사는 공소를 제기하여야 한다.

재정신청사건 기록의 열람 · 등사 제한

재정신청사건의 심리 중에는 관련 서류 및 증거물을 열람 또는 등사할 수 없다. 다만, 법원은 제262조 제2항 후단의 증거조사과정에서 작성된 서류의 전부 또는 일부의 열람 또는 등사를 허가할 수 있다.

비용부담 등

제262조의3(비용부담 등) ① 법원은 제262조 제2항 제1호의 결정 또는 제264조 제2항의 취소가 있는 경우에는 결정으로 재정신청인에게 신청절차에 의하여 생긴 비용의 전부 또는 일부를 부담하게 할 수 있다.

② 법원은 직권 또는 피의자의 신청에 따라 재정신청인에게 피의자가 재정신청절차에서 부담하였거나 부담할 변호인선임료 등 비용의 전부 또는 일부의 지급을 명할 수 있다.

③ 제1항 및 제2항의 결정에 대하여는 즉시항고를 할 수 있다.

④ 제1항 및 제2항에 따른 비용의 지급범위와 절차 등에 대하여는 대법원규칙으로 정한다.

공소시효의 정지 등

제260조에 따른 재정신청이 있으면 제262조에 따른 재정결정이 확정될 때까지 공소시효의

진행이 정지된다. 법원이 재정신청이 이유 있다고 판단하여 사건에 대한 공소제기를 결정한 때에는 공소시효에 관하여 그 결정이 있는 날에 공소가 제기된 것으로 본다(형사소송법 제262조의4).

▒ 대리인에 의한 신청과 1인의 신청의 효력, 취소

재정신청은 대리인에 의하여 할 수 있으며 공동신청권자 중 1인의 신청은 그 전원을 위하여 효력을 발생한다. 재정신청은 제262조 제2항의 결정이 있을 때까지 취소할 수 있다. 취소한 자는 다시 재정신청을 할 수 없다. 취소는 다른 공동신청권자에게 효력을 미치지 아니한다(형사소송법 제264조).

▒ 공소취소의 제한

검사는 제262조 제2항 제2호의 결정에 따라 공소를 제기한 때에는 이를 취소할 수 없다(형사소송법 제264조의2).

▒ 대법원판례

형사소송법 제262조 제4항 후문에서 재정신청 기각결정이 확정된 사건에 대하여 다른 중요한 증거를 발견한 경우를 제외하고는 소추할 수 없도록 규정하고 있는 것은, 한편으로 법원의 판단에 의하여 재정신청 기각결정이 확정되었음에도 불구하고 검사의 공소제기를 제한 없이 허용할 경우 피의자를 지나치게 장기간 불안정한 상태에 두게 되고, 유죄판결이 선고될 가능성이 낮은 사건에 사법인력과 예산을 낭비하게 되는 결과로 이어질 수 있음을 감안하여 재정신청 기각결정이 확정된 사건에 대한 검사의 공소제기를 제한하면서, 다른 한편으로 재정신청사건에 대한 법원의 결정에는 일사부재리의 효력이 인정되지 않는 만큼 피의사실을 유죄로 인정할 명백한 증거가 발견된 경우에도 재정신청 기각결정이 확정되었다는 이유만으로 검사의 공소제기를 전적으로 금지하는 것은 사법정의에 반하는 결과가 된다는 점을 고려한 것이다.

형사소송법 제262조 제2항, 제4항과 형사소송법 제262조 제4항 후문의 입법 취지 등에 비추어 보면, 형사소송법 제262조 제4항 후문에서 말하는 '제2항 제1호의 결정이 확정된 사건'은 재정신청사건을 담당하는 법원에서 공소제기의 가능성과 필요성 등에 관한 심리와 판단이 현실적으로 이루어져 재정신청 기각결정의 대상이 된 사건만을 의미한다.
따라서 재정신청 기각결정의 대상이 되지 않은 사건은 형사소송법 제262조 제4항 후문에서 말하는 '제2항 제1호의 결정이 확정된 사건'이라고 할 수 없고, 재정신청 기각결정의 대상이 되지 않은 사건이 고소인의 고소내용에 포함되어 있었다 하더라도 이와 달리 볼 수 없다(대법원 2015. 9. 10. 선고 2012도14755 판결).

재정신청 제기기간이 경과된 후에 재정신청보충서를 제출하면서 원래의 재정신청에 재정신청 대상으로 포함되어 있지 않은 고발사실을 재정신청의 대상으로 추가한 경우, 그 재정신청보충서에서 추가한 부분에 관한 재정신청은 법률상 방식에 어긋난 것으로서 부적법하다.
공소를 제기하지 아니하는 검사의 처분의 당부에 관한 재정신청이 있는 경우에 법원은 검사의 무혐의 불기소처분이 위법하다 하더라도 기록에 나타난 여러 가지 사정을 고려하여 기소유예의 불기소처분을 할 만한 사건이라고 인정되는 경우에는 재정신청을 기각할 수 있다(대법원 1997. 4. 22.자 97모30 결정).

고등군사법원의 재정신청기각결정에 대한 재항고는 검찰관의 불기소결정을 대상으로 하는 것이 아니라 고등군사법원의 재정신청기각결정을 대상으로 하는 것이므로 그 재항고이유는 고등군사법원의 재정신청기각결정에 재판에 영향을 미친 헌법 · 법률 · 명령 또는 규칙의 위반이 있다는 사유이어야 하고, 단순히 검찰관의 불기소결정에 위법사유가 있다는 것은 그것이 곧 재정신청기각결정의 위법사유가 될 수 있지 아니하는 한 적법한 재항고이유가 될 수 없다(대법원1996. 4. 12.자 95모61 결정).

○ 일사부재리(一事不再理) : 판결이 내려진 어떤 사건(확정판결)에 대해 두번 이상 심리 · 재판을 하지 않는다는 형사상의 원칙

13. 조서의 증거능력

▒ 검사와 사법경찰관이 작성한 조서 등

제312조(검사 또는 사법경찰관의 조서 등) ① 검사가 작성한 피의자신문조서는 적법한 절차와 방식에 따라 작성된 것으로서 공판준비, 공판기일에 그 피의자였던 피고인 또는 변호인이 그 내용을 인정할 때에 한정하여 증거로 할 수 있다.

② 삭제 〈2020. 2. 4.〉

③ 검사 이외의 수사기관이 작성한 피의자신문조서는 적법한 절차와 방식에 따라 작성된 것으로서 공판준비 또는 공판기일에 그 피의자였던 피고인 또는 변호인이 그 내용을 인정할 때에 한하여 증거로 할 수 있다.

④ 검사 또는 사법경찰관이 피고인이 아닌 자의 진술을 기재한 조서는 적법한 절차와 방식에 따라 작성된 것으로서 그 조서가 검사 또는 사법경찰관 앞에서 진술한 내용과 동일하게 기재되어 있음이 원진술자의 공판준비 또는 공판기일에서의 진술이나 영상녹화물 또는 그 밖의 객관적인 방법에 의하여 증명되고, 피고인 또는 변호인이 공판준비 또는 공판기일에 그 기재 내용에 관하여 원진술자를 신문할 수 있었던 때에는 증거로 할 수 있다. 다만, 그 조서에 기재된 진술이 특히 신빙할 수 있는 상태하에서 행하여졌음이 증명된 때에 한한다.

⑤ 제1항부터 제4항까지의 규정은 피고인 또는 피고인이 아닌 자가 수사과정에서 작성한 진술서에 관하여 준용한다.

⑥ 검사 또는 사법경찰관이 검증의 결과를 기재한 조서는 적법한 절차와 방식에 따라 작성된 것으로서 공판준비 또는 공판기일에서의 작성자의 진술에 따라 그 성립의 진정함이 증명된 때에는 증거로 할 수 있다.

14. 항소와 상고

▒ 상소권자

상소를 할 수 있는 사람은 원칙적으로 검사와 피고인이다(형소법 제338조). 상소라 함은 항소와 상고를 말한다. 피고인이 제한능력자인 때에는 피고인의 법정대리인이 상소를 할 수 있다(형소법 제340조). 피고인의 배우자, 직계친족, 형제자매 또는 원심의 대리인이나 변호인은 피고인을 위하여 상소할 수 있다. 이 경우의 상소는 피고인의 명시한 의사에 반하여 하지 못한다(형소법 제341조).
한편, 형사소송 절차에서 검사와 피고인 아닌 자가 법원으로부터 어떤 결정을 받은 때에는 '항고'를 할 수 있다(형소법 제339조).

일부상소

상소는 재판의 일부에 대하여 할 수 있다. 일부에 대한 상소는 그 일부와 불가분의 관계에 있는 부분에 대하여도 효력이 미친다(형소법 제342조).

상소 제기기간

상소의 제기는 그 기간 내에 서면으로 한다. 상소의 제기기간은 재판을 선고 또는 고지한 날로부터 진행된다(형소법 제343조). 상소의 제기기간은 재판의 고지를 받은 날부터 7일 이내이다.

재소자에 대한 상소 제기기간의 특칙

교도소 또는 구치소에 있는 피고인이 상소의 제기기간 내에 상소장을 교도소장 또는 구치소장 또는 그 직무를 대리하는 자에게 제출한 때에는 상소의 제기기간 내에 상소한 것으로 간주한다. 이 경우에 피고인이 상소장을 작성할 수 없는 때에는 교도소장 또는 구치소장은 소속공무원으로 하여금 대서하게 하여야 한다(형소법 제344조).

상소권회복 청구

상소할 수 있는 자는 자기 또는 대리인이 책임질 수 없는 사유로 상소 제기기간 내에 상소를 하지 못한 경우에는 상소권회복의 청구를 할 수 있다(민소법 제345조).
상소권회복을 청구할 때에는 그 책임질 수 없는 사유가 해소된 날부터 상소 제기기간에 해당하는 기간(7일) 내에 상소권회복 청구서를 원심법원에 제출하여야 한다. 상소권회복을 청구할 그 책임질 수 없는 사유를 소명하여야 한다. 상소권회복을 청구한 자는 그 청구와 동시에 상소를 제기하여야 한다(형소법 제346조).

상소권회복의 청구를 받은 법원은 청구의 허부에 관한 결정을 하여야 한다. 이 결정에 대하여는 즉시항고를 할 수 있다(형소법 제347조).

상소의 포기, 취하

검사나 피고인 또는 다른 상소권자는 상소의 포기 또는 취하를 할 수 있다. 단, 검사 아닌 자는 사형 또는 무기징역이나 무기금고가 선고된 판결에 대하여는 상소의 포기를 할 수 없다(형소법 제349조).

법정대리인이 있는 피고인이 상소의 포기 또는 취하를 함에는 법정대리인의 동의를 얻어야 한다. 단, 법정대리인의 사망 기타 사유로 인하여 그 동의를 얻을 수 없는 때에는 예외로 한다(형소법 제350조).

피고인의 법정대리인 또는 피고인의 형제자매 등은 피고인의 동의를 얻어 상소를 취하할 수 있다(형소법 제351조).

상소의 포기 또는 취하는 서면으로 하여야 한다. 단, 공판정에서는 구술로써 할 수 있다. 말로써 상소의 포기 또는 취하를 한 경우에는 그 사유를 조서에 기재하여야 한다(형소법 제352조).

상소의 포기는 원심법원에, 상소의 취하는 상소법원에 하여야 한다. 단, 소송기록이 상소법원에 송부되지 아니한 때에는 상소의 취하를 원심법원에 제출할 수 있다(형소법 제353조).

상소를 취하한 자 또는 상소의 포기나 취하에 동의한 자는 그 사건에 대하여 다시 상소를 하지 못한다(형소법 제354조).

상소, 상소의 포기나 취하 또는 상소권회복의 청구가 있는 때에는 법원은 지체없이 상대방에게 그 사유를 통지하여야 한다(형소법 제356조).

항소

제1심법원의 판결에 대하여 불복이 있으면 지방법원 단독판사가 선고한 것은 지방법원 본원합의부에 항소할 수 있으며 지방법원 합의부가 선고한 것은 고등법원에 항소할 수 있다(형소법 제357조).

항소의 제기기간은 7일로 한다. 항소를 함에는 항소장을 원심법원에 제출하여야 한다. 항소의 제기가 법률상의 방식에 위반하거나 항소권소멸 후인 것이 명백한 때에는 원심법원은 결정으로 항소를 기각하여야 한다. 항소를 기각한 결정에 대하여는 즉시항고를 할 수 있다 (형소법 제358조~제360조).

항소기각의 경우를 제외하고는 원심법원은 항소장을 받은 날부터 14일 이내에 소송기록과 증거물을 항소법원에 송부하여야 한다. 항소법원이 기록의 송부를 받은 때에는 즉시 항소인과 상대방에게 그 사유를 통지하여야 한다. 이 통지 전에 변호인의 선임이 있는 때에는 변호인에게도 통지를 하여야 한다. 피고인이 교도소 또는 구치소에 있는 경우에는 원심법원에 대응한 검찰청 검사는 제1항의 통지를 받은 날부터 14일 이내에 피고인을 항소법원 소재지의 교도소 또는 구치소에 이송하여야 한다(형소법 제361조의2).

항소인 또는 변호인은 소송기록접수통지를 받은 날로부터 20일 이내에 항소이유서를 항소법원에 제출하여야 한다. 항소이유서의 제출을 받은 항소법원은 지체없이 부본 또는 등본을 상대방에게 송달하여야 한다. 상대방은 이 송달을 받은 날로부터 10일 이내에 답변서를 항소법원에 제출하여야 한다. 답변서의 제출을 받은 항소법원은 지체없이 그 부본 또는 등본을 항소인 또는 변호인에게 송달하여야 한다(형소법 제361조의3).

항소이유

제361조의5(항소이유) 다음 사유가 있을 경우에는 원심판결에 대한 항소이유로 할 수 있다.

1. 판결에 영향을 미친 헌법ㆍ법률ㆍ명령 또는 규칙의 위반이 있는 때
2. 판결 후 형의 폐지나 변경 또는 사면이 있는 때
3. 관할 또는 관할위반의 인정이 법률에 위반한 때
4. 판결법원의 구성이 법률에 위반한 때
5. 삭제 〈1963. 12. 13.〉
6. 삭제 〈1963. 12. 13.〉
7. 법률상 그 재판에 관여하지 못할 판사가 그 사건의 심판에 관여한 때
8. 사건의 심리에 관여하지 아니한 판사가 그 사건의 판결에 관여한 때
9. 공판의 공개에 관한 규정에 위반한 때
10. 삭제 〈1963. 12. 13.〉

11. 판결에 이유를 붙이지 아니하거나 이유에 모순이 있는 때

12. 삭제 〈1963. 12. 13.〉

13. 재심청구의 사유가 있는 때

14. 사실의 오인이 있어 판결에 영향을 미칠 때

15. 형의 양정이 부당하다고 인정할 사유가 있는 때

항소법원의 심판

항소법원은 항소이유에 포함된 사유에 관하여 심판하여야 한다. 항소법원은 판결에 영향을 미친 사유에 관하여는 항소이유서에 포함되지 아니한 경우에도 직권으로 심판할 수 있다. 제1심법원에서 증거로 할 수 있었던 증거는 항소법원에서도 증거로 할 수 있다. 항소이유 없다고 인정한 때에는 판결로써 항소를 기각하여야 한다. 항소이유 없음이 명백한 때에는 항소장, 항소이유서 기타의 소송기록에 의하여 변론 없이 판결로써 항소를 기각할 수 있다. 항소이유가 있다고 인정한 때에는 원심판결을 파기하고 다시 판결을 하여야 한다(형소법 제364조).

피고인을 위하여 원심판결을 파기하는 경우에 파기의 이유가 항소한 공동피고인에게 공통되는 때에는 그 공동피고인에게 대하여도 원심판결을 파기하여야 한다(형소법 제364조의2).

피고인의 출정

피고인이 공판기일에 출정하지 아니한 때에는 다시 기일을 정하여야 한다. 피고인이 정당한 사유 없이 다시 정한 기일에 출정하지 아니한 때에는 피고인의 진술 없이 판결을 할 수 있다(형소법 제365조).

원심법원에의 환송, 관할법원에의 이송

공소기각 또는 관할위반의 재판이 법률에 위반됨을 이유로 원심판결을 파기하는 때에는 판결로써 사건을 원심법원에 환송하여야 한다(형소법 제366조).

관할인정이 법률에 위반됨을 이유로 원심판결을 파기하는 때에는 판결로써 사건을 관할법원에 이송하여야 한다. 단, 항소법원이 그 사건의 제1심관할권이 있는 때에는 제1심으로 심판하여야 한다(형소법 제367조).

불이익변경의 금지

피고인이 항소한 사건과 피고인을 위하여 항소한 사건에 대해서는 원심판결의 형보다 무거운 형을 선고할 수 없다(형소법 제368조).

상고

제2심판결에 대하여 불복이 있으면 대법원에 상고할 수 있다(형소법 제371조).

비약적 상고

① 원심판결이 인정한 사실에 대하여 법령을 적용하지 아니하였거나 법령의 적용에 착오가 있는 때, ② 원심판결이 있은 후 형의 폐지나 변경 또는 사면이 있는 때에는 제1심판결에 대하여 항소를 제기하지 아니하고 상고를 할 수 있다(형소법 제372조).

제1심판결에 대한 상고는 그 사건에 대한 항소가 제기된 때에는 그 효력을 잃는다. 단, 항소의 취하 또는 항소기각의 결정이 있는 때에는 예외로 한다(형소법 제373조).

상고의 제기기간 등

상고의 제기기간은 7일로 한다. 상고를 함에는 상고장을 원심법원에 제출하여야 한다. 상고의 제기가 법률상의 방식에 위반하거나 상고권소멸 후인 것이 명백한 때에는 원심법원은 결정으로 상고를 기각하여야 한다. 상고기각의 결정에 대하여는 즉시항고를 할 수 있다(형소법 제374조~제376조).

소송기록과 증거물의 송부, 소송기록접수통지

원심법원은 상고장을 받은 날부터 14일 이내에 소송기록과 증거물을 상고법원에 송부하여야 한다(형소법 제377조).

상고법원이 소송기록의 송부를 받은 때에는 즉시 상고인과 상대방에 대하여 그 사유를 통지하여야 한다. 이 통지 전에 변호인의 선임이 있는 때에는 변호인에 대하여도 통지를 하여야 한다(형소법 제378조).

▌상고이유서 및 답변서

상고인 또는 변호인이 소송기록접수의 통지를 받은 날로부터 20일 이내에 상고이유서를 상고법원에 제출하여야 한다. 이 경우 제344조를 준용한다. 상고이유서에는 소송기록과 원심법원의 증거조사에 표현된 사실을 인용하여 그 이유를 명시하여야 한다. 상고이유서의 제출을 받은 상고법원은 지체없이 그 부본 또는 등본을 상대방에 송달하여야 한다. 상대방은 소송기록접수통지서의 송달을 받은 날로부터 10일 이내에 답변서를 상고법원에 제출할 수 있다. 답변서의 제출을 받은 상고법원은 지체없이 그 부본 또는 등본을 상고인 또는 변호인에게 송달하여야 한다(형소법 제379조).

▌상고기각의 결정

상고인이나 변호인이 상고이유서 제출기간 내에 상고이유서를 제출하지 아니한 때에는 결정으로 상고를 기각하여야 한다. 단, 상고장에 이유의 기재가 있는 때에는 예외로 한다. 상고장 및 상고이유서에 기재된 상고이유의 주장이 제383조(상고이유) 각 호의 어느 하나의 사유에 해당하지 아니함이 명백한 때에는 결정으로 상고를 기각하여야 한다(형소법 제380조).

▌상고이유

제383조(상고이유) 다음 사유가 있을 경우에는 원심판결에 대한 상고이유로 할 수 있다.

1. 판결에 영향을 미친 헌법ㆍ법률ㆍ명령 또는 규칙의 위반이 있는 때
2. 판결 후 형의 폐지나 변경 또는 사면이 있는 때
3. 재심청구의 사유가 있는 때
4. 사형, 무기 또는 10년 이상의 징역이나 금고가 선고된 사건에 있어서 중대한 사실의 오인이 있어 판결에 영향을 미친 때 또는 형의 양정이 심히 부당하다고 인정할 현저한 사유가 있는 때

항소장 작성례

항 소 장

사 건 2022고단123호 사기

피고인 ○○○

위 사건에 관하여 ○○지방법원 ○○지원에서 0000. 0. 0. 피고인에 대하여 징역 1년에 집행유예 2년의 형을 선고하였는바 이에 전부 불복하므로 항소를 제기합니다.

2022. 0. 0.

위 항소인 ○○○(인)

○○지방법원 ○○지원 귀중

상고장 작성례

상 고 장

사 건 2022노123 특수절도

피고인 ○○○

위 사건에 관하여 0000. 0. 0. ○○고등법원이 피고인에 대하여 징역 2년에 집행유예 3년을 선고하였는바 이에 전부 불복하므로 상고를 제기합니다.

2022. 0. 0.

위 상고인 ○○○(인)

대법원 귀중

15. 재심(再審)

재심이유

제420조(재심이유) 재심은 다음 각 호의 어느 하나에 해당하는 이유가 있는 경우에 유죄의 확정판결에 대하여 그 선고를 받은 자의 이익을 위하여 청구할 수 있다.

1. 원판결의 증거가 된 서류 또는 증거물이 확정판결에 의하여 위조되거나 변조된 것임이 증명된 때
2. 원판결의 증거가 된 증언, 감정, 통역 또는 번역이 확정판결에 의하여 허위임이 증명된 때
3. 무고(誣告)로 인하여 유죄를 선고받은 경우에 그 무고의 죄가 확정판결에 의하여 증명된 때
4. 원판결의 증거가 된 재판이 확정재판에 의하여 변경된 때
5. 유죄를 선고받은 자에 대하여 무죄 또는 면소를, 형의 선고를 받은 자에 대하여 형의 면제 또는 원판결이 인정한 죄보다 가벼운 죄를 인정할 명백한 증거가 새로 발견된 때

6. 저작권, 특허권, 실용신안권, 디자인권 또는 상표권을 침해한 죄로 유죄의 선고를 받은 사건에 관하여 그 권리에 대한 무효의 심결 또는 무효의 판결이 확정된 때
7. 원판결, 전심판결 또는 그 판결의 기초가 된 조사에 관여한 법관, 공소의 제기 또는 그 공소의 기초가 된 수사에 관여한 검사나 사법경찰관이 그 직무에 관한 죄를 지은 것이 확정판결에 의하여 증명된 때. 다만, 원판결의 선고 전에 법관, 검사 또는 사법경찰관에 대하여 공소가 제기되었을 경우에는 원판결의 법원이 그 사유를 알지 못한 때로 한정한다.

제421조(동전) ① 항소 또는 상고의 기각판결에 대하여는 전조 제1호, 제2호, 제7호의 사유 있는 경우에 한하여 그 선고를 받은 자의 이익을 위하여 재심을 청구할 수 있다.
② 제1심 확정판결에 대한 재심청구사건의 판결이 있은 후에는 항소기각 판결에 대하여 다시 재심을 청구하지 못한다.
③ 제1심 또는 제2심의 확정판결에 대한 재심청구사건의 판결이 있은 후에는 상고기각판결에 대하여 다시 재심을 청구하지 못한다.

확정판결에 대신하는 증명

확정판결로써 범죄가 증명됨을 재심청구의 이유로 할 경우에 그 확정판결을 얻을 수 없는 때에는 그 사실을 증명하여 재심의 청구를 할 수 있다. 단, 증거가 없다는 이유로 확정판결을 얻을 수 없는 때에는 예외로 한다(형사소송법 제422조).

재심의 관할

재심의 청구는 원판결의 법원이 관할한다(형사소송법 제423조).

재심청구권자

재심은 검사, 유죄의 선고를 받은 자, 유죄의 선고를 받은 자의 법정대리인, 유죄의 선고를 받은 자가 사망하거나 심신장애가 있는 경우에는 그 배우자 · 직계친족 또는 형제자매가 청구할 수 있다(형사소송법 제424조).

검사만이 청구할 수 있는 재심

원판결, 전심판결 또는 그 판결의 기초가 된 조사에 관여한 법관, 공소의 제기 또는 그 공소의 기초가 된 수사에 관여한 검사나 사법경찰관이 그 직무에 관한 죄를 지은 것이 확정판결에 의하여 증명된 때(다만, 원판결의 선고 전에 법관, 검사 또는 사법경찰관에 대하여 공소가 제기되었을 경우에는 원판결의 법원이 그 사유를 알지 못한 때로 한정한다.)를 사유로 하는 재심의 청구는 유죄의 선고를 받은 자가 그 죄를 범하게 한 경우에는 검사가 아니면 하지 못한다(형사소송법 제425조).

재심청구의 시기

재심의 청구는 형의 집행을 종료하거나 형의 집행을 받지 아니하게 된 때에도 할 수 있다(형사소송법 제427조).

재심과 형집행정지의 효력

재심의 청구는 형의 집행을 정지하는 효력이 없다. 단, 관할법원에 대응한 검찰청 검사는 재심청구에 대한 재판이 있을 때까지 형의 집행을 정지할 수 있다(형사소송법 제428조).

재심청구의 취하

재심의 청구는 취하할 수 있다. 재심의 청구를 취하한 자는 동일한 이유로써 다시 재심을 청구하지 못한다(형사소송법 제429조).

법원의 사실조사

재심의 청구를 받은 법원은 필요하다고 인정한 때에는 합의부원에게 재심청구의 이유에 대한 사실조사를 명하거나 다른 법원 판사에게 이를 촉탁할 수 있다. 이 경우에는 수명법관 또는 수탁판사는 법원 또는 재판장과 동일한 권한이 있다(형사소송법 제431조).

'수명법관(受命法官)'은 합의부를 대표하여 소송행위를 하는 법관을 말한다. 재판장이 합의부의 법관 가운데서 지정한다. '수탁판사(受託判事)'는 다른 법원으로부터 의뢰를 받아 자기

소속 법원의 관할 안에서 증거조사, 신문(訊問), 송달 따위의 특정한 소송행위를 하는 판사를 말한다.

▌재심에 대한 결정과 당사자의 의견

재심의 청구에 대하여 결정을 함에는 청구한 자와 상대방의 의견을 들어야 한다. 단, 유죄의 선고를 받은 자의 법정대리인이 청구한 경우에는 유죄의 선고를 받은 자의 의견을 들어야 한다(형사소송법 제432조).

▌청구기각의 결정

재심의 청구가 법률상의 방식에 위반하거나 청구권의 소멸 후인 것이 명백한 때에는 결정으로 기각하여야 한다(형사소송법 제433조).

재심의 청구가 이유 없다고 인정한 때에는 결정으로 기각하여야 한다. 이 결정이 있는 때에는 누구든지 동일한 이유로써 다시 재심을 청구하지 못한다(형사소송법 제434조).

▌재심개시의 결정

재심의 청구가 이유 있다고 인정한 때에는 재심개시의 결정을 하여야 한다. 재심개시의 결정을 할 때에는 결정으로 형의 집행을 정지할 수 있다(형사소송법 제435조).

▌청구의 경합과 청구기각의 결정

항소기각의 확정판결과 그 판결에 의하여 확정된 제1심판결에 대하여 재심의 청구가 있는 경우에 제1심법원이 재심의 판결을 한 때에는 항소법원은 결정으로 재심의 청구를 기각하여야 한다.

제1심 또는 제2심 판결에 대한 상고기각의 판결과 그 판결에 의하여 확정된 제1심 또는 제2심의 판결에 대하여 재심의 청구가 있는 경우에 제1심법원 또는 항소법원이 재심의 판결을 한 때에는 상고법원은 결정으로 재심의 청구를 기각하여야 한다(형사소송법 제436조).

▒ 즉시항고

제433조, 제434조 제1항, 제435조 제1항과 제436조 제1항의 결정에 대하여는 즉시항고를 할 수 있다(형사소송법 제437조). 즉시항고는 결정을 받은 후 3일 이내에 하여야 한다.

▒ 재심의 심판

제438조(재심의 심판) ① 재심개시의 결정이 확정한 사건에 대하여는 제436조의 경우 외에는 법원은 그 심급에 따라 다시 심판을 하여야 한다.

② 다음의 경우에는 제306조 제1항, 제328조 제1항 제2호의 규정은 전항의 심판에 적용하지 아니한다.

↳ 제306조(공판절차의 정지) ① 피고인이 사물의 변별 또는 의사의 결정을 할 능력이 없는 상태에 있는 때에는 법원은 검사와 변호인의 의견을 들어서 결정으로 그 상태가 계속하는 기간 공판절차를 정지하여야 한다.

↳ 제328조(공소기각의 결정) ① 다음의 경우에는 결정으로 공소를 기각하여야 한다.

2. 피고인이 사망하거나 피고인인 법인이 존속하지 아니하게 되었을 때

1. 사망자 또는 회복할 수 없는 심신장애인을 위하여 재심의 청구가 있는 때
2. 유죄의 선고를 받은 자가 재심의 판결 전에 사망하거나 회복할 수 없는 심신장애인으로 된 때

③ 전항의 경우에는 피고인이 출정하지 아니하여도 심판을 할 수 있다. 단, 변호인이 출정하지 아니하면 개정하지 못한다.

④ 전2항의 경우에 재심을 청구한 자가 변호인을 선임하지 아니한 때에는 재판장은 직권으로 변호인을 선임하여야 한다.

▒ 불이익변경의 금지

재심에는 원판결의 형보다 무거운 형을 선고할 수 없다(형사소송법 제439조).

▒ 무죄판결의 공시

제440조(무죄판결의 공시) 재심에서 무죄의 선고를 한 때에는 그 판결을 관보와 그 법원소

재지의 신문지에 기재하여 공고하여야 한다. 다만, 다음 각 호의 어느 하나에 해당하는 사람이 이를 원하지 아니하는 의사를 표시한 경우에는 그러하지 아니하다.

1. 제424조 제1호부터 제3호까지의 어느 하나에 해당하는 사람이 재심을 청구한 때에는 재심에서 무죄의 선고를 받은 사람
2. 제424조 제4호에 해당하는 사람이 재심을 청구한 때에는 재심을 청구한 그 사람

대법원판례

형사소송법 제420조 제5호에 정한 무죄 등을 인정할 '증거가 새로 발견된 때'란 재심대상이 되는 확정판결의 소송절차에서 발견되지 못하였거나 또는 발견되었다 하더라도 제출할 수 없었던 증거를 새로 발견하였거나 비로소 제출할 수 있게 된 때를 말한다.

증거의 신규성을 누구를 기준으로 판단할 것인지에 대하여 위 조항이 그 범위를 제한하고 있지 않으므로 그 대상을 법원으로 한정할 것은 아니다. 그러나 재심은 당해 심급에서 또는 상소를 통한 신중한 사실심리를 거쳐 확정된 사실관계를 재심사하는 예외적인 비상구제절차이므로, 피고인이 판결확정 전 소송절차에서 제출할 수 있었던 증거까지 거기에 포함된다고 보게 되면, 판결의 확정력이 피고인이 선택한 증거제출시기에 따라 손쉽게 부인될 수 있게 되어 형사재판의 법적 안정성을 해치고, 헌법이 대법원을 최종심으로 규정한 취지에 반하여 제4심으로서의 재심을 허용하는 결과를 초래할 수 있다.

따라서 피고인이 재심을 청구한 경우 재심대상이 되는 확정판결의 소송절차 중에 그러한 증거를 제출하지 못한 데 과실이 있는 경우에는 그 증거는 위 조항에서의 '증거가 새로 발견된 때'에서 제외된다고 해석함이 상당하다(대법원2009. 7. 16.자 2005모472 전원합의체 결정).

경합범 관계에 있는 수 개의 범죄사실을 유죄로 인정하여 1개의 형을 선고한 불가분의 확정판결에서 그중 일부의 범죄사실에 대하여만 재심청구의 이유가 있는 것으로 인정되었으나 형식적으로는 1개의 형이 선고된 판결에 대한 것이어서 그 판결 전부에 대하여 재심개시의 결정을 한 경우, 재심법원은 재심사유가 없는 범죄에 대하여는 새로이 양형을 하여야 하는 것이므로, 이를 헌법상 이중처벌금지의 원칙을 위반한 것이라고 할 수 없고, 다만 불이익변경의 금지 원칙이 적용되어 원판결의 형보다 중한 형을 선고하지 못할 뿐이다.

형사소송법은 유죄의 확정판결과 항소 또는 상고의 기각판결에 대하여 각 그 선고를 받은

자의 이익을 위하여 재심을 청구할 수 있다고 규정함으로써 피고인에게 이익이 되는 이른바 이익재심만을 허용하고 있으며(제420조, 제421조 제1항), 그러한 이익재심의 원칙을 반영하여 제439조에서 "재심에는 원판결의 형보다 중한 형을 선고하지 못한다."라고 규정하고 있는데, 이는 단순히 원판결보다 무거운 형을 선고할 수 없다는 원칙만을 의미하는 것이 아니라 실체적 정의를 실현하기 위하여 재심을 허용하지만 피고인의 법적 안정성을 해치지 않는 범위 내에서 재심이 이루어져야 한다는 취지이다.

다만, 재심심판절차는 원판결의 당부를 심사하는 종전 소송절차의 후속절차가 아니라 사건 자체를 처음부터 다시 심판하는 완전히 새로운 소송절차로서 재심판결이 확정되면 원판결은 당연히 효력을 잃는다. 이는 확정된 판결에 중대한 하자가 있는 경우 구체적 정의를 실현하기 위하여 그 판결의 확정력으로 유지되는 법적 안정성을 후퇴시키고 사건 자체를 다시 심판하는 재심의 본질에서 비롯된 것이다. 그러므로 재심판결이 확정됨에 따라 원판결이나 그 부수처분의 법률적 효과가 상실되고 형선고가 있었다는 기왕의 사실 자체의 효과가 소멸하는 것은 재심의 본질상 당연한 것으로서, 원판결의 효력 상실 그 자체로 인하여 피고인이 어떠한 불이익을 입는다 하더라도 이를 두고 재심에서 보호되어야 할 피고인의 법적 지위를 해치는 것이라고 볼 것은 아니다.

따라서 원판결이 선고한 집행유예가 실효 또는 취소됨이 없이 유예기간이 지난 후에 새로운 형을 정한 재심판결이 선고되는 경우에도, 그 유예기간 경과로 인하여 원판결의 형선고 효력이 상실되는 것은 원판결이 선고한 집행유예 자체의 법률적 효과로서 재심판결이 확정되면 당연히 실효될 원판결 본래의 효력일 뿐이므로, 이를 형의 집행과 같이 볼 수는 없고, 재심판결의 확정에 따라 원판결이 효력을 잃게 되는 결과 그 집행유예의 법률적 효과까지 없어진다 하더라도 재심판결의 형이 원판결의 형보다 중하지 않다면 불이익변경금지의 원칙이나 이익재심의 원칙에 반한다고 볼 수 없다(대법원 2018. 2. 28. 선고2015도15782 판결).

재심개시 여부를 심리하는 절차의 성질과 판단 범위, 재심개시결정의 효력 등에 비추어 보면, 유죄의 확정판결 등에 대해 재심개시결정이 확정된 후 재심심판절차가 진행 중이라는 것만으로는 확정판결의 존재 내지 효력을 부정할 수 없고, 재심개시결정이 확정되어 법원이 그 사건에 대해 다시 심리를 한 후 재심의 판결을 선고하고, 그 재심판결이 확정된 때에 종전의 확정판결이 효력을 상실한다.

재심의 취지와 특성, 형사소송법의 이익재심 원칙과 재심심판절차에 관한 특칙 등에 비추어 보면, 재심심판절차에서는 특별한 사정이 없는 한 검사가 재심대상사건과 별개의 공소사실을 추가하는 내용으로 공소장을 변경하는 것은 허용되지 않고, 재심대상사건에 일반절차로 진행 중인 별개의 형사사건을 병합하여 심리하는 것도 허용되지 않는다(대법원 2019. 6. 20. 선고 2018도20698 전원합의체 판결).

소송촉진 등에 관한 특례법(이하 '소송촉진법'이라 한다) 제23조(이하 '특례 규정'이라 한다)와 소송촉진법 제23조의2 제1항(이하 '재심 규정'이라 한다)의 내용 및 입법 취지, 헌법 및 형사소송법에서 정한 피고인의 공정한 재판을 받을 권리 및 방어권의 내용, 적법절차를 선언한 헌법 정신, 귀책사유 없이 불출석한 상태에서 제1심과 항소심에서 유죄판결을 받은 피고인의 공정한 재판을 받을 권리를 실질적으로 보호할 필요성 등의 여러 사정들을 종합하여 보면, 특례 규정에 따라 진행된 제1심의 불출석 재판에 대하여 검사만 항소하고 항소심도 불출석 재판으로 진행한 후에 제1심판결을 파기하고 새로 또는 다시 유죄판결을 선고하여 유죄판결이 확정된 경우에도, 재심 규정을 유추적용하여 귀책사유 없이 제1심과 항소심의 공판절차에 출석할 수 없었던 피고인은 재심규정이 정한 기간 내에 항소심 법원에 유죄판결에 대한 재심을 청구할 수 있다(대법원2015. 6. 25. 선고 2014도17252 전원합의체 판결).

*「소송촉진 등에 관한 특례법」

제23조(제1심 공판의 특례) 제1심 공판절차에서 피고인에 대한 송달불능보고서(送達不能報告書)가 접수된 때부터 6개월이 지나도록 피고인의 소재(所在)를 확인할 수 없는 경우에는 대법원규칙으로 정하는 바에 따라 피고인의 진술 없이 재판할 수 있다. 다만, 사형, 무기 또는 장기(長期) 10년이 넘는 징역이나 금고에 해당하는 사건의 경우에는 그러하지 아니하다.

제23조의2(재심) ① 제23조 본문에 따라 유죄판결을 받고 그 판결이 확정된 자가 책임을 질 수 없는 사유로 공판절차에 출석할 수 없었던 경우「형사소송법」제424조에 규정된 자는 그 판결이 있었던 사실을 안 날부터 14일 이내[재심청구인(再審請求人)이 책임을 질 수 없는 사유로 위 기간에 재심청구를 하지 못한 경우에는 그 사유가 없어진 날부터 14일 이내]에 제1심 법원에 재심을 청구할 수 있다.

형사소송법 제420조 본문은 재심은 유죄의 확정판결에 대하여 그 선고를 받은 자의 이익을 위하여 청구할 수 있도록 하고, 같은 법 제456조는 약식명령은 정식재판의 청구에 의한 판결이 있는 때에는 그 효력을 잃도록 규정하고 있다.
위 각 규정에 의하면, 약식명령에 대하여 정식재판청구가 이루어지고 그 후 진행된 정식재판 절차에서 유죄판결이 선고되어 확정된 경우, 재심사유가 존재한다고 주장하는 피고인 등은 효력을 잃은 약식명령이 아니라 유죄의 확정판결을 대상으로 재심을 청구하여야 한다. 그런데도 피고인 등이 약식명령에 대하여 재심의 청구를 한 경우, 법원으로서는 재심의 청구에 기재된 재심을 개시할 대상의 표시 이외에도 재심청구의 이유에 기재된 주장 내용을 살펴보고 재심을 청구한 피고인 등의 의사를 참작하여 재심청구의 대상을 무엇으로 보아야 하는지 심리·판단할 필요가 있다. 그러나 법원이 심리한 결과 재심청구의 대상이 약식명령이라고 판단하여 그 약식명령을 대상으로 재심개시결정을 한 후 이에 대하여 검사나 피고인 등이 모두 불복하지 아니함으로써 그 결정이 확정된 때에는, 그 재심개시결정에 의하여 재심이 개시된 대상은 약식명령으로 확정되고, 그 재심개시결정에 따라 재심절차를 진행하는 법원이 재심이 개시된 대상을 유죄의 확정판결로 변경할 수는 없다. 이 경우 그 재심개시결정은 이미 효력을 상실하여 재심을 개시할 수 없는 약식명령을 대상으로 한 것이므로, 그재심개시결정에 따라 재심절차를 진행하는 법원으로서는 심판의 대상이 없어 아무런 재판을 할 수 없다(대법원 2013. 4. 11. 선고 2011도10626 판결).

재심이 개시된 사건에서 범죄사실에 대하여 적용하여야 할 법령은 재심판결 당시의 법령이고, 재심대상판결 당시의 법령이 변경된 경우 법원은 그 범죄사실에 대하여 재심판결 당시의 법령을 적용하여야 한다(대법원 2011. 1. 20. 선고 2008재도11 전원합의체 판결).

- ○ 불이익변경금지의 원칙 : 피고인이 상소한 사건이나 피고인을 위하여 상소한 사건에 대하여는 원심판결의 형보다 중한 형을 선고할 수 없다는 원칙
- ○ 유추적용(類推的用) : 어떤 사항을 직접 규정한 법규가 없을 때 그와 비슷한 사항을 규정한 법규를 적용하는 법률 해석 방법

■ 재심청구서 작성례

재 심 청 구 서

사건(원판결) 0000고단0000호 사기

피고인(재심청구인)

성명 : ○○○ (000000-0000000)

주소 :

전화번호 :

전자우편주소 :

원판결의 표시 및 청구취지

1. ○○지방법원은 피고인(재심청구인)이 0000. 0. 0.부터 같은 해 0. 0.까 지 사이에 4회에 걸쳐 공소외 ○○○로부터 변제할 의사나 능력이 없음에도 불구하여 3개월 안에 변제하겠다고 속이고 합계 돈 70,000,000원을 편취하였다는 범죄사실로 징역 1년 6월에 집행유예 3년을 선고한 사실이 있습니다.
2. 이 판결에 대하여 피고인은 항소를 제기하였으나 ○○지방법원 합의부는 0000. 0. 0. 항소를 기각하였고, 그 무렵 위 사건은 확정된 사실이 있습니다.

재심청구의 이유

1. 피고인에 대한 범죄사실은 공소외 ○○○의 무고행위에 의한 것입니다.
2. 피고인은 원판결이 확정된 후 위 ○○○을 무고혐의로 고소한 사실이 있는 바, 위 ○○○에 대한 무고죄 공소사실은 0000. 0. 0. 대법원의 판결선고로 인하여 징역

1년 6월에 집행유예 3년의 형이 확정되었습니다.

3. 따라서 형사소송법이 규정한 재심사유에 해당한다고 생각하여 재심을 청구하기에 이르렀습니다.

첨 부 서 류

1. 원판결의 판결문 1통.
2. 무고사건의 판결문 1통.

2022. 0. 0.

위 피고인(재심청구인) ○○○(인)

○○지방법원 귀중

16. 약식명령과 정식재판청구

약식명령을 할 수 있는 사건

지방법원은 그 관할에 속한 사건에 대하여 검사의 청구가 있는 때에는 공판절차 없이 약식명령으로 피고인을 벌금, 과료 또는 몰수에 처할 수 있다. 이 경우에는 추징 기타 부수의 처분을 할 수 있다(형사소송법 제448조).

보통의 심판

약식명령의 청구가 있는 경우에 그 사건이 약식명령으로 할 수 없거나 약식명령으로 하는 것이 적당하지 아니하다고 인정한 때에는 공판절차에 의하여 심판하여야 한다(형사소송법 제450조).

▒ 약식명령의 방식과 고지(告知)

약식명령에는 범죄사실, 적용법령, 주형, 부수처분과 약식명령의 고지를 받은 날로부터 7일 이내에 정식재판의 청구를 할 수 있음을 명시하여야 한다(형사소송법 제451조).
약식명령의 고지는 검사와 피고인에 대한 재판서의 송달에 의하여 한다(형사소송법 제452조).

▒ 정식재판의 청구

검사 또는 피고인은 약식명령의 고지를 받은 날로부터 7일 이내에 정식재판의 청구를 할 수 있다. 단, 피고인은 정식재판의 청구를 포기할 수 없다. 정식재판의 청구는 약식명령을 한 법원에 서면으로 제출하여야 한다. 정식재판의 청구가 있는 때에는 법원은 지체 없이 검사 또는 피고인에게 그 사유를 통지하여야 한다(형사소송법 제453조).

▒ 정식재판의 취하

정식재판의 청구는 제1심판결선고 전까지 취하할 수 있다(형사소송법 제454조).

▒ 정식재판청구에 대한 기각결정

정식재판의 청구가 법령상의 방식에 위반하거나 청구권의 소멸 후인 것이 명백한 때에는 결정으로 기각하여야 한다. 기각결정에 대하여는 즉시항고를 할 수 있다. 정식재판의 청구가 적법한 때에는 공판절차에 의하여 심판하여야 한다(형사소송법 제455조).

▒ 약식명령의 실효(失效), 효력

약식명령은 정식재판의 청구에 의한 판결이 있는 때에는 그 효력을 잃는다(형사소송법 제456조).
약식명령은 정식재판의 청구기간이 경과하거나 그 청구의 취하 또는 청구기각의 결정이 확정한 때에는 확정판결과 동일한 효력이 있다(형사소송법 제457조).

▒ 형종(刑種) 상향의 금지

피고인이 정식재판을 청구한 사건에 대하여는 약식명령의 형보다 중한 종류의 형을 선고하지 못한다. 피고인이 정식재판을 청구한 사건에 대하여 약식명령의 형보다 중한 형을 선고하는 경우에는 판결서에 양형의 이유를 적어야 한다(형사소송법 제457조의2).
벌금형을 명한 약식명령에 대하여 정식재판을 청구한 사건에서 다른 사건과 병합하여 심판할 경우 등에는 제1심법원은 약식명령보다 많은 금액의 벌금형을 선고할 수는 있다. 그러나 이 경우에도 정식재판을 청구한 사건에 대하여는 징역형을 선고할 수 없다. 벌금형과 징역형은 형종이 다르고, 징역형은 벌금형의 상위에 있는 종류의 형벌이기 때문이다. 이를 '형종 상향금지의 원칙'이라고 한다.

대법원판례

형사소송법 제452조에서 약식명령의 고지는 검사와 피고인에 대한 재판서의 송달에 의하도록 규정하고 있으므로, 약식명령은 그 재판서를 피고인에게 송달함으로써 효력이 발생하고, 변호인이 있는 경우라도 반드시 변호인에게 약식명령 등본을 송달해야 하는 것은 아니다. 따라서 정식재판 청구기간은 피고인에 대한 약식명령 고지일을 기준으로 하여 기산하여야 한다.
변호인이 정식재판청구서를 제출할 것으로 믿고 피고인이 스스로 적법한 정식재판의 청구기간 내에 정식재판청구서를 제출하지 못하였더라도 그것이 피고인 또는 대리인이 책임질 수 없는 사유로 인하여 정식재판의 청구기간 내에 정식재판을 청구하지 못한 때에 해당하지 않는다(대법원 2017. 7. 27.자 2017모1557 결정).

피고인이 약식명령에 대하여 정식재판을 청구한 사건에서 다른 사건을 병합심리한 후 경합범으로 처단하면서 약식명령의 형량보다 중한 형을 선고한 것은 형사소송법 제457조의2가 규정하는 불이익변경금지의 원칙에 어긋나지 아니한다(대법원 2003. 5. 13. 선고 2001도3212 판결).

형사소송법 제457조의2에서 규정한 불이익변경금지의 원칙은 피고인이 약식명령에 불복하여 정식재판을 청구한 사건에서 약식명령의 주문에서 정한 형보다 중한 형을 선고할 수 없다는 것이므로, 그 죄명이나 적용법조가 약식명령의 경우보다 불이익하게 변경되었다고 하더라도 선고한 형이 약식명령과 같거나 약식명령보다 가벼운 경우에는 불이익변경금지의 원칙에 위배된 조치라고 할 수 없다.

약식명령에 대하여 피고인만이 정식재판을 청구하였는데, 검사가 당초 사문서위조 및 위조사문서행사의 공소사실로 공소제기하였다가 제1심에서 사서명위조 및 위조사서명행사의 공소사실을 예비적으로 추가하는 내용의 공소장변경을 신청한 사안에서, 두 공소사실은 기초가 되는 사회적 사실관계가 범행의 일시와 장소, 상대방, 행위 태양, 수단과 방법 등 기본적인 점에서 동일할 뿐만 아니라, 주위적 공소사실이 유죄로 되면 예비적 공소사실은 주위적 공소사실에 흡수되고 주위적 공소사실이 무죄로 될 경우에만 예비적 공소사실의 범죄가 성립할 수 있는 관계에 있어 규범적으로 보아 공소사실의 동일성이 있다고 보이고, 나아가 피고인에 대하여 사서명위조와 위조사서명행사의 범죄사실이 인정되는 경우에는 비록 사서명위조죄와 위조사서명행사죄의 법정형에 유기징역형만 있다 하더라도 형사소송법 제457조의2에서 규정한 불이익변경금지 원칙이 적용되어 벌금형을 선고할 수 있으므로, 위와 같은 불이익변경금지 원칙 등을 이유로 공소장변경을 불허할 것은 아닌데도, 이를 불허한 채 원래의 공소사실에 대하여 무죄를 선고한 제1심판결을 그대로 유지한 원심의 조치에 공소사실의 동일성이나 공소장변경에 관한 법리오해의 위법이 있다(대법원 2013. 2. 28. 선고 2011도14986 판결).

약식명령에 대한 정식재판청구권의 회복청구를 하는 경우에는 형사소송법 제458조, 제345조, 제346조 제1항, 제3항의 규정에 따라 약식명령이 고지된 사실을 안 날로부터 정식재판청구기간에 상당한 기간인 7일 이내에 서면으로 정식재판청구권 회복청구를 함과 동시에 정식재판청구를 하여야 하므로, 위 7일 이내에 정식재판청구권 회복청구만을 하였을 뿐 정식재판청구를 하지 아니하였다면 그 정식재판청구권 회복청구는 소정방식을 결한 것으로서 허가될 수 없다(대법원 1983. 12. 29.자 83모48 결정).

*「형사소송법」

제458조(준용규정) ① 제340조 내지 제342조, 제345조 내지 제352조, 제354조의 규정은 정식재판의 청구 또는 그 취하에 준용한다.

② 제365조의 규정은 정식재판절차의 공판기일에 정식재판을 청구한 피고인이 출석하지 아니한 경우에 이를 준용한다.

제345조(상소권회복 청구권자) 제338조부터 제341조까지의 규정에 따라 상소할 수 있는 자는 자기 또는 대리인이 책임질 수 없는 사유로 상소 제기기간 내에 상소를 하지 못한 경우에는 상소권회복의 청구를 할 수 있다.

제346조(상소권회복 청구의 방식) ① 상소권회복을 청구할 때에는 제345조의 사유가 해소된 날부터 상소 제기기간에 해당하는 기간 내에 서면으로 원심법원에 제출하여야 한다.
② 상소권회복을 청구할 때에는 제345조의 책임질 수 없는 사유를 소명하여야 한다.
③ 상소권회복을 청구한 자는 그 청구와 동시에 상소를 제기하여야 한다.

공시송달은 피고인의 주거, 사무소와 현재지를 알 수 없는 때에 한하여 할 수 있을 뿐이고 피고인의 주거, 사무소, 현재지 등이 기록상 나타나 있는 경우에는 이를 할 수 없다.
공소장에 기재된 피고인의 주거지로 약식명령서를 송달하였다가 수취인불명 등으로 송달이 불능되었다 하더라도 수사기록에 편철된 피고인에 대한 피의자신문조서 등에 피고인의 사무소가 나타나 있다면 법원으로서는 그 사무소에 다시 소송서류를 송달해 보아야 할 것임에도 바로 공시송달의 방법을 취한 것은 공시송달의 요건을 흠결한 것이며, 그로 인하여 피고인이 정식재판청구기간을 도과하게 되었다면 이는 피고인이 책임질 수 없는 사유에 해당한다.
공시송달의 요건에 흠결이 있는 경우에도 법원이 명하여 그 절차가 취하여진 이상 송달로서는 유효하다 할 것이므로 약식명령을 공시송달한 경우 공시송달을 한 날로부터 2주일을 경과하면 송달의 효력이 생기고, 그때부터 정식재판 청구기간을 기산하여야 할 것이며, 그러한 기간계산방법에 따라 정식재판청구기간이 도과한 경우에는 형사소송법 제458조, 제345조, 제346조에 의하여 정식재판청구권 회복청구와 동시에 정식재판청구를 함은 별론으로 하고 따로 정식재판청구만을 할 수는 없다(대법원 1986. 2. 27.자 85모6 결정).

피고인이 절도죄 등으로 벌금 300만 원의 약식명령을 발령받은 후 정식재판을 청구하였는데, 제1심법원이 위 정식재판청구 사건을 통상절차에 의해 공소가 제기된 다른 점유이탈물 횡령 등 사건들과 병합한 후 각 죄에 대해 모두 징역형을 선택한 다음 경합범으로 처단하여 징역 1년 2월을 선고하자, 피고인과 검사가 각 양형부당을 이유로 항소한 사안에서, 형사소송법 제457조의2 제1항은 “피고인이 정식재판을 청구한 사건에 대하여는 약식명령의 형보다 중한 종류의 형을 선고하지 못한다."라고 규정하여 정식재판청구 사건에서의 형종 상향 금지의 원칙을 정하고 있는데, 제1심판결 중 위 정식재판청구 사건 부분은 피고인만이 정식재판을 청구한 사건인데도 약식명령의 벌금형보다 중한 종류의 형인 징역형을 선택하여 형을 선고하였으므로 여기에 형사소송법 제457조의2 제1항에서 정한 형종 상향 금지의 원칙을 위반한 잘못이 있고, 제1심판결에 대한 피고인과 검사의 항소를 모두 기각함으로써 이를 그대로 유지한 원심판결에도 형사소송법 제457조의2 제1항을 위반한 잘못이 있다(대법원 2020. 1. 9. 선고 2019도15700 판결).

사무소에 나가지 아니하여 사무소로 송달된 약식명령을 송달받지 못하였다 할지라도 자신에 대하여 소추가 제기된 사실을 알고 있었던 자로서는 스스로 위 사무소에 연락하여 우편물을 확인하거나 기타 소송진행상태를 알 수 있는 방법 등을 강구하였어야 할 것이므로 이에 이르지 않은 이상, 위와 같은 사정은 자기가 책임질 수 없는 사유가 아니라 할 것이어서, 정식재판 청구기간 도과로 인하여 이미 확정된 약식명령에 대하여 적법한 정식재판청구권회복청구의 사유가 될 수 없다(대법원 2002. 9. 27.자 2002모184 결정).

형사소송법 제457조의2 제1항은 "피고인이 정식재판을 청구한 사건에 대하여는 약식명령의 형보다 중한 종류의 형을 선고하지 못한다."라고 규정하여, 정식재판청구 사건에서의 형종 상향 금지의 원칙을 정하고 있다. 위 형종 상향 금지의 원칙은 피고인이 정식재판을 청구한 사건과 다른 사건이 병합·심리된 후 경합범으로 처단되는 경우에도 정식재판을 청구한 사건에 대하여는 그대로 적용된다(대법원 2020. 3. 26. 선고 2020도355 판결).

청구인이 주거지를 변경하고도 주민등록을 정리하지 않았을 뿐 아니라 그 변경사실에 대한 신고조차 하지 않았기 때문에 약식명령을 공소장에 기재된 전 주소지에 송달하였으나 소재불명으로 송달불능이 되자 공시송달방법으로 송달하였다면 이는 적법하고 법정기간내에 정식재판 청구를 하지 못한 것이 청구인에게 책임질 수 없는 사유에 기인하였다고는 볼 수 없다(대법원 1983. 6. 29. 선고 83모33 판결).

ㅇ 공시송달(公示送達) : 당사자의 주소나 거소 기타 송달하여야 할 장소를 알 수 없기 때문에 소송서류를 송달할 수 없는 경우 법원 사무관등이 송달할 서류를 보관하여 두고 송달을 받아야 할 자가 나오면 언제라도 그것을 그 자에게 교부한다는 것을 법원의 게시판에 게시함으로써 하는 송달 방법

17. 범죄피해자 구조

범죄피해자 구조의 뜻

범죄피해자 구조란 대한민국의 영역 안에서 또는 대한민국의 영역 밖에 있는 대한민국의 선박이나 항공기 안에서 행하여진 사람의 생명 또는 신체를 해치는 죄에 해당하는 행위(「형법」 제9조, 제10조 제1항, 제12조, 제22조 제1항에 따라 처벌되지 아니하는 행위를 포함하며, 같은 법 제20조 또는 제21조 제1항에 따라 처벌되지 아니하는 행위 및 과실에 의한 행위는 제외한다)로 인하여 사망하거나 장해 또는 중상해를 입은 경우에 국가가 그 피해자를 구조하는 것을 말한다. 「범죄피해자 보호법」은 이를 '구조대상 범죄피해'라고 규정하였다.

여기에서 말하는 '장해'란 범죄행위로 입은 부상이나 질병이 치료(그 증상이 고정된 때를 포함한다)된 후에 남은 신체의 장해로서 「범죄피해자 보호법 시행령」 별표 1에서 규정하는 경우를 말한다.

'중상해'는 범죄행위로 인하여 신체나 그 생리적 기능에 손상을 입은 것으로서 다음 각 호의 어느 하나에 해당하고, 해당 부상이나 질병을 치료하는 데에 필요한 기간이 2개월 이상인 경우를 말한다.

1. 사람의 생명 및 기능과 관련이 있는 주요 장기에 손상이 발생한 경우
2. 신체의 일부가 절단 또는 파열되거나 중대하게 변형된 경우
3. 제1호 및 제2호에서 규정한 사항 외에 신체나 그 생리적 기능이 손상되어 1주 이상 입원치료가 필요한 경우로서 제1호 또는 제2호에 준하는 경우
4. 범죄피해로 인한 중증의 정신질환으로서 3일 이상 입원치료가 필요한 경우

타인의 범죄행위로 피해를 당한 사람과 그 배우자(사실상의 혼인관계를 포함한다), 직계친족 및 형제자매 외에 범죄피해 방지 및 범죄피해자 구조 활동으로 피해를 당한 사람도 범죄피해자로 본다.

*「형법」

제9조(형사미성년자) 14세 되지 아니한 자의 행위는 벌하지 아니한다.

제10조(심신장애인) ① 심신장애로 인하여 사물을 변별할 능력이 없거나 의사를 결정할 능력이 없는 자의 행위는 벌하지 아니한다.

제12조(강요된 행위) 저항할 수 없는 폭력이나 자기 또는 친족의 생명, 신체에 대한 위해를 방어할 방법이 없는 협박에 의하여 강요된 행위는 벌하지 아니한다.

제22조(긴급피난) ① 자기 또는 타인의 법익에 대한 현재의 위난을 피하기 위한 행위는 상당한 이유가 있는 때에는 벌하지 아니한다.

제20조(정당행위) 법령에 의한 행위 또는 업무로 인한 행위 기타 사회상규에 위배되지 아니하는 행위는 벌하지 아니한다.

제21조(정당방위) ① 현재의 부당한 침해로부터 자기 또는 타인의 법익(法益)을 방위하기 위하여 한 행위는 상당한 이유가 있는 경우에는 벌하지 아니한다.

***「범죄피해자 보호법 시행령」 별표 1은 인용을 생략함**

구조금의 지급조건

국가는 구조대상 범죄피해를 받은 사람(이하 '구조피해자'라 한다)이 다음 각 호의 어느 하나에 해당하면 구조피해자 또는 그 유족에게 범죄피해 구조금(이하 '구조금'이라 한다)을 지급한다(범죄피해자 보호법 제16조).

1. 구조피해자가 피해의 전부 또는 일부를 배상받지 못하는 경우
2. 자기 또는 타인의 형사사건의 수사 또는 재판에서 고소·고발 등 수사단서를 제공하거나 진술, 증언 또는 자료제출을 하다가 구조피해자가 된 경우

구조금의 종류

구조금은 유족구조금 · 장해구조금 및 중상해구조금으로 구분하며, 일시금으로 지급한다. 유족구조금은 구조피해자가 사망하였을 때 제18조에 따라 맨 앞의 순위인 유족에게 지급한다. 다만, 순위가 같은 유족이 2명 이상이면 똑같이 나누어 지급한다. 장해구조금 및 중상해구조금은 해당 구조피해자에게 지급한다(범죄피해자 보호법 제17조).

유족의 범위 및 순위

제18조(유족의 범위 및 순위) ① 유족구조금을 지급받을 수 있는 유족은 다음 각 호의 어느 하나에 해당하는 사람으로 한다.

1. 배우자(사실상 혼인관계를 포함한다) 및 구조피해자의 사망 당시 구조피해자의 수입으로 생계를 유지하고 있는 구조피해자의 자녀
2. 구조피해자의 사망 당시 구조피해자의 수입으로 생계를 유지하고 있는 구조피해자의 부모, 손자 · 손녀, 조부모 및 형제자매
3. 제1호 및 제2호에 해당하지 아니하는 구조피해자의 자녀, 부모, 손자 · 손녀, 조부모 및 형제자매

② 제1항에 따른 유족의 범위에서 태아는 구조피해자가 사망할 때 이미 출생한 것으로 본다.

③ 유족구조금을 받을 유족의 순위는 제1항 각 호에 열거한 순서로 하고, 같은 항 제2호 및 제3호에 열거한 사람 사이에서는 해당 각 호에 열거한 순서로 하며, 부모의 경우에는 양부모를 선순위로 하고 친부모를 후순위로 한다.

④ 유족이 다음 각 호의 어느 하나에 해당하면 유족구조금을 받을 수 있는 유족으로 보지 아니한다.

1. 구조피해자를 고의로 사망하게 한 경우
2. 구조피해자가 사망하기 전에 그가 사망하면 유족구조금을 받을 수 있는 선순위 또는 같은 순위의 유족이 될 사람을 고의로 사망하게 한 경우
3. 구조피해자가 사망한 후 유족구조금을 받을 수 있는 선순위 또는 같은 순위의 유족을 고의로 사망하게 한 경우

구조금을 지급하지 아니할 수 있는 경우

제19조(구조금을 지급하지 아니할 수 있는 경우) ① 범죄행위 당시 구조피해자와 가해자 사이에 다음 각 호의 어느 하나에 해당하는 친족관계가 있는 경우에는 구조금을 지급하지 아니한다.

1. 부부(사실상의 혼인관계를 포함한다)
2. 직계혈족
3. 4촌 이내의 친족
4. 동거친족

② 범죄행위 당시 구조피해자와 가해자 사이에 제1항 각 호의 어느 하나에 해당하지 아니하는 친족관계가 있는 경우에는 구조금의 일부를 지급하지 아니한다.

③ 구조피해자가 다음 각 호의 어느 하나에 해당하는 행위를 한 때에는 구조금을 지급하지 아니한다.

1. 해당 범죄행위를 교사 또는 방조하는 행위
2. 과도한 폭행·협박 또는 중대한 모욕 등 해당 범죄행위를 유발하는 행위
3. 해당 범죄행위와 관련하여 현저하게 부정한 행위
4. 해당 범죄행위를 용인하는 행위
5. 집단적 또는 상습적으로 불법행위를 행할 우려가 있는 조직에 속하는 행위(다만, 그 조직에 속하고 있는 것이 해당 범죄피해를 당한 것과 관련이 없다고 인정되는 경우는 제외한다)
6. 범죄행위에 대한 보복으로 가해자 또는 그 친족이나 그 밖에 가해자와 밀접한 관계가 있는 사람의 생명을 해치거나 신체를 중대하게 침해하는 행위

④ 구조피해자가 다음 각 호의 어느 하나에 해당하는 행위를 한 때에는 구조금의 일부를 지급하지 아니한다.

1. 폭행·협박 또는 모욕 등 해당 범죄행위를 유발하는 행위
2. 해당 범죄피해의 발생 또는 증대에 가공(加功)한 부주의한 행위 또는 부적절한 행위

⑤ 유족구조금을 지급할 때에는 제1항부터 제4항까지의 규정을 적용할 때 "구조피해자"는 "구조피해자 또는 맨 앞의 순위인 유족"으로 본다.

⑥ 구조피해자 또는 그 유족과 가해자 사이의 관계, 그 밖의 사정을 고려하여 구조금의 전

부 또는 일부를 지급하는 것이 사회통념에 위배된다고 인정될 때에는 구조금의 전부 또는 일부를 지급하지 아니할 수 있다.

⑦ 제1항부터 제6항까지의 규정에도 불구하고 구조금의 실질적인 수혜자가 가해자로 귀착될 우려가 없는 경우 등 구조금을 지급하지 아니하는 것이 사회통념에 위배된다고 인정할 만한 특별한 사정이 있는 경우에는 구조금의 전부 또는 일부를 지급할 수 있다.

ㅇ 친족(親族) : 민법 제777조는 8촌 이내의 혈족(血族), 4촌 이내의 인척(姻戚)과 배우자를 친족으로 규정함

다른 법령에 따른 급여 등과의 관계

구조피해자나 유족이 해당 구조대상 범죄피해를 원인으로 하여 「국가배상법」이나 그 밖의 법령에 따른 급여 등을 받을 수 있는 경우에는 대통령령으로 정하는 바에 따라 구조금을 지급하지 아니한다(범죄피해자 보호법 제20조).

↳ 범죄피해자 보호법 시행령

제16조(다른 법령에 따른 급여 등과의 관계) 법 제16조에 따른 구조피해자(이하 "구조피해자"라 한다) 또는 그 유족이 다음 각 호의 어느 하나에 해당하는 보상 또는 급여 등을 받을 수 있을 때에는 법 제20조에 따라 그 받을 금액의 범위에서 법 제16조에 따른 구조금(이하 "구조금"이라 한다)을 지급하지 아니한다.

1. 「국가배상법」 제2조 제1항에 따른 손해배상 급여
2. 「산업재해보상보험법」에 따른 장해급여 · 유족급여 · 상병보상연금
3. 「자동차손해배상 보장법」 제30조에 따른 손해보상
4. 「의사상자 등 예우 및 지원에 관한 법률」 제8조에 따른 보상금
5. 「선원법」 제10장에 따른 재해보상
6. 「어선원 및 어선 재해보상보험법」에 따른 상병급여 · 장해급여 · 일시보상급여 · 유족급여
7. 「근로기준법」 제8장에 따른 재해보상
8. 「의용소방대 설치 및 운영에 관한 법률」 제17조에 따른 보상
9. 「국가공무원법」 제77조, 「지방공무원법」 제68조 및 「공무원연금법」 제28조 제3호, 「공무원 재해보상법」 제8조 제3호, 같은 조 제5호 가목, 같은 호 나목 1) 및 다목 1), 「군인 재해보상법」 제7조 제3호 가목 · 나목, 같은 조 제4호 나목1) · 2) 및 「군인연금법」 제7조 제2호 나목에 따른 급여
10. 「사립학교법」 제60조의2 및 「사립학교교직원 연금법」 제33조에 따른 급여

손해배상과의 관계

국가는 구조피해자나 유족이 해당 구조대상 범죄피해를 원인으로 하여 손해배상을 받았으면 그 범위에서 구조금을 지급하지 아니한다.

국가는 지급한 구조금의 범위에서 해당 구조금을 받은 사람이 구조대상 범죄피해를 원인으로 하여 가지고 있는 손해배상청구권을 대위한다.

국가는 손해배상청구권을 대위할 때 대통령령으로 정하는 바에 따라 가해자인 수형자나 보호감호대상자의 작업장려금 또는 근로보상금에서 손해배상금을 받을 수 있다(범죄피해자 구조법 제21조).

구조금액

제22조(구조금액) ① 유족구조금은 구조피해자의 사망 당시(신체에 손상을 입고 그로 인하여 사망한 경우에는 신체에 손상을 입은 당시를 말한다)의 월급액이나 월실수입액 또는 평균임금에 24개월 이상 48개월 이하의 범위에서 유족의 수와 연령 및 생계유지상황 등을 고려하여 대통령령으로 정하는 개월 수를 곱한 금액으로 한다.

② 장해구조금과 중상해구조금은 구조피해자가 신체에 손상을 입은 당시의 월급액이나 월실수입액 또는 평균임금에 2개월 이상 48개월 이하의 범위에서 피해자의 장해 또는 중상해의 정도와 부양가족의 수 및 생계유지상황 등을 고려하여 대통령령으로 정한 개월 수를 곱한 금액으로 한다.

③ 제1항 및 제2항에 따른 월급액이나 월실수입액 또는 평균임금 등은 피해자의 주소지를 관할하는 세무서장, 시장·군수·구청장(자치구의 구청장을 말한다) 또는 피해자의 근무기관의 장(長)의 증명이나 그 밖에 대통령령으로 정하는 공신력 있는 증명에 따른다.

④ 제1항 및 제2항에서 구조피해자의 월급액이나 월실수입액이 평균임금의 2배를 넘는 경우에는 평균임금의 2배에 해당하는 금액을 구조피해자의 월급액이나 월실수입액으로 본다.

외국인에 대한 구조

이 법은 외국인이 구조피해자이거나 유족인 경우에는 해당 국가의 상호보증이 있는 경우에만 적용한다(범죄피해자 구조법 제23조).

구조금의 지급신청

제25조(구조금의 지급신청) ① 구조금을 받으려는 사람은 법무부령으로 정하는 바에 따라 그 주소지, 거주지 또는 범죄 발생지를 관할하는 범죄피해구조심의회의 지구심의회에 신청하여야 한다.

↳ 법무부령은 범죄피해자 보호법 시행규칙 제6조 및 제7조 참조

② 제1항에 따른 신청은 해당 구조대상 범죄피해의 발생을 안 날부터 3년이 지나거나 해당 구조대상 범죄피해가 발생한 날부터 10년이 지나면 할 수 없다.

긴급구조금의 지급

제28조(긴급구조금의 지급 등) ① 지구심의회는 제25조 제1항에 따른 신청을 받았을 때 구조피해자의 장해 또는 중상해 정도가 명확하지 아니하거나 그 밖의 사유로 인하여 신속하게 결정을 할 수 없는 사정이 있으면 신청 또는 직권으로 대통령령으로 정하는 금액의 범위에서 긴급구조금을 지급하는 결정을 할 수 있다.

② 제1항에 따른 긴급구조금 지급신청은 법무부령으로 정하는 바에 따라 그 주소지, 거주지 또는 범죄 발생지를 관할하는 지구심의회에 할 수 있다.

③ 국가는 지구심의회가 긴급구조금 지급 결정을 하면 긴급구조금을 지급한다.

④ 긴급구조금을 받은 사람에 대하여 구조금을 지급하는 결정이 있으면 국가는 긴급구조금으로 지급된 금액 내에서 구조금을 지급할 책임을 면한다.

⑤ 긴급구조금을 받은 사람은 지구심의회에서 결정된 구조금의 금액이 긴급구조금으로 받은 금액보다 적을 때에는 그 차액을 국가에 반환하여야 하며, 지구심의회에서 구조금을 지급하지 아니한다는 결정을 하면 긴급구조금으로 받은 금액을 모두 반환하여야 한다.

구조금의 소멸시효

구조금을 받을 권리는 그 구조결정이 해당 신청인에게 송달된 날부터 2년간 행사하지 아니하면 시효로 인하여 소멸된다(범죄피해자 보호법 제31조).

구조금수급권의 보호

구조금을 받을 권리는 양도하거나 담보로 제공하거나 압류할 수 없다(범죄피해자 보호법 제32조).

18. 배상명령

소송촉진 등에 관한 특례법이 규정한 배상명령

제25조(배상명령) ① 제1심 또는 제2심의 형사공판 절차에서 다음 각 호의 죄 중 어느 하나에 관하여 유죄판결을 선고할 경우, 법원은 직권에 의하여 또는 피해자나 그 상속인(이하 "피해자"라 한다)의 신청에 의하여 피고사건의 범죄행위로 인하여 발생한 직접적인 물적(物的) 피해, 치료비 손해 및 위자료의 배상을 명할 수 있다.

1. 「형법」 제257조 제1항, 제258조 제1항 및 제2항, 제258조의2 제1항(제257조 제1항의 죄로 한정한다)ㆍ제2항(제258조 제1항ㆍ제2항의 죄로 한정한다), 제259조 제1항, 제262조(존속폭행치사상의 죄는 제외한다), 같은 법 제26장, 제32장(제304조의 죄는 제외한다), 제38장부터 제40장까지 및 제42장에 규정된 죄
2. 「성폭력범죄의 처벌 등에 관한 특례법」 제10조부터 제14조까지, 제15조(제3조부터 제9조까지의 미수범은 제외한다), 「아동ㆍ청소년의 성보호에 관한 법률」 제12조 및 제14조에 규정된 죄
3. 제1호의 죄를 가중처벌하는 죄 및 그 죄의 미수범을 처벌하는 경우 미수의 죄

② 법원은 제1항에 규정된 죄 및 그 외의 죄에 대한 피고사건에서 피고인과 피해자 사이에 합의된 손해배상액에 관하여도 제1항에 따라 배상을 명할 수 있다.

③ 법원은 다음 각 호의 어느 하나에 해당하는 경우에는 배상명령을 하여서는 아니 된다.

1. 피해자의 성명ㆍ주소가 분명하지 아니한 경우
2. 피해 금액이 특정되지 아니한 경우
3. 피고인의 배상책임의 유무 또는 그 범위가 명백하지 아니한 경우
4. 배상명령으로 인하여 공판절차가 현저히 지연될 우려가 있거나 형사소송 절차에서 배상명령을 하는 것이 타당하지 아니하다고 인정되는 경우

*** 형법**

제257조(상해, 존속상해) ① 사람의 신체를 상해한 자는 7년 이하의 징역, 10년 이하의 자격정지 또는 1천만원 이하의 벌금에 처한다.

제258조(중상해, 존속중상해) ① 사람의 신체를 상해하여 생명에 대한 위험을 발생하게 한 자는 1년 이상 10년 이하의 징역에 처한다.
② 신체의 상해로 인하여 불구 또는 불치나 난치의 질병에 이르게 한 자도 전항의 형과 같다.

제258조의2(특수상해) ① 단체 또는 다중의 위력을 보이거나 위험한 물건을 휴대하여 제257조 제1항 또는 제2항의 죄를 범한 때에는 1년 이상 10년 이하의 징역에 처한다.
② 단체 또는 다중의 위력을 보이거나 위험한 물건을 휴대하여 제258조의 죄를 범한 때에는 2년 이상 20년 이하의 징역에 처한다.

제259조(상해치사) ① 사람의 신체를 상해하여 사망에 이르게 한 자는 3년 이상의 유기징역에 처한다.

제262조(폭행치사상) 제260조와 제261조의 죄를 지어 사람을 사망이나 상해에 이르게 한 경우에는 제257조부터 제259조까지의 예에 따른다.

제26장 과실치사상의 죄

제266조(과실치상) ① 과실로 인하여 사람의 신체를 상해에 이르게 한 자는 500만원 이하의 벌금, 구류 또는 과료에 처한다.
② 제1항의 죄는 피해자의 명시한 의사에 반하여 공소를 제기할 수 없다.

제267조(과실치사) 과실로 인하여 사람을 사망에 이르게 한 자는 2년 이하의 금고 또는 700만원 이하의 벌금에 처한다.

제268조(업무상 과실, 중과실 치사상) 업무상과실 또는 중대한 과실로 사람을 사망이나 상해에 이르게 한 자는 5년 이하의 금고 또는 2천만원 이하의 벌금에 처한다.

제32장 강간과 추행의 죄

제297조(강간) 폭행 또는 협박으로 사람을 강간한 자는 3년 이상의 유기징역에 처한다.

제297조의2(유사강간) 폭행 또는 협박으로 사람에 대하여 구강, 항문 등 신체(성기는 제외한다)의 내부에 성기를 넣거나 성기, 항문에 손가락 등 신체(성기는 제외한다)의 일부 또는 도구를 넣는 행위를 한 사람은 2년 이상의 유기징역에 처한다.

제298조(강제추행) 폭행 또는 협박으로 사람에 대하여 추행을 한 자는 10년 이하의 징역 또는 1천500만원 이하의 벌금에 처한다.

제299조(준강간, 준강제추행) 사람의 심신상실 또는 항거불능의 상태를 이용하여 간음 또는 추행을 한 자는 제297조, 제297조의2 및 제298조의 예에 의한다.

제300조(미수범) 제297조, 제297조의2, 제298조 및 제299조의 미수범은 처벌한다.

제301조(강간 등 상해 · 치상) 제297조, 제297조의2 및 제298조부터 제300조까지의 죄를 범한 자가 사람을 상해하거나 상해에 이르게 한 때에는 무기 또는 5년 이상의 징역에 처한다.

제301조의2(강간등 살인 · 치사) 제297조, 제297조의2 및 제298조부터 제300조까지의 죄를 범한 자가 사람을 살해한 때에는 사형 또는 무기징역에 처한다. 사망에 이르게 한 때에는 무기 또는 10년 이상의 징역에 처한다.

제302조(미성년자 등에 대한 간음) 미성년자 또는 심신미약자에 대하여 위계 또는 위력으로써 간음 또는 추행을 한 자는 5년 이하의 징역에 처한다.

제303조(업무상위력 등에 의한 간음) ① 업무, 고용 기타 관계로 인하여 자기의 보호 또는 감독을 받는 사람에 대하여 위계 또는 위력으로써 간음한 자는 7년 이하의 징역 또는 3천만원 이하의 벌금에 처한다.
② 법률에 의하여 구금된 사람을 감호하는 자가 그 사람을 간음한 때에는 10년 이하의 징역에 처한다.

제305조(미성년자에 대한 간음, 추행) ① 13세 미만의 사람에 대하여 간음 또는 추행을 한 자는 제297조, 제297조의2, 제298조, 제301조 또는 제301조의2의 예에 의한다.
② 13세 이상 16세 미만의 사람에 대하여 간음 또는 추행을 한 19세 이상의 자는 제297조, 제2

97조의2, 제298조, 제301조 또는 제301조의2의 예에 의한다.

제305조의2(상습범) 상습으로 제297조, 제297조의2, 제298조부터 제300조까지, 제302조, 제303조 또는 제305조의 죄를 범한 자는 그 죄에 정한 형의 2분의 1까지 가중한다.

제305조의3(예비, 음모) 제297조, 제297조의2, 제299조(준강간죄에 한정한다), 제301조(강간 등 상해죄에 한정한다) 및 제305조의 죄를 범할 목적으로 예비 또는 음모한 사람은 3년 이하의 징역에 처한다.

제38장 절도와 강도의 죄

제329조(절도) 타인의 재물을 절취한 자는 6년 이하의 징역 또는 1천만원 이하의 벌금에 처한다.

제330조(야간주거침입절도) 야간에 사람의 주거, 관리하는 건조물, 선박, 항공기 또는 점유하는 방실(房室)에 침입하여 타인의 재물을 절취(竊取)한 자는 10년 이하의 징역에 처한다.

제331조(특수절도) ① 야간에 문이나 담 그 밖의 건조물의 일부를 손괴하고 제330조의 장소에 침입하여 타인의 재물을 절취한 자는 1년 이상 10년 이하의 징역에 처한다.
② 흉기를 휴대하거나 2명 이상이 합동하여 타인의 재물을 절취한 자도 제1항의 형에 처한다.

제331조의2(자동차등 불법사용) 권리자의 동의없이 타인의 자동차, 선박, 항공기 또는 원동기장치자전거를 일시 사용한 자는 3년 이하의 징역, 500만원 이하의 벌금, 구류 또는 과료에 처한다.

제332조(상습범) 상습으로 제329조 내지 제331조의2의 죄를 범한 자는 그 죄에 정한 형의 2분의 1까지 가중한다.

제333조(강도) 폭행 또는 협박으로 타인의 재물을 강취하거나 기타 재산상의 이익을 취득하거나 제삼자로 하여금 이를 취득하게 한 자는 3년 이상의 유기징역에 처한다.

제334조(특수강도) ① 야간에 사람의 주거, 관리하는 건조물, 선박이나 항공기 또는 점유하는 방실에 침입하여 제333조의 죄를 범한 자는 무기 또는 5년 이상의 징역에 처한다.
② 흉기를 휴대하거나 2인 이상이 합동하여 전조의 죄를 범한 자도 전항의 형과 같다.

제335조(준강도) 절도가 재물의 탈환에 항거하거나 체포를 면탈하거나 범죄의 흔적을 인멸할 목적으로 폭행 또는 협박한 때에는 제333조 및 제334조의 예에 따른다.

제336조(인질강도) 사람을 체포·감금·약취 또는 유인하여 이를 인질로 삼아 재물 또는 재산상의 이익을 취득하거나 제3자로 하여금 이를 취득하게 한 자는 3년 이상의 유기징역에 처한다.

제337조(강도상해, 치상) 강도가 사람을 상해하거나 상해에 이르게 한때에는 무기 또는 7년 이상의 징역에 처한다.

제338조(강도살인·치사) 강도가 사람을 살해한 때에는 사형 또는 무기징역에 처한다. 사망에 이르게 한 때에는 무기 또는 10년 이상의 징역에 처한다.

제339조(강도강간) 강도가 사람을 강간한 때에는 무기 또는 10년 이상의 징역에 처한다.

제340조(해상강도) ① 다중의 위력으로 해상에서 선박을 강취하거나 선박내에 침입하여 타인의 재물을 강취한 자는 무기 또는 7년 이상의 징역에 처한다.
② 제1항의 죄를 범한 자가 사람을 상해하거나 상해에 이르게 한때에는 무기 또는 10년 이상의 징역에 처한다.
③ 제1항의 죄를 범한 자가 사람을 살해 또는 사망에 이르게 하거나 강간한 때에는 사형 또는 무기징역에 처한다.

제341조(상습범) 상습으로 제333조, 제334조, 제336조 또는 전조제1항의 죄를 범한 자는 무기 또는 10년 이상의 징역에 처한다.

제342조(미수범) 제329조 내지 제341조의 미수범은 처벌한다.

제343조(예비, 음모) 강도할 목적으로 예비 또는 음모한 자는 7년 이하의 징역에 처한다.

제344조(친족간의 범행) 제328조의 규정은 제329조 내지 제332조의 죄 또는 미수범에 준용한다.

제345조(자격정지의 병과) 본장의 죄를 범하여 유기징역에 처할 경우에는 10년 이하의 자격정지를 병과할 수 있다.

제346조(동력) 본장의 죄에 있어서 관리할 수 있는 동력은 재물로 간주한다.

제39장 사기와 공갈의 죄

제347조(사기) ① 사람을 기망하여 재물의 교부를 받거나 재산상의 이익을 취득한 자는 10년 이하의 징역 또는 2천만원 이하의 벌금에 처한다.

② 전항의 방법으로 제삼자로 하여금 재물의 교부를 받게 하거나 재산상의 이익을 취득하게 한 때에도 전항의 형과 같다.

제347조의2(컴퓨터등 사용사기) 컴퓨터등 정보처리장치에 허위의 정보 또는 부정한 명령을 입력하거나 권한 없이 정보를 입력·변경하여 정보처리를 하게 함으로써 재산상의 이익을 취득하거나 제3자로 하여금 취득하게 한 자는 10년 이하의 징역 또는 2천만원 이하의 벌금에 처한다.

제348조(준사기) ① 미성년자의 사리분별력 부족 또는 사람의 심신장애를 이용하여 재물을 교부받거나 재산상 이익을 취득한 자는 10년 이하의 징역 또는 2천만원 이하의 벌금에 처한다.

② 제1항의 방법으로 제3자로 하여금 재물을 교부받게 하거나 재산상 이익을 취득하게 한 경우에도 제1항의 형에 처한다.

제348조의2(편의시설부정이용) 부정한 방법으로 대가를 지급하지 아니하고 자동판매기, 공중전화 기타 유료자동설비를 이용하여 재물 또는 재산상의 이익을 취득한 자는 3년 이하의 징역, 500만원 이하의 벌금, 구류 또는 과료에 처한다.

제349조(부당이득) ① 사람의 곤궁하고 절박한 상태를 이용하여 현저하게 부당한 이익을 취득한 자는 3년 이하의 징역 또는 1천만원 이하의 벌금에 처한다.

② 제1항의 방법으로 제3자로 하여금 부당한 이익을 취득하게 한 경우에도 제1항의 형에 처한다.

제350조(공갈) ① 사람을 공갈하여 재물의 교부를 받거나 재산상의 이익을 취득한 자는 10년 이하의 징역 또는 2천만원 이하의 벌금에 처한다.

② 전항의 방법으로 제삼자로 하여금 재물의 교부를 받게 하거나 재산상의 이익을 취득하게 한 때에도 전항의 형과 같다.

제350조의2(특수공갈) 단체 또는 다중의 위력을 보이거나 위험한 물건을 휴대하여 제350조의 죄

를 범한 자는 1년 이상 15년 이하의 징역에 처한다.

제351조(상습범) 상습으로 제347조 내지 전조의 죄를 범한 자는 그 죄에 정한 형의 2분의 1까지 가중한다.

제352조(미수범) 제347조 내지 제348조의2, 제350조, 제350조의2와 제351조의 미수범은 처벌한다.

제353조(자격정지의 병과) 본장의 죄에는 10년 이하의 자격정지를 병과할 수 있다.

제354조(친족간의 범행, 동력) 제328조와 제346조의 규정은 본장의 죄에 준용한다.

제40장 횡령과 배임의 죄

제355조(횡령, 배임) ① 타인의 재물을 보관하는 자가 그 재물을 횡령하거나 그 반환을 거부한 때에는 5년 이하의 징역 또는 1천500만원 이하의 벌금에 처한다.

② 타인의 사무를 처리하는 자가 그 임무에 위배하는 행위로써 재산상의 이익을 취득하거나 제삼자로 하여금 이를 취득하게 하여 본인에게 손해를 가한 때에도 전항의 형과 같다.

제356조(업무상의 횡령과 배임) 업무상의 임무에 위배하여 제355조의 죄를 범한 자는 10년 이하의 징역 또는 3천만원 이하의 벌금에 처한다.

제357조(배임수증재) ① 타인의 사무를 처리하는 자가 그 임무에 관하여 부정한 청탁을 받고 재물 또는 재산상의 이익을 취득하거나 제3자로 하여금 이를 취득하게 한 때에는 5년 이하의 징역 또는 1천만원 이하의 벌금에 처한다. 〈개정 2016. 5. 29.〉

② 제1항의 재물 또는 재산상 이익을 공여한 자는 2년 이하의 징역 또는 500만원 이하의 벌금에 처한다.

③ 범인 또는 그 사정을 아는 제3자가 취득한 제1항의 재물은 몰수한다. 그 재물을 몰수하기 불가능하거나 재산상의 이익을 취득한 때에는 그 가액을 추징한다.

제358조(자격정지의 병과) 전3조의 죄에는 10년 이하의 자격정지를 병과할 수 있다.

제359조(미수범) 제355조 내지 제357조의 미수범은 처벌한다.

제360조(점유이탈물횡령) ① 유실물, 표류물 또는 타인의 점유를 이탈한 재물을 횡령한 자는 1년 이하의 징역이나 300만원 이하의 벌금 또는 과료에 처한다.
② 매장물을 횡령한 자도 전항의 형과 같다.

제361조(친족간의 범행, 동력) 제328조와 제346조의 규정은 본장의 죄에 준용한다.

제42장 손괴의 죄

제366조(재물손괴등) 타인의 재물, 문서 또는 전자기록등 특수매체기록을 손괴 또는 은닉 기타 방법으로 기 효용을 해한 자는 3년이하의 징역 또는 700만원 이하의 벌금에 처한다.

제367조(공익건조물파괴) 공익에 공하는 건조물을 파괴한 자는 10년 이하의 징역 또는 2천만원 이하의 벌금에 처한다.

제368조(중손괴) ① 전2조의 죄를 범하여 사람의 생명 또는 신체에 대하여 위험을 발생하게 한 때에는 1년 이상 10년 이하의 징역에 처한다.
② 제366조 또는 제367조의 죄를 범하여 사람을 상해에 이르게 한 때에는 1년 이상의 유기징역에 처한다. 사망에 이르게 한 때에는 3년 이상의 유기징역에 처한다.

제369조(특수손괴) ① 단체 또는 다중의 위력을 보이거나 위험한 물건을 휴대하여 제366조의 죄를 범한 때에는 5년 이하의 징역 또는 1천만원 이하의 벌금에 처한다.
② 제1항의 방법으로 제367조의 죄를 범한 때에는 1년 이상의 유기징역 또는 2천만원 이하의 벌금에 처한다.

제370조(경계침범) 경계표를 손괴, 이동 또는 제거하거나 기타 방법으로 토지의 경계를 인식 불능하게 한 자는 3년 이하의 징역 또는 500만원 이하의 벌금에 처한다.

제371조(미수범) 제366조, 제367조와 제369조의 미수범은 처벌한다.

제372조(동력) 본장의 죄에는 제346조를 준용한다.

***「성폭력범죄의 처벌 등에 관한 특례법」**

제10조(업무상 위력 등에 의한 추행) ① 업무, 고용이나 그 밖의 관계로 인하여 자기의 보호, 감독을 받는 사람에 대하여 위계 또는 위력으로 추행한 사람은 3년 이하의 징역 또는 1천500만원 이하의 벌금에 처한다.

② 법률에 따라 구금된 사람을 감호하는 사람이 그 사람을 추행한 때에는 5년 이하의 징역 또는 2천만원 이하의 벌금에 처한다.

제11조(공중 밀집 장소에서의 추행) 대중교통수단, 공연ㆍ집회 장소, 그 밖에 공중(公衆)이 밀집하는 장소에서 사람을 추행한 사람은 3년 이하의 징역 또는 3천만원 이하의 벌금에 처한다.

제12조(성적 목적을 위한 다중이용장소 침입행위) 자기의 성적 욕망을 만족시킬 목적으로 화장실, 목욕장ㆍ목욕실 또는 발한실(發汗室), 모유수유시설, 탈의실 등 불특정 다수가 이용하는 다중이용장소에 침입하거나 같은 장소에서 퇴거의 요구를 받고 응하지 아니하는 사람은 1년 이하의 징역 또는 1천만원 이하의 벌금에 처한다.

제13조(통신매체를 이용한 음란행위) 자기 또는 다른 사람의 성적 욕망을 유발하거나 만족시킬 목적으로 전화, 우편, 컴퓨터, 그 밖의 통신매체를 통하여 성적 수치심이나 혐오감을 일으키는 말, 음향, 글, 그림, 영상 또는 물건을 상대방에게 도달하게 한 사람은 2년 이하의 징역 또는 2천만원 이하의 벌금에 처한다.

제14조(카메라 등을 이용한 촬영) ① 카메라나 그 밖에 이와 유사한 기능을 갖춘 기계장치를 이용하여 성적 욕망 또는 수치심을 유발할 수 있는 사람의 신체를 촬영대상자의 의사에 반하여 촬영한 자는 7년 이하의 징역 또는 5천만원 이하의 벌금에 처한다.

② 제1항에 따른 촬영물 또는 복제물(복제물의 복제물을 포함한다. 이하 이 조에서 같다)을 반포ㆍ판매ㆍ임대ㆍ제공 또는 공공연하게 전시ㆍ상영(이하 "반포등"이라 한다)한 자 또는 제1항의 촬영이 촬영 당시에는 촬영대상자의 의사에 반하지 아니한 경우(자신의 신체를 직접 촬영한 경우를 포함한다)에도 사후에 그 촬영물 또는 복제물을 촬영대상자의 의사에 반하여 반포등을 한 자는 7년 이하의 징역 또는 5천만원 이하의 벌금에 처한다.

③ 영리를 목적으로 촬영대상자의 의사에 반하여 「정보통신망 이용촉진 및 정보보호 등에 관한 법률」 제2조 제1항 제1호의 정보통신망(이하 "정보통신망"이라 한다)을 이용하여 제2항의 죄를 범한 자는 3년 이상의 유기징역에 처한다.

④ 제1항 또는 제2항의 촬영물 또는 복제물을 소지ㆍ구입ㆍ저장 또는 시청한 자는 3년 이하의 징역 또는 3천만원 이하의 벌금에 처한다.

⑤ 상습으로 제1항부터 제3항까지의 죄를 범한 때에는 그 죄에 정한 형의 2분의 1까지 가중한다.

제15조(미수범) 제3조부터 제9조까지, 제14조, 제14조의2 및 제14조의3의 미수범은 처벌한다.

***「아동 · 청소년의 성보호에 관한 법률」**

제12조(아동 · 청소년 매매행위) ① 아동 · 청소년의 성을 사는 행위 또는 아동 · 청소년성착취물을 제작하는 행위의 대상이 될 것을 알면서 아동 · 청소년을 매매 또는 국외에 이송하거나 국외에 거주하는 아동 · 청소년을 국내에 이송한 자는 무기징역 또는 5년 이상의 징역에 처한다.

② 제1항의 미수범은 처벌한다.

제14조(아동 · 청소년에 대한 강요행위 등) ① 다음 각 호의 어느 하나에 해당하는 자는 5년 이상의 유기징역에 처한다.

1. 폭행이나 협박으로 아동 · 청소년으로 하여금 아동 · 청소년의 성을 사는 행위의 상대방이 되게 한 자
2. 선불금(先拂金), 그 밖의 채무를 이용하는 등의 방법으로 아동 · 청소년을 곤경에 빠뜨리거나 위계 또는 위력으로 아동 · 청소년으로 하여금 아동 · 청소년의 성을 사는 행위의 상대방이 되게 한 자
3. 업무 · 고용이나 그 밖의 관계로 자신의 보호 또는 감독을 받는 것을 이용하여 아동 · 청소년으로 하여금 아동 · 청소년의 성을 사는 행위의 상대방이 되게 한 자
4. 영업으로 아동 · 청소년을 아동 · 청소년의 성을 사는 행위의 상대방이 되도록 유인 · 권유한 자

② 제1항 제1호부터 제3호까지의 죄를 범한 자가 그 대가의 전부 또는 일부를 받거나 이를 요구 또는 약속한 때에는 7년 이상의 유기징역에 처한다.

③ 아동 · 청소년의 성을 사는 행위의 상대방이 되도록 유인 · 권유한 자는 7년 이하의 징역 또는 5천만원 이하의 벌금에 처한다.

④ 제1항과 제2항의 미수범은 처벌한다.

배상신청의 통지

검사는 제25조 제1항에 규정된 죄로 공소를 제기한 경우에는 지체 없이 피해자 또는 그 법정대리인(피해자가 사망한 경우에는 그 배우자 · 직계친족 · 형제자매를 포함한다)에게 제26조 제1항에 따라 배상신청을 할 수 있음을 통지하여야 한다(소송촉진법 제25조의2).

▮ 배상신청의 방법

제26조(배상신청) ① 피해자는 제1심 또는 제2심 공판의 변론이 종결될 때까지 사건이 계속(係屬)된 법원에 제25조에 따른 피해배상을 신청할 수 있다. 이 경우 신청서에 인지(印紙)를 붙이지 아니한다.

② 피해자는 배상신청을 할 때에는 신청서와 상대방 피고인 수만큼의 신청서 부본(副本)을 제출하여야 한다.

③ 신청서에는 다음 각 호의 사항을 적고 신청인 또는 대리인이 서명·날인하여야 한다.

1. 피고사건의 번호, 사건명 및 사건이 계속된 법원
2. 신청인의 성명과 주소
3. 대리인이 신청할 때에는 그 대리인의 성명과 주소
4. 상대방 피고인의 성명과 주소
5. 배상의 대상과 그 내용
6. 배상 청구 금액

④ 신청서에는 필요한 증거서류를 첨부할 수 있다.

⑤ 피해자가 증인으로 법정에 출석한 경우에는 말로써 배상을 신청할 수 있다. 이때에는 공판조서(公判調書)에 신청의 취지를 적어야 한다.

⑥ 신청인은 배상명령이 확정되기 전까지는 언제든지 배상신청을 취하(取下)할 수 있다.

⑦ 피해자는 피고사건의 범죄행위로 인하여 발생한 피해에 관하여 다른 절차에 따른 손해배상청구가 법원에 계속 중일 때에는 배상신청을 할 수 없다.

⑧ 배상신청은 민사소송에서의 소의 제기와 동일한 효력이 있다.

▮ 대리인

피해자는 법원의 허가를 받아 그의 배우자, 직계혈족(直系血族) 또는 형제자매에게 배상신청에 관하여 소송행위를 대리하게 할 수 있다. 피고인의 변호인은 배상신청에 관하여 피고인의 대리인으로서 소송행위를 할 수 있다(소송촉진법 제27조).

피고인에 대한 신청서 부본의 송달

법원은 서면에 의한 배상신청이 있을 때에는 지체 없이 그 신청서 부본을 피고인에게 송달하여야 한다. 이 경우 법원은 직권 또는 신청인의 요청에 따라 신청서 부본 상의 신청인 성명과 주소 등 신청인의 신원을 알 수 있는 사항의 전부 또는 일부를 가리고 송달할 수 있다(소송촉진법 제28조).

공판기일 통지

법원은 배상신청이 있을 때에는 신청인에게 공판기일을 알려야 한다. 신청인이 공판기일을 통지받고도 출석하지 아니하였을 때에는 신청인의 진술 없이 재판할 수 있다(소송촉진법 제29조).

기록의 열람과 증거조사

신청인 및 그 대리인은 공판절차를 현저히 지연시키지 아니하는 범위에서 재판장의 허가를 받아 소송기록을 열람할 수 있고, 공판기일에 피고인이나 증인을 신문(訊問)할 수 있으며, 그 밖에 필요한 증거를 제출할 수 있다. 허가를 하지 아니한 재판에 대하여는 불복(不服)을 신청하지 못한다(소송촉진법 제30조).

배상명령의 선고 등

배상명령은 유죄판결의 선고와 동시에 하여야 한다. 배상명령은 일정액의 금전 지급을 명함으로써 하고 배상의 대상과 금액을 유죄판결의 주문(主文)에 표시하여야 한다. 배상명령의 이유는 특히 필요하다고 인정되는 경우가 아니면 적지 아니한다. 배상명령은 가집행(假執行)할 수 있음을 선고할 수 있다. 가집행선고에 관하여는 「민사소송법」 제213조 제3항, 제215조, 제500조 및 제501조를 준용한다. 배상명령을 하였을 때에는 유죄판결서의 정본(正本)을 피고인과 피해자에게 지체 없이 송달하여야 한다(소송촉진법 제31조).

*** 민사소송법**

제213조(가집행의 선고) ① 재산권의 청구에 관한 판결은 가집행(假執行)의 선고를 붙이지 아니할 상당한 이유가 없는 한 직권으로 담보를 제공하거나, 제공하지 아니하고 가집행을 할 수 있다는 것을 선고하여야 한다. 다만, 어음금·수표금 청구에 관한 판결에는 담보를 제공하게 하지 아니하고 가집행의 선고를 하여야 한다.

② 법원은 직권으로 또는 당사자의 신청에 따라 채권전액을 담보로 제공하고 가집행을 면제받을 수 있다는 것을 선고할 수 있다.

③ 제1항 및 제2항의 선고는 판결주문에 적어야 한다.

제215조(가집행선고의 실효, 가집행의 원상회복과 손해배상) ① 가집행의 선고는 그 선고 또는 본안판결을 바꾸는 판결의 선고로 바뀌는 한도에서 그 효력을 잃는다.

② 본안판결을 바꾸는 경우에는 법원은 피고의 신청에 따라 그 판결에서 가집행의 선고에 따라 지급한 물건을 돌려 줄 것과, 가집행으로 말미암은 손해 또는 그 면제를 받기 위하여 입은 손해를 배상할 것을 원고에게 명하여야 한다.

③ 가집행의 선고를 바꾼 뒤 본안판결을 바꾸는 경우에는 제2항의 규정을 준용한다.

제500조(재심 또는 상소의 추후보완신청으로 말미암은 집행정지) ① 재심 또는 제173조에 따른 상소의 추후보완신청이 있는 경우에 불복하는 이유로 내세운 사유가 법률상 정당한 이유가 있다고 인정되고, 사실에 대한 소명이 있는 때에는 법원은 당사자의 신청에 따라 담보를 제공하게 하거나 담보를 제공하지 아니하게 하고 강제집행을 일시정지하도록 명할 수 있으며, 담보를 제공하게 하고 강제집행을 실시하도록 명하거나 실시한 강제처분을 취소하도록 명할 수 있다.

② 담보 없이 하는 강제집행의 정지는 그 집행으로 말미암아 보상할 수 없는 손해가 생기는 것을 소명한 때에만 한다.

③ 제1항 및 제2항의 재판은 변론없이 할 수 있으며, 이 재판에 대하여는 불복할 수 없다.

④ 상소의 추후보완신청의 경우에 소송기록이 원심법원에 있으면 그 법원이 제1항 및 제2항의 재판을 한다.

제501조(상소제기 또는 변경의 소제기로 말미암은 집행정지) 가집행의 선고가 붙은 판결에 대하여 상소를 한 경우 또는 정기금의 지급을 명한 확정판결에 대하여 제252조 제1항의 규정에 따른 소를 제기한 경우에는 제500조의 규정을 준용한다.

배상신청의 각하

제32조(배상신청의 각하) ① 법원은 다음 각 호의 어느 하나에 해당하는 경우에는 결정(決定)으로 배상신청을 각하(却下)하여야 한다.

1. 배상신청이 적법하지 아니한 경우
2. 배상신청이 이유 없다고 인정되는 경우
3. 배상명령을 하는 것이 타당하지 아니하다고 인정되는 경우

② 유죄판결의 선고와 동시에 제1항의 재판을 할 때에는 이를 유죄판결의 주문에 표시할 수 있다.

③ 법원은 제1항의 재판서에 신청인 성명과 주소 등 신청인의 신원을 알 수 있는 사항의 기재를 생략할 수 있다.

④ 배상신청을 각하하거나 그 일부를 인용(認容)한 재판에 대하여 신청인은 불복을 신청하지 못하며, 다시 동일한 배상신청을 할 수 없다.

불복(不服)

제33조(불복) ① 유죄판결에 대한 상소가 제기된 경우에는 배상명령은 피고사건과 함께 상소심(上訴審)으로 이심(移審)된다.

② 상소심에서 원심(原審)의 유죄판결을 파기하고 피고사건에 대하여 무죄, 면소(免訴) 또는 공소기각(公訴棄却)의 재판을 할 때에는 원심의 배상명령을 취소하여야 한다. 이 경우 상소심에서 원심의 배상명령을 취소하지 아니한 경우에는 그 배상명령을 취소한 것으로 본다.

③ 원심에서 제25조 제2항에 따라 배상명령을 하였을 때에는 제2항을 적용하지 아니한다.

④ 상소심에서 원심판결을 유지하는 경우에도 원심의 배상명령을 취소하거나 변경할 수 있다.

⑤ 피고인은 유죄판결에 대하여 상소를 제기하지 아니하고 배상명령에 대하여만 상소 제기기간에 「형사소송법」에 따른 즉시항고(卽時抗告)를 할 수 있다. 다만, 즉시항고 제기 후 상소권자의 적법한 상소가 있는 경우에는 즉시항고는 취하된 것으로 본다.

배상명령의 효력과 강제집행

확정된 배상명령 또는 가집행선고가 있는 배상명령이 기재된 유죄판결서의 정본은 「민사집

행법」에 따른 강제집행에 관하여는 집행력 있는 민사판결 정본과 동일한 효력이 있다.

이 법에 따른 배상명령이 확정된 경우 피해자는 그 인용된 금액의 범위에서 다른 절차에 따른 손해배상을 청구할 수 없다.

지방법원이 민사지방법원과 형사지방법원으로 분리 설치된 경우에 배상명령에 따른 청구에 관한 이의의 소는 형사지방법원의 소재지를 관할하는 민사지방법원을 제1심 판결법원으로 한다.

청구에 대한 이의의 주장에 관하여는「민사집행법」제44조 제2항에 규정된 제한에 따르지 아니한다.

*** 민사집행법**

제44조(청구에 관한 이의의 소) ① 채무자가 판결에 따라 확정된 청구에 관하여 이의하려면 제1심 판결법원에 청구에 관한 이의의 소를 제기하여야 한다.

② 제1항의 이의는 그 이유가 변론이 종결된 뒤(변론 없이 한 판결의 경우에는 판결이 선고된 뒤)에 생긴 것이어야 한다.

○ 청구에 관한 이의의 소 : 종래의 집행권원에 표시된 실체법상의 청구에 관한 존재나 양태가 변경되었음을 이유로 하여 그 청구권원에 의한 강제집행을 허용하지 말아달라고 청구하는 채무자의 소

소송비용

배상명령의 절차비용은 특별히 그 비용을 부담할 자를 정한 경우를 제외하고는 국고의 부담으로 한다(소송촉진법 제35조).

민사상 다툼에 관한 형사소송 절차에서의 화해

형사피고사건의 피고인과 피해자 사이에 민사상 다툼(해당 피고사건과 관련된 피해에 관한 다툼을 포함하는 경우로 한정한다)에 관하여 합의한 경우, 피고인과 피해자는 그 피고사건이 계속 중인 제1심 또는 제2심 법원에 합의 사실을 공판조서에 기재하여 줄 것을 공동으로 신청할 수 있다.

이 합의가 피고인의 피해자에 대한 금전지급을 내용으로 하는 경우에 피고인 외의 자가 피해자에 대하여 그 지급을 보증하거나 연대하여 의무를 부담하기로 합의하였을 때에는 위 신청과 동시에 그 피고인 외의 자는 피고인 및 피해자와 공동으로 그 취지를 공판조서에 기재하여 줄 것을 신청할 수 있다.
이상의 신청은 변론이 종결되기 전까지 공판기일에 출석하여 서면으로 하여야 한다. 이 서면에는 해당 신청과 관련된 합의 및 그 합의가 이루어진 민사상 다툼의 목적인 권리를 특정할 수 있는 충분한 사실을 적어야 한다.
합의가 기재된 공판조서의 효력 및 화해비용에 관하여는 「민사소송법」 제220조 및 제389조를 준용한다(소송촉진법 제36조).

*** 민사소송법**

제220조(화해, 청구의 포기·인낙조서의 효력) 화해, 청구의 포기·인낙을 변론조서·변론준비기일조서에 적은 때에는 그 조서는 확정판결과 같은 효력을 가진다.

제389조(화해비용) 화해비용은 화해가 성립된 경우에는 특별한 합의가 없으면 당사자들이 각자 부담하고, 화해가 성립되지 아니한 경우에는 신청인이 부담한다. 다만, 소제기신청이 있는 경우에는 화해비용을 소송비용의 일부로 한다.

화해기록의 열람과 복사

제37조(화해기록) ① 제36조 제1항 또는 제2항에 따른 신청에 따라 공판조서에 기재된 합의를 한 자나 이해관계를 소명(疎明)한 제3자는 「형사소송법」 제55조에도 불구하고 대법원규칙으로 정하는 바에 따라 법원서기관, 법원사무관, 법원주사 또는 법원주사보(이하 "법원사무관등"이라 한다)에게 다음 각 호의 사항을 신청할 수 있다.

1. 다음 각 목에 해당하는 서류(이하 "화해기록"이라 한다)의 열람 또는 복사
   가. 해당 공판조서(해당 합의 및 그 합의가 이루어진 민사상 다툼의 목적인 권리를 특정할 수 있는 충분한 사실이 기재된 부분으로 한정한다)
   나. 해당 신청과 관련된 제36조 제3항에 따른 서면
   다. 그 밖에 해당 합의에 관한 기록
2. 조서의 정본·등본 또는 초본의 발급

3. 화해에 관한 사항의 증명서의 발급

② 제1항에 따라 신청하는 자는 대법원규칙으로 정하는 바에 따라 수수료를 내야 한다.

③ 제1항 각 호의 신청에 관한 법원사무관등의 처분에 대한 이의신청은 「민사소송법」 제223조의 예에 따르고, 화해기록에 관한 비밀보호를 위한 열람 등의 제한 절차는 같은 법 제163조의 예에 따른다.

④ 화해기록은 형사피고사건이 종결된 후에는 그 피고사건의 제1심 법원에서 보관한다.

*** 민사소송법**

제223조(법원사무관등의 처분에 대한 이의) 법원사무관등의 처분에 관한 이의신청에 대하여는 그 법원사무관등이 속한 법원이 결정으로 재판한다.

제163조(비밀보호를 위한 열람 등의 제한) ① 다음 각 호 가운데 어느 하나에 해당한다는 소명이 있는 경우에는 법원은 당사자의 신청에 따라 결정으로 소송기록 중 비밀이 적혀 있는 부분의 열람·복사, 재판서·조서 중 비밀이 적혀 있는 부분의 정본·등본·초본의 교부(이하 "비밀 기재부분의 열람 등"이라 한다)를 신청할 수 있는 자를 당사자로 한정할 수 있다.

1. 소송기록 중에 당사자의 사생활에 관한 중대한 비밀이 적혀 있고, 제3자에게 비밀 기재부분의 열람 등을 허용하면 당사자의 사회생활에 지장이 클 우려가 있는 때
2. 소송기록 중에 당사자가 가지는 영업비밀(부정경쟁방지및영업비밀보호에관한법률 제2조 제2호에 규정된 영업비밀을 말한다)이 적혀 있는 때

② 제1항의 신청이 있는 경우에는 그 신청에 관한 재판이 확정될 때까지 제3자는 비밀 기재부분의 열람 등을 신청할 수 없다.

③ 소송기록을 보관하고 있는 법원은 이해관계를 소명한 제3자의 신청에 따라 제1항 각 호의 사유가 존재하지 아니하거나 소멸되었음을 이유로 제1항의 결정을 취소할 수 있다.

④ 제1항의 신청을 기각한 결정 또는 제3항의 신청에 관한 결정에 대하여는 즉시항고를 할 수 있다.

⑤ 제3항의 취소결정은 확정되어야 효력을 가진다.

화해 절차 당사자 등에 관한 「민사소송법」의 준용

제36조 및 제37조에 따른 민사상 다툼에 관한 형사소송 절차에서의 화해 절차의 당사자 및 대리인에 관하여는 그 성질에 반하지 아니하면 「민사소송법」 제1편 제2장 제1절(선정당사자 및 특별대리인에 관한 규정은 제외한다) 및 제4절을 준용한다(소송촉진법 제38조).

▌집행문 부여의 소 등에 대한 관할 특칙

제36조에 따른 민사상 다툼에 관한 형사소송 절차에서의 화해에 관련된 집행문 부여의 소, 청구에 관한 이의의 소 또는 집행문 부여에 대한 이의의 소에 대하여는 「민사집행법」 제33조, 제44조 제1항 및 제45조에도 불구하고 해당 피고사건의 제1심 법원의 관할에 전속한다(소송촉진법 제39조).

> ○ 집행문 부여의 소 : 채권자가 집행권원의 집행력이 있음을 증명서로 증명할 수 없을 때에 집행력이 현존하고 있다는 것을 주장하거나 입증하여 판결로 보장받기 위한 소송
> ○ 청구에 관한 이의의 소 : 채무자가 집행권원에 표시되어 있는 실체법상 이행 청구권의 소멸이나 이행의 유예를 주장하면서, 동시에 그 집행권원의 집행력 배제를 구하는 소(訴)
> ○ 집행문 부여에 대한 이의의 소 : 집행권원의 집행력이 있음을 증명하기 위한 문서가 부적법함을 주장하여 취소나 기타의 시정을 구하는 채무자의 소

▌대법원판례

배상명령제도는 범죄행위로 인하여 재산상 이익을 침해당한 피해자로 하여금 당해 형사소송절차내에서 신속히 그 피해를 회복하게 하려는데 그 주된 목적이 있으므로, 피해자가 이미 그 재산상 피해의 회복에 관한 집행권원을 가지고 있는 경우에는 이와 별도로 배상명령신청을 할 이익이 없다(대법원 1982. 7. 27. 선고 82도1217 판결).

소송촉진등에관한특례법 제25조 제1항의 규정에 의한 배상명령은 피고인의 범죄행위로 피해자가 입은 직접적인 재산상 손해에 대하여 그 피해금액이 특정되고, 피고인의 배상책임의 범위가 명백한 경우에 한하여 피고인에게 그 배상을 명함으로써 간편하고 신속하게 피해자의 피해회복을 도모하고자 하는 제도로서, 같은 조 제3항 제3호의 규정에 의하면, 피고인의 배상책임의 유무 또는 그 범위가 명백하지 아니한 때에는 배상명령을 하여서는 아니 되고, 그와 같은 경우에는 같은 법 제32조 제1항이 정하는 바에 따라 법원은 결정으로

배상명령신청을 각하하여야 한다(대법원 1996. 6. 11. 선고 96도945 판결).

형사소송은 피고인에 대한 국가형벌권의 행사를 그 목적으로 하는 것이므로, 피해자가 형사소송에서 소송촉진등에관한특례법에서 정한 배상명령을 신청한 경우를 제외하고는 단지 피해자가 가해자를 상대로 고소하거나 그 고소에 기하여 형사재판이 개시되어도 이를 가지고 소멸시효의 중단사유인 재판상의 청구로 볼 수는 없다(대법원 1999. 3. 12. 선고 98다18124 판결).

배상명령신청서 작성례

배상명령신청서

사 건 2020고단0000 사기

신청인 ○○○ (000000-0000000)

주소 :

전화번호 :

피고인 ○○○ (000000-0000000)

주소 :

신 청 취 지

1. 피고인 ○○○는 배상신청인에게 돈 10,000,000원을 지급하라.
2. 이 명령은 가집행할 수 있다.
3. 라는 배상명령을 구합니다.

신 청 원 인

1. 피고인은 0000. 0. 0. 이 사건과 관련 있는 피고인 소유 부동산을 신청외 ○○○에게 임대하였음에도 불구하고 신청인에게 이를 속인 채 0000. 0. 0. 신청인으로부터 임대보증금 명목으로 돈 10,000,000원을 편취한 사실이 있습니다.
2. 따라서 위 피해금 10,000,000원을 배상 받기 위하여 이 신청을 하게 되었습니다.

첨 부 서 류

1. 임대차계약서 1통.
2. 영수증 1통.

2022. 0. 0.

위 배상명령신청인 ○○○(인)

○○지방법원 형사제0단독 귀중

참고사항

* 배상명령을 신청함에는 비용은 지출하지 않는다.

제3편
민법 일반

1. 반사회질서의 법률행위

반사회질서의 법률행위의 뜻

선량한 풍속 기타 사회질서에 위반한 사항을 내용으로 하는 법률행위는 무효로 한다(민법 제103조).

선량한 풍속이나 사회질서를 위반한 법률행위라고 함은 매춘(賣春) 행위의 약정, 축첩(畜妾) 계약, 도박장소로 사용함을 알면서 건물을 임대하는 약정, 뇌물을 제공하기로 하는 약속 등을 말한다.

대법원판례

민법 제103조에 의하여 무효로 되는 반사회질서 행위는 법률행위의 목적인 권리의무의 내용이 선량한 풍속 기타 사회질서에 위반되는 경우뿐만 아니라, 그 내용 자체는 반사회질서적인 것이 아니라고 하여도 법률적으로 이를 강제하거나 법률행위에 반사회질서적인 조건 또는 금전적인 대가가 결부됨으로써 반사회질서적 성질을 띠게 되는 경우 및 표시되거나 상대방에게 알려진 법률행위의 동기가 반사회질서적인 경우를 포함한다(대법원 2000. 2. 11. 선고 99다56833 판결).

2. 진의(眞意) 아닌 의사표시

진의 아닌 의사표시의 뜻

의사표시는 표의자가 진의 아님을 알고 한 것이라도 그 효력이 있다. 그러나 상대방이 표의자의 진의 아님을 알았거나 이를 알 수 있었을 경우에는 무효로 한다. 이 의사표시의 무효는 선의의 제삼자에게 대항하지 못한다(민법 제107조). '선의의 제삼자'는 그 의사표시가 진의 아님을 알지 못하는 제삼자를 말한다.

대법원판례

진의 아닌 의사표시에 있어서의 '진의'란 특정한 내용의 의사표시를 하고자 하는 표의자의 생각을 말하는 것이지 표의자가 진정으로 마음속에서 바라는 사항을 뜻하는 것은 아니므로, 표의자가 의사표시의 내용을 진정으로 마음속에서 바라지는 아니하였다고 하더라도 당시의 상황에서는 그것이 최선이라고 판단하여 그 의사표시를 하였을 경우에는 이를 내심의 효과의사가 결여된 진의 아닌 의사표시라고 할 수 없다.
사용자가 사직의 의사 없는 근로자로 하여금 어쩔 수 없이 사직서를 작성 · 제출하게 한 후 이를 수리하는 이른바 의원면직의 형식을 취하여 근로계약관계를 종료시키는 경우에는 실질적으로 사용자의 일방적인 의사에 의하여 근로계약관계를 종료시키는 것이어서 해고에 해당한다고 할 것이나, 그렇지 않은 경우에는 사용자가 사직서 제출에 따른 사직의 의사표시를 수락함으로써 사용자와 근로자의 근로계약관계는 합의해지에 의하여 종료되는 것이므로, 사용자의 의원면직처분을 해고라고 볼 수 없다(대법원 2001. 1. 19. 선고 2000다51919, 51926 판결).

진의 아닌 의사표시가 대리인에 의하여 이루어지고 그 대리인의 진의가 본인의 이익이나 의사에 반하여 자기 또는 제3자의 이익을 위한 배임적인 것임을 그 상대방이 알았거나 알 수 있었을 경우에도 민법 제107조 제1항 단서의 유추해석상 그 대리인의 행위에 대하여 본인은 아무런 책임을 지지 않는다고 보아야 하고, 그 상대방이 대리인의 표시의사가 진의 아님을 알았거나 알 수 있었는가의 여부는 표의자인 대리인과 상대방 사이에 있었던 의사표시 형성 과정과 그 내용 및 그로 인하여 나타나는 효과 등을 객관적인 사정에 따라 합리적으로 판단하여야 한다(대법원 1998. 2. 27. 선고 97다24382 판결).

원고들이 피고 회사에 공원으로 입사하였다가 사직원을 제출하고 퇴직금까지 수령한 후 퇴사, 재입사의 형식을 취하였으나 원고들의 사직서 제출이나 퇴직금수령에 사직의 의사표시가 담겨져 있었다 하더라도 이는 진의 아닌 의사표시로서 피고 회사도 이를 알고 있어서 무효이고, 원고들이 판시와 같은 경위로 중도에 퇴직의 의사표시를 한 것은 진의 아닌 의사표시이고 피고 회사도 이를 알고 있는 것이어서 무효라는 것이므로, 피고 회사가 이 퇴직의 의사표시를 수리하는 형식을 취하였다고 하여 피고 회사와의 근로계약이 해지되어 종료되고 소멸되었다고 할 수 없고, 원고들이 판시와 같은 경위로 퇴직금을 수령하였다고 하여도 마찬가지이다(대법원 1992. 9. 22. 선고 91다40931 판결).

3. 통정(通情)한 허위의 의사표시

통정한 허위의 의사표시의 뜻

상대방과 통정한 허위의 의사표시는 무효로 한다. 이 의사표시의 무효는 선의의 제삼자에게 대항하지 못한다(민법 제108조).

대법원판례

통정허위표시가 성립하기 위하여는 의사표시의 진의와 표시가 일치하지 아니하고, 그 불일치에 관하여 상대방과 사이에 합의가 있어야 하는바, 제3자가 은행을 직접 방문하여 금전소비대차약정서에 주채무자로서 서명·날인하였다면 제3자는 자신이 당해 소비대차계약의 주채무자임을 은행에 대하여 표시한 셈이고, 제3자가 은행이 정한 동일인에 대한 여신한도 제한을 회피하여 타인으로 하여금 제3자 명의로 대출을 받아 이를 사용하도록 할 의도가 있었다거나 그 원리금을 타인의 부담으로 상환하기로 하였더라도, 특별한 사정이 없는 한 이는 소비대차계약에 따른 경제적 효과를 타인에게 귀속시키려는 의사에 불과할 뿐, 그 법률상의 효과까지도 타인에게 귀속시키려는 의사로 볼 수는 없으므로 제3자의 진의와 표시에 불일치가 있다고 보기는 어렵다(대법원 1998. 9. 4. 선고 98다17909 판결).

채무자의 법률행위가 통정허위표시인 경우에도 채권자취소권의 대상이 되고, 한편 채권자취소권의 대상으로 된 채무자의 법률행위라도 통정허위표시의 요건을 갖춘 경우에는 무효라고 할 것이다(대법원 1998. 2. 27. 선고 97다50985 판결).

○ 채권자취소권 : 채권자가 채무자에 대한 자기의 채권을 보전하기 위하여 채권자를 해함을 알고 행한 채무자의 법률행위에 대하여 그 취소 및 원상회복을 법원에 청구할 수 있는 채권자의 권리. 사해행위취소권(詐害行爲取消權)이라고도 함

4. 착오로 인한 의사표시

착오로 인한 의사표시의 뜻

의사표시는 법률행위의 내용의 중요부분에 착오가 있는 때에는 취소할 수 있다. 그러나 그 착오가 표의자의 중대한 과실로 인한 때에는 취소하지 못한다.이 의사표시의 취소는 선의의 제삼자에게 대항하지 못한다(민법 제109조).

대법원판례

의사표시는 법률행위의 내용의 중요 부분에 착오가 있는 때에는 취소할 수 있고, 의사표시의 동기에 착오가 있는 경우에는 당사자 사이에 그 동기를 의사표시의 내용으로 삼았을 때에 한하여 의사표시의 내용의 착오가 되어 취소할 수 있는 것이다. 그리고 당사자의 합의로 착오로 인한 의사표시 취소에 관한 민법 제109조 제1항의 적용을 배제할 수 있다(대법원 2016. 4. 15. 선고 2013다97694 판결).

의사표시는 법률행위 내용의 중요부분에 착오가 있는 때에는 취소할 수 있다. 법률행위 중요부분의 착오란 표의자가 그러한 착오가 없었더라면 그 의사표시를 하지 않았으리라고 생각될 정도로 중요한 것이어야 하고 보통 일반인도 표의자의 처지에 있었더라면 그러한 의사표시를 하지 않았으리라고 생각될 정도로 중요한 것이어야 한다. 가령 토지의 현황과 경계에 착오가 있어 계약을 체결하기 전에 이를 알았다면 계약의 목적을 달성할 수 없음이 명백하여 계약을 체결하지 않았을 것으로 평가할 수 있을 경우에 계약의 중요부분에 관한 착오가 인정된다.
법률행위 내용의 중요부분에 착오가 있는 때에는 그 의사표시를 취소할 수 있으나 그 착오가 표의자의 중대한 과실로 인한 때에는 취소하지 못한다. 여기서 '중대한 과실'이란 표의자의 직업, 행위의 종류, 목적 등에 비추어 보통 요구되는 주의를 현저히 게을리한 것을 의미한다. 토지매매에서 특별한 사정이 없는 한 매수인에게 측량을 하거나 지적도와 대조하는 등의 방법으로 매매목적물이 지적도상의 그것과 정확히 일치하는지 여부를 미리 확인하여야 할 주의의무가 있다고 볼 수 없다(대법원 2020. 3. 26. 선고 2019다288232 판결).

5. 사기 · 강박에 의한 의사표시

▒ 사기 · 강박에 의한 의사표시의 뜻

사기나 강박에 의한 의사표시는 취소할 수 있다. 상대방 있는 의사표시에 관하여 제삼자가 사기나 강박을 행한 경우에는 상대방이 그 사실을 알았거나 알 수 있었을 경우에 한하여 그 의사표시를 취소할 수 있다. 이 의사표시의 취소는 선의의 제삼자에게 대항하지 못한다(민법 제110조).

▒ 대법원판례

상대방 있는 의사표시에 관하여 제3자가 사기나 강박을 한 경우에는 상대방이 그 사실을 알았거나 알 수 있었을 경우에 한하여 그 의사표시를 취소할 수 있으나, 상대방의 대리인 등 상대방과 동일시할 수 있는 자의 사기나 강박은 제3자의 사기 · 강박에 해당하지 아니한다. 은행의 출장소장이 어음할인을 부탁받자 그 어음이 부도날 경우를 대비하여 담보조로 받아두는 것이라고 속이고 금전소비대차 및 연대보증 약정을 체결한 후 그 대출금을 자신이 인출하여 사용한 사안에서, 위 출장소장의 행위는 은행 또는 은행과 동일시할 수 있는 자의 사기일 뿐 제3자의 사기로 볼 수 없으므로, 은행이 그 사기사실을 알았거나 알 수 있었을 경우에 한하여 위 약정을 취소할 수 있는 것은 아니다(대법원 1999. 2. 23. 선고 98다60828, 60835 판결).

혼인의사결정에 당사자 일방 또는 제3자의 사기 또는 강박 등의 위법행위가 개입되어 그로 인해서 혼인을 하게 된 경우에 있어서는 상대방은 그것을 이유로 하고 혼인의 취소를 구한다든가 또는 사기 강박등 위법행위에 관한 사항이 이혼사유에 해당되면 그 사유를 내세우고 재판에 의한 이혼을 구한다든가 혹은 그것이 원유가 되어 당사자가 협의에 의하여 이혼을 한다든가 등 어떠한 방식을 취할 것인가는 오로지 당사자의 선택에 달려있다 할 것이고, 혼인해소가 사기 또는 강박등의 위법행위에 원유한 이상 사기 또는 강박으로 인해서 혼인을 하게 된 자가 그로 인해서 받은 재산상 또는 정신상의 손해배상청구를 하는데 있어서 반드시 어떠한 혼인해소방식에 구애되어 혼인취소 또는 이혼판결이 있어야만 된다고 하여야 할 이유는 없다(대법원 1977. 1. 25. 선고 76다2223 판결).

항소의 취하는 일단 제기한 항소를 철회하여 항소심의 소송계속을 종결시키는 항소법원에 대하여 하는 항소인의 일방적인 소송행위임이 분명한 바, 민사소송법상의 소송행위에는 특별한 규정 또는 특별한 사정이 없는 한 민법상의 법률행위에 관한 규정을 적용할 수 없다 할 것이므로 사기, 강박 또는 착오 등 의사표시의 하자를 이유로 그 무효나 취소를 주장할 수 없다고 해석되며, 적법한 항소취하서가 항소심 법원에 제출되면 그때에 취하의 효력이 발생하여 항소의 효과는 소급적으로 소멸하고, 이는 항소인의 일방적인 행위이기 때문에 상대방의 동의를 필요로 하지 아니하나, 민사소송법 제363조 제2항에서 같은 법 제239조 제4항을 준용하여 항소취하서를 상대방에게 송달토록 한 취지는 항소취하를 상대방에게 알려주라는 뜻이지 그 통지를 항소취하의 요건 내지 효력에 관한 규정이라고 볼 수 없다(대법원 1980. 8. 26. 선고 80다76 판결).

6. 대리

대리의 뜻

민법에서 대리라고 하는 것은 대리인이 본인의 이름으로 의사표시를 하고 또는 의사표시를 받음으로써 그로부터 발생하는 권리의무를 모두 본인에게 귀속시키는 제도를 말한다.

의사표시에 관한 제도이므로 불법행위의 대리라는 것은 없다. 대리라고 하기 위해서는 대리인에게 많건 적건 자유재량의 여지가 있어야 한다. 이 점에서는 사자(使者)와 다르다. 사자는 단순한 심부름꾼에 불과하기 때문이다. 대리 제도는 타인의 식견을 이용하여 자기의 활동범위를 확장하기 위해 쓰이는 것이기 때문이다.

대리행위의 효력

대리인이 그 권한 내에서 본인을 위한 것임을 표시한 의사표시는 직접 본인에게 대하여 효력이 생긴다. 이 규정은 대리인에게 대한 제삼자의 의사표시에 준용한다(민법 제114조).

대리인이 본인을 위한 것임을 표시하지 아니한 경우

대리인이 본인을 위한 것임을 표시하지 아니한 때에는 그 의사표시는 자기(대리인)를 위한 것으로 본다. 그러나 상대방이 대리인으로서 한 것임을 알았거나 알 수 있었을 때에는 대리행위로서의 효력이 있다(민법 제115조).

의사표시의 하자(瑕疵)

의사표시의 효력이 의사의 흠결, 사기, 강박 또는 어느 사정을 알았거나 과실로 알지 못한 것으로 인하여 영향을 받을 경우에 그 사실의 유무는 대리인을 표준하여 결정한다.
특정한 법률행위를 위임한 경우에 대리인이 본인의 지시에 좇아 그 행위를 한 때에는 본인은 자기가 안 사정 또는 과실로 인하여 알지 못한 사정에 관하여 대리인의 부지(不知)를 주장하지 못한다(민법 제116조).

대리인의 행위능력 및 대리권의 범위

대리인은 행위능력자임을 요하지 아니한다. 권한을 정하지 아니한 대리인은 보존행위 및 대리의 목적인 물건이나 권리의 성질을 변하지 아니하는 범위에서 그 이용 또는 개량하는 행위만을 할 수 있다(민법 제117조 · 제118조).
'보존행위'는 재산의 멸실이나 훼손을 방지하고 그 현상을 유지하기 위한 행위를 말한다. 즉, 재산의 가치를 감소하지 않게 하는 행위이다.

각자대리 및 대리인의 복임권(復任權)

대리인이 여러 사람인 때에는 각자가 본인을 대리한다. 그러나 법률 또는 수권행위에 다른 정한 바가 있는 때에는 그러하지 아니하다. 대리권이 법률행위에 의하여 부여된 경우에는 대리인은 본인의 승낙이 있거나 부득이한 사유 있는 때가 아니면 복대리인을 선임하지 못한다(민법 제119조 · 제120조).
'대리권이 법률행위에 의하여 부여된 경우'란 본인과 대리인 사이의 대리권 수여 약정에 따라 성립한 대리를 말한다. 이를 '임의대리인'이라고 한다. 이와는 달리 법률의 규정에 따라 대리권이 부여된 경우는 '법정대리인'이라고 한다. 법정대리인은 원칙적으로 복대리인을 선임할 수 있다. 복대리인은 대리인이 선임한 본인의 대리인이지 대리인의 대리인이 아니다.

임의대리인의 복대리인선임 관련 책임

임의대리인이 복대리인을 선임한 때에는 본인에게 대하여 그 선임감독에 관한 책임이 있다. 임의대리인이 본인의 지명에 의하여 복대리인을 선임한 경우에는 그 부적임 또는 불성실함을 알고 본인에게 대한 통지나 그 해임을 태만한 때가 아니면 책임이 없다(민법 제121조).

▒ 법정대리인의 복임권과 책임

법정대리인은 그 책임으로 복대리인을 선임할 수 있다(민법 제122조). 그러나 부득이한 사유로 인한 때에는 본인에게 대하여 그 선임감독에 관한 책임만이 있다.

▒ 복대리인의 권한

복대리인은 그 권한내에서 본인을 대리한다. 복대리인은 본인이나 제삼자에 대하여 대리인과 동일한 권리의무가 있다(민법 제123조).

▒ 자기계약과 쌍방대리

대리인은 본인의 허락이 없으면 본인을 위하여 자기와 법률행위를 하거나 동일한 법률행위에 관하여 당사자 쌍방을 대리하지 못한다. 그러나 채무의 이행은 할 수 있다(민법 제124조).

▒ 표현대리

제삼자에 대하여 타인에게 대리권을 수여함을 표시한 자는 그 대리권의 범위 내에서 행한 그 타인과 그 제삼자간의 법률행위에 대하여 책임이 있다. 그러나 제삼자가 대리권 없음을 알았거나 알 수 있었을 때에는 그러하지 아니하다(민법 제125조). 이를 '대리권수여의 표시에 의한 표현대리'라고 한다.

대리인이 그 권한 외의 법률행위를 한 경우에 제삼자가 그 권한이 있다고 믿을 만한 정당한 이유가 있는 때에는 본인은 그 행위에 대하여 책임이 있다(민법 제126조). 이를 '권한을 넘은 표현대리'라고 한다.

대리권의 소멸은 선의의 제삼자에게 대항하지 못한다. 그러나 제삼자가 과실로 인하여 그 사실을 알지 못한 때에는 그러하지 아니하다(민법 제129조). 이를 '대리권 소멸 후의 표현대리'라고 한다.

▒ 대리권의 일반적 소멸사유

대리권은 본인의 사망, 대리인의 사망, 성년후견개시 또는 파산으로 인하여 소멸한다(민법 제127조).

▒ 임의대리만의 종료 원인

법률행위에 의하여 수여된 대리권은 그 원인된 법률관계의 종료에 의하여 소멸한다. 법률관계의 종료 전에 본인이 수권행위를 철회한 경우에도 같다(민법 제128조).

▒ 무권대리

대리권 없는 자가 타인의 대리인으로 한 계약은 본인이 이를 추인하지 아니하면 본인에 대하여 효력이 없다(민법 제130조).

'추인'이란 법률행위의 결점을 후에 보충하여 완전하게 하는 것을 말한다. 무권대리인이 한 행위의 추인은 원래 본인에 관하여 아무런 법률효과가 발생하지 않은 것에 새로이 정당한 대리행위로서의 효과를 발생시키는 것이다.

단독행위에는 그 행위당시에 상대방이 대리인이라 칭하는 자의 대리권 없는 행위에 동의하거나 그 대리권을 다투지 아니한 때에 한하여 제130조의 규정을 준용한다. 대리권 없는 자에 대하여 그 동의를 얻어 단독행위를 한 때에도 같다(민법 제136조).

▒ 무권대리 상대방의 최고권(催告權)

대리권 없는 자가 타인의 대리인으로 계약을 한 경우에 상대방은 상당한 기간을 정하여 본인에게 그 추인 여부의 확답을 최고할 수 있다. 본인이 그 기간내에 확답을 발하지 아니한 때에는 추인을 거절한 것으로 본다(민법 제131조).

단독행위에는 그 행위당시에 상대방이 대리인이라 칭하는 자의 대리권 없는 행위에 동의하거나 그 대리권을 다투지 아니한 때에 한하여 제131조의 규정을 준용한다. 대리권 없는 자에 대하여 그 동의를 얻어 단독행위를 한 때에도 같다(민법 제136조).

추인, 거절의 상대방 및 추인의 효력

추인 또는 거절의 의사표시는 상대방에 대하여 하지 아니하면 그 상대방에 대항하지 못한다. 그러나 상대방이 그 사실을 안 때에는 그러하지 아니하다(민법 제132조).

추인은 다른 의사표시가 없는 때에는 계약시에 소급하여 그 효력이 생긴다. 그러나 제삼자의 권리를 해하지 못한다(민법 제133조).

단독행위에는 그 행위당시에 상대방이 대리인이라 칭하는 자의 대리권 없는 행위에 동의하거나 그 대리권을 다투지 아니한 때에 한하여 제132조 및 제133조의 규정을 준용한다. 대리권 없는 자에 대하여 그 동의를 얻어 단독행위를 한 때에도 같다(민법 제136조).

무권대리 상대방의 철회권

대리권 없는 자가 한 계약은 본인의 추인이 있을 때까지 상대방은 본인이나 그 대리인에 대하여 이를 철회할 수 있다. 그러나 계약당시에 상대방이 대리권 없음을 안 때에는 그러하지 아니하다(민법 제134조).

단독행위에는 그 행위당시에 상대방이 대리인이라 칭하는 자의 대리권 없는 행위에 동의하거나 그 대리권을 다투지 아니한 때에 한하여 제134조의 규정을 준용한다. 대리권 없는 자에 대하여 그 동의를 얻어 단독행위를 한 때에도 같다(민법 제136조).

상대방에 대한 무권대리인의 책임

다른 자의 대리인으로서 계약을 맺은 자가 그 대리권을 증명하지 못하고 또 본인의 추인을 받지 못한 경우에는 그는 상대방의 선택에 따라 계약을 이행할 책임 또는 손해를 배상할 책임이 있다. 대리인으로서 계약을 맺은 자에게 대리권이 없다는 사실을 상대방이 알았거나 알 수 있었을 때 또는 대리인으로서 계약을 맺은 사람이 제한능력자일 때에는 예외로 한다(민법 제135조).

단독행위에는 그 행위당시에 상대방이 대리인이라 칭하는 자의 대리권 없는 행위에 동의하거나 그 대리권을 다투지 아니한 때에 한하여 제135조의 규정을 준용한다. 대리권 없는 자에 대하여 그 동의를 얻어 단독행위를 한 때에도 같다(민법 제136조).

대법원판례

임의대리에 있어서 대리권의 범위는 수권행위(대리권 수여행위)에 의하여 정하여지는 것이므로 어느 행위가 대리권의 범위 내의 행위인지의 여부는 개별적인 수권행위의 내용이나 그 해석에 의하여 판단할 것이나, 일반적으로 말하면 수권행위의 통상의 내용으로서의 임의대리권은 그 권한에 부수하여 필요한 한도에서 상대방의 의사표시를 수령하는 이른바 수령대리권을 포함하는 것으로 보아야 한다.
부동산의 소유자로부터 매매계약을 체결할 대리권을 수여받은 대리인은 특별한 사정이 없는 한 그 매매계약에서 약정한 바에 따라 중도금이나 잔금을 수령할 권한도 있다고 보아야 한다(대법원 1994. 2. 8. 선고 93다39379 판결).

민법 제125조가 규정하는 대리권 수여의 표시에 의한 표현대리는 본인과 대리행위를 한 자 사이의 기본적인 법률관계의 성질이나 그 효력의 유무와는 직접적인 관계가 없이 어떤 자가 본인을 대리하여 제3자와 법률행위를 함에 있어 본인이 그 자에게 대리권을 수여하였다는 표시를 제3자에게 한 경우에는 성립될 수가 있고, 또 본인에 의한 대리권 수여의 표시는 반드시 대리권 또는 대리인이라는 말을 사용하여야 하는 것이 아니라 사회통념상 대리권을 추단할 수 있는 직함이나 명칭 등의 사용을 승낙 또는 묵인한 경우에도 대리권 수여의 표시가 있은 것으로 볼 수 있다.
호텔 등의 시설이용 우대회원 모집계약을 체결하면서 자신의 판매점, 총대리점 또는 연락사무소 등의 명칭을 사용하여 회원모집 안내를 하거나 입회계약을 체결하는 것을 승낙 또는 묵인하였다면 민법 제125조의 표현대리가 성립할 여지가 있다(대법원 1998. 6. 12. 선고 97다53762 판결).

표현대리의 법리는 거래의 안전을 위하여 어떠한 외관적 사실을 야기한 데 원인을 준 자는 그 외관적 사실을 믿음에 정당한 사유가 있다고 인정되는 자에 대하여는 책임이 있다는 일반적인 권리외관 이론에 그 기초를 두고 있는 것인 점에 비추어 볼 때, 대리인이 대리권 소멸 후 직접 상대방과 사이에 대리행위를 하는 경우는 물론 대리인이 대리권 소멸 후 복대리인을 선임하여 복대리인으로 하여금 상대방과 사이에 대리행위를 하도록 한 경우에도, 상대방이 대리권 소멸 사실을 알지 못하여 복대리인에게 적법한 대리권이 있는 것으로 믿었고, 그와 같이 믿은 데 과실이 없다면 민법 제129조에 의한 표현대리가 성립할 수 있다 (대법원 1998. 5. 29. 선고 97다55317 판결).

무권대리행위의 추인에 특별한 방식이 요구되는 것이 아니므로 명시적인 방법만 아니라 묵시적인 방법으로도 할 수 있고, 그 추인은 무권대리인, 무권대리행위의 직접의 상대방 및 그 무권대리행위로 인한 권리 또는 법률관계의 승계인에 대하여도 할 수 있다.
민법 제132조는 본인이 무권대리인에게 무권대리행위를 추인한 경우에 상대방이 이를 알지 못하는 동안에는 본인은 상대방에게 추인의 효과를 주장하지 못한다는 취지이므로 상대방은 그때까지 민법 제134조에 의한 철회를 할 수 있고, 또 무권대리인에의 추인이 있었음을 주장할 수도 있다(대법원 1981. 4. 14. 선고 80다2314 판결).

수표발행의 직접 상대방에게 표현대리의 요건이 갖추어져 있는 이상 그로부터 수표를 전전양수한 소지인으로서는 표현대리에 의한 위 수표행위의 효력을 주장할 수 있으므로 본인은 표현대리의 법리에 따라 그 책임을 부담한다(대법원1991. 6. 11. 선고 91다3994 판결).

표현대리의 법리가 적용될 권한을 넘은 행위는 그 대리인이 가지고 있는 진실한 대리권과 동종임을 필요로 하지 않는다(대법원 1963. 8. 31. 선고 63다326 판결).

7. 법률행위의 무효

법률행위의 일부무효

법률행위의 일부분이 무효인 때에는 그 전부를 무효로 한다. 그러나 그 무효부분이 없더라도 법률행위를 하였을 것이라고 인정될 때에는 나머지 부분은 무효가 되지 아니한다(민법 제137조).

무효행위의 전환과 추인

무효인 법률행위가 다른 법률행위의 요건을 구비하고 당사자가 그 무효를 알았더라면 다른 법률행위를 하는 것을 의욕하였으리라고 인정될 때에는 다른 법률행위로서 효력을 가진다 (민법 제138조).

무효인 법률행위는 추인하여도 그 효력이 생기지 아니한다. 그러나 당사자가 그 무효임을 알고 추인한 때에는 새로운 법률행위로 본다(민법 제139조).

대법원판례

무효행위 또는 무권대리 행위의 추인은 무효행위 등이 있음을 알고 행위의 효과를 자기에게 귀속시키도록 하는 단독행위로서 의사표시의 방법에 관하여 일정한 방식이 요구되는 것이 아니므로 묵시적인 방법으로도 할 수 있지만, 묵시적 추인을 인정하기 위해서는 본인이 그 행위로 처하게 된 법적 지위를 충분히 이해하고 그럼에도 진의에 기하여 행위의 결과가 자기에게 귀속된다는 것을 승인한 것으로 볼 만한 사정이 있어야 할 것이다(대법원 2014. 2. 13. 선고2012다112299,112305 판결).

무효행위를 추인한 때에는 달리 소급효를 인정하는 법률규정이 없는 한 새로운 법률행위를 한 것으로 보아야 하고, 이는 무효인 결의를 사후에 적법하게 추인하는 경우에도 마찬가지이다(대법원 2011. 6. 24. 선고 2009다35033 판결).

8. 법률행위의 취소

법률행위의 취소권자

취소할 수 있는 법률행위는 제한능력자, 착오로 인하거나 사기·강박에 의하여 의사표시를 한 자, 그의 대리인 또는 승계인만이 취소할 수 있다(민법 제140조).

법률행위의 취소의 효과

취소된 법률행위는 처음부터 무효인 것으로 본다. 다만, 제한능력자는 그 행위로 인하여 받은 이익이 현존하는 한도에서 상환(償還)할 책임이 있다(민법 제141조).

법률행위의 취소 상대방

취소할 수 있는 법률행위의 상대방이 확정한 경우에는 그 취소는 그 상대방에 대한 의사표시로 하여야 한다(민법 제142조).

취소할 수 있는 법률행위에 대한 추인의 방법과 효과

취소할 수 있는 법률행위는 제한능력자, 착오로 인하거나 사기·강박에 의하여 의사표시를 한 자, 그의 대리인 또는 승계인이 추인할 수 있고 추인 후에는 취소하지 못한다. 법률행위의 상대방이 확정한 경우에는 그 추인은 그 상대방에 대한 의사표시로 하여야 한다(민법 제143조).

추인의 요건

추인은 취소의 원인이 소멸된 후에 하여야만 효력이 있다(민법 제144조 제1항). 민법 제144조 제1항은 법정대리인 또는 후견인이 추인하는 경우에는 적용하지 아니한다.

법정추인

제145조(법정추인) 취소할 수 있는 법률행위에 관하여 전조의 규정에 의하여 추인할 수 있는 후에 다음 각 호의 사유가 있으면 추인한 것으로 본다. 그러나 이의를 보류한 때에는 그러하지 아니하다.

1. 전부나 일부의 이행
2. 이행의 청구
3. 경개
4. 담보의 제공
5. 취소할 수 있는 행위로 취득한 권리의 전부나 일부의 양도
6. 강제집행

취소권의 소멸

취소권은 추인할 수 있는 날로부터 3년내에 법률행위를 한 날로부터 10년내에 행사하여야 한다(민법 제146조).

대법원판례

하나의 법률행위의 일부분에만 취소사유가 있는 경우에 그 법률행위가 가분적(加分的)이거나 그 목적물의 일부가 특정될 수 있다면, 그 나머지 부분이라도 이를 유지하려는 당사자의 가정적 의사가 인정되는 경우 그 일부만의 취소도 가능하고, 또 그 일부의 취소는 법률행위의 일부에 관하여 효력이 생긴다고 할 것이나, 이는 어디까지나 어떤 목적 혹은 목적물에 대한 법률행위가 존재함을 전제로 한다.

매매계약 체결시 토지의 일정 부분을 매매 대상에서 제외시키는 특약을 한 경우, 이는 매매계약의 대상 토지를 특정하여 그 일정 부분에 대하여는 매매계약이 체결되지 않았음을 분명히 한 것으로써 그 부분에 대한 어떠한 법률행위가 이루어진 것으로는 볼 수 없으므로, 그 특약만을 기망에 의한 법률행위로서취소할 수는 없다(대법원 1999. 3. 26. 선고 98다56607 판결).

취소한 법률행위는 처음부터 무효인 것으로 간주되므로 취소할 수 있는 법률행위가 일단 취소된 이상 그 후에는 취소할 수 있는 법률행위의 추인에 의하여 이미 취소되어 무효인 것으로 간주된 당초의 의사표시를 다시 확정적으로 유효하게 할 수는 없고, 다만 무효인 법률행위의 추인의 요건과 효력으로서 추인할 수는 있으나, 무효행위의 추인은 그 무효 원인이 소멸한 후에 하여야 그 효력이 있고, 따라서 강박에 의한 의사표시임을 이유로 일단 유효하게 취소되어 당초의 의사표시가 무효로 된 후에 추인한 경우 그 추인이 효력을 가지기 위하여는 그 무효 원인이 소멸한 후일 것을 요한다고 할 것인데, 그 무효 원인이란 바로 위 의사표시의 취소사유라 할 것이므로 결국 무효 원인이 소멸한 후란 것은 당초의 의사표시의 성립 과정에 존재하였던 취소의 원인이 종료된 후, 즉 강박 상태에서 벗어난 후라고 보아야 한다(대법원 1997. 12. 12. 선고95다38240 판결).

법률행위의 취소는 상대방에 대한 의사표시로 하여야 하나 그 취소의 의사표시는 특별히 재판상 행하여짐이 요구되는 경우 이외에는 특정한 방식이 요구되는 것이 아니고, 취소의 의사가 상대방에 의하여 인식될 수 있다면 어떠한 방법에 의하더라도 무방하다고 할 것이고, 법률행위의 취소를 당연한 전제로 한 소송상의 이행청구나 이를 전제로 한 이행거절 가운데는 취소의 의사표시가 포함되어 있다고 볼 수 있다(대법원 1993. 9. 14. 선고 93다13162 판결).

9. 채권의 소멸시효

▒ 채권 소멸시효의 뜻

'소멸시효'란 권리자가 재산권을 행사를 할 수 있음에도 불구하고 일정기간 동안 권리를 행사하지 않는 경우 그 권리가 실효되게 하는 제도를 말한다. 시효의 일종으로서 '제척기간(除斥期間)에 대비되는 개념이다.

제척기간이나 소멸시효를 정하는 것은 당사자의 권리 유무에 기한을 정함으로써 법질서를 조속히 안정시키는 데 목적이 있다. 소멸시효에 대하여는 법률에서 '시효로 소멸한다'는 문구를 사용하여 그것을 명시하고 있으나, 제척기간은 명시되지 않은 경우도 있는데, 법조문에 기한을 언급하면서 소멸시효가 명시되지 않은 경우에는 제척기간으로 해석된다.

소멸시효와 달리 제척기간은 그 기간의 포기 · 중단 · 정지라는 문제가 있을 수 없다. 소멸시효의 이익은 당사자가 원용함으로써 재판에서 고려되는 것이지만, 제척기간은 당연히 효력을 발생하기 때문에 법원은 이를 기초로 재판하지 않으면 안 된다.

민법은 채권의 소멸시효에 관하여 1년, 3년 및 10년의 3종으로 구분하여 규정하고 있다.

▒ 채권의 일반적인 소멸시효 기간 10년

채권은 10년간 행사하지 아니하면 소멸시효가 완성한다(민법 제162조 제1항). 상행위로 인한 채권은 상법에 다른 규정이 없는 때에는 5년간 행사하지 아니하면 소멸시효가 완성한다. 그러나 다른 법령에 이보다 단기의 시효 규정이 있는 때에는 그 규정에 의한다(상법 제64조).

상법은 민법의 특별법이다. 특별법과 일반법의 규정이 상호 충돌하는 것으로 보이는 경우에는 특별법 규정을 우선적으로 적용한다. 따라서 일반적인 채권일지라도 상행위로 인한 채권의 소멸시효는 5년으로 단축된다.

▒ 3년의 단기소멸시효

제163조(3년의 단기소멸시효) 다음 각 호의 채권은 3년간 행사하지 아니하면 소멸시효가 완성한다.

1. 이자, 부양료, 급료, 사용료 기타 1년 이내의 기간으로 정한 금전 또는 물건의 지급을 목적으로 한 채권

2. 의사, 조산사, 간호사 및 약사의 치료, 근로 및 조제에 관한 채권
3. 도급받은 자, 기사 기타 공사의 설계 또는 감독에 종사하는 자의 공사에 관한 채권
4. 변호사, 변리사, 공증인, 공인회계사 및 법무사에 대한 직무상 보관한 서류의 반환을 청구하는 채권
5. 변호사, 변리사, 공증인, 공인회계사 및 법무사의 직무에 관한 채권
6. 생산자 및 상인이 판매한 생산물 및 상품의 대가
7. 수공업자 및 제조자의 업무에 관한 채권

민법 제163조 제1호에서 말하는 "1년 이내의 기간으로 정한 금전 또는 물건"은 채무자가 채권자에게 금전이나 물건을 지급하는 시기를 1년 보다 짧은 기간으로 약정해 둔 채권이라는 의미이다. 가령 "이자는 매월 말일에 지급한다."와 같이 정한 채권을 말한다.

1년의 단기소멸시효

제164조(1년의 단기소멸시효) 다음 각 호의 채권은 1년간 행사하지 아니하면 소멸시효가 완성한다.

1. 여관, 음식점, 대석, 오락장의 숙박료, 음식료, 대석료, 입장료, 소비물의 대가 및 체당금의 채권
2. 의복, 침구, 장구 기타 동산의 사용료의 채권
3. 노역인, 연예인의 임금 및 그에 공급한 물건의 대금채권
4. 학생 및 수업자의 교육, 의식 및 유숙에 관한 교주, 숙주, 교사의 채권

판결 등에 의하여 확정된 채권의 소멸시효

판결에 의하여 확정된 채권은 단기의 소멸시효에 해당한 것이라도 그 소멸시효는 10년으로 한다(민법 제165조 제1항).

파산절차에 의하여 확정된 채권 및 재판상의 화해, 조정 기타 판결과 동일한 효력이 있는 것에 의하여 확정된 채권도 전항과 같다(민법 제165조 제2항).

전2항의 규정은 판결확정당시에 변제기가 도래하지 아니한 채권에 적용하지 아니한다(민법 제165조 제3항).

▒ 소멸시효의 기산점(起算點)

소멸시효는 권리를 행사할 수 있는 때로부터 진행한다. 부작위를 목적으로 하는 채권의 소멸시효는 위반행위를 한 때로부터 진행한다(민법 제166조).

'부작위(不作爲)를 목적으로 하는 채권'은 어느 사람에게 어떤 행위를 하지 말아야 할 채무를 말한다. 의무자가 이 의무를 위반하여 작위행위(作爲行爲)를 하면 그 시점부터 소멸시효가 진행한다.

▒ 소멸시효의 소급효(遡及效) 및 중단사유

소멸시효는 그 기산일(起算日)에 소급하여 효력이 생긴다. 소멸시효는 청구, 압류, 가압류, 가처분 또는 승인에 의하여 시효가 중단된다(민법 제167조 · 제168조).

"소멸시효는 그 기산일에 소급하여 효력이 생긴다."는 의미는 채권이 성립할 당시로 소급하여 채권 자체가 없었던 것과 같이 취급한다는 것이다. 따라서 소멸시효의 '정지'처럼 일정한 사유(시효진행의 장애사유)가 없어지면 멈췄던 시효가 다시 진행하는 일은 없다는 뜻이다.

▒ 소멸시효중단의 효력

시효의 중단은 당사자 및 그 승계인간에만 효력이 있다(민법 제169조).

▒ 재판상의 청구와 소멸시효의 중단

재판상의 청구는 소송의 각하, 기각 또는 취하의 경우에는 시효중단의 효력이 없다. 이 경우에 6월내에 재판상의 청구, 파산절차참가, 압류 또는 가압류, 가처분을 한 때에는 시효는 최초의 재판상 청구로 인하여 중단된 것으로 본다(민법 제170조).

▒ 파산절차 참가와 시효중단

파산절차참가는 채권자가 이를 취소하거거나 그 청구가 각하된 때에는 시효중단의 효력이 없다(민법 제171조).

▌지급명령과 시효중단

지급명령은 채권자가 법정기간내에 가집행신청을 하지 아니함으로 인하여 그 효력을 잃은 때에는 시효중단의 효력이 없다(민법 제172조). 이 규정과 관련하여 대법원은 다음과 같은 해석을 내놓았다.

지급명령이란 금전 그 밖에 대체물이나 유가증권의 일정한 수량의 지급을 목적으로 하는 청구에 대하여 법원이 보통의 소송절차에 의함이 없이 채권자의 신청에 의하여 간이, 신속하게 발하는 이행에 관한 명령으로 지급명령에 관한 절차는 종국판결을 받기 위한 소의 제기는 아니지만, 채권자로 하여금 간이, 신속하게 집행권원을 취득하도록 하기 위하여 이행의 소를 대신하여 법이 마련한 특별 소송절차로 볼 수 있다.

그런데 재판상 청구에 시효중단의 효력을 인정하는 근거는 권리자가 재판상 그 권리를 주장하여 권리 위에 잠자는 것이 아님을 표명하고 이로써 시효 제도의 기초인 영속되는 사실상태와 상용할 수 없는 다른 사정이 발생하였다는 점에 기인하는 것인데, 그와 같은 점에서 보면 지급명령의 신청은 권리자가 권리의 존재를 주장하면서 재판상 그 실현을 요구하는 것이므로 본질적으로 소의 제기와 다르지 않다.

따라서 민법 제170조 제1항에서 규정하고 있는 '재판상의 청구'라 함은 종국판결을 받기 위한 '소의 제기'에 한정되지 않고, 권리자가 이행의 소를 대신하여 재판기관의 공권적인 법률판단을 구하는 지급명령의 신청도 포함된다고 봄이 상당하다. 그리고 민법 제170조의 재판상 청구에 지급명령의 신청이 포함되는 것으로 보는 이상 특별한 사정이 없는 한, 지급명령의 신청이 각하된 경우라도 6개월 이내에 다시 소를 제기한 경우라면 민법 제170조 제2항에 의하여 그 시효는 당초 지급명령의 신청이 있었던 때에 중단되었다고 보아야 할 것이다.

▌최고(催告)와 시효중단

최고는 6월내에 재판상의 청구, 파산절차참가, 화해를 위한 소환, 임의출석, 압류 또는 가압류, 가처분을 하지 아니하면 시효중단의 효력이 없다(민법 제174조).

'최고'는 타인에게 일정한 행위를 할 것을 요구하는 통지를 말하고, '임의출석'은 민사소송절차에서, 미리 소(訴)를 제기하지 않고 당사자가 임의로 법원에 출석하여 소송에 관한 변론을 하고 구술에 의한 진술로써 소를 제기하는 방식을 말한다.

압류 · 가압류 · 가처분과 시효중단

압류, 가압류 및 가처분은 권리자의 청구에 의하여 또는 법률의 규정에 따르지 아니함으로 인하여 취소된 때에는 시효중단의 효력이 없다(민법 제175조).

압류, 가압류 및 가처분은 시효의 이익을 받은 자에 대하여 하지 아니한 때에는 이를 그에게 통지한 후가 아니면 시효중단의 효력이 없다(민법 제176조).

승인과 시효중단

시효중단의 효력 있는 승인에는 상대방의 권리에 관한 처분의 능력이나 권한 있음을 요하지 아니한다(민법 제177조).

소멸시효 중단사유인 채무승인은 시효이익을 받는 당사자인 채무자가 소멸시효 완성으로 채권을 상실하게 될 상대방 또는 그 대리인에 대하여 상대방의 권리 또는 자신의 채무가 있음을 알고 있다는 뜻을 표시함으로써 성립하며, 그 표시의 방법은 특별한 형식이 필요하지 않고 묵시적이든 명시적이든 상관없다. 또한 승인은 시효이익을 받는 채무자가 상대방의 권리 등의 존재를 인정하는 일방적 행위로서, 권리의 원인 · 내용이나 범위 등에 관한 구체적 사항을 확인하여야 하는 것은 아니고, 채무자가 권리 등의 법적 성질까지 알고 있거나 권리 등의 발생원인을 특정하여야 할 필요는 없다.

그리고 그와 같은 승인이 있는지는 문제가 되는 표현행위의 내용 · 동기와 경위, 당사자가 그 행위 등으로 달성하려고 하는 목적과 진정한 의도 등을 종합적으로 고찰하여 논리와 경험의 법칙, 그리고 사회일반의 상식에 따라 객관적이고 합리적으로 이루어져야 한다(대법원 2019. 4. 25. 선고 2015두39897 판결).

중단 후의 시효진행

시효가 중단된 때에는 중단까지에 경과한 시효기간은 이를 산입하지 아니하고 중단사유가 종료한 때로부터 새로이 진행한다(민법 제178조 제1항). 이와는 달리 시효가 '정지'된 경우에는 정지 전에 진행한 시효를 다시 진행하는 시효기간에 합산한다.

재판상의 청구로 인하여 중단한 시효는 전항의 규정에 의하여 재판이 확정된 때로부터 새로이 진행한다(민법 제178조 제2항).

▒ 종속된 권리에 대한 소멸시효의 효력

주된 권리의 소멸시효가 완성한 때에는 종속된 권리에 그 효력이 미친다(민법 제183조).

▒ 시효이익의 포기 · 배제 · 연장 · 가중 금지

소멸시효의 이익은 미리 포기하지 못한다. 소멸시효는 법률행위에 의하여 이를 배제, 연장 또는 가중할 수 없으나 이를 단축 또는 경감할 수 있다(민법 제184조).

▒ 제한능력자의 시효정지

소멸시효의 기간만료 전 6개월 내에 제한능력자에게 법정대리인이 없는 경우에는 그가 능력자가 되거나 법정대리인이 취임한 때부터 6개월 내에는 시효가 완성되지 아니한다(민법 제179조).

▒ 재산관리자에 대한 제한능력자의 권리, 부부 사이의 권리와 시효정지

재산을 관리하는 아버지, 어머니 또는 후견인에 대한 제한능력자의 권리는 그가 능력자가 되거나 후임 법정대리인이 취임한 때부터 6개월 내에는 소멸시효가 완성되지 아니한다.
부부 중 한쪽이 다른 쪽에 대하여 가지는 권리는 혼인관계가 종료된 때부터 6개월 내에는 소멸시효가 완성되지 아니한다(민법 제180조).

▒ 상속재산에 관한 권리와 시효정지

상속재산에 속한 권리나 상속재산에 대한 권리는 상속인의 확정, 관리인의 선임 또는 파산선고가 있는 때로부터 6월내에는 소멸시효가 완성하지 아니한다(민법 제101조).

▒ 천재(天災) 기타 사변의 시효정지

천재 기타 사변으로 인하여 소멸시효를 중단할 수 없을 때에는 그 사유가 종료한 때로부터 1월내에는 시효가 완성하지 아니한다(민법 제102조).

▒ 대법원판례

소멸시효는 객관적으로 권리가 발생하고 그 권리를 행사할 수 있는 때로부터 진행하고 그 권리를 행사할 수 없는 동안에는 진행하지 아니한다. 여기서 '권리를 행사할 수 없다'라고 함은 그 권리행사에 법률상의 장애사유, 예컨대 기간의 미도래나 조건불성취 등이 있는 경우를 말하는 것이고, 사실상 그 권리의 존부나 권리행사의 가능성을 알지 못하였거나 알지 못함에 과실이 없다고 하여도 이러한 사유는 법률상 장애사유에 해당한다고 할 수 없다(대법원 2010. 9. 9. 선고 2008다15865 판결).

소멸시효는 권리자가 권리를 행사할 수 있는데도 일정한 기간 권리를 행사하지 않은 경우에 권리의 소멸이라는 법률효과가 발생하는 제도이다. 이것은 시간의 흐름에 따라 법률관계가 점점 불명확해지는 것에 대처하기 위한 제도로서, 일정 기간 계속된 사회질서를 유지하고 시간이 지남에 따라 곤란해지는 증거보전으로부터 채무자를 보호하며 자신의 권리를 행사하지 않는 사람을 법적 보호에서 제외함으로써 법적 안정성을 유지하는 데 중점을 두고 있다.
소멸시효가 완성되기 위해서는 권리의 불행사라는 사실상태가 일정한 기간 동안 계속되어야 한다. 채권을 일정한 기간 행사하지 않으면 소멸시효가 완성하지만(민법 제162조, 제163조, 제164조), 채권을 계속 행사하고 있다고 볼 수 있다면 소멸시효가 진행하지 않는다. 나아가 채권을 행사하는 방법에는 채무자에 대한 직접적인 이행청구 외에도 변제의 수령이나 상계, 소송상 청구 및 항변으로 채권을 주장하는 경우 등 채권이 가지는 다른 여러 가지 권능을 행사하는 것도 포함된다. 따라서 채권을 행사하여 실현하려는 행위를 하거나 이에 준하는 것으로 평가할 수 있는 객관적 행위 모습이 있으면 권리를 행사한다고 보는 것이 소멸시효 제도의 취지에 부합한다.
임대차가 종료함에 따라 발생한 임차인의 목적물반환의무와 임대인의 보증금반환의무는 동시이행관계에 있다. 임차인이 임대차 종료 후 동시이행항변권을 근거로 임차목적물을 계속 점유하는 것은 임대인에 대한 보증금반환채권에 기초한 권능을 행사한 것으로서 보증금을 반환받으려는 계속적인 권리행사의 모습이 분명하게 표시되었다고 볼 수 있다. 따라서 임대차 종료 후 임차인이 보증금을 반환받기 위해 목적물을 점유하는 경우 보증금반환채권에 대한 권리를 행사하는 것으로 보아야 하고, 임차인이 임대인에 대하여 직접적인 이행청구를 하지 않았다고 해서 권리의 불행사라는 상태가 계속되고 있다고 볼 수 없다.

임차인의 보증금반환채권과 동시이행관계에 있는 임대인의 목적물인도청구권은 소유권 등 물권에 기초하는 경우가 많으므로, 임대인이 적극적으로 권리를 행사하는지와 관계없이 권리가 시효로 소멸하는 경우는 거의 발생하지 않는다. 만일 임차인이 임대차 종료 후 보증금을 반환받기 위해 목적물을 점유하여 적극적인 권리행사의 모습이 계속되고 있는데도 보증금반환채권이 시효로 소멸한다고 보면, 임차인은 목적물반환의무를 그대로 부담하면서 임대인에 대한 보증금반환채권만 상실하게 된다. 이는 보증금반환채무를 이행하지 않은 임대인이 목적물에 대한 자신의 권리는 그대로 유지하면서 보증금반환채무만을 면할 수 있게 하는 결과가 되어 부당하다. 나아가 이러한 소멸시효 진행의 예외는 어디까지나 임차인이 임대차 종료 후 목적물을 적법하게 점유하는 기간으로 한정되고, 임차인이 목적물을 점유하지 않거나 동시이행항변권을 상실하여 정당한 점유권원을 갖지 않는 경우에 대해서까지 인정되는 것은 아니다. 따라서 임대차 종료 후 보증금을 반환받기 위해 목적물을 점유하는 임차인의 보증금반환채권에 대하여 소멸시효가 진행하지 않는다고 보더라도 그 채권에 관계되는 당사자 사이의 이익 균형에 반하지 않는다.

주택임대차보호법 제4조 제2항은 "임대차기간이 끝난 경우에도 임차인이 보증금을 반환받을 때까지는 임대차관계가 존속되는 것으로 본다."라고 정하고 있다(2008. 3. 21. 법률 제8923호로 개정되면서 표현이 바뀌었을 뿐 그 내용은 개정 전과 같다). 2001. 12. 29. 법률 제6542호로 제정된 상가건물 임대차보호법도 같은 내용의 규정을 두고 있다(제9조 제2항). 이는 임대차기간이 끝난 후에도 임차인이 보증금을 반환받을 때까지는 임차인의 목적물에 대한 점유를 임대차기간이 끝나기 전과 마찬가지 정도로 강하게 보호함으로써 임차인의 보증금반환채권을 실질적으로 보장하기 위한 것이다. 따라서 임대차기간이 끝난 후 보증금을 반환받지 못한 임차인이 목적물을 점유하는 동안 위 규정에 따라 법정임대차관계가 유지되고 있는데도 임차인의 보증금반환채권은 그대로 시효가 진행하여 소멸할 수 있다고 한다면, 이는 위 규정의 입법 취지를 훼손하는 결과를 가져오게 되어 부당하다.

위와 같은 소멸시효 제도의 존재 이유와 취지, 임대차기간이 끝난 후 보증금반환채권에 관계되는 당사자 사이의 이익형량, 주택임대차보호법 제4조 제2항의 입법 취지 등을 종합하면, 주택임대차보호법에 따른 임대차에서 그 기간이 끝난 후 임차인이 보증금을 반환받기 위해 목적물을 점유하고 있는 경우 보증금반환채권에 대한 소멸시효는 진행하지 않는다고 보아야 한다(대법원 2020. 7. 9. 선고 2016다244224, 244231 판결).

소멸시효를 이유로 한 항변권의 행사도 민법의 대원칙인 신의성실의 원칙과 권리남용금지의 원칙의 지배를 받으므로, 채무자가 소멸시효 완성 후 시효를 원용하지 아니할 것 같은 태도를 보여 권리자로 하여금 이를 신뢰하게 하였고, 이후 권리행사를 기대할 수 있는 상당한 기간 내에 권리행사가 있었다면 소멸시효 완성을 주장하는 것은 신의성실 원칙에 반하는 권리남용으로 허용될 수 없다.
이때 '상당한 기간' 내에 권리행사가 있었는지는 채권자와 채무자 사이의 관계, 신뢰를 부여하게 된 채무자의 행위 등의 내용과 동기 및 경위, 채무자가 그 행위 등에 의하여 달성하려고 한 목적과 진정한 의도, 채권자의 권리행사가 지연될 수밖에 없었던 특별한 사정이 있었는지 여부 등을 종합적으로 고려하여 판단할 것이다. 다만, 위와 같이 신의성실의 원칙을 들어 시효 완성의 효력을 부정하는 것은 법적 안정성의 달성, 입증곤란의 구제, 권리행사의 태만에 대한 제재를 그 이념으로 삼고 있는 소멸시효 제도에 대한 대단히 예외적인 제한에 그쳐야 할 것이다.
따라서 위 권리행사의 '상당한 기간'은 특별한 사정이 없는 한 민법상 시효정지의 경우에 준하여 단기간으로 제한되어야 한다. 그러므로 개별 사건에서 매우 특수한 사정이 있어 그 기간을 연장하여 인정하는 것이 부득이한 경우에도 불법행위로 인한 손해배상청구의 경우 그 기간은 아무리 길어도 민법 제766조 제1항이 규정한 단기소멸시효기간인 3년을 넘을 수 없다고 보아야 한다(대법원 2013. 8. 22. 선고 2013다200568 판결).

시효이익을 받을 채무자는 소멸시효가 완성된 후 시효이익을 포기할 수 있고, 이것은 시효의 완성으로 인한 법적인 이익을 받지 않겠다고 하는 효과의사를 필요로 하는 의사표시이다. 그리고 그와 같은 시효이익 포기의 의사표시가 존재하는지의 판단은 표시된 행위 내지 의사표시의 내용과 동기 및 경위, 당사자가 의사표시 등에 의하여 달성하려고 하는 목적과 진정한 의도 등을 종합적으로 고찰하여 사회정의와 형평의 이념에 맞도록 논리와 경험의 법칙, 그리고 사회일반의 상식에 따라 객관적이고 합리적으로 이루어져야 한다(대법원 2017. 7. 11. 선고 2014다32458 판결).

금전채무에 대한 변제기 이후의 지연손해금은 금전채무의 이행을 지체함으로 인한 손해의 배상으로 지급되는 것이므로, 그 소멸시효기간은 원본채권의 그것과 같다.

저당권으로서 첫 경매개시결정등기 전에 등기되었고 매각으로 소멸하는 것을 가진 채권자는 담보권을 실행하기 위한 경매신청을 할 수 있을뿐더러 다른 채권자의 신청에 의하여 개시된 경매절차에서 배당요구를 하지 않아도 당연히 배당에 참가할 수 있는데, 이러한 채권자가 채권의 유무, 그 원인 및 액수를 법원에 신고하여 권리를 행사하였다면 그 채권신고는 민법 제168조 제2호의 압류에 준하는 것으로서 신고된 채권에 관하여 소멸시효를 중단하는 효력이 생긴다. 그러나 민법 제175조에 "압류, 가압류 및 가처분은 권리자의 청구에 의하여 또는 법률의 규정에 따르지 아니함으로 인하여 취소된 때에는 시효중단의 효력이 없다."고 규정하고, 민사집행법 제93조 제1항에 "경매신청이 취하되면 압류의 효력은 소멸된다."고 규정하고 있으므로, 경매신청이 취하되면 특별한 사정이 없는 한 압류로 인한 소멸시효 중단의 효력이 소멸하는 것과 마찬가지로 위와 같이 첫 경매개시결정등기 전에 등기되었고 매각으로 소멸하는 저당권을 가진 채권자의 채권신고로 인한 소멸시효 중단의 효력도 소멸한다.

저당권으로서 첫 경매개시결정등기 전에 등기되었고 매각으로 소멸하는 것을 가진 채권자가 다른 채권자의 신청에 의하여 개시된 경매절차에서 채권신고를 하였다고 하더라도 그 채권신고에 채무자에 대하여 채무의 이행을 청구하는 의사가 직접적으로 표명되어 있다고 보기 어렵고 채무자에 대한 통지 절차도 구비되어 있지 않으므로 별도로 소멸시효 중단 사유인 최고의 효력은 인정되지 않고, 경매신청이 취하된 후 6월내에 위와 같은 채권신고를 한 채권자가 소제기 등의 재판상의 청구를 하였다고 하더라도 민법 제170조 제2항에 의하여 소멸시효 중단의 효력이 유지된다고 할 수 없다(대법원 2010. 9. 9. 선고2010다28031 판결).

보증채무에 대한 소멸시효가 중단되는 등의 사유로 완성되지 아니하였다고 하더라도 주채무에 대한 소멸시효가 완성된 경우에는 시효완성 사실로써 주채무가 당연히 소멸되므로, 보증채무의 부종성에 따라 보증채무 역시 당연히 소멸된다. 그리고 주채무에 대한 소멸시효가 완성되어 보증채무가 소멸된 상태에서 보증인이 보증채무를 이행하거나 승인하였다고 하더라도, 주채무자가 아닌 보증인의 행위에 의하여 주채무에 대한 소멸시효 이익의 포기

효과가 발생된다고 할 수 없으며, 주채무의 시효소멸에도 불구하고 보증채무를 이행하겠다는 의사를 표시한 경우 등과 같이 부종성을 부정하여야 할 다른 특별한 사정이 없는 한 보증인은 여전히 주채무의 시효소멸을 이유로 보증채무의 소멸을 주장할 수 있다고 보아야 한다(대법원 2012. 7. 12. 선고 2010다51192 판결).

부진정연대채무에서는 채무자 1인에 대한 이행청구 또는 채무자 1인이 행한 채무의 승인 등 소멸시효의 중단사유나 시효이익의 포기가 다른 채무자에게 효력을 미치지 않는다. 따라서 채권자가 분할 또는 분할합병이 이루어진 후에 분할회사를 상대로 분할 또는 분할합병 전의 분할회사 채무에 관한 소를 제기하여 분할회사에 대한 관계에서 시효가 중단되거나 확정판결을 받아 소멸시효기간이 연장된다고 하더라도 그와 같은 소멸시효 중단이나 연장의 효과는 다른 채무자인 분할 또는 분할합병으로 인하여 설립되는 회사 또는 존속하는 회사에 효력이 미치지 않는다(대법원 2017. 5. 30. 선고 2016다34687 판결).

다른 채권자가 신청한 부동산경매절차에서 채무자 소유 부동산이 매각되고 그 대금이 이미 소멸시효가 완성된 채무를 피담보채무로 하는 근저당권을 가진 채권자에게 배당되어 채무변제에 충당될 때까지 채무자가 아무런 이의를 제기하지 아니하였다면, 경매절차 진행을 채무자가 알지 못하였다는 등 다른 특별한 사정이 없는 한 채무자는 채권에 대한 소멸시효 이익을 포기한 것으로 볼 수 있고, 한편 소멸시효 이익의 포기는 가분채무 일부에 대하여도 가능하다.
소멸시효가 완성된 경우 채무자에 대한 일반 채권자는 채권자의 지위에서 독자적으로 소멸시효의 주장을 할 수는 없지만 자기의 채권을 보전하기 위하여 필요한 한도 내에서 채무자를 대위하여 소멸시효 주장을 할 수 있다(대법원2012. 5. 10. 선고 2011다109500 판결).

채권자가 확정판결에 기한 채권의 실현을 위하여 채무자에 대하여 민사집행법상 재산명시신청을 하고 그 결정이 채무자에게 송달되었다면 거기에 소멸시효 중단사유인 '최고'로서의 효력만이 인정되므로, 재산명시결정에 의한 소멸시효 중단의 효력은, 그로부터 6월내에 다시 소를 제기하거나 압류 또는 가압류, 가처분을 하는 등 민법 제174조에 규정된 절차를 속행하지 아니하는 한 상실된다.

연대보증채무에 대한 소멸시효가 중단되었다고 하더라도 이로써 주채무에 대한 소멸시효가 중단되는 것은 아니고, 주채무가 소멸시효 완성으로 소멸된 경우에는 연대보증채무도 그 채무 자체의 시효중단에 불구하고 부종성에 따라 당연히 소멸한다(대법원 2012. 1. 12. 선고 2011다78606 판결).

- ㅇ 상계(相計) : 채무자와 채권자가 같은 종류의 채무와 채권을 가지는 경우에, 일방적 의사표시로 서로의 채무와 채권을 같은 액수만큼 소멸케 함
- ㅇ 동시이행의 항변권 : 쌍무계약에서 당사자 일방이 동시이행에 있는 상대방의 채무이행이 없음을 이유로 자신의 채무이행을 거절할 수 있는 권능
- ㅇ 항변권(抗辯權) : 청구권의 행사에 대해 그 작용을 일시적으로 저지할 수 있는 효력을 가지는 권리
- ㅇ 부종성(附從性) : 어떤 권리의 성립, 존속, 소멸(消滅) 따위가 주된 권리와 운명을 같이하는 성질
- ㅇ 부진정연대채무 : 여러명의 채무자가 동일 내용의 급부에 관해 각자 독립하여 전부 급부의무를 부담하고 한 채무자의 이행으로 모든 채무자의 채무가 소멸하는 점은 연대채무와 같지만, 채무자간의 공동목적에 의한 주관적 관련이 없어 1인에 대하여 생긴 목적도달 이외의 사유는 다른 채무자에 영향을 미치지 아니하고, 채무자간에 구상관계도 생기지 않는 채권관계로서 민법이 규율하는 연대채무에 속하지 않는 것
- ㅇ 재산명시신청 : 집행권원을 가진 채권자가 채무를 이행하지 않는 채무자의 재산(강제집행의 대상)을 찾고자 민사집행법의 규정에 따라 법원에 대하여 하는 신청

10. 취득시효

▌점유로 인한 부동산소유권의 취득기간

20년간 소유의 의사로 평온, 공연하게 부동산을 점유하는 자는 등기함으로써 그 소유권을 취득한다(민법 제245조 제1항). 이를 '점유취득시효'라고 한다.

부동산의 소유자로 등기한 자가 10년간 소유의 의사로 평온, 공연하게 선의이며 과실 없이

그 부동산을 점유한 때에는 소유권을 취득한다(민법 제245조 제2항). 이를 '등기부 취득시효'라고 한다.

점유로 인한 동산소유권의 취득기간

10년간 소유의 의사로 평온, 공연하게 동산을 점유한 자는 그 소유권을 취득한다(민법 제 제246조 제1항).

전항의 점유가 선의이며 과실 없이 개시된 경우에는 5년을 경과함으로써 그 소유권을 취득한다(민법 제246조 제2항).

소유권취득의 소급효와 중단사유

점유취득시효 및 등기부 취득시효의 규정에 의한 소유권취득의 효력은 점유를 개시한 때에 소급한다. 소멸시효의 중단에 관한 규정은 점유취득시효와 등기부 취득시효의 소유권취득기간에 준용한다.

선의취득(善意取得)

평온, 공연하게 동산을 양수한 자가 선의이며 과실 없이 그 동산을 점유한 경우에는 양도인이 정당한 소유자가 아닌 때에도 즉시 그 동산의 소유권을 취득한다(민법 제249조).

이 경우에 그 동산이 도품(盜品)이나 유실물인 때에는 피해자 또는 유실자는 도난 또는 유실한 날로부터 2년내에 그 물건의 반환을 청구할 수 있다. 그러나 도품이나 유실물이 금전인 때에는 그러하지 아니하다(민법 제250조).

양수인이 도품 또는 유실물을 경매나 공개시장에서 또는 동종류의 물건을 판매하는 상인에게서 선의로 매수한 때에는 피해자 또는 유실자는 양수인이 지급한 대가를 변상하고 그 물건의 반환을 청구할 수 있다(민법 제251조).

여기에서 말하는 '선의(善意)'는 도품이나 유실물인 사실을 알지 못하는 것을 뜻한다.

선의취득은 즉시취득이라고도 하며, 거래의 안전을 위해 동산의 점유에 공신력(公信力)을 인정하는 제도를 말한다. 민법은 부동산의 등기에는 공신력을 인정하지 않으면서 동산의 점유에는 공신력을 인정하고 있다.

선의취득의 요건은, 목적물은 동산에 한한다는 목적물에 관한 요건인데 동산 중에 특유한 공시방법을 요하는, 즉 등기 · 등록으로 공시되는 동산, 명인방법(明認方法)에 의하여 공시되는 물권, 유가증권 등에는 선의취득이 인정되지 않는다. 양도인이 무권리자이어야 하고 점유를 하고 있어야 한다. 이때 점유자는 직접점유 · 간접점유 또는 자주점유 · 타주점유를 불문한다. 선의취득자가 유효한 거래행위를 통하여 물건을 취득하여 점유를 하여야 한다. 동산을 원시적으로 취득하거나 상속 · 회사의 합병 등과 같은 포괄승계의 경우에는 선의취득은 적용되지 않는다. 또 동산이 도품(盜品)이나 유실물이어서는 아니 되며, 거래는 평온 · 공연하게 행하여졌어야 하고, 상대방이 무권리자임을 알지 못하고(선의), 알지 못한 데에 과실이 없어야 한다.

한편, 점유자의 선의 · 평온 · 공연은 추정되지만 무과실은 추정되지 않는다(민법 제197조).

무주물(無主物)의 귀속

무주의 동산을 소유의 의사로 점유한 자는 그 소유권을 취득한다. 무주의 부동산은 국유로 한다. 야생하는 동물은 무주물로 하고 사양하는 야생동물도 다시 야생상태로 돌아가면 무주물로 한다(민법 제252조).

민법은 야생하는 동물은 무주물로 보고, 이를 소유의 의사로 점유한 자는 소유권을 취득한다고 규정하였다. 이 규정은 우리 민법을 최초로 만든 1958년의 규정이다. 그러나 「야생생물 보호 및 관리에 관한 법률」이 시행되고 있는 현재에는 민법의 위 규정을 그대로 적용할 수는 없다. 야생생물이라고 하더라도 포획이 금지되는 동물이 있고, 야생생물을 포획할 수 없는 지역도 있기 때문이다.

유실물의 소유권취득

유실물은 법률에 정한 바에 의하여 공고한 후 6개월 내에 그 소유자가 권리를 주장하지 아니하면 습득자가 그 소유권을 취득한다(민법 제253조).

'유실물'이라 함은 소유자가 없는 물건이 아니라 소유자의 의사와 관계 없이 소유자가 그 소재를 알지 못하는 물건이다. 유실물의 처리에 관하여 규정한 법률은 「유실물법」이다. 유실물을 습득한 자가 경찰관서에 신고하지 아니한 채 이를 취득하면 형법상 점유이탈물횡령죄를 구성할 수도 있다.

대법원판례

민법 제197조 제1항에 의하면 물건의 점유자는 소유의 의사로 점유한 것으로 추정되므로 점유자가 취득시효를 주장하는 경우에 있어서 스스로 소유의 의사를 입증할 책임은 없고, 오히려 그 점유자의 점유가 소유의 의사가 없는 점유임을 주장하여 점유자의 취득시효의 성립을 부정하는 자에게 그 입증책임이 있는 것이고, 부동산 점유취득시효에 있어서 점유자의 점유가 소유의 의사 있는 자주점유인지 아니면 소유의 의사 없는 타주점유인지 여부는 점유자의 내심의 의사에 의하여 결정되는 것이 아니라 점유 취득의 원인이 된 권원의 성질이나 점유와 관계가 있는 모든 사정에 의하여 외형적 · 객관적으로 결정되어야 하는 것이기 때문에 점유자가 성질상 소유의 의사가 없는 것으로 보이는 권원에 바탕을 두고 점유를 취득한 사실이 증명되었거나, 점유자가 타인의 소유권을 배제하여 자기의 소유물처럼 배타적 지배를 행사하는 의사를 가지고 점유하는 것으로 볼 수 없는 객관적 사정, 즉 점유자가 진정한 소유자라면 통상 취하지 아니할 태도를 나타내거나 소유자라면 당연히 취했을 것으로 보이는 행동을 취하지 아니한 경우 등 외형적 · 객관적으로 보아 점유자가 타인의 소유권을 배척하고 점유할 의사를 갖고 있지 아니하였던 것이라고 볼 만한 사정이 증명된 경우에도 그 추정은 깨어지는 것이므로, 점유자가 점유 개시 당시에 소유권 취득의 원인이 될 수 있는 법률행위 기타 법률요건이 없이 그와 같은 법률요건이 없다는 사실을 잘 알면서 타인 소유의 부동산을 무단 점유한 것임이 입증된 경우에도 특별한 사정이 없는 한 점유자는 타인의 소유권을 배척하고 점유할 의사를 갖고 있지 않다고 보아야 할 것이어서 이로써 소유의 의사가 있는 점유라는 추정은 깨어진다.

현행 우리 민법은 법률행위로 인한 부동산 물권의 득실변경에 관하여 등기라는 공시방법을 갖추어야만 비로소 그 효력이 생긴다는 형식주의를 채택하고 있음에도 불구하고 등기에 공신력이 인정되지 아니하고, 또 현행 민법의 시행 이후에도 법생활의 실태에 있어서는 상당 기간 동안 의사주의를 채택한 구 민법에 따른 부동산 거래의 관행이 잔존하고 있었던 점 등에 비추어 보면, 토지의 매수인이 매매계약에 의하여 목적 토지의 점유를 취득한 경우 설사 그것이 타인의 토지의 매매에 해당하여 그에 의하여 곧바로 소유권을 취득할 수 없다고 하더라도 그것만으로 매수인이 점유권원의 성질상 소유의 의사가 없는 것으로 보이는 권원에 바탕을 두고 점유를 취득한 사실이 증명되었다고 단정할 수 없을 뿐만 아니라, 매도인에게 처분권한이 없다는 것을 잘 알면서 이를 매수하였다는 등의 다른 특별한 사정이 입증되지 않는 한, 그 사실만으로 바로 그 매수인의 점유가 소유의 의사가 있는 점유라는 추정이 깨어지는 것이라고 할 수 없고, 민법 제197조 제1항이 규정하고 있는 점유자에게 추정되는 소유의 의사는 사실상 소유할 의사가 있는 것으로 충분한 것이지 반드시 등기를 수반하여야 하는 것은 아니므로 등기를 수반하지 아니한 점유임이 밝혀졌다고 하여 이 사실만 가지고 바로 점유권원의 성질상 소유의 의사가 결여된 타주점유라고 할 수 없다(대법원 2000. 3. 16. 선고 97다37661 전원합의체 판결).

원래 취득시효제도는 일정한 기간 점유를 계속한 자를 보호하여 그에게 실체법상의 권리를 부여하는 제도이므로, 부동산을 20년 간 소유의 의사로 평온·공연하게 점유한 자는 민법 제245조 제1항에 의하여 점유부동산에 관하여 소유자에 대한 소유권이전등기청구권을 취득하게 되며, 점유자가 취득시효기간의 만료로 일단 소유권이전등기청구권을 취득한 이상, 그 후 점유를 상실하였다고 하더라도 이를 시효이익의 포기로 볼 수 있는 경우가 아닌 한, 이미 취득한 소유권이전등기청구권은 소멸되지 아니한다.
전 점유자의 점유를 승계한 자는 그 점유 자체와 하자만을 승계하는 것이지 그 점유로 인한 법률효과까지 승계하는 것은 아니므로, 부동산을 취득시효기간 만료 당시의 점유자로부터 양수하여 점유를 승계한 현 점유자는 자신의 전 점유자에 대한 소유권이전등기청구권을 보전하기 위하여 전 점유자의 소유자에 대한 소유권이전등기청구권을 대위행사할 수 있을 뿐, 전 점유자의 취득시효 완성의 효과를 주장하여 직접 자기에게 소유권이전등기를 청구할 권원은 없다(대법원 1995. 3. 28. 선고 93다47745 전원합의체 판결).

점유자가 취득시효기간이 경과한 후에 상대방에게 토지의 매수를 제의한 일이 있다고 하여도 일반적으로 점유자는 취득시효가 완성된 후에도 소유권자와의 분쟁을 간편히 해결하기 위하여 매수를 시도하는 사례가 허다함에 비추어 이와 같은 매수 제의를 하였다는 사실을 가지고는 위 점유자의 점유를 타주점유라고 볼 수 없다(대법원 1997. 4. 11. 선고 96다50520 판결).

취득시효 기간의 계산에 있어 그 점유 개시의 기산일은 임의로 선택할 수 없으나, 소유자에 변경이 없는 경우에는 취득시효 완성을 주장할 수 있는 시점에서 보아 그 기간이 경과된 사실만 확정되면 된다.

토지에 대한 점유로 인한 취득시효 완성 당시 미등기로 남아 있던 토지에 관하여 소유권을 가지고 있던 자가 취득시효 완성 후에 그 명의로 소유권보존등기를 마쳤다 하더라도 소유자에 변경이 있다고 볼 수 없으며, 그러한 등기 명의자로부터 상속을 원인으로 소유권이전등기를 마친 자가 있다 하여도 취득시효 완성을 주장할 수 있는 시점에서 역산하여 취득시효 기간이 경과되면 그에게 취득시효 완성을 주장할 수 있다.

점유시효취득 대상인 미등기 토지에 대하여 소유자의 상속인 명의로 구 소유권이전등기등에관한특별조치법(1977. 12. 31. 법률 제3094호로 제정되어 1978. 12. 6. 법률 제3159호로 개정된 것)에 따른 소유권보존등기가 마쳐졌다 하여도 이는 시효취득에 영향을 미치는 소유자 변경에 해당하지 아니한다(대법원 1998. 4. 14. 선고 97다44089 판결).

부동산에 대한 점유취득시효가 완성된 후 이를 등기하지 않고 있는 사이에 그 부동산에 관하여 제3자 명의의 소유권이전등기가 경료되어 점유자가 그 제3자에게 시효취득으로 대항할 수 없게 된 경우에도 점유자가 취득시효 당시의 소유자에 대한 시효취득으로 인한 소유권이전등기청구권을 상실하게 되는 것이 아니라 단지 그 소유자의 점유자에 대한 소유권이전등기의무가 이행불능으로 된 것에 불과하므로, 그 후 어떠한 사유로 취득시효 완성 당시의 소유자에게로 소유권이 회복되면 그 소유자에게 시효취득의 효과를 주장할 수 있으나, 취득시효 완성 후에 원 소유자가 일시 상실하였던 소유권을 회복한 것이 아니라 그 상속인이 소유권이전등기를 마쳤을 뿐인 경우에는 그 상속인의 등기가 실질적으로 상속재산의 협의분할과 동일시할 수 있는 등의 특별한 사정이 없는 한 그 상속인은 점유자에 대한 관계에서 종전 소유자와 같은 지위에 있는 자로 볼 수 없고, 취득시효 완성 후의 새로운 이해관계인으로 보아야 하므로 그에 대하여는 취득시효 완성으로 대항할 수 없다.

부동산의 취득시효에 있어 시효기간의 경과를 계산하기 위한 기산점은 그 부동산에 대한 소유 명의자가 동일하고 그 변동이 없는 경우가 아니라면 원칙적으로 시효취득의 기초가 되는 점유가 개시된 시점이 기산점이 되고, 당사자가 기산점을 임의로 선택할 수 없으며, 그 기산점을 기초로 취득시효가 일단 완성된 후에 제3취득자가 소유권이전등기를 마친 경우에는 그 자에 대하여 취득시효로 대항할 수 없다.

취득시효가 완성된 후에 제3취득자가 소유권이전등기를 마친 경우에도 당초의 점유자가 계속 점유하고 있고, 또 소유자가 변동된 시점을 새로운 기산점으로 삼아도 다시 취득시효의 점유기간이 완성되는 경우에는 취득시효를 주장하는 점유자로서는 소유권 변동시를 새로운 취득시효의 기산점으로 삼아 취득시효의 완성을 주장할 수 있지만, 이 경우에도 그 점유기간 중에는 등기명의자가 동일하고 소유자의 변동이 없어야만 한다(대법원 1999. 2. 12. 선고 98다40688 판결).

타인 소유의 토지에 관하여 구 부동산 소유권이전등기 등에 관한 특별조치법(1992. 11. 30. 법률 제4502호, 실효)에 따라 소유권보존등기를 마친 자는 그 보존등기에 의하여 비로소 소유자로 되는 것이고, 그 등기가 마쳐지기 전에 그 토지를 점유하는 자의 취득시효 기간이 경과하였다면 특별한 사정이 없는 한 등기명의인은 점유자의 시효 완성 후의 새로운 이해관계자라 할 것이므로, 점유자로서는 취득시효 완성으로 그 등기명의인에 대항할 수 없다.
점유로 인한 소유권취득시효 완성 당시 미등기로 남아 있던 토지에 관하여 소유권을 가지고 있던 자가 취득시효 완성 후에 그 명의로 소유권보존등기를 마쳤다 하더라도 이는 소유권의 변경에 관한 등기가 아니므로 그러한 자를 그취득시효 완성 후의 새로운 이해관계인으로 볼 수 없고, 또 그 미등기 토지에 대하여 소유자의 상속인 명의로 소유권보존등기를 마친 것도 시효취득에 영향을 미치는 소유자의 변경에 해당하지 않으므로, 이러한 경우에는 그 등기명의인에게 취득시효 완성을 주장할 수 있다(대법원 2007. 6. 14. 선고 2006다84423 판결).

취득시효 완성 후 제3자 앞으로 경료된 소유권이전등기가 원인무효인 경우 취득시효 완성을 원인으로 한 소유권이전등기청구권을 가진 자는 취득시효 완성 당시의 소유자를 대위하여 제3자 명의 등기의 말소를 구할 수 있다.
한편, 취득시효 완성을 원인으로 하는 소유권이전등기청구권을 피보전권리로 하는 부동산처분금지가처분 등기가 마쳐진 후에 가처분채권자가 가처분채무자를 상대로 가처분의 피보전권리에 기한 소유권이전등기를 청구함과 아울러 가처분 등기 후 가처분채무자로부터 소유권이전등기를 넘겨받은 제3자를 상대로 가처분채무자와 제3자 사이의 법률행위가 원인무효라는 사유를 들어 가처분채무자를 대위하여 제3자 명의 소유권이전등기의 말소를 청구하는 경우, 가처분채권자가 채무자를 상대로 본안의 승소판결을 받아 확정되면 가처분에 저촉되는 처분행위의 효력을 부정할 수 있다고 하여, 그러한 사정만으로 위와 같은 제3자에 대한 청구가 소의 이익이 없어 부적법하다고 볼 수는 없다. 가처분채권자가 대위 행사하는 가처분채무자의 위 제3자에 대한 말소청구권은 가처분 자체의 효력과는 관련이 없을 뿐만 아니라, 가처분은 실체법상의 권리관계와 무관하게 효력이 상실될 수도 있어, 가처분채권자의 입장에서는 가처분의 효력을 원용하는 외에 별도로 가처분채무자를 대위하여 제3자 명의 등기의 말소를 구할 실익도 있기 때문이다(대법원 2017. 12. 5. 선고 2017다237339 판결).

등기부취득시효에 관하여 민법 제245조 제2항은 "부동산의 소유자로 등기한 자가 10년간 소유의 의사로 평온, 공연하게 선의이며 과실 없이 그 부동산을 점유한 때에는 소유권을 취득한다."고 규정하고 있는데, 위 규정에 의하여 소유권을 취득하는 자는 10년간 반드시 그의 명의로 등기되어 있어야 하는 것은 아니고 앞 사람의 등기까지 아울러 그 기간 동안 부동산의 소유자로 등기되어 있으면 된다고 할 것이고, 등기는 물권의 효력발생요건이고 효력존속요건이 아니므로 물권에 관한 등기가 원인 없이 말소된 경우에 그 물권의 효력에는 아무런 영향을 미치지 않는 것이므로, 등기부취득시효가 완성된 후에 그 부동산에 관한 점유자 명의의 등기가 말소되거나 적법한 원인 없이 다른 사람 앞으로 소유권이전등기가 경료되었다 하더라도, 그 점유자는 등기부취득시효의 완성에 의하여 취득한 소유권을 상실하는 것은 아니다.
물건에 대한 점유란 사회관념상 어떤 사람의 사실적 지배에 있다고 보여지는 객관적 관계를 말하는 것으로서 사실상의 지배가 있다고 하기 위하여는 반드시 물건을 물리적, 현실적으로 지배하는 것만을 의미하는 것이 아니고, 물건과 사람과의 시간적, 공간적 관계와 본권관계, 타인지배의 배제 가능성 등을 고려하여 사회통념에 따라 합목적적으로 판단하여야 할 것이고, 대지의 소유자로 등기한 자는 보통의 경우 등기할 때에 그 대지의 인도를 받아 점유를 얻은 것으로 보아야 할 것이므로, 등기사실을 인정하면서 특별한 사정의 설시 없이 점유사실을 인정할 수 없다고 판단할 수는 없다(대법원 2001. 1. 16. 선고 98다20110 판결).

등기부취득시효에 있어서 선의 무과실은 등기에 관한 것이 아니고 점유취득에 관한 것으로서, 그 무과실에 관한 입증책임은 그 시효취득을 주장하는 사람에게 있다.
상속에 의하여 점유권을 취득한 경우에는 상속인은 새로운 권원에 의하여 자기의 고유의 점유를 개시하지 않는 한 피상속인의 점유를 떠나 자신만의 점유를 주장할 수 없다고 할 것이므로, 등기부시효취득을 주장하는 당사자가 그의 부의 사망으로 토지에 대한 점유권을 상속에 의하여 취득하였고, 그의 부 역시 조부의 사망으로 그 토지에 대한 점유권을 상속에 의하여 취득한 것이라면, 특별한 사정이 없는 한 그 당사자나 그의 부는 새로운 권원에 의하여 그 점유를 개시한 것이라고 볼 수는 없다 할 것이어서 결국 그 당사자는 그의 조부가 그 토지에 대한 점유를 개시한 때에 과실이 없었음을 주장 입증하여야 한다(대법원 1995. 2. 10. 선고 94다22651 판결).

민법 제245조 제2항이 정한 등기부취득시효의 요건인 '부동산의 소유자로 등기한 자'에서 말하는 등기는 적법 · 유효한 등기일 필요는 없고 무효의 등기라도 관계없다.
공유자 중 1인이 1필지 토지 중 특정부분만을 점유하여 왔다면 민법 제245조 제2항이 정한 '부동산의 소유자로 등기한 자'와 '그 부동산을 점유한 때'라는 등기부취득시효의 요건 중 특정부분을 제외한 나머지 부분에 관하여는 부동산의 점유라는 요건을 갖추지 못하였고, 그 특정부분 점유자가 1필지 토지에 관하여 가지고 있는 공유지분등기가 그 특정부분 자체를 표상하는 등기라고 볼 수는 없으므로, 결국 그 특정부분에 대한 공유지분의 범위 내에서만 등기부취득시효가 완성되었다고 보아야 할 것이고, 그 1필지 토지가 원래 2인 이상이 내부적으로는 위치와 면적을 특정하여 구분소유하기로 하고 그들의 공유로 등기한 구분소유적 공유관계에 있었던 토지라고 하여 달리 볼 수 없다(대법원2015. 2. 12. 선고 2013다215515 판결).

금전채무를 담보하기 위하여 채무자가 그 소유의 동산을 채권자에게 양도하되 점유개정에 의하여 채무자가 이를 계속 점유하기로 한 경우 특별한 사정이 없는 한 동산의 소유권은 신탁적으로 이전됨에 불과하여 채권자와 채무자 사이의 대내적 관계에서 채무자는 의연히 소유권을 보유하나, 대외적인 관계에 있어서 채무자는 동산의 소유권을 이미 채권자에게 양도한 무권리자가 되는 것이어서 다시 다른 채권자와의 사이에 양도담보 설정계약을 체결하고 점유개정의 방법으로 인도를 하더라도 선의취득이 인정되지 않는 한 나중에 설정계약을 체결한 채권자는 양도담보권을 취득할 수 없는데, 현실의 인도가 아닌 점유개정으로는 선의취득이 인정되지 아니하므로, 결국 뒤의 채권자는 양도담보권을 취득할 수 없다(대법원

2004. 10. 28. 선고 2003다30463 판결).

> ○ 타주점유(他主占有) : 소유의 의사가 없는 점유. 반대로 소유의 의사가 있는 점유는 자주점유라고 함
> ○ 점유개정(占有改正) : 목적물을 양도한 후에도 양도인이 임대차, 사용대차 등의 점유매개관계를 통해 그 목적물을 계속해서 직접 점유를 하고, 양수인은 간접점유를 취득하는 일
> ○ 양도담보권 : 채권담보의 목적으로 물건의 소유권(또는 기타의 재산권)을 채권자에게 이전하고, 채무자가 채무를 이행하지 아니한 경우에는 채권자가 그 목적물로부터 우선변제를 받게 되지만, 채무자가 채무를 이행하는 경우에는 목적물을 다시 원소유자인 채무자에게 반환함으로써 채권을 담보하는 비전형의 관습법상 담보물권

11. 전세권

전세권의 뜻

전세권자는 전세금을 지급하고 타인의 부동산을 점유하여 그 부동산의 용도에 좇아 사용·수익하며, 그 부동산 전부에 대하여 후순위권리자 기타 채권자보다 전세금의 우선변제를 받을 권리가 있다. 농경지는 전세권의 목적으로 하지 못한다(민법 제303조).

건물전세권의 지상권·임차권에 대한 효력

타인의 토지에 있는 건물에 전세권을 설정한 때에는 전세권의 효력은 그 건물의 소유를 목적으로 한 지상권 또는 임차권에 미친다. 이 경우에 전세권설정자는 전세권자의 동의 없이 지상권 또는 임차권을 소멸하게 하는 행위를 하지 못한다(민법 제304조).

전세권의 양도와 임대 등

전세권자는 전세권을 타인에게 양도 또는 담보로 제공할 수 있고 그 존속기간내에서 그 목적물을 타인에게 전전세 또는 임대할 수 있다. 그러나 설정행위로 이를 금지한 때에는 그

러하지 아니하다(민법 제306조).
전세권양수인은 전세권설정자에 대하여 전세권양도인과 동일한 권리의무가 있다(민법 제307조).

▒ 전전세 등의 경우의 책임

전세권의 목적물을 전전세 또는 임대한 경우에는 전세권자는 전전세 또는 임대하지 아니하였으면 면할 수 있는 불가항력으로 인한 손해에 대하여 그 책임을 부담한다(민법 제308조).
임차인은 임대차 목적물을 타인에게 다시 임대(전대)하기 위해서는 임대인의 동의를 받아야 한다. 그러나 전세권자는 전세권설정자의 동의를 받지 않고도 해당 전세권에 터 잡아 전전세를 설정하거나 임대할 수 있다.

▒ 전세권자의 유지, 수선 의무

전세권자는 목적물의 현상을 유지하고 그 통상의 관리에 속한 수선을 하여야 한다(민법 제309조).

▒ 전세권자의 상환청구권

전세권자가 목적물을 개량하기 위하여 지출한 금액 기타 유익비에 관하여는 그 가액의 증가가 현존한 경우에 한하여 소유자의 선택에 좇아 그 지출액이나 증가액의 상환을 청구할 수 있다. 이 경우에 법원은 소유자의 청구에 의하여 상당한 상환기간을 허여할 수 있다(민법 제310조).
민법 제309조는 "전세권자는 목적물의 현상을 유지하고 그 통상의 관리에 속한 수선을 해야 한다."고 규정하여 '필요비'는 전세권설정자에게 청구하지 못하게 하였다. 한편, 제310조는 유익비청구권을 규정하고 있다.

▒ 전세권의 소멸청구

전세권자가 전세권설정계약 또는 그 목적물의 성질에 의하여 정하여진 용법으로 이를 사용, 수익하지 아니한 경우에는 전세권설정자는 전세권의 소멸을 청구할 수 있다. 이 경우에는 전세권설정자는 전세권자에 대하여 원상회복 또는 손해배상을 청구할 수 있다(민법 제311조).

전세권의 존속기간

전세권의 존속기간은 10년을 넘지 못한다. 당사자의 약정기간이 10년을 넘는 때에는 이를 10년으로 단축한다.
건물에 대한 전세권의 존속기간을 1년 미만으로 정한 때에는 이를 1년으로 한다.
전세권의 설정은 이를 갱신할 수 있다. 그 기간은 갱신한 날로부터 10년을 넘지 못한다.
건물의 전세권설정자가 전세권의 존속기간 만료 전 6월부터 1월까지 사이에 전세권자에 대하여 갱신거절의 통지 또는 조건을 변경하지 아니하면 갱신하지 아니한다는 뜻의 통지를 하지 아니한 경우에는 그 기간이 만료된 때에 종전 전세권과 동일한 조건으로 다시 전세권을 설정한 것으로 본다. 이 경우 전세권의 존속기간은 그 정함이 없는 것으로 본다(민법 제312조).

전세금 증감청구권

전세금이 목적 부동산에 관한 조세·공과금 기타 부담의 증감이나 경제사정의 변동으로 인하여 상당하지 아니하게 된 때에는 당사자는 장래에 대하여 그 증감을 청구할 수 있다. 그러나 증액의 경우에는 대통령령이 정하는 기준에 따른 비율을 초과하지 못한다(민법 제312조의2).

민법제312조의2단서의시행에관한규정

[시행 1984. 9. 1.] [대통령령 제11493호, 1984. 9. 1., 제정]

제1조(목적) 이 영은 민법 제312조의2 단서의 규정에 의하여 전세금의 증액 청구하는 경우 그 증액청구의 기준에 관한 사항을 정함을 목적으로 한다.
제2조(증액청구의 비율) 전세금의 증액청구의 비율은 약정한 전세금의 20분의 1을 초과하지 못한다.
제3조(증액청구의 제한) 전세금의 증액청구는 전세권설정계약이 있은 날 또는 약정한 전세금의 증액이 있은 날로부터 1년이내에는 이를 하지 못한다.

▌전세권의 소멸통고

전세권의 존속기간을 약정하지 아니한 때에는 각 당사자는 언제든지 상대방에 대하여 전세권의 소멸을 통고할 수 있고 상대방이 이 통고를 받은 날로부터 6월이 경과하면 전세권은 소멸한다(민법 제313조).

▌불가항력으로 인한 전세권의 멸실

전세권의 목적물의 전부 또는 일부가 불가항력으로 인하여 멸실된 때에는 그 멸실된 부분의 전세권은 소멸한다. 일부멸실의 경우에 전세권자가 그 잔존부분으로 전세권의 목적을 달성할 수 없는 때에는 전세권설정자에 대하여 전세권전부의 소멸을 통고하고 전세금의 반환을 청구할 수 있다(민법 제314조).

▌전세권자의 손해배상책임

전세권의 목적물의 전부 또는 일부가 전세권자에 책임 있는 사유로 인하여 멸실된 때에는 전세권자는 손해를 배상할 책임이 있다. 이 경우에 전세권설정자는 전세권이 소멸된 후 전세금으로써 손해의 배상에 충당하고 잉여가 있으면 반환하여야 하며 부족이 있으면 다시 청구할 수 있다(민법 제315조).

▌원상회복의무와 손해배상청구권

전세권이 그 존속기간의 만료로 인하여 소멸한 때에는 전세권자는 그 목적물을 원상에 회복하여야 하며 그 목적물에 부속시킨 물건은 수거할 수 있다. 그러나 전세권설정자가 그 부속물건의 매수를 청구한 때에는 전세권자는 정당한 이유 없이 거절하지 못한다.
이 경우에 그 부속물건이 전세권설정자의 동의를 얻어 부속시킨 것인 때에는 전세권자는 전세권설정자에 대하여 그 부속물건의 매수를 청구할 수 있다. 그 부속물건이 전세권설정자로부터 매수한 것인 때에도 같다(민법 제316조).

▌전세권의 소멸과 동시이행

전세권이 소멸한 때에는 전세권설정자는 전세권자로부터 그 목적물의 인도 및 전세권설정등기의 말소등기에 필요한 서류의 교부를 받는 동시에 전세금을 반환하여야 한다(민법 제317조).

전세권자의 경매청구권

전세권설정자가 전세금의 반환을 지체한 때에는 전세권자는 민사집행법의 정한 바에 의하여 전세권의 목적물의 경매를 청구할 수 있다(민법 제318조).

대법원판례

전세권이 용익물권적 성격과 담보물권적 성격을 모두 갖추고 있고, 목적물의 인도는 전세권의 성립요건이 아닌 점 등에 비추어 볼 때, 당사자가 주로 채권담보의 목적으로 전세권을 설정하였고, 그 설정과 동시에 목적물을 인도하지 아니한 경우라 하더라도, 장차 전세권자가 목적물을 사용·수익하는 것을 완전히 배제하는 것이 아니라면 그 전세권의 효력을 부인할 수는 없다. 전세금의 지급은 전세권 성립의 요소가 되는 것이지만, 그렇다고 하여 전세금의 지급이 반드시 현실적으로 수수되어야만 하는 것은 아니고 기존의 채권으로 전세금 지급을 대신할 수도 있다.

전세권을 목적으로 한 저당권이 설정된 경우, 전세권의 존속기간이 만료되면 전세권의 용익물권적 권능이 소멸하기 때문에 더 이상 전세권 자체에 대하여 저당권을 실행할 수 없게 되고, 저당권자는 저당권의 목적물인 전세권에 갈음하여 존속하는 것으로 볼 수 있는 전세금반환채권에 대하여 압류 및 추심명령 또는 전부명령을 받거나 제3자가 전세금반환채권에 대하여 실시한 강제집행절차에서 배당요구를 하는 등의 방법으로 물상대위권을 행사하여 전세금의 지급을 구하여야 한다. 전세권저당권자가 물상대위권을 행사하여 전세금반환채권에 대하여 압류 및 추심명령 또는 전부명령을 받고 이에 기하여 추심금 또는 전부금을 청구하는 경우 제3채무자인 전세권설정자는 일반적 채권집행의 법리에 따라 압류 및 추심명령 또는 전부명령이 송달된 때를 기준으로 하여 그 이전에 채무자와 사이에 발생한 모든 항변사유로 압류채권자에게 대항할 수 있다. 다만, 임대차계약에 따른 임대차보증금반환채권을 담보할 목적으로 유효한 전세권설정등기가 마쳐진 경우에는 전세권저당권자가 저당권 설정 당시 그 전세권설정등기가 임대차보증금반환채권을 담보할 목적으로 마쳐진 것임을 알고 있었다면, 제3채무자인 전세권설정자는 전세권저당권자에게 그 전세권설정계약이 임대차계약과 양립할 수 없는 범위에서 무효임을 주장할 수 있으므로, 그 임대차계약에 따른 연체차임 등의 공제

주장으로 대항할 수 있다(대법원2021. 12. 30. 선고 2018다268538 판결).

전세권이 기간만료로 종료된 경우 전세권은 전세권설정등기의 말소등기 없이도 당연히 소멸하고, 저당권의 목적물인 전세권이 소멸하면 저당권도 당연히 소멸하는 것이므로, 전세권을 목적으로 한 저당권자는 전세권의 목적물인 부동산의 소유자에게 더 이상 저당권을 주장할 수 없다.

전세권에 대하여 저당권이 설정된 경우 그 저당권의 목적물은 물권인 전세권자체이지 전세금반환채권은 그 목적물이 아니고, 전세권의 존속기간이 만료되면 전세권은 소멸하므로 더 이상 전세권 자체에 대하여 저당권을 실행할 수 없게 되고, 이러한 경우에는 민법 제370조, 제342조 및 민사소송법 제733조에 의하여 저당권의 목적물인 전세권에 갈음하여 존속하는 것으로 볼 수 있는 전세금반환채권에 대하여 압류 및 추심명령 또는 전부명령을 받거나 제3자가 전세금반환채권에 대하여 실시한 강제집행절차에서 배당요구를 하는 등의 방법으로 자신의 권리를 행사하여 비로소 전세권설정자에 대해 전세금의 지급을 구할 수 있게 된다는 점, 원래 동시이행항변권은 공평의 관념과 신의칙에 입각하여 각 당사자가 부담하는 채무가 서로 대가적 의미를 가지고 관련되어 있을 때 그 이행에 있어서 견련관계를 인정하여 당사자 일방은 상대방이 채무를 이행하거나 이행의 제공을 하지 아니한 채 당사자 일방의 채무의 이행을 청구할 때에는 자기의 채무이행을 거절할 수 있도록 하는 제도인 점, 전세권을 목적물로 하는 저당권의 설정은 전세권의 목적물 소유자의 의사와는 상관없이 전세권자의 동의만 있으면 가능한 것이고, 원래 전세권에 있어 전세권설정자가 부담하는 전세금반환의무는 전세금반환채권에 대한 제3자의 압류 등이 없는 한 전세권자에 대해 전세금을 지급함으로써 그 의무이행을 다할 뿐이라는 점에 비추어 볼 때, 전세권저당권이 설정된 경우에도 전세권이 기간만료로 소멸되면전세권설정자는 전세금반환채권에 대한 제3자의 압류 등이 없는 한 전세권자에 대하여만 전세금반환의무를 부담한다고 보아야 한다(대법원 1999. 9. 17. 선고 98다31301 판결).

실제로는 전세권설정계약이 없으면서도 임대차계약에 기한 임차보증금 반환채권을 담보할 목적으로 임차인과 임대인 사이의 합의에 따라 임차인 명의로 전세권설정등기를 경료한 후 그 전세권에 대하여 근저당권이 설정된 경우, 설령 위 전세권설정계약만 놓고 보아 그것이 통정허위표시에 해당하여 무효라 하더라도 이로써 위 전세권설정계약에 의하여 형성된 법률관계를 토대로 별개의 법률원인에 의하여 새로운 법률상 이해관계를 갖게 된 근저당권자에 대하여는 그와 같은 사정을 알고 있었던 경우에만 그 무효를 주장할 수 있다(대법원2008. 3. 13. 선고 2006다29372,29389 판결).

전세권이 성립한 후 목적물의 소유권이 이전되는 경우에 있어서 전세권 관계가 전세권자와 전세권설정자인 종전 소유자와 사이에 계속 존속되는 것인지 아니면 전세권자와 목적물의 소유권을 취득한 신 소유자와 사이에 동일한 내용으로 존속되는지에 관하여 민법에 명시적인 규정은 없으나, 전세목적물의 소유권이 이전된 경우 민법이 전세권 관계로부터 생기는 상환청구, 소멸청구, 갱신청구, 전세금증감청구, 원상회복, 매수청구 등의 법률관계의 당사자로 규정하고 있는 전세권설정자 또는 소유자는 모두 목적물의 소유권을 취득한 신 소유자로 새길 수밖에 없다고 할 것이므로, 전세권은 전세권자와 목적물의 소유권을 취득한 신 소유자 사이에서 계속 동일한 내용으로 존속하게 된다고 보아야 할 것이고, 따라서 목적물의 신 소유자는 구 소유자와 전세권자 사이에 성립한 전세권의 내용에 따른 권리의무의 직접적인 당사자가 되어 전세권이 소멸하는 때에 전세권자에 대하여 전세권설정자의 지위에서 전세금반환의무를 부담하게 되고, 구 소유자는 전세권설정자의 지위를 상실하여 전세금반환의무를 면하게 된다고 보아야 하고, 전세권이 전세금 채권을 담보하는 담보물권적 성질을 가지고 있다고 하여도 전세권은 전세금이 존재하지 않으면 독립하여 존재할 수 없는 용익물권으로서 전세금은 전세권과 분리될 수 없는 요소이므로, 전세권 관계로 생기는 위와 같은 법률관계가 신 소유자에게 이전되었다고 보는 이상 전세금 채권 관계만이 따로 분리되어 전 소유자와 사이에 남아 있다고 할 수는 없을 것이고, 당연히 신 소유자에게 이전되었다고 보는 것이 옳다(대법원 2000. 6. 9. 선고 99다15122 판결).

민사집행법 제91조 제3항은 "전세권은 저당권 · 압류채권 · 가압류채권에 대항할 수 없는 경우에는 매각으로 소멸된다."라고 규정하고, 같은 조 제4항은 "제3항의 경우 외의 전세권은 매수인이 인수한다. 다만, 전세권자가 배당요구를 하면 매각으로 소멸된다."라고 규정하고 있고, 이는 저당권 등에 대항할 수 없는 전세권과 달리 최선순위의 전세권은 오로지 전세권자의 배당요구에 의하여만 소멸되고, 전세권자가 배당요구를 하지 않는 한 매수인에게 인수되며, 반대로 배당요구를 하면 존속기간에 상관없이 소멸한다는 취지라고 할 것인 점, 주택임차인이 그 지위를 강화하고자 별도로 전세권설정등기를 마치더라도 주택임대차보호법상 임차인으로서 우선변제를 받을 수 있는 권리와 전세권자로서 우선변제를 받을 수 있는 권리는 근거규정 및 성립요건을 달리하는 별개의 권리라고 할 것인 점 등에 비추어 보면, 주택임대차보호법상 임차인으로서의 지위와 전세권자로서의 지위를 함께 가지고 있는 자가 그 중 임차인으로서의 지위에 기하여 경매법원에 배당요구를 하였다면 배당요구를 하지 아니한 전세권에 관하여는 배당요구가 있는 것으로 볼 수 없다(대법원 2010. 6. 24. 선고 2009다40790 판결).

- 용익물권(用益物權) : 사용가치를 지배하는 제한물권(지상권, 지역권, 전세권)
- 담보물권 : 제한물권의 일종으로서 목적물의 교환가치를 지배하는 물권(저당권, 전세권)
- 추심명령(推尋命令) : 채무자가 제3채무자에 대하여 가지고 있는 채권을 대위절차 없이 채무자에 갈음하여 직접 추심할 권리를 집행채권자에게 부여하는 집행법원의 결정
- 전부명령(轉付命令) : 압류한 금전채권을 권면액(券面額)으로 집행채권과 집행비용 청구권의 변제에 갈음하여 압류채권자에게 이전하는 집행법원의 명령
- 물상대위권(物上代位權) : 담보물의 멸실, 훼손 또는 공용징수로 인하여 담보물권설정자가 받을 금전 또는 기타 물건에 대하여 담보권자가 우선변제권을 행사하는 권리
- 통정허위표시(通情虛僞標示) : 표의자가 진의가 아닌 의사 표시를 하는 것에 대하여 상대방과 상호 양해 또는 합의하여 하는 허위의 의사 표시

12. 유치권

유치권의 뜻

타인의 물건 또는 유가증권을 점유한 자는 그 물건이나 유가증권에 관하여 생긴 채권이 변제기에 있는 경우에는 변제를 받을 때까지 그 물건 또는 유가증권을 유치할 권리가 있다. 이 규정은 그 점유가 불법행위로 인한 경우에 적용하지 아니한다(민법 제320조).

유치권(留置權)은 타인의 물건이나 유가증권을 점유한 자가 그 물건이나 유가증권에 관한

채권의 전부를 변제받을 때까지 그 물건이나 유가증권을 유치하여 채무자의 변제를 심리적으로 강제하는 민법이 규정한 법정담보물권이다.

'타인의 물건이나 유가증권을 점유한 자'에서 타인이란 보통은 채무자이지만, 제3자도 포함된다고 해석한다. '점유자'는 불법으로 점유한 자는 여기에 포함되지 않는다. 도적이 도품을 수선하더라도 그 수선한 대금을 특별히 보호하지 않아도 되기 때문이다. '그 물건이나 유가증권에 관해서 생긴 채권'이란 외국에 나가 있는 친구 집의 관리를 의뢰받은 사람이 그 집에 입주해서 납부한 주택에 대한 재산세처럼 그 물건 자체에서 발생한 채권과 자동차를 수선하여 의뢰인에게 돌려줄 때의 수선 대금처럼 그 물건이나 유가증권의 반환 채무와 같은 법률관계나 생활 관계에서 발생한 채권을 말한다.

▒ 유치권의 불가분성

유치권자는 채권 전부의 변제를 받을 때까지 유치물 전부에 대하여 그 권리를 행사할 수 있다(민법 제321조).

▒ 경매와 간이변제충당

유치권자는 채권의 변제를 받기 위하여 유치물을 경매할 수 있다. 정당한 이유 있는 때에는 유치권자는 감정인의 평가에 의하여 유치물로 직접 변제에 충당할 것을 법원에 청구할 수 있다. 이 경우에는 유치권자는 미리 채무자에게 통지하여야 한다(민법 제322조).

▒ 유치권자의 과실수취권

유치권자는 유치물의 과실을 수취하여 다른 채권보다 먼저 그 채권의 변제에 충당할 수 있다. 그러나 과실이 금전이 아닌 때에는 경매하여야 한다. 과실은 먼저 채권의 이자에 충당하고 그 잉여가 있으면 원본에 충당한다(민법 제323조).

▒ 유치권자의 선량한 관리자의 주의의무

유치권자는 선량한 관리자의 주의로 유치물을 점유하여야 한다. 유치권자는 채무자의 승낙 없이 유치물의 사용, 대여 또는 담보제공을 하지 못한다. 그러나 유치물의 보존에 필요한 사용은 그러하지 아니하다. 유치권자가 이를 위반한 때에는 채무자는 유치권의 소멸을 청구할 수 있다(민법 제324조).

유치권자의 상환청구권

유치권자가 유치물에 관하여 필요비를 지출한 때에는 소유자에게 그 상환을 청구할 수 있다. 유치권자가 유치물에 관하여 유익비를 지출한 때에는 그 가액의 증가가 현존한 경우에 한하여 소유자의 선택에 좇아 그 지출한 금액이나 증가액의 상환을 청구할 수 있다. 그러나 법원은 소유자의 청구에 의하여 상당한 상환기간을 허여할 수 있다(민법 제325조).

유치권과 채권소멸시효와의 관계

유치권의 행사는 채권의 소멸시효의 진행에 영향을 미치지 아니한다(민법 제326조). 따라서 비록 유치권을 행사하고 있더라도 피담보채권이 시효로 소멸하게 되면 부종성에 의해 유치권도 소멸하게 된다.

다른 담보 제공과 유치권의 소멸

채무자는 상당한 담보를 제공하고 유치권의 소멸을 청구할 수 있다(민법 제327조).

점유의 상실과 유치권의 소멸

유치권은 점유의 상실로 인하여 소멸한다(민법 제328조).

상사유치권

상인간의 상행위로 인한 채권이 변제기에 있는 때에는 채권자는 변제를 받을 때까지 그 채무자에 대한 상행위로 인하여 자기가 점유하고 있는 채무자소유의 물건 또는 유가증권을 유치할 수 있다. 그러나 당사자간에 다른 약정이 있으면 그러하지 아니하다(상법 제58조).
민법은 일반법이다. 상법은 민법에 대한 특별법이다. 특별법은 일반법에 우선한다. 다만, 상법은 유치권에 관하여 제58조만을 규정하였다. 따라서 상사유치권에 관해서도 상법이 규정하지 아니한 내용은 민법의 규정을 적용한다.

대법원판례

민사집행법 제268조에 의하여 담보권의 실행을 위한 경매절차에 준용되는 같은 법 제91조 제5항에 의하면 유치권자는 매수인에 대하여 피담보채권의 변제를 청구할 수는 없지만, 자신의 피담보채권이 변제될 때까지 유치목적물인 부동산의 인도를 거절할 수 있어 경매절차의 입찰인들은 낙찰 후 유치권자로부터 경매목적물을 쉽게 인도받을 수 없다는 점을 고려하여 입찰하게 되고, 그에 따라 경매목적 부동산이 그만큼 낮은 가격에 낙찰될 우려가 있다. 이와 같이 저가낙찰로 인해 경매를 신청한 근저당권자의 배당액이 줄어들거나 경매목적물 가액과 비교하여 거액의 유치권 신고로 매각 자체가 불가능하게 될 위험은 경매절차에서 근저당권자의 법률상 지위를 불안정하게 하는 것이므로, 위 불안을 제거하는 근저당권자의 이익을 단순한 사실상·경제상의 이익이라고 볼 수는 없다. 따라서 근저당권자는 유치권신고를 한 사람을 상대로 유치권 전부의 부존재뿐만 아니라 경매절차에서 유치권을 내세워 대항할 수 있는 범위를 초과하는 유치권의 부존재 확인을 구할 법률상 이익이 있고, 심리 결과 유치권 신고를 한 사람이 유치권의 피담보채권으로 주장하는 금액의 일부만이 경매절차에서 유치권으로 대항할 수 있는 것으로 인정되는 경우에는 법원은 특별한 사정이 없는 한 그 유치권 부분에 대하여 일부패소의 판결을 하여야 한다(대법원2016. 3. 10. 선고 2013다99409 판결).

* **판례해설** : 유치권은 부동산등기부에 등록할 수 없는 물권이다. 이 판례는 유치권이 있는 부동산에 대하여 유치권자 아닌 다른 채권자가 경매신청을 한 경우에서 발생하는 문제점을 지적하고 있는 판례이다.

우리 법에서 유치권제도는 무엇보다도 권리자에게 그 목적인 물건을 유치하여 계속 점유할 수 있는 대세적 권능을 인정한다(민법 제320조 제1항, 민사집행법 제91조 제5항 등 참조). 그리하여 소유권 등에 기하여 목적물을 인도받고자 하는 사람(물건의 점유는 대부분의 경우에 그 사용·수익가치를 실현하는 전제가 된다)은 유치권자가 가지는 그 피담보채권을 만족시키는 등으로 유치권이 소멸하지 아니하는 한 그 인도를 받을 수 없으므로, 실제로는 그 변제를 강요당하는 셈이 된다. 그와 같이 하여 유치권은 유치권자의 그 채권의 만족을 간접적으로 확보하려는 것이다. 그런데 우리 법상 저당권 등의 부동산담보권은 이른바 비점유담보로서 그 권리자가 목적물을 점유함이 없이 설정되고 유지될 수 있고, 실제로도 저당권자 등이 목적물을 점유하는 일은 매우 드물다. 따라서 어떠한 부동산에 저당권 또는 근저당권과 같이 담보권이 설정된 경우에도 그 설정 후에 제3자가 그 목적물을 점유함으로써 그 위에 유치권을 취득하게 될 수 있다. 이와 같이 저당권 등의 설정 후에 유치권이 성립한 경우에도 마찬가지로 유치권자는 그 저당권의 실행절차에서 목적물을 매수한 사람을 포함하여 목적물의 소유자 기타 권리자에 대하여 위와 같은 대세적인 인도거절권능을 행사할 수 있다. 따라서 부동산유치권은 대부분의 경우에 사실상 최우선순위의 담보권으로서 작용하여, 유치권자는 자신의 채권을 목적물의 교환가치로부터 일반채권자는 물론 저당권자 등에 대하여도 그 성립의 선후를 불문하여 우선적으로 자기 채권의 만족을 얻을 수 있게 된다. 이렇게 되면 유치권의 성립 전에 저당권 등 담보를 설정받고 신용을 제공한 사람으로서는 목적물의 담보가치가 자신이 애초 예상 · 계산하였던 것과는 달리 현저히 하락하는 경우가 발생할 수 있다. 이와 같이 유치권제도는 "시간에서 앞선 사람은 권리에서도 앞선다."는 일반적 법원칙의 예외로 인정되는 것으로서, 특히 부동산담보거래에 일정한 부담을 주는 것을 감수하면서 마련된 것이다.

유치권은 목적물의 소유자와 채권자와의 사이의 계약에 의하여 설정되는 것이 아니라 법이 정하는 일정한 객관적 요건(민법 제320조 제1항, 상법 제58조, 제91조, 제111조, 제120조, 제147조 등 참조)을 갖춤으로써 발생하는 이른바 법정담보물권이다. 법이 유치권제도를 마련하여 위와 같은 거래상의 부담을 감수하는 것은 유치권에 의하여 우선적으로 만족을 확보하여 주려는 그 피담보채권에 특별한 보호가치가 있다는 것에 바탕을 둔 것으로서, 그러한 보호가치는 예를 들어 민법 제320조 이하의 민사유치권의 경우에는 객관적으로 점유자의 채권과 그 목적물 사이에 특수한 관계(민법 제320조 제1항의 문언에 의하면 "그 물건에 관한 생긴 채권"일 것, 즉 이른바 '물건과 채권과의 견련관계'가 있는 것)가 있는 것에서 인정된다. 나아가 상법 제58조에서 정하는 상사유치권은 단지 상인 간의 상행위에 기하여 채권을 가지는 사람이 채무자와의 상행위(그 상행위가 채권 발생의 원인이 된 상행위일 것이 요구되지 아니한다)에 기하여 채무자 소유의 물건을 점유하는 것만으로 바로 성립하는 것으로서, 피담보채권의 보호가치라는 측면에서 보면 위와 같이 목적물과 피담보채권 사이의 이른바 견련관계를 요구하는 민사유치권보다 그 인정범위가 현저하게 광범위하다.

이상과 같은 사정을 고려하여 보면, 유치권제도와 관련하여서는 거래당사자가유치권을 자신의 이익을 위하여 고의적으로 작출함으로써 앞서 본 유치권의 최우선순위 담보권으로서의 지위를 부당하게 이용하고 전체 담보권질서에 관한 법의 구상을 왜곡할 위험이 내재한다. 이러한 위험에 대처하여, 개별 사안의 구체적인 사정을 종합적으로 고려할 때 신의성실의 원칙에 반한다고 평가되는 유치권제도 남용의 유치권 행사는 이를 허용하여서는 안 될 것이다.

채무자가 채무초과의 상태에 이미 빠졌거나 그러한 상태가 임박함으로써 채권자가 원래라면 자기 채권의 충분한 만족을 얻을 가능성이 현저히 낮아진 상태에서 이미 채무자 소유의 목적물에 저당권 기타 담보물권이 설정되어 있어서 유치권의 성립에 의하여 저당권자 등이 그 채권 만족상의 불이익을 입을 것을 잘 알면서 자기 채권의 우선적 만족을 위하여 위와 같이 취약한 재정적 지위에 있는 채무자와의 사이에 의도적으로 유치권의 성립요건을 충족하는 내용의 거래를 일으키고 그에 기하여 목적물을 점유하게 됨으로써 유치권이 성립하였다면, 유치권자가 그 유치권을 저당권자 등에 대하여 주장하는 것은 다른 특별한 사정이 없는 한 신의칙에 반하는 권리행사 또는 권리남용으로서 허용되지 아니한다. 그리고 저당권자 등은 경매절차 기타 채권실행절차에서 위와 같은 유치권을 배제하기 위하여 그 부존재의 확인 등을 소로써 청구할 수 있다고 할 것이다(대법원 2011. 12. 22. 선고 2011다84298 판결).

상사유치권은 민사유치권과 달리 피담보채권이 '목적물에 관하여' 생긴 것일 필요는 없지만 유치권의 대상이 되는 물건은 '채무자 소유'일 것으로 제한되어 있다(상법 제58조, 민법 제320조 제1항 참조). 이와 같이 상사유치권의 대상이 되는 목적물을 '채무자 소유의 물건'에 한정하는 취지는, 상사유치권의 경우에는 목적물과 피담보채권 사이의 견련관계가 완화됨으로써 피담보채권이 목적물에 대한 공익비용적 성질을 가지지 않아도 되므로 피담보채권이 유치권자와 채무자 사이에 발생하는 모든 상사채권으로 무한정 확장될 수 있고, 그로 인하여 이미 제3자가 목적물에 관하여 확보한 권리를 침해할 우려가 있어 상사유치권의 성립범위 또는 상사유치권으로 대항할 수 있는 범위를 제한한 것으로 볼 수 있다. 즉, 상사유치권이 채무자 소유의 물건에 대해서만 성립한다는 것은, 상사유치권은 성립 당시 채무자가 목적물에 대하여 보유하고 있는 담보가치만을 대상으로 하는 제한물권이라는 의미를 담고 있다 할 것이고, 따라서 유치권 성립 당시에 이미 목적물에 대하여 제3자가 권리자인 제한물권이 설정되어 있다면, 상사유치권은 그와 같이 제한된 채무자의 소유권에 기초하여 성립할 뿐이고, 기존의 제한물권이 확보하고 있는 담보가치를 사후적으로 침탈하지는 못한다고 보아야 한다. 그러므로 채무자 소유의 부동산에 관하여 이미 선행(先行)저당권이 설정되어 있는 상태에서 채권자의 상사유치권이 성립한 경우, 상사유치권자는 채무자 및 그 이후 채무자로부터 부동산을 양수하거나 제한물권을 설정받는 자에 대해서는 대항할 수 있지만, 선행저당권자 또는 선행저당권에 기한 임의경매절차에서 부동산을 취득한 매수인에 대한 관계에서는 상사유치권으로 대항할 수 없다(대법원 2013. 2. 28. 선고 2010다57350 판결).

부동산에 관한 민사집행절차에서는 경매개시결정과 함께 압류를 명하므로 압류가 행하여짐과 동시에 매각절차인 경매절차가 개시되는 반면, 국세징수법에 의한 체납처분절차에서는 그와 달리 체납처분에 의한 압류(이하 '체납처분압류'라고 한다)와 동시에 매각절차인 공매절차가 개시되는 것이 아닐 뿐만 아니라, 체납처분압류가 반드시 공매절차로 이어지는 것도 아니다. 또한 체납처분절차와 민사집행절차는 서로 별개의 절차로서 공매절차와 경매절차가 별도로 진행되는 것이므로, 부동산에 관하여 체납처분압류가 되어 있다고 하여 경매절차에서 이를 그 부동산에 관하여 경매개시결정에 따른 압류가 행하여진 경우와 마찬가지로 볼 수는 없다.
따라서 체납처분압류가 되어 있는 부동산이라고 하더라도 그러한 사정만으로 경매절차가 개시되어 경매개시결정등기가 되기 전에 부동산에 관하여 민사유치권을 취득한 유치권자가 경매절차의 매수인에게 유치권을 행사할 수 없다고 볼 것은 아니다(대법원 2014. 3. 20. 선고 2009다60336 전원합의체 판결).

유치권은 법정담보물권이기는 하나 채권자의 이익보호를 위한 채권담보의 수단에 불과하므로 이를 포기하는 특약은 유효하고, 유치권을 사전에 포기한 경우 다른 법정요건이 모두 충족되더라도 유치권이 발생하지 않는 것과 마찬가지로 유치권을 사후에 포기한 경우 곧바로 유치권은 소멸한다. 그리고 유치권 포기로 인한 유치권의 소멸은 유치권 포기의 의사표시의 상대방뿐 아니라 그 이외의 사람도 주장할 수 있다(대법원 2016. 5. 12. 선고 2014다52087 판결).

13. 저당권

▒ 저당권의 뜻

저당권자는 채무자 또는 제삼자가 점유를 이전하지 아니하고 채무의 담보로 제공한 부동산에 대하여 다른 채권자보다 자기채권의 우선변제를 받을 권리가 있다(민법 제356조). 여기에서 말하는 '채무자 또는 제3자'를 저당권설정자라고 한다.

▒ 근저당의 뜻

저당권은 그 담보할 채무의 최고액만을 정하고 채무의 확정을 장래에 보류하여 이를 설정할 수 있다. 이 경우에는 그 확정될 때까지의 채무의 소멸 또는 이전은 저당권에 영향을 미치지 아니한다. 이 경우에는 채무의 이자는 최고액 중에 산입한 것으로 본다(민법 제357조).
저당권은 원래 저당권에 의하여 담보된 채무가 소멸하면 저당권도 당연히 소멸한다. 그러나 근저당권은 채무의 확정을 장래에 미루어 두고 있기 때문에 일시적으로 채무가 소멸하더라도 저당권은 소멸하지 않는다. 채무가 증가하거나 감소할 것을 미리 예상하고 있는 저당권이기 때문이다. 근저당권은 저당권의 특수한 유형이라고 할 수 있는데, 금전거래에서는 일반적으로 저당권보다는 근저당권을 이용하고 있다. 근저당권이 설정된 부동산등기부에는 '채권액'이 아닌 '채권최고액'을 기재하는데, 이는 채권액의 증감변동을 예정하고 있기 때문이다.

▒ 저당권의 효력 범위

저당권의 효력은 저당부동산에 부합된 물건과 종물에 미친다. 그러나 법률에 특별한 규정 또는 설정행위에 다른 약정이 있으면 그러하지 아니하다(민법 제358조).
저당권의 효력은 저당부동산에 대한 압류가 있은 후에 저당권설정자가 그 부동산으로부터 수취한 과실 또는 수취할 수 있는 과실에 미친다. 그러나 저당권자가 그 부동산에 대한 소유권, 지상권 또는 전세권을 취득한 제삼자에 대하여는 압류한 사실을 통지한 후가 아니면 이로써 대항하지 못한다(민법 제359조).

▌피담보채권의 범위

저당권은 원본, 이자, 위약금, 채무불이행으로 인한 손해배상 및 저당권의 실행비용을 담보한다. 그러나 지연배상에 대하여는 원본의 이행기일을 경과한 후의 1년분에 한하여 저당권을 행사할 수 있다(민법 제360조).

▌저당권만의 처분 제한

저당권은 그 담보한 채권과 분리하여 타인에게 양도하거나 다른 채권의 담보로 하지 못한다(민법 제361조).

▌저당물 보충청구권

저당권설정자의 책임 있는 사유로 인하여 저당물의 가액이 현저히 감소된 때에는 저당권자는 저당권설정자에 대하여 그 원상회복 또는 상당한 담보제공을 청구할 수 있다(민법 제362조).

▌저당권자의 경매청구권

저당권자는 그 채권의 변제를 받기 위하여 저당물의 경매를 청구할 수 있다.
저당물의 소유권을 취득한 제삼자도 경매인이 될 수 있다(민법 제363조).
여기에서 말하는 "저당물의 소유권을 취득한 제삼자도 경매인이 될 수 있다."는 것은 경매를 실시하기 전에 저당권설정자로부터 소유권을 취득한 제삼자도 경매절차에서 매수인이 될 수 있다는 의미이다.

▌제삼취득자의 변제

저당부동산에 대하여 소유권, 지상권 또는 전세권을 취득한 제삼자는 저당권자에게 그 부동산으로 담보된 채권을 변제하고 저당권의 소멸을 청구할 수 있다(민법 제364조).

▌저당 토지 위의 건물에 대한 경매청구권

토지를 목적으로 저당권을 설정한 후 그 설정자가 그 토지에 건물을 축조한 때에는 저당권자는 토지와 함께 그 건물에 대하여도 경매를 청구할 수 있다. 그러나 그 건물의 경매대가에 대하여는 우선변제를 받을 권리가 없다(민법 제365조).

제삼취득자의 비용상환청구권

저당물의 제삼취득자가 그 부동산의 보존, 개량을 위하여 필요비 또는 유익비를 지출한 때에는 제203조 제1항, 제2항의 규정에 의하여 저당물의 경매대가에서 우선상환을 받을 수 있다(민법 제367조).

'저당물의 제삼취득자'란 이미 저당권이 설정되어 있는 물건(토지 또는 건물)을 취득한 제삼자를 말한다.

> * 민법
> **제203조(점유자의 상환청구권)** ① 점유자가 점유물을 반환할 때에는 회복자에 대하여 점유물을 보존하기 위하여 지출한 금액 기타 필요비의 상환을 청구할 수 있다. 그러나 점유자가 과실을 취득한 경우에는 통상의 필요비는 청구하지 못한다.
> ② 점유자가 점유물을 개량하기 위하여 지출한 금액 기타 유익비에 관하여는 그 가액의 증가가 현존한 경우에 한하여 회복자의 선택에 좇아 그 지출금액이나 증가액의 상환을 청구할 수 있다.

공동저당과 대가의 배당, 차순위자의 대위

동일한 채권의 담보로 수개의 부동산에 저당권을 설정한 경우에 그 부동산의 경매대가를 동시에 배당하는 때에는 각 부동산의 경매대가에 비례하여 그 채권의 분담을 정한다(민법 제제368조 제1항).

전항의 저당부동산 중 일부의 경매대가를 먼저 배당하는 경우에는 그 대가에서 그 채권전부의 변제를 받을 수 있다. 이 경우에 그 경매한 부동산의 차순위저당권자는 선순위저당권자가 전항의 규정에 의하여 다른 부동산의 경매대가에서 변제를 받을 수 있는 금액의 한도에서 선순위자를 대위하여 저당권을 행사할 수 있다(민법 제368조 제2항).

저당권의 부종성(附従性)

저당권으로 담보한 채권이 시효의 완성 기타 사유로 인하여 소멸한 때에는 저당권도 소멸한다(민법 제369조).

▒ 준용규정

제370조(준용규정) 제214조, 제321조, 제333조, 제340조, 제341조 및 제342조의 규정은 저당권에 준용한다.

> * 민법
>
> **제214조(소유물방해제거, 방해예방청구권)** 소유자는 소유권을 방해하는 자에 대하여 방해의 제거를 청구할 수 있고 소유권을 방해할 염려 있는 행위를 하는 자에 대하여 그 예방이나 손해배상의 담보를 청구할 수 있다.
>
> **제321조(유치권의 불가분성)** 유치권자는 채권 전부의 변제를 받을 때까지 유치물 전부에 대하여 그 권리를 행사할 수 있다.
>
> **제333조(동산질권의 순위)** 수개의 채권을 담보하기 위하여 동일한 동산에 수개의 질권을 설정한 때에는 그 순위는 설정의 선후에 의한다.
>
> **제340조(질물 이외의 재산으로부터의 변제)** ① 질권자는 질물에 의하여 변제를 받지 못한 부분의 채권에 한하여 채무자의 다른 재산으로부터 변제를 받을 수 있다.
>
> ② 전항의 규정은 질물보다 먼저 다른 재산에 관한 배당을 실시하는 경우에는 적용하지 아니한다. 그러나 다른 채권자는 질권자에게 그 배당금액의 공탁을 청구할 수 있다.
>
> **제341조(물상보증인의 구상권)** 타인의 채무를 담보하기 위한 질권설정자가 그 채무를 변제하거나 질권의 실행으로 인하여 질물의 소유권을 잃은 때에는 보증채무에 관한 규정에 의하여 채무자에 대한 구상권이 있다.
>
> **제342조(물상대위)** 질권은 질물의 멸실, 훼손 또는 공용징수로 인하여 질권설정자가 받을 금전 기타 물건에 대하여도 이를 행사할 수 있다. 이 경우에는 그 지급 또는 인도전에 압류하여야 한다.

▒ 지상권, 전세권을 목적으로 하는 저당권

저당권에 관한 규정은 지상권 또는 전세권을 저당권의 목적으로 한 경우에 준용한다. 지상권 또는 전세권을 목적으로 저당권을 설정한 자는 저당권자의 동의 없이 지상권 또는 전세권을 소멸하게 하는 행위를 하지 못한다(민법 제371조).

▒ 타법률에 의한 저당권

저당권에 관한 규정은 다른 법률에 의하여 설정된 저당권에 준용한다(민법 제372조).

대법원판례

부동산의 소유자 겸 채무자가 채권자인 저당권자에게 당해 저당권설정등기에 의하여 담보되는 채무를 모두 변제함으로써 저당권이 소멸된 경우 그 저당권설정등기 또한 효력을 상실하여 말소되어야 할 것이나, 그 부동산의 소유자가 새로운 제3의 채권자로부터 금원을 차용함에 있어 그 제3자와 사이에 새로운 차용금 채무를 담보하기 위하여 잔존하는 종전 채권자 명의의 저당권설정등기를 이용하여 이에 터 잡아 새로운 제3의 채권자에게 저당권 이전의 부기등기를 경료하기로 하는 내용의 저당권등기 유용의 합의를 하고 실제로 그 부기등기를 경료하였다면, 그 저당권이전등기를 경료받은 새로운 제3의 채권자로서는 언제든지 부동산의 소유자에 대하여 그 등기 유용의 합의를 주장하여 저당권설정등기의 말소청구에 대항할 수 있다고 할 것이고, 다만 그 저당권 이전의 부기등기 이전에 등기부상 이해관계를 가지게 된 자에 대하여는 위 등기 유용의 합의 사실을 들어 위 저당권설정등기 및 그 저당권 이전의 부기등기의 유효를 주장할 수는 없다.

채무자인 부동산 소유자와 새로운 제3의 채권자와 사이에 저당권등기의 유용의 합의를 하였으나 아직 종전의 채권자 겸 근저당권자의 협력을 받지 못하여저당권 이전의 부기등기를 경료하지 못한 경우에는 부동산 소유자와 종전의 채권자 사이에서는 저당권설정등기는 여전히 등기원인이 소멸한 무효의 등기라고 할 것이므로 부동산 소유자는 종전의 채권자에 대하여 그 저당권설정등기의 말소를 구할 수 있다고 할 것이지만, 부동산 소유자와 종전의 채권자 그리고 새로운 제3의 채권자 등 3자가 합의하여 저당권설정등기를 유용하기로 합의한 경우라면 종전의 채권자는 부동산 소유자의 저당권설정등기말소청구에 대하여 그 3자 사이의 등기 유용의 합의 사실을 들어 대항할 수 있고, 또한 부동산 소유자로부터 그 부동산을 양도받기로 하였으나 아직 소유권이전등기를 경료받지 아니하여 그 소유자를 대위하여 저당권설정등기의 말소를 구할 수밖에 없는 자에 대하여도 마찬가지로 대항할 수 있다 (대법원 1998. 3. 24. 선고 97다56242 판결).

공동저당이 설정된 복수의 부동산이 같은 물상보증인의 소유에 속하고 그중 하나의 부동산에 후순위저당권이 설정되어 있는 경우에, 그 부동산의 대가만이 배당되는 때에는 후순위저당권자는 민법 제368조 제2항에 따라 선순위 공동저당권자가 같은 조 제1항에 따라 공동저당이 설정된 다른 부동산으로부터 변제를 받을 수 있었던 금액에 이르기까지 선순위

공동저당권자를 대위하여 그 부동산에 대한 저당권을 행사할 수 있다.
이 경우 공동저당이 설정된 부동산이 제3자에게 양도되어 그 소유자가 다르게 되더라도 민법 제482조 제2항 제3호, 제4호에 따라 각 부동산의 소유자는 그 부동산의 가액에 비례해서만 변제자대위를 할 수 있으므로 후순위저당권자의 지위는 영향을 받지 않는다.
채무자 소유의 부동산과 물상보증인 소유의 부동산에 공동저당이 설정되고 그중 채무자 소유의 부동산에 후순위저당권이 설정된 경우에, 선순위 공동저당권자가 물상보증인이 소유한 부동산의 대가만을 배당받는 등 물상보증인으로부터 먼저 채권을 변제받은 때에는 물상보증인은 채무자에 대하여 구상권을 취득함과 동시에 민법 제481조, 제482조에 따른 변제자대위에 의하여 채무자 소유의 부동산에 대한 선순위 공동저당권을 취득한다.
같은 물상보증인이 소유하는 복수의 부동산에 공동저당이 설정되고 그중 한 부동산에 후순위저당권이 설정된 다음에 그 부동산이 채무자에게 양도됨으로써 채무자 소유의 부동산과 물상보증인 소유의 부동산에 대해 공동저당이 설정된 상태에 있게 된 경우에는 물상보증인의 변제자대위는 후순위저당권자의 지위에 영향을 주지 않는 범위에서 성립한다고 보아야 하고, 이는 물상보증인으로부터 부동산을 양수한 제3취득자가 변제자대위를 하는 경우에도 마찬가지이다. 이 경우 물상보증인이 자신이 변제한 채권 전부에 대해 변제자대위를 할 수 있다고 본다면, 후순위저당권자는 저당부동산이 채무자에게 이전되었다는 우연한 사정으로 대위를 할 수 있는 지위를 박탈당하는 반면, 물상보증인 또는 그로부터 부동산을 양수한 제3취득자는 뜻하지 않은 이득을 얻게 되어 부당하다. 같은 물상보증인이 소유하는 복수의 부동산에 공동저당이 설정된 경우 그 부동산 중 일부에 대한 후순위저당권자는 선순위 공동저당권자가 공동저당이 설정된 부동산의 가액에 비례하여 배당받는 것을 전제로 부동산의 담보가치가 남아있다고 기대하여 저당권을 설정받는 것이 일반적이고, 이러한 기대를 보호하는 것이 민법 제368조의 취지에 부합한다(대법원 2021. 12. 16. 선고 2021다247258 판결).

채무자 소유의 수개 부동산에 관하여 공동저당권이 설정된 경우 민법 제368조 제2항 후문에 의한 후순위저당권자의 대위권은 선순위 공동저당권자가 공동저당의 목적물인 부동산 중 일부의 경매대가로부터 배당받은 금액이 그 부동산의 책임분담액을 초과하는 경우에 비로소 인정되는 것이지만, 후순위저당권자로서는 선순위 공동저당권자가 피담보채권을 변제받지 않은 상태에서도 추후 공동저당 목적 부동산 중 일부에 관한 경매절차에서 선순위 공동저당권자가 부동산의 책임분담액을 초과하는 경매대가를 배당받는 경우 다른 공동저당 목적 부동산에 관하여 선순위 공동저당권자를 대위하여 저당권을 행사할 수 있다는 대위의 기대를 가진다고 보아야 하고, 후순위저당권자의 이와 같은 대위에 관한 정당한 기대는 보호되어야 하므로, 선순위 공동저당권자가 피담보채권을 변제받기 전에 공동저당 목적 부동산 중 일부에 관한 저당권을 포기한 경우에는, 후순위저당권자가 있는 부동산에 관한 경매절차에서, 저당권을 포기하지 아니하였더라면 후순위저당권자가 대위할 수 있었던 한도에서는 후순위저당권자에 우선하여 배당을 받을 수 없다고 보아야 하고, 이러한 법리는 동일한 채권의 담보를 위하여 공유인 부동산에 공동저당의 관계가 성립된 경우에도 마찬가지로 적용된다고 보아야 한다.
민법 제368조 제2항에 의하여 공동저당 부동산의 후순위저당권자에게 인정되는 대위를 할 수 있는 지위 내지 그와 같은 대위에 관한 정당한 기대를 보호할 필요성은 그 후 공동저당 부동산이 제3자에게 양도되었다는 이유로 달라지지 않는다. 즉, 공동저당 부동산의 일부를 취득하는 제3자로서는 공동저당 부동산에 관하여 후순위저당권자 등 이해관계인들이 갖고 있는 기존의 지위를 전제로 하여 공동저당권의 부담을 인수한 것으로 보아야 하기 때문에 공동저당 부동산의 후순위저당권자의 대위에 관한 법적 지위 및 기대는 공동저당 부동산의 일부가 제3자에게 양도되었다는 사정에 의해 영향을 받지 않는다(대법원 2011. 10. 13. 선고 2010다99132 판결).

민법 제359조 전문은 "저당권의 효력은 저당부동산에 대한 압류가 있은 후에저당권설정자가 그 부동산으로부터 수취한 과실 또는 수취할 수 있는 과실에 미친다."라고 규정하고 있는데, 위 규정상 '과실'에는 천연과실뿐만 아니라 법정과실도 포함되므로, 저당부동산에 대한 압류가 있으면 압류 이후의 저당권설정자의 저당부동산에 관한 차임채권 등에도 저당권의 효력이 미친다.
다만, 저당부동산에 대한 경매절차에서 저당부동산에 관한 차임채권 등을 관리하면서 이를 추심하거나 저당부동산과 함께 매각할 수 있는 제도가 마련되어 있지 아니하므로, 저당권의 효력이 미치는 차임채권 등에 대한 저당권의 실행이 저당부동산에 대한 경매절차에 의하여 이루어질 수는 없고, 그 저당권의 실행은 저당권의 효력이 존속하는 동안에 채권에 대한 담보권의 실행에 관하여 규정하고 있는 민사집행법 제273조에 따른 채권집행의 방법으로 저당부동산에 대한 경매절차와 별개로 이루어질 수 있을 뿐이다(대법원 2016. 7. 27. 선고 2015다230020 판결).

민법 제370조에 의하여 저당권에 준용되는 제342조 후문이 "저당권자가 물상대위권을 행사하기 위하여서는 저당권설정자가 지급받을 금전 기타 물건의 지급 또는 인도 전에 압류하여야 한다."라고 규정한 취지는, 물상대위의 목적이 되는 금전 기타 물건의 특정성을 유지하여 제3자에게 불측의 손해를 입히지 아니하려는 데 있는 것이므로, 저당목적물의 변형물인 금전 기타 물건에 대하여 이미 제3자가 압류하여 그 금전 또는 물건이 특정된 이상 저당권자는 스스로 이를 압류하지 않고서도 물상대위권을 행사할 수 있다(대법원 1996. 7. 12. 선고 96다21058 판결).

당사자 사이에 하나의 기본계약에서 발생하는 동일한 채권을 담보하기 위하여 여러 개의 부동산에 근저당권을 설정하면서 각각의 근저당권 채권최고액을 합한 금액을 우선변제받기 위하여 공동근저당권의 형식이 아닌 개별 근저당권의 형식을 취한 경우, 이러한 근저당권은 민법 제368조가 적용되는 공동근저당권이 아니라 피담보채권을 누적적(累積的)으로 담보하는 근저당권에 해당한다. 이와 같은 누적적 근저당권은 공동근저당권과 달리 담보의 범위가 중첩되지 않으므로, 누적적 근저당권을 설정받은 채권자는 여러 개의 근저당권을 동시에 실행할 수도 있고, 여러 개의 근저당권 중 어느 것이라도 먼저 실행하여 그 채권최고액의 범위에서 피담보채권의 전부나 일부를 우선변제받은 다음 피담보채권이 소멸할 때까지 나머지 근저당권을 실행하여 그 근저당권의 채권최고액 범위에서 반복하여 우선변제를 받을 수 있다.
채권자가 하나의 기본계약에서 발생하는 동일한 채권을 담보하기 위하여 채무자 소유의 부동산과 물상보증인 소유의 부동산에 누적적 근저당권을 설정받았는데 물상보증인 소유의 부동산이 먼저 경매되어 매각대금에서 채권자가 변제를 받은 경우, 물상보증인은 채무자에 대하여 구상권을 취득함과 동시에 민법 제481조, 제482조에 따라 종래 채권자가 가지고 있던 채권 및 담보에 관한 권리를 행사할 수 있다. 이때 물상보증인은 변제자대위에 의하여 종래 채권자가 보유하던 채무자 소유 부동산에 관한 근저당권을 대위취득하여 행사할 수 있다고 보아야 한다(대법원 2020. 4. 9. 선고 2014다51756, 51763 판결).

근저당권은 채권담보를 위한 것이므로 원칙적으로 채권자와 근저당권자는 동일인이 되어야 하지만, 제3자를 근저당권 명의인으로 하는 근저당권을 설정하는 경우 그 점에 대하여 채권자와 채무자 및 제3자 사이에 합의가 있고, 채권양도, 제3자를 위한 계약, 불가분적 채권관계의 형성 등 방법으로 채권이 그 제3자에게 실질적으로 귀속되었다고 볼 수 있는 특별한 사정이 있는 경우에는 제3자 명의의 근저당권설정등기도 유효하다고 보아야 할 것이고, 한편 부동산을 매수한 자가 소유권이전등기를 마치지 아니한 상태에서 매도인인 소유자의 승낙 아래 매수 부동산을 타에 담보로 제공하면서 당사자 사이의 합의로 편의상 매수인 대신 등기부상 소유자인 매도인을 채무자로 하여 마친 근저당권설정등기는 실제 채무자인 매수인의 근저당권자에 대한 채무를 담보하는 것으로서 유효하다고 볼 것인바, 위 양자의 형태가 결합된 근저당권이라 하여도 그 자체만으로는 부종성의 관점에서 근저당권이 무효라고 보아야 할 어떤 질적인 차이를 가져오는 것은 아니라 할 것이다.
그리고 매매잔대금 채무를 지고 있는 부동산 매수인이 매도인과 사이에 소유권이전등기를 경료하지 아니한 상태에서 그 부동산을 담보로 하여 대출받는 돈으로 매매잔대금을 지급하기로 약정하는 한편, 매매잔대금의 지급을 위하여 당좌수표를 발행·교부하고 이를 담보하기 위하여 그 부동산에 제1순위 근저당권을 설정하되, 그 구체적 방안으로서 채권자인 매도인과 채무자인 매수인 및 매도인이 지정하는 제3자 사이의 합의 아래 근저당권자를 제3자로, 채무자를 매도인으로 하기로 하고, 이를 위하여 매도인이 제3자로부터 매매잔대금 상당액을 차용하는 내용의 차용금증서를 작성·교부하였다면, 매도인이 매매잔대금 채권의 이전 없이 단순히 명의만을 제3자에게 신탁한 것으로 볼 것은 아니고, 채무자인 매수인의 승낙 아래 매매잔대금 채권이 제3자에게 이전되었다고 보는 것이 일련의 과정에 나타난 당사자들의 진정한 의사에 부합하는 해석일 것이므로, 제3자 명의의 근저당권설정등기는 그 피담보채무가 엄연히 존재하고 있어 그 원인이 없거나 부종성에 반하는 무효의 등기라고 볼 수 없다(대법원2001. 3. 15. 선고 99다48948 전원합의체 판결).

근저당권 이전의 부기등기는 기존의 주등기인 근저당권설정등기에 종속되어 주등기와 일체를 이루는 것이어서, 피담보채무가 소멸된 경우 또는 근저당권설정등기가 당초 원인무효인 경우 주등기인 근저당권설정등기의 말소만 구하면 되고 그 부기등기는 별도로 말소를 구하지 않더라도 주등기의 말소에 따라 직권으로 말소되는 것이며, 근저당권 양도의 부기등기는 기존의 근저당권설정등기에 의한 권리의 승계를 등기부상 명시하는 것뿐으로, 그 등기에 의하여 새로운 권리가 생기는 것이 아닌 만큼 근저당권설정등기의 말소등기청구는 양수인만을 상대로 하면 족하고, 양도인은 그 말소등기청구에 있어서 피고적격이 없으며, 근저당권의 이전이 전부명령 확정에 따라 이루어졌다고 하여 이와 달리 보아야 하는 것은 아니다(대법원 2000. 4. 11. 선고 2000다5640 판결).

- 물상보증인(物上保證人) : 남의 채무를 담보하기 위해 자기 소유의 부동산에 저당권(근저당권)이나 질권을 설정해 준 보증인
- 변제자대위 : 제3자가 채무자를 대신하여 변제한 경우(대위변제)에 변제자는 채무자에게 구상권을 취득하며, 구상권의 실효성을 확보하기 위하여 변제자의 구상권 범위 내에서 채권자가 채무자에 대하여 가지고 있던 권리가 당연히 변제자에게 이전되는 것
- 공동저당 : 동일한 채권을 담보하기 위해 여러 개의 부동산 위에 설정되는 저당권
- 구상권(求償權) : 남의 채무를 대신 갚아 준 사람이 채무자에게 채무의 변제를 청구하는 권리
- 채권양도 : 채권의 동일성을 유지하면서 제3자(채권의 양수인)에 대한 법률행위에 의하여 채권을 이전하는 것
- 제3자를 위한 계약 : 예컨대 A가 B에게 가옥을 파는 매매계약 속에 "대금은 A의 차금의 대주(貸主) C(제3자)에게 B가 지급한다."와 같은 제3자 약관(約款)이 있으면 그 약관은 제3자를 위해서 하는 계약이 됨
- 부기등기(附記登記) : 주등기에 덧붙여 그 일부를 변경하는 형식의 등기
- 전부명령(轉付命令) : 압류한 금전채권을 권면액(券面額)으로 집행채권과 집행비용 청구권의 변제에 갈음하여 압류채권자에게 이전하는 집행법원의 명령

14. 법정지상권

법정지상권의 뜻

본래의 '지상권'은 토지의 소유자(지상권설정자)와 토지를 사용하려는 자(지상권자) 사이에 지상권설정의 합의(지상권설정계약)를 하고, 등기를 마침으로써 성립한다.

'법정지상권(法定地上權)'은 법적으로 토지와 건물의 소유자가 달라지게 될 경우, 토지와 건물의 소유자 사이에 토지 이용권에 대한 분쟁이 발생될 수 있는데, 이러한 문제를 해결하기 위해 건물 소유자에게 법률상 토지를 이용할 수 있도록 하는 취지로 제도화 된 것이다. 대한민국에서는 영미권과 달리 토지와 건물은 별개의 부동산이라는 점에서 생긴 제도이다. 이 제도의 존재이유는 건물이 철거됨으로써 생길 수 있는 사회 경제적 손실을 방지하려는 공익의 실현이다.

민법 규정상의 법정지상권으로는 전세권에서의 법정지상권과 저당권 실행 경매시의 법정지상권이 있고, 「가등기담보 등에 관한 법률」의 규정에 따른 법정지상권과 「입목에 관한 법률」의 규정에 따른 법정지상권도 있다. 한편, 매매 등의 원인으로 건물 소유자와 토지 소유자가 달라진 경우에 관습법상 법정지상권이 판례상 인정되고 있다.

전세권 관련 법정지상권

대지와 건물이 동일한 소유자에 속한 경우에 건물에 전세권을 설정한 때에는 그 대지소유권의 특별승계인은 전세권자에 대하여 지상권을 설정한 것으로 본다. 그러나 지료는 당사자의 청구에 의하여 법원이 이를 정한다.

이 경우에 대지소유자는 타인에게 그 대지를 임대하거나 이를 목적으로 한 지상권 또는 전세권을 설정하지 못한다(민법 제305조).

저당권 관련 법정지상권

저당물의 경매로 인하여 토지와 그 지상건물이 다른 소유자에 속한 경우에는 토지소유자는 건물소유자에 대하여 지상권을 설정한 것으로 본다. 그러나 지료는 당사자의 청구에 의하여 법원이 이를 정한다(민법 제366조).

관습법(판례법)에 의한 법정지상권

토지와 건물이 동일한 소유자에게 속하였다가 그 건물 또는 토지가 매매, 강제경매 기타의 원인으로 인하여 양자의 소유자가 다르게 된 때에 그 건물을 철거한다는 조건이 없는 이상 건물소유자는 토지소유자에 대하여 그 건물을 위한 관습상의 법정지상권을 취득한다(대법원 1997. 1. 21. 선고 96다40080 판결).

「가등기담보 등에 관한 법률」에 의한 법정지상권

토지와 그 위의 건물이 동일한 소유자에게 속하는 경우 그 토지나 건물에 대하여 제4조 제2항에 따른 소유권을 취득하거나 담보가등기에 따른 본등기가 행하여진 경우에는 그 건물의 소유를 목적으로 그 토지 위에 지상권(地上權)이 설정된 것으로 본다. 이 경우 그 존속기간과 지료(地料)는 당사자의 청구에 의하여 법원이 정한다(가등기담보 등에 관한 법률 제10조).

> * 가등기담보 등에 관한 법률
>
> 제4조(청산금의 지급과 소유권의 취득) ② 채권자는 담보목적부동산에 관하여 이미 소유권이전등기를 마친 경우에는 청산기간이 지난 후 청산금을 채무자등에게 지급한 때에 담보목적부동산의 소유권을 취득하며, 담보가등기를 마친 경우에는 청산기간이 지나야 그 가등기에 따른 본등기(本登記)를 청구할 수 있다.

「입목에 관한 법률」에 의한 법정지상권

입목의 경매나 그 밖의 사유로 토지와 그 입목이 각각 다른 소유자에게 속하게 되는 경우에는 토지소유자는 입목소유자에 대하여 지상권을 설정한 것으로 본다. 이 경우 지료에 관하여는 당사자의 약정에 따른다(입목에 관한 법률 제6조).

대법원판례

동일인의 소유에 속하는 토지 및 그 지상 건물에 관하여 공동저당권이 설정된 후 그 지상 건물이 철거되고 새로 건물이 신축된 경우에는 그 신축건물의 소유자가 토지의 소유자와 동일하고 토지의 저당권자에게 신축건물에 관하여 토지의 저당권과 동일한 순위의 공동저당권을 설정해 주는 등 특별한 사정이 없는 한 저당물의 경매로 인하여 토지와 그 신축건물이 다른 소유자에 속하게 되더라도 그 신축건물을 위한 법정지상권은 성립하지 않는다고 해석하여야 하는바, 그 이유는 동일인의 소유에 속하는 토지 및 그 지상 건물에 관하여 공동저당권이 설정된 경우에는, 처음부터 지상 건물로 인하여 토지의 이용이 제한 받는 것을 용인하고 토지에 대하여만 저당권을 설정하여 법정지상권의 가치만큼 감소된 토지의 교환가치를 담보로 취득한 경우와는 달리, 공동저당권자는 토지 및 건물 각각의 교환가치 전부를 담보로 취득한 것으로서, 저당권의 목적이 된 건물이 그대로 존속하는 이상은 건물을 위한 법정지상권이 성립해도 그로 인하여 토지의 교환가치에서 제외된 법정지상권의 가액상당 가치는 법정지상권이 성립하는 건물의 교환가치에서 되찾을 수 있어 궁극적으로 토지에 관하여 아무런 제한이 없는 나대지로서의 교환가치 전체를 실현시킬 수 있다고 기대하지만, 건물이 철거된 후 신축된 건물에 토지와 동순위의 공동저당권이 설정되지 아니 하였는데도 그 신축건물을 위한 법정지상권이 성립한다고 해석하게 되면, 공동저당권자가 법정지상권이 성립하는 신축건물의 교환가치를 취득할 수 없게 되는 결과 법정지상권의 가액상당 가치를 되찾을 길이 막혀 위와 같이 당초 나대지로서의 토지의 교환가치 전체를 기대하여 담보를 취득한 공동저당권자에게 불측의 손해를 입게 하기 때문이다(대법원 2003. 12. 18. 선고 98다43601 전원합의체 판결).

토지와 건물이 동일한 소유자에게 속하였다가 건물 또는 토지가 매매 기타 원인으로 인하여 양자의 소유자가 다르게 되었더라도, 당사자 사이에 그 건물을 철거하기로 하는 합의가 있었던 경우에는 건물 소유자는 토지 소유자에 대하여 그 건물을 위한 관습상의 법정지상권을 취득할 수 없다.
건물 철거의 합의가 관습상의 법정지상권 발생의 소극적 요건이 되는 이유는 그러한 합의가 없을 때라야 토지와 건물의 소유자가 달라진 후에도 건물 소유자로 하여금 그 건물의 소유를 위하여 토지를 계속 사용케 하려는 묵시적 합의가 있는 것으로 볼 수 있다는 데 있고, 한편 관습상의 법정지상권은 타인의 토지 위에 건물을 소유하는 것을 본질적 내용으로 하는 권리가 아니라, 건물의 소유를 위하여 타인의 토지를 사용하는 것을 본질적 내용으로 하는 권리여서, 위에서 말하는 '묵시적 합의'라는 당사자의 추정 의사는 건물의 소유를 위하여 '토지를 계속 사용한다'는 데 중점이 있는 의사라 할 것이므로, 건물 철거의 합의에 위와 같은 묵시적 합의를 깨뜨리는 효력, 즉 관습상의 법정지상권의 발생을 배제하는 효력을 인정할 수 있기 위하여서는, 단지 형식적으로 건물을 철거한다는 내용만이 아니라 건물을 철거함으로써 토지의 계속 사용을 그만두고자 하는 당사자의 의사가 그 합의에 의하여 인정될 수 있어야 한다(대법원1999. 12. 10. 선고 98다58467 판결).

법정지상권을 가진 건물소유자로부터 건물을 양수하면서 법정지상권까지 양도받기로 한 자는 채권자대위의 법리에 따라 전건물소유자 및 대지소유자에 대하여 차례로 지상권의 설정등기 및 이전등기절차이행을 구할 수 있다 할 것이므로, 이러한 법정지상권을 취득할 지위에 있는 자에 대하여 대지소유자가 소유권에 기하여 건물철거를 구함은 지상권의 부담을 용인하고 그 설정등기절차를 이행할 의무 있는 자가 그 권리자를 상대로 한 청구라 할 것이어서 신의성실의 원칙상 허용될 수 없다(대법원 1985. 4. 9. 선고 84다카1131, 1132 전원합의체판결).

관습상 법정지상권이 붙은 건물의 소유자가 건물을 제3자에게 처분한 경우에는 법정지상권에 관한 등기를 경료하지 아니한 자로서는 건물의 소유권을 취득한 사실만 가지고는 법정지상권을 취득하였다고 할 수 없어 대지소유자에게 지상권을 주장할 수 없고, 그 법정지상권은 여전히 당초의 법정지상권자에게 유보되어 있다고 보아야 한다.
법정지상권자가 건물을 제3자에게 양도하는 경우에는 특별한 사정이 없는 한 건물과 함께 법정지상권도 양도하기로 하는 채권적 계약이 있었다고 할 것이며, 양수인은 양도인을 순차 대위하여 토지소유자 및 건물의 전소유자에 대하여 법정지상권의 설정등기 및 이전등기절차이행을 구할 수 있고, 토지소유자는 건물소유자에 대하여 법정지상권의 부담을 용인하고 그 설정등기절차를 이행할 의무가 있다 할 것이므로, 법정지상권이 붙은 건물의 양수인은 법정지상권에 대한 등기를 하지 않았다 하더라도 토지소유자에 대한 관계에서 적법하게 토지를 점유·사용하고 있는 자라 할 것이고, 따라서 건물을 양도한 자라고 하더라도 지상권갱신청구권이 있고 건물의 양수인은 법정지상권자인 양도인의 갱신청구권을 대위행사할 수 있다고 보아야 할 것이다(대법원 1995. 4. 11. 선고 94다39925 판결).

법정지상권 또는 관습에 의한 지상권이 발생하였을 경우에 토지의 소유자가 지료(地料)를 청구함에 있어서 지료를 확정하는 재판이 있기 전에는 지료의 지급을 소구(訴求)할 수 없는 것은 아니고, 법원에서 상당한 지료를 결정할 것을 전제로 하여 바로 그 급부를 구하는 청구를 할 수 있다 할 것이며, 법원도 이 경우에 판결의 이유에서 지료를 얼마로 정한다는 판단을 하면 족하다(대법원2003. 12. 26. 선고 2002다61934 판결).

민법 제366조의 법정지상권은 저당권 설정 당시에 동일인의 소유에 속하는 토지와 건물이 저당권의 실행에 의한 경매로 인하여 각기 다른 사람의 소유에 속하게 된 경우에 건물의 소유를 위하여 인정되는 것이므로, 미등기건물을 그 대지와 함께 매수한 사람이 그 대지에 관하여만 소유권이전등기를 넘겨받고 건물에 대하여는 그 등기를 이전 받지 못하고 있다가, 대지에 대하여 저당권을 설정하고 그 저당권의 실행으로 대지가 경매되어 다른 사람의 소유로 된 경우에는, 그 저당권의 설정 당시에 이미 대지와 건물이 각각 다른 사람의 소유에 속하고 있었으므로 법정지상권이 성립될 여지가 없다.

관습상의 법정지상권은 동일인의 소유이던 토지와 그 지상건물이 매매 기타 원인으로 인하여 각각 소유자를 달리하게 되었으나 그 건물을 철거한다는 등의 특약이 없으면 건물 소유자로 하여금 토지를 계속 사용하게 하려는 것이 당사자의 의사라고 보아 인정되는 것이므로, 토지의 점유·사용에 관하여 당사자 사이에 약정이 있는 것으로 볼 수 있거나 토지 소유자가 건물의 처분권까지 함께 취득한 경우에는 관습상의 법정지상권을 인정할 까닭이 없다 할 것이어서, 미등기건물을 그 대지와 함께 매도하였다면 비록 매수인에게 그 대지에 관하여만 소유권이전등기가 경료되고 건물에 관하여는 등기가 경료되지 아니하여 형식적으로 대지와 건물이 그 소유 명의자를 달리하게 되었다 하더라도 매도인에게 관습상의 법정지상권을 인정할 이유가 없다(대법원 2002. 6. 20. 선고 2002다9660 전원합의체 판결).

민법 제366조에 의한 법정지상권 또는 관습에 의한 법정지상권이 인정되려면 동일인의 소유에 속하는 토지와 그 위에 있는 가옥이 경매 기타 적법한 원인행위로 인하여 각기 그 소유자를 달리하는 경우에 발생하는 것이고, 토지와 그 위의 가옥의 소유자가 각기 달리하고 있던 중 토지 또는 가옥만이 경매 기타 원인으로 다시 다른 사람에게 소유권이 이전된 경우에는 인정할 수 없다(대법원 1988. 9. 27. 선고 88다카4017 판결).

15. 분묘기지권

분묘기지권의 뜻

분묘기지권(墳墓基地權)은 대한민국 민법의 한 개념으로 물권법에 관한 내용이며, 다른 사람의 땅 위에 무덤을 세운 사람에게 관습법으로 인정되는 지상권 유사의 용익물권을 말한다. 분묘기지권은 당사자의 설정합의에 의하는 것이 아니라 관습법상 인정되는 법정 용익물권으로서 등기를 요건으로 하지 않는다.

대법원판례

(가) 대법원은 분묘기지권의 시효취득을 우리 사회에 오랜 기간 지속되어 온 관습법의 하나로 인정하여, 20년 이상의 장기간 계속된 사실관계를 기초로 형성된 분묘에 대한 사회질서를 법적으로 보호하였고, 민법 시행일인 1960. 1. 1.부터 50년 이상의 기간 동안 위와 같은 관습에 대한 사회 구성원들의 법적 확신이 어떠한 흔들림도 없이 확고부동하게 이어져 온 것을 확인하고 이를 적용하여 왔다.

대법원이 오랜 기간 동안 사회 구성원들의 법적 확신에 의하여 뒷받침되고 유효하다고 인정해 온 관습법의 효력을 사회를 지배하는 기본적 이념이나 사회질서의 변화로 인하여 전체 법질서에 부합하지 않게 되었다는 등의 이유로 부정하게 되면, 기존의 관습법에 따라 수십 년간 형성된 과거의 법률관계에 대한 효력을 일시에 뒤흔드는 것이 되어 법적 안정성을 해할 위험이 있으므로, 관습법의 법적 규범으로서의 효력을 부정하기 위해서는 관습을 둘러싼 전체적인 법질서 체계와 함께 관습법의 효력을 인정한 대법원판례의 기초가 된 사회 구성원들의 인식·태도나 사회적·문화적 배경 등에 의미 있는 변화가 뚜렷하게 드러나야 하고, 그러한 사정이 명백하지 않다면 기존의 관습법에 대하여 법적 규범으로서의 효력을 유지할 수 없게 되었다고 단정하여서는 아니 된다.

(나) 우선 2001. 1. 13.부터 시행된 장사 등에 관한 법률(이하 개정 전후를 불문하고 '장사법'이라 한다)의 시행으로 분묘기지권 또는 그 시효취득에 관한 관습법이 소멸되었다거나 그 내용이 변경되었다는 주장은 받아들이기 어렵다. 2000. 1. 12. 법률 제6158호로 매장 및 묘지 등에 관한 법률을 전부 개정하여 2001. 1. 13.부터 시행된 장

사법[이하 '장사법(법률 제6158호)'이라 한다] 부칙 제2조, 2007. 5. 25. 법률 제8489호로 전부 개정되고 2008. 5. 26.부터 시행된 장사법 부칙 제2조 제2항, 2015. 12. 29. 법률 제13660호로 개정되고 같은 날 시행된 장사법 부칙 제2조에 의하면, 분묘의 설치기간을 제한하고 토지 소유자의 승낙 없이 설치된 분묘에 대하여 토지 소유자가 이를 개장하는 경우에 분묘의 연고자는 토지 소유자에 대항할 수 없다는 내용의 규정들은 장사법(법률 제6158호) 시행 후 설치된 분묘에 관하여만 적용한다고 명시하고 있어서, 장사법(법률 제6158호)의 시행 전에 설치된 분묘에 대한 분묘기지권의 존립 근거가 위 법률의 시행으로 상실되었다고 볼 수 없다.

또한 분묘기지권을 둘러싼 전체적인 법질서 체계에 중대한 변화가 생겨 분묘기지권의 시효취득에 관한 종래의 관습법이 헌법을 최상위 규범으로 하는 전체 법질서에 부합하지 아니하거나 정당성과 합리성을 인정할 수 없게 되었다고 보기도 어렵다.

마지막으로 화장률 증가 등과 같이 전통적인 장사방법이나 장묘문화에 대한 사회 구성원들의 의식에 일부 변화가 생겼더라도 여전히 우리 사회에 분묘기지권의 기초가 된 매장문화가 자리 잡고 있고 사설묘지의 설치가 허용되고 있으며, 분묘기지권에 관한 관습에 대하여 사회 구성원들의 법적 구속력에 대한 확신이 소멸하였다거나 그러한 관행이 본질적으로 변경되었다고 인정할 수 없다.

(다) 그렇다면 타인 소유의 토지에 분묘를 설치한 경우에 20년간 평온, 공연하게 분묘의 기지를 점유하면 지상권과 유사한 관습상의 물권인 분묘기지권을 시효로 취득한다는 점은 오랜 세월 동안 지속되어 온 관습 또는 관행으로서 법적 규범으로 승인되어 왔고, 이러한 법적 규범이 장사법(법률 제6158호) 시행일인 2001. 1. 13. 이전에 설치된 분묘에 관하여 현재까지 유지되고 있다고 보아야 한다(대법원 2017. 1. 19. 선고 2013다17292 전원합의체 판결).

16. 양도담보

양도담보의 뜻

양도담보(讓渡擔保)는 채권담보의 목적으로 물건의 소유권(또는 기타의 재산권)을 채권자에게 이전하고, 채무자가 채무를 이행하지 아니한 경우에는 채권자가 그 목적물로부터 우선변제를 받게 되지만, 채무자가 채무이행을 하는 경우에는 목적물을 다시 원소유자에게 반환함으로써 채권을 담보하는 비전형의 담보물권이다. 이는 판례법에 의하여 성립되었다.

대법원판례

동산에 대하여 양도담보를 설정한 경우 채무자는 담보의 목적으로 그 소유의 동산을 채권자에게 양도해 주되 점유개정에 의하여 이를 계속 점유하지만, 채무자가 위 채무를 불이행하면 채권자는 담보목적물인 동산을 사적으로 타에 처분하거나 스스로 취득한 후 정산하는 방법으로 이를 환가하여 우선변제받음으로써 위 양도담보권을 실행하게 되는데, 채무자가 채권자에게 위 동산의 소유권을 이전하는 이유는 채권자가 양도담보권을 실행할 때까지 스스로 담보물의 가치를 보존할 수 있도록 함으로써 만약 채무자가 채무를 이행하지 않더라도 채권자가 양도받았던 담보물을 환가하여 우선변제받는 데에 지장이 없도록 하기 위한 것인바, 이와 같이 담보물의 교환가치를 취득하는 것을 목적으로 하는 양도담보권의 성격에 비추어 보면, 양도담보로 제공된 목적물이 멸실, 훼손됨에 따라 양도담보 설정자와 제3자 사이에 교환가치에 대한 배상 또는 보상 등의 법률관계가 발생되는 경우에도 그로 인하여 양도담보 설정자가 받을 금전 기타 물건에 대하여 담보적 효력이 미친다. 따라서 양도담보권자는 양도담보 목적물이 소실되어 양도담보 설정자가 보험회사에 대하여 화재보험계약에 따른 보험금청구권을 취득한 경우에도 담보물 가치의 변형물인 위 화재보험금청구권에 대하여 양도담보권에 기한 물상대위권을 행사할 수 있다(대법원2009. 11. 26. 선고 2006다37106 판결).

일반적으로 부동산을 채권담보의 목적으로 양도한 경우 특별한 사정이 없는 한 목적부동산에 대한 사용·수익권은 채무자인 양도담보 설정자에게 있는 것이므로, 설정자와 양도담보권자 사이에 양도담보권자가 목적물을 사용·수익하기로 하는 약정이 없는 이상 목적부동산을 임대할 권한은 양도담보 설정자에게 있다(대법원 2001. 12. 11. 선고 2001다40213 판결).

17. 가등기담보

가등기의 뜻

가등기는 본등기를 하는 데 필요한 형식적 요인이나 실질적 요건이 구비되지 않았을 때, 장차 본등기의 순위보전을 위하여 미리 해두는 등기를 지칭한다. 가등기에는 후일에 할 본등기의 순위보전에 그 목적이 있으므로, 가등기를 본등기로 이전하게 되면 가등기 이후에 발생된 모든 등기 원인은 자동으로 소멸된다.

가등기에는 담보가등기와 소유권이전청구권가등기의 두 가지가 있다. 담보가등기는 빚에 대한 담보를 위한 가등기로 근저당권과 같은 효력이 발생된다. 소유권이전청구권가등기란, 사정상 본등기를 할 수 없거나 본등기 시일을 뒤로 미뤄야 할 때 순위보전을 위해 하는 것이다. 즉, 전형적인 예비등기이다.

소유권이전청구권가등기는 보통 매매계약 또는 매매계약이 원인이 되어 이뤄진다. 계약금(매매예약금)을 미리 지급하면서 1년 후에 잔금을 지급할 조건으로 계약을 하면서 가등기를 하는 것이 매매계약을 원인으로 하는 것이고, 매매예약은 아직 계약이 체결된 것은 아니지만 미래에 체결될 것을 예정하여 가등기를 하는 것이다.

여기에서는 담보를 목적으로 하는 가등기를 규정하고 있는 「담보가등기 등에 관한 법률」(이하 '가담법'이라고 함)을 중심으로 살펴본다.

담보권 실행의 통지와 청산기간

채권자가 담보계약에 따른 담보권을 실행하여 그 담보목적부동산의 소유권을 취득하기 위하여는 그 채권(債權)의 변제기(辨濟期) 후에 청산금(淸算金)의 평가액을 채무자등에게 통지하고, 그 통지가 채무자등에게 도달한 날부터 2개월(이하 "청산기간"이라 한다)이 지나야 한다. 이 경우 청산금이 없다고 인정되는 경우에는 그 뜻을 통지하여야 한다.

이 통지에는 통지 당시의 담보목적부동산의 평가액과 「민법」 제360조에 규정된 채권액을 밝혀야 한다. 이 경우 부동산이 둘 이상인 경우에는 각 부동산의 소유권이전에 의하여 소멸시키려는 채권과 그 비용을 밝혀야 한다(가담법 제3조).

* 민법

제360조(피담보채권의 범위) 저당권은 원본, 이자, 위약금, 채무불이행으로 인한 손해배상 및 저당권의 실행비용을 담보한다. 그러나 지연배상에 대하여는 원본의 이행기일을 경과한 후의 1년분에 한하여 저당권을 행사할 수 있다.

청산금의 지급과 소유권의 취득

채권자는 채권실행의 통지 당시의 담보목적부동산의 가액에서 그 채권액을 뺀 금액(이하 "청산금"이라 한다)을 채무자등에게 지급하여야 한다. 이 경우 담보목적부동산에 선순위담보권(先順位擔保權) 등의 권리가 있을 때에는 그 채권액을 계산할 때에 선순위담보 등에 의하여 담보된 채권액을 포함한다.

채권자는 담보목적부동산에 관하여 이미 소유권이전등기를 마친 경우에는 청산기간이 지난 후 청산금을 채무자등에게 지급한 때에 담보목적부동산의 소유권을 취득하며, 담보가등기를 마친 경우에는 청산기간이 지나야 그 가등기에 따른 본등기(本登記)를 청구할 수 있다.

청산금의 지급채무와 부동산의 소유권이전등기 및 인도채무(引渡債務)의 이행에 관하여는 동시이행의 항변권(抗辯權)에 관한 「민법」 제536조를 준용한다.

이상의 규정에 어긋나는 특약(特約)으로서 채무자등에게 불리한 것은 그 효력이 없다. 다만, 청산기간이 지난 후에 행하여진 특약으로서 제삼자의 권리를 침해하지 아니하는 것은 그러하지 아니하다(가담법 제4조).

* 민법

제536조(동시이행의 항변권) ① 쌍무계약의 당사자 일방은 상대방이 그 채무이행을 제공할 때까지 자기의 채무이행을 거절할 수 있다. 그러나 상대방의 채무가 변제기에 있지 아니하는 때에는 그러하지 아니하다.

② 당사자 일방이 상대방에게 먼저 이행하여야 할 경우에 상대방의 이행이 곤란할 현저한 사유가 있는 때에는 전항 본문과 같다.

후순위권리자의 권리행사

후순위권리자는 그 순위에 따라 채무자등이 지급받을 청산금에 대하여 담보권실행의 통지에 적힌 평가액의 범위에서 청산금이 지급될 때까지 그 권리를 행사할 수 있고, 채권자는 후순위권리자의 요구가 있는 경우에는 청산금을 지급하여야 한다.

후순위권리자는 위 권리를 행사할 때에는 그 피담보채권(被擔保債權)의 범위에서 그 채권의 명세와 증서를 채권자에게 교부하여야 한다.

채권자가 명세와 증서를 받고 후순위권리자에게 청산금을 지급한 때에는 그 범위에서 청산금채무는 소멸한다.

후순위권리자의 권리행사를 막으려는 자는 청산금을 압류(押留)하거나 가압류(假押留)하여야 한다.

담보가등기 후에 대항력(對抗力) 있는 임차권(賃借權)을 취득한 자에게는 청산금의 범위에서 동시이행의 항변권에 관한 「민법」 제536조를 준용한다(가담법 제5조).

채무자등 외의 권리자에 대한 통지

제6조(채무자등 외의 권리자에 대한 통지) ① 채권자는 제3조 제1항에 따른 통지가 채무자등에게 도달하면 지체 없이 후순위권리자에게 그 통지의 사실과 내용 및 도달일을 통지하여야 한다.

② 제3조 제1항에 따른 통지가 채무자등에게 도달한 때에는 담보가등기 후에 등기한 제삼자(제1항에 따라 통지를 받을 자를 제외하고, 대항력 있는 임차권자를 포함한다)가 있으면 채권자는 지체 없이 그 제삼자에게 제3조 제1항에 따른 통지를 한 사실과 그 채권액을 통지하여야 한다.

③ 제1항과 제2항에 따른 통지는 통지를 받을 자의 등기부상의 주소로 발송함으로써 그 효력이 있다. 그러나 대항력 있는 임차권자에게는 그 담보목적부동산의 소재지로 발송하여야 한다.

청산금에 대한 처분제한

제7조(청산금에 대한 처분 제한) ① 채무자가 청산기간이 지나기 전에 한 청산금에 관한 권리의 양도나 그 밖의 처분은 이로써 후순위권리자에게 대항하지 못한다.

② 채권자가 청산기간이 지나기 전에 청산금을 지급한 경우 또는 제6조 제1항에 따른 통지를 하지 아니하고 청산금을 지급한 경우에도 제1항과 같다.

청산금의 공탁

제8조(청산금의 공탁) ① 청산금채권이 압류되거나 가압류된 경우에 채권자는 청산기간이 지난 후 이에 해당하는 청산금을 채무이행지(債務履行地)를 관할하는 지방법원이나 지원(支院)에 공탁(供託)하여 그 범위에서 채무를 면(免)할 수 있다.

② 제1항에 따라 공탁이 있는 경우에는 채무자등의 공탁금출급청구권(供託金出給請求權)이 압류되거나 가압류된 것으로 본다.

③ 채권자는 제14조에 따른 경우 외에는 공탁금의 회수(回收)를 청구할 수 없다.

④ 채권자는 제1항에 따라 공탁을 한 경우에는 채무자등과 압류채권자 또는 가압류채권자에게 지체 없이 공탁의 통지를 하여야 한다.

청산금통지의 구속력

채권자는 제3조 제1항에 따라 그가 통지한 청산금의 금액에 관하여 다툴 수 없다(가담법 제9조).

채무자등의 가등기말소청구권

채무자등은 청산금채권을 변제받을 때까지 그 채무액(반환할 때까지의 이자와 손해금을 포함한다)을 채권자에게 지급하고 그 채권담보의 목적으로 마친 소유권이전등기의 말소를 청구할 수 있다. 다만, 그 채무의 변제기가 지난 때부터 10년이 지나거나 선의의 제삼자가 소유권을 취득한 경우에는 그러하지 아니하다(가담법 제11조).

채권자의 경매청구권

담보가등기권리자는 그 선택에 따라 제3조에 따른 담보권을 실행하거나 담보목적부동산의 경매를 청구할 수 있다. 이 경우 경매에 관하여는 담보가등기권리를 저당권으로 본다.
후순위권리자는 청산기간에 한정하여 그 피담보채권의 변제기 도래 전이라도 담보목적부동산의 경매를 청구할 수 있다(가담법 제12조).

담보가등기권자의 우선변제청구권

담보가등기를 마친 부동산에 대하여 강제경매등이 개시된 경우에 담보가등기권리자는 다른 채권자보다 자기채권을 우선변제 받을 권리가 있다. 이 경우 그 순위에 관하여는 그 담보가등기권리를 저당권으로 보고, 그 담보가등기를 마친 때에 그 저당권의 설정등기(設定登記)가 행하여진 것으로 본다(가담법 제13조).

강제경매 등에 있어서의 담보가등기

담보가등기를 마친 부동산에 대하여 강제경매 등의 개시결정이 있는 경우에 그 경매의 신청이 청산금을 지급하기 전에 행하여진 경우(청산금이 없는 경우에는 청산기간이 지나기 전)에는 담보가등기권리자는 그 가등기에 따른 본등기를 청구할 수 없다(가담법 제14조).
담보가등기를 마친 부동산에 대하여 강제경매등이 행하여진 경우에는 담보가등기권리는 그 부동산의 매각에 의하여 소멸한다(가담법 제15조).

강제경매 등에 관한 특칙

제16조(강제경매등에 관한 특칙) ① 법원은 소유권의 이전에 관한 가등기가 되어 있는 부동산에 대한 강제경매등의 개시결정(開始決定)이 있는 경우에는 가등기권리자에게 다음 각 호의 구분에 따른 사항을 법원에 신고하도록 적당한 기간을 정하여 최고(催告)하여야 한다.

1. 해당 가등기가 담보가등기인 경우: 그 내용과 채권[이자나 그 밖의 부수채권(附隨債權)을 포함한다]의 존부(存否)ㆍ원인 및 금액
2. 해당 가등기가 담보가등기가 아닌 경우: 해당 내용

② 압류등기 전에 이루어진 담보가등기권리가 매각에 의하여 소멸되면 제1항의 채권신고를

한 경우에만 그 채권자는 매각대금을 배당받거나 변제금을 받을 수 있다. 이 경우 그 담보가등기의 말소에 관하여는 매수인이 인수하지 아니한 부동산의 부담에 관한 기입을 말소하는 등기의 촉탁에 관한 「민사집행법」 제144조 제1항 제2호를 준용한다.

③ 소유권의 이전에 관한 가등기권리자는 강제경매등 절차의 이해관계인으로 본다.

> * 민사집행법
>
> 제144조(매각대금 지급 뒤의 조치) ① 매각대금이 지급되면 법원사무관등은 매각허가결정의 등본을 붙여 다음 각 호의 등기를 촉탁하여야 한다.
>
> 2. 매수인이 인수하지 아니한 부동산의 부담에 관한 기입을 말소하는 등기

대법원판례

가등기담보 등에 관한 법률(이하 '가등기담보법'이라고 한다) 제3조는 채권자가 담보계약에 의한 담보권을 실행하여 그 담보목적 부동산의 소유권을 취득하기 위해서는 그 채권의 변제기 후에 같은 법 제4조의 청산금의 평가액을 채무자 등에게 통지하여야 하고, 이 통지에는 통지 당시 부동산의 평가액과 민법 제360조에 규정된 채권액을 밝혀야 하며, 그 통지를 받은 날부터 2월의 청산기간이 지나야 한다고 규정하고 있다. 가등기담보법 제4조는 채권자는 위 통지 당시 부동산의 가액에서 피담보채권의 가액을 공제한 청산금을 지급하여야 하고, 부동산에 관하여 이미 소유권이전등기를 마친 경우에는 청산기간이 지난 후 청산금을 채무자 등에게 지급한 때에 부동산의 소유권을 취득하고, 담보가등기를 마친 경우에는 청산기간이 지나야 그 가등기에 따른 본등기를 청구할 수 있으며, 이에 반하는 특약으로서 채무자 등에게 불리한 것은 효력이 없다고 규정하고 있다.

위 규정들은 강행법규에 해당하여 이를 위반하여 담보가등기에 기한 본등기가 이루어진 경우 본등기는 무효라고 할 것이고, 설령 그와 같은 본등기가 가등기권리자와 채무자 사이에 이루어진 특약에 의하여 이루어졌다고 할지라도 만일 특약이 채무자에게 불리한 것으로서 무효라고 한다면 본등기는 여전히 무효일 뿐, 이른바 약한 의미의 양도담보로서 담보의 목적 내에서는 유효하다고 할 것이 아니다. 다만, 가등기권리자가 가등기담보법 제3조, 제4조에 정한 절차에 따라 청산금의 평가액을 채무자 등에게 통지한 후 채무자에게 정당한 청산금을 지급하거나 지급할 청산금이 없는 경우에는 채무자가 통지를 받은 날부터 2월의 청

산기간이 지나면 위와 같이 무효인 본등기는 실체적 법률관계에 부합하는 유효한 등기로 될 수 있을 뿐이다.

담보가등기에 기하여 마쳐진 본등기가 무효인 경우, 담보목적 부동산에 대한 소유권은 담보가등기 설정자인 채무자 등에게 있고 소유권의 권능 중 하나인 사용·수익권도 당연히 담보가등기 설정자가 보유한다. 따라서 채무자가 자신이 소유하는 담보목적 부동산에 관하여 채권자와 임대차계약을 체결하고 채권자에게 차임을 지급하거나 채무자가 자신과 임대차계약을 체결하고 있는 임차인으로 하여금 채권자에게 차임을 지급하도록 하여 채권자가 차임을 수령하였다면, 채권자와 채무자 사이에 위 차임을 피담보채무의 변제와는 무관한 별개의 것으로 취급하기로 약정하였거나 달리 차임이 피담보채무의 변제에 충당되었다고 보기 어려운 특별한 사정이 없는 한 위 차임은 피담보채무의 변제에 충당된 것으로 보아야 한다(대법원 2019. 6. 13. 선고 2018다300661 판결).

담보가등기를 경료한 부동산을 인도받아 점유하더라도 담보가등기의 피담보채권의 소멸시효가 중단되는 것은 아니지만, 채무의 일부를 변제하는 경우에는 채무 전부에 관하여 시효중단의 효력이 발생하는 것이므로, 채무자가 채권자에게 담보가등기를 경료하고 부동산을 인도하여 준 다음 피담보채권에 대한 이자 또는 지연손해금의 지급에 갈음하여 채권자로 하여금 부동산을 사용·수익할 수 있도록 한 경우라면, 채권자가 부동산을 사용·수익하는 동안에는 채무자가 계속하여 이자 또는 지연손해금을 채권자에게 변제하고 있는 것으로 볼 수 있으므로, 피담보채권의 소멸시효가 중단된다고 보아야 한다(대법원 2009. 11. 12. 선고 2009다51028 판결).

18. 채무불이행과 손해배상

채무불이행과 손해배상의 뜻

채무자가 채무의 내용에 좇은 이행을 하지 아니한 때에는 채권자는 손해배상을 청구할 수 있다. 그러나 채무자의 고의나 과실 없이 이행할 수 없게 된 때에는 그러하지 아니하다(민법 제390조).

채무불이행(債務不履行)이란 민법에 있어서 채무자의 귀책사유(고의 또는 과실)로 인하여 이행기까지 채무의 내용에 따른 이행을 하지 않는 것을 말한다. 채무불이행은 위법행위를 구성하며 손해배상청구권이 발생한다는 점에서는 불법행위와 동일하다. 즉, 약속(계약)을 위반하면 채무불이행이 되며, 손해배상을 해야만 한다. 그러나 사회질서에 위반되지 않는다고 판단되면 정당행위로 인정되고, 정당행위는 위법성이 조각되기 때문에 민사상 채무불이행이 성립하지 않는다. 즉, 사회질서 위반이 아니면 채무불이행에 따른 손해배상 책임이 없다.

이행보조자의 고의 또는 과실

채무자의 법정대리인이 채무자를 위하여 이행하거나 채무자가 타인을 사용하여 이행하는 경우에는 법정대리인 또는 피용자의 고의나 과실은 채무자의 고의나 과실로 본다(민법 제391조).

이행지체 중의 손해배상

채무자는 자기에게 과실이 없는 경우에도 그 이행지체 중에 생긴 손해를 배상하여야 한다. 그러나 채무자가 이행기에 이행하여도 손해를 면할 수 없는 경우에는 그러하지 아니하다(민법 제392조).

손해배상의 범위 및 방법

채무불이행으로 인한 손해배상은 통상의 손해를 그 한도로 한다. 특별한 사정으로 인한 손해는 채무자가 그 사정을 알았거나 알 수 있었을 때에 한하여 배상의 책임이 있다. 다른 의사표시가 없으면 손해는 금전으로 배상한다(민법 제393조 · 제394조).

이행지체와 전보배상(塡補賠償)

채무자가 채무의 이행을 지체한 경우에 채권자가 상당한 기간을 정하여 이행을 최고하여도 그 기간내에 이행하지 아니하거나 지체후의 이행이 채권자에게 이익이 없는 때에는 채권자는 수령을 거절하고 이행에 갈음한 손해배상을 청구할 수 있다(민법 제395조).

과실상계

채무불이행에 관하여 채권자에게 과실이 있는 때에는 법원은 손해배상의 책임 및 그 금액을 정함에 이를 참작하여야 한다(민법 제396조).

금전채무불이행에 대한 특칙

금전채무불이행의 손해배상액은 법정이율에 의한다. 그러나 법령의 제한에 위반하지 아니한 약정이율이 있으면 그 이율에 의한다. 금전채무 불이행의 경우 손해배상에 관하여는 채권자는 손해의 증명을 요하지 아니하고 채무자는 과실 없음을 항변하지 못한다(민법 제397조).

배상액의 예정

당사자는 채무불이행에 관한 손해배상액을 예정할 수 있다. 손해배상의 예정액이 부당히 과다한 경우에는 법원은 적당히 감액할 수 있다. 손해배상액의 예정은 이행의 청구나 계약의 해제에 영향을 미치지 아니한다. 위약금의 약정은 손해배상액의 예정으로 추정한다. 당사자가 금전이 아닌 것으로써 손해의 배상에 충당할 것을 예정한 경우에도 위와 같다(민법 제398조).

손해배상자의 대위권

채권자가 그 채권의 목적인 물건 또는 권리의 가액 전부를 손해배상으로 받은 때에는 채무자는 그 물건 또는 권리에 관하여 당연히 채권자를 대위한다(민법 제399조).

대법원판례

농업협동조합법 제57조 제2항, 제112조에 따르면, 농업협동조합은 사업목적을 달성하기 위하여 국가, 공공단체, 중앙회, 농협경제지주회사와 그 자회사, 농협은행 또는 농협생명보험으로부터만 자금을 차입할 수 있고 다른 기관이나 개인으로부터는 차입할 수 없다(차입할 수 있는 기관으로 원래 국가, 공공단체 또는 중앙회가 규정되어 있었는데, 2011. 3. 31. 법률 제10522호로 개정되면서 농협은행이 추가되고, 2014. 12. 31. 법률 제12950호로 개정되면서 농협경제지주회사와 그 자회사, 농협생명보험이 추가되었다).

농업협동조합법은 농업인의 경제적 · 사회적 · 문화적 지위를 향상시키고, 농업의 경쟁력 강화를 통하여 농업인의 삶의 질을 높이고자 제정되었다(제1조). 농업협동조합의 차입 상대방을 엄격하게 제한한 위 규정은 이 법의 목적을 반영하여 외부자본의 부당한 침투를 막고 궁극적으로 농업인의 자주적인 협동조직인 농업협동조합의 재정 건전성을 확보하기 위한 것이다. 이러한 취지에 비추어 보면, 위 규정은 강행법규로 이에 위반된 행위는 무효이다. 농업협동조합이 다른 사람의 채무를 보증하는 등으로 실질적으로 위 규정에서 정한 기관이 아닌 제3자에 대하여 차입에 준하여 채무를 부담하게 되었다면, 이러한 행위 역시 강행법규에 위반되어 무효이다.

계약당사자 사이에서 일방이 상대방에 대해 계약의 체결이 관련 법령 등에 위반되지 않는다는 점과 함께 계약의 이행을 진술 · 보장하였는데도 계약을 이행하지 못하여 상대방에게 손해를 입힌 경우에는 계약상 의무를 이행하지 않은 것에 해당하므로 일종의 채무불이행 책임이 성립한다.

그러나 당사자 사이에 체결된 계약이 강행법규 위반으로 무효인 경우에 계약 불이행을 이유로 진술 · 보장 약정에 따른 손해배상채무를 이행하는 것이 강행법규가 금지하는 것과 동일한 결과를 가져온다면 이는 강행법규를 잠탈하는 결과가 되고, 이러한 경우에는 진술 · 보장 조항 위반을 이유로 손해배상을 청구할 수 없다고 보아야 한다(대법원 2019. 6. 13. 선고 2016다203551 판결).

채권자와 채무자 사이에 채무불이행을 원인으로 한 손해배상액을 예정한 경우에는 손해발생 및 손해액에 대한 입증은 필요하지 아니하고, 그 예정액이 과다하여 감액될 사정이 없는 한 채무불이행 사실만으로 채권자는 채무자에 대하여 손해배상예정액을 지급할 것을 청구할 수 있다(대법원 1991. 1. 11. 선고90다8053 판결).

▒ 소장 작성례(위약금)

소　장

원고　　　○○○ (000000-0000000)

주소 :

전화번호 :

전자우편주소 :

피고　　　○○○ (000000-0000000)

주소 :

전화번호 :

전자우편주소 :

위약금청구의 소

청　구　취　지

1. 피고는 원고에게 돈 50,000,000원 및 이에 대한 2020. 0. 0.부터 이 사건 소장부본 송달일까지는 연 5%의, 그 다음날부터 다 갚는 날까지는 연 12%의 각 비율에 의한 돈을 지급하라.
2. 소송비용은 피고의 부담으로 한다.
3. 제1항은 가집행 할 수 있다.

라는 판결을 구합니다.

청 구 원 인

1. 원고와 피고는 2020. 0. 0. ○○시 ○○동 00-0 소재 피고 소유 대 45㎡를 원고가 양수하기로 하는 내용의 매매계약을 체결한 사실이 있습니다.
2. 매매계약의 구체적인 내용은 다음과 같습니다.
   가. 매매대금은 150,000,000원으로 한다.
   나. 계약금은 2020. 0. 0. 원고가 피고에게 15,000,000원을 지급한다.
   다. 중도금은 2020. 0. 0. 원고가 피고에게 15,000,000원을 지급한다.
   라. 잔대금은 2021. 0. 0. 원고가 피고에게 120,000,000원을 지급함과 동시에 피고는 원고에 대하여 소유권이전등기절차 이행에 협력한다.
   마. 특약사항 : 위 내용에 위반되는 행위를 할 경우, 원고는 계약금을 포기하고, 피고는 손해배상으로 돈 50,000,000원을 원고에게 지급한다.
3. 피고는 원고로부터 계약금과 중도금을 수령한 뒤인 2021. 0. 0. 위 부동산을 원고와 피고 사이에 매매계약이 체결된 사실을 알지 못하는 소외 ○○○에게 양도하고 소유권이전등기를 마쳐 준 사실이 있습니다. 그 이유는 부동산의 가격이 급등했기 때문으로 추정됩니다.
4. 피고는 원고에게 계약금과 중도금 합계 30,000,000원만을 반환하였을 뿐입니다. 따라서 원고는 피고에게 위 계약에서 특약사항으로 약정한 위약금 50,000,000원을 지급하라고 독촉한 사실이 있음에도 피고는 이에 응하지 않고 있어 부득이 이 사건 소에 이르게 되었습니다.

입 증 방 법

1. 갑 제1호증 부동산매매계약서 1통.
2. 갑 제2호증 계약금 송금내역서 1통.
3. 갑 제3호증 중도금 송금내역서 1통.

첨 부 서 류

1. 위 입증방법 각 1통.
2. 소장부본 2통.
3. 납부서 1통.

2022. 0. 0.

위 원고 ○○○ (인)

○○지방법원 귀중

참고사항

* 이자 및 지연손해금 : 청구취지 중 '연 5%'는 민법의 규정에 따른 법정이자이고, '연 12%'는 「소송촉진 등에 관한 특례법」 소정의 지연손해금이다.
* 가집행 : 금전의 지급을 명하는 판결에는 원칙적으로 가집행을 할 수 있다고 선언하여야 한다.
* 소장부본 : 단독사건의 경우에는 피고의 수에 1통을 더한 수, 합의부사건의 경우에는 상대방의 수에 2통을 더한 수의 부본을 원본과 함께 제출한다.
* 인지대 및 송달료 : 대법원 홈페이지에서 계산한 것을 수납은행에 예납한다.
* 소송의 관할법원 : 채권자(원고)의 주소지를 관할하는 지방법원(또는 지원)이다.

19. 채권자대위권

채권자대위권의 뜻

채권자는 자기의 채권을 보전하기 위하여 채무자의 권리를 행사할 수 있다. 그러나 일신에 전속한 권리는 그러하지 아니하다. 채권자는 그 채권의 기한이 도래하기 전에는 법원의 허가 없이 채권자대위권을 행사하지 못한다. 그러나 보전행위는 그러하지 아니하다(민법 제404조). 채권자대위권(債權者代位權)은 민법상의 채권자가 자기의 채권을 보전하기 위하여 자기의 이름으로 채무자의 권리를 행사할 수 있는 권리이다. 가령 채무자가 제3자에 대하여 가지는 권리를 행사하지 않기 때문에 그 채권이 소멸시효에 걸릴 염려가 있는 경우 또는 채무자가 타인으로부터 부동산을 매수하였으나 그가 매도인에 대하여 등기청구권을 행사하지 않기 때문에 소유권을 취득하지 못하게 될 위험이 있는 경우에, 채권자는 채무자의 권리를 대신 행사하여 시효를 중단시키거나 채무자의 등기청구권을 대신 행사하여 채무자가 소유권을 취득하게 할 수 있다.

채권자대위권 행사의 통지

채권자가 보전행위 이외의 채권자대위권을 행사한 때에는 채무자에게 통지하여야 한다. 채무자가 이 통지를 받은 후에는 그 권리를 처분하여도 이로써 채권자에게 대항하지 못한다(민법 제405조).

대법원판례

채권자가 채권자대위권에 기하여 채무자의 권리를 행사하고 있다는 사실을 채무자가 알게 된 후에는 채무자가 그 권리를 처분하여도 이로써 채권자에게 대항하지 못하는 것인바, 채권자가 채무자와 제3채무자 사이에 체결된 부동산매매계약에 기한 소유권이전등기청구권을 보전하기 위해 채무자를 대위하여 제3채무자의 부동산에 대한 처분금지가처분을 신청하여 가처분결정을 받은 경우에는 피보전권리인 소유권이전등기청구권을 행사한 것과 같이 볼 수 있으므로, 채무자가 그러한 채권자대위권 행사 사실을 알게 된 후에 그 매매계약을 합의해제함으로써 채권자대위권의 객체인 부동산 소유권이전등기청구권을 소멸시켰다 하더라도 이로써 채권자에게 대항할 수 없고, 그 결과 제3채무자 또한 그 계약해제로써 채권자에게 대항할 수 없다(대법원 2007. 6. 28. 선고 2006다85921 판결).

채권자대위권 행사의 요건인 '채무자가 스스로 그 권리를 행사하지 않을 것'이라 함은 채무자의 제3채무자에 대한 권리가 존재하고 채무자가 그 권리를 행사할 수 있는 상태에 있으나 스스로 그 권리를 행사하고 있지 아니하는 것을 의미하고, 여기서 권리를 행사할 수 있는 상태에 있다는 뜻은 권리 행사를 할 수 없게 하는 법률적 장애가 없어야 한다는 뜻이며 채무자 자신에 관한 현실적인 장애까지 없어야 한다는 뜻은 아니고, 채무자가 그 권리를 행사하지 않는 이유를 묻지 아니하므로, 미등기 토지에 대한 시효취득자가 제3자 명의의 소유권보존등기가 원인무효라 하여 그 등기의 말소를 구하는 경우에 있어 채무자인 진정한 소유자가 성명불상자라 하여도 그가 위 등기의 말소를 구하는 데 어떤 법률적 장애가 있다고 할 수는 없어 그 채권자대위권 행사에 어떤 법률적 장애가 될 수 없다(대법원 1992. 2. 25. 선고 91다9312 판결).

채권자대위권은 채무자가 제3채무자에 대한 권리를 행사하지 아니하는 경우에 한하여 채권자가 자기의 채권을 보전하기 위하여 행사할 수 있는 것이어서 채권자가 대위권을 행사할 당시는 이미 채무자가 권리를 재판상 행사하였을 때에는 설사 패소의 본안판결을 받았더라도 채권자는 채무자를 대위하여 채무자의 권리를 행사할 당사자적격이 없다(대법원 1992. 11. 10. 선고 92다30016 판결).

채권자대위권 행사의 효과는 채무자에게 귀속되는 것이므로, 채권자대위소송의 제기로 인한 소멸시효 중단의 효과 역시 채무자에게 생긴다(대법원 2011. 10. 13. 선고 2010다80930 판결).

민법 제405조 제2항은 '채무자가 채권자대위권행사의 통지를 받은 후에는 그 권리를 처분하여도 이로써 채권자에게 대항하지 못한다.'고 규정하고 있다.
위 조항의 취지는 채권자가 채무자에게 대위권 행사사실을 통지하거나 채무자가 채권자의 대위권 행사사실을 안 후에 채무자에게 대위의 목적인 권리의 양도나 포기 등 처분행위를 허용할 경우 채권자에 의한 대위권행사를 방해하는 것이 되므로 이를 금지하는 데에 있다.

그런데 채무자의 채무불이행 사실 자체만으로는 권리변동의 효력이 발생하지 않아 이를 채무자가 제3채무자에 대하여 가지는 채권을 소멸시키는 적극적인 행위로 파악할 수 없는 점, 더구나 법정해제는 채무자의 객관적 채무불이행에 대한 제3채무자의 정당한 법적 대응인 점, 채권이 압류 · 가압류된 경우에도 압류 또는 가압류된 채권의 발생원인이 된 기본계약의 해제가 인정되는 것과 균형을 이룰 필요가 있는 점 등을 고려할 때 채무자가 자신의 채무불이행을 이유로 매매계약이 해제되도록 한 것을 두고 민법 제405조 제2항에서 말하는 '처분'에 해당한다고 할 수 없다.

따라서 채무자가 채권자대위권행사의 통지를 받은 후에 채무를 불이행함으로써 통지 전에 체결된 약정에 따라 매매계약이 자동적으로 해제되거나, 채권자대위권행사의 통지를 받은 후에 채무자의 채무불이행을 이유로 제3채무자가 매매계약을 해제한 경우 제3채무자는 계약해제로써 대위권을 행사하는 채권자에게 대항할 수 있다. 다만, 형식적으로는 채무자의 채무불이행을 이유로 한 계약해제인 것처럼 보이지만 실질적으로는 채무자와 제3채무자 사이의 합의에 따라 계약을 해제한 것으로 볼 수 있거나, 채무자와 제3채무자가 단지 대위채권자에게 대항할 수 있도록 채무자의 채무불이행을 이유로 하는 계약해제인 것처럼 외관을 갖춘 것이라는 등의 특별한 사정이 있는 경우에는 채무자가 피대위채권을 처분한 것으로 보아 제3채무자는 계약해제로써 대위권을 행사하는 채권자에게 대항할 수 없다(대법원 2012. 5. 17. 선고 2011다87235 전원합의체 판결).

채권자가 채권자대위권을 행사하는 방법으로 제3채무자를 상대로 소송을 제기하고 판단을 받은 경우에는 채권자가 채무자에 대하여 민법 제405조 제1항에 의한 보존행위 이외의 권리행사의 통지 또는 민사소송법 제77조에 의한 소송고지 혹은 비송사건절차법 제84조 제1항에 의한 재판상대위의 허가를 고지하는 방법 등을 위시하여 어떠한 사유로 인하였던 적어도 채권자대위권에 의한 소송이 제기된 사실을 채무자가 알았을 경우에 비로소 그 판결의 효력이 채무자에게 미친다(대법원 1988. 2. 23. 선고 87다카1108 판결).

채권자대위권을 행사함에 있어서 채권자가 제3채무자에 대하여 자기에게 직접 급부를 요구하여도 어차피 그 효과는 채무자에게 귀속되는 것이므로, 채권자대위권을 행사하여 채권자가 제3채무자에게 그 소유권이전등기의 말소절차를 직접 자기에게 이행할 것을 청구하여 승소하였다고 하여도 그 판결에 기한 말소등기에 따른 등기상태는 채무자 명의로 돌아가는 것이니, 채권자대위권을 행사하는 채권자에게 직접 말소등기절차를 이행할 것을 명한 판결에 위법이 있다고 할 수 없다(대법원 1995. 4. 14. 선고 94다58148 판결).

채권자는 자기의 채권을 보전하기 위하여, 일신에 전속한 권리가 아닌 한 채무자의 권리를 행사할 수 있다(민법 제404조 제1항). 공유물분할청구권은 공유관계에서 수반되는 형성권으로서 공유자의 일반재산을 구성하는 재산권의 일종이다. 공유물분할청구권의 행사가 오로지 공유자의 자유로운 의사에 맡겨져 있어 공유자 본인만 행사할 수 있는 권리라고 볼 수는 없다. 따라서 공유물분할청구권도 채권자대위권의 목적이 될 수 있다.
권리의 행사 여부는 그 권리자가 자유로운 의사에 따라 결정하는 것이 원칙이다. 채무자가 스스로 권리를 행사하지 않는데도 채권자가 채무자를 대위하여 채무자의 권리를 행사할 수 있으려면 그러한 채무자의 권리를 행사함으로써 채권자의 권리를 보전해야 할 필요성이 있어야 한다.
여기에서 보전의 필요성은 채권자가 보전하려는 권리의 내용, 채권자가 보전하려는 권리가 금전채권인 경우 채무자의 자력 유무, 채권자가 보전하려는 권리와 대위하여 행사하려는 권리의 관련성 등을 종합적으로 고려하여 채권자가 채무자의 권리를 대위하여 행사하지 않으면 자기 채권의 완전한 만족을 얻을 수 없게 될 위험이 있어 채무자의 권리를 대위하여 행사하는 것이 자기 채권의 현실적 이행을 유효·적절하게 확보하기 위하여 필요한지 여부를 기준으로 판단하여야 하고, 채권자대위권의 행사가 채무자의 자유로운 재산관리행위에 대한 부당한 간섭이 되는 등 특별한 사정이 있는 경우에는 보전의 필요성을 인정할 수 없다(대법원 2020. 5. 21. 선고 2018다879 전원합의체 판결).

○ 당사자적격 : 특정의 청구에 대하여 당사자로서 소송을 수행(遂行)하여 판결을 받기 위하여 필요한 자격

20. 채권자취소권

채권자취소권의 뜻

채무자가 채권자를 해함을 알고 재산권을 목적으로 한 법률행위를 한 때에는 채권자는 그 취소 및 원상회복을 법원에 청구할 수 있다. 그러나 그 행위로 인하여 이익을 받은 자나 전득한 자가 그 행위 또는 전득 당시에 채권자를 해함을 알지 못한 경우에는 그러하지 아니하다. 이 소는 채권자가 취소원인을 안 날로부터 1년, 법률행위 있은 날로부터 5년내에 제기하여야 한다(민법 제406조).

채권자취소권은 사해행위취소권이라고도 한다. 취소채권자의 채권은 채무자의 사해행위 '이전'에 성립, 존재하고 있어야 한다. 따라서 취소채권자의 채권이 성립하기 전에 이루어진 채무자의 행위는 취소의 대상이 되지 못한다. 기존채무의 이행으로서 등기를 하는 경우에 그 채무의 원인이 되는 행위가 채권자의 채권보다 앞서 발생한 때에는 그 등기는 채권자취소권의 대상이 될 수 없다.

채권자취소권에 의하여 보호될 수 있는 채권은 원칙적으로 사해행위라고 볼 수 있는 행위가 있기 전에 발생된 것임을 요하지만, 예외적으로 그 사해행위 당시에 이미 채권 성립의 기초가 되는 법률관계가 발생되어 있고, 가까운 장래에 그 법률관계에 기하여 채권이 성립되리라는 점에 대한 고도의 개연성이 있으며, 실제로 가까운 장래에 그 개연성이 현실화되어 채권이 성립된 경우에는 그 채권도 채권자취소권의 피보전채권이 될 수 있다.

채권자취소의 효력

전조의 규정에 의한 취소와 원상회복은 모든 채권자의 이익을 위하여 그 효력이 있다(민법 제407조).

대법원판례

채권자취소권은 채권의 공동담보인 채무자의 책임재산을 보전하기 위하여 채무자와 수익자 사이의 사해행위를 취소하고 채무자의 일반재산으로부터 일탈된 재산을 모든 채권자를 위하여 수익자 또는 전득자로부터 환원시키는 제도로서, 수익자로 하여금 자기의 채무자에 대한 반대채권으로써 상계를 허용하는 것은 사해행위에 의하여 이익을 받은 수익자를 보호하고 다른 채권자의 이익을 무시하는 결과가 되어 위 제도의 취지에 반하므로, 수익자가 채권자취소에 따른 원상회복으로서 가액배상을 할 때에 채무자에 대한 채권자라는 이유로 채무자에 대하여 가지는 자기의 채권과의 상계를 주장할 수는 없다.

채권자취소권은 채권의 공동담보인 채무자의 책임재산을 보전하기 위하여 채무자의 일반재산으로부터 일탈된 재산을 모든 채권자를 위하여 수익자 또는 전득자로부터 환원시키는 제도로서, 그 행사의 효력은 채권자와 수익자 또는 전득자와의 상대적인 관계에서만 미치는 것이므로 채권자취소권의 행사로 인하여 채무자가 수익자나 전득자에 대하여 어떠한 권리를 취득하는 것은 아니라고 할 것이고, 따라서 수익자가 채무자에게 가액배상금 명목으로 금원을 지급하였다는 점을 들어 채권자취소권을 행사하는 채권자에 대하여 가액배상에서의 공제를 주장할 수는 없다(대법원 2001. 6. 1. 선고 99다63183 판결).

채권자취소권 행사에 있어서 제척기간의 기산점인 채권자가 '취소원인을 안 날'이라 함은 채권자가 채권자취소권의 요건을 안 날, 즉 채무자가 채권자를 해함을 알면서 사해행위를 하였다는 사실을 알게 된 날을 의미한다.

채권자취소권 행사에 있어서 채권자가 취소원인을 알았다고 하기 위하여서는 단순히 채무자가 재산의 처분행위를 하였다는 사실을 아는 것만으로는 부족하고 구체적인 사해행위의 존재를 알고 나아가 채무자에게 사해의 의사가 있었다는 사실까지 알 것을 요하나, 나아가 채권자가 수익자나 전득자의 악의까지 알아야 하는 것은 아니다.

이미 채무초과의 상태에 빠져 있는 채무자가 그의 유일한 재산인 부동산을 채권자들 가운데 어느 한 사람에게 대물변제로 제공하는 행위는 다른 특별한 사정이 없는 한 다른 채권자들에 대한 관계에서 사해행위가 되고, 특히 채무자가 자기의 유일한 재산인 부동산을 매각하여 소비하기 쉬운 금전으로 바꾸는 행위는 특별한 사정이 없는 한 채권자에 대하여 사해행위가 되어 채무자의 사해의 의사가 추정되는 것이므로, 이와 같이 채무자가 유일한 재산인 부동산을 처분하였다는 사실을 채권자가 알았다면 특별한 사정이 없는 한 채무자의 사해의사도 채권자가 알았다고 봄이 상당하다(대법원 2000. 9. 29. 선고 2000다3262 판결).

주채무자 또는 제3자 소유의 부동산에 대하여 채권자 앞으로 근저당권이 설정되어 있고,

그 부동산의 가액 및 채권최고액이 당해 채무액을 초과하여 채무 전액에 대하여 채권자에게 우선변제권이 확보되어 있다면, 그 범위 내에서는 채무자의 재산처분행위는 채권자를 해하지 아니하므로, 연대보증인이 비록 유일한 재산을 처분하는 법률행위를 하더라도 채권자에 대하여 사해행위가 성립되지 않는다고 보아야 할 것이고, 당해 채무액이 그 부동산의 가액 및 채권최고액을 초과하는 경우에는 그 담보물로부터 우선변제 받을 액을 공제한 나머지 채권액에 대하여만 채권자취소권이 인정된다고 할 것이며, 피보전채권의 존재와 그 범위는 채권자취소권 행사의 한 요건에 해당된다고 할 것이므로, 이 경우 채권자취소권을 행사하는 채권자로서는 그 담보권의 존재에도 불구하고 자신이 주장하는 피보전채권이 그 우선변제권 범위 밖에 있다는 점을 주장 · 입증하여야 한다.

채무자의 재산처분행위가 사해행위가 되는지 여부는 처분행위 당시를 기준으로 판단하여야 하므로, 담보로 제공된 부동산이 사해성 여부가 문제되는 재산처분행위가 있은 후에 임의경매 등 절차에서 환가가 진행된 경우에는 그 재산처분행위의 사해성 여부를 판단하기 위한 부동산 가액의 평가는 부동산 가액의 하락이 예상되는 등 특별한 사정이 없는 한 사후에 환가된 가액을 기준으로 할 것이 아니라 사해성 여부가 문제되는 재산처분행위 당시의 시가를 기준으로 하여야 한다.

채권자의 채권원리금이 그 우선변제권에 의하여 전액 담보되지 아니하는 경우에는 변제충당의 법리를 유추적용하여 사해행위 시점에서는 이자채권이 원금채권에 우선하여 우선변제권에 의하여 담보되고 있다고 볼 것이므로, 담보되지 아니하는 부분 가운데에는 원금에 해당하는 금원이 포함되어 남아 있게 될 것이고, 따라서 채권자가 채권자취소권을 행사할 수 있는 범위는 그 이후 담보권의 실행 등으로 소멸한 부분을 제외하고 난 다음 실제로 남은 미회수 원리금 전부가 아니라 사해행위 당시 채권최고액 및 담보부동산의 가액을 초과하는 부분에 해당하는 채무원리금 및 그 중 원금 부분에 대한 사실심 변론종결시점까지 발생한 지연이자 상당의 금원이 이에 해당한다(대법원 2002. 11. 8. 선고 2002다41589 판결).

채권자가 전득자를 상대로 민법 제406조 제1항에 의한 채권자취소권을 행사하기 위해서는, 같은 조 제2항에서 정한 기간 안에 채무자와 수익자 사이의 사해행위의 취소를 소송상 공격방법의 주장이 아닌 법원에 소를 제기하는 방법으로 청구하여야 하는 것이고, 비록 채권자가 수익자를 상대로 사해행위의 취소를 구하는 소를 이미 제기하여 채무자와 수익자 사이의 법률행위를 취소하는 내용의 판결을 선고받아 확정되었더라도 그 판결의 효력은 그 소송의 피고가 아닌 전득자에게는 미칠 수 없는 것이므로, 채권자가 그 소송과는 별도로 전득자에 대하여 채권자취소권을 행사하여 원상회복을 구하기 위해서는 위에서 본 법리에 따라 민법 제406조 제2항에서 정한 기간 안에 전득자에 대한 관계에 있어서 채무자와 수익자 사이의 사해행위를 취소하는 청구를 하지 않으면 아니 된다(대법원 2005. 6. 9. 선고 2004다17535 판결).

채권자취소권에 의하여 보호될 수 있는 채권은 원칙적으로 사해행위라고 볼 수 있는 행위가 행하여지기 전에 발생된 것임을 요하지만, 그 사해행위 당시에 이미 채권 성립의 기초가 되는 법률관계가 발생되어 있고, 가까운 장래에 그 법률관계에 터 잡아 채권이 성립되리라는 점에 대한 고도의 개연성이 있으며, 실제로 가까운 장래에 그 개연성이 현실화되어 채권이 성립된 경우에는 그 채권도 채권자취소권의 피보전채권이 될 수 있다.
채권자취소권 행사의 요건인 채무자의 무자력 여부를 판단함에 있어서 그 대상이 되는 소극재산은 원칙적으로 사해행위라고 볼 수 있는 행위가 행하여지기 전에 발생된 것임을 요하지만, 그 사해행위 당시에 이미 채무 성립의 기초가 되는 법률관계가 성립되어 있고, 가까운 장래에 그 법률관계에 터 잡아 채무가 성립되리라는 점에 대한 고도의 개연성이 있으며, 실제로 가까운 장래에 그 개연성이 현실화되어 채무가 성립된 경우에는 그 채무도 채무자의 소극재산에 포함시켜야 한다(대법원 2011. 1. 13. 선고 2010다68084 판결).

부동산에 관한 법률행위가 사해행위에 해당하는 경우에는 채무자의 책임재산을 보전하기 위하여 사해행위를 취소하고 원상회복을 명하여야 한다. 사해행위취소로 인한 원상회복은 원물반환의 방법에 의하는 것이 원칙이지만, 원물반환이 불가능하거나 현저히 곤란한 사정이 있는 때에는 원물반환에 대신하여 금전적 배상으로서의 가액배상이 허용된다.
근저당권이 설정되어 있는 부동산에 관하여 사해행위가 이루어진 후 근저당권이 말소되어 그 부동산의 가액에서 근저당권 피담보채무액을 공제한 나머지 금액의 한도에서 사해행위를 취소하고 가액의 배상을 명하는 경우 그 가액의 산정은 사실심 변론종결 시를 기준으로 하여야 하고, 이 경우 사해행위가 있은 후 그 부동산에 관한 권리를 취득한 전득자에 대하여는 사실심 변론종결 시의 부동산 가액에서 말소된 근저당권 피담보채무액을 공제한 금액과 사실심 변론종결 시를 기준으로 한 취소채권자의 채권액 중 적은 금액의 한도 내에서 그가 취득한 이익에 대해서만 가액배상을 명할 수 있다(대법원 2019. 4. 11. 선고 2018다203715 판결).

채권자가 수익자와 전득자를 공동피고로 삼아 채권자취소의 소를 제기하면서 청구취지로 '채무자와 수익자 사이의 사해행위취소 청구'를 구하는 취지임을 명시한 경우 전득자에 대한 관계에서 채무자와 수익자 사이의 사해행위를 취소하면서 채권자취소권을 행사한 것으로 보아야 한다. 사해행위 취소를 구하는 취지를 수익자에 대한 청구취지와 전득자에 대한 청구취지로 분리하여 각각 기재하지 않았다고 하더라도 취소를 구하는 취지가 수익자에 대한 청구에 한정된 것이라고 볼 수는 없다(대법원 2021. 2. 4. 선고 2018다271909 판결).

무자력상태의 채무자가 소송절차를 통해 수익자에게 자신의 책임재산을 이전하기로 하여, 수익자가 제기한 소송에서 자백하는 등의 방법으로 패소판결 또는 그와 같은 취지의 화해권고결정 등을 받아 확정시키고, 이에 따라 수익자 앞으로 책임재산에 대한 소유권이전등기 등이 마쳐졌다면, 이러한 일련의 행위의 실질적인 원인이 되는 채무자와 수익자 사이의 이전합의는 다른 일반채권자의 이익을 해하는 사해행위가 될 수 있다.
채권자가 사해행위의 취소와 함께 수익자 또는 전득자로부터 책임재산의 회복을 명하는 사해행위취소의 판결을 받은 경우 수익자 또는 전득자가 채권자에 대하여 사해행위의 취소로 인한 원상회복 의무를 부담하게 될 뿐, 채권자와 채무자 사이에서 취소로 인한 법률관계가 형성되는 것은 아니다. 따라서 위와 같이 채무자와 수익자 사이의 소송절차에서 확정판결 등을 통해 마쳐진 소유권이전등기가 사해행위취소로 인한 원상회복으로써 말소된다고 하더라도, 그것이 확정판결 등의 효력에 반하거나 모순되는 것이라고는 할 수 없다(대법원2017. 4. 7. 선고 2016다204783 판결).

채권자가 사해행위의 취소로서 수익자를 상대로 채무자와의 법률행위의 취소를 구함과 아울러 전득자를 상대로도 전득행위의 취소를 구함에 있어서, 전득자의 악의는 전득행위 당시 채무자와 수익자 사이의 법률행위가 채권자를 해한다는 사실, 즉 사해행위의 객관적 요건을 구비하였다는 것에 대한 인식을 의미한다.

한편, 사해행위취소소송에서 채무자의 악의의 점에 대하여는 취소를 주장하는 채권자에게 증명책임이 있으나, 수익자 또는 전득자가 악의라는 점에 관하여는 증명책임이 채권자에게 있는 것이 아니고 수익자 또는 전득자 자신에게 선의라는 사실을 증명할 책임이 있으며, 채무자의 재산처분행위가 사해행위에 해당할 경우에 사해행위 또는 전득행위 당시 수익자 또는 전득자가 선의였음을 인정함에 있어서는 객관적이고도 납득할 만한 증거자료 등에 의하여야 하고, 채무자나 수익자의 일방적인 진술이나 제3자의 추측에 불과한 진술 등에만 터 잡아 사해행위 또는 전득행위 당시 수익자 또는 전득자가 선의였다고 선뜻 단정하여서는 아니 된다.

채무자가 제3자의 채무를 담보하기 위하여 자신의 부동산에 근저당권을 설정함으로써 물상보증인이 되는 행위는 부동산의 담보가치만큼 채무자의 일반 채권자들을 위한 책임재산에 감소를 가져오는 것이므로, 물상담보로 제공된 부동산의 가액에서 다른 채권자가 가지는 피담보채권액을 채권최고액의 범위 내에서 공제한 잔액만을 채무자의 적극재산으로 평가하여야 하고, 그로 인하여 채무자의 책임재산이 부족하게 되거나 상태가 심화되었다면 사해행위가 성립한다(대법원 2015. 6. 11. 선고 2014다237192 판결).

사해행위인 매매예약에 기하여 수익자 앞으로 가등기를 마친 후 전득자 앞으로 가등기 이전의 부기등기를 마치고 나아가 가등기에 기한 본등기까지 마쳤다 하더라도, 위 부기등기는 사해행위인 매매예약에 기초한 수익자의 권리의 이전을 나타내는 것으로서 부기등기에 의하여 수익자로서의 지위가 소멸하지는 아니하며, 채권자는 수익자를 상대로 사해행위인 매매예약의 취소를 청구할 수 있다.

그리고 설령 부기등기의 결과 가등기 및 본등기에 대한 말소청구소송에서 수익자의 피고적격이 부정되는 등의 사유로 인하여 수익자의 원물반환의무인 가등기말소의무의 이행이 불가능하게 된다 하더라도 달리 볼 수 없으며, 특별한 사정이 없는 한 수익자는 가등기 및 본등기에 의하여 발생된 채권자들의 공동담보 부족에 관하여 원상회복의무로서 가액을 배상할 의무를 진다(대법원2015. 5. 21. 선고 2012다952 전원합의체판결).

사해행위의 취소는 채권자와 수익자의 관계에서 상대적으로 채무자와 수익자사이의 법률행위를 무효로 하는 데에 그치고 채무자와 수익자 사이의 법률관계에는 영향을 미치지 아니하므로, 채무자와 수익자 사이의 부동산매매계약이 사해행위로 취소되고 그에 따른 원상회복으로 수익자 명의의 소유권이전등기가 말소되어 채무자의 등기명의가 회복되더라도, 그 부동산은 취소채권자나 민법 제407조에 따라 사해행위 취소와 원상회복의 효력을 받는 채권자와 수익자사이에서 채무자의 책임재산으로 취급될 뿐, 채무자가 직접 부동산을 취득하여 권리자가 되는 것은 아니다.

채무자가 사해행위 취소로 등기명의를 회복한 부동산을 제3자에게 처분하더라도 이는 무권리자의 처분에 불과하여 효력이 없으므로, 채무자로부터 제3자에게 마쳐진 소유권이전등기나 이에 기초하여 순차로 마쳐진 소유권이전등기 등은 모두 원인무효의 등기로서 말소되어야 한다. 이 경우 취소채권자나 민법 제407조에 따라 사해행위 취소와 원상회복의 효력을 받는 채권자는 채무자의 책임재산으로 취급되는 부동산에 대한 강제집행을 위하여 원인무효 등기의 명의인을 상대로 등기의 말소를 청구할 수 있다(대법원 2017. 3. 9. 선고 2015다217980 판결).

- ㅇ 상계(相計) : 채무자와 채권자가 같은 종류의 채무와 채권을 가지는 경우에, 일방적 의사 표시로 서로의 채무와 채권을 같은 액수만큼 소멸케 하는 일
- ㅇ 수익자 : 사해행위에서 채무자로부터 재산을 취득한 자
- ㅇ 전득자(轉得者) : 채무자의 사해행위의 상대방인 수익자로부터 재산을 취득한 자
- ㅇ 악의(惡意) : 사해행위라는 사실을 알고 있음
- ㅇ 대물변제(代物辨濟) : 채무자가 채무의 목적물 대신 다른 물건으로 채무를 소멸시키는 일
- ㅇ 물상보증인 : 다른 사람의 채무를 위해 자신의 소유로 되어 있는 재산을 담보로 제공하는 자

▒ 소장 작성례(소유권이전등기 말소)

소 장

원고 ○○○ (000000-0000000)
주소 :
전화번호 :
전자우편주소 :

피고 ○○○ (000000-0000000)
주소 :
전화번호 :
전자우편주소 :

소유권이전등기 말소등기절차 이행청구의 소

청 구 취 지

1. 피고는 원고에게 ○○○○도 ○○시 ○○동 00-0 전 000㎡에 대한 ○○지방법원 ○○등기소 2022. ○. ○. 접수 제000호로 마친 소유권이전등기의 말소등기절차를 이행하라.
2. 소송비용은 피고가 부담한다.

라는 판결을 구합니다.

청 구 원 인

1. 원고는 피고에 대하여 돈 300,000,000원의 채권을 가지고 있는 채권자입니다. 이 채권의 변제기는 2021. 0. 0.로써 이미 도과한 상태입니다.
2. 피고에게는 청구취지에 표시된 부동산이 동인의 유일한 재산입니다.
3. 그런데 피고는 2021. 0. 0. 피고의 동생인 소외 ○○○에게 위 부동산을 증여를 원인으로 소유권을 이전해 준 사실이 최근 확인되었습니다.
4. 원고는 피고에게 채무의 변제를 하지 않으면 강제집행을 할 수도 있다는 취지의 말을 한 사실이 있습니다. 이 말을 들은 피고는 그 직후 위 부동산의 소유명의를 소외인에게 이전한 것입니다. 원고로서는 피고와 소외인의 행위는 통정허의의 의사표시에 터 잡은 것이므로 위 등기는 원인무효인 등기라고 생각합니다.
5. 따라서 원고는 피고의 모든 채권자들을 위하여 채권자취소권을 행사하기 위하여 이 소를 제기하는 것입니다.

입 증 방 법

1. 갑 제1호증 차용증서 1통.
2. 갑 제2호증 부동산등기사항전부증명서 1통.

첨 부 서 류

1. 위 입증방법 각 1통.
2. 소장부본 2통.
3. 납부서 1통.

2022. 0. 0.

위 원고 ○○○ (인)

○○지방법원 귀중

참고사항

* "피고는 원고에게" : 판결이 확정되면 원고는 문제의 부동산에 관하여 피고 명의의 소유권이전등기를 말소하는 등기신청을 해야 한다. 따라서 판결서에 "피고는 원고에 대하여" 또는 "피고는 원고에게"라는 명령이 기재될 필요가 있다.
* 주민등록번호 : 나중에 말소등기를 신청함에는 원고(등기신청인)와 피고(부동산 소유자)의 주민등록번호가 판결서의 그것과 동일함이 소명되어야 하므로, 부동산 관련 소송에서는 원고와 피고의 주민등록번호는 반드시 기재되어야 한다.
* 가집행선고 청구는 불가 : 등기절차의 이행을 명하는 판결은 '의사의 진술을 명하는 판결'이다. 따라서 법원은 판결이 확정되지 아니한 상태에서 가집행을 명할 수는 없다. 그러므로 소장의 청구취지에도 가집행을 명해 달라는 청구는 할 수 없다.
* 인지대 및 송달료 : 이는 대법원 홈페이지를 이용하여 금액을 확인한 다음 수납은행에 예납하면 된다.
* 형사상의 문제 : 피고의 위와 같은 행위는 형법이 규정하고 있는 '강제집행면탈죄'를 구성한다. 따라서 원고로서는 민사상의 청구와는 별도로 행위자들을 형사상 고소할 수도 있을 것이다.

21. 채권양도

채권양도의 뜻

채권은 양도할 수 있다. 그러나 채권의 성질이 양도를 허용하지 아니하는 때에는 그러하지 아니하다. 채권은 당사자가 반대의 의사를 표시한 경우에는 양도하지 못한다. 그러나 그 의사표시로써 선의의 제삼자에게 대항하지 못한다(민법 제449조).

여기에서 말하는 '선의의 제삼자'는 당사자가 채권양도에 반대한다는 의사를 표시한 사실을 알지 못하는 제삼자이다.

지명채권양도의 대항요건

지명채권의 양도는 양도인이 채무자에게 통지하거나 채무자가 승낙하지 아니하면 채무자 기타 제삼자에게 대항하지 못한다. 이 통지나 승낙은 확정일자 있는 증서에 의하지 아니하면 채무자 이외의 제삼자에게 대항하지 못한다.

'지명채권'이란 특정인이 권리자로 지명되어 있는 보통의 채권을 뜻한다. 지명채권양도의 대항요건으로서의 확정일자는 일반적으로 내용증명우편에 의하여 갖출 수 있다.

채무자의 승낙과 양도인에 의한 통지의 효과

채무자가 이의를 보류하지 아니하고 승낙을 한 때에는 양도인에게 대항할 수 있는 사유로써 양수인에게 대항하지 못한다. 그러나 채무자가 채무를 소멸하게 하기 위하여 양도인에게 급여한 것이 있으면 이를 회수할 수 있고 양도인에 대하여 부담한 채무가 있으면 그 성립되지 아니함을 주장할 수 있다.

양도인이 양도통지만을 한 때에는 채무자는 그 통지를 받은 때까지 양도인에 대하여 생긴 사유로써 양수인에게 대항할 수 있다(민법 제451조).

양도통지와 금반언(禁反言)

양도인이 채무자에게 채권양도를 통지한 때에는 아직 양도하지 아니하였거나 그 양도가 무효인 경우에도 선의인 채무자는 양수인에게 대항할 수 있는 사유로 양도인에게 대항할 수 있다. 이 통지는 양수인의 동의가 없으면 철회하지 못한다(민법 제452조).

대법원판례

채권이 이중으로 양도된 경우의 양수인 상호간의 우열은 통지 또는 승낙에 붙여진 확정일자의 선후에 의하여 결정할 것이 아니라, 채권양도에 대한 채무자의 인식, 즉 확정일자 있는 양도통지가 채무자에게 도달한 일시 또는 확정일자 있는 승낙의 일시의 선후에 의하여 결정하여야 할 것이고, 이러한 법리는 채권양수인과 동일 채권에 대하여 가압류명령을 집행한 자 사이의 우열을 결정하는 경우에 있어서도 마찬가지이므로, 확정일자 있는 채권양도 통지와 가압류결정 정본의 제3채무자(채권양도의 경우는 채무자)에 대한 도달의 선후에 의하여 그 우열을 결정하여야 한다(대법원 1994. 4. 26. 선고 93다24223 전원합의체 판결).

2인이 동업하는 조합의 조합원 1인이 다른 조합원의 동업없이 한 조합채권양도행위는 무효이다(대법원 1990. 2. 27. 선고 88다카11534 판결).

당사자의 의사표시에 의한 채권양도 금지는 제3자가 악의의 경우는 물론 제3자가 채권양도 금지를 알지 못한 데에 중대한 과실이 있는 경우 그 채권양도 금지로써 대항할 수 있다 할 것이나, 제3자의 악의 내지 중과실은 채권양도 금지의 특약으로 양수인에게 대항하려는 자가 이를 주장 · 입증하여야 한다(대법원 1999. 12. 28. 선고 99다8834 판결).

민법 제450조에 의한 채권양도통지는 양도인이 직접 하지 아니하고 사자(使者)를 통하여 하거나 대리인으로 하여금 하게 하여도 무방하고, 채권의 양수인도 양도인으로부터 채권양도통지 권한을 위임받아 대리인으로서 그 통지를 할 수 있다.

채권양도통지 권한을 위임받은 양수인이 양도인을 대리하여 채권양도통지를 함에 있어서는 민법 제114조 제1항의 규정에 따라 양도인 본인과 대리인을 표시하여야 하는 것이므로, 양수인이 서면으로 채권양도통지를 함에 있어 대리관계의 현명(顯名)을 하지 아니한 채 양수인 명의로 된 채권양도통지서를 채무자에게 발송하여 도달되었다 하더라도 이는 효력이 없다고 할 것이다.

대리에 있어 본인을 위한 것임을 표시하는 이른바 현명은 반드시 명시적으로만 할 필요는 없고 묵시적으로도 할 수 있는 것이고, 채권양도통지를 함에 있어 현명을 하지 아니한 경우라도 채권양도통지를 둘러싼 여러 사정에 비추어 양수인이 대리인으로서 통지한 것임을 상대방이 알았거나 알 수 있었을 때에는 민법 제115조 단서의 규정에 의하여 유효하다(대법원 2004. 2. 13. 선고2003다43490 판결).

> * 민법
>
> **제115조(본인을 위한 것임을 표시하지 아니한 행위)** 대리인이 본인을 위한 것임을 표시하지 아니한 때에는 그 의사표시는 자기를 위한 것으로 본다. 그러나 상대방이 대리인으로서 한 것임을 알았거나 알 수 있었을 때에는 전조 제1항의 규정을 준용한다.
>
> **제114조(대리행위의 효력)** ① 대리인이 그 권한내에서 본인을 위한 것임을 표시한 의사표시는 직접 본인에게 대하여 효력이 생긴다.

▒ 채권양도통지서 작성례

채권양도통지서

채권자　　성명 : ○○○ (000000-0000000)
　　　　　주소 :
　　　　　전화번호 :

채무자　　성명 : ○○○ (000000-0000000)
　　　　　주소 :
　　　　　전화번호 :

채권양수인　성명 : ○○○ (000000-0000000)
　　　　　주소 :
　　　　　전화번호 :
　　　　　전자우편주소 :

양도 목적 채권의 내용

1. 원본의 금액 : 돈 100,000,000원(대여금채권)
2. 이자 : 연 5%
3. 변제기 : 2022. 0. 0.

위 채권에 관하여 채권자 겸 채권양도인 ○○○이 채무자 ○○○에게 갖는 위 채권은 이 통지서가 채무자에게 도달되는 즉시 채권양수인 ○○○에게 이전됨을 통지합니다.

2022. 0. 0.

위 채권양도인 ○○○ (인)

채무자 ○○○ 귀하

참고사항

* 채권양도통지서는 동일한 것 3통을 우편취급소에서 '내용증명우편'을 이용하여 채무자의 주소지(또는 사무소)로 우송하면 된다.

22. 채무인수

채무인수의 뜻

제삼자는 채권자와의 계약으로 채무를 인수하여 채무자의 채무를 면하게 할 수 있다. 그러나 채무의 성질이 인수를 허용하지 아니하는 때에는 그러하지 아니하다. 이해관계 없는 제삼자는 채무자의 의사에 반하여 채무를 인수하지 못한다(민법 제453조). 이를 '채권자와의 계약에 의한 채무인수'라고 한다.

제삼자가 채무자와의 계약으로 채무를 인수한 경우에는 채권자의 승낙에 의하여 그 효력이 생긴다. 채권자의 승낙 또는 거절의 상대방은 채무자나 제삼자이다(민법 제454조). 이를 '채무자와의 계약에 의한 채무인수'라고 한다.

승낙 여부의 최고(催告)

채권자와의 계약 또는 채무자와의 계약에 의한 채무인수의 경우에 제삼자나 채무자는 상당한 기간을 정하여 승낙여부의 확답을 채권자에게 최고할 수 있다. 채권자가 그 기간내에 확답을 발송하지 아니한 때에는 거절한 것으로 본다(제455조).

▌채무인수의 철회와 변경

제삼자와 채무자간의 계약에 의한 채무인수는 채권자의 승낙이 있을 때까지 당사자는 이를 철회하거나 변경할 수 있다(민법 제456조).

▌채무인수의 소급효(遡及效)

채권자의 채무인수에 대한 승낙은 다른 의사표시가 없으면 채무를 인수한 때에 소급하여 그 효력이 생긴다. 그러나 제삼자의 권리를 침해하지 못한다(민법 제457조).

▌종전 채무자의 항변사유

인수인은 전채무자의 항변할 수 있는 사유로 채권자에게 대항할 수 있다(민법 제458조).

▌채무인수와 보증 · 담보의 소멸

전채무자의 채무에 대한 보증이나 제삼자가 제공한 담보는 채무인수로 인하여 소멸한다. 그러나 보증인이나 제삼자가 채무인수에 동의한 경우에는 그러하지 아니하다(민법 제459조).

▌대법원판례

채무자와 인수인의 합의에 의한 중첩적 채무인수는 일종의 제3자를 위한 계약이라고 할 것이므로, 채권자는 인수인에 대하여 채무이행을 청구하거나 기타 채권자로서의 권리를 행사하는 방법으로 수익의 의사표시를 함으로써 인수인에 대하여 직접 청구할 권리를 갖게 된다. 이러한 점에서 채무자에 대한 채권을 상실시키는 효과가 있는 면책적 채무인수의 경우 채권자의 승낙을 계약의 효력발생요건으로 보아야 하는 것과는 달리, 채무자와 인수인의 합의에 의한 중첩적 채무인수의 경우 채권자의 수익의 의사표시는 그 계약의 성립요건이나 효력발생요건이 아니라 채권자가 인수인에 대하여 채권을 취득하기 위한 요건이다(대법원 2013. 9. 13. 선고 2011다56033 판결).

면책적 채무인수라 함은 채무의 동일성을 유지하면서 이를 종래의 채무자로부터 제3자인

인수인에게 이전하는 것을 목적으로 하는 계약을 말하는바, 채무인수로 인하여 인수인은 종래의 채무자와 지위를 교체하여 새로이 당사자로서 채무관계에 들어서서 종래의 채무자와 동일한 채무를 부담하고 동시에 종래의 채무자는 채무관계에서 탈퇴하여 면책되는 것일 뿐 종래의 채무가 소멸하는 것이 아니므로, 채무인수로 종래의 채무가 소멸하였으니 저당권의 부종성으로 인하여 당연히 소멸한 채무를 담보하는 저당권도 소멸한다는 법리는 성립하지 않는다.

민법 제459조 단서는 보증인이나 제3자가 채무인수에 동의한 경우에는 전 채무자의 채무에 대한 보증이나 제3자가 제공한 담보는 채무인수로 인하여 소멸하지 아니하는 것으로 규정하고 있는바, 위 조항에 규정된 채무인수에 대한 동의는 인수인을 위하여 새로운 담보를 설정하도록 하는 의사표시를 의미하는 것이 아니라 기존의 담보를 인수인을 위하여 계속시키는데 대한 의사표시를 의미하는 것이므로, 물상보증인이 채무인수에 동의함으로써 소멸하지 아니하는 담보는 당연히 기존의 담보와 동일한 내용을 갖는 것이다(대법원 1996. 10. 11. 선고 96다27476 판결).

채무자와 인수인 사이의 계약에 의한 채무인수에 대하여 채권자는 명시적인 방법뿐만 아니라 묵시적인 방법으로도 승낙을 할 수 있는 것인데, 채권자가 직접 채무인수인에 대하여 인수채무금의 지급을 청구하였다면 그 지급청구로써 묵시적으로 채무인수를 승낙한 것으로 보아야 한다(대법원 1989. 11. 14. 선고88다카29962 판결).

23. 변제공탁

▒ 변제공탁의 뜻

채권자가 변제를 받지 아니하거나 받을 수 없는 때에는 변제자는 채권자를 위하여 변제의 목적물을 공탁하여 그 채무를 면할 수 있다. 변제자가 과실 없이 채권자를 알 수 없는 경우에도 같다(민법 제487조).

공탁의 종류로는 변제공탁, 보증공탁, 집행공탁 및 혼합공탁 등이 있다. 이 중에서 민법은 변제공탁만을 규정하고 있다, 다른 공탁에 관한 일반법은 「공탁법」이다. 여기에서는 변제공탁에 관하여만 소개한다.

변제공탁의 방법

공탁은 채무이행지의 공탁소에 하여야 한다. 공탁소에 관하여 법률에 특별한 규정이 없으면 법원은 변제자의 청구에 의하여 공탁소를 지정하고 공탁물보관자를 선임하여야 한다. 공탁자는 지체없이 채권자에게 공탁통지를 하여야 한다(민법 제488조).

여기에서 말하는 '공탁소'는 지방법원 또는 지방법원 지원의 공탁담당 공무원을 말한다. 변제공탁의 대상물은 금전, 유가증권 또는 물품이다. 이러한 물건은 원칙적으로 지참채무이다. 지참채무의 이행지는 채권자의 주소지가 된다.

변제공탁물의 회수

채권자가 공탁을 승인하거나 공탁소에 대하여 공탁물을 받기를 통고하거나 공탁유효의 판결이 확정되기까지는 변제자는 공탁물을 회수할 수 있다. 이 경우에는 공탁하지 아니한 것으로 본다. 이는 질권 또는 저당권이 공탁으로 인하여 소멸한 때에는 회수할 수 없다(민법 제489조).

자조매각금의 변제공탁

변제의 목적물이 공탁에 적당하지 아니하거나 멸실 또는 훼손될 염려가 있거나 공탁에 과다한 비용을 요하는 경우에는 변제자는 법원의 허가를 얻어 그 물건을 경매하거나 시가로 방매하여 대금을 공탁할 수 있다(민법 제490조).

동시이행항변권 있는 채권관계에서의 공탁물 수령

채무자가 채권자의 상대의무이행과 동시에 변제할 경우에는 채권자는 그 의무이행을 하지 아니하면 공탁물을 수령하지 못한다(민법 제491조).

대법원판례

공탁제도는 공탁공무원의 형식적 심사권, 공탁 사무의 기계적, 형식적인 처리를 전제로 하여 운영되는 것이어서 피공탁자가 특정되어야 함이 원칙이고, 또한 피공탁자가 특정되었다고 하려면 피공탁자의 동일성에 대하여 공탁공무원의 판단이 개입할 여지가 없고 그 공탁 통지서의 송달에 지장이 없는 정도에 이르러야 한다(대법원 1997. 10. 16. 선고 96다11747 전원합의체 판결).

공탁은 공탁자가 자기의 책임과 판단하에 하는 것으로서 공탁자는 누구에게 변제하여야 할 것인지를 판단하여 그에 따라 변제공탁이나 집행공탁 또는 혼합공탁을 선택하여 할 수 있을 뿐만 아니라, 변제공탁을 함에 있어서도 민법 제487조 전단과 후단 중 어느 사유를 공탁원인사실로 할 것인지를 선택하여 할 수 있는바, 변제공탁이 민법 제487조 전단의 '수령불능을 원인으로 한 변제공탁'인지, 같은 조 후단의 '상대적 불확지 변제공탁'인지 아니면 두 가지 성격을 모두 가지고 있는지 여부는 공탁서의 '법령조항'란의 기재와 '공탁원인사실'란의 기재 등에 비추어 객관적으로 판단해야 한다.
공탁서의 정정은 공탁신청이 수리된 후 공탁서의 착오 기재가 발견된 때에 공탁의 동일성을 해하지 않는 범위 내에서만 허용되는 것이므로, 민법 제487조 후단 소정의 '과실 없이 채권자를 알 수 없는 경우'라고 하여 변제공탁을 하였다가 공탁원인사실에 같은 조 전단 소정의 '채권자의 수령불능'을 추가하는 것은 단순한 착오 기재의 정정에 그치지 않고 공탁의 동일성을 해하는 내용의 정정이므로 허용될 수 없다.
상대적 불확지 변제공탁의 경우 피공탁자 중의 1인이 공탁물을 출급청구하기 위해서는 다른 피공탁자들의 승낙서나 그들을 상대로 받은 공탁물출급청구권확인 승소확정판결이 있으면 되므로, 위와 같은 경우에 피공탁자가 아닌 제3자를 상대로 공탁물출급청구권의 확인을 구하는 것은 확인의 이익이 없다(대법원 2008. 10. 23. 선고 2007다35596 판결).

변제공탁이 적법한 경우에는 채권자가 공탁물 출급청구를 하였는지와 관계없이 공탁을 한 때에 변제의 효력이 발생하고, 그 후 공탁물 출급청구권에 대하여 가압류 집행이 되더라도 변제의 효력에 영향을 미치지 아니한다(대법원2011. 12. 13. 선고 2011다11580 판결).

민법 제487조 후단의 '변제자가 과실 없이 채권자를 알 수 없는 경우'라 함은 객관적으로 채권자 또는 변제수령권자가 존재하고 있으나 채무자가 선량한 관리자의 주의를 다하여도 채권자가 누구인지 알 수 없는 경우를 말하므로, 채권이 양도되었다는 등의 사유로 제3채무자가 종전의 채권자와 새로운 채권자 중 누구에게 변제하여야 하는지 과실 없이 알 수 없는 경우 제3채무자로서는 민법 제487조 후단의 채권자 불확지를 원인으로 한 변제공탁 사유가 생긴다고 할 것이고, 또한 종전의 채권자를 가압류채무자 또는 집행채무자로 한 다수의 채권가압류 또는 압류결정이 순차 내려짐으로써 그 채권이 종전 채권자에게 변제되어야 한다면 압류경합으로 인하여 구 민사소송법(2002. 1. 26. 법률 제6626호로 전문 개정되기 전의 것) 제581조 제1항 소정의 집행공탁의 사유가 생기는 경우에, 채무자는 민법 제487조 후단 및 구 민사소송법 제581조 제1항을 근거로 채권자 불확지를 원인으로 하는 변제공탁과 압류경합 등을 이유로 하는 집행공탁을 하는 이른바 혼합공탁을 할 수 있고, 이러한 공탁은 변제공탁에 관련된 새로운 채권자에 대하여는 변제공탁으로서의 효력이 있고 집행공탁에 관련된 압류채권자 등에 대하여는 집행공탁으로서의 효력이 있다고 할 것이나, 채권양도 등과 종전 채권자에 대한 압류가 경합되었다고 하여 항상 채권이 누구에게 변제되어야 하는지 과실 없이 알 수 없는 경우에 해당하는 것은 아니고, 설령 그렇게 볼 사정이 있다고 하더라도 공탁은 공탁자가 자기의 책임과 판단하에 하는 것으로서, 채권양도 등과 압류가 경합된 경우에 공탁자는 나름대로 누구에게 변제를 하여야 할 것인지를 판단하여 그에 따라 변제공탁이나 집행공탁 또는 혼합공탁을 선택하여 할 수 있다.
집행공탁의 경우에는 배당절차에서 배당이 완결되어야 피공탁자가 비로소 확정되고, 공탁 당시에는 피공탁자의 개념이 관념적으로만 존재할 뿐이므로, 공탁 당시에 피공탁자를 지정하지 아니하였더라도 공탁이 무효라고 볼 수 없으나, 변제공탁은 집행법원의 집행절차를 거치지 아니하고 피공탁자의 동일성에 관한 공탁공무원의 형식적 심사에 의하여 공탁금이 출급되므로 피공탁자가 반드시 지정되어야 하며, 또한 변제공탁이나 집행공탁은 공탁근거 조문이나 공탁사유, 나아가 공탁사유신고의 유무에 있어서도 차이가 있으므로, 제3채무자가 채권양도 등과 압류경합 등을 이유로 공탁한 경우에 제3채무자가 변제공탁을 한 것인지, 집행공탁을 한 것인지, 아니면 혼합공탁을 한 것인지는 피공탁자의 지정 여부, 공탁의 근거조문, 공탁사유, 공탁사유신고 등을 종합적 · 합리적으로 고려하여 판단하는 수밖에 없다(대법원 2005. 5. 26. 선고 2003다12311 판결).

변제공탁에 있어서 채권자에게 반대급부 기타 조건의 이행의무가 없음에도 불구하고 채무자가 이를 조건으로 공탁한 때에는 채권자가 이를 수락하지 않는 한 그 변제공탁은 무효이다(대법원 2002. 12. 6. 선고 2001다2846 판결).

가. 채권의 가압류는 제3채무자에 대하여 채무자에게 지급하는 것을 금지하는 데 그칠 뿐 채무 그 자체를 면하게 하는 것이 아니고, 가압류가 있다 하여도 그 채권의 이행기가 도래한 때에는 제3채무자는 그 지체책임을 면할 수 없다고 보아야 할 것이다.

나. '가'항의 경우 가압류에 불구하고 제3채무자가 채무자에게 변제를 한 때에는 나중에 채권자에게 이중으로 변제하여야 할 위험을 부담하게 되므로, 제3채무자로서는 민법 제487조의 규정에 의하여 공탁을 함으로써 이중변제의 위험에서 벗어나고 이행지체의 책임도 면할 수 있다고 보아야 할 것이다.

왜냐하면 민법상의 변제공탁은 채무를 변제할 의사와 능력이 있는 채무자로 하여금 채권자의 사정으로 채무관계에서 벗어나지 못하는 경우를 대비할 수 있도록 마련된 제도로서 그 제487조 소정의 변제공탁의 요건인 "채권자가 변제를 받을 수 없는 때"의 변제라 함은 채무자로 하여금 종국적으로 채무를 면하게 하는 효과를 가져다 주는 변제를 의미하는 것이므로, 채권이 가압류된 경우와 같이 형식적으로는 채권자가 변제를 받을 수 있다고 하더라도 채무자에게 여전히 이중변제의 위험부담이 남는 경우에는 마찬가지로 "채권자가 변제를 받을 수 없는 때"에 해당한다고 보아야 할 것이기 때문이다.

그리고 제3채무자가 이와 같이 채권의 가압류를 이유로 변제공탁을 한 때에는 그 가압류의 효력은 채무자의 공탁금출급청구권에 대하여 존속한다고 할 것이므로, 그로 인하여 가압류채권자에게 어떤 불이익이 있다고도 할 수 없다(대법원 1994. 12. 13. 선고 93다951 판결).

ㅇ 상대적 불확지(不確知) 공탁 : 피공탁자(채권자)가 갑인지 을인지를 알 수 없는 때 공탁자(채무자)가 피공탁자를 '갑 또는 을'이라고 지정하여 하는 공탁

24. 계약의 해지와 해제

▒ 계약 해지와 해제의 뜻

계약 또는 법률의 규정에 의하여 당사자의 일방이나 쌍방이 해지 또는 해제의 권리가 있는 때에는 그 해지 또는 해제는 상대방에 대한 의사표시로 한다. 이 의사표시는 철회하지 못한다(민법 제543조).

'해지(解止)'는 계약의 효력을 소멸시킨다는 점에서는 해제와 같다. 다만, 해지는 해제처럼 소급효(遡及效)가 없으므로, 해지의 의사표시가 상대방에게 도달한 때부터 장래에 향하여 효력을 상실한다.

▒ 이행지체와 해제

당사자 일방이 그 채무를 이행하지 아니하는 때에는 상대방은 상당한 기간을 정하여 그 이행을 최고하고 그 기간내에 이행하지 아니한 때에는 계약을 해제할 수 있다. 그러나 채무자가 미리 이행하지 아니할 의사를 표시한 경우에는 최고를 요하지 아니한다(민법 제544조).

▒ 정기행위와 해제

계약의 성질 또는 당사자의 의사표시에 의하여 일정한 시일 또는 일정한 기간내에 이행하지 아니하면 계약의 목적을 달성할 수 없을 경우에 당사자 일방이 그 시기에 이행하지 아니한 때에는 상대방은 최고를 하지 아니하고 계약을 해제할 수 있다(민법 제545조).

▒ 이행불능과 해제

채무자의 책임 있는 사유로 이행이 불능하게 된 때에는 채권자는 계약을 해제할 수 있다(민법 제546조).

▒ 해지와 해제권의 불가분성

당사자의 일방 또는 쌍방이 수인인 경우에는 계약의 해지나 해제는 그 전원으로부터 또는 전원에 대하여 하여야 한다. 이 경우에 해지나 해제의 권리가 당사자 1인에 대하여 소멸한 때에는 다른 당사자에 대하여도 소멸한다(민법 제547조).

▒ 해제의 효과, 원상회복의무 및 원상회복의무의 동시이행

당사자 일방이 계약을 해제한 때에는 각 당사자는 그 상대방에 대하여 원상회복의 의무가 있다. 그러나 제삼자의 권리를 해하지 못한다. 이 경우에 반환할 금전에는 그 받은 날로부터 이자를 가하여야 한다. 제536조의 규정은 계약의 해제에 준용한다(민법 제548조 · 제549조).

* 민법

제536조(동시이행의 항변권) ① 쌍무계약의 당사자 일방은 상대방이 그 채무이행을 제공할 때 까지 자기의 채무이행을 거절할 수 있다. 그러나 상대방의 채무가 변제기에 있지 아니하는 때에는 그러하지 아니하다.

② 당사자 일방이 상대방에게 먼저 이행하여야 할 경우에 상대방의 이행이 곤란할 현저한 사유가 있는 때에는 전항 본문과 같다.

▒ 해지의 효과

당사자 일방이 계약을 해지한 때에는 계약은 장래에 대하여 그 효력을 잃는다(민법 제550조).

▒ 해지, 해제와 손해배상

계약의 해지 또는 해제는 손해배상의 청구에 영향을 미치지 아니한다(민법 제551조).

▒ 해제권 행사 여부의 최고권

해제권의 행사의 기간을 정하지 아니한 때에는 상대방은 상당한 기간을 정하여 해제권 행사 여부의 확답을 해제권자에게 최고할 수 있다. 이 기간내에 해제의 통지를 받지 못한 때에는 해제권은 소멸한다(민법 제552조).

▒ 훼손 등으로 인한 해제권의 소멸

해제권자의 고의나 과실로 인하여 계약의 목적물이 현저히 훼손되거나 이를 반환할 수 없게 된 때 또는 가공이나 개조로 인하여 다른 종류의 물건으로 변경된 때에는 해제권은 소멸한다(민법 553조).

■ 대법원판례

계약 상대방의 채무불이행을 이유로 한 계약의 해지 또는 해제는 손해배상의 청구에 영향을 미치지 아니하지만(민법 제551조), 다른 특별한 사정이 없는 한 그 손해배상책임 역시 채무불이행으로 인한 손해배상책임과 다를 것이 없으므로, 상대방에게 고의 또는 과실이 없을 때에는 배상책임을 지지 아니한다(민법 제390조). 이는 상대방의 채무불이행과 상관없이 일정한 사유가 발생하면 계약을 해지 또는 해제할 수 있도록 하는 약정해지 · 해제권을 유보한 경우에도 마찬가지이고, 그것이 자기책임의 원칙에 부합한다(대법원 2016. 4. 15. 선고 2015다59115 판결).

계약이 적법하게 해제되면 그 효력이 소급적으로 소멸하므로, 그 계약상 의무에 기하여 실행된 급부는 원상회복을 위하여 부당이득으로 반환되어야 하고, 그 계약의 이행으로 변동이 되었던 물권은 당연히 그 계약이 없었던 상태로 복귀한다(민법 제548조 제1항 본문).
다만, 이와 같은 계약해제의 소급효는 제3자의 권리를 해할 수 없으므로, 계약해제 이전에 계약으로 인하여 생긴 법률효과를 기초로 하여 새로운 권리를 취득한 제3자가 있을 때에는 그 계약해제의 소급효는 제한을 받아 그 제3자의 권리를 해하지 아니하는 한도에서만 생긴다(민법 제548조 제1항 단서). 이때 계약해제의 소급효가 제한되는 제3자는 일반적으로 그 해제된 계약으로부터 생긴 법률효과를 기초로 하여 해제 전에 새로운 이해관계를 가졌을 뿐만 아니라 등기, 인도 등으로 권리를 취득한 사람을 말한다(대법원 2021. 8. 19. 선고2018다244976 판결).

25. 증여

■ 증여의 뜻

증여는 당사자 일방이 무상으로 재산을 상대방에 수여하는 의사를 표시하고 상대방이 이를 승낙함으로써 그 효력이 생긴다(민법 제554조). 증여는 계약의 일종이다.

▒ 서면에 의하지 아니한 증여와 해제

증여의 의사가 서면으로 표시되지 아니한 경우에는 각 당사자는 이를 해제할 수 있다(민법 제555조).

▒ 수증자의 행위와 증여의 해제

제556조(수증자의 행위와 증여의 해제) ① 수증자가 증여자에 대하여 다음 각 호의 사유가 있는 때에는 증여자는 그 증여를 해제할 수 있다.

1. 증여자 또는 그 배우자나 직계혈족에 대한 범죄행위가 있는 때
2. 증여자에 대하여 부양의무 있는 경우에 이를 이행하지 아니하는 때

② 전항의 해제권은 해제원인 있음을 안 날로부터 6월을 경과하거나 증여자가 수증자에 대하여 용서의 의사를 표시한 때에는 소멸한다.

▒ 증여자의 재산상태 변경과 증여의 해제

증여계약 후에 증여자의 재산상태가 현저히 변경되고 그 이행으로 인하여 생계에 중대한 영향을 미칠 경우에는 증여자는 증여를 해제할 수 있다(민법 제557조).

▒ 해제와 이미 완료한 부분

증여계약의 해제는 이미 이행한 부분에 대하여는 영향을 미치지 아니한다(민법 제558조).

▒ 증여자의 담보책임

증여자는 증여의 목적인 물건 또는 권리의 하자나 흠결에 대하여 책임을 지지 아니한다. 그러나 증여자가 그 하자나 흠결을 알고 수증자에게 고지하지 아니한 때에는 그러하지 아니하다. 상대부담 있는 증여에 대하여는 증여자는 그 부담의 한도에서 매도인과 같은 담보의 책임이 있다(민법 제559조).

정기증여의 사망으로 인한 실효

정기의 급여를 목적으로 한 증여는 증여자 또는 수증자의 사망으로 인하여 그 효력을 잃는다(민법 제560조).

부담부증여

상대부담 있는 증여에 대하여는 본절의 규정 외에 쌍무계약에 관한 규정을 적용한다(민법 제561조).

사인증여(死因贈與)

증여자의 사망으로 인하여 효력이 생길 증여에는 유증에 관한 규정을 준용한다(민법 제562조). 유증(遺贈)이란 아무런 대가도 없이 유언(遺言)에 의하여 재산의 전부 또는 일부를 타인에게 주는 행위이다. 유증은 자기의 재산을 무상으로 주는 점에서 증여나 사인증여와 같으나, 뒤의 것들은 계약이어서 단독행위인 유증과 다르다. 유증은 반드시 재산을 목적으로 해야 하지만, 유언자의 상속재산에 국한되는 것은 아니며, 적극적 재산뿐 아니라 소극적 재산, 즉 채무의 면제도 유증의 대상이 될 수 있다.

대법원판례

민법 제555조에서 서면에 의한 증여에 한하여 증여자의 해제권을 제한하고 있는 입법취지는 증여자가 경솔하게 증여하는 것을 방지함과 동시에 증여자의 의사를 명확히 하여 후일에 분쟁이 생기는 것을 피하려는 데 있다 할 것인바, 비록 서면의 문언 자체는 증여계약서로 되어 있지 않더라도 그 서면의 작성에 이르게 된 경위를 아울러 고려할 때 그 서면이 바로 증여의사를 표시한 서면이라고 인정되면 위 서면에 해당하고, 나아가 증여 당시가 아닌 그 이후에 작성된 서면에 대해서도 마찬가지로 볼 수 있다 할 것이나, 이러한 서면에 의한 증여란 증여계약 당사자 사이에 있어서 증여자가 자기의 재산을 상대방에게 준다는 취지의 증여의사가 문서를 통하여 확실히 알 수 있는 정도로 서면에 나타난 것을 말하는 것으로, 이는 수증자에 대하여 서면으로 표시되어야 한다.

서면에 의하지 아니한 증여의 경우에도 그 이행을 완료한 경우에는 해제로서 수증자에게 대항할 수 없다 할 것인바, 토지에 대한 증여는 증여자의 의사에 기하여 그 소유권이전등기에 필요한 서류가 제공되고, 수증자 명의로 소유권이전등기가 경료됨으로써 이행이 완료되는 것이므로, 증여자가 그러한 이행 후 증여계약을 해제하였다고 하더라도 증여계약이나 그에 의한 소유권이전등기의 효력에 영향을 미치지 아니한다 할 것이지만, 이와는 달리 증여자의 의사에 기하지 아니한 원인무효의 등기가 경료된 경우에는 증여계약의 적법한 이행이 있다고 볼 수 없으므로, 서면에 의하지 아니한 증여자의 증여계약의 해제에 대해 수증자가 실체관계에 부합한다는 주장으로 대항할 수 없다.
민법 제555조에서 말하는 증여계약의 해제는 민법 제543조 이하에서 규정한 본래 의미의 해제와는 달리 형성권의 제척기간의 적용을 받지 않는 특수한 철회로서, 10년이 경과한 후에 이루어졌다 하더라도 원칙적으로 적법하다(대법원2009. 9. 24. 선고 2009다37831 판결).

민법 제555조 소정의 증여의 의사가 표시된 서면의 작성시기에 대하여는 법률상 아무런 제한이 없으므로 증여계약이 성립한 당시에는 서면이 작성되지 않았더라도 그 후 계약이 존속하는 동안 서면을 작성한 때에는 그 때부터는 서면에 의한 증여로서 당사자가 임의로 이를 해제할 수 없게 된다(대법원1989. 5. 9. 선고 88다카2271 판결).

민법 제562조가 사인증여에 관하여 유증에 관한 규정을 준용하도록 규정하고 있다고 하여, 이를 근거로 포괄적 유증을 받은 자는 상속인과 동일한 권리의무가 있다고 규정하고 있는 민법 제1078조가 포괄적 사인증여에도 준용된다고 해석하면 포괄적 사인증여에도 상속과 같은 효과가 발생하게 된다.
그러나 포괄적 사인증여는 낙성 · 불요식의 증여계약의 일종이고, 포괄적 유증은 엄격한 방식을 요하는 단독행위이며, 방식을 위배한 포괄적 유증은 대부분 포괄적 사인증여로 보여질 것인바, 포괄적 사인증여에 민법 제1078조가 준용된다면 양자의 효과는 같게 되므로, 결과적으로 포괄적 유증에 엄격한 방식을 요하는 요식행위로 규정한 조항들은 무의미하게 된다. 따라서 민법 제1078조가 포괄적 사인증여에 준용된다고 하는 것은 사인증여의 성질에 반하므로, 준용되지 아니한다고 해석함이 상당하다(대법원 1996. 4. 12. 선고 94다37714, 37721 판결).

* 민법
제1078조(포괄적 수증자의 권리의무) 포괄적 유증을 받은 자는 상속인과 동일한 권리의무가 있다.

26. 임차인의 상환청구권

임대차의 뜻

임대차는 당사자 일방이 상대방에게 목적물을 사용, 수익하게 할 것을 약정하고 상대방이 이에 대하여 차임을 지급할 것을 약정함으로써 그 효력이 생긴다(민법 제618조).

상환청구권의 뜻

임차인이 임차물의 보존에 관한 필요비를 지출한 때에는 임대인에 대하여 그 상환을 청구할 수 있다.
임차인이 유익비를 지출한 경우에는 임대인은 임대차종료시에 그 가액의 증가가 현존한 때에 한하여 임차인의 지출한 금액이나 그 증가액을 상환하여야 한다. 이 경우에 법원은 임대인의 청구에 의하여 상당한 상환기간을 허여할 수 있다(민법 제626조).

대법원판례

임대차계약에서 "임차인은 임대인의 승인하에 개축 또는 변조할 수 있으나 부동산의 반환기일 전에 임차인의 부담으로 원상복구키로 한다."라고 약정한 경우, 이는 임차인이 임차목적물에 지출한 각종 유익비의 상환청구권을 미리 포기하기로 한 취지의 특약이라고 봄이 상당하다(대법원 1995. 6. 30. 선고 95다12927 판결).

임대차계약서는 처분문서로서 특별한 사정이 없는 한 그 문언에 따라 의사표시의 내용을 해석하여야 한다고 하더라도, 그 계약 체결의 경위와 목적, 임대차기간, 임대보증금 및 임료의 액수 등의 여러 사정에 비추어 볼 때 당사자의 의사가 계약서의 문언과는 달리 명시적·묵시적으로 일정한 범위 내의 비용에 대하여만 유익비 상환청구권을 포기하기로 약정한 취지라고 해석하는 것이 합리적이라고 인정되는 경우에는 당사자의 의사에 따라 그 약정의 적용 범위를 제한할 수 있다.
임야 상태의 토지를 임차하여 대지로 조성한 후 건물을 건축하여 음식점을 경영할 목적으로 임대차계약을 체결한 경우, 비록 임대차계약서에서는 필요비 및 유익비의 상환청구권은 그 비용의 용도를 묻지 않고 이를 전부 포기하는 것으로 기재되었다고 하더라도 계약 당사자의 의사는 임대차 목적 토지를 대지로 조성한 후 이를 임차 목적에 따라 사용할 수 있는 상태에서 새로이 투입한 비용만에 한정하여 임차인이 그 상환청구권을 포기한 것이고 대지 조성비는 그 상환청구권 포기의 대상으로 삼지 아니한 취지로 약정한 것이라고 해석하는 것이 합리적이다(대법원 1998. 10. 20. 선고 98다31462 판결).

민법 제626조 제2항에서 임대인의 상환의무를 규정하고 있는 유익비란 임차인이 임차물의 객관적 가치를 증가시키기 위하여 투입한 비용을 말하는 것으므로, 임차인이 임차건물부분에서 간이음식점을 경영하기 위하여 부착시킨 시설물에 불과한 간판은 건물부분의 객관적 가치를 증가시키기 위한 것이라고 보기 어려울 뿐만 아니라, 그로 인한 가액의 증가가 현존하는 것도 아니어서 그 간판설치비를 유익비라 할 수 없다.

임대차계약 체결시 임차인이 임대인의 승인하에 임차목적물인 건물부분을 개축 또는 변조할 수 있으나 임차목적물을 임대인에게 명도할 때에는 임차인이 일체 비용을 부담하여 원상복구를 하기로 약정하였다면, 이는 임차인이 임차목적물에 지출한 각종 유익비의 상환청구권을 미리 포기하기로 한 취지의 특약이라고 봄이 상당하다(대법원 1994. 9. 30. 선고 94다20389, 20396 판결).

○ 처분문서 : 당사자가 계약을 할 때 자신의 의사를 표현하는 계약서나 약관과 같은 종류의 문서

27. 임차권의 양도와 전대(轉貸)의 제한

▌임차권 양도와 전대 제한의 뜻

임차인은 임대인의 동의 없이 그 권리를 양도하거나 임차물을 전대하지 못한다. 임차인이 전항의 규정에 위반한 때에는 임대인은 계약을 해지할 수 있다(민법 제629조).

▌적법한 전대의 효과

임차인이 임대인의 동의를 얻어 임차물을 전대한 때에는 전차인은 직접 임대인에 대하여

의무를 부담한다. 이 경우에 전차인은 전대인에 대한 차임의 지급으로써 임대인에게 대항하지 못한다(민법 제630조 제1항).

전항의 규정은 임대인의 임차인에 대한 권리행사에 영향을 미치지 아니한다(민법 제630조 제2항).

전차인(轉借人) 권리의 확정

임차인이 임대인의 동의를 얻어 임차물을 전대한 경우에는 임대인과 임차인의 합의로 계약을 종료한 때에도 전차인의 권리는 소멸하지 아니한다(민법 제631조).

임차건물의 소부분(小部分) 전대

건물의 임차인이 그 건물의 소부분을 타인에게 사용하게 하는 경우에는 민법 제629조 내지 제631조를 적용하지 아니한다(민법 제632조).

대법원판례

임대인이 임차권의 양도를 승낙하여 신 임차인이 구 임차인으로부터 임차목적물을 명도받았다면 구 임차인이 임대인에게 명도하여 임대인이 다시 신 임차인에게 명도하는 대신 구 임차인이 임대인의 승낙하에 직접 신 임차인에게 명도하는 것으로서 명도의무의 이행을 다한 것으로 보아야 한다(대법원 1998. 7. 14. 선고 96다17202 판결).

임대인의 동의를 받지 아니하고 임차권을 양도한 계약도 이로써 임대인에게 대항할 수 없을 뿐 임차인과 양수인 사이에는 유효한 것이고, 이 경우 임차인은 양수인을 위하여 임대인의 동의를 받아 줄 의무가 있다(대법원 1986. 2. 25. 선고 85다카1812 판결).

임대인의 동의 없는 임차권의 양도는 당사자 사이에서는 유효하다 하더라도 다른 특약이 없는 한 임대인에게는 대항할 수 없는 것이고, 임대인에 대항할 수 없는 임차권의 양수인으로서는 임대인의 권한을 대위행사할 수 없다(대법원1985. 2. 8. 선고 84다카188 판결).

임차인이 임대인의 동의를 받지 않고 제3자에게 임차권을 양도하거나 전대하는 등의 방법으로 임차물을 사용 · 수익하게 하더라도, 임대인이 이를 이유로 임대차계약을 해지하거나 그 밖의 다른 사유로 임대차계약이 적법하게 종료되지 않는 한 임대인은 임차인에 대하여 여전히 차임청구권을 가지므로, 임대차계약이 존속하는 한도 내에서는 제3자에게 불법점유를 이유로 한 차임상당 손해배상청구나 부당이득반환청구를 할 수 없다(대법원 2008. 2. 28. 선고 2006다10323 판결).

28. 주택임대차보호법

▒ 법의 목적

이 법은 주거용 건물의 임대차(賃貸借)에 관하여 「민법」에 대한 특례를 규정함으로써 국민 주거생활의 안정을 보장함을 목적으로 한다(제1조).

이 법은 민법 채권편 제7절에 있는 '임대차' 관련 규정(제618조 내지 제654조)에 대한 특별법이다. 따라서 이 법과 민법의 규정 중 '주택의 임대차'에 관하여 상충하는 내용은 이 법을 우선적으로 적용한다. 그리고 이 법에 규정이 없는 내용은 민법의 규정을 적용한다.

▒ 적용범위

이 법은 주거용 건물(이하 "주택"이라 한다)의 전부 또는 일부의 임대차에 관하여 적용한다. 그 임차주택(賃借住宅)의 일부가 주거 외의 목적으로 사용되는 경우에도 또한 같다(제2조).

▒ 대항력 등

제3조(대항력 등) ① 임대차는 그 등기(登記)가 없는 경우에도 임차인(賃借人)이 주택의 인도(引渡)와 주민등록을 마친 때에는 그 다음 날부터 제삼자에 대하여 효력이 생긴다. 이 경우 전입신고를 한 때에 주민등록이 된 것으로 본다.

② 주택도시기금을 재원으로 하여 저소득층 무주택자에게 주거생활 안정을 목적으로 전세임대주택을 지원하는 법인이 주택을 임차한 후 지방자치단체의 장 또는 그 법인이 선정한 입주자가 그 주택을 인도받고 주민등록을 마쳤을 때에는 제1항을 준용한다. 이 경우 대항력이 인정되는 법인은 대통령령으로 정한다.

↳ 주택임대차보호법 시행령

제2조(대항력이 인정되는 법인) 「주택임대차보호법」(이하 "법"이라 한다) 제3조 제2항 후단에서 "대항력이 인정되는 법인"이란 다음 각 호의 법인을 말한다.

1. 「한국토지주택공사법」에 따른 한국토지주택공사(이하 "공사"라 한다)
2. 「지방공기업법」 제49조에 따라 주택사업을 목적으로 설립된 지방공사

③ 「중소기업기본법」 제2조에 따른 중소기업에 해당하는 법인이 소속 직원의 주거용으로 주택을 임차한 후 그 법인이 선정한 직원이 해당 주택을 인도받고 주민등록을 마쳤을 때에는 제1항을 준용한다. 임대차가 끝나기 전에 그 직원이 변경된 경우에는 그 법인이 선정한 새로운 직원이 주택을 인도받고 주민등록을 마친 다음 날부터 제삼자에 대하여 효력이 생긴다.

④ 임차주택의 양수인(讓受人)(그 밖에 임대할 권리를 승계한 자를 포함한다)은 임대인(賃貸人)의 지위를 승계한 것으로 본다.

⑤ 이 법에 따라 임대차의 목적이 된 주택이 매매나 경매의 목적물이 된 경우에는 「민법」 제575조 제1항·제3항 및 같은 법 제578조를 준용한다.

↳ 민법

제575조(제한물권 있는 경우와 매도인의 담보책임) ① 매매의 목적물이 지상권, 지역권, 전세권, 질권 또는 유치권의 목적이 된 경우에 매수인이 이를 알지 못한 때에는 이로 인하여 계약의 목적을 달성할 수 없는 경우에 한하여 매수인은 계약을 해제할 수 있다. 기타의 경우에는 손해배상만을 청구할 수 있다.

② 전항의 규정은 매매의 목적이 된 부동산을 위하여 존재할 지역권이 없거나 그 부동산에 등기된 임대차계약이 있는 경우에 준용한다.

③ 전2항의 권리는 매수인이 그 사실을 안 날로부터 1년내에 행사하여야 한다.

제578조(경매와 매도인의 담보책임) ① 경매의 경우에는 경락인은 전8조의 규정에 의하여 채무자에게 계약의 해제 또는 대금감액의 청구를 할 수 있다.

② 전항의 경우에 채무자가 자력이 없는 때에는 경락인은 대금의 배당을 받은 채권자에 대하여 그 대금전부나 일부의 반환을 청구할 수 있다.

③ 전2항의 경우에 채무자가 물건 또는 권리의 흠결을 알고 고지하지 아니하거나 채권자가 이를 알고 경매를 청구한 때에는 경락인은 그 흠결을 안 채무자나 채권자에 대하여 손해배상을 청구할 수 있다.

⑥ 제5항의 경우에는 동시이행의 항변권(抗辯權)에 관한 「민법」 제536조를 준용한다.

> ↳ 민법
>
> **제536조(동시이행의 항변권)** ① 쌍무계약의 당사자 일방은 상대방이 그 채무이행을 제공할 때 까지 자기의 채무이행을 거절할 수 있다. 그러나 상대방의 채무가 변제기에 있지 아니하는 때에는 그러하지 아니하다.
>
> ② 당사자 일방이 상대방에게 먼저 이행하여야 할 경우에 상대방의 이행이 곤란할 현저한 사유가 있는 때에는 전항 본문과 같다.

보증금의 회수

제3조의2(보증금의 회수) ① 임차인(제3조 제2항 및 제3항의 법인을 포함한다. 이하 같다)이 임차주택에 대하여 보증금반환청구소송의 확정판결이나 그 밖에 이에 준하는 집행권원(執行權原)에 따라서 경매를 신청하는 경우에는 집행개시(執行開始)요건에 관한 「민사집행법」 제41조에도 불구하고 반대의무(反對義務)의 이행이나 이행의 제공을 집행개시의 요건으로 하지 아니한다.

② 제3조 제1항ㆍ제2항 또는 제3항의 대항요건(對抗要件)과 임대차계약증서(제3조 제2항 및 제3항의 경우에는 법인과 임대인 사이의 임대차계약증서를 말한다)상의 확정일자(確定日字)를 갖춘 임차인은 「민사집행법」에 따른 경매 또는 「국세징수법」에 따른 공매(公賣)를 할 때에 임차주택(대지를 포함한다)의 환가대금(換價代金)에서 후순위권리자(後順位權利者)나 그 밖의 채권자보다 우선하여 보증금을 변제(辨濟)받을 권리가 있다.

③ 임차인은 임차주택을 양수인에게 인도하지 아니하면 제2항에 따른 보증금을 받을 수 없다.

④ 제2항 또는 제7항에 따른 우선변제의 순위와 보증금에 대하여 이의가 있는 이해관계인은 경매법원이나 체납처분청에 이의를 신청할 수 있다.

⑤ 제4항에 따라 경매법원에 이의를 신청하는 경우에는 「민사집행법」 제152조부터 제161조까지의 규정을 준용한다.

⑥ 제4항에 따라 이의신청을 받은 체납처분청은 이해관계인이 이의신청일부터 7일 이내에 임차인 또는 제7항에 따라 우선변제권을 승계한 금융기관 등을 상대로 소(訴)를 제기한 것을 증명하면 해당 소송이 끝날 때까지 이의가 신청된 범위에서 임차인 또는 제7항에 따라

우선변제권을 승계한 금융기관 등에 대한 보증금의 변제를 유보(留保)하고 남은 금액을 배분하여야 한다. 이 경우 유보된 보증금은 소송의 결과에 따라 배분한다.

⑦ 다음 각 호의 금융기관 등이 제2항, 제3조의3 제5항, 제3조의4 제1항에 따른 우선변제권을 취득한 임차인의 보증금반환채권을 계약으로 양수한 경우에는 양수한 금액의 범위에서 우선변제권을 승계한다.

1. 「은행법」에 따른 은행
2. 「중소기업은행법」에 따른 중소기업은행
3. 「한국산업은행법」에 따른 한국산업은행
4. 「농업협동조합법」에 따른 농협은행
5. 「수산업협동조합법」에 따른 수협은행
6. 「우체국예금·보험에 관한 법률」에 따른 체신관서
7. 「한국주택금융공사법」에 따른 한국주택금융공사
8. 「보험업법」 제4조 제1항 제2호 라목의 보증보험을 보험종목으로 허가받은 보험회사
9. 「주택도시기금법」에 따른 주택도시보증공사
10. 그 밖에 제1호부터 제9호까지에 준하는 것으로서 대통령령으로 정하는 기관

⑧ 제7항에 따라 우선변제권을 승계한 금융기관 등(이하 "금융기관등"이라 한다)은 다음 각 호의 어느 하나에 해당하는 경우에는 우선변제권을 행사할 수 없다.

1. 임차인이 제3조 제1항·제2항 또는 제3항의 대항요건을 상실한 경우
2. 제3조의3 제5항에 따른 임차권등기가 말소된 경우
3. 「민법」 제621조에 따른 임대차등기가 말소된 경우

⑨ 금융기관등은 우선변제권을 행사하기 위하여 임차인을 대리하거나 대위하여 임대차를 해지할 수 없다.

임차권등기명령

제3조의3(임차권등기명령) ① 임대차가 끝난 후 보증금이 반환되지 아니한 경우 임차인은 임차주택의 소재지를 관할하는 지방법원·지방법원지원 또는 시·군 법원에 임차권등기명령을 신청할 수 있다.

② 임차권등기명령의 신청서에는 다음 각 호의 사항을 적어야 하며, 신청의 이유와 임차권

등기의 원인이 된 사실을 소명(疎明)하여야 한다.

1. 신청의 취지 및 이유
2. 임대차의 목적인 주택(임대차의 목적이 주택의 일부분인 경우에는 해당 부분의 도면을 첨부한다)
3. 임차권등기의 원인이 된 사실(임차인이 제3조 제1항·제2항 또는 제3항에 따른 대항력을 취득하였거나 제3조의2 제2항에 따른 우선변제권을 취득한 경우에는 그 사실)
4. 그 밖에 대법원규칙으로 정하는 사항

> ↳ 「임차권등기명령 절차에 관한 규칙」 제2조 참조

④ 임차권등기명령의 신청을 기각(棄却)하는 결정에 대하여 임차인은 항고(抗告)할 수 있다.

⑤ 임차인은 임차권등기명령의 집행에 따른 임차권등기를 마치면 제3조 제1항·제2항 또는 제3항에 따른 대항력과 제3조의2 제2항에 따른 우선변제권을 취득한다. 다만, 임차인이 임차권등기 이전에 이미 대항력이나 우선변제권을 취득한 경우에는 그 대항력이나 우선변제권은 그대로 유지되며, 임차권등기 이후에는 제3조 제1항·제2항 또는 제3항의 대항요건을 상실하더라도 이미 취득한 대항력이나 우선변제권을 상실하지 아니한다.

⑥ 임차권등기명령의 집행에 따른 임차권등기가 끝난 주택(임대차의 목적이 주택의 일부분인 경우에는 해당 부분으로 한정한다)을 그 이후에 임차한 임차인은 제8조에 따른 우선변제를 받을 권리가 없다.

⑦ 임차권등기의 촉탁(囑託), 등기관의 임차권등기 기입(記入) 등 임차권등기명령을 시행하는 데에 필요한 사항은 대법원규칙으로 정한다.

⑧ 임차인은 제1항에 따른 임차권등기명령의 신청과 그에 따른 임차권등기와 관련하여 든 비용을 임대인에게 청구할 수 있다.

⑨ 금융기관등은 임차인을 대위하여 제1항의 임차권등기명령을 신청할 수 있다. 이 경우 제3항·제4항 및 제8항의 "임차인"은 "금융기관등"으로 본다.

경매에 의한 임차권의 소멸

임차권은 임차주택에 대하여 「민사집행법」에 따른 경매가 행하여진 경우에는 그 임차주택의

경락(競落)에 따라 소멸한다. 다만, 보증금이 모두 변제되지 아니한, 대항력이 있는 임차권은 그러하지 아니하다(제3조의5).

▒ 확정일자 부여 및 임대차 정보제공

제3조의6(확정일자 부여 및 임대차 정보제공 등) ① 제3조의2 제2항의 확정일자는 주택 소재지의 읍·면사무소, 동 주민센터 또는 시(특별시·광역시·특별자치시는 제외하고, 특별자치도는 포함한다)·군·구(자치구를 말한다)의 출장소, 지방법원 및 그 지원과 등기소 또는 「공증인법」에 따른 공증인(이하 이 조에서 "확정일자부여기관"이라 한다)이 부여한다.

② 확정일자부여기관은 해당 주택의 소재지, 확정일자 부여일, 차임 및 보증금 등을 기재한 확정일자부를 작성하여야 한다. 이 경우 전산처리정보조직을 이용할 수 있다.

③ 주택의 임대차에 이해관계가 있는 자는 확정일자부여기관에 해당 주택의 확정일자 부여일, 차임 및 보증금 등 정보의 제공을 요청할 수 있다. 이 경우 요청을 받은 확정일자부여기관은 정당한 사유 없이 이를 거부할 수 없다.

④ 임대차계약을 체결하려는 자는 임대인의 동의를 받아 확정일자부여기관에 제3항에 따른 정보제공을 요청할 수 있다.

⑤ 제1항·제3항 또는 제4항에 따라 확정일자를 부여받거나 정보를 제공받으려는 자는 수수료를 내야 한다.

⑥ 확정일자부에 기재하여야 할 사항, 주택의 임대차에 이해관계가 있는 자의 범위, 확정일자부여기관에 요청할 수 있는 정보의 범위 및 수수료, 그 밖에 확정일자부여사무와 정보제공 등에 필요한 사항은 대통령령 또는 대법원규칙으로 정한다.

▒ 임대차기간 등

기간을 정하지 아니하거나 2년 미만으로 정한 임대차는 그 기간을 2년으로 본다. 다만, 임차인은 2년 미만으로 정한 기간이 유효함을 주장할 수 있다.

임대차기간이 끝난 경우에도 임차인이 보증금을 반환받을 때까지는 임대차관계가 존속되는 것으로 본다(제4조).

임대차계약의 갱신

제6조(계약의 갱신) ① 임대인이 임대차기간이 끝나기 6개월 전부터 2개월 전까지의 기간에 임차인에게 갱신거절(更新拒絕)의 통지를 하지 아니하거나 계약조건을 변경하지 아니하면 갱신하지 아니한다는 뜻의 통지를 하지 아니한 경우에는 그 기간이 끝난 때에 전 임대차와 동일한 조건으로 다시 임대차한 것으로 본다. 임차인이 임대차기간이 끝나기 2개월 전까지 통지하지 아니한 경우에도 또한 같다.

② 제1항의 경우 임대차의 존속기간은 2년으로 본다.

③ 2기(期)의 차임액(借賃額)에 달하도록 연체하거나 그 밖에 임차인으로서의 의무를 현저히 위반한 임차인에 대하여는 제1항을 적용하지 아니한다.

묵시적 갱신의 경우 임대차계약의 해지

제6조 제1항에 따라 계약이 갱신된 경우 같은 조 제2항에도 불구하고 임차인은 언제든지 임대인에게 계약해지(契約解止)를 통지할 수 있다.

이 해지는 임대인이 그 통지를 받은 날부터 3개월이 지나면 그 효력이 발생한다(제6조의2).

임대차계약갱신 요구 등

제6조의3(계약갱신 요구 등) ① 제6조에도 불구하고 임대인은 임차인이 제6조 제1항 전단의 기간 이내에 계약갱신을 요구할 경우 정당한 사유 없이 거절하지 못한다. 다만, 다음 각 호의 어느 하나에 해당하는 경우에는 그러하지 아니하다.

1. 임차인이 2기의 차임액에 해당하는 금액에 이르도록 차임을 연체한 사실이 있는 경우
2. 임차인이 거짓이나 그 밖의 부정한 방법으로 임차한 경우
3. 서로 합의하여 임대인이 임차인에게 상당한 보상을 제공한 경우
4. 임차인이 임대인의 동의 없이 목적 주택의 전부 또는 일부를 전대(轉貸)한 경우
5. 임차인이 임차한 주택의 전부 또는 일부를 고의나 중대한 과실로 파손한 경우
6. 임차한 주택의 전부 또는 일부가 멸실되어 임대차의 목적을 달성하지 못할 경우
7. 임대인이 다음 각 목의 어느 하나에 해당하는 사유로 목적 주택의 전부 또는 대부분을 철거하거나 재건축하기 위하여 목적 주택의 점유를 회복할 필요가 있는 경우

가. 임대차계약 체결 당시 공사시기 및 소요기간 등을 포함한 철거 또는 재건축 계획을 임차인에게 구체적으로 고지하고 그 계획에 따르는 경우

나. 건물이 노후･훼손 또는 일부 멸실되는 등 안전사고의 우려가 있는 경우

다. 다른 법령에 따라 철거 또는 재건축이 이루어지는 경우

8. 임대인(임대인의 직계존속･직계비속을 포함한다)이 목적 주택에 실제 거주하려는 경우

9. 그 밖에 임차인이 임차인으로서의 의무를 현저히 위반하거나 임대차를 계속하기 어려운 중대한 사유가 있는 경우

② 임차인은 제1항에 따른 계약갱신요구권을 1회에 한하여 행사할 수 있다. 이 경우 갱신되는 임대차의 존속기간은 2년으로 본다.

③ 갱신되는 임대차는 전 임대차와 동일한 조건으로 다시 계약된 것으로 본다. 다만, 차임과 보증금은 제7조의 범위에서 증감할 수 있다.

④ 제1항에 따라 갱신되는 임대차의 해지에 관하여는 제6조의2를 준용한다.

⑤ 임대인이 제1항 제8호의 사유로 갱신을 거절하였음에도 불구하고 갱신요구가 거절되지 아니하였더라면 갱신되었을 기간이 만료되기 전에 정당한 사유 없이 제3자에게 목적 주택을 임대한 경우 임대인은 갱신거절로 인하여 임차인이 입은 손해를 배상하여야 한다.

⑥ 제5항에 따른 손해배상액은 거절 당시 당사자 간에 손해배상액의 예정에 관한 합의가 이루어지지 않는 한 다음 각 호의 금액 중 큰 금액으로 한다.

1. 갱신거절 당시 월차임(차임 외에 보증금이 있는 경우에는 그 보증금을 제7조의2 각 호 중 낮은 비율에 따라 월 단위의 차임으로 전환한 금액을 포함한다. 이하 "환산월차임"이라 한다)의 3개월분에 해당하는 금액
2. 임대인이 제3자에게 임대하여 얻은 환산월차임과 갱신거절 당시 환산월차임 간 차액의 2년분에 해당하는 금액
3. 제1항 제8호의 사유로 인한 갱신거절로 인하여 임차인이 입은 손해액

차임(借賃) 등의 증감청구권

당사자는 약정한 차임이나 보증금이 임차주택에 관한 조세, 공과금, 그 밖의 부담의 증감이나 경제사정의 변동으로 인하여 적절하지 아니하게 된 때에는 장래에 대하여 그 증감을 청구할 수 있다. 이 경우 증액청구는 임대차계약 또는 약정한 차임이나 보증금의 증액이

있은 후 1년 이내에는 하지 못한다.

증액청구는 약정한 차임이나 보증금의 20분의 1의 금액을 초과하지 못한다. 다만, 특별시·광역시·특별자치시·도 및 특별자치도는 관할 구역 내의 지역별 임대차 시장 여건 등을 고려하여 본문의 범위에서 증액청구의 상한을 조례로 달리 정할 수 있다(제7조).

조례(條例)는 각급 지방자치단체의 의회가 법률의 범위 안에서 제정 및 개정할 수 있다.

월차임 전환의 경우 산정률의 제한

제7조의2(월차임 전환 시 산정률의 제한) 보증금의 전부 또는 일부를 월 단위의 차임으로 전환하는 경우에는 그 전환되는 금액에 다음 각 호 중 낮은 비율을 곱한 월차임(月借賃)의 범위를 초과할 수 없다.

1. 「은행법」에 따른 은행에서 적용하는 대출금리와 해당 지역의 경제 여건 등을 고려하여 대통령령으로 정하는 비율

> ↳ 주택임대차보호법 시행령
> **제9조(월차임 전환 시 산정률)** ① 법 제7조의2 제1호에서 "대통령령으로 정하는 비율"이란 연 1할을 말한다.

2. 한국은행에서 공시한 기준금리에 대통령령으로 정하는 이율을 더한 비율

> ↳ 주택임대차보호법 시행령
> **제9조(월차임 전환 시 산정률)** ② 법 제7조의2 제2호에서 "대통령령으로 정하는 이율"이란 연 2퍼센트를 말한다.

보증금 중 일정액의 보호

제8조(보증금 중 일정액의 보호) ① 임차인은 보증금 중 일정액을 다른 담보물권자(擔保物權者)보다 우선하여 변제받을 권리가 있다. 이 경우 임차인은 주택에 대한 경매신청의 등기 전에 제3조 제1항의 요건을 갖추어야 한다.

② 제1항의 경우에는 제3조의2 제4항부터 제6항까지의 규정을 준용한다.

③ 제1항에 따라 우선변제를 받을 임차인 및 보증금 중 일정액의 범위와 기준은 제8조의2에 따른 주택임대차위원회의 심의를 거쳐 대통령령으로 정한다. 다만, 보증금 중 일정액의 범위와 기준은 주택가액(대지의 가액을 포함한다)의 2분의 1을 넘지 못한다.

강행규정

이 법에 위반된 약정(約定)으로서 임차인에게 불리한 것은 그 효력이 없다(제10조).

초과지급한 차임 등의 반환청구

임차인이 제7조에 따른 증액비율을 초과하여 차임 또는 보증금을 지급하거나 제7조의2에 따른 월차임 산정률을 초과하여 차임을 지급한 경우에는 초과 지급된 차임 또는 보증금 상당금액의 반환을 청구할 수 있다(제10조의2).

일시사용을 위한 임대차

이 법은 일시사용하기 위한 임대차임이 명백한 경우에는 적용하지 아니한다(제11조).

미등기 전세에의 준용

주택의 등기를 하지 아니한 전세계약에 관하여는 이 법을 준용한다. 이 경우 "전세금"은 "임대차의 보증금"으로 본다(제12조).

소액사건심판법의 보증금반환청구소송에의 준용

임차인이 임대인에 대하여 제기하는 보증금반환청구소송에 관하여는 「소액사건심판법」 제6조, 제7조, 제10조 및 제11조의2를 준용한다(제13조).

> * 소액사건심판법
>
> **제6조(소장의 송달)** 소장부본이나 제소조서등본은 지체없이 피고에게 송달하여야 한다. 다만, 피고에게 이행권고결정서의 등본이 송달된 때에는 소장부본이나 제소조서등본이 송달된 것으로 본다.

제7조(기일지정 등) ① 소의 제기가 있는 경우에 판사는 민사소송법 제256조 내지 제258조의 규정에 불구하고 바로 변론기일을 정할 수 있다.

② 제1항의 경우에 판사는 되도록 1회의 변론기일로 심리를 마치도록 하여야 한다.

③ 제2항의 목적을 달성하기 위하여 판사는 변론기일전이라도 당사자로 하여금 증거신청을 하게 하는 등 필요한 조치를 취할 수 있다.

제10조(증거조사에 관한 특칙) ① 판사는 필요하다고 인정한 때에는 직권으로 증거조사를 할 수 있다. 그러나 그 증거조사의 결과에 관하여는 당사자의 의견을 들어야 한다.

② 증인은 판사가 신문한다. 그러나 당사자는 판사에게 고하고 신문할 수 있다.

③ 판사는 상당하다고 인정한 때에는 증인 또는 감정인의 신문에 갈음하여 서면을 제출하게 할 수 있다.

제11조의2(판결에 관한 특례) ① 판결의 선고는 변론종결후 즉시 할 수 있다.

② 판결을 선고함에는 주문을 낭독하고 주문이 정당함을 인정할 수 있는 범위 안에서 그 이유의 요지를 구술로 설명하여야 한다.

③ 판결서에는 민사소송법 제208조의 규정에 불구하고 이유를 기재하지 아니할 수 있다.

대법원판례

주택임대차보호법 제3조 제1항에서 주택의 인도와 더불어 대항력의 요건으로 규정하고 있는 주민등록은 거래의 안전을 위하여 임차권의 존재를 제3자가 명백히 인식할 수 있게 하는 공시방법으로 마련된 것으로서, 주민등록이 어떤 임대차를 공시하는 효력이 있는가의 여부는 그 주민등록으로 제3자가 임차권의 존재를 인식할 수 있는가에 따라 결정된다고 할 것이므로, 주민등록이 대항력의 요건을 충족시킬 수 있는 공시방법이 되려면 단순히 형식적으로 주민등록이 되어 있다는 것만으로는 부족하고, 주민등록에 의하여 표상되는 점유관계가 임차권을 매개로 하는 점유임을 제3자가 인식할 수 있는 정도는 되어야 한다.

갑이 1988. 8. 30. 당해 주택에 관하여 자기 명의로 소유권이전등기를 경료하고 같은 해 10. 1. 그 주민등록 전입신고까지 마친 후 이에 거주하다가 1993. 10. 23. 을과의 사이에 그 주택을 을에게 매도함과 동시에 그로부터 이를 다시 임차하되 매매잔금 지급기일인 1993. 12. 23.부터는 주택의 거주관계를 바꾸어 갑이 임차인의 자격으로 이에 거주하는 것으로 하기로 약정하고 계속하여 거주해 왔으나, 위 매매에 따른 을 명의의 소유권이전등기는 1994. 3. 9.에야 비로소 경료된 경우, 제3자로서는 그 주택에 관하여 갑으로부터 을 앞으로 소유권이전등기가 경료되기 전에는 갑의 주민등록이 소유권 아닌 임차권을 매개로 하는 점유라는 것을 인식하기 어려웠다 할 것이므로, 갑의 주민등록은 그 주택에 관하여 을 명의의 소유권이전등기가 경료된 1994. 3. 9. 이전에는 주택임대차의 대항력 인정의 요건이 되는 적법한 공시방법으로서의 효력이 없다(대법원 1999. 4. 23. 선고 98다32939 판결).

대항요건 및 확정일자를 갖춘 임차인과 소액임차인은 임차주택과 그 대지가 함께 경매될 경우뿐만 아니라 임차주택과 별도로 그 대지만이 경매될 경우에도 그 대지의 환가대금에 대하여 우선변제권을 행사할 수 있고, 이와 같은 우선변제권은 이른바 법정담보물권의 성격을 갖는 것으로서 임대차 성립시의 임차 목적물인 임차주택 및 대지의 가액을 기초로 임차인을 보호하고자 인정되는 것이므로, 임대차 성립 당시 임대인의 소유였던 대지가 타인에게 양도되어 임차주택과 대지의 소유자가 서로 달라지게 된 경우에도 마찬가지이다.

주택임대차보호법은 주택의 임대차에 관하여 민법에 대한 특례를 규정함으로써 국민의 주거생활의 안정을 보장함을 목적으로 하고 있고, 주택의 전부 또는 일부의 임대차에 관하여 적용된다고 규정하고 있을 뿐 임차주택이 관할관청의 허가를 받은 건물인지, 등기를 마친 건물인지 아닌지를 구별하고 있지 아니하므로, 어느 건물이 국민의 주거생활의 용도로 사용되는 주택에 해당하는 이상 비록 그 건물에 관하여 아직 등기를 마치지 아니하였거나 등기가 이루어질 수 없는 사정이 있다고 하더라도 다른 특별한 규정이 없는 한 같은 법의 적용대상이 된다(대법원 2007. 6. 21. 선고 2004다26133 전원합의체 판결).

전세권은 전세금을 지급하고 타인의 부동산을 점유하여 그 부동산의 용도에 좇아 사용·수익하며 그 부동산 전부에 대하여 후순위권리자 기타 채권자보다 전세금의 우선변제를 받을 권리를 내용으로 하는 물권이지만, 임대차는 당사자 일방이 상대방에게 목적물을 사용·수익하게 할 것을 약정하고 상대방이 이에 대하여 차임을 지급할 것을 약정함으로써 그 효력이 발생하는 채권계약으로서, 주택임차인이 주택임대차보호법 제3조 제1항의 대항요건을 갖추거나 민법 제621조의 규정에 의한 주택임대차등기를 마치더라도 채권계약이라는 기본적인 성질에 변함이 없다.

주택임차인이 그 지위를 강화하고자 별도로 전세권설정등기를 마치더라도 주택임대차보호법상 주택임차인으로서의 우선변제를 받을 수 있는 권리와 전세권자로서 우선변제를 받을 수 있는 권리는 근거 규정 및 성립요건을 달리하는 별개의 것이라는 점, 주택임대차보호법 제3조의3 제1항에서 규정한 임차권등기명령에 의한 임차권등기와 동법 제3조의4 제2항에서 규정한 주택임대차등기는 공통적으로 주택임대차보호법상의 대항요건인 '주민등록일자', '점유개시일자' 및 '확정일자'를 등기사항으로 기재하여 이를 공시하지만 전세권설정등기에는 이러한 대항요건을 공시하는 기능이 없는 점, 주택임대차보호법 제3조의4 제1항에서 임차권등기명령에 의한 임차권등기의 효력에 관한 동법 제3조의3 제5항의 규정은 민법 제621조에 의한 주택임대차등기의 효력에 관하여 이를 준용한다고 규정하고 있을 뿐 주택임대차보호법 제3조의3 제5항의 규정을 전세권설정등기의 효력에 관하여 준용할 법적 근거가 없는 점 등을 종합하면, 주택임차인이 그 지위를 강화하고자 별도로 전세권설정등기를 마쳤더라도 주택임차인이 주택임대차보호법 제3조 제1항의 대항요건을 상실하면 이미 취득한 주택임대차보호법상의 대항력 및 우선변제권을 상실한다(대법원 2007. 6. 28. 선고 2004다69741 판결).

주택임대차보호법 제3조 제3항은 같은 조 제1항이 정한 대항요건을 갖춘 임대차의 목적이 된 임대주택(이하 '임대주택'은 주택임대차보호법의 적용대상인 임대주택을 가리킨다)의 양수인은 임대인의 지위를 승계한 것으로 본다고 규정하고 있는바, 이는 법률상의 당연승계 규정으로 보아야 하므로, 임대주택이 양도된 경우에 양수인은 주택의 소유권과 결합하여 임대인의 임대차 계약상의 권리·의무 일체를 그대로 승계하며, 그 결과 양수인이 임대차보증금반환채무를 면책적으로 인수하고, 양도인은 임대차관계에서 탈퇴하여 임차인에 대한 임대차보증금반환채무를 면하게 된다. 나아가 임차인에 대하여 임대차보증금반환채무를 부담하는 임대인임을 당연한 전제로 하여 임대차보증금반환채무의 지급금지를 명령받은 제3채무자의 지위는 임대인의 지위와 분리될 수 있는 것이 아니므로, 임대주택의 양도로 임대인의 지위가 일체로 양수인에게 이전된다면 채권가압류의 제3채무자의 지위도 임대인의 지위와 함께 이전된다고 볼 수밖에 없다.

한편, 주택임대차보호법상 임대주택의 양도에 양수인의 임대차보증금반환채무의 면책적 인수를 인정하는 이유는 임대주택에 관한 임대인의 의무 대부분이 그 주택의 소유자이기만 하면 이행가능하고 임차인이 같은 법에서 규정하는 대항요건을 구비하면 임대주택의 매각대금에서 임대차보증금을 우선변제받을 수 있기 때문인데, 임대주택이 양도되었음에도 양수인이 채권가압류의 제3채무자의 지위를 승계하지 않는다면 가압류권자는 장차 본집행절차에서 주택의 매각대금으로부터 우선변제를 받을 수 있는 권리를 상실하는 중대한 불이익을 입게 된다. 이러한 사정들을 고려하면, 임차인의 임대차보증금반환채권이 가압류된 상태에서 임대주택이 양도되면 양수인이 채권가압류의 제3채무자의 지위도 승계하고, 가압류권자 또한 임대주택의 양도인이 아니라 양수인에 대하여만 위 가압류의 효력을 주장할 수 있다고 보아야 한다(대법원 2013. 1. 17. 선고 2011다49523 전원합의체 판결).

주택임대차보호법 제3조 제1항에 의한 대항력 취득의 요건인 주민등록은 임차인 본인뿐 아니라 배우자나 자녀 등 가족의 주민등록도 포함되고, 이러한 법리는 구 재외동포의 출입국과 법적 지위에 관한 법률(2008. 3. 14. 법률 제8896호로 개정되기 전의 것)에 의한 재외국민이 임차인인 경우에도 마찬가지로 적용된다.
2015. 1. 22. 시행된 개정 주민등록법에 따라 재외국민도 주민등록을 할 수 있게 되기 전까지는 재외국민은 주민등록을 할 수도 없고, 또한 외국인이 아니어서 구 출입국관리법(2010. 5. 14. 법률 제10282호로 개정되기 전의 것) 등에 의한 외국인등록 등도 할 수 없어 주택임대차보호법에 의한 대항력을 취득할 방도가 없었던 점을 감안하면, 재외국민이 임대차계약을 체결하고 동거가족인 외국인 또는 외국국적동포가 외국인등록이나 국내거소신고 등을 한 경우와 재외국민의 동거 가족인 외국인 또는 외국국적동포가 스스로 임대차계약을 체결하고 외국인등록이나 국내거소신고 등을 한 경우와 사이에 법적 보호의 차이를 둘 이유가 없기 때문이다(대법원 2016. 10. 13. 선고 2014다218030, 218047 판결).

주택임대차보호법은 임차인에게 우선변제권이 인정되기 위하여 대항요건과 임대차계약증서상의 확정일자를 갖추는 것 외에 계약 당시 임차보증금이 전액 지급되어 있을 것을 요구하지는 않는다.
따라서 임차인이 임대인에게 임차보증금의 일부만을 지급하고 주택임대차보호법 제3조 제1항에서 정한 대항요건과 임대차계약증서상의 확정일자를 갖춘 다음 나머지 보증금을 나중에 지급하였다고 하더라도 특별한 사정이 없는 한 대항요건과 확정일자를 갖춘 때를 기준으로 임차보증금 전액에 대해서 후순위권리자나 그 밖의 채권자보다 우선하여 변제를 받을 권리를 갖는다고 보아야 한다(대법원 2017. 8. 29. 선고 2017다212194 판결).

임대차는 임차인으로 하여금 목적물을 사용·수익하게 하는 것이 계약의 기본 내용이므로, 채권자가 주택임대차보호법상의 대항력을 취득하는 방법으로 기존 채권을 우선변제 받을 목적으로 주택임대차계약의 형식을 빌려 기존 채권을 임대차보증금으로 하기로 하고 주택의 인도와 주민등록을 마침으로써 주택임대차로서의 대항력을 취득한 것처럼 외관을 만들었을 뿐 실제 주택을 주거용으로 사용·수익할 목적을 갖지 아니 한 계약은 주택임대차계약으로서는 통정허위표시에 해당되어 무효라고 할 것이므로 이에 주택임대차보호법이 정하고 있는 대항력을 부여할 수는 없다(대법원 2002. 3. 12. 선고 2000다24184, 24191 판결).

주택임대차보호법의 입법목적과 주택임차인의 임차보증금반환채권에 우선변제권을 인정한 제도의 취지, 주택임대차보호법상 관련 규정의 문언 내용 등에 비추어 볼 때, 비록 채권양수인이 우선변제권을 행사할 수 있는 주택임차인으로부터 임차보증금반환채권을 양수하였다고 하더라도 임차권과 분리된 임차보증금반환채권만을 양수한 이상 그 채권양수인이 주택임대차보호법상의 우선변제권을 행사할 수 있는 임차인에 해당한다고 볼 수 없다. 따라서 위 채권양수인은 임차주택에 대한 경매절차에서 주택임대차보호법상의 임차보증금 우선변제권자의 지위에서 배당요구를 할 수 없고, 이는 채권양수인이 주택임차인으로부터 다른 채권에 대한 담보 목적으로 임차보증금반환채권을 양수한 경우에도 마찬가지이다. 다만, 이와 같은 경우에도 채권양수인이 일반 금전채권자로서의 요건을 갖추어 배당요구를 할 수 있음은 물론이다(대법원 2010. 5. 27. 선고 2010다10276 판결).

주택임대차보호법이 적용되는 임대차로서는 반드시 임차인과 주택의 소유자인 임대인 사이에 임대차계약이 체결된 경우에 한정된다고 할 수는 없고, 주택의 소유자는 아니지만 주택에 관하여 적법하게 임대차계약을 체결할 수 있는 권한(적법한 임대권한)을 가진 임대인과 임대차계약이 체결된 경우도 포함된다. 매매계약의 이행으로 매매목적물을 인도받은 매수인은 그 물건을 사용·수익할 수 있는 지위에서 그 물건을 타인에게 적법하게 임대할 수 있으며, 이러한 지위에 있는 매수인으로부터 매매계약이 해제되기 전에 매매목적물인 주택을 임차하여 주택의 인도와 주민등록을 마침으로써 주택임대차보호법 제3조 제1항에 의한 대항요건을 갖춘 임차인은 민법 제548조 제1항 단서에 따라 계약해제로 인하여 권리를 침해받지 않는 제3자에 해당하므로, 임대인의 임대권원의 바탕이 되는 계약의 해제에도 불구하고 자신의 임차권을 새로운 소유자에게 대항할 수 있다(대법원 2008. 4. 10. 선고 2007다38908,38915 판결).

▮ 주택임차권등기명령신청서 작성례

주택임차권등기명령신청서

신 청 인(임차인)　이름 : ○○○ (000000-0000000)
주소 :
연락처 :

피신청인(임대인)　이름 : ○○○ (000000-0000000)
주소 :
연락처 :

신 청 취 지

별지 목록 기재 건물에 관하여 아래와 같은 주택임차권등기를 명한다.
라는 결정을 구합니다.

아 래

1. 임대차계약일자 :
2. 임차보증금액 : 원, 차임 : 원
3. 주민등록일자 :
4. 점유개시일자 :

5. 확정일자 :

신 청 이 유

1. 신청인은 피신청인 소유인 별지 기재 부동산목록 중 2층 주거용 건물 00㎡를 0000. 0. 0. 피신청인과의 사이에 임대차계약을 체결하고 현재까지 점유하고 있습니다.
2. 위 임대차계약은 0000. 0. 0. 그 계약기간이 만료되었음에도 불구하고 피신청인은 신청인에 대하여 임대차보증금을 반환하지 않고 있습니다.
3. 따라서 임차권등기를 실행할 필요가 있어 부득이 이 신청을 하게 되었습니다.

첨 부 서 류

1. 부동산등기사항전부증명서 1통.
2. 주민등록등본 1통.
3. 임대차계약증서 사본 1통.
4. 부동산목록 5통.

2022. 0. 0.

위 신청인 ○○○ (인)

○○지방법원 ○○지원 귀중

참고사항

* 부동산목록 : 이 목록은 건축물대장의 내용을 그대로 옮겨 적는다.

* 비용 : 대법원홈페이지를 이용하여 계산한다.

* 신청서를 제출할 곳 : 건물 소재지를 관할하는 지방법원(또는 지방법원 지원 또는 시 · 군법원)

29. 상가건물임대차보호법

법의 목적

이 법은 상가건물 임대차에 관하여 「민법」에 대한 특례를 규정하여 국민 경제생활의 안정을 보장함을 목적으로 한다(제1조).

민법은 임대차에 관한 일반법이다. 「상가건물임대차보호법」은 '상가건물의 임대차'에 관한 한 민법의 특별법이다. 특별법은 일반법에 우선한다. 따라서 상가건물의 임대차에 관하여는 이 법을 우선적으로 적용한다. 그러나 이 법에 없는 규정은 민법의 임대차에 관한 규정들을 적용한다.

법의 적용범위

제2조(적용범위) ① 이 법은 상가건물(제3조 제1항에 따른 사업자등록의 대상이 되는 건물을 말한다)의 임대차(임대차 목적물의 주된 부분을 영업용으로 사용하는 경우를 포함한다)에 대하여 적용한다. 다만, 제14조의2에 따른 상가건물임대차위원회의 심의를 거쳐 대통령령으로 정하는 보증금액을 초과하는 임대차에 대하여는 그러하지 아니하다.

↳ 상가건물 임대차보호법 시행령

제2조(적용범위) ① 「상가건물 임대차보호법」(이하 "법"이라 한다) 제2조 제1항 단서에서 "대통령령으로 정하는 보증금액"이란 다음 각 호의 구분에 의한 금액을 말한다.

1. 서울특별시 : 9억원
2. 「수도권정비계획법」에 따른 과밀억제권역(서울특별시는 제외한다) 및 부산광역시 : 6억9천만원
3. 광역시(「수도권정비계획법」에 따른 과밀억제권역에 포함된 지역과 군지역, 부산광역시는 제외한다), 세종특별자치시, 파주시, 화성시, 안산시, 용인시, 김포시 및 광주시 : 5억4천만원
4. 그 밖의 지역 : 3억7천만원

② 제1항 단서에 따른 보증금액을 정할 때에는 해당 지역의 경제 여건 및 임대차 목적물의 규모 등을 고려하여 지역별로 구분하여 규정하되, 보증금 외에 차임이 있는 경우에는 그 차임액에 「은행법」에 따른 은행의 대출금리 등을 고려하여 대통령령으로 정하는 비율을 곱하여 환산한 금액을 포함하여야 한다.

↳ 상가건물 임대차보호법 시행령

제2조(적용범위) ② 법 제2조 제2항의 규정에 의하여 보증금 외에 차임이 있는 경우의 차임액은 월 단위의 차임액으로 한다.

③ 법 제2조 제2항에서 "대통령령으로 정하는 비율"이라 함은 1분의 100을 말한다.

③ 제1항 단서에도 불구하고 제3조, 제10조 제1항, 제2항, 제3항 본문, 제10조의2부터 제10조의9까지의 규정, 제11조의2 및 제19조는 제1항 단서에 따른 보증금액을 초과하는 임대차에 대하여도 적용한다.

상가건물임차인의 대항력

제3조(대항력 등) ① 임대차는 그 등기가 없는 경우에도 임차인이 건물의 인도와 「부가가치세법」 제8조, 「소득세법」 제168조 또는 「법인세법」 제111조에 따른 사업자등록을 신청하면 그 다음 날부터 제3자에 대하여 효력이 생긴다.

② 임차건물의 양수인(그 밖에 임대할 권리를 승계한 자를 포함한다)은 임대인의 지위를 승계한 것으로 본다.

③ 이 법에 따라 임대차의 목적이 된 건물이 매매 또는 경매의 목적물이 된 경우에는 「민법」 제575조 제1항ㆍ제3항 및 제578조를 준용한다.

↳ 민법

제575조(제한물권 있는 경우와 매도인의 담보책임) ① 매매의 목적물이 지상권, 지역권, 전세권, 질권 또는 유치권의 목적이 된 경우에 매수인이 이를 알지 못한 때에는 이로 인하여 계약의 목적을 달성할 수 없는 경우에 한하여 매수인은 계약을 해제할 수 있다. 기타의 경우에는 손해배상만을 청구할 수 있다.

② 전항의 규정은 매매의 목적이 된 부동산을 위하여 존재할 지역권이 없거나 그 부동산에 등기된 임대차계약이 있는 경우에 준용한다.

③ 전2항의 권리는 매수인이 그 사실을 안 날로부터 1년내에 행사하여야 한다.

제578조(경매와 매도인의 담보책임) ① 경매의 경우에는 경락인은 전8조의 규정에 의하여 채무자에게 계약의 해제 또는 대금감액의 청구를 할 수 있다.

② 전항의 경우에 채무자가 자력이 없는 때에는 경락인은 대금의 배당을 받은 채권자에 대하여

그 대금전부나 일부의 반환을 청구할 수 있다.
③ 전2항의 경우에 채무자가 물건 또는 권리의 흠결을 알고 고지하지 아니하거나 채권자가 이를 알고 경매를 청구한 때에는 경락인은 그 흠결을 안 채무자나 채권자에 대하여 손해배상을 청구할 수 있다.

④ 제3항의 경우에는 「민법」 제536조를 준용한다.

↳ 민법

제536조(동시이행의 항변권) ① 쌍무계약의 당사자 일방은 상대방이 그 채무이행을 제공할 때 까지 자기의 채무이행을 거절할 수 있다. 그러나 상대방의 채무가 변제기에 있지 아니하는 때에는 그러하지 아니하다.
② 당사자 일방이 상대방에게 먼저 이행하여야 할 경우에 상대방의 이행이 곤란할 현저한 사유가 있는 때에는 전항 본문과 같다.

확정일자 부여 및 임대차정보 제공 등

제4조(확정일자 부여 및 임대차정보의 제공 등) ① 제5조 제2항의 확정일자는 상가건물의 소재지 관할 세무서장이 부여한다.
② 관할 세무서장은 해당 상가건물의 소재지, 확정일자 부여일, 차임 및 보증금 등을 기재한 확정일자부를 작성하여야 한다. 이 경우 전산정보처리조직을 이용할 수 있다.
③ 상가건물의 임대차에 이해관계가 있는 자는 관할 세무서장에게 해당 상가건물의 확정일자 부여일, 차임 및 보증금 등 정보의 제공을 요청할 수 있다. 이 경우 요청을 받은 관할 세무서장은 정당한 사유 없이 이를 거부할 수 없다.
④ 임대차계약을 체결하려는 자는 임대인의 동의를 받아 관할 세무서장에게 제3항에 따른 정보제공을 요청할 수 있다.
⑤ 확정일자부에 기재하여야 할 사항, 상가건물의 임대차에 이해관계가 있는 자의 범위, 관할 세무서장에게 요청할 수 있는 정보의 범위 및 그 밖에 확정일자 부여사무와 정보제공 등에 필요한 사항은 대통령령으로 정한다.

임대차보증금의 회수

제5조(보증금의 회수) ① 임차인이 임차건물에 대하여 보증금반환청구소송의 확정판결, 그 밖에 이에 준하는 집행권원에 의하여 경매를 신청하는 경우에는 「민사집행법」 제41조에도 불구하고 반대의무의 이행이나 이행의 제공을 집행개시의 요건으로 하지 아니한다.

② 제3조 제1항의 대항요건을 갖추고 관할 세무서장으로부터 임대차계약서상의 확정일자를 받은 임차인은 「민사집행법」에 따른 경매 또는 「국세징수법」에 따른 공매 시 임차건물(임대인 소유의 대지를 포함한다)의 환가대금에서 후순위권리자나 그 밖의 채권자보다 우선하여 보증금을 변제받을 권리가 있다.

③ 임차인은 임차건물을 양수인에게 인도하지 아니하면 제2항에 따른 보증금을 받을 수 없다.

④ 제2항 또는 제7항에 따른 우선변제의 순위와 보증금에 대하여 이의가 있는 이해관계인은 경매법원 또는 체납처분청에 이의를 신청할 수 있다.

⑤ 제4항에 따라 경매법원에 이의를 신청하는 경우에는 「민사집행법」 제152조부터 제161조까지의 규정을 준용한다.

⑥ 제4항에 따라 이의신청을 받은 체납처분청은 이해관계인이 이의신청일부터 7일 이내에 임차인 또는 제7항에 따라 우선변제권을 승계한 금융기관 등을 상대로 소(訴)를 제기한 것을 증명한 때에는 그 소송이 종결될 때까지 이의가 신청된 범위에서 임차인 또는 제7항에 따라 우선변제권을 승계한 금융기관 등에 대한 보증금의 변제를 유보(留保)하고 남은 금액을 배분하여야 한다. 이 경우 유보된 보증금은 소송 결과에 따라 배분한다.

⑦ 다음 각 호의 금융기관 등이 제2항, 제6조 제5항 또는 제7조 제1항에 따른 우선변제권을 취득한 임차인의 보증금반환채권을 계약으로 양수한 경우에는 양수한 금액의 범위에서 우선변제권을 승계한다.

1. 「은행법」에 따른 은행
2. 「중소기업은행법」에 따른 중소기업은행
3. 「한국산업은행법」에 따른 한국산업은행
4. 「농업협동조합법」에 따른 농협은행
5. 「수산업협동조합법」에 따른 수협은행
6. 「우체국예금 · 보험에 관한 법률」에 따른 체신관서
7. 「보험업법」 제4조 제1항 제2호 라목의 보증보험을 보험종목으로 허가받은 보험회사

8. 그 밖에 제1호부터 제7호까지에 준하는 것으로서 대통령령으로 정하는 기관

⑧ 제7항에 따라 우선변제권을 승계한 금융기관 등(이하 "금융기관등"이라 한다)은 다음 각 호의 어느 하나에 해당하는 경우에는 우선변제권을 행사할 수 없다.

1. 임차인이 제3조 제1항의 대항요건을 상실한 경우
2. 제6조 제5항에 따른 임차권등기가 말소된 경우
3. 「민법」 제621조에 따른 임대차등기가 말소된 경우

⑨ 금융기관등은 우선변제권을 행사하기 위하여 임차인을 대리하거나 대위하여 임대차를 해지할 수 없다.

임차권등기명령

제6조(임차권등기명령) ① 임대차가 종료된 후 보증금이 반환되지 아니한 경우 임차인은 임차건물의 소재지를 관할하는 지방법원, 지방법원지원 또는 시·군법원에 임차권등기명령을 신청할 수 있다.

② 임차권등기명령을 신청할 때에는 다음 각 호의 사항을 기재하여야 하며, 신청 이유 및 임차권등기의 원인이 된 사실을 소명하여야 한다.

1. 신청 취지 및 이유
2. 임대차의 목적인 건물(임대차의 목적이 건물의 일부분인 경우에는 그 부분의 도면을 첨부한다)
3. 임차권등기의 원인이 된 사실(임차인이 제3조제1항에 따른 대항력을 취득하였거나 제5조제2항에 따른 우선변제권을 취득한 경우에는 그 사실)
4. 그 밖에 대법원규칙으로 정하는 사항

③ 임차권등기명령의 신청에 대한 재판, 임차권등기명령의 결정에 대한 임대인의 이의신청 및 그에 대한 재판, 임차권등기명령의 취소신청 및 그에 대한 재판 또는 임차권등기명령의 집행 등에 관하여는 「민사집행법」 제280조 제1항, 제281조, 제283조, 제285조, 제286조, 제288조 제1항·제2항 본문, 제289조, 제290조 제2항 중 제288조 제1항에 대한 부분, 제291조, 제293조를 준용한다. 이 경우 "가압류"는 "임차권등기"로, "채권자"는 "임차인"으로, "채무자"는 "임대인"으로 본다.

④ 임차권등기명령신청을 기각하는 결정에 대하여 임차인은 항고할 수 있다.

⑤ 임차권등기명령의 집행에 따른 임차권등기를 마치면 임차인은 제3조 제1항에 따른 대항력과 제5조 제2항에 따른 우선변제권을 취득한다. 다만, 임차인이 임차권등기 이전에 이미 대항력 또는 우선변제권을 취득한 경우에는 그 대항력 또는 우선변제권이 그대로 유지되며, 임차권등기 이후에는 제3조 제1항의 대항요건을 상실하더라도 이미 취득한 대항력 또는 우선변제권을 상실하지 아니한다.
⑥ 임차권등기명령의 집행에 따른 임차권등기를 마친 건물(임대차의 목적이 건물의 일부분인 경우에는 그 부분으로 한정한다)을 그 이후에 임차한 임차인은 제14조에 따른 우선변제를 받을 권리가 없다.
⑦ 임차권등기의 촉탁, 등기관의 임차권등기 기입 등 임차권등기명령의 시행에 관하여 필요한 사항은 대법원규칙으로 정한다.
⑧ 임차인은 제1항에 따른 임차권등기명령의 신청 및 그에 따른 임차권등기와 관련하여 든 비용을 임대인에게 청구할 수 있다.
⑨ 금융기관등은 임차인을 대위하여 제1항의 임차권등기명령을 신청할 수 있다. 이 경우 제3항·제4항 및 제8항의 "임차인"은 "금융기관등"으로 본다.

민법에 따른 임대차등기의 효력 등

제7조(「민법」에 따른 임대차등기의 효력 등) ① 「민법」 제621조에 따른 건물임대차등기의 효력에 관하여는 제6조 제5항 및 제6항을 준용한다.
② 임차인이 대항력 또는 우선변제권을 갖추고 「민법」 제621조 제1항에 따라 임대인의 협력을 얻어 임대차등기를 신청하는 경우에는 신청서에 「부동산등기법」 제74조 제1호부터 제6호까지의 사항 외에 다음 각 호의 사항을 기재하여야 하며, 이를 증명할 수 있는 서면(임대차의 목적이 건물의 일부분인 경우에는 그 부분의 도면을 포함한다)을 첨부하여야 한다.

1. 사업자등록을 신청한 날
2. 임차건물을 점유한 날
3. 임대차계약서상의 확정일자를 받은 날

경매에 의한 임차권의 소멸

임차권은 임차건물에 대하여 「민사집행법」에 따른 경매가 실시된 경우에는 그 임차건물이 매각되면 소멸한다. 다만, 보증금이 전액 변제되지 아니한 대항력이 있는 임차권은 그러하지 아니하다(제8조).

임대차기간 등

기간을 정하지 아니하거나 기간을 1년 미만으로 정한 임대차는 그 기간을 1년으로 본다. 다만, 임차인은 1년 미만으로 정한 기간이 유효함을 주장할 수 있다. 임대차가 종료한 경우에도 임차인이 보증금을 돌려받을 때까지는 임대차 관계는 존속하는 것으로 본다(제9조).

계약갱신요구 등

제10조(계약갱신 요구 등) ① 임대인은 임차인이 임대차기간이 만료되기 6개월 전부터 1개월 전까지 사이에 계약갱신을 요구할 경우 정당한 사유 없이 거절하지 못한다. 다만, 다음 각 호의 어느 하나의 경우에는 그러하지 아니하다.

1. 임차인이 3기의 차임액에 해당하는 금액에 이르도록 차임을 연체한 사실이 있는 경우
2. 임차인이 거짓이나 그 밖의 부정한 방법으로 임차한 경우
3. 서로 합의하여 임대인이 임차인에게 상당한 보상을 제공한 경우
4. 임차인이 임대인의 동의 없이 목적 건물의 전부 또는 일부를 전대(轉貸)한 경우
5. 임차인이 임차한 건물의 전부 또는 일부를 고의나 중대한 과실로 파손한 경우
6. 임차한 건물의 전부 또는 일부가 멸실되어 임대차의 목적을 달성하지 못할 경우
7. 임대인이 다음 각 목의 어느 하나에 해당하는 사유로 목적 건물의 전부 또는 대부분을 철거하거나 재건축하기 위하여 목적 건물의 점유를 회복할 필요가 있는 경우
   가. 임대차계약 체결 당시 공사시기 및 소요기간 등을 포함한 철거 또는 재건축 계획을 임차인에게 구체적으로 고지하고 그 계획에 따르는 경우
   나. 건물이 노후・훼손 또는 일부 멸실되는 등 안전사고의 우려가 있는 경우
   다. 다른 법령에 따라 철거 또는 재건축이 이루어지는 경우
8. 그 밖에 임차인이 임차인으로서의 의무를 현저히 위반하거나 임대차를 계속하기 어려운 중대한 사유가 있는 경우

② 임차인의 계약갱신요구권은 최초의 임대차기간을 포함한 전체 임대차기간이 10년을 초과하지 아니하는 범위에서만 행사할 수 있다.

③ 갱신되는 임대차는 전 임대차와 동일한 조건으로 다시 계약된 것으로 본다. 다만, 차임과 보증금은 제11조에 따른 범위에서 증감할 수 있다.
④ 임대인이 제1항의 기간 이내에 임차인에게 갱신 거절의 통지 또는 조건 변경의 통지를 하지 아니한 경우에는 그 기간이 만료된 때에 전 임대차와 동일한 조건으로 다시 임대차한 것으로 본다. 이 경우에 임대차의 존속기간은 1년으로 본다.
⑤ 제4항의 경우 임차인은 언제든지 임대인에게 계약해지의 통고를 할 수 있고, 임대인이 통고를 받은 날부터 3개월이 지나면 효력이 발생한다.

계약갱신의 특례

제2조 제1항 단서에 따른 보증금액을 초과하는 임대차의 계약갱신의 경우에는 당사자는 상가건물에 관한 조세, 공과금, 주변 상가건물의 차임 및 보증금, 그 밖의 부담이나 경제사정의 변동 등을 고려하여 차임과 보증금의 증감을 청구할 수 있다(제10조의2).

권리금의 정의 등

권리금이란 임대차 목적물인 상가건물에서 영업을 하는 자 또는 영업을 하려는 자가 영업시설·비품, 거래처, 신용, 영업상의 노하우, 상가건물의 위치에 따른 영업상의 이점 등 유형·무형의 재산적 가치의 양도 또는 이용대가로서 임대인, 임차인에게 보증금과 차임 이외에 지급하는 금전 등의 대가를 말한다.
권리금계약이란 신규임차인이 되려는 자가 임차인에게 권리금을 지급하기로 하는 계약을 말한다(제10조의3).

권리금의 회수기회 부여 등

제10조의4(권리금 회수기회 보호 등) ① 임대인은 임대차기간이 끝나기 6개월 전부터 임대차 종료 시까지 다음 각 호의 어느 하나에 해당하는 행위를 함으로써 권리금계약에 따라 임차인이 주선한 신규임차인이 되려는 자로부터 권리금을 지급받는 것을 방해하여서는 아니 된다. 다만, 제10조 제1항 각 호의 어느 하나에 해당하는 사유가 있는 경우에는 그러하지 아니하다.

1. 임차인이 주선한 신규임차인이 되려는 자에게 권리금을 요구하거나 임차인이 주선한 신규임차인이 되려는 자로부터 권리금을 수수하는 행위
2. 임차인이 주선한 신규임차인이 되려는 자로 하여금 임차인에게 권리금을 지급하지 못하게 하는 행위
3. 임차인이 주선한 신규임차인이 되려는 자에게 상가건물에 관한 조세, 공과금, 주변 상가건물의 차임 및 보증금, 그 밖의 부담에 따른 금액에 비추어 현저히 고액의 차임과 보증금을 요구하는 행위
4. 그 밖에 정당한 사유 없이 임대인이 임차인이 주선한 신규임차인이 되려는 자와 임대차계약의 체결을 거절하는 행위

② 다음 각 호의 어느 하나에 해당하는 경우에는 제1항 제4호의 정당한 사유가 있는 것으로 본다.

1. 임차인이 주선한 신규임차인이 되려는 자가 보증금 또는 차임을 지급할 자력이 없는 경우
2. 임차인이 주선한 신규임차인이 되려는 자가 임차인으로서의 의무를 위반할 우려가 있거나 그 밖에 임대차를 유지하기 어려운 상당한 사유가 있는 경우
3. 임대차 목적물인 상가건물을 1년 6개월 이상 영리목적으로 사용하지 아니한 경우
4. 임대인이 선택한 신규임차인이 임차인과 권리금계약을 체결하고 그 권리금을 지급한 경우

③ 임대인이 제1항을 위반하여 임차인에게 손해를 발생하게 한 때에는 그 손해를 배상할 책임이 있다. 이 경우 그 손해배상액은 신규임차인이 임차인에게 지급하기로 한 권리금과 임대차 종료 당시의 권리금 중 낮은 금액을 넘지 못한다.

④ 제3항에 따라 임대인에게 손해배상을 청구할 권리는 임대차가 종료한 날부터 3년 이내에 행사하지 아니하면 시효의 완성으로 소멸한다.

⑤ 임차인은 임대인에게 임차인이 주선한 신규임차인이 되려는 자의 보증금 및 차임을 지급할 자력 또는 그 밖에 임차인으로서의 의무를 이행할 의사 및 능력에 관하여 자신이 알고 있는 정보를 제공하여야 한다.

▒ 권리금의 적용 제외

제10조의5(권리금 적용 제외) 제10조의4는 다음 각 호의 어느 하나에 해당하는 상가건물 임대차의 경우에는 적용하지 아니한다.

1. 임대차 목적물인 상가건물이 「유통산업발전법」 제2조에 따른 대규모점포 또는 준대규모점포의 일부인 경우(다만, 「전통시장 및 상점가 육성을 위한 특별법」 제2조 제1호에 따른 전통시장은 제외한다)
2. 임대차 목적물인 상가건물이 「국유재산법」에 따른 국유재산 또는 「공유재산 및 물품 관리법」에 따른 공유재산인 경우

▒ 차임연체와 임대차계약의 해지

임차인의 차임연체액이 3기의 차임액에 달하는 때에는 임대인은 계약을 해지할 수 있다(제10조의8).

▒ 차임(借賃) 등의 증감청구권

제11조(차임 등의 증감청구권) ① 차임 또는 보증금이 임차건물에 관한 조세, 공과금, 그 밖의 부담의 증감이나 「감염병의 예방 및 관리에 관한 법률」 제2조 제2호에 따른 제1급감염병 등에 의한 경제사정의 변동으로 인하여 상당하지 아니하게 된 경우에는 당사자는 장래의 차임 또는 보증금에 대하여 증감을 청구할 수 있다. 그러나 증액의 경우에는 대통령령으로 정하는 기준에 따른 비율을 초과하지 못한다.

② 제1항에 따른 증액청구는 임대차계약 또는 약정한 차임 등의 증액이 있은 후 1년 이내에는 하지 못한다.

③ 「감염병의 예방 및 관리에 관한 법률」 제2조 제2호에 따른 제1급감염병에 의한 경제사정의 변동으로 차임 등이 감액된 후 임대인이 제1항에 따라 증액을 청구하는 경우에는 증액된 차임 등이 감액 전 차임 등의 금액에 달할 때까지는 같은 항 단서를 적용하지 아니한다.

▒ 폐업으로 인한 임차인의 계약해지권

임차인은 「감염병의 예방 및 관리에 관한 법률」 제49조 제1항 제2호에 따른 집합 제한 또

는 금지 조치(같은 항 제2호의2에 따라 운영시간을 제한한 조치를 포함한다)를 총 3개월 이상 받음으로써 발생한 경제사정의 중대한 변동으로 폐업한 경우에는 임대차계약을 해지할 수 있다.
이 해지는 임대인이 계약해지의 통고를 받은 날부터 3개월이 지나면 효력이 발생한다(제11조의2).

▌월차임을 전환할 때의 산정률 제한

제12조(월 차임 전환 시 산정률의 제한) 보증금의 전부 또는 일부를 월 단위의 차임으로 전환하는 경우에는 그 전환되는 금액에 다음 각 호 중 낮은 비율을 곱한 월 차임의 범위를 초과할 수 없다.

1. 「은행법」에 따른 은행의 대출금리 및 해당 지역의 경제 여건 등을 고려하여 대통령령으로 정하는 비율

> ↳ 상가건물 임대차보호법 시행령
> **제5조(월차임 전환 시 산정률)** ① 법 제12조 제1호에서 "대통령령으로 정하는 비율"이란 연 1할2푼을 말한다.

2. 한국은행에서 공시한 기준금리에 대통령령으로 정하는 배수를 곱한 비율

> ↳ 상가건물 임대차보호법 시행령
> **제5조(월차임 전환 시 산정률)** ② 법 제12조 제2호에서 "대통령령으로 정하는 배수"란 4.5배를 말한다.

▌전대차관계에의 적용 등

제10조, 제10조의2, 제10조의8, 제10조의9(제10조 및 제10조의8에 관한 부분으로 한정한다), 제11조 및 제12조는 전대인(轉貸人)과 전차인(轉借人)의 전대차관계에 적용한다.
임대인의 동의를 받고 전대차계약을 체결한 전차인은 임차인의 계약갱신요구권 행사기간 이내에 임차인을 대위(代位)하여 임대인에게 계약갱신요구권을 행사할 수 있다(제13조).

임대보증금 중 일정액의 보호

제14조(보증금 중 일정액의 보호) ① 임차인은 보증금 중 일정액을 다른 담보물권자보다 우선하여 변제받을 권리가 있다. 이 경우 임차인은 건물에 대한 경매신청의 등기 전에 제3조 제1항의 요건을 갖추어야 한다.

② 제1항의 경우에 제5조 제4항부터 제6항까지의 규정을 준용한다.

③ 제1항에 따라 우선변제를 받을 임차인 및 보증금 중 일정액의 범위와 기준은 임대건물가액(임대인 소유의 대지가액을 포함한다)의 2분의 1 범위에서 해당 지역의 경제 여건, 보증금 및 차임 등을 고려하여 제14조의2에 따른 상가건물임대차위원회의 심의를 거쳐 대통령령으로 정한다.

↳ 상가건물 임대차보호법 시행령

제6조(우선변제를 받을 임차인의 범위) 법 제14조의 규정에 의하여 우선변제를 받을 임차인은 보증금과 차임이 있는 경우 법 제2조 제2항의 규정에 의하여 환산한 금액의 합계가 다음 각 호의 구분에 의한 금액 이하인 임차인으로 한다.

1. 서울특별시 : 6천500만원
2. 「수도권정비계획법」에 따른 과밀억제권역(서울특별시는 제외한다) : 5천500만원
3. 광역시(「수도권정비계획법」에 따른 과밀억제권역에 포함된 지역과 군지역은 제외한다), 안산시, 용인시, 김포시 및 광주시 : 3천8백만원
4. 그 밖의 지역 : 3천만원

제7조(우선변제를 받을 보증금의 범위 등) ① 법 제14조의 규정에 의하여 우선변제를 받을 보증금 중 일정액의 범위는 다음 각 호의 구분에 의한 금액 이하로 한다.

1. 서울특별시 : 2천200만원
2. 「수도권정비계획법」에 따른 과밀억제권역(서울특별시는 제외한다) : 1천900만원
3. 광역시(「수도권정비계획법」에 따른 과밀억제권역에 포함된 지역과 군지역은 제외한다), 안산시, 용인시, 김포시 및 광주시 : 1천300만원
4. 그 밖의 지역 : 1천만원

② 임차인의 보증금 중 일정액이 상가건물의 가액의 2분의 1을 초과하는 경우에는 상가건물의 가액의 2분의 1에 해당하는 금액에 한하여 우선변제권이 있다.

③ 하나의 상가건물에 임차인이 2인 이상이고, 그 각 보증금 중 일정액의 합산액이 상가건물의 가액의 2분의 1을 초과하는 경우에는 그 각 보증금중 일정액의 합산액에 대한 각 임차인의 보증금중 일정액의 비율로 그 상가건물의 가액의 2분의 1에 해당하는 금액을 분할한 금액을 각 임차인의 보증금중 일정액으로 본다.

강행규정

이 법의 규정에 위반된 약정으로서 임차인에게 불리한 것은 효력이 없다(제15조).

일시사용을 위한 임대차

이 법은 일시사용을 위한 임대차임이 명백한 경우에는 적용하지 아니한다(제16조).

미등기전세에의 준용

목적건물을 등기하지 아니한 전세계약에 관하여 이 법을 준용한다. 이 경우 "전세금"은 "임대차의 보증금"으로 본다(제17조).

소액사건심판법의 준용

임차인이 임대인에게 제기하는 보증금반환청구소송에 관하여는「소액사건심판법」제6조·제7조·제10조 및 제11조의2를 준용한다(제18조).

대법원판례

상가건물 임대차보호법의 목적과 같은 법 제2조 제1항 본문, 제3조 제1항에 비추어 보면, 상가건물 임대차보호법이 적용되는 상가건물 임대차는 사업자등록 대상이 되는 건물로서 임대차 목적물인 건물을 영리를 목적으로 하는 영업용으로 사용하는 임대차를 가리킨다. 그리고 상가건물 임대차보호법이 적용되는 상가건물에 해당하는지는 공부상 표시가 아닌 건물의 현황·용도 등에 비추어 영업용으로 사용하느냐에 따라 실질적으로 판단하여야 하고, 단순히 상품의 보관·제조·가공 등 사실행위만이 이루어지는 공장·창고 등은 영업용으로 사용하는 경우라고 할 수 없으나, 그곳에서 그러한 사실행위와 더불어 영리를 목적으로 하는 활동이 함께 이루어진다면 상가건물 임대차보호법 적용대상인 상가건물에 해당한다(대법원 2011. 7. 28. 선고 2009다40967 판결).

상가건물 임대차보호법에서 정한 임대인의 갱신요구거절권은 계약해지권과 행사시기, 효과

등이 서로 다를 뿐만 아니라, 상가건물 임대차보호법 제10조 제1항이 민법 제640조에서 정한 계약해지에 관하여 별도로 규정하고 있지 아니하므로, 상가건물 임대차보호법 제10조 제1항 제1호가 민법 제640조에 대한 특례에 해당한다고 할 수 없다.

그러므로 상가건물 임대차보호법의 적용을 받는 상가건물의 임대차에도 민법 제640조가 적용되고, 상가건물의 임대인이라도 임차인의 차임연체액이 2기의 차임액에 이르는 때에는 임대차계약을 해지할 수 있다. 그리고 같은 이유에서 민법 제640조와 동일한 내용을 정한 약정이 상가건물 임대차보호법의 규정에 위반되고 임차인에게 불리한 것으로서 위 법 제15조에 의하여 효력이 없다고 할 수 없다.

갱신 전후 상가건물 임대차계약의 내용과 성질, 임대인과 임차인 사이의 형평, 상가건물 임대차보호법 제10조와 민법 제640조의 입법 취지 등을 종합하여 보면, 상가건물의 임차인이 갱신 전부터 차임을 연체하기 시작하여 갱신 후에 차임연체액이 2기의 차임액에 이른 경우에도 임대차계약의 해지사유인 '임차인의 차임연체액이 2기의 차임액에 달하는 때'에 해당하므로, 이러한 경우 특별한 사정이 없는 한 임대인은 2기 이상의 차임연체를 이유로 갱신된 임대차계약을 해지할 수 있다(대법원 2014. 7. 24. 선고 2012다28486 판결).

> * 민법
> **제640조(차임연체와 해지)** 건물 기타 공작물의 임대차에는 임차인의 차임연체액이 2기의 차임액에 달하는 때에는 임대인은 계약을 해지할 수 있다.

상가건물 임대차보호법 제10조의4 제2항 제3호에서 정하는 '임대차 목적물인상가건물을 1년 6개월 이상 영리목적으로 사용하지 아니한 경우'는 임대인이 임대차 종료 후 임대차 목적물인 상가건물을 1년 6개월 이상 영리목적으로 사용하지 아니하는 경우를 말하고, 위 조항에 따른 정당한 사유가 있다고 하기 위해서는 임대인이 임대차 종료 시 그러한 사유를 들어 임차인이 주선한 자와 신규 임대차계약 체결을 거절하고, 실제로도 1년 6개월 동안 상가건물을 영리목적으로 사용하지 않아야 한다.

이때 종전 소유자인 임대인이 임대차 종료 후 상가건물을 영리목적으로 사용하지 아니한 기간이 1년 6개월에 미치지 못하는 사이에 상가건물의 소유권이 변동되었더라도, 임대인이 상가건물을 영리목적으로 사용하지 않는 상태가 새로운 소유자의 소유기간에도 계속하여 그대로 유지될 것을 전제로 처분하고, 실제 새로운 소유자가 그 기간 중에 상가건물을 영리목적으로 사용하지 않으며, 임대인과 새로운 소유자의 비영리 사용기간을 합쳐서 1년 6개월 이상이 되는 경우라면, 임대인에게 임차인의 권리금을 가로챌 의도가 있었다고 보기 어려우므로, 그러한 임대인에 대하여는 위 조항에 의한 정당한 사유를 인정할 수 있다(대법원 2022. 1. 14. 선고 2021다272346 판결).

상가건물의 임차인이 임대차보증금 반환채권에 대하여 상가건물 임대차보호법 제3조 제1항 소정의 대항력 또는 같은 법 제5조 제2항 소정의 우선변제권을 가지려면 임대차의 목적인 상가건물의 인도 및 부가가치세법 등에 의한 사업자등록을 구비하고, 관할세무서장으로부터 확정일자를 받아야 하며, 그 중 사업자등록은 대항력 또는 우선변제권의 취득요건일 뿐만 아니라 존속요건이기도 하므로, 배당요구의 종기까지 존속하고 있어야 한다.
부가가치세법 제5조 제4항, 제5항의 규정 취지에 비추어 보면, 상가건물을 임차하고 사업자등록을 마친 사업자가 임차 건물의 전대차 등으로 당해 사업을 개시하지 않거나 사실상 폐업한 경우에는 그 사업자등록은 부가가치세법 및 상가건물 임대차보호법이 상가임대차의 공시방법으로 요구하는 적법한 사업자등록이라고 볼 수 없고, 이 경우 임차인이 상가건물 임대차보호법상의 대항력 및 우선변제권을 유지하기 위해서는 건물을 직접 점유하면서 사업을 운영하는 전차인이 그 명의로 사업자등록을 하여야 한다(대법원 2006. 1. 13. 선고2005다64002 판결).

30. 도급

▒ 도급의 뜻

도급은 당사자 일방이 어느 일을 완성할 것을 약정하고 상대방이 그 일의 결과에 대하여 보수를 지급할 것을 약정함으로써 그 효력이 생긴다(민법 제664조). 도급과 관련한 특별법으로는 「하도급거래의 공정화에 관한 법률」이 있다.

▒ 보수의 지급 시기

보수는 그 완성된 목적물의 인도와 동시에 지급하여야 한다. 그러나 목적물의 인도를 요하지 아니하는 경우에는 그 일을 완성한 후 지체없이 지급하여야 한다. 이 보수에 관하여는 제656조 제2항의 규정을 준용한다(민법 제665조).

민법 제656조 제2항은 고용과 관련하여 "보수는 약정한 시기에 지급하여야 하며 시기의 약정이 없으면 관습에 의하고 관습이 없으면 약정한 노무를 종료한 후 지체없이 지급하여야 한다."고 규정하였다.

수급인의 목적부동산에 대한 저당권설정청구권

부동산공사의 수급인은 보수에 관한 채권을 담보하기 위하여 그 부동산을 목적으로 한 저당권의 설정을 청구할 수 있다(민법 제666조).

수급인의 담보책임

완성된 목적물 또는 완성전의 성취된 부분에 하자가 있는 때에는 도급인은 수급인에 대하여 상당한 기간을 정하여 그 하자의 보수를 청구할 수 있다. 그러나 하자가 중요하지 아니한 경우에 그 보수에 과다한 비용을 요할 때에는 그러하지 아니하다.

도급인은 하자의 보수에 갈음하여 또는 보수와 함께 손해배상을 청구할 수 있다. 이 경우에는 제536조의 규정을 준용한다(제667조).

* 민법

제636조(기간의 약정있는 임대차의 해지통고) 임대차기간의 약정이 있는 경우에도 당사자 일방 또는 쌍방이 그 기간내에 해지할 권리를 보류한 때에는 전조의 규정을 준용한다.

제635조(기간의 약정 없는 임대차의 해지통고) ① 임대차기간의 약정이 없는 때에는 당사자는 언제든지 계약해지의 통고를 할 수 있다.

② 상대방이 전항의 통고를 받은 날로부터 다음 각 호의 기간이 경과하면 해지의 효력이 생긴다.

1. 토지, 건물 기타 공작물에 대하여는 임대인이 해지를 통고한 경우에는 6월, 임차인이 해지를 통고한 경우에는 1월
2. 동산에 대하여는 5일

도급인의 해제권

도급인이 완성된 목적물의 하자로 인하여 계약의 목적을 달성할 수 없는 때에는 계약을 해제할 수 있다. 그러나 건물 기타 토지의 공작물에 대하여는 그러하지 아니하다(민법 제668조).
제667조와 제668조의 규정은 목적물의 하자가 도급인이 제공한 재료의 성질 또는 도급인의 지시에 기인한 때에는 적용하지 아니한다. 그러나 수급인이 그 재료 또는 지시의 부적당함을 알고 도급인에게 고지하지 아니한 때에는 그러하지 아니하다(민법 제669조).

수급인의 담보책임의 존속기간

하자의 보수, 손해배상의 청구 및 계약의 해제는 목적물의 인도를 받은 날로부터 1년내에 하여야 한다. 목적물의 인도를 요하지 아니하는 경우에는 이 기간은 일의 종료한 날로부터 기산한다(민법 제670조).

토지, 건물 등에 대한 담보책임의 특칙

토지, 건물 기타 공작물의 수급인은 목적물 또는 지반공사의 하자에 대하여 인도 후 5년간 담보의 책임이 있다. 그러나 목적물이 석조, 석회조, 연와조, 금속 기타 이와 유사한 재료로 조성된 것인 때에는 그 기간을 10년으로 한다.
위의 하자로 인하여 목적물이 멸실 또는 훼손된 때에는 도급인은 그 멸실 또는 훼손된 날로부터 1년내에 제667조의 권리를 행사하여야 한다(민법 제671조).

담보책임 면제의 특약

수급인은 제667조, 제668조의 담보책임이 없음을 약정한 경우에도 알고 고지하지 아니한 사실에 대하여는 그 책임을 면하지 못한다(민법 제672조).

완성 전의 도급인의 해제권

수급인이 일을 완성하기 전에는 도급인은 손해를 배상하고 계약을 해제할 수 있다(민법 제673조).

도급인의 파산과 해제권

도급인이 파산선고를 받은 때에는 수급인 또는 파산관재인은 계약을 해제할 수 있다. 이 경우에는 수급인은 일의 완성된 부분에 대한 보수 및 보수에 포함되지 아니한 비용에 대하여 파산재단의 배당에 가입할 수 있다.

이 경우에는 각 당사자는 상대방에 대하여 계약해제로 인한 손해의 배상을 청구하지 못한다(민법 제674조).

대법원판례

건축공사도급계약이 수급인의 채무불이행을 이유로 해제된 경우에 해제될 당시 공사가 상당한 정도로 진척되어 이를 원상회복하는 것이 중대한 사회적 · 경제적 손실을 초래하고 완성된 부분이 도급인에게 이익이 되는 경우에 도급계약은 미완성부분에 대하여만 실효되고 수급인은 해제한 상태 그대로 건물을 도급인에게 인도하며, 도급인은 특별한 사정이 없는 한 인도받은 미완성 건물에 대한 보수를 지급하여야 하는 권리의무관계가 성립한다.

건축공사도급계약이 중도해제된 경우 도급인이 지급하여야 할 보수는 특별한 사정이 없는 한 당사자 사이에 약정한 총 공사비에 기성고 비율을 적용한 금액이지 수급인이 실제로 지출한 비용을 기준으로 할 것은 아니다. 기성고 비율은 공사대금 지급의무가 발생한 시점, 즉 수급인이 공사를 중단할 당시를 기준으로 이미 완성된 부분에 들어간 공사비에다 미시공 부분을 완성하는 데 들어갈 공사비를 합친 전체 공사비 가운데 완성된 부분에 들어간 비용이 차지하는 비율을 산정하여 확정하여야 한다. 그러나 공사 기성고 비율과 대금에 관하여 분쟁이 있는 경우에 당사자들이 공사규모, 기성고 등을 참작하여 약정으로 비율과 대금을 정산할 수 있다.

공사도급계약에 따라 주고받는 선급금은 일반적으로 구체적인 기성고와 관련하여 지급되는 것이 아니라 전체 공사와 관련하여 지급되는 공사대금의 일부이다. 도급인이 선급금을 지급한 후 도급계약이 해제되거나 해지된 경우에는 특별한 사정이 없는 한 별도의 상계 의사표시 없이 그때까지 기성고에 해당하는 공사대금 중 미지급액은 당연히 선급금으로 충당되고 공사대금이 남아 있으면 도급인은 그 금액에 한하여 지급의무가 있다. 거꾸로 선급금이 미지급 공사대금에 충당되고 남는다면 수급인이 남은 선급금을 반환할 의무가 있다(대법원 2017. 1. 12. 선고 2014다11574, 11581 판결).

도급인은 도급 또는 지시에 관하여 중대한 과실이 없는 한 수급인이 그 일에 관하여 제3자에게 가한 손해를 배상할 책임이 없으나(민법 제757조), 다만 도급인이 수급인의 일의 진행 및 방법에 관하여 구체적인 지휘 감독권을 유보한 경우에는 도급인과 수급인의 관계는 실질적으로 사용자 및 피용자의 관계와 다를 바 없으므로 수급인 또는 그 피용인의 불법행위로 인한 손해에 대하여 도급인은 민법 제756조에 의한 사용자책임을 면할 수 없고, 이러한 이치는 하도급의 경우에도 마찬가지인바, 사용자 및 피용자 관계 인정의 기초가 되는 도급인의 수급인에 대한 지휘 감독은 건설공사의 경우에는 현장에서 구체적인 공사의 운영 및 시행을 직접 지시 지도하고 감시 독려함으로써 시공 자체를 관리함을 말하는 것이고, 단순히 공사의 운영 및 시공의 정도가 설계도 또는 시방서대로 시행되고 있는가를 확인하여 공정을 감독하는 데에 불과한 이른바 감리는 여기에 해당하지 않는다(대법원 1992. 6. 23. 선고 92다2615 판결).

31. 화해(和解)

화해의 뜻

화해는 당사자가 상호 양보하여 당사자간의 분쟁을 종지할 것을 약정함으로써 그 효력이 생긴다(민법 제731조). 우리는 일상생활에서 이를 '합의'라고 말하고 있다.

화해의 창설적 효력

화해계약은 당사자 일방이 양보한 권리가 소멸되고 상대방이 화해로 인하여 그 권리를 취득하는 효력이 있다(민법 제732조).

화해의 효력과 착오

화해계약은 착오를 이유로 하여 취소하지 못한다. 그러나 화해당사자의 자격 또는 화해의 목적인 분쟁 이외의 사항에 착오가 있는 때에는 그러하지 아니하다(민법 제733조).

대법원판례

화해계약은 당사자가 상호 양보하여 당사자 간의 분쟁을 종지할 것을 약정하는 것으로(민법 제731조), 당사자 일방이 양보한 권리가 소멸되고 상대방이 화해로 인하여 그 권리를 취득하는 효력이 있다(민법 제732조). 즉, 화해계약이 성립되면 특별한 사정이 없는 한 그 창설적 효력에 따라 종전의 법률관계를 바탕으로 한 권리의무관계는 소멸하고, 계약 당사자 사이에 종전의 법률관계가 어떠하였는지를 묻지 않고 화해계약에 따라 새로운 법률관계가 생긴다.

민법상의 화해계약을 체결한 경우 당사자는 착오를 이유로 취소하지 못하고 다만 화해 당사자의 자격 또는 화해의 목적인 분쟁 이외의 사항에 착오가 있는 때에 한하여 이를 취소할 수 있다(민법 제733조). '화해의 목적인 분쟁 이외의 사항'이라 함은 분쟁의 대상이 아니라 분쟁의 전제 또는 기초가 된 사항으로서, 쌍방 당사자가 예정한 것이어서 상호 양보의 내용으로 되지 않고 다툼이 없는 사실로 양해된 사항을 말한다(대법원 2020. 10. 15. 선고 2020다227523, 227530 판결).

32. 부당이득

부당이득의 뜻

법률상 원인 없이 타인의 재산 또는 노무로 인하여 이익을 얻고 이로 인하여 타인에게 손해를 가한 자는 그 이익을 반환하여야 한다(민법 제741조).

부당이득의 실태는 천차만별이다. 그것을 정리하면 다음과 같다.

(1) 손실자의 의사 내지 급부행위에 터 잡은 경우임에도 불구하고 부당이득이 성립하는 경우 : ① 계약에 따라 변제하였으나 그 계약이 무효라든가 취소·해제에 의해서 실효된 경우(목적의 부존재), ② 결혼을 예정해서 약혼예물을 주었는데 파혼이 되는 경우(목적의 불도달), ③ 차용금의 담보로 입질(入質)하였으나 나중에 변제한 경우(목적 소멸)

(2) 손실자의 의사와 무관하게 부당이득이 성립하는 경우 : ① 타인의 물건이나 타인의 권리를 무제한으로 점유·사용하거나 매각하는 경우, ② 제3자의 변제로써 채무를 면하고, 채권의 준점유자나 영수증의 소지자에 대한 변제의 결과 채권을 잃는 경우, ③ 자기의 물건이 타인의 물건에 부합(附合)·혼화(混和)되거나 가공(加工)되어 소유권을 잃는 경우

부당이득반환청구권(不當利得返還請求權)은 부당이득자에 대하여 손실을 받은 자가 그 반환을 요구하는 권리이다. 반환의 범위는 이득자가 법률상의 원인이 없음을 몰랐었느냐(선의) 알고 있었느냐(악의)에 따라서 달라진다. 선의의 경우라면 현재 이익이 있는 한도에서 반환하면 되지만, 악의의 경우에는 불법행위자와 마찬가지로 현존하느냐 않느냐를 불문하고 이득 전부에 이자를 붙이고, 그 위에 손해가 있으면 그것도 배상하지 않으면 아니 된다. 어느 경우에도 현물이 있으면 그의 반환을 청구하는 것이 당연하긴 하나 이러한 경우 그 물건의 소유권은 손실자에게 있는 것이 보통이므로, 손실자는 소유권에 터 잡아 반환청구를 할 수 있다. 소유권에 터 잡거나 부당이득에 의하거나 반환의 범위가 같으면 문제가 없으나, 규정상으로는 다소 다르다. 다시 말하면 선의의 점유자로서는 수취한 과실의 반환을 요하지 않지만, 선의의 이득자로서는 현존이익의 한도에서 그의 반환을 하지 않으면 안 된다. 또한 목적물이 점유자(利得者)의 책임에 의하지 아니하고 멸실 · 훼손한 경우, 선의의 점유자로서는 배상하지 않아도 되나, 악의의 수익자로서는 그 부분도 반환하지 않으면 아니 된다.

비채변제(非債辨濟)

채무 없음을 알고 이를 변제한 때에는 그 반환을 청구하지 못한다(민법 제742조). 채무 없는 자가 착오로 인하여 변제한 경우에 그 변제가 도의관념에 적합한 때에는 그 반환을 청구하지 못한다(민법 제744조).
비채변제(非債辨濟)란 채무가 없는데도 변제하는 것을 말한다. 부당이득이 성립될 것이지만 예외적으로 반환청구권이 생기지 않는 경우가 있다.

기한 전의 변제

변제기에 있지 아니한 채무를 변제한 때에는 그 반환을 청구하지 못한다. 그러나 채무자가 착오로 인하여 변제한 때에는 채권자는 이로 인하여 얻은 이익을 반환하여야 한다(민법 제743조).

타인의 채무의 변제

채무자 아닌 자가 착오로 인하여 타인의 채무를 변제한 경우에 채권자가 선의로 증서를 훼멸하거나 담보를 포기하거나 시효로 인하여 그 채권을 잃은 때에는 변제자는 그 반환을 청구하지 못한다. 이 경우에 변제자는 채무자에 대하여 구상권을 행사할 수 있다(민법 제745조).
여기에서 말하는 채권자의 '선의(善意)'는 채무자 아닌 자가 착오로 인하여 채무를 변제한다는 사실을 채권자가 알지 못하는 것을 뜻한다.

불법원인급여

불법의 원인으로 인하여 재산을 급여하거나 노무를 제공한 때에는 그 이익의 반환을 청구하지 못한다. 그러나 그 불법원인이 수익자에게만 있는 때에는 그러하지 아니하다(민법 제746조).

원물반환이 불능한 경우와 가액반환, 전득자(轉得者)의 책임

수익자가 그 받은 목적물을 반환할 수 없는 때에는 그 가액을 반환하여야 한다.
수익자가 그 이익을 반환할 수 없는 경우에는 수익자로부터 무상으로 그 이익의 목적물을 양수한 악의의 제삼자는 전항의 규정에 의하여 반환할 책임이 있다(민법 제747조).

수익자의 반환범위

선의의 수익자는 그 받은 이익이 현존한 한도에서 제747조의 책임이 있다.
악의의 수익자는 그 받은 이익에 이자를 붙여 반환하고 손해가 있으면 이를 배상하여야 한다(민법 제748조).

수익자의 악의(惡意) 인정

수익자가 이익을 받은 후 법률상 원인 없음을 안 때에는 그때부터 악의의 수익자로서 이익반환의 책임이 있다.
선의의 수익자가 패소한 때에는 그 소를 제기한 때부터 악의의 수익자로 본다(민법 제749조).

대법원판례

물건의 소유자가 물건에 관한 어떠한 이익을 상대방이 권원 없이 취득하고 있다고 주장하여 그 이익을 부당이득으로 반환청구하는 경우 상대방은 그러한 이익을 보유할 권원이 있음을 주장·증명하지 않는 한 소유자에게 이를 부당이득으로 반환할 의무가 있다.
이때 해당 토지의 현황이나 지목이 '도로'라는 이유만으로 부당이득의 성립이 부정되지 않으며, 도로로 이용되고 있는 사정을 감안하여 부당이득의 액수를 산정하면 된다(대법원 2020. 10. 29. 선고 2018다228868 판결).

국유재산의 무단점유자에 대한 변상금 부과는 공권력을 가진 우월적 지위에서 행하는 행정처분이고, 그 부과처분에 의한 변상금 징수권은 공법상의 권리인 반면, 민사상 부당이득반환청구권은 국유재산의 소유자로서 가지는 사법상의 채권이다.
또한 변상금은 부당이득 산정의 기초가 되는 대부료나 사용료의 120%에 상당하는 금액으로서 부당이득금과 액수가 다르고, 이와 같이 할증된 금액의 변상금을 부과·징수하는 목적은 국유재산의 사용·수익으로 인한 이익의 환수를 넘어 국유재산의 효율적인 보존·관리라는 공익을 실현하는 데 있다. 그리고 대부 또는 사용·수익허가 없이 국유재산을 점유하거나 사용·수익하였지만 변상금 부과처분은 할 수 없는 때에도 민사상 부당이득반환청구권은 성립하는 경우가 있으므로, 변상금 부과·징수의 요건과 민사상 부당이득반환청구권의 성립 요건이 일치하는 것도 아니다.
이처럼 구 국유재산법(2009. 1. 30. 법률 제9401호로 전부 개정되기 전의 것, 이하 같다) 제51조 제1항, 제4항, 제5항에 의한 변상금 부과·징수권은 민사상 부당이득반환청구권과 법적 성질을 달리하므로, 국가는 무단점유자를 상대로 변상금 부과·징수권의 행사와 별도로 국유재산의 소유자로서 민사상 부당이득반환청구의 소를 제기할 수 있다. 그리고 이러한 법리는 구 국유재산법 제32조 제3항, 구 국유재산법 시행령(2009. 7. 27. 대통령령 제21641호로 전부 개정되기 전의 것) 제33조 제2항에 의하여 국유재산 중 잡종재산(현행 국유재산법상의 일반재산에 해당한다)의 관리·처분에 관한 사무를 위탁받은 한국자산관리공사의 경우에도 마찬가지로 적용된다(대법원 2014. 7. 16. 선고 2011다76402 전원합의체 판결).

민법 제746조가 규정하는 불법원인이라 함은 그 원인될 행위가 선량한 풍속 기타 사회질서에 위반하는 경우를 말하는 것으로서 설사 법률의 금지에 위반하는 경우라 할지라도 그 것이 선량한 풍속 기타 사회질서에 위반하지 않는 경우에는 이에 해당하지 않는 것이다(대법원 1983. 11. 22. 선고 83다430 판결).

불법원인급여 후 급부를 이행받은 자가 급부의 원인행위와 별도의 약정으로 급부 그 자체 또는 그에 갈음한 대가물의 반환을 특약하는 것은 불법원인급여를 한 자가 그 부당이득의 반환을 청구하는 경우와는 달리 그 반환약정 자체가 사회질서에 반하여 무효가 되지 않는 한 유효하다. 여기서 반환약정 자체의 무효 여부는 반환약정 그 자체의 목적뿐만 아니라 당초의 불법원인급여가 이루어진 경위, 쌍방당사자의 불법성의 정도, 반환약정의 체결과정 등 민법 제103조 위반 여부를 판단하기 위한 제반 요소를 종합적으로 고려하여 결정하여야 하고, 한편 반환약정이 사회질서에 반하여 무효라는 점은 수익자가 이를 입증하여야 한다(대법원 2010. 5. 27. 선고 2009다12580 판결).

33. 불법행위와 손해배상

불법행위의 뜻

고의 또는 과실로 인한 위법행위로 타인에게 손해를 가한 자는 그 손해를 배상할 책임이 있다(민법 제750조).

불법행위는 이중의 의미에서 불법이다. 첫째로는 법적 또는 사회적으로 보호되어야 할 이익을 정당한 방법에 의하지 않고 침해했다는 의미에서의 불법행위이고, 둘째로는 주의를 했으면 피할 수 있었는데 그 노력을 하지 않고 침해했다는 의미에서의 불법행위이다.

성문법상의 일반 불법행위와 특수 불법행위의 내용을 살펴보면 다음과 같이 나눌 수 있다.

① 사람은 자기가 한 위법행위에 대해서는 책임을 지지만 타인의 행위에 대해서는 책임을 지지 아니한다. 일반 불법행위는 이러한 자기책임의 원칙을 종축(縱軸)으로 하는 것이지만, 민법은 이 원칙을 수정 · 확대하여 자기의 감독 · 지배하에 있는 자(책임무능력자 · 피용자)나 물건(하자있는 공작물 · 동물)에 의한 손해발생에 대해서도 책임을 져야 한다. 또 국가배상법(제2조 1항) · 상법(제322조, 414조, 415조, 542조) · 민사소송법(제201조) 등에서는 위법행위를 요건으로 하지 않는 불법행위를 규정하고 있다.

② 위법행위가 있더라도 가해자의 고의 · 과실이 증명되지 아니하면 배상책임을 지지 아니한다. 일반 불법행위는 이러한 엄격한 과실책임의 원칙을 횡축(橫軸)으로 하는 것이지만, 사람을 고용한다든가 위험한 물건을 보유하는 자는 그만큼 타인에게 손해를 끼칠 가능성(위험)이 높으며, 민법도 이 점을 고려하여 이러한 입장에 있는 자는 피용자나 위험물(하자 있는 공작물 · 동물)의 관리 면에서의 무과실을 입증하지 않는 한 책임을 면치 못하게 하고), 나아가 하자 있는 공작물의 소유자는 과실의 유무에 불구하고 배상책임을 지도록 하였다. 또한 광업법(제71조 이하) · 상표법(제112조) · 자동차손해배상보장법(제3조) · 근로기준법(제78조 이하) · 민사소송법(제201조) · 국가배상법(제2조 1항)도 가해자의 과실을 추정하고 있으며, 혹은 무과실책임을 인정하는 규정을 두고 있다.

재산 이외의 손해배상

타인의 신체, 자유 또는 명예를 해하거나 기타 정신상 고통을 가한 자는 재산 이외의 손해에 대하여도 배상할 책임이 있다(민법 제751조 제1항).

법원은 전항의 손해배상을 정기금채무로 지급할 것을 명할 수 있고 그 이행을 확보하기 위하여 상당한 담보의 제공을 명할 수 있다(민법 제751조 제2항).

생명침해로 인한 위자료

타인의 생명을 해한 자는 피해자의 직계존속, 직계비속 및 배우자에 대하여는 재산상의 손해 없는 경우에도 손해배상의 책임이 있다(민법 제752조).

미성년자 · 심신상실자의 책임능력과 감독자책임

미성년자가 타인에게 손해를 가한 경우에 그 행위의 책임을 변식할 지능이 없는 때에는 배상의 책임이 없다(민법 제753조).

심신상실 중에 타인에게 손해를 가한 자는 배상의 책임이 없다. 그러나 고의 또는 과실로 인하여 심신상실을 초래한 때에는 그러하지 아니하다(민법 제754조).

다른 자에게 손해를 가한 사람이 제753조 또는 제754조에 따라 책임이 없는 경우에는 그를 감독할 법정의무가 있는 자가 그 손해를 배상할 책임이 있다. 다만, 감독의무를 게을리하지 아니한 경우에는 그러하지 아니하다(민법 제755조 제1항).

감독의무자를 갈음하여 제753조 또는 제754조에 따라 책임이 없는 사람을 감독하는 자도 제1항의 책임이 있다(민법 제755조 제2항).

민법 제755조 제1항은 미성년자와 심신상실자의 감독의무자가 "감독의무를 게을리 하지 아니한 경우에는 책임이 없다."는 취지로 규정하고 있다. 그러나 재판실무에서는 감독의무자의 책임을 사실상 '무과실책임'처럼 취급하고 있다. 무과실책임 또는 결과책임이란 손해를 발생시킨 특정인에게 고의나 과실 여부와 상관없이 법률상 손해배상 책임을 부과하는 법리를 말한다.

민법 제754조 후단은 "고의 또는 과실로 인하여 심신상실을 초래한 때에는 심신상실자도 책임이 있다."는 취지로 규정하였다. 이는 '원인에 있어 자유로운 행위이기 때문이다.

사용자책임

타인을 사용하여 어느 사무에 종사하게 한 자는 피용자가 그 사무집행에 관하여 제삼자에게 가한 손해를 배상할 책임이 있다. 그러나 사용자가 피용자의 선임 및 그 사무감독에 상당한 주의를 한 때 또는 상당한 주의를 하여도 손해가 있을 경우에는 그러하지 아니하다(민법 제756조 제1항).

사용자에 갈음하여 그 사무를 감독하는 자도 전항의 책임이 있다(민법 제756조 제2항).

전2항의 경우에 사용자 또는 감독자는 피용자에 대하여 구상권을 행사할 수 있다(민법 제756조 제3항).

도급인의 책임

도급인은 수급인이 그 일에 관하여 제삼자에게 가한 손해를 배상할 책임이 없다. 그러나 도급 또는 지시에 관하여 도급인에게 중대한 과실이 있는 때에는 그러하지 아니하다(민법 제757조).

공작물 등의 점유자와 소유자 책임

공작물의 설치 또는 보존의 하자로 인하여 타인에게 손해를 가한 때에는 공작물 점유자가 손해를 배상할 책임이 있다. 그러나 점유자가 손해의 방지에 필요한 주의를 해태하지 아니한 때에는 그 소유자가 손해를 배상할 책임이 있다(민법 제758조 제1항).
전항의 규정은 수목의 재식 또는 보존에 하자 있는 경우에 준용한다(민법 제758조 제2항).
제2항의 경우에 점유자 또는 소유자는 그 손해의 원인에 대한 책임 있는 자에 대하여 구상권을 행사할 수 있다(민법 제758조 제4항).

동물 점유자의 책임

동물의 점유자는 그 동물이 타인에게 가한 손해를 배상할 책임이 있다. 그러나 동물의 종류와 성질에 따라 그 보관에 상당한 주의를 해태하지 아니한 때에는 그러하지 아니하다.
점유자에 갈음하여 동물을 보관한 자도 같다(민법 제759조).

공동불법행위자의 책임

수인이 공동의 불법행위로 타인에게 손해를 가한 때에는 연대하여 그 손해를 배상할 책임이 있다. 공동 아닌 수인의 행위 중 어느 자의 행위가 그 손해를 가한 것인지를 알 수 없는 때에도 같다. 교사자나 방조자는 공동행위자로 본다(민법 제760조).
여기에서 말하는 '연대채무'는 부진정연대채무이다. 부진정연대채무는 여러 명의 채무자가 동일한 내용의 급부에 관하여 각자 독립하여 전부급부의무를 부담하고 어느 채무자의 이행으로 모든 채무자의 채무가 소멸하는 점은 연대채무와 같지만, 채무자 사이의 공동목적에 의한 주관적 관련이 없어 1인에 대하여 생긴 목적 달성 이외의 사유는 다른 채무자에게 영향을 미치지 아니하고 채무자 사이에 구상권도 발생하지 않는 채무를 말한다.

정당방위와 긴급피난의 면책(免責)

타인의 불법행위에 대하여 자기 또는 제삼자의 이익을 방위하기 위하여 부득이 타인에게 손해를 가한 자는 배상할 책임이 없다. 그러나 피해자는 불법행위에 대하여 손해의 배상을 청구할 수 있다.
급박한 위난을 피하기 위하여 부득이 타인에게 손해를 가한 경우에도 같다(민법 제761조).

손해배상청구권에 있어서의 태아의 지위

태아는 손해배상의 청구권에 관하여는 이미 출생한 것으로 본다(민법 제762조).

채무불이행 책임 규정의 준용

제393조, 제394조, 제396조, 제399조의 규정은 불법행위로 인한 손해배상에 준용한다(민법 제763조).

* 민법
제394조(손해배상의 방법) 다른 의사표시가 없으면 손해는 금전으로 배상한다.
제396조(과실상계) 채무불이행에 관하여 채권자에게 과실이 있는 때에는 법원은 손해배상의 책임 및 그 금액을 정함에 이를 참작하여야 한다.
제399조(손해배상자의 대위) 채권자가 그 채권의 목적인 물건 또는 권리의 가액전부를 손해배상으로 받은 때에는 채무자는 그 물건 또는 권리에 관하여 당연히 채권자를 대위한다.

명예훼손의 특칙

타인의 명예를 훼손한 자에 대하여는 법원은 피해자의 청구에 의하여 손해배상에 갈음하거나 손해배상과 함께 명예회복에 적당한 처분을 명할 수 있다(민법 제764조).
여기에서 말하는 적당한 처분과 관련하여 헌법재판소는 "명예회복에 적당한 처분에 사죄광고를 포함시키는 것은 헌법에 위반된다."고 결정한 사실이 있다(89헌마160). 대한민국헌법이 보장하는 양심의 자유를 침해하기 때문이다.

손해배상액의 경감청구

본장의 규정에 의한 배상의무자는 그 손해가 고의 또는 중대한 과실에 의한 것이 아니고 그 배상으로 인하여 배상자의 생계에 중대한 영향을 미치게 될 경우에는 법원에 그 배상액의 경감을 청구할 수 있다.
법원은 배상액의 경감청구가 있는 때에는 채권자 및 채무자의 경제상태와 손해의 원인 등을 참작하여 배상액을 경감할 수 있다(민법 제765조).

손해배상청구권의 소멸시효

불법행위로 인한 손해배상의 청구권은 피해자나 그 법정대리인이 그 손해 및 가해자를 안 날로부터 3년간 이를 행사하지 아니하면 시효로 인하여 소멸한다. 불법행위를 한 날로부터 10년을 경과한 때에도 같다.

미성년자가 성폭력, 성추행, 성희롱, 그 밖의 성적(性的) 침해를 당한 경우에 이로 인한 손해배상청구권의 소멸시효는 그가 성년이 될 때까지는 진행되지 아니한다(민법 제766조).

대법원판례

불법행위로 인한 위자료를 산정할 경우, 피해자의 연령, 직업, 사회적 지위, 재산과 생활상태, 피해로 입은 고통의 정도, 피해자의 과실 정도 등 피해자 측의 사정과 아울러 가해자의 고의·과실의 정도, 가해행위의 동기와 원인, 불법행위 후의 가해자의 태도 등 가해자 측의 사정까지 함께 참작하는 것이 손해의 공평부담이라는 손해배상의 원칙에 부합하고, 법원은 이러한 여러 사정을 참작하여 그 직권에 속하는 재량에 의하여 위자료 액수를 확정할 수 있다(대법원2020. 11. 26. 선고 2019다276307 판결).

불법행위 피해자는 그로 인한 손해의 확대를 방지하거나 감경하기 위하여 노력하여야 할 일반적 의무가 있으므로, 피해자는 관례적이고 상당한 결과의 호전을 기대할 수 있는 수술을 용인할 의무가 있다. 따라서 그와 같은 수술을 거부함으로써 손해가 확대된 경우 그 손해 부분은 피해자가 부담하여야 하고, 그러한 수술로 피해자의 후유증이 개선될 수 있는 경우에 신체 손상으로 인한 일실이익 산정의 전제가 되는 가동능력 상실률은 다른 특별한 사정이 없는 한 그 수술을 시행한 후에도 여전히 남을 후유증을 기준으로 하여 정하여져야 한다.

불법행위 피해자가 일반병실에 입원하지 아니하고 상급병실에 입원하여 치료를 받음으로써 추가로 부담하게 되는 입원료 상당의 손해는, 당해 진료행위의 성질상 상급병실에 입원하여 진료를 받아야 하거나, 일반병실이 없어 부득이 상급병실을 사용할 수밖에 없었다는 등의 특별한 사정이 인정되지 아니한다면, 그 불법행위와 상당인과관계가 있는 손해라고 할 수 없다.

치료비는 불법행위와 상당인과관계가 있는 범위 내에서만 배상청구가 가능한 것이므로, 상당성 여부를 판단함에 있어서는 당해 치료행위의 필요성, 기간과 함께 그 진료행위에 대한 보수액의 상당성이 검토되어야 하며, 그러기 위해서는 부상의 정도, 치료내용, 횟수, 의료사회 일반의 보편적인 치료비 수준(특히 건강보험수가) 등 여러 사정을 고려하여 비상식적인 고액 진료비나 저액 진료비의 가능성을 배제하여 합리적으로 그 범위를 정해야 하고, 이는 한방치료의 경우에도 마찬가지이다(대법원 2010. 11. 25. 선고 2010다51406 판결).

무릇 불법행위로 인한 손해배상의 범위를 정함에 있어서는 불법행위와 손해와의 사이에 자연적 또는 사실적 인과관계가 존재하는 것만으로는 부족하고, 이념적 또는 법률적 인과관계, 즉 상당인과관계가 있어야 할 것이다.
그런데 변호사강제주의를 택하지 않고 있는 우리나라 법제 아래에서는 손해배상청구의 원인된 불법행위 자체와 변호사 비용 사이에 상당인과관계가 있음을 인정할 수 없으므로, 변호사 비용을 그 불법행위 자체로 인한 손해배상채권에 포함시킬 수는 없다(대법원 2010. 6. 10. 선고 2010다15363,15370 판결).

민법 제760조 제3항은 교사자나 방조자는 공동행위자로 본다고 규정하여 교사자나 방조자에게 공동불법행위자로서 책임을 부담시키고 있는바, 방조라 함은 불법행위를 용이하게 하는 직접, 간접의 모든 행위를 가리키는 것으로서 작위에 의한 경우뿐만 아니라 작위의무 있는 자가 그것을 방지하여야 할 여러 조치를 취하지 아니하는 부작위로 인하여 불법행위자의 실행행위를 용이하게 하는 경우도 포함하고, 이러한 불법행위의 방조는 형법과 달리 손해의 전보를 목적으로 하여 과실을 원칙적으로 고의와 동일시하는 민법의 해석으로서는 과실에 의한 방조도 가능하며, 이 경우의 과실의 내용은 불법행위에 도움을 주지 말아야 할 주의의무가 있음을 전제로 하여 이 의무에 위반하는 것을 말하고, 방조자에게 공동불법행위자로서의 책임을 지우기 위해서는 방조행위와 피방조자의 불법행위 사이에 상당인과관계가 있어야 한다.
공동불법행위로 인한 손해배상책임의 범위는 피해자에 대한 관계에서 가해자들 전원의 행위를 전체적으로 함께 평가하여 정하여야 하고, 그 손해배상액에 대하여는 가해자 각자가 그 금액의 전부에 대한 책임을 부담하는 것이며, 가해자의 1인이 다른 가해자에 비하여 불법행위에 가공한 정도가 경미하다고 하더라도 피해자에 대한 관계에서 그 가해자의 책임범위를 위와 같이 정하여진 손해배상액의 일부로 제한하여 인정할 수는 없다.

공동불법행위의 경우 법원이 피해자의 과실을 들어 과실상계를 함에 있어서는 피해자의 공동불법행위자 각인에 대한 과실비율이 서로 다르더라도 피해자의 과실을 공동불법행위자 각인에 대한 과실로 개별적으로 평가할 것이 아니고 그들 전원에 대한 과실로 전체적으로 평가하여야 한다.

피해자의 부주의를 이용하여 고의로 불법행위를 저지른 자가 바로 그 피해자의 부주의를 이유로 자신의 책임을 감하여 달라고 주장하는 것은 허용될 수 없으나, 이는 그러한 사유가 있는 자에게 과실상계의 주장을 허용하는 것이 신의칙에 반하기 때문이므로, 불법행위자 중의 일부에게 그러한 사유가 있다고 하여 그러한 사유가 없는 다른 불법행위자까지도 과실상계의 주장을 할 수 없다고 해석할 것은 아니다(대법원 2007. 6. 14. 선고 2005다32999 판결).

불법행위 당시 일정한 수입을 얻고 있던 피해자의 일실수입손해액은 객관적이고 합리적인 자료에 의하여 피해자가 사고 당시에 실제로 얻고 있었던 수입금액을 확정하여 이를 기초로 산정하여야 하고, 이 경우 피해자가 세무당국에 신고한 소득이 있을 때에는 신고소득액을 사고 당시의 수입금액으로 보는 것이 원칙이라 할 것이지만, 만일 신고된 소득액이 피해자의 직업, 나이, 경력 등에 비추어 현저히 저액이라고 판단되거나 신고소득 이외에 다른 소득이 있었다는 점에 대한 객관적이고 합리적인 자료가 있다면 신고소득액만을 피해자의 사고 당시 수입금액으로 삼을 수는 없다.

불법행위로 인한 손해배상사건에서 피해자의 일실수입은 사고 당시 피해자의 실제소득을 기준으로 하여 산정할 수도 있고 통계소득을 포함한 추정소득에 의하여 평가할 수도 있는 것인바, 피해자가 일정한 수입을 얻고 있었던 경우 신빙성 있는 실제수입에 대한 증거가 현출되지 아니하는 경우에는 피해자가 종사하였던 직종과 유사한 직종에 종사하는 자들에 대한 통계소득에 의하여 피해자의 일실수입을 산정하여야 한다(대법원 2006. 3. 9. 선고 2005다16904 판결).

사용자책임이 면책되는 피해자의 중대한 과실이라 함은 조금만 주의를 기울였더라면 피용자의 행위가 그 직무권한 내에서 적법하게 행하여진 것이 아니라는 사정을 알 수 있었음에도 만연히 이를 직무권한 내의 행위라고 믿음으로써 일반인에게 요구되는 주의의무에 현저히 위반하는 것으로 거의 고의에 가까운 정도의 주의를 결여하고, 공평의 관점에서 피해자를 구태여 보호할 필요가 없다고 봄이 상당하다고 인정되는 상태를 말한다(대법원 1999. 10. 22. 선고 98다6381 판결).

타인에게 어떤 사업에 관하여 자기의 명의를 사용할 것을 허용한 경우에 그 사업이 내부관계에 있어서는 타인의 사업이고 명의자의 고용인이 아니라 하더라도 외부에 대한 관계에 있어서는 그 사업이 명의자의 사업이고 또 그 타인은 명의자의 종업원임을 표명한 것과 다름이 없으므로, 명의사용을 허용받은 사람이 업무수행을 함에 있어 고의 또는 과실로 다른 사람에게 손해를 끼쳤다면 명의사용을 허용한 사람은 민법 제756조에 의하여 그 손해를 배상할 책임이 있다고 할 것이고, 명의대여관계의 경우 민법 제756조가 규정하고 있는 사용자책임의 요건으로서의 사용관계가 있느냐 여부는 실제적으로 지휘·감독을 하였느냐의 여부에 관계없이 객관적·규범적으로 보아 사용자가 그 불법행위자를 지휘·감독해야 할 지위에 있었느냐의 여부를 기준으로 결정하여야 할 것이다(대법원 2005. 2. 25. 선고 2003다36133 판결).

민법 제756조에 규정된 사용자책임의 요건인 '사무집행에 관하여'라는 뜻은, 피용자의 불법행위가 외형상 객관적으로 사용자의 사업활동 내지 사무집행 행위 또는 그와 관련된 것이라고 보일 때에는 주관적 사정을 고려함이 없이 이를 사무집행에 관하여 한 행위로 본다는 것이고, 여기에서 외형상 객관적으로 사용자의 사무집행에 관련된 것인지는, 피용자의 본래 직무와 불법행위의 관련 정도 및 사용자에게 손해발생에 대한 위험 창출과 방지조치 결여의 책임이 어느 정도 있는지를 고려하여 판단하여야 한다(대법원 2011. 11. 24. 선고 2011다41529 판결).

불법행위에 의한 손해배상청구권의 단기소멸시효의 기산점이 되는 민법 제766조 제1항 소정의 '그 손해 및 가해자를 안 날'이라 함은 현실적으로 손해의 발생과 가해자를 알아야 할 뿐만 아니라 그 가해행위가 불법행위로서 이를 이유로 손해배상을 청구할 수 있다는 것을 안 때를 의미하고, 불법행위가 계속적으로 행하여지는 결과 손해도 역시 계속적으로 발생하는 경우에는 특별한 사정이 없는 한 그 손해는 날마다 새로운 불법행위에 기하여 발생하는 손해로서 민법 제766조 제1항을 적용함에 있어서 그 각 손해를 안 때로부터 각별로 소멸시효가 진행된다고 보아야 한다(대법원 1999. 3. 23. 선고 98다30285 판결).

불법행위로 인한 손해배상청구권의 단기소멸시효 기산점은 '손해 및 가해자를 안 날'부터 진행되며, 법인의 경우에 손해 및 가해자를 안 날은 통상 대표자가 이를 안 날을 뜻한다. 그렇지만 법인 대표자가 법인에 대하여 불법행위를 한 경우에는, 법인과 대표자의 이익은 상반되므로, 법인 대표자가 그로 인한 손해배상청구권을 행사하리라고 기대하기 어려울 뿐만 아니라 일반적으로 대표권도 부인된다고 할 것이어서, 법인 대표자가 손해 및 가해자를 아는 것만으로는 부족하다. 따라서 위 경우에는 적어도 법인의 이익을 정당하게 보전할 권한을 가진 다른 대표자, 임원 또는 사원이나 직원 등이 손해배상청구권을 행사할 수 있을 정도로 이를 안 때에 비로소 단기소멸시효가 진행하고, 만약 임원 등이 법인 대표자와 공동불법행위를 한 경우에는 그 임원 등을 배제하고 단기소멸시효 기산점을 판단하여야 한다(대법원 2012. 7. 12. 선고 2012다20475 판결).

민법 제766조 제2항에 의하면, 불법행위로 인한 손해배상청구권은 불법행위를 한 날부터 10년을 경과한 때에도 시효로 인하여 소멸한다. 가해행위와 이로 인한 손해의 발생 사이에 시간적 간격이 있는 불법행위에 기한 손해배상청구권의 경우, 위와 같은 장기소멸시효의 기산점이 되는 '불법행위를 한 날'은 객관적·구체적으로 손해가 발생한 때, 즉 손해의 발생이 현실적인 것으로 되었다고 할 수 있을 때를 의미하고, 그 발생시기에 대한 증명책임은 소멸시효의 이익을 주장하는 자에게 있다(대법원 2021. 8. 19. 선고 2019다297137 판결).

토지의 소유자 등이 종전부터 향유하던 일조이익(日照利益)이 객관적인 생활이익으로서 가치가 있다고 인정되면 법적인 보호의 대상이 될 수 있는데, 그 인근에서 건물이나 구조물 등이 신축됨으로 인하여 햇빛이 차단되어 생기는 그늘, 즉 일영(日影)이 증가함으로써 해당 토지에서 종래 향유하던 일조량이 감소하는 일조방해가 발생한 경우, 그 일조방해의 정도, 피해이익의 법적 성질, 가해 건물의 용도, 지역성, 토지이용의 선후관계, 가해 방지 및 피해 회피의 가능성, 공법적 규제의 위반 여부, 교섭 경과 등 모든 사정을 종합적으로 고려하여 사회통념상 일반적으로 해당 토지 소유자의 수인한도를 넘게 되면 그 건축행위는 정당한 권리행사의 범위를 벗어나 사법상(私法上) 위법한 가해행위로 평가된다.

일반적으로 위법한 건축행위에 의하여 건물 등이 준공되거나 외부골조공사가 완료되면 그 건축행위에 따른 일영의 증가는 더 이상 발생하지 않게 되고 해당 토지의 소유자는 그 시점에 이러한 일조방해행위로 인하여 현재 또는 장래에 발생 가능한 재산상 손해나 정신적 손해 등을 예견할 수 있다고 할 것이므로, 이러한 손해배상청구권에 관한 민법 제766조 제1항 소정의 소멸시효는 원칙적으로 그 때부터 진행한다. 다만, 위와 같은 일조방해로 인하여 건물 등의 소유자 내지 실질적 처분권자가 피해자에 대하여 건물 등의 전부 또는 일부에 대한 철거의무를 부담하는 경우가 있다면, 이러한 철거의무를 계속적으로 이행하지 않는 부작위는 새로운 불법행위가 되고 그 손해는 날마다 새로운 불법행위에 기하여 발생하는 것이므로, 피해자가 그 각 손해를 안 때로부터 각별로 소멸시효가 진행한다(대법원 2008. 4. 17. 선고 2006다35865 전원합의체 판결).

불법행위로 입은 비재산적 손해에 대한 위자료 액수에 관하여는 사실심법원이 여러 사정을 참작하여 그 직권에 속하는 재량에 의하여 이를 확정할 수 있는 것이나, 이것이 위자료의 산정에 법관의 자의가 허용된다는 것을 의미하는 것은 물론 아니다. 위자료의 산정에도 그 시대와 일반적인 법감정에 부합될 수 있는 액수가 산정되어야 한다는 한계가 당연히 존재하고, 따라서 그 한계를 넘어 손해의 공평한 분담이라는 이념과 형평의 원칙에 현저히 반하는 위자료를 산정하는 것은 사실심법원이 갖는 재량의 한계를 일탈한 것이 된다.

위자료는 불법행위에 따른 피해자의 정신적 고통을 위자하는 금액에 한정되어야 하므로, 발생한 재산상 손해의 확정이 가능한 경우에 위자료의 명목 아래 재산상 손해의 전보를 꾀하는 일은 허용될 수 없고, 재산상 손해의 발생에 대한 증명이 부족한 경우에는 더욱 그러하다(대법원 2014. 1. 16. 선고 2011다108057 판결).

- ㅇ 일실이익(逸失利益) : 손해배상의 대상이 되는 손해 가운데, 손해배상청구의 발생 사실이 없었다면 얻을 수 있었다고 생각되는 이익
- ㅇ 상당인과관계 : 어떤 원인이 있으면 보통 그러한 결과가 발생하리라고 인정되는 관계

▒ 소장 작성례(손해배상)

소 장

원고 ○○○ (000000-0000000)
주소 :
전화번호 :
전자우편주소 :

피고 1. ○○○ (000000-0000000)
주소 :
전화번호 :
전자우편주소 :

피고 2. ○○○ (000000-0000000)
주소 :
전화번호 :
전자우편주소 :

손해배상청구의 소

청 구 취 지

1. 피고들은 연대하여 원고에게 돈 22,000,000원 및 이에 대한 2021. 0. 0.부터 이 사건 소장부본을 송달받은 날까지는 연 5%의, 그 다음날부터 다 갚는 날까지는 연

12%의 각 비율에 의한 돈을 지급하라.

2. 소송비용은 피고들이 부담한다.

3. 제1항은 가집행할 수 있다.

라는 판결을 구합니다.

청 구 이 유

1. 원고는 ○○시 ○○로 00-0에 있는 ○○○주식회사의 직원이고, 피고 1. ○○○는 위 회사의 사내이사이며, 피고 2. ○○○는 위 회사의 협력업체인 ○○기업의 대표자입니다.
2. 피고들은 2021. 0. 0. 위 ○○○주식회사에서 사실은 원고의 잘못이 없음에도 불구하고 원고가 조종하던 공작기계가 고장이 났다는 이유로 공동으로 폭행함으로써 원고는 뇌진탕상 등 약 8주간의 치료를 요하는 상해를 입은 사실이 있습니다.
3. 피고들의 폭행행위로 인하여 원고는 치료비로 15,000,000원을 지출하였고, 약 6주간의 입원치료 및 약 2주간의 통원치료를 하면서 많은 고통을 받은 사실이 있습니다. 그리고 직장도 잃었습니다.
4. 따라서 원고는 피고들에게 위 치료비와 위자료 7,000,000원을 합하여 22,000,000원을 청구하기 위하여 이 사건 소를 제기하게 되었습니다.

입 증 방 법

1. 갑 제1호증	상해진단서 1통.
2. 갑 제2호증의 1 내지 5	치료비영수증 5통.
3. 갑 제3호증	형사판결문 등본 1통.

첨 부 서 류

1. 위 입증방법 각 1통.

2. 소장 부본 3통.

3. 송달료납부서 1통.

2022. 0. 0.

위 원고 ○○○ (인)

○○지방법원 ○○지원 귀중

참고사항

* "연대하여" : 공동상해의 가해자들이 피해자에 대하여 배상하는 손해배상은 부진정연대채무이다. 따라서 청구취지에는 반드시 '연대하여'라는 문구를 표시해 주어야 한다.
* 일실이익(逸失利益) : 치료를 받는 기간 동안 직장인 회사로부터 급여를 받지 못한 경우에는 일실이익으로써 통상임금도 청구할 수 있다.
* 형사판결문 : 피고들이 관련 폭행치상죄로 처벌받은 내용이 드러나는 판결문 등본을 발급받아 증거로 제출한다.
* 소장의 제출에 필요한 인지대와 송달료는 대법원홈페이지에서 제공하는 서비스를 이용하여 그 금액을 확인한 후 수납은행에 예납하면 된다.
* 갑호증 : 원고가 제출하는 증거는 '갑호증'이라 하고, 피고가 제출하는 증거는 '을호증'이라고 한다. 동일한 내용의 증거자료가 여럿인 경우에는 가지번호를 활용하는 것이 실무관행이다.
* 관할법원 : 소장은 원고의 주소지를 관할하는 지방법원(또는 지방법원 지원)에 제출한다.

34. 제조물책임법

제조물책임의 뜻

이 법은 제조물의 결함으로 발생한 손해에 대한 제조업자 등의 손해배상책임을 규정함으로써 피해자 보호를 도모하고 국민생활의 안전 향상과 국민경제의 건전한 발전에 이바지함을 목적으로 한다(제조물책임법 제1조).

'제조물'이란 제조되거나 가공된 동산(다른 동산이나 부동산의 일부를 구성하는 경우를 포함한다)을 말한다.

결함의 뜻

제조물의 '결함'이란 해당 제조물에 다음 각 목의 어느 하나에 해당하는 제조상·설계상 또는 표시상의 결함이 있거나 그 밖에 통상적으로 기대할 수 있는 안전성이 결여되어 있는 것을 말한다(제2조 제2호).

가. '제조상의 결함'이란 제조업자가 제조물에 대하여 제조상·가공상의 주의의무를 이행하였는지에 관계없이 제조물이 원래 의도한 설계와 다르게 제조·가공됨으로써 안전하지 못하게 된 경우를 말한다.

나. '설계상의 결함'이란 제조업자가 합리적인 대체설계(代替設計)를 채용하였더라면 피해나 위험을 줄이거나 피할 수 있었음에도 대체설계를 채용하지 아니하여 해당 제조물이 안전하지 못하게 된 경우를 말한다.

다. '표시상의 결함'이란 제조업자가 합리적인 설명·지시·경고 또는 그 밖의 표시를 하였더라면 해당 제조물에 의하여 발생할 수 있는 피해나 위험을 줄이거나 피할 수 있었음에도 이를 하지 아니한 경우를 말한다.

제조업자의 뜻

'제조업자'란 다음 각 목의 자를 말한다(제2조 제3호).

가. 제조물의 제조·가공 또는 수입을 업(業)으로 하는 자

나. 제조물에 성명·상호·상표 또는 그 밖에 식별(識別) 가능한 기호 등을 사용하여 자신을 가목의 자로 표시한 자 또는 가목의 자로 오인(誤認)하게 할 수 있는 표시를 한 자

제조물책임

제3조(제조물 책임) ① 제조업자는 제조물의 결함으로 생명·신체 또는 재산에 손해(그 제조물에 대하여만 발생한 손해는 제외한다)를 입은 자에게 그 손해를 배상하여야 한다.

② 제1항에도 불구하고 제조업자가 제조물의 결함을 알면서도 그 결함에 대하여 필요한 조치를 취하지 아니한 결과로 생명 또는 신체에 중대한 손해를 입은 자가 있는 경우에는 그 자에게 발생한 손해의 3배를 넘지 아니하는 범위에서 배상책임을 진다. 이 경우 법원은 배상액을 정할 때 다음 각 호의 사항을 고려하여야 한다.

1. 고의성의 정도
2. 해당 제조물의 결함으로 인하여 발생한 손해의 정도
3. 해당 제조물의 공급으로 인하여 제조업자가 취득한 경제적 이익
4. 해당 제조물의 결함으로 인하여 제조업자가 형사처벌 또는 행정처분을 받은 경우 그 형사처벌 또는 행정처분의 정도
5. 해당 제조물의 공급이 지속된 기간 및 공급 규모
6. 제조업자의 재산상태
7. 제조업자가 피해구제를 위하여 노력한 정도

③ 피해자가 제조물의 제조업자를 알 수 없는 경우에 그 제조물을 영리 목적으로 판매·대여 등의 방법으로 공급한 자는 제1항에 따른 손해를 배상하여야 한다. 다만, 피해자 또는 법정대리인의 요청을 받고 상당한 기간 내에 그 제조업자 또는 공급한 자를 그 피해자 또는 법정대리인에게 고지(告知)한 때에는 그러하지 아니하다.

결함 등의 추정

제3조의2(결함 등의 추정) 피해자가 다음 각 호의 사실을 증명한 경우에는 제조물을 공급할 당시 해당 제조물에 결함이 있었고 그 제조물의 결함으로 인하여 손해가 발생한 것으로 추정한다. 다만, 제조업자가 제조물의 결함이 아닌 다른 원인으로 인하여 그 손해가 발생한 사실을 증명한 경우에는 그러하지 아니하다.

1. 해당 제조물이 정상적으로 사용되는 상태에서 피해자의 손해가 발생하였다는 사실
2. 제1호의 손해가 제조업자의 실질적인 지배영역에 속한 원인으로부터 초래되었다는 사실
3. 제1호의 손해가 해당 제조물의 결함 없이는 통상적으로 발생하지 아니한다는 사실

면책사유

제4조(면책사유) ① 제3조에 따라 손해배상책임을 지는 자가 다음 각 호의 어느 하나에 해당하는 사실을 입증한 경우에는 이 법에 따른 손해배상책임을 면(免)한다.

1. 제조업자가 해당 제조물을 공급하지 아니하였다는 사실
2. 제조업자가 해당 제조물을 공급한 당시의 과학·기술 수준으로는 결함의 존재를 발견할 수 없었다는 사실
3. 제조물의 결함이 제조업자가 해당 제조물을 공급한 당시의 법령에서 정하는 기준을 준수함으로써 발생하였다는 사실
4. 원재료나 부품의 경우에는 그 원재료나 부품을 사용한 제조물 제조업자의 설계 또는 제작에 관한 지시로 인하여 결함이 발생하였다는 사실

② 제3조에 따라 손해배상책임을 지는 자가 제조물을 공급한 후에 그 제조물에 결함이 존재한다는 사실을 알거나 알 수 있었음에도 그 결함으로 인한 손해의 발생을 방지하기 위한 적절한 조치를 하지 아니한 경우에는 제1항 제2호부터 제4호까지의 규정에 따른 면책을 주장할 수 없다.

연대책임

동일한 손해에 대하여 배상할 책임이 있는 자가 2인 이상인 경우에는 연대하여 그 손해를 배상할 책임이 있다(제5조).

면책특약의 제한

제조물책임법에 따른 손해배상책임을 배제하거나 제한하는 특약(特約)은 무효로 한다. 다만, 자신의 영업에 이용하기 위하여 제조물을 공급받은 자가 자신의 영업용 재산에 발생한 손해에 관하여 그와 같은 특약을 체결한 경우에는 그러하지 아니하다(제6조).

소멸시효 등

제7조(소멸시효 등) ① 이 법에 따른 손해배상의 청구권은 피해자 또는 그 법정대리인이 다음 각 호의 사항을 모두 알게 된 날부터 3년간 행사하지 아니하면 시효의 완성으로 소멸한다.

1. 손해

2. 제3조에 따라 손해배상책임을 지는 자

② 이 법에 따른 손해배상의 청구권은 제조업자가 손해를 발생시킨 제조물을 공급한 날부터 10년 이내에 행사하여야 한다. 다만, 신체에 누적되어 사람의 건강을 해치는 물질에 의하여 발생한 손해 또는 일정한 잠복기간(潛伏期間)이 지난 후에 증상이 나타나는 손해에 대하여는 그 손해가 발생한 날부터 기산(起算)한다.

민법의 적용

제조물의 결함으로 인한 손해배상책임에 관하여 이 법에 규정된 것을 제외하고는 「민법」에 따른다(제8조).

대법원판례

제조물책임의 대상이 되는 제조물은 원재료에 설계 · 가공 등의 행위를 가하여 새로운 물품으로 제조 또는 가공된 동산으로서 상업적 유통에 제공되는 것을 말하고, 여기에는 여러 단계의 상업적 유통을 거쳐 불특정 다수 소비자에게 공급되는 것뿐만 아니라 특정 소비자와의 공급계약에 따라 그 소비자에게 직접 납품되어 사용되는 것도 포함된다.
제조물책임을 부담하는 제조업자는 제조물의 제조 · 가공 또는 수입을 업으로 하는 자 또는 제조물에 성명 · 상호 · 상표 기타 식별 가능한 기호 등을 사용하여 자신을 제조업자로 표시하거나 제조업자로 오인시킬 수 있는 표시를 한 자를 말하고, 정부와의 공급계약에 따라 정부가 제시한 제조지시에 따라 제조물을 제조 · 판매한 경우에도 제조물에 결함이 발생한 때에는 제조물책임을 부담한다(대법원 2013. 7. 12. 선고 2006다17539 판결).

제조물책임이란 제조물에 통상적으로 기대되는 안전성을 결여한 결함으로 인하여 생명 · 신체 또는 재산에 손해가 발생한 경우에 제조업자 등에게 지우는 손해배상책임인데, '그 제조물에 대하여만 발생한 재산상 손해'는 여기서 제외된다(제조물 책임법 제3조 제1항).
그리고 '제조물에 대하여만 발생한 재산상 손해'에는 제조물 그 자체에 발생한 재산상 손해뿐만 아니라 제조물의 결함 때문에 발생한 영업손실로 인한 손해도 포함된다고 봄이 상당하므로, 그로 인한 손해는 제조물 책임법의 적용 대상이 아니다(대법원 2015. 3. 26. 선고 2012다4824 판결).

35. 협의이혼

협의이혼의 뜻

부부는 협의에 의하여 이혼할 수 있다(민법 제834조).

피성년후견인의 협의상 이혼

피성년후견인의 협의상 이혼에 관하여는 제808조 제2항을 준용한다(민법 제835조). 따라서 피성년후견인은 성년후견인의 동의를 받아야 협의상 이혼을 할 수 있다.

* 민법

제808조(동의가 필요한 혼인) ① 미성년자가 혼인을 하는 경우에는 부모의 동의를 받아야 하며, 부모 중 한쪽이 동의권을 행사할 수 없을 때에는 다른 한쪽의 동의를 받아야 하고, 부모가 모두 동의권을 행사할 수 없을 때에는 미성년후견인의 동의를 받아야 한다.

② 피성년후견인은 부모나 성년후견인의 동의를 받아 혼인할 수 있다.

이혼의 성립과 신고 방식

협의상 이혼은 가정법원의 확인을 받아 「가족관계의 등록 등에 관한 법률」의 정한 바에 의하여 신고함으로써 그 효력이 생긴다.

이 신고는 당사자 쌍방과 성년자인 증인 2인의 연서한 서면으로 하여야 한다(민법 제836조).

이혼의 절차

제836조의2(이혼의 절차) ① 협의상 이혼을 하려는 자는 가정법원이 제공하는 이혼에 관한 안내를 받아야 하고, 가정법원은 필요한 경우 당사자에게 상담에 관하여 전문적인 지식과 경험을 갖춘 전문상담인의 상담을 받을 것을 권고할 수 있다.

② 가정법원에 이혼의사의 확인을 신청한 당사자는 제1항의 안내를 받은 날부터 다음 각 호의 기간이 지난 후에 이혼의사의 확인을 받을 수 있다.

1. 양육하여야 할 자(포태 중인 자를 포함한다. 이하 이 조에서 같다)가 있는 경우에는 3개월
2. 제1호에 해당하지 아니하는 경우에는 1개월

③ 가정법원은 폭력으로 인하여 당사자 일방에게 참을 수 없는 고통이 예상되는 등 이혼을 하여야 할 급박한 사정이 있는 경우에는 제2항의 기간을 단축 또는 면제할 수 있다.

④ 양육하여야 할 자가 있는 경우 당사자는 제837조에 따른 자(子)의 양육과 제909조 제4항에 따른 자(子)의 친권자결정에 관한 협의서 또는 제837조및 제909조 제4항에 따른 가정법원의 심판정본을 제출하여야 한다.

⑤ 가정법원은 당사자가 협의한 양육비부담에 관한 내용을 확인하는 양육비부담조서를 작성하여야 한다. 이 경우 양육비부담조서의 효력에 대하여는 「가사소송법」 제41조를 준용한다.

> * 가사소송법
>
> **제41조(심판의 집행력)** 금전의 지급, 물건의 인도(引渡), 등기, 그 밖에 의무의 이행을 명하는 심판은 집행권원(執行權原)이 된다.

이혼과 자(子)의 양육책임

제837조(이혼과 자의 양육책임) ① 당사자는 그 자의 양육에 관한 사항을 협의에 의하여 정한다.

② 제1항의 협의는 다음의 사항을 포함하여야 한다.

1. 양육자의 결정
2. 양육비용의 부담
3. 면접교섭권의 행사 여부 및 그 방법

③ 제1항에 따른 협의가 자(子)의 복리에 반하는 경우에는 가정법원은 보정을 명하거나 직권으로 그 자(子)의 의사(意思)·연령과 부모의 재산상황, 그 밖의 사정을 참작하여 양육에 필요한 사항을 정한다.

④ 양육에 관한 사항의 협의가 이루어지지 아니하거나 협의할 수 없는 때에는 가정법원은

직권으로 또는 당사자의 청구에 따라 이에 관하여 결정한다. 이 경우 가정법원은 제3항의 사정을 참작하여야 한다.
⑤ 가정법원은 자(子)의 복리를 위하여 필요하다고 인정하는 경우에는 부·모·자(子) 및 검사의 청구 또는 직권으로 자(子)의 양육에 관한 사항을 변경하거나 다른 적당한 처분을 할 수 있다.
⑥ 제3항부터 제5항까지의 규정은 양육에 관한 사항 외에는 부모의 권리의무에 변경을 가져오지 아니한다.

면접교섭권

제837조의2(면접교섭권) ① 자(子)를 직접 양육하지 아니하는 부모의 일방과 자(子)는 상호 면접교섭할 수 있는 권리를 가진다.
② 자(子)를 직접 양육하지 아니하는 부모 일방의 직계존속은 그 부모 일방이 사망하였거나 질병, 외국거주, 그 밖에 불가피한 사정으로 자(子)를 면접교섭할 수 없는 경우 가정법원에 자(子)와의 면접교섭을 청구할 수 있다. 이 경우 가정법원은 자(子)의 의사(意思), 면접교섭을 청구한 사람과 자(子)의 관계, 청구의 동기, 그 밖의 사정을 참작하여야 한다.
③ 가정법원은 자의 복리를 위하여 필요한 때에는 당사자의 청구 또는 직권에 의하여 면접교섭을 제한·배제·변경할 수 있다.

사기, 강박으로 인한 이혼의 취소청구권

사기 또는 강박으로 인하여 이혼의 의사표시를 한 자는 그 취소를 가정법원에 청구할 수 있다(민법 제838조).
사기 또는 강박으로 인한 이혼의 취소는 사기를 안 날 또는 강박을 면한 날로부터 3월을 경과한 때에는 그 취소를 청구하지 못한다(민법 제839조, 제823조).

재산분할청구권

협의상 이혼한 자의 일방은 다른 일방에 대하여 재산분할을 청구할 수 있다. 재산분할에 관하여 협의가 되지 아니하거나 협의할 수 없는 때에는 가정법원은 당사자의 청구에 의하여 당사자 쌍방의 협력으로 이룩한 재산의 액수 기타 사정을 참작하여 분할의 액수와 방법을 정한다. 재산분할청구권은 이혼한 날부터 2년을 경과한 때에는 소멸한다(민법 제839조).

재산분할청구권 보전을 위한 사해행위취소권

부부의 일방이 다른 일방의 재산분할청구권 행사를 해함을 알면서도 재산권을 목적으로 하는 법률행위를 한 때에는 다른 일방은 제406조 제1항을 준용하여 그 취소 및 원상회복을 가정법원에 청구할 수 있다. 이 소는 제406조 제2항의 기간 내에 제기하여야 한다(민법 제839조의3).

> * 민법
>
> **제406조(채권자취소권)** ① 채무자가 채권자를 해함을 알고 재산권을 목적으로 한 법률행위를 한 때에는 채권자는 그 취소 및 원상회복을 법원에 청구할 수 있다. 그러나 그 행위로 인하여 이익을 받은 자나 전득한 자가 그 행위 또는 전득당시에 채권자를 해함을 알지 못한 경우에는 그러하지 아니하다.
>
> ② 전항의 소는 채권자가 취소원인을 안 날로부터 1년, 법률행위 있은 날로부터 5년 내에 제기하여야 한다.

대법원판례

재산분할에 관한 협의는 혼인중 당사자 쌍방의 협력으로 이룩한 재산의 분할에 관하여 이미 이혼을 마친 당사자 또는 아직 이혼하지 않은 당사자 사이에 행하여지는 협의를 가리키는 것인바, 그 중 아직 이혼하지 않은 당사자가 장차협의상 이혼할 것을 약정하면서 이를 전제로 하여 위 재산분할에 관한 협의를 하는 경우에 있어서는, 특별한 사정이 없는 한, 장차 당사자 사이에 협의상 이혼이 이루어질 것을 조건으로 하여 조건부 의사표시가 행하여지는 것이라 할 것이므로, 그 협의 후 당사자가 약정한대로 협의상 이혼이 이루어진 경우에 한하여 그 협의의 효력이 발생하는 것이지, 어떠한 원인으로든지 협의상 이혼이 이루어지지 아니하고 혼인관계가 존속하게 되거나 당사자 일방이 제기한 이혼청구의 소에 의하여 재판상 이혼(화해 또는 조정에 의한 이혼을 포함한다.)이 이루어진 경우에는, 위 협의는 조건의 불성취로 인하여 효력이 발생하지 않는다(대법원 2003. 8. 19. 선고 2001다14061 판결).

민법 제839조의2 제3항, 제843조에 따르면 재산분할청구권은 협의상 또는 재판상 이혼한 날부터 2년이 지나면 소멸한다. 2년 제척기간 내에 재산의 일부에 대해서만 재산분할을 청구한 경우 청구 목적물로 하지 않은 나머지 재산에 대해서는 제척기간을 준수한 것으로 볼 수 없으므로, 재산분할청구 후 제척기간이 지나면 그때까지 청구 목적물로 하지 않은 재산에 대해서는 청구권이 소멸한다.
재산분할재판에서 분할대상인지 여부가 전혀 심리된 바 없는 재산이 재판확정 후 추가로 발견된 경우에는 이에 대하여 추가로 재산분할청구를 할 수 있다. 다만, 추가 재산분할청구 역시 이혼한 날부터 2년 이내라는 제척기간을 준수하여야 한다(대법원 2018. 6. 22.자 2018스18 결정).

협의이혼의사확인절차는 확인당시에 당사자들이 이혼을 할 의사를 가지고 있는가를 밝히는데 그치는 것이고, 그들이 의사결정의 정확한 능력을 가졌는지 또는 어떠한 과정을 거쳐 협의이혼의사를 결정하였는지 하는 점에 관하여서는 심리하지 않는다.
협의이혼의사의 확인은 어디까지나 당사자들의 합의를 근간으로 하는 것이고 법원의 역할은 그들의 의사를 확인하여 증명하여 주는데 그치는 것이며, 법원의 확인에 소송법상의 특별한 효력이 주어지는 것도 아니므로 이혼협의의 효력은 민법상의 원칙에 의하여 결정되어야 할 것이고 이혼의사 표시가 사기, 강박에 의하여 이루어졌다면 민법 제838조에 의하여 취소 할 수 있다고 하지 않으면 안 된다(대법원 1987. 1. 20. 선고 86므86 판결).

36. 재판상 이혼

재판상 이혼의 원인

제840조(재판상 이혼원인) 부부의 일방은 다음 각 호의 사유가 있는 경우에는 가정법원에 이혼을 청구할 수 있다.

1. 배우자에 부정한 행위가 있었을 때
2. 배우자가 악의로 다른 일방을 유기한 때
3. 배우자 또는 그 직계존속으로부터 심히 부당한 대우를 받았을 때
4. 자기의 직계존속이 배우자로부터 심히 부당한 대우를 받았을 때

5. 배우자의 생사가 3년 이상 분명하지 아니한 때

6. 기타 혼인을 계속하기 어려운 중대한 사유가 있을 때

재판상 이혼은 배우자 쌍방 사이에 협의가 성립하지 않을 때와 민법 제840조 제5호의 사유가 있는 때에 시도하게 된다. 재판상 이혼은 이혼을 바라는 당사자가 배우자를 피고로 지정하여 가정법원에 소를 제기함으로써 시작된다.

협의상 이혼을 하게 되면 자녀를 양육할 자와 양육비를 부담할 자를 지정함과 아울러 양육비의 액수도 당사자들이 결정한다. 이에 더하여 재산분할의 문제 및 면접교섭권 문제도 자연스럽게 해결된다. 반면 재판상 이혼 절차에서는 이러한 문제들에 관하여 법원이 관여하게 된다.

부정으로 인한 이혼청구권의 소멸

배우자의 부정한 행위가 있었을 때의 사유는 다른 일방이 사전 동의나 사후 용서를 한 때 또는 이를 안 날로부터 6월, 그 사유 있은 날로부터 2년을 경과한 때에는 이혼을 청구하지 못한다(민법 제841조).

기타 원인으로 인한 이혼청구권의 소멸

기타 혼인을 계속하기 어려운 중대한 사유가 있을 때라는 사유는 다른 일방이 이를 안 날로부터 6월, 그 사유 있은 날로부터 2년을 경과하면 이혼을 청구하지 못한다(민법 제842조).

준용규정

재판상 이혼에 따른 손해배상책임에 관하여는 제806조를 준용하고, 재판상 이혼에 따른 자녀의 양육책임 등에 관하여는 제837조를 준용하며, 재판상 이혼에 따른 면접교섭권에 관하여는 제837조의2를 준용하고, 재판상 이혼에 따른 재산분할청구권에 관하여는 제839조의2를 준용하며, 재판상 이혼에 따른 재산분할청구권 보전을 위한 사해행위취소권에 관하여는 제839조의3을 준용한다(민법 제843조).

* 민법

제806조(약혼해제와 손해배상청구권) ① 약혼을 해제한 때에는 당사자 일방은 과실 있는 상대방에 대하여 이로 인한 손해의 배상을 청구할 수 있다.

② 전항의 경우에는 재산상 손해 외에 정신상 고통에 대하여도 손해배상의 책임이 있다.

③ 정신상 고통에 대한 배상청구권은 양도 또는 승계하지 못한다. 그러나 당사자간에 이미 그 배상에 관한 계약이 성립되거나 소를 제기한 후에는 그러하지 아니하다.

제837조(이혼과 자의 양육책임) ① 당사자는 그 자의 양육에 관한 사항을 협의에 의하여 정한다.

② 제1항의 협의는 다음의 사항을 포함하여야 한다.

1. 양육자의 결정
2. 양육비용의 부담
3. 면접교섭권의 행사 여부 및 그 방법

③ 제1항에 따른 협의가 자(子)의 복리에 반하는 경우에는 가정법원은 보정을 명하거나 직권으로 그 자(子)의 의사(意思)·연령과 부모의 재산상황, 그 밖의 사정을 참작하여 양육에 필요한 사항을 정한다.

④ 양육에 관한 사항의 협의가 이루어지지 아니하거나 협의할 수 없는 때에는 가정법원은 직권으로 또는 당사자의 청구에 따라 이에 관하여 결정한다. 이 경우 가정법원은 제3항의 사정을 참작하여야 한다.

⑤ 가정법원은 자(子)의 복리를 위하여 필요하다고 인정하는 경우에는 부·모·자(子) 및 검사의 청구 또는 직권으로 자(子)의 양육에 관한 사항을 변경하거나 다른 적당한 처분을 할 수 있다.

⑥ 제3항부터 제5항까지의 규정은 양육에 관한 사항 외에는 부모의 권리의무에 변경을 가져오지 아니한다.

제837조의2(면접교섭권) ① 자(子)를 직접 양육하지 아니하는 부모의 일방과 자(子)는 상호 면접교섭할 수 있는 권리를 가진다.

② 자(子)를 직접 양육하지 아니하는 부모 일방의 직계존속은 그 부모 일방이 사망하였거나 질병, 외국거주, 그 밖에 불가피한 사정으로 자(子)를 면접교섭할 수 없는 경우 가정법원에 자(子)와의 면접교섭을 청구할 수 있다. 이 경우 가정법원은 자(子)의 의사(意思), 면접교섭을 청구한 사람과 자(子)의 관계, 청구의 동기, 그 밖의 사정을 참작하여야 한다.

③ 가정법원은 자의 복리를 위하여 필요한 때에는 당사자의 청구 또는 직권에 의하여 면접교섭을 제한·배제·변경할 수 있다.

제839조의2(재산분할청구권) ① 협의상 이혼한 자의 일방은 다른 일방에 대하여 재산분할을 청구할 수 있다.

② 제1항의 재산분할에 관하여 협의가 되지 아니하거나 협의할 수 없는 때에는 가정법원은 당사

자의 청구에 의하여 당사자 쌍방의 협력으로 이룩한 재산의 액수 기타 사정을 참작하여 분할의 액수와 방법을 정한다.

③ 제1항의 재산분할청구권은 이혼한 날부터 2년을 경과한 때에는 소멸한다.

대법원판례

민법 제840조 제3호 소정의 이혼사유인 '배우자로부터 심히 부당한 대우를 받았을 때'라고 함은 혼인 당사자의 일방이 배우자로부터 혼인관계의 지속을 강요하는 것이 가혹하다고 여겨질 정도의 폭행이나 학대 또는 중대한 모욕을 받았을 경우를 말한다.

민법 제840조 제6호 소정의 이혼사유인 '기타 혼인을 계속하기 어려운 중대한 사유가 있을 때'라 함은 부부간의 애정과 신뢰가 바탕이 되어야 할 혼인의 본질에 상응하는 부부공동생활관계가 회복할 수 없을 정도로 파탄되고 그 혼인생활의 계속을 강제하는 것이 일방 배우자에게 참을 수 없는 고통이 되는 경우를 말한다.

혼인생활의 파탄에 대하여 주된 책임이 있는 배우자의 이혼청구는 원칙적으로 허용되지 않는다. 혼인은 남녀의 애정을 바탕으로 하여 일생의 공동생활을 목적으로 하는 도덕적 · 풍속적으로 정당시되는 결합으로서 부부 사이에는 동거하며 서로 부양하고 협조하여야 할 의무가 있는 것이므로(민법 제826조 제1항), 혼인생활을 함에 있어서 부부는 애정과 신의 및 인내로써 서로 상대방을 이해하며 보호하여 혼인생활의 유지를 위한 최선의 노력을 기울여야 하는 것이고, 혼인생활 중에 그 장애가 되는 여러 사태에 직면하는 경우가 있다 하더라도 부부는 그러한 장애를 극복하기 위한 노력을 다하여야 할 것이며, 일시 부부간의 화합을 저해하는 사정이 있다는 이유로 혼인생활의 파탄을 초래하는 행위를 하여서는 안 되는 것이고, 따라서 이러한 부부간의 동거, 부양, 협조의무는 애정과 신뢰를 바탕으로 일생에 걸친 공동생활을 목적으로 하는 혼인의 본질이 요청하는 바로서, 부부 사이에 출생한 자식이 없거나 재혼한 부부간이라 하여 달라질 수 없는 것이고, 재판상 이혼사유에 관한 평가 및 판단의 지도원리로 작용한다고 할 것이며, 배우자가 정당한 이유 없이 서로 동거, 부양, 협조하여야 할 부부로서의 의무를 포기하고 다른 일방을 버린 경우에는 재판상 이혼사유인 악의의 유기에 해당한다(대법원 1999. 2. 12. 선고 97므612 판결).

피청구인에게 실제로 혼인을 계속할 의사와 동거할 의사가 전혀 없고 단순히 청구인에게 괴로움을 주기 위하여 이혼에 응하지 않고 있다는 등의 특별한 사정이 없이는 혼인의 파탄에 대하여 전적인 책임이 있는 청구인에게 재판상 이혼청구권이 없다.

청구인(부)의 간통으로 가정이 파탄되고 이를 추궁하는 과정에서 시아버지가 실제로 피청구인(처)을 폭행한 이상 피청구인이 남편과 시아버지를 고소하고(고소취소됨) 부부가 이혼하기로 합의하고 위자료까지 지급되었다 해도, 이로써 부부관계가 돌이킬 수 없을 정도로 파탄되어 부부쌍방이 이혼의 의사로 상당기간 사실상 부부관계의 실체를 해소한 채 생활해 왔다는 등의 특별한 사정이 없는 한, 그러한 합의의 존재만으로 혼인을 계속할 수 없는 중대한 사유가 있다고 할 수 없다(대법원 1991. 11. 22. 선고 91므23 판결).

이혼에 관하여 파탄주의를 채택하고 있는 여러 나라의 이혼법제는 우리나라와 달리 재판상 이혼만을 인정하고 있을 뿐 협의상 이혼을 인정하지 아니하고 있다. 우리나라에서는 유책배우자라 하더라도 상대방 배우자와 협의를 통하여 이혼을 할 수 있는 길이 열려 있다. 이는 유책배우자라도 진솔한 마음과 충분한 보상으로 상대방을 설득함으로써 이혼할 수 있는 방도가 있음을 뜻하므로, 유책배우자의 행복추구권을 위하여 재판상 이혼원인에 있어서까지 파탄주의를 도입하여야 할 필연적인 이유가 있는 것은 아니다.

우리나라에는 파탄주의의 한계나 기준, 그리고 이혼 후 상대방에 대한 부양적 책임 등에 관해 아무런 법률 조항을 두고 있지 아니하다. 따라서 유책배우자의 상대방을 보호할 입법적인 조치가 마련되어 있지 아니한 현 단계에서 파탄주의를 취하여 유책배우자의 이혼청구를 널리 인정하는 경우 유책배우자의 행복을 위해 상대방이 일방적으로 희생되는 결과가 될 위험이 크다.

유책배우자의 이혼청구를 허용하지 아니하고 있는 데에는 중혼관계에 처하게 된 법률상 배우자의 축출이혼을 방지하려는 의도도 있는데, 여러 나라에서 간통죄를 폐지하는 대신 중혼에 대한 처벌규정을 두고 있는 것에 비추어 보면 이에 대한 아무런 대책 없이 파탄주의를 도입한다면 법률이 금지하는 중혼을 결과적으로 인정하게 될 위험이 있다.

가족과 혼인생활에 관한 우리 사회의 가치관이 크게 변화하였고 여성의 사회 진출이 대폭 증가하였더라도 우리 사회가 취업, 임금, 자녀양육 등 사회경제의 모든 영역에서 양성평등이 실현되었다고 보기에는 아직 미흡한 것이 현실이다. 그리고 우리나라에서 이혼율이 급증하고 이혼에 대한 국민의 인식이 크게 변화한 것이 사실이더라도 이는 역설적으로 혼인과 가정생활에 대한 보호의 필요성이 그만큼 커졌다는 방증이고, 유책배우자의 이혼청구로 인하여 극심한 정신적 고통을 받거나 생계유지가 곤란한 경우가 엄연히 존재하는 현실을 외면해서도 아니 될 것이다.

이상의 논의를 종합하여 볼 때, 민법 제840조 제6호 이혼사유에 관하여 유책배우자의 이혼청구를 원칙적으로 허용하지 아니하는 종래의 대법원판례를 변경하는 것이 옳다는 주장은 아직은 받아들이기 어렵다.

유책배우자의 이혼청구를 허용하지 아니하는 것은 혼인제도가 요구하는 도덕성에 배치되고 신의성실의 원칙에 반하는 결과를 방지하려는 데 있으므로, 혼인제도가 추구하는 이상과 신의성실의 원칙에 비추어 보더라도 책임이 반드시이혼청구를 배척해야 할 정도로 남아 있지 아니한 경우에는 그러한 배우자의 이혼청구는 혼인과 가족제도를 형해화할 우려가 없고 사회의 도덕관 · 윤리관에도 반하지 아니하므로 허용될 수 있다.

그리하여 상대방 배우자도 혼인을 계속할 의사가 없어 일방의 의사에 따른 이혼 내지 축출이혼의 염려가 없는 경우는 물론, 나아가 이혼을 청구하는 배우자의 유책성을 상쇄할 정도로 상대방 배우자 및 자녀에 대한 보호와 배려가 이루어진 경우, 세월의 경과에 따라 혼인파탄 당시 현저하였던 유책배우자의 유책성과 상대방 배우자가 받은 정신적 고통이 점차 약화되어 쌍방의 책임의 경중을 엄밀히 따지는 것이 더 이상 무의미할 정도가 된 경우 등과 같이 혼인생활의 파탄에 대한 유책성이 이혼청구를 배척해야 할 정도로 남아 있지 아니한 특별한 사정이 있는 경우에는 예외적으로 유책배우자의 이혼청구를 허용할 수 있다.

유책배우자의 이혼청구를 예외적으로 허용할 수 있는지 판단할 때에는, 유책배우자 책임의 태양 · 정도, 상대방 배우자의 혼인계속의사 및 유책배우자에 대한 감정, 당사자의 연령, 혼인생활의 기간과 혼인 후의 구체적인 생활관계, 별거기간, 부부간의 별거 후에 형성된 생활관계, 혼인생활의 파탄 후 여러 사정의 변경 여부, 이혼이 인정될 경우의 상대방 배우자의 정신적 · 사회적 · 경제적 상태와 생활보장의 정도, 미성년 자녀의 양육 · 교육 · 복지의 상황, 그 밖의 혼인관계의 여러 사정을 두루 고려하여야 한다(대법원 2015. 9. 15. 선고 2013므568 전원합의체 판결).

제3자도 타인의 부부공동생활에 개입하여 부부공동생활의 파탄을 초래하는 등 혼인의 본질에 해당하는 부부공동생활을 방해하여서는 아니 된다. 제3자가 부부의 일방과 부정행위를 함으로써 혼인의 본질에 해당하는 부부공동생활을 침해하거나 유지를 방해하고 그에 대한 배우자로서의 권리를 침해하여 배우자에게 정신적 고통을 가하는 행위는 원칙적으로 불법행위를 구성한다.
민법 제840조는 '혼인을 계속하기 어려운 중대한 사유가 있을 때'를 이혼사유로 삼고 있으며, 부부간의 애정과 신뢰가 바탕이 되어야 할 혼인의 본질에 해당하는 부부공동생활 관계가 회복할 수 없을 정도로 파탄되고 혼인생활의 계속을 강제하는 것이 일방 배우자에게 참을 수 없는 고통이 되는 경우에는 위 이혼사유에 해당할 수 있다. 이에 비추어 보면 부부가 장기간 별거하는 등의 사유로 실질적으로 부부공동생활이 파탄되어 실체가 더 이상 존재하지 아니하게 되고 객관적으로 회복할 수 없는 정도에 이른 경우에는 혼인의 본질에 해당하는 부부공동생활이 유지되고 있다고 볼 수 없다.
따라서 비록 부부가 아직 이혼하지 아니하였지만 이처럼 실질적으로 부부공동생활이 파탄되어 회복할 수 없을 정도의 상태에 이르렀다면, 제3자가 부부의 일방과 성적인 행위를 하더라도 이를 두고 부부공동생활을 침해하거나 유지를 방해하는 행위라고 할 수 없고 또한 그로 인하여 배우자의 부부공동생활에 관한 권리가 침해되는 손해가 생긴다고 할 수도 없으므로 불법행위가 성립한다고 보기 어렵다. 그리고 이러한 법률관계는 재판상 이혼청구가 계속 중에 있다거나 재판상 이혼이 청구되지 않은 상태라고 하여 달리 볼 것은 아니다(대법원 2014. 11. 20. 선고 2011므2997 전원합의체 판결).

가정은 단순히 부부만의 공동체에 지나지 않는 것이 아니고 그 자녀 등 이에 관계된 모든 구성원의 공동생활을 보호하는 기능을 가진 것으로서 부부 중 일방이 불치의 정신병에 이환되었고, 그 질환이 단순히 애정과 정성으로 간호되거나 예후가 예측될 수 있는 것이 아니고 그 가정의 구성원 전체에게 끊임없는 정신적 · 육체적 희생을 요구하는 것이며 경제적 형편에 비추어 많은 재정적 지출을 요하고 그로 인한 다른 가족들의 고통이 언제 끝날지 모르는 상태에 이르렀다면, 온 가족이 헤어날 수 없는 고통을 받더라도 상대방 배우자는 배우자 간의 애정에 터 잡은 의무에 따라 한정 없이 이를 참고 살아가라고 강요할 수는 없는 것이므로, 이러한 경우는 민법 제840조 제6호 소정의 재판상 이혼사유에 해당한다.
현재 부부의 일방이 정신병적인 증세를 보여 혼인관계를 유지하는데 어려움이 있다고 하더라도 그 증상이 가벼운 정도에 그치는 경우라든가, 회복이 가능한 경우인 때에는 그 상대방 배우자는 사랑과 희생으로 그 병의 치료를 위하여 진력을 다하여야 할 의무가 있는 것이고, 이러한 노력도 하여 보지 않고 정신병 증세로 인하여 혼인관계를 계속하기 어렵다고 주장하여 곧 이혼청구를 할 수는 없다(대법원 1995. 5. 26. 선고 95므90 판결).

재산분할 제도는 이혼 등의 경우에 부부가 혼인 중 공동으로 형성한 재산을 청산·분배하는 것을 주된 목적으로 하는 것으로서, 부부 쌍방의 협력으로 이룩한 적극재산 및 그 형성에 수반하여 부담하거나 부부 공동생활관계에서 필요한 비용 등을 조달하는 과정에서 부담한 채무를 분할하여 각자에게 귀속될 몫을 정하기 위한 것이므로(대법원 2013. 6. 20. 선고 2010므4071, 4088 전원합의체 판결 참조), 부부 일방에 의하여 생긴 적극재산이나 채무로서 상대방은 그 형성이나 유지 또는 부담과 무관한 경우에는 이를 재산분할 대상인 재산에 포함할 것이 아니다.
그러므로 재판상 이혼에 따른 재산분할에 있어 분할의 대상이 되는 재산과 그 액수는 이혼소송의 사실심 변론종결일을 기준으로 하여 정하는 것이 원칙이지만(대법원 2000. 5. 2.자 2000스13 결정 참조), 혼인관계가 파탄된 이후 변론종결일 사이에 생긴 재산관계의 변동이 부부 중 일방에 의한 후발적 사정에 의한 것으로서 혼인 중 공동으로 형성한 재산관계와 무관하다는 등 특별한 사정이 있는 경우에는 그 변동된 재산은 재산분할 대상에서 제외하여야 할 것이다(대법원 2013. 11. 28. 선고 2013므1455,1462 판결).

민법 제837조의2 제1항은 “자를 직접 양육하지 아니하는 부모의 일방과 자는 상호 면접교섭할 수 있는 권리를 가진다.”라고 하고, 제3항은 “가정법원은 자의 복리를 위하여 필요한 때에는 당사자의 청구 또는 직권에 의하여 면접교섭을 제한·배제·변경할 수 있다.”라고 규정한다.
부모와 자녀의 친밀한 관계는 부모가 혼인 중일 때뿐만 아니라 부모의 이혼 등으로 자녀가 부모 중 일방의 양육 아래 놓인 경우에도 지속될 수 있도록 보호할 필요가 있는바, 면접교섭권은 이를 뒷받침하여 자녀의 정서안정과 원만한 인격발달을 이룰 수 있도록 하고, 이를 통해 자녀의 복리를 실현하는 것을 목적으로 하는 제도이다. 이는 자녀의 권리임과 동시에 부모의 권리이기도 하다.
이러한 관련 규정의 문언 및 면접교섭의 취지 및 성질 등을 고려하면, 가정법원이 면접교섭의 허용 여부를 판단할 때에는 자녀의 복리에 적합한지를 최우선적으로 고려하되, 부모에게도 면접교섭을 통해 자녀와 관계를 유지할 기본적인 이익이 있으므로 이를 아울러 살펴야 한다. 따라서 가정법원은 원칙적으로 부모와 자녀의 면접교섭을 허용하되, 면접교섭이 자녀의 복리를 침해하는 특별한 사정이 있는 경우에 한하여 당사자의 청구 또는 직권에 의하여 면접교섭을 배제할 수 있다. 다만, 이 경우에도 부모의 이혼 등에 따른 갈등 상황에서 단기적으로 자녀의 복리에 부정적인 영향을 미치는 요인이 일부 발견되더라도 장기적으로 면접교섭이 이루어질 때 자녀의 복리에 미치는 긍정적인 영향 등을 깊이 고려하여, 가정법원은 개별 사건에서 합목적적인 재량에 따라 면접교섭의 시기, 장소, 방법 등을 제한하는 등의 방법으로 가능한 한 자녀의 성장과 복지에 가장 도움이 되고 적합한 방향으로 면접교섭이 이루어질 수 있도록 하여야 하고, 이러한 고려 없이 막연한 우려를 내세워 면접교섭 자체를 배제하는 데에는 신중하여야 한다.

이때 면접교섭이 자녀의 복리를 침해하는지 여부는 자녀의 연령, 건강상태, 면접교섭에 대한 의사와 함께 면접교섭을 청구하는 부모 일방과 자녀 사이의 유대관계나 친밀도, 면접교섭을 청구하는 의도나 목적, 자녀의 현재 양육환경에 비추어 면접교섭이 양육자인 부모 일방과 자녀 사이의 갈등을 유발하거나 자녀가 새로운 양육환경에 적응하는 데 장애가 되는지, 면접교섭 청구인에게 양육자인 부모 일방 또는 자녀에 대한 현저한 비행이나 아동학대 등의 전력이 있는지 등을 종합적으로 고려하되, 면접교섭이 자녀의 복리에 단기적 · 장기적으로 어떠한 영향을 미치는지를 구체적으로 살펴 자녀의 성장과 복지에 가장 도움이 되고 적합한 방향으로 판단하여야 한다(대법원 2021. 12. 16.자 2017스628 결정).

- ㅇ 유책배우자 : 혼인생활의 파탄에 주된 책임이 있는 배우자
- ㅇ 파탄주의 : 혼인관계가 파탄에 이른 이상 그 파탄에 책임 있는 배우자도 이혼을 청구할 수 있도록 하는 입법주의. 이에 대비하여 혼인생활의 파탄에 책임 있는 배우자는 이혼을 청구할 수 없도록 하는 유책주의가 있다. 우리 대법원은 기본적으로 유책주의를 취하고 있다.
- ㅇ 축출이혼 : 유책배우자가 무책배우자를 고의로 쫓아내는 이혼
- ㅇ 중혼(重婚) : 이미 혼인한 사람이 다시 다른 배우자와 법률상의 혼인을 하는 것. 중혼은 혼인취소사유이기도 하다.

▌소장 작성례(이혼 등)

소　　장

원　고　　○○○ (000000-0000000)
등록기준지 :
주소 :
전화번호 :
전자우편주소 :

피　고　　○○○ (000000-00000000)
등록기준지 :
주소 :
전화번호 :
전자우편주소 :

사건본인　○○○ (000000-0000000)
등록기준지 :
주소 :

이혼 등 청구의 소

청　구　취　지

1. 원고와 피고는 이혼한다.
2. 피고는 원고에게 위자료로 돈 50,000,000원 및 이에 대한 이 사건 소장부본 송달

일의 다음날부터 다 갚는 날까지 연 12%의 비율에 의한 돈을 지급하라.

3. 피고는 원고에게 재산분할로 돈 150,000,000원 및 이 사건 판결 확정일의 다음날부터 다 갚는 날까지 연 12%의 비율에 의한 돈을 지급하라.
4. 사건본인의 친권행사자 및 양육자로 원고를 지정한다.
5. 피고는 원고에게 사건본인의 양육비로 이 사건 소장부본 송달일의 다음날부터 2035. 0. 0.까지 매월 말일에 돈 500,000원을 지급하라.
6. 소송비용은 피고의 부담으로 한다.
7. 위 제2항 및 제5항은 각 가집행할 수 있다.

청 구 원 인

1. 원고와 피고는 0000. 0. 0. 혼인신고를 마치고, 슬하에 1남(사건본인, 0000. 0. 0.생)을 둔 법률상 부부입니다.
2. 피고는 결혼 초부터 손버릇이 좋지 않아 원고를 폭행하는 일이 잦았습니다. 최근에는 피고의 폭행행위로 인하여 임신 3개월의 태아를 유산하기도 하였습니다.
3. 피고는 최근 사건외 ○○○과 정교를 하는 등 부정한 행위도 일삼고 있습니다. 이에 따라 원고와 피고의 혼인관계는 완전히 파탄에 이르게 되었습니다.
4. 원고와 피고는 원고가 혼인 전에 직장생활을 하며 모은 돈 5,000,000원과 피고가 가지고 있던 돈 5,000,000원을 합하여 10,000,000원짜리 전셋집에서 부부공동생활을 시작하였고, 결혼 이후 원고가 알뜰한 살림을 하면서도 학습지 배급 등의 부업을 하여 번 돈과 피고가 직장생활을 하여 모은 돈을 합하여 피고 명의로 주택을 마련한 사실이 있습니다. 현재 위 주택의 시가는 300,000,000원 정도입니다.
5. 사건본인은 현재 원고와 함께 원고의 친정에서 생활하고 있는데, 사건본인은 겨우 5세의 아동인지라 원고가 친권을 행사하며 양육할 필요가 있습니다. 사건본인도 원고와 함께 살기를 바라고 있으므로 사건본인의 복지를 위하여 원고가 친권행사자 겸 양육자가 되어야 한다고 생각합니다.
6. 현재 사건본인에게는 유치원 위탁교육비, 식비 등으로 매월 1,000,000원 정도가

필요하므로, 이 양육비의 절반은 피고가 부담함이 마땅하다고 생각합니다.

7. 이상과 같이 피고의 그릇된 생활로 인하여 부부공동생활이 파탄에 이르렀으므로 원고와 피고는 부득이 이혼할 수밖에 없고, 피고 명의의 주택은 원고와 피고가 결혼 이후 협력하여 이룬 재산이므로 그 재산의 절반은 원고에게 권리가 있다고 생각합니다. 한편, 원고의 부정한 행위가 이혼의 원인이 되었고, 이로 인하여 원고는 정신적 고통 속에 나날을 보내고 있으므로 피고는 원고에게 정신적 고통에 대한 위자료를 지급함이 마땅하다고 생각하여 이 사건 소에 이르게 되었습니다.

입 증 방 법

1. 갑 제1호증 혼인관계증명서 1통.
2. 갑 제2호증 주민등록등본 1통.
3. 갑 제3호증 상해진단서 1통.
4. 갑 제4호증 부동산등기사항전부증명서 1통.

첨 부 서 면

1. 위 입증방법 각 1통.
2. 송달료납부서 1통.
3. 소장부본 2통.

2022. 0. 0.

위 원고 ○○○ (인)

○○가정법원 귀중

참고사항

* 사건본인 : 사건본인은 미성년자(18세 미만)의 자녀를 모두 기재한다.

* 인지대 및 송달료 : 대법원홈페이지에서 제공하는 서비스 프로그램을 이용하여 비용을 산출한 다음 수납은행에 예납한다.

* 가정법원 : 서울, 인천, 수원, 대전, 대구, 부산, 울산, 광주에 각 가정법원이 설치되어 있고, 각 지방법원의 지원에 가사소송을 전담하는 재판부가 설치되어 있다.

면접교섭허가심판 청구서 작성례

면접교섭허가심판 청구서

청 구 인　　○○○ (000000-0000000)

등록기준지 :

주소 :

전화번호 :

상 대 방　　○○○ (000000-0000000)

등록기준지 :

주소 :

전화번호 :

사건본인　　○○○ (000000-0000000)

등록기준지 :

주소 :

청 구 취 지

1. 청구인은 2022. 0. 0.부터 매월 둘째 토요일 오후 3시부터 다음날 오후 3시까지 청구인의 주거지에서 사건본인을 면접교섭할 수 있다.
2. 심판비용은 상대방의 부담으로 한다.

라는 심판을 구합니다.

청 구 원 인

1. 청구인과 상대방은 0000. 0. 0. 혼인신고를 마친 법률상 부부로 슬하에 사건본인을 두고 있었으나 0000. 0. 0. 협의이혼을 하였습니다.
2. 이혼 당시 청구인에게는 생활능력이 부족하여 사건본인을 상대방이 양육하기로 하였습니다.
3. 청구인은 이혼 후 작은 점포이지만 영업을 하면서 점차 생활에 여유가 생겼고, 생활에 불편함이 없을 정도의 재산도 모았습니다.
4. 청구인은 사건본인에 대한 그리움으로 인하여, 그리고 사건본인의 복지를 위하여 상대방에게 사건본인과 정기적인 면접과 교섭을 하게 해달라고 부탁을 한 사실이 있습니다. 그러나 상대방은 일언지하에 거절하였습니다. 따라서 부득이 이 심판을 청구하게 되었습니다.

첨 부 서 류

1. 가족관계증명서 1통.
2. 주민등록등본 1통.
3. 송달료납부서 1통.

2022. 0. 0.

위 청구인　○○○ (인)

○○가정법원 귀중

37. 상속

상속의 순위

제1000조(상속의 순위) ① 상속에 있어서는 다음 순위로 상속인이 된다.

1. 피상속인의 직계비속
2. 피상속인의 직계존속
3. 피상속인의 형제자매
4. 피상속인의 4촌 이내의 방계혈족

② 전항의 경우에 동순위의 상속인이 수인인 때에는 최근친을 선순위로 하고 동친등의 상속인이 수인인 때에는 공동상속인이 된다.

③ 태아는 상속순위에 관하여는 이미 출생한 것으로 본다.

대습상속(代襲相續)

상속인이 될 직계비속 또는 형제자매가 상속개시 전에 사망하거나 결격자가 된 경우에 그 직계비속이 있는 때에는 그 직계비속이 사망하거나 결격된 자의 순위에 갈음하여 상속인이 된다(민법 제1001조).

배우자의 상속순위

피상속인의 배우자는 피상속인의 직계비속과 피상속인의 직계존속이 있는 경우에는 그 상속인과 동순위로 공동상속인이 되고 그 상속인이 없는 때에는 단독상속인이 된다.

대습상속의 경우에 상속개시 전에 사망 또는 결격된 자의 배우자는 제1001조의 규정에 의한 상속인과 동순위로 공동상속인이 되고 그 상속인이 없는 때에는 단독상속인이 된다(민법 제1003조).

상속인의 결격사유

제1004조(상속인의 결격사유) 다음 각 호의 어느 하나에 해당한 자는 상속인이 되지 못한다.

1. 고의로 직계존속, 피상속인, 그 배우자 또는 상속의 선순위나 동순위에 있는 자를 살해하거나 살해하려한 자
2. 고의로 직계존속, 피상속인과 그 배우자에게 상해를 가하여 사망에 이르게 한 자
3. 사기 또는 강박으로 피상속인의 상속에 관한 유언 또는 유언의 철회를 방해한 자
4. 사기 또는 강박으로 피상속인의 상속에 관한 유언을 하게 한 자
5. 피상속인의 상속에 관한 유언서를 위조·변조·파기 또는 은닉한 자

특별수익자의 상속분(相續分)

공동상속인 중에 피상속인으로부터 재산의 증여 또는 유증을 받은 자가 있는 경우에 그 수증재산이 자기의 상속분에 달하지 못한 때에는 그 부족한 부분의 한도에서 상속분이 있다(민법 제1008조).

기여분

제1008조의2(기여분) ① 공동상속인 중에 상당한 기간 동거·간호 그 밖의 방법으로 피상속인을 특별히 부양하거나 피상속인의 재산의 유지 또는 증가에 특별히 기여한 자가 있을 때에는 상속개시 당시의 피상속인의 재산가액에서 공동상속인의 협의로 정한 그 자의 기여분을 공제한 것을 상속재산으로 보고 제1009조 및 제1010조에 의하여 산정한 상속분에 기여분을 가산한 액으로써 그 자의 상속분으로 한다.

② 제1항의 협의가 되지 아니하거나 협의할 수 없는 때에는 가정법원은 제1항에 규정된 기여자의 청구에 의하여 기여의 시기·방법 및 정도와 상속재산의 액 기타의 사정을 참작하여 기여분을 정한다.

③ 기여분은 상속이 개시된 때의 피상속인의 재산가액에서 유증의 가액을 공제한 액을 넘지 못한다.

④ 제2항의 규정에 의한 청구는 제1013조 제2항의 규정에 의한 청구가 있을 경우 또는 제1014조에 규정하는 경우에 할 수 있다.

> * 민법
>
> **제1013조(협의에 의한 분할)** ② 제269조의 규정은 전항의 상속재산의 분할에 준용한다.
>
> ↳ **제269조(분할의 방법)** ① 분할의 방법에 관하여 협의가 성립되지 아니한 때에는 공유자는 법원에 그 분할을 청구할 수 있다.
>
> ② 현물로 분할할 수 없거나 분할로 인하여 현저히 그 가액이 감손될 염려가 있는 때에는 법원은 물건의 경매를 명할 수 있다.
>
> **제1012조(유언에 의한 분할방법의 지정, 분할금지)** 피상속인은 유언으로 상속재산의 분할방법을 정하거나 이를 정할 것을 제삼자에게 위탁할 수 있고 상속개시의 날로부터 5년을 초과하지 아니하는 기간내의 그 분할을 금지할 수 있다.
>
> **제1014조(분할후의 피인지자 등의 청구권)** 상속개시 후의 인지 또는 재판의 확정에 의하여 공동상속인이 된 자가 상속재산의 분할을 청구할 경우에 다른 공동상속인이 이미 분할 기타 처분을 한 때에는 그 상속분에 상당한 가액의 지급을 청구할 권리가 있다.

법정상속분

동순위의 상속인이 수인인 때에는 그 상속분은 균분으로 한다.

피상속인의 배우자의 상속분은 직계비속과 공동으로 상속하는 때에는 직계비속의 상속분의 5할을 가산하고, 직계존속과 공동으로 상속하는 때에는 직계존속의 상속분의 5할을 가산한다(민법 제1009조).

대습상속분

사망 또는 결격된 자에 갈음하여 상속인이 된 자의 상속분은 사망 또는 결격된 자의 상속분에 의한다. 이 경우에 사망 또는 결격된 자의 직계비속이 수인인 때에는 그 상속분은 사망 또는 결격된 자의 상속분의 한도에서 제1009조의 규정에 의하여 이를 정한다. 제1003조 제2항의 경우에도 또한 같다(민법 제1010조).

유언에 의한 분할방법의 지정, 분할금지

피상속인은 유언으로 상속재산의 분할방법을 정하거나 이를 정할 것을 제삼자에게 위탁할 수 있고 상속개시의 날로부터 5년을 초과하지 아니하는 기간내의 그 분할을 금지할 수 있다(민법 제1012조).

협의에 의한 상속재산의 분할

제1012조의 경우 외에는 공동상속인은 언제든지 그 협의에 의하여 상속재산을 분할할 수 있다. 제269조의 규정은 이 경우의 상속재산의 분할에 준용한다(민법 제1013조).

> * 민법
>
> 제269조(분할의 방법) ① 분할의 방법에 관하여 협의가 성립되지 아니한 때에는 공유자는 법원에 그 분할을 청구할 수 있다.
>
> ② 현물로 분할할 수 없거나 분할로 인하여 현저히 그 가액이 감손될 염려가 있는 때에는 법원은 물건의 경매를 명할 수 있다.

대법원판례

상속재산의 분할은 상속이 개시된 때에 소급하여 그 효력이 있다. 그러나 제3자의 권리를 해하지 못한다(민법 제1015조). 이는 상속재산분할의 소급효를 인정하여 공동상속인이 분할 내용대로 상속재산을 피상속인이 사망한 때에 바로 피상속인으로부터 상속한 것으로 보면서도, 상속재산분할 전에 이와 양립하지 않는 법률상 이해관계를 가진 제3자에게는 상속재산분할의 소급효를 주장할 수 없도록 함으로써 거래의 안전을 도모하고자 한 것이다. 이때 민법 제1015조 단서에서 말하는 제3자는 일반적으로 상속재산분할의 대상이 된 상속재산에 관하여 상속재산분할 전에 새로운 이해관계를 가졌을 뿐만 아니라 등기, 인도 등으로 권리를 취득한 사람을 말한다(대법원 2020. 8. 13. 선고2019다249312 판결).

38. 상속의 포기 및 상속의 한정승인

승인, 포기의 기간

제1019조(승인, 포기의 기간) ① 상속인은 상속개시 있음을 안 날로부터 3월내에 단순승인이나 한정승인 또는 포기를 할 수 있다. 그러나 그 기간은 이해관계인 또는 검사의 청구에 의하여 가정법원이 이를 연장할 수 있다.

② 상속인은 제1항의 승인 또는 포기를 하기 전에 상속재산을 조사할 수 있다.

③ 제1항의 규정에 불구하고 상속인은 상속채무가 상속재산을 초과하는 사실을 중대한 과실 없이 제1항의 기간내에 알지 못하고 단순승인(제1026조 제1호 및 제2호의 규정에 의하여 단순승인한 것으로 보는 경우를 포함한다)을 한 경우에는 그 사실을 안 날부터 3월내에 한정승인을 할 수 있다.

제한능력자의 승인, 포기의 기간

상속인이 제한능력자인 경우에는 제1019조 제1항의 기간은 그의 친권자 또는 후견인이 상속이 개시된 것을 안 날부터 기산(起算)한다(민법 제1020조).

승인, 포기 기간의 계산에 관한 특칙

상속인이 승인이나 포기를 하지 아니하고 제1019조 제1항의 기간 내에 사망한 때에는 그의 상속인이 그 자기의 상속개시 있음을 안 날로부터 제1019조 제1항의 기간을 기산한다(민법 제1021조).

상속재산의 관리

상속인은 그 고유재산에 대하는 것과 동일한 주의로 상속재산을 관리하여야 한다. 그러나 단순승인 또는 포기한 때에는 그러하지 아니하다(민법 제1022조).

승인, 포기의 취소금지

상속의 승인이나 포기는 제1019조 제1항의 기간내에도 이를 취소하지 못한다(민법 제1024

조 제1항).

전항의 규정은 총칙편의 규정에 의한 취소에 영향을 미치지 아니한다. 그러나 그 취소권은 추인할 수 있는 날로부터 3월, 승인 또는 포기한 날로부터 1년내에 행사하지 아니하면 시효로 인하여 소멸된다(민법 제1024조 제2항).

한정승인의 효과

상속인은 상속으로 인하여 취득할 재산의 한도에서 피상속인의 채무와 유증을 변제할 것을 조건으로 상속을 승인할 수 있다(민법 제1028조).

공동상속인의 한정승인

상속인이 수인인 때에는 각 상속인은 그 상속분에 응하여 취득할 재산의 한도에서 그 상속분에 의한 피상속인의 채무와 유증을 변제할 것을 조건으로 상속을 승인할 수 있다(민법 제1029조).

한정승인의 방식

상속인이 한정승인을 함에는 제1019조 제1항 또는 제3항의 기간 내에 상속재산의 목록을 첨부하여 법원에 한정승인의 신고를 하여야 한다.

제1019조 제3항의 규정에 의하여 한정승인을 한 경우 상속재산 중 이미 처분한 재산이 있는 때에는 그 목록과 가액을 함께 제출하여야 한다(민법 제1030조).

채권자에 대한 공고, 최고

한정승인자는 한정승인을 한 날로부터 5일내에 일반상속채권자와 유증받은 자에 대하여 한정승인의 사실과 일정한 기간 내에 그 채권 또는 수증을 신고할 것을 공고하여야 한다. 그 기간은 2월 이상이어야 한다.

제88조 제2항, 제3항과 제89조의 규정은 이 공고와 최고에 준용한다(민법 제1032조).

* 민법

제88조(채권신고의 공고) ① 청산인은 취임한 날로부터 2월내에 3회 이상의 공고로 채권자에 대하여 일정한 기간내에 그 채권을 신고할 것을 최고하여야 한다. 그 기간은 2월 이상이어야 한다.

② 전항의 공고에는 채권자가 기간내에 신고하지 아니하면 청산으로부터 제외될 것을 표시하여야 한다.

③ 제1항의 공고는 법원의 등기사항의 공고와 동일한 방법으로 하여야 한다.

↳ 법원이 등기사항을 공고하는 제도는 이미 오래 전에 폐지되었다. 따라서 이 규정은 사문화(死文化) 되었다.

제89조(채권신고의 최고) 청산인은 알고 있는 채권자에게 대하여는 각각 그 채권신고를 최고하여야 한다. 알고 있는 채권자는 청산으로부터 제외하지 못한다.

최고기간 중의 변제거절

한정승인자는 최고기간의 기간만료 전에는 상속채권의 변제를 거절할 수 있다(민법 제1033조).

배당변제

제1034조(배당변제) ① 한정승인자는 제1032조 제1항의 기간만료 후에 상속재산으로서 그 기간 내에 신고한 채권자와 한정승인자가 알고 있는 채권자에 대하여 각 채권액의 비율로 변제하여야 한다. 그러나 우선권 있는 채권자의 권리를 해하지 못한다.

② 제1019조 제3항의 규정에 의하여 한정승인을 한 경우에는 그 상속인은 상속재산 중에서 남아있는 상속재산과 함께 이미 처분한 재산의 가액을 합하여 제1항의 변제를 하여야 한다. 다만, 한정승인을 하기 전에 상속채권자나 유증받은 자에 대하여 변제한 가액은 이미 처분한 재산의 가액에서 제외한다.

변제기 전의 채무 등의 변제

한정승인자는 변제기에 이르지 아니한 채권에 대하여도 제1034조의 규정에 의하여 변제하여야 한다.

조건 있는 채권이나 존속기간의 불확정한 채권은 법원의 선임한 감정인의 평가에 의하여 변제하여야 한다(민법 제1035조).

수증자(受贈者)에의 변제

한정승인자는 제1034조 및 제1035조의 규정에 의하여 상속채권자에 대한 변제를 완료한 후가 아니면 유증받은 자에게 변제하지 못한다(민법 제1036조).

상속재산의 경매

한정승인자가 변제를 하기 위하여 상속재산의 전부나 일부를 매각할 필요가 있는 때에는 민사집행법에 의하여 경매하여야 한다(민법 제1037조).

부당변제로 인한 책임

제1038조(부당변제 등으로 인한 책임) ① 한정승인자가 제1032조의 규정에 의한 공고나 최고를 해태하거나 제1033조 내지 제1036조의 규정에 위반하여 어느 상속채권자나 유증받은 자에게 변제함으로 인하여 다른 상속채권자나 유증받은 자에 대하여 변제할 수 없게 된 때에는 한정승인자는 그 손해를 배상하여야 한다. 제1019조 제3항의 규정에 의하여 한정승인을 한 경우 그 이전에 상속채무가 상속재산을 초과함을 알지 못한 데 과실이 있는 상속인이 상속채권자나 유증받은 자에게 변제한 때에도 또한 같다.
② 제1항 전단의 경우에 변제를 받지 못한 상속채권자나 유증받은 자는 그 사정을 알고 변제를 받은 상속채권자나 유증받은 자에 대하여 구상권을 행사할 수 있다. 제1019조 제3항의 규정에 의하여 한정승인을 한 경우 그 이전에 상속채무가 상속재산을 초과함을 알고 변제받은 상속채권자나 유증받은 자가 있는 때에도 또한 같다.
③ 제766조의 규정은 제1항 및 제2항의 경우에 준용한다.

* 민법
제766조(손해배상청구권의 소멸시효) ① 불법행위로 인한 손해배상의 청구권은 피해자나 그 법정대리인이 그 손해 및 가해자를 안 날로부터 3년간 이를 행사하지 아니하면 시효로 인하여 소멸한다.
② 불법행위를 한 날로부터 10년을 경과한 때에도 전항과 같다.

▒ 신고하지 않은 채권자 등

신고기간 내에 신고하지 아니한 상속채권자 및 유증받은 자로서 한정승인자가 알지 못한 자는 상속재산의 잔여가 있는 경우에 한하여 그 변제를 받을 수 있다. 그러나 상속재산에 대하여 특별담보권 있는 때에는 그러하지 아니하다(민법 제1039조).

▒ 상속포기의 방식

상속인이 상속을 포기할 때에는 제1019조 제1항의 기간내에 가정법원에 포기의 신고를 하여야 한다(민법 제1041조).

▒ 상속포기의 소급효(遡及效)

상속의 포기는 상속개시된 때에 소급하여 그 효력이 있다(민법 제1042조).

▒ 포기한 상속재산의 귀속

상속인이 수인인 경우에 어느 상속인이 상속을 포기한 때에는 그 상속분은 다른 상속인의 상속분의 비율로 그 상속인에게 귀속된다(민법 제1043조).

▒ 대법원판례

법원이 한정승인신고를 수리하게 되면 피상속인의 채무에 대한 상속인의 책임은 상속재산으로 한정되고, 그 결과 상속채권자는 특별한 사정이 없는 한 상속인의 고유재산에 대하여 강제집행을 할 수 없다. 그런데 민법은 한정승인을 한 상속인(이하 '한정승인자'라 한다)에 관하여 그가 상속재산을 은닉하거나 부정소비한 경우 단순승인을 한 것으로 간주하는 것(제1026조 제3호) 외에는 상속재산의 처분행위 자체를 직접적으로 제한하는 규정을 두고 있지 않기 때문에, 한정승인으로 발생하는 위와 같은 책임제한 효과로 인하여 한정승인자의 상속재산 처분행위가 당연히 제한된다고 할 수는 없다.

또한 민법은 한정승인자가 상속재산으로 상속채권자 등에게 변제하는 절차는 규정하고 있으나(제1032조 이하), 한정승인만으로 상속채권자에게 상속재산에 관하여 한정승인자로부터 물권을 취득한 제3자에 대하여 우선적 지위를 부여하는 규정은 두고 있지 않으며, 민법 제1045조 이하의 재산분리 제도와 달리 한정승인이 이루어진 상속재산임을 등기하여 제3자에 대항할 수 있게 하는 규정도 마련하고 있지 않다.
따라서 한정승인자로부터 상속재산에 관하여 저당권 등의 담보권을 취득한 사람과 상속채권자 사이의 우열관계는 민법상의 일반원칙에 따라야 하고, 상속채권자가 한정승인의 사유만으로 우선적 지위를 주장할 수는 없다. 그리고 이러한 이치는 한정승인자가 그 저당권 등의 피담보채무를 상속개시 전부터 부담하고 있었다고 하여 달리 볼 것이 아니다(대법원 2010. 3. 18. 선고 2007다77781 전원합의체 판결).

가정법원의 한정승인신고 수리의 심판은 일응 한정승인의 요건을 구비한 것으로 인정한다는 것일 뿐 그 효력을 확정하는 것이 아니고, 한정승인의 효력이 있는지 여부에 대한 최종적인 판단은 실체법에 따라 민사소송에서 결정될 문제이다. 가사소송규칙 제75조 제3항은 가정법원의 한정승인신고 수리 심판서에 신고 일자와 대리인에 관한 사항을 기재하도록 정할 뿐 민법 제1019조 제1항의 한정승인과 같은 조 제3항의 특별한정승인을 구분하여 사건명이나 근거조문 등을 기재하도록 정하고 있지 않고, 재판실무상으로도 이를 특별히 구분하여 기재하지 않고 있다. 따라서 민법 제1019조 제3항이 신설된 후 상속인이 단순승인을 하거나 단순승인한 것으로 간주된 후에 한정승인신고를 하고 가정법원이 특별한정승인의 요건을 갖추었다는 취지에서 수리심판을 하였다면 상속인이 특별한정승인을 한 것으로 보아야 한다.
그렇다면 민법 제1019조 제3항이 적용되는 사건에서 상속인이 단순승인을 하거나 민법 제1026조 제1호, 제2호에 따라 단순승인한 것으로 간주된 다음 한정승인신고를 하여 이를 수리하는 심판을 받았다면, 상속채권에 관한 청구를 심리하는 법원은 위 한정승인이 민법 제1019조 제3항에서 정한 요건을 갖춘 특별한정승인으로서 유효한지 여부를 심리·판단하여야 한다(대법원 2021. 2. 25. 선고 2017다289651 판결).

우리 민법이 한정승인 절차가 상속재산분할 절차보다 선행하여야 한다는 명문의 규정을 두고 있지 않고, 공동상속인들 중 일부가 한정승인을 하였다고 하여 상속재산분할이 불가능하다거나 분할로 인하여 공동상속인들 사이에 불공평이 발생한다고 보기 어려우며, 상속재산분할의 대상이 되는 상속재산의 범위에 관하여 공동상속인들 사이에 분쟁이 있을 경우에는 한정승인에 따른 청산절차가 제대로 이루어지지 못할 우려가 있는데 그럴 때에는 상속재산분할청구 절차를 통하여 분할의 대상이 되는 상속재산의 범위를 한꺼번에 확정하는 것이 상속채권자의 보호나 청산절차의 신속한 진행을 위하여 필요하다는 점 등을 고려하면, 한정승인에 따른 청산절차가 종료되지 않은 경우에도 상속재산분할청구가 가능하다(대법원 2014. 7. 25.자 2011스226 결정).

민법 제1008조는 '공동상속인 중에 피상속인으로부터 재산의 증여 또는 유증을 받은 자가 있는 경우에 그 수증재산이 자기의 상속분에 달하지 못한 때에는 그 부족한 부분의 한도에서 상속분이 있다.'고 규정하고 있으나, 이와 같이 상속분의 산정에서 증여 또는 유증을 참작하게 되는 것은 상속인이 실제로 유증 또는 증여를 받은 경우에 한한다.
한편, 상속의 포기는 상속이 개시된 때에 소급하여 그 효력이 있고(민법 제1042조), 포기자는 처음부터 상속인이 아니었던 것이 되므로, 수인의 상속인 중 1인을 제외한 나머지 상속인들의 상속포기 신고가 수리되어 결과적으로 그 1인만이 단독상속하게 되었다고 하더라도 그 1인의 상속인이 상속포기자로부터 그 상속지분을 유증 또는 증여받은 것이라고 볼 수 없다.
민법 제1026조 제1호는 상속인이 상속재산에 대한 처분행위를 한 때에는 단순승인을 한 것으로 본다고 정하고 있으므로, 그 후에 상속포기신고를 하여 그 신고가 수리되었다고 하더라도 상속포기로서의 효력은 없다. 그러나 위 규정의 입법 취지가 상속재산 처분을 행하는 상속인은 통상 상속을 단순승인하는 의사를 가진다고 추인할 수 있는 점, 그 처분 후 한정승인이나 포기를 허용하면 상속채권자나 공동 내지 차순위 상속인에게 불의의 손해를 미칠 우려가 있다는 점, 상속인의 처분행위를 믿은 제3자의 신뢰도 보호될 필요가 있다는 점 등에 있음을 고려하여 볼 때, 수인의 상속인 중 1인을 제외한 나머지 상속인 모두가 상속을 포기하기로 하였으나 그 상속포기 신고가 수리되기 전에 피상속인 소유의 미등기 부동산에 관하여 상속인들 전원 명의로 법정상속분에 따른 소유권보존등기가 경료되자 위와 같은 상속인들의 상속포기의 취지에 따라 상속을 포기하는 상속인들의 지분에 관하여 상속을 포기하지 아니한 상속인 앞으로 지분이전등기를 한 것이고, 그 후 상속포기신고가 수리되었다면, 이를 상속의 단순승인으로 간주되는 민법 제1026조 제1호 소정의 '상속재산에 대한 처분행위'가 있는 경우라고 할 수 없다(대법원 2012. 4. 16.자 2011스191,192 결정).

상속재산을 공동상속인 1인에게 상속시킬 방편으로 나머지 상속인들이 한 상속포기신고가 민법 제1019조 제1항 소정의 기간을 경과한 후에 신고된 것이어서 상속포기로서의 효력이 없다고 하더라도, 공동상속인들 사이에서는 1인이 고유의 상속분을 초과하여 상속재산 전부를 취득하고 나머지 상속인들은 이를 전혀 취득하지 않기로 하는 내용의 상속재산에 관한 협의분할이 이루어진 것으로 보아야 한다(대법원 1996. 3. 26. 선고 95다45545, 45552, 45569 판결).

상속한정승인심판청구서 작성례

상속한정승인심판청구서

청 구 인　　○○○ (000000-0000000)

등록기준지 :

주소 :

전화번호 :

피상속인　　○○○ (000000-0000000)

등록기준지 :

최후주소 :

청　구　취　지

청구인이 피상속인 망 ○○○의 재산을 상속함에 있어 별지 상속재산목록을 첨부하여 청구한 상속의 한정승인신고는 수리한다.

라는 심판을 구합니다.

청 구 원 인

1. 청구인은 피상속인 망 ○○○의 이들인데, 피상속인은 0000. 0. 0. 최후주소지에서 사망하고, 상속인은 그 즉시 상속이 개시된 사실을 알았습니다.
2. 피상속인이 남긴 상속재산(적극재산)은 별지 상속재산목록에 기재된 것이 전부이고, 피상속인은 사업을 하다가 실패하여 많은 채무를 남긴 것으로 추정됩니다.
3. 따라서 청구인은 피상속인의 모든 채무를 변제할 능력이 없으므로, 청구인이 상속으로 얻은 별지 상속재산목록 표시 상속재산의 한도 안에서 피상속인의 채무를 변제할 것을 조건으로 한정승인하고자 이 청구에 이르게 되었습니다.

첨 부 서 류

1. 가족관계증명서 1통.
2. 주민등록등본 1통.
3. 인감증명서 1통.
4. 상속재산목록 1통.
5. 기본증명서 1통.
6. 송달료납부서 1통.

2022. 0. 0.

위 청구인 ○○○ (인)

○○가정법원 귀중

참고사항

* 첨부서류 : 가족관계증명서, 주민등록등본 및 인감증명서는 청구인의 것을, 기본증명서는 사망사실이 등록된 피상속인의 것을 각각 3개월 이내에 발급받은 것으로 제출한다.
* 인지대 및 송달료 : 대법원 홈페이지를 이용하여 금액을 확인한 후 수납은행에 예납한다.

상속포기심판청구서 작성례

상속포기심판청구서

청구인(상속인)

성명 :

주민등록번호 :

주소 :

전화번호 :

사건본인(피상속인)

성명 :

주민등록번호 :

마지막주소 :

사망일자 :

청 구 취 지

청구인이 망 ○○○의 재산상속을 포기하는 신고는 이를 수리한다.

라는 심판을 구합니다.

청 구 원 인

1. 청구인은 피상속인인 망 ○○○의 딸입니다.
2. 피상속인은 0000. 0. 0. 마지막주소지에서 사망하였고, 청구인은 그 즉시 상속이 개시된 사실을 알았습니다.
3. 피상속인은 생전에 적극재산보다는 소극재산이 많았으므로, 청구인은 상속을 포기하고자 이 심판을 청구합니다.

첨 부 서 류

1. 가족관계증명서 1통.
2. 주민등록등본 1통.
3. 인감증명서 1통.
4. 기본증명서 1통.
5. 송달료납부서 1통.

2022. 0. 0.

위 청구인 ○○○ (인)

○○가정법원 귀중

39. 유언의 방식

▒ 유언의 방식 5종

유언의 방식은 자필증서, 녹음, 공정증서, 비밀증서와 구수증서의 5종으로 한다(민법 제1065조).

▒ 자필증서에 의한 유언

자필증서에 의한 유언은 유언자가 그 전문과 연월일, 주소, 성명을 자서하고 날인하여야 한다.

이 증서에 문자의 삽입, 삭제 또는 변경을 함에는 유언자가 이를 자서하고 날인하여야 한다(민법 제1066조).

▒ 녹음에 의한 유언

녹음에 의한 유언은 유언자가 유언의 취지, 그 성명과 연월일을 구술하고 이에 참여한 증인이 유언의 정확함과 그 성명을 구술하여야 한다(민법 제1067조).

▒ 공정증서에 의한 유언

공정증서에 의한 유언은 유언자가 증인 2인이 참여한 공증인의 면전에서 유언의 취지를 구수하고 공증인이 이를 필기 낭독하여 유언자와 증인이 그 정확함을 승인한 후 각자 서명 또는 기명날인하여야 한다(민법 제1068조).

▒ 비밀증서에 의한 유언

비밀증서에 의한 유언은 유언자가 필자의 성명을 기입한 증서를 엄봉날인(嚴封捺印)하고 이를 2인 이상의 증인의 면전에 제출하여 자기의 유언서임을 표시한 후 그 봉서표면에 제출연월일을 기재하고 유언자와 증인이 각자 서명 또는 기명날인하여야 한다.

이 방식에 의한 유언봉서는 그 표면에 기재된 날로부터 5일내에 공증인 또는 법원서기에게 제출하여 그 봉인상에 확정일자인을 받아야 한다(민법 제1069조).

구수증서(口授證書)에 의한 유언

구수증서에 의한 유언은 질병 기타 급박한 사유로 인하여 전4조의 방식에 의할 수 없는 경우에 유언자가 2인 이상의 증인의 참여로 그 1인에게 유언의 취지를 구수하고 그 구수를 받은 자가 이를 필기 낭독하여 유언자의 증인이 그 정확함을 승인한 후 각자 서명 또는 기명날인하여야 한다.

이 방식에 의한 유언은 그 증인 또는 이해관계인이 급박한 사유의 종료한 날로부터 7일내에 법원에 그 검인을 신청하여야 한다.

제1063조 제2항의 규정은 구수증서에 의한 유언에 적용하지 아니한다(민법 제1070조).

> * 민법
>
> 제1063조(피성년후견인의 유언능력) ① 피성년후견인은 의사능력이 회복된 때에만 유언을 할 수 있다.
>
> ② 제1항의 경우에는 의사가 심신 회복의 상태를 유언서에 부기(附記)하고 서명날인하여야 한다.

비밀증서에 의한 유언의 자필증서에 의한 유언으로의 전환

비밀증서에 의한 유언이 그 방식에 흠결이 있는 경우에 그 증서가 자필증서의 방식에 적합한 때에는 자필증서에 의한 유언으로 본다(민법 제1071조).

증인의 결격사유

제1072조(증인의 결격사유) ① 다음 각 호의 어느 하나에 해당하는 사람은 유언에 참여하는 증인이 되지 못한다.

1. 미성년자
2. 피성년후견인과 피한정후견인
3. 유언으로 이익을 받을 사람, 그의 배우자와 직계혈족

② 공정증서에 의한 유언에는 「공증인법」에 따른 결격자는 증인이 되지 못한다.

대법원판례

민법 제1066조에서 규정하는 자필증서에 의한 유언은 유언자가 그 전문과 연월일, 주소 및 성명을 자서(自書)하는 것이 절대적 요건이므로 전자복사기를 이용하여 작성한 복사본은 이에 해당하지 아니하나, 주소를 쓴 자리가 반드시 유언 전문 및 성명이 기재된 지편이어야 하는 것은 아니고 유언서의 일부로 볼 수 있는 이상 그 전문을 담은 봉투에 기재하더라도 무방하며, 날인은 인장 대신에 무인에 의한 경우에도 유효하다.

자필증서에 의한 유언에 있어서 그 증서에 문자의 삽입, 삭제 또는 변경을 함에는 민법 제1066조 제2항의 규정에 따라 유언자가 이를 자서하고 날인하여야 하나, 자필증서 중 증서의 기재 자체에 의하더라도 명백한 오기를 정정한 것에 지나지 않는다면 설령 그 수정 방식이 위 법조항에 위배된다고 할지라도 유언자의 의사를 용이하게 확인할 수 있으므로, 이러한 방식의 위배는 유언의 효력에 영향을 미치지 아니한다.

민법 제1091조에서 규정하고 있는 유언증서에 대한 법원의 검인은 유언증서의 형식 · 태양 등 유언의 방식에 관한 모든 사실을 조사 · 확인하고 그 위조 · 변조를 방지하며, 또한 보존을 확실히 하기 위한 일종의 검증절차 내지는 증거보전절차로서, 유언이 유언자의 진의에 의한 것인지 여부나 적법한지 여부를 심사하는 것이 아님은 물론 직접 유언의 유효 여부를 판단하는 심판이 아니고, 또한 민법 제1092조에서 규정하는 유언증서의 개봉절차는 봉인된 유언증서의 검인에는 반드시 개봉이 필요하므로 그에 관한 절차를 규정한 데에 지나지 아니하므로, 적법한 유언은 이러한 검인이나 개봉절차를 거치지 않더라도 유언자의 사망에 의하여 곧바로 그 효력이 생기는 것이며, 검인이나 개봉절차의 유무에 의하여 유언의 효력이 영향을 받지 아니한다(대법원 1998. 6. 12. 선고 97다38510 판결).

민법 제1065조 내지 제1070조가 유언의 방식을 엄격하게 규정한 것은 유언자의 진의를 명확히 하고 그로 인한 법적 분쟁과 혼란을 예방하기 위한 것이므로, 법정된 요건과 방식에 어긋난 유언은 그것이 유언자의 진정한 의사에 합치하더라도 무효이다.

민법 제1068조 소정의 '공정증서에 의한 유언'에서 '유언취지의 구수'라고 함은 말로써 유언의 내용을 상대방에게 전달하는 것을 뜻하는 것이므로 이를 엄격하게 제한하여 해석하여야 하지만, 공증인이 유언자의 의사에 따라 유언의 취지를 작성하고 그 서면에 따라 유언자에게 질문을 하여 유언자의 진의를 확인한 다음 유언자에게 필기된 서면을 낭독하여 주었고, 유언자가 유언의 취지를 정확히 이해할 의사식별능력이 있고 유언의 내용이나 유언 경위로 보아 유언 자체가 유언자의 진정한 의사에 기한 것으로 인정할 수 있는 경우에는, 위와 같은 '유언취지의 구수' 요건을 갖추었다고 보아야 한다.
공증 변호사가 미리 작성하여 온 공정증서에 따라, 의식이 명료하고 언어소통에 지장이 없는 유언자에게 질문하여 유증의사를 확인하고 그 증서의 내용을 읽어주어 이의 여부도 확인한 다음 자필서명을 받은 경우, 위 공정증서에 의한유언은 민법 제1068조에서 정한 요건을 모두 갖추었다고 한 사례(대법원2007. 10. 25. 선고 2007다51550,51567 판결).

민법 제1066조 제1항은 "자필증서에 의한 유언은 유언자가 그 전문과 연월일, 주소, 성명을 자서하고 날인하여야 한다."고 규정하고 있으므로, 연월일의 기재가 없는 자필유언증서는 효력이 없다. 그리고 자필유언증서의 연월일은 이를 작성한 날로서 유언능력의 유무를 판단하거나 다른 유언증서와 사이에 유언 성립의 선후를 결정하는 기준일이 되므로, 그 작성일을 특정할 수 있게 기재하여야 한다. 따라서 연·월만 기재하고 일의 기재가 없는 자필유언증서는 그 작성일을 특정할 수 없으므로 효력이 없다(대법원 2009. 5. 14. 선고 2009다9768 판결).

공정증서에 의한 유언은 유언자가 공증인의 면전에서 유언의 취지를 구수하여 작성되어야 하는 것이므로, 뇌혈전증으로 병원에 입원치료 중인 유언자가 불완전한 의식상태와 언어장애 때문에 말을 못하고 고개만 끄덕거리면서 반응을 할 수 있을 뿐인 의학상 소위 가면성 정신상태하에서 공증인이 유언내용의 취지를 유언자에게 말하여 주고 "그렇소?"하고 물으면 유언자는 말은 하지 않고 고개만 끄덕거리면 공증인의 사무원이 그 내용을 필기하고 이를 공증인이 낭독하는 방법으로 유언서가 작성되었다면 이는 유언자가 구수한 것이라고 할 수 없으므로 무효이다(대법원 1980. 12. 23. 선고 80므18 판결).

40. 유류분(遺留分)

유류분의 권리자와 유류분

유류분은 피상속인의 유언에 의한 재산처분의 자유를 인정하되 상속인의 상속에 대한 기대와 생계유지를 보장해 줄 목적 아래 법으로 최소한의 상속분을 정해 놓은 제도이다. 유류분은 유증에 우선한다. 유류분권리자는 피상속인의 직계비속, 배우자, 직계존속 및 형제자매이다.

제1112조(유류분의 권리자와 유류분) 상속인의 유류분은 다음 각 호에 의한다.

1. 피상속인의 직계비속은 그 법정상속분의 2분의 1
2. 피상속인의 배우자는 그 법정상속분의 2분의 1
3. 피상속인의 직계존속은 그 법정상속분의 3분의 1
4. 피상속인의 형제자매는 그 법정상속분의 3분의 1

유류분의 산정

유류분은 피상속인의 상속개시시에 있어서 가진 재산의 가액에 증여재산의 가액을 가산하고 채무의 전액을 공제하여 이를 산정한다.
조건부의 권리 또는 존속기간이 불확정한 권리는 가정법원이 선임한 감정인의 평가에 의하여 그 가격을 정한다(민법 제1113조).

유류분 산정에 산입될 증여

증여는 상속개시전의 1년간에 행한 것에 한하여 제1113조의 규정에 의하여 그 가액을 산정한다. 당사자 쌍방이 유류분권리자에 손해를 가할 것을 알고 증여를 한 때에는 1년전에 한 것도 같다(민법 제1114조).

유류분의 보전

유류분권리자가 피상속인의 제1114조에 규정된 증여 및 유증으로 인하여 그 유류분에 부족이 생긴 때에는 부족한 한도에서 그 재산의 반환을 청구할 수 있다.
이 경우에 증여 및 유증을 받은 자가 수인인 때에는 각자가 얻은 유증가액의 비례로 반환하여야 한다(민법 제1115조).

반환의 순서

증여에 대하여는 유증을 반환받은 후가 아니면 이것을 청구할 수 없다(민법 제1116조).

유류분 반환의 소멸시효

반환의 청구권은 유류분권리자가 상속의 개시와 반환하여야 할 증여 또는 유증을 한 사실을 안 때로부터 1년내에 하지 아니하면 시효에 의하여 소멸한다. 상속이 개시한 때로부터 10년을 경과한 때도 같다(민법 제1117조).

준용규정

제1001조, 제1008조, 제1010조의 규정은 유류분에 이를 준용한다(민법 제1118조).

* 민법

제1001조(대습상속) 전조 제1항 제1호와 제3호의 규정에 의하여 상속인이 될 직계비속 또는 형제자매가 상속개시전에 사망하거나 결격자가 된 경우에 그 직계비속이 있는 때에는 그 직계비속이 사망하거나 결격된 자의 순위에 갈음하여 상속인이 된다.

제1008조(특별수익자의 상속분) 공동상속인 중에 피상속인으로부터 재산의 증여 또는 유증을 받은 자가 있는 경우에 그 수증재산이 자기의 상속분에 달하지 못한 때에는 그 부족한 부분의 한도에서 상속분이 있다.

제1010조(대습상속분) ① 제1001조의 규정에 의하여 사망 또는 결격된 자에 갈음하여 상속인이 된 자의 상속분은 사망 또는 결격된 자의 상속분에 의한다.

② 전항의 경우에 사망 또는 결격된 자의 직계비속이 수인인 때에는 그 상속분은 사망 또는 결격된 자의 상속분의 한도에서 제1009조의 규정에 의하여 이를 정한다. 제1003조 제2항의 경우에도 또한 같다.

대법원판례

유류분권리자의 유류분 부족액은 유류분액에서 특별수익액과 순상속분액을 공제하는 방법으로 산정하는데, 피상속인이 상속개시 시에 채무를 부담하고 있던 경우 유류분액은 민법 제1113조 제1항에 따라 피상속인이 상속개시 시에 가진 재산의 가액에 증여재산의 가액을 가산하고, 채무의 전액을 공제하여 유류분 산정의 기초가 되는 재산액을 확정한 다음, 거기에 민법 제1112조에서 정한 유류분 비율을 곱하여 산정한다. 그리고 유류분액에서 공제할 순상속분액은 특별수익을 고려한 구체적인 상속분에서 유류분권리자가 부담하는 상속채무를 공제하여 산정하고, 이때 유류분권리자의 구체적인 상속분보다 유류분권리자가 부담하는 상속채무가 더 많다면 그 초과분을 유류분액에 가산하여 유류분 부족액을 산정하여야 한다(대법원 2022. 1. 27. 선고 2017다265884 판결).

증여 또는 유증을 받은 재산 등의 가액이 자기 고유의 유류분액을 초과하는 수인의 공동상속인이 유류분권리자에게 반환하여야 할 재산과 범위를 정할 때에, 수인의 공동상속인이 유증받은 재산의 총 가액이 유류분권리자의 유류분 부족액을 초과하는 경우에는 유류분 부족액의 범위 내에서 각자의 수유재산(受遺財産)을 반환하면 되는 것이지 이를 놓아두고 수증재산(受贈財産)을 반환할 것은 아니다. 이 경우 수인의 공동상속인이 유류분권리자의 유류분 부족액을 각자의 수유재산으로 반환할 때 분담하여야 할 액은 각자 증여 또는 유증을 받은 재산 등의 가액이 자기 고유의 유류분액을 초과하는 가액의 비율에 따라 안분하여 정하되, 그중 어느 공동상속인의 수유재산의 가액이 그의 분담액에 미치지 못하여 분담액 부족분이 발생하더라도 이를 그의 수증재산으로 반환할 것이 아니라, 자신의 수유재산의 가액이 자신의 분담액을 초과하는 다른 공동상속인들이 위 분담액 부족분을 위 비율에 따라 다시 안분하여 그들의 수유재산으로 반환하여야 한다. 나아가 어느 공동상속인 1인이 수개의 재산을 유증받아 각 수유재산으로 유류분권리자에게 반환하여야 할 분담액을 반환하는 경우, 반환하여야 할 각 수유재산의 범위는 특별한 사정이 없는 한 민법 제1115조 제2항을 유추적용하여 각 수유재산의 가액에 비례하여 안분하는 방법으로 정함이 타당하다.
우리 민법은 유류분제도를 인정하여 제1112조부터 제1118조까지 이에 관하여 규정하면서도 유류분의 반환방법에 관하여는 별도의 규정을 두고 있지 않다. 다만, 제1115조 제1항이 "부족한 한도에서 그 재산의 반환을 청구할 수 있다."고 규정한 점 등에 비추어 볼 때 반환의무자는 통상적으로 증여 또는 유증 대상 재산 자체를 반환하면 될 것이나 원물반환이 불가능한 경우에는 가액 상당액을 반환할 수밖에 없다. 원물반환이 가능하더라도 유류분권리자와 반환의무자 사이에 가액으로 이를 반환하기로 협의가 이루어지거나 유류분권리자의 가액반환청구에 대하여 반환의무자가 이를 다투지 않은 경우에는 법원은 가액반환을 명할 수 있지만, 유류분권리자의 가액반환청구에 대하여 반환의무자가 원물반환을 주장하며 가액반환에 반대하는 의사를 표시한 경우에는 반환의무자의 의사에 반하여 원물반환이 가능한 재산에 대하여 가액반환을 명할 수 없다.
금전채무와 같이 급부의 내용이 가분인 채무가 공동상속된 경우, 이는 상속개시와 동시에 당연히 공동상속인들에게 법정상속분에 따라 상속된 것으로 봄이 타당하므로, 법정상속분 상당의 금전채무는 유류분권리자의 유류분 부족액을 산정할 때 고려하여야 할 것이나, 공동상속인 중 1인이 자신의 법정상속분 상당의 상속채무 분담액을 초과하여 유류분권리자의 상속채무 분담액까지 변제한 경우에는 유류분권리자를 상대로 별도로 구상권을 행사하여 지급받거나 상계를 하는 등의 방법으로 만족을 얻는 것은 별론으로 하고, 그러한 사정을 유류분권리자의 유류분 부족액 산정 시 고려할 것은 아니다.
유류분권리자가 반환의무자를 상대로 유류분반환청구권을 행사하는 경우 그의 유류분을 침해하는 증여 또는 유증은 소급적으로 효력을 상실하므로, 반환의무자는 유류분권리자의 유류분을 침해하는 범위 내에서 그와 같이 실효된 증여 또는 유증의 목적물을 사용·수익할 권리를 상실하게 되고, 유류분권리자의 목적물에 대한 사용·수익권은 상속개시의 시점에 소급하여 반환의무자에 의하여 침해당한 것이 된다. 그러나 민법 제201조 제1항은 "선의의 점유자는 점유물의 과실을 취득한다."고 규정하고 있고, 점유자는 민법 제197조에 의하여 선의로 점유한 것으로 추정되므로, 반환의무자가 악의의 점유자라는 사정이 증명되지 않는 한 반환의무자는 목적물에 대하여 과실수취권이 있다고 할 것이어서 유류분권리자에게 목적물의 사용이익 중 유류분권리자에게 귀속되었어야 할 부분을 부당이득으로 반환할 의무가 없다. 다만, 민법 제197조 제2항은 "선의의 점유자라도 본권에 관한 소에 패소한 때에는 그 소가 제기된 때로부터 악의의 점유자로 본다."고 규정하고 있고, 민법 제201조 제2항은 "악의의 점유자는 수취한 과실을 반환하여야 하며 소비하였거나 과실로 인하여 훼손 또는 수취하지 못한 경우에는 그 과실의 대가를 보상하여야 한다."고 규정하고 있으므로, 반환의무자가 악의의 점유자라는 점이 증명된 경우에는 악의의 점유자로 인정된 시점부터, 그렇지 않다고 하더라도 본권에 관한 소에서 종국판결에 의하여 패소로 확정된 경우에는 소가 제기된 때로부터 악의의 점유자로 의제되어 각 그때부터 유류분권리자에게 목적물의 사용이익 중 유류분권리자에게 귀속되었어야 할 부분을 부당이득으로 반환할 의무가 있다 (대법원 2013. 3. 14. 선고 2010다42624,42631 판결).

유류분 권리자가 유류분반환청구를 함에 있어 증여 또는 유증을 받은 다른 공동상속인이 수인일 때에는 민법이 정한 유류분 제도의 목적과 민법 제1115조 제2항의 취지에 비추어 다른 공동상속인들 중 각자 증여받은 재산 등의 가액이 자기 고유의 유류분액을 초과하는 상속인만을 상대로 하여 그 유류분액을 초과한 금액의 비율에 따라서 반환청구를 할 수 있다고 하여야 하고, 공동상속인과 공동상속인이 아닌 제3자가 있는 경우에는 그 제3자에게는 유류분이라는 것이 없으므로, 공동상속인은 자기 고유의 유류분액을 초과한 금액을 기준으로 하여, 제3자는 그 수증가액을 기준으로 하여 각 그 금액의 비율에 따라 반환청구를 할 수 있다고 하여야 한다(대법원 1996. 2. 9. 선고 95다17885 판결).

유류분반환청구권의 행사는 재판상 또는 재판 외에서 상대방에 대한 의사표시의 방법으로 할 수 있고, 이 경우 그 의사표시는 침해를 받은 유증 또는 증여행위를 지정하여 이에 대한 반환청구의 의사를 표시하면 그것으로 족하며, 그로 인하여 생긴 목적물의 이전등기청구권이나 인도청구권 등을 행사하는 것과는 달리 그 목적물을 구체적으로 특정하여야 하는 것은 아니고, 민법 제1117조에 정한 소멸시효의 진행도 그 의사표시로 중단된다(대법원 2002. 4. 26. 선고 2000다8878 판결).

제4편

민사소송 일반

1. 소송의 관할

보통재판적

소(訴)는 피고의 보통재판적(普通裁判籍)이 있는 곳의 법원이 관할한다(민소법 제2조).
'재판적'이란 법원의 토지관할을 인정하는 기준이 되는 장소를 말하는데, 그 중에서도 보통재판적이란 당사자나 사건의 종류와 상관없이 일반적으로 인정되는 재판적을 말한다. 보통재판적에 대응하는 개념은 특별재판적이다.

사람의 보통재판적

사람의 보통재판적은 그의 주소에 따라 정한다. 다만, 대한민국에 주소가 없거나 주소를 알 수 없는 경우에는 거소에 따라 정하고, 거소가 일정하지 아니하거나 거소도 알 수 없으면 마지막 주소에 따라 정한다(민소법 제3조).

법인 등의 보통재판적

법인, 그 밖의 사단 또는 재단의 보통재판적은 이들의 주된 사무소 또는 영업소가 있는 곳에 따라 정하고, 사무소와 영업소가 없는 경우에는 주된 업무담당자의 주소에 따라 정한다.
외국법인, 그 밖의 사단 또는 재단에 적용하는 경우 보통재판적은 대한민국에 있는 이들의 사무소・영업소 또는 업무담당자의 주소에 따라 정한다(민소법 제5조).

국가의 보통재판적

국가의 보통재판적은 그 소송에서 국가를 대표하는 관청 또는 대법원이 있는 곳으로 한다(민소법 제6조).
국가를 당사자 또는 참가인으로 하는 소송(이하 "국가소송"이라 한다)에서는 법무부장관이 국가를 대표한다(「국가를 당사자로 하는 소송에 관한 법률」 제2조).

근무지의 특별재판적

사무소 또는 영업소에 계속하여 근무하는 사람에 대하여 소를 제기하는 경우에는 그 사무소 또는 영업소가 있는 곳을 관할하는 법원에 제기할 수 있다(민소법 제7조).

▒ 거소지 또는 의무이행지의 특별재판적

재산권에 관한 소를 제기하는 경우에는 거소지 또는 의무이행지의 법원에 제기할 수 있다(민소법 제8조).

금전채권은 지참채무(持參債務)이다. 지참채무의 의무이행지는 채권자의 주소지이다.

▒ 어음 · 수표 지급지의 특별재판적

어음 · 수표에 관한 소를 제기하는 경우에는 지급지의 법원에 제기할 수 있다(민소법 제9조).

▒ 선원 · 군인 · 군무원에 대한 특별재판적

선원에 대하여 재산권에 관한 소를 제기하는 경우에는 선적(船籍)이 있는 곳의 법원에 제기할 수 있다.

군인 · 군무원에 대하여 재산권에 관한 소를 제기하는 경우에는 군사용 청사가 있는 곳 또는 군용 선박의 선적이 있는 곳의 법원에 제기할 수 있다(민소법 제10조).

▒ 재산이 있는 곳의 특별재판적

대한민국에 주소가 없는 사람 또는 주소를 알 수 없는 사람에 대하여 재산권에 관한 소를 제기하는 경우에는 청구의 목적 또는 담보의 목적이나 압류할 수 있는 피고의 재산이 있는 곳의 법원에 제기할 수 있다(민소법 제11조).

▒ 사무소 · 영업소가 있는 곳의 특별재판적

사무소 또는 영업소가 있는 사람에 대하여 그 사무소 또는 영업소의 업무와 관련이 있는 소를 제기하는 경우에는 그 사무소 또는 영업소가 있는 곳의 법원에 제기할 수 있다(민소법 제12조).

선적(船籍)이 있는 곳, 선박이 있는 곳의 특별재판적

선박 또는 항해에 관한 일로 선박소유자, 그 밖의 선박이용자에 대하여 소를 제기하는 경우에는 선적이 있는 곳의 법원에 제기할 수 있다(민소법 제13조).
선박채권(船舶債權), 그 밖에 선박을 담보로 한 채권에 관한 소를 제기하는 경우에는 선박이 있는 곳의 법원에 제기할 수 있다(민소법 제14조).

사원 등에 대한 특별재판적

회사, 그 밖의 사단이 사원에 대하여 소를 제기하거나 사원이 다른 사원에 대하여 소를 제기하는 경우에는 그 소가 사원의 자격으로 말미암은 것이면 회사, 그 밖의 사단의 보통재판적이 있는 곳의 법원에 소를 제기할 수 있다.
사단 또는 재단이 그 임원에 대하여 소를 제기하거나 회사가 그 발기인 또는 검사인에 대하여 소를 제기하는 경우에도 위와 같다(민소법 제15조).

사원 등에 대한 특별재판적

회사, 그 밖의 사단의 채권자가 그 사원에 대하여 소를 제기하는 경우에는 그 소가 사원의 자격으로 말미암은 것이면 제15조에 규정된 법원에 제기할 수 있다(민소법 제16조).
회사, 그 밖의 사단, 재단, 사원 또는 사단의 채권자가 그 사원·임원·발기인 또는 검사인이었던 사람에 대하여 소를 제기하는 경우와 사원이었던 사람이 그 사원에 대하여 소를 제기하는 경우에는 제15조 및 제16조의 규정을 준용한다(민소법 제17조).

불법행위지의 특별재판적

불법행위에 관한 소를 제기하는 경우에는 행위지의 법원에 제기할 수 있다.
선박 또는 항공기의 충돌이나 그 밖의 사고로 말미암은 손해배상에 관한 소를 제기하는 경우에는 사고선박 또는 항공기가 맨 처음 도착한 곳의 법원에 제기할 수 있다(민소법 제18조).

부동산이 있는 곳의 특별재판적

부동산에 관한 소를 제기하는 경우에는 부동산이 있는 곳의 법원에 제기할 수 있다(민소법 제20조).

등기 · 등록에 관한 특별재판적

등기 · 등록에 관한 소를 제기하는 경우에는 등기 또는 등록할 공공기관이 있는 곳의 법원에 제기할 수 있다(민소법 제21조).

상속 · 유증 등의 특별재판적

상속(相續)에 관한 소 또는 유증(遺贈), 그 밖에 사망으로 효력이 생기는 행위에 관한 소를 제기하는 경우에는 상속이 시작된 당시 피상속인의 보통재판적이 있는 곳의 법원에 제기할 수 있다(민소법 제22조).

상속채권, 그 밖의 상속재산에 대한 부담에 관한 것으로 제22조의 규정에 해당되지 아니하는 소를 제기하는 경우에는 상속재산의 전부 또는 일부가 제22조의 법원관할구역 안에 있으면 그 법원에 제기할 수 있다(민소법 제23조).

지식재산권 등에 관한 특별재판적

제24조(지식재산권 등에 관한 특별재판적) ① 특허권, 실용신안권, 디자인권, 상표권, 품종보호권(이하 "특허권등"이라 한다)을 제외한 지식재산권과 국제거래에 관한 소를 제기하는 경우에는 제2조 내지 제23조의 규정에 따른 관할법원 소재지를 관할하는 고등법원이 있는 곳의 지방법원에 제기할 수 있다. 다만, 서울고등법원이 있는 곳의 지방법원은 서울중앙지방법원으로 한정한다.

② 특허권등의 지식재산권에 관한 소를 제기하는 경우에는 제2조부터 제23조까지의 규정에 따른 관할법원 소재지를 관할하는 고등법원이 있는 곳의 지방법원의 전속관할로 한다. 다만, 서울고등법원이 있는 곳의 지방법원은 서울중앙지방법원으로 한정한다.

③ 제2항에도 불구하고 당사자는 서울중앙지방법원에 특허권등의 지식재산권에 관한 소를 제기할 수 있다.

▒ 관련재판적

제25조(관련재판적) ① 하나의 소로 여러 개의 청구를 하는 경우에는 제2조 내지 제24조의 규정에 따라 그 여러 개 가운데 하나의 청구에 대한 관할권이 있는 법원에 소를 제기할 수 있다.

② 소송목적이 되는 권리나 의무가 여러 사람에게 공통되거나 사실상 또는 법률상 같은 원인으로 말미암아 그 여러 사람이 공동소송인(共同訴訟人)으로서 당사자가 되는 경우에는 제1항의 규정을 준용한다.

▒ 합의관할

당사자는 합의로 제1심 관할법원을 정할 수 있다. 이 합의는 일정한 법률관계로 말미암은 소에 관하여 서면으로 하여야 한다(민소법 제29조).

▒ 변론관할

피고가 제1심 법원에서 관할위반이라고 항변(抗辯)하지 아니하고 본안(本案)에 대하여 변론(辯論)하거나 변론준비기일(辯論準備期日)에서 진술하면 그 법원은 관할권을 가진다(민소법 제30조).

2. 선정당사자

▒ 선정당사자의 뜻

선정당사자(選定當事者)란 공동의 이해관계 있는 다수의 사람이 공동소송인이 되어 소송을 하여야 할 경우에 전부를 위해 소송을 수행할 당사자로 선출된 자를 말한다. 우리 민사소송법 제53조 1항에 규정되어 있다. 선정은 선정자 각자가 그 소송권한을 선정당사자에게 수여하는 임의적 소송신탁(訴訟信託)으로 위임계약이 아니다. 선정당사자는 서면으로 그 자격을 증명하여야 하며, 다른 사람을 위하여 원고나 피고가 된 사람(선정당사자)에 대한 확정판결은 다른 사람(선정자)에 대하여도 효력이 미친다.

공동의 이해관계를 가진 여러 사람이 제52조의 규정에 해당되지 아니하는 경우에는, 이들은 그 가운데에서 모두를 위하여 당사자가 될 한 사람 또는 여러 사람을 선정하거나 이를 바꿀 수 있다.
소송이 법원에 계속된 뒤 당사자를 바꾼 때에는 그 전의 당사자는 당연히 소송에서 탈퇴한 것으로 본다(민소법 제53조).

* 민사소송법
제52조(법인이 아닌 사단 등의 당사자능력) 법인이 아닌 사단이나 재단은 대표자 또는 관리인이 있는 경우에는 그 사단이나 재단의 이름으로 당사자가 될 수 있다.

선정당사자 일부의 자격상실

제53조의 규정에 따라 선정된 여러 당사자 가운데 죽거나 그 자격을 잃은 사람이 있는 경우에는 다른 당사자가 모두를 위하여 소송행위를 한다(민소법 제54조).

대법원판례

민사소송법 제53조의 선정당사자는 공동의 이해관계를 가진 여러 사람 중에서 선정되어야 하므로, 선정당사자 본인에 대한 부분의 소가 취하되거나 판결이 확정되는 등으로 공동의 이해관계가 소멸하는 경우에는 선정당사자는 선정당사자의 자격을 당연히 상실한다(대법원 2006. 9. 28. 선고 2006다28775 판결).

민사소송법 제53조에서 "공동의 이해관계를 가진 여러 사람이 제52조의 규정에 해당되지 아니하는 경우에는, 이들은 그 가운데에서 모두를 위하여 당사자가 될 한 사람 또는 여러 사람을 선정하거나 이를 바꿀 수 있다(제1항). 소송이 법원에 계속된 뒤 제1항의 규정에 따라 당사자를 바꾼 때에는 그 전의 당사자는 당연히 소송에서 탈퇴한 것으로 본다(제2항)."라고 규정하고 있는데, 선정당사자 자신도 공동의 이해관계를 가진 사람으로서 선정행위를 하였다면, 선정행위를 하였다는 의미에서 선정자로 표기하는 것이 허용되지 않는다고 할 수 없으므로, 선정당사자를 선정자로 표기하는 것이 위법하다고 볼 수 없다(대법원 2011. 9. 8. 선고 2011다17090 판결).

갑 등이 을 등을 상대로 소송을 제기하면서 그들 모두를 위한 선정당사자로 병을 선정하여 소송을 수행하도록 하였는데, 병이 선정당사자 지위에서 을 등과 '을 등은 연대하여 병에게 500만 원을 지급하고, 병은 소송을 취하하며 민·형사상의 책임을 묻지 않겠다.'는 취지로 합의한 후 소를 취하한 사안에서, 병이 소송 도중 을 등과 한 합의는 갑 등을 위하여 500만 원을 지급받는 대신 소송을 취하하여 종료시킴과 아울러 을 등을 상대로 동일한 소송을 다시 제기하지 않기로 한 것으로서, 이는 선정당사자가 할 수 있는 소송수행에 필요한 사법(私法)상의 행위에 해당하고, 갑 등으로부터 개별적인 동의를 받았는지에 관계없이 그들 모두에게 그 효력이 미친다(대법원 2012. 3. 15. 선고 2011다105966 판결).

소송구조는 이를 받은 사람에게만 효력이 미치는 것이므로 여러 선정자가 그 중의 여러 사람을 선정당사자로 선정하고 그 선정당사자가 소송구조를 신청한 경우에 있어서는, 그 선정당사자와 선정자와의 관계를 밝히고 어느 선정자에 대하여 어느 범위에서 소송구조를 하는 것인지를 명백히 하여야 한다(대법원2003. 5. 23.자 2003마89 결정).

공동의 이해관계가 있는 다수자는 선정당사자를 선정할 수 있는 것인바, 이 경우 공동의 이해관계란 다수자 상호간에 공동소송인이 될 관계에 있고, 또 주요한 공격방어방법을 공통으로 하는 것을 의미한다고 할 것이므로 다수자의 권리·의무가 동종이며 그 발생원인이 동종인 관계에 있는 것만으로는 공동의 이해관계가 있는 경우라고 할 수 없을 것이어서 선정당사자의 선정을 허용할 것은 아니다(대법원 1997. 7. 25. 선고 97다362 판결).

선정당사자의 제도가 당사자 다수의 소송에 있어서 소송절차를 간소화, 단순화하여 소송의 효율적인 진행을 도모하는 것을 목적으로 하고, 선정된 자가 당사자로서 소송의 종료에 이르기까지 소송을 수행하는 것이 그 본래의 취지임에 비추어 보면, 제1심에서 제출된 선정서에 사건명을 기재한 다음에 '제1심 소송절차에 관하여' 또는 '제1심 소송절차를 수행하게 한다.'라는 문언이 기재되어 있는 경우라 하더라도, 특단의 사정이 없는 한, 그 기재는 사건명 등과 더불어선정당사자를 선정하는 사건을 특정하기 위한 것으로 보아야 하고, 따라서 그 선정의 효력은 제1심의 소송에 한정하는 것이 아니라 소송의 종료에 이르기까지 계속하는 것으로 해석함이 상당하다(대법원 1995. 10. 5.자 94마2452 결정).

선정당사자는 선정자들로부터 소송수행을 위한 포괄적인 수권을 받은 것으로서 일체의 소송행위는 물론 소송수행에 필요한 사법상의 행위도 할 수 있는 것이고 개개의 소송행위를 함에 있어서 선정자의 개별적인 동의가 필요한 것은 아니다(대법원 2003. 5. 30. 선고 2001다10748 판결).

당사자선정서 작성례

당 사 자 선 정 서

사건　　2022가합0000 부동산소유권이전등기

원고　　○○○ (000000-0000000)

피고 1.　　○○○ (000000-0000000)

2.　　○○○ (000000-0000000)

3.　　○○○ (000000-0000000)

위 사건에 관하여 아래 사람을 민사소송법 제53조 제1항에 따라 피고들을 위한 선정당사자로 선정합니다.

아　　래

선정당사자　　성명 : ○○○

주소 :

전화번호 :

전자우편주소 :

2022. 0. 0.

선정자 1. 성명 : ○○○ (인)

주소 :

전화번호 :

2. 성명 : ○○○ (인)

주소 :

전화번호 :

3. 성명 : ○○○ (인)

주소 :

전화번호 :

○○지방법원 귀중

참고사항

* 당사자선정에는 비용을 지출하지 않는다.
* 소송의 결과 선정당사자가 패소판결을 받으면 소송비용은 선정당사자가 부담한다.
* 선정자를 표시함에 있어서는 선정당사자도 선정자에 포함시키는 것이 법원의 실무관행이다.

3. 공동소송

공동소송의 뜻

민사소송에 있어서는 한 사람의 원고와 한 사람의 피고가 대립한 가운데서 심리를 진행시키고 판결을 하는 것을 원칙으로 한다. 소송을 통하여 해결해야 될 분쟁은 두 사람의 대립자간의 것이며, 이러한 분쟁을 이들 두 사람 사이에서 해결하게 되면 사법(司法)의 당면과

제는 다 한 것으로 생각하는 방법이다. 이것을 두 당사자 대립의 원칙이라고 하며 이 원칙에 따른 소송의 성립을 두 당사자 대립구조라 부른다. 두 당사자 대립구조의 소송절차에 있어서는 절차의 개시, 심판의 대상, 절차의 종결을 당사자의 처분에 맡기는 한편 그 결과인 판결의 효력은 이 두 당사자 사이에서만 통용되는 것을 원칙으로 한다. 따라서 일반적으로 소송의 당사자는 원고·피고가 한 사람씩인 경우가 많다. 그러나 실생활상의 분쟁관계는 3인 이상의 당사자의 대립을 가져오는 경우가 적지 아니하며 소송이 언제나 한 사람의 원고와 한 사람의 피고밖에 포함하지 않는다고 할 수는 없다. 원고 또는 피고 혹은 그 쌍방이 여러 사람이 있을 경우, 즉 소송주체의 다수의 경우를 공동소송이라고 부르는데, 여기에도 처음부터 공동소송의 형태를 취하는 형식, 즉 소의 주관적 병합과 소송참가의 형식에 의하여 나중에 당사자가 늘어나는 경우 등이 있다.

'보통공동소송'은 한 사람의 원고와 한 사람의 피고가 대립하는 소송이 몇 개가 하나로 묶이게 되고 더욱이 그 하나하나의 소송을 다른 것과 떨어져서 심리·판결할 수도 있다는 독립된 관계에 놓여 있는 것을 말한다. 한 개의 소송절차 가운데 한 사람의 채권자가 여러 사람의 별개 채무자에 대하여 대금의 반환을 청구하거나 동일사고의 피해자 여러 명이 한 사람의 가해자에 대하여 각자의 손해배상을 청구하는 경우를 일컫는다. 보통공동소송은 한 소송절차에 관계하는 당사자의 수가 두 사람 이상이라는 점이 일반과 다를 따름이며 실질적으로는 두 당사자 대립구조의 예외를 만드는 것은 아니다. 심리 중 공통으로 행할 수 있는 절차를 공통으로 행하는 것이 있다는 것뿐이며, 소송 그 자체는 제각기 독립된 것으로 보고 처리된다. 두 당사자 대립구조의 관철을 예시하면 예컨대 한 사람의 원고가 어떤 가옥의 소유권 확인을 여러 명의 피고에 대해 제기한 경우, 이론상은 이 여러 개의 소송은 전부가 일률적으로 원고승소로 되느냐 또는 패소로 되느냐로 귀착되는 것이지만, 소송법상에서는 그 하나하나가 다른 것과 무관계로 처리되는 것이므로 이 원고의 승패는 피고마다 다른 경우도 있다. 그래서 이러한 여러 개의 소가 공동소송으로 묶여 있더라도 위의 사정에는 변함이 없다. 즉, 이러한 경우는 보통공동소송이 된다.

'고유필수적 공동소송' 또는 '고유필요적 공동소송'은 관계자 전원이 공동으로 하는 경우에 한하여 그 법률관계를 소송에 있어서 주장하거나 다투거나 할 수 있으며, 제각기 별도의 당사자가 될 때에는 그 분쟁을 해결할 재판을 받을 수 없는 경우를 말한다. 즉, 소송의 결과가 공동소송인 전원에 대하여 법률상 합일적으로 확정되어야 할 공동소송을 말한다. 예를 들면 조합재산에 관한 소송을 제기하기 위해서는 조합원 전원이 공동원고가 되지 않으면 아니 되며, 제3자가 어떤 부부의 혼인의 취소를 구하는 소를 제기하는 경우는 반드시 그 남편의 처를 공동피고로 하지 않으면 아니 되며, 더욱 이와 같이 하여 성립하는 공동소송은 상대적 해결을 하는 것은 법률상 허용되지 않는다. 이에 반하여 논리상 해결이 제각기 다르다는 것이 이상하다는 것만으로는 필요적 공동소송이 되지 않는다. 고유필수적 공동소송은 공동소송이 벌률상 강제되는 점에서 유사필수적 공동소송과 구별되기도 한다.

'유사필수적 공동소송'은 여러 명의 당사자가 제각기 별도로 소를 제기할 수 있으나 이들 당사자 한 편에 대하여 내린 판결이 다른 편에도 효력을 미친다는 관계에 놓여 있으므로, 그들에 대한 판결내용이 동일하지 않으면 아니 된다는 요청에서 합일확정(合一確定)이 행하여지는 경우를 말한다. 예를 들면 A와 B가 공동원고가 되어 회사설립 무효의 소를 제기하였다고 가정한다. B가 원고가 되지 않더라도 법률의 특별규정에 의하여 A가 제기한 소에 대한 판결의 효력을 받도록 되어 있다(상법 제190조). B가 제기한 소에 대하여도 A의 관계는 위의 경우와 같다. 그래서 A의 소와 B의 소가 내용이 상이한 판결을 받았다고 하는 경우, A의 입장에서 보면 자기에 대하여 내린 판결의 효력과 B에 대한 판결에서 간접적으로 미치는 효력이 일치하지 않는 상태로 된다. 그래서 A와 B에 대한 판결내용을 언제나 동일하게 하는 것이 필요하게 되는 것이다. 따라서 필요적 공동소송에서는 공동소송인의 한 사람이 행한 유리한 행위는 전원이 행하지 않으면 아니 된다는 등 심리를 일률적으로 행하도록 규정되어 있다.

공동소송의 요건

소송목적이 되는 권리나 의무가 여러 사람에게 공통되거나 사실상 또는 법률상 같은 원인으로 말미암아 생긴 경우에는 그 여러 사람이 공동소송인으로서 당사자가 될 수 있다. 소송목적이 되는 권리나 의무가 같은 종류의 것이고, 사실상 또는 법률상 같은 종류의 원인으로 말미암은 것인 경우에도 또한 같다(민소법 제65조).

공동소송인의 지위

공동소송인 가운데 한 사람의 소송행위 또는 이에 대한 상대방의 소송행위와 공동소송인 가운데 한 사람에 관한 사항은 다른 공동소송인에게 영향을 미치지 아니한다(민소법 제66조).

필수적 공동소송에 대한 특별규정

소송목적이 공동소송인 모두에게 합일적으로 확정되어야 할 공동소송의 경우에 공동소송인 가운데 한 사람의 소송행위는 모두의 이익을 위하여서만 효력을 가진다.
필수적 공동소송에서 공동소송인 가운데 한 사람에 대한 상대방의 소송행위는 공동소송인 모두에게 효력이 미친다.
필수적 공동소송에서 공동소송인 가운데 한 사람에게 소송절차를 중단 또는 중지하여야 할 이유가 있는 경우 그 중단 또는 중지는 모두에게 효력이 미친다(민소법 제67조).

필수적 공동소송인의 추가

법원은 필수적 공동소송인 가운데 일부가 누락된 경우에는 제1심의 변론을 종결할 때까지 원고의 신청에 따라 결정으로 원고 또는 피고를 추가하도록 허가할 수 있다. 다만, 원고의 추가는 추가될 사람의 동의를 받은 경우에만 허가할 수 있다.
이 허가결정을 한 때에는 허가결정의 정본을 당사자 모두에게 송달하여야 하며, 추가될 당사자에게는 소장부본도 송달하여야 한다.
공동소송인이 추가된 경우에는 처음의 소가 제기된 때에 추가된 당사자와의 사이에 소가 제기된 것으로 본다.
이 허가결정에 대하여 이해관계인은 추가될 원고의 동의가 없었다는 것을 사유로 하는 경우에만 즉시항고를 할 수 있다. 즉시항고는 집행정지의 효력을 가지지 아니한다.
공동소송인추가 신청을 기각한 결정에 대하여는 즉시항고를 할 수 있다(민소법 제68조).

필수적 공동소송에 대한 특별규정

필수적 공동소송인 가운데 한 사람이 상소를 제기한 경우에 다른 공동소송인이 그 상소심에서 하는 소송행위에는 제56조 제1항의 규정을 준용한다.

> * 민사소송법
>
> **제56조(법정대리인의 소송행위에 관한 특별규정)** ① 미성년후견인, 대리권 있는 성년후견인 또는 대리권 있는 한정후견인이 상대방의 소 또는 상소제기에 관하여 소송행위를 하는 경우에는 그 후견감독인으로부터 특별한 권한을 받을 필요가 없다.

예비적 · 선택적 공동소송에 대한 특별규정

공동소송인 가운데 일부의 청구가 다른 공동소송인의 청구와 법률상 양립할 수 없거나 공동소송인 가운데 일부에 대한 청구가 다른 공동소송인에 대한 청구와 법률상 양립할 수 없는 경우에는 제67조 내지 제69조를 준용한다. 다만, 청구의 포기·인낙, 화해 및 소의 취하의 경우에는 그러하지 아니하다.

이러한 소송에서는 모든 공동소송인에 관한 청구에 대하여 판결을 하여야 한다(민소법 제70조).

대법원판례

주주총회결의의 부존재 또는 무효 확인을 구하는 소의 경우, 상법 제380조에 의해 준용되는 상법 제190조 본문에 따라 청구를 인용하는 판결은 제3자에 대하여도 효력이 있다. 이러한 소를 여러 사람이 공동으로 제기한 경우 당사자 1인이 받은 승소판결의 효력이 다른 공동소송인에게 미치므로 공동소송인 사이에 소송법상 합일확정의 필요성이 인정되고, 상법상 회사관계소송에 관한 전속관할이나 병합심리 규정(상법 제186조, 제188조)도 당사자 간 합일확정을 전제로 하는 점 및 당사자의 의사와 소송경제 등을 함께 고려하면, 이는 민사소송법 제67조가 적용되는 필수적 공동소송에 해당한다(대법원 2021. 7. 22. 선고 2020다284977 전원합의체 판결).

민사소송법 제70조 제1항에서 '법률상 양립할 수 없다'는 것은, 동일한 사실관계에 대한 법률적인 평가를 달리하여 두 청구 중 어느 한 쪽에 대한 법률효과가 인정되면 다른 쪽에 대한 법률효과가 부정됨으로써 두 청구가 모두 인용될 수는 없는 관계에 있는 경우나, 당사자들 사이의 사실관계 여하에 의하여 또는 청구원인을 구성하는 택일적 사실인정에 의하여 어느 일방의 법률효과를 긍정하거나 부정하고 이로써 다른 일방의 법률효과를 부정하거나 긍정하는 반대의 결과가 되는 경우로서, 두 청구들 사이에서 한 쪽 청구에 대한 판단 이유가 다른 쪽 청구에 대한 판단 이유에 영향을 주어 각 청구에 대한 판단 과정이 필연적으로 상호 결합되어 있는 관계를 의미하며, 실체법적으로 서로 양립할 수 없는 경우뿐 아니라 소송법상으로 서로 양립할 수 없는 경우를 포함한다. 주관적·예비적 공동소송에서 주위적 공동소송인과 예비적 공동소송인 중 어느 한 사람이 상소를 제기하면 다른 공동소송인에 관한 청구 부분도 확정이 차단되고 상소심에 이심되어 심판대상이 되고, 이러한 경우 상소심의 심판대상은 주위적·예비적 공동소송인들 및 그 상대방 당사자 사이의 결론의 합일확정의 필요성을 고려하여 그 심판의 범위를 판단하여야 한다. 한편, 소유권이전등기가 차례로 경료된 경우 최종 명의인을 상대로 그 말소를 구하는 소송과 그 직전 명의인을 상대로 소유권이전등기를 구하는 소송은 권리관계의 합일적인 확정을 필요로 하는 필수적 공동소송이 아니라 통상 공동소송이며, 이와 같은 통상 공동소송에서는 공동당사자들 상호간의 공격방어방법의 차이에 따라 모순되는 결론이 발생할 수 있으므로, 통상 공동소송에서 상소로 인한 확정차단의 효력은 상소인과 그 상대방에 대해서만 생기고, 다른 공동소송인에 대한 청구에 대하여는 미치지 아니한다(대법원 2011. 9. 29. 선고 2009다7076 판결).

고유필요적 공동소송에 있어서 공동소송인 중 1인에게 중단 또는 중지의 원인이 발생한 때에는 다른 공동소송인에 대하여도 중단 또는 중지의 효과가 미치므로 공동소송인 전원에 대하여 소송절차의 진행이 정지되고, 그 정지기간 중에는 유효한 소송행위를 할 수 없다. 피고등의 합유로 소유권이전등기가 마쳐진 부동산에 대하여 원고의 명의신탁해지로 인한 소유권이전등기이행청구소송은 합유재산에 관한 소송으로서 고유필요적 공동소송에 해당된다. 피고 중 1인이 사망 당시 소송대리인이 있어 소송중단의 효과가 발생하지 아니하였다고 하더라도 판결이 송달되면 그와 동시에 (고유필요적) 공동소송인 전원에 대하여 중단의 효과가 발생한다(대법원 1983. 10. 25. 선고 83다카850 판결).

합유로 소유권이전등기가 된 부동산에 관하여 명의신탁 해지를 원인으로 한 소유권이전등기절차의 이행을 구하는 소송은 합유물에 관한 소송으로서 합유자 전원에 대하여 합일적으로 확정되어야 하는 고유필수적 공동소송에 해당한다.

이와 같은 고유필수적 공동소송에 있어서는 공동소송인 중 일부가 제기한 상소 또는 공동소송인 중 일부에 대한 상대방의 상소는 다른 공동소송인에게도 그 효력이 미치는 것이므로, 공동소송인 전원에 대한 관계에서 판결의 확정이 차단되고 그 소송은 전체로서 상소심에 이심되며, 상소심판결의 효력은 상소를 하지 아니한 공동소송인에게 미치므로, 상소심으로서는 공동소송인 전원에 대하여 심리 · 판단하여야 한다.
따라서 고유필수적 공동소송에 대하여 본안판결을 할 때에는 공동소송인 전원에 대하여 하나의 종국판결을 선고하여야 하고, 공동소송인 일부에 대해서만 판결하거나 남은 공동소송인에 대해 추가판결을 하는 것은 모두 허용될 수 없다(대법원 2011. 2. 10. 선고 2010다82639 판결).

공탁금출급을 원하는 피공탁자가 다른 피공탁자들을 상대로 제기하는 공탁금출급청구권 확인소송은 권리관계의 합일적인 확정을 필요로 하는 필수적 공동소송이 아니라 통상공동소송이므로, 그러한 공동소송 관계의 판결에 대하여 공동소송인 중 일부에 대해서만 불복한 경우에는 그 부분만 상소심으로 이심이 되고, 상소심의 심판권한의 범위도 당연히 그 부분에 한정된다(대법원 2021. 4. 29. 선고 2018다279255, 279262, 279279 판결).

주관적 · 예비적 공동소송은 동일한 법률관계에 관하여 모든 공동소송인이 서로 간의 다툼을 하나의 소송절차로 한꺼번에 모순 없이 해결하는 소송형태로서 모든 공동소송인에 대한 청구에 관하여 판결을 하여야 하고(민사소송법 제70조 제2항), 그중 일부 공동소송인에 대해서만 판결을 하거나 남겨진 당사자를 위하여 추가판결을 하는 것은 허용되지 않는다. 그리고 주관적 · 예비적 공동소송에서 주위적 공동소송인과 예비적 공동소송인 중 어느 한 사람이 상소를 제기하면 다른 공동소송인에 관한 청구 부분도 확정이 차단되고 상소심에 이심되어 심판대상이 된다.
민사소송법은 주관적 · 예비적 공동소송에 대하여 필수적 공동소송에 관한 규정인 제67조 내지 제69조를 준용하도록 하면서도 소의 취하의 경우에는 예외를 인정하고 있다(제70조 제1항 단서). 따라서 공동소송인 중 일부가 소를 취하하거나 일부 공동소송인에 대한 소를 취하할 수 있고, 이 경우 소를 취하하지 않은 나머지 공동소송인에 관한 청구 부분은 여전히 심판의 대상이 된다(대법원 2018. 2. 13. 선고 2015다242429 판결).

복수채권자의 채권을 담보하기 위하여 그 복수채권자와 채무자가 채무자소유의 부동산에 관하여 복수채권자 전원을 공동매수인으로 하는 매매예약을 체결하고 그에 따른 소유권이전등기청구권보전의 가등기를 경료한 경우에 복수채권자는 매매예약완결권을 준공동소유하는 관계에 있다고 풀이할 것이고, 매매예약완결권의 행사, 즉 채무자에 대한 매매예약완결의 의사표시 및 이에 따른 가등기에 기한 소유권이전등기의 이행을 구하는 소의 제기는 매매예약완결권의 보존행위가 아니라 그 처분행위라 할 것이므로, 매매예약완결의 의사표시는 채무자에 대하여 복수채권자 전원에 의하여 공동으로 행사되어야 하고, 채권자가 채무자에 대한 매매예약완결에 따른 매매목적물의 가등기에 기한 소유권이전의 본등기절차의 이행을 구하는 소는 필요적 공동소송으로서 매매예약완결권을 준공동소유하고 있는 복수채권자 전원이 제기하여야 한다(대법원 1985. 5. 28. 선고 84다카2188 판결).

4. 변호사 아닌 자의 소송대리

소송대리인의 자격

법률에 따라 재판상 행위를 할 수 있는 대리인 외에는 변호사가 아니면 소송대리인이 될 수 없다(민소법 제87조).

소송대리인 자격의 예외

단독판사가 심리·재판하는 사건 가운데 그 소송목적의 값이 일정한 금액 이하인 사건에서, 당사자와 밀접한 생활관계를 맺고 있고 일정한 범위안의 친족관계에 있는 사람 또는 당사자와 고용계약 등으로 그 사건에 관한 통상사무를 처리·보조하여 오는 등 일정한 관계에 있는 사람이 법원의 허가를 받은 때에는 제87조를 적용하지 아니한다.
법원의 허가를 받을 수 있는 사건의 범위, 대리인의 자격 등에 관한 구체적인 사항은 대법원규칙으로 정한다. 법원은 언제든지 이 허가를 취소할 수 있다(민소법 제88조).

* 민사소송규칙[시행 2021. 11. 18.]

제15조(단독사건에서 소송대리의 허가) ① 단독판사가 심리·재판하는 사건으로서 다음 각 호의 어느 하나에 해당하는 사건에서는 변호사가 아닌 사람도 법원의 허가를 받아 소송대리인이 될 수 있다.

1. 「민사 및 가사소송의 사물관할에 관한 규칙」 제2조 단서 각 호의 어느 하나에 해당하는 사건

↳ 민사 및 가사소송의 사물관할에 관한 규칙[시행 2022. 3. 1.]

제2조(지방법원 및 그 지원 합의부의 심판범위) 지방법원 및 지방법원지원의 합의부는 소송목적의 값이 5억원을 초과하는 민사사건 및 「민사소송 등 인지법」 제2조 제4항의 규정에 해당하는 민사사건을 제1심으로 심판한다. 다만, 다음 각 호의 1에 해당하는 사건을 제외한다.

1. 수표금·약속어음금 청구사건
2. 은행·농업협동조합·수산업협동조합·축산업협동조합·산림조합·신용협동조합·신용보증기금·기술신용보증기금·지역신용보증재단·새마을금고·상호저축은행·종합금융회사·시설대여회사·보험회사·신탁회사·증권회사·신용카드회사·할부금융회사 또는 신기술사업금융회사가 원고인 대여금·구상금·보증금 청구사건
3. 「자동차손해배상 보장법」에서 정한 자동차·원동기장치자전거·철도차량의 운행 및 근로자의 업무상재해로 인한 손해배상 청구사건과 이에 관한 채무부존재확인사건
4. 단독판사가 심판할 것으로 합의부가 결정한 사건

2. 제1호 사건 외의 사건으로서 다음 각 목의 어느 하나에 해당하지 아니하는 사건

가. 소송목적의 값이 소제기 당시 또는 청구취지 확장(변론의 병합 포함) 당시 1억원을 넘는 소송사건

나. 가목의 사건을 본안으로 하는 신청사건 및 이에 부수하는 신청사건(다만, 가압류·다툼의 대상에 관한 가처분 신청사건 및 이에 부수하는 신청사건은 제외한다)

② 제1항과 법 제88조 제1항의 규정에 따라 법원의 허가를 받을 수 있는 사람은 다음 각 호 가운데 어느 하나에 해당하여야 한다.

1. 당사자의 배우자 또는 4촌 안의 친족으로서 당사자와의 생활관계에 비추어 상당하다고 인정되는 경우
2. 당사자와 고용, 그 밖에 이에 준하는 계약관계를 맺고 그 사건에 관한 통상사무를 처리·보조하는 사람으로서 그 사람이 담당하는 사무와 사건의 내용 등에 비추어 상당하다고 인정되는 경우

③ 제1항과 법 제88조 제1항에 규정된 허가신청은 서면으로 하여야 한다.

④ 제1항과 법 제88조 제1항의 규정에 따른 허가를 한 후 사건이 제1항 제2호 각 목의 어느 하나에 해당하는 사건(다만, 제1항 제1호에 해당하는 사건은 제외한다) 또는 민사소송등인지법 제2조 제4항에 해당하게 된 때에는 법원은 허가를 취소하고 당사자 본인에게 그 취지를 통지하여야 한다.

소송대리권의 증명

소송대리인의 권한은 서면으로 증명하여야 한다. 소송대리권을 증명하는 서면이 사문서인 경우에는 법원은 공증인, 그 밖의 공증업무를 보는 사람(이하 "공증사무소"라 한다)의 인증을 받도록 소송대리인에게 명할 수 있다(민소법 제89조).

소송대리권의 범위

제90조(소송대리권의 범위) ① 소송대리인은 위임을 받은 사건에 대하여 반소(反訴)·참가·강제집행·가압류·가처분에 관한 소송행위 등 일체의 소송행위와 변제(辨濟)의 영수를 할 수 있다.

② 소송대리인은 다음 각 호의 사항에 대하여는 특별한 권한을 따로 받아야 한다.

1. 반소의 제기
2. 소의 취하, 화해, 청구의 포기·인낙 또는 제80조의 규정에 따른 탈퇴

↳ **제80조(독립당사자참가소송에서의 탈퇴)** 제79조의 규정에 따라 자기의 권리를 주장하기 위하여 소송에 참가한 사람이 있는 경우 그가 참가하기 전의 원고나 피고는 상대방의 승낙을 받아 소송에서 탈퇴할 수 있다. 다만, 판결은 탈퇴한 당사자에 대하여도 그 효력이 미친다.

제79조(독립당사자참가) ① 소송목적의 전부나 일부가 자기의 권리라고 주장하거나, 소송결과에 따라 권리가 침해된다고 주장하는 제3자는 당사자의 양 쪽 또는 한 쪽을 상대방으로 하여 당사자로서 소송에 참가할 수 있다.

② 제1항의 경우에는 제67조 및 제72조의 규정을 준용한다.

3. 상소의 제기 또는 취하
4. 대리인의 선임

소송대리권의 제한

소송대리권은 제한하지 못한다. 다만, 변호사가 아닌 소송대리인에 대하여는 그러하지 아니하다(민소법 제91조).

당사자의 결정권

소송대리인의 사실상 진술은 당사자가 이를 곧 취소하거나 경정(更正)한 때에는 그 효력을 잃는다(민소법 제94조).

소송대리권의 불소멸

제95조(소송대리권이 소멸되지 아니하는 경우) 다음 각 호 가운데 어느 하나에 해당하더라도 소송대리권은 소멸되지 아니한다.

1. 당사자의 사망 또는 소송능력의 상실
2. 당사자인 법인의 합병에 의한 소멸
3. 당사자인 수탁자(受託者)의 신탁임무의 종료
4. 법정대리인의 사망, 소송능력의 상실 또는 대리권의 소멸ㆍ변경

제96조(소송대리권이 소멸되지 아니하는 경우) ① 일정한 자격에 의하여 자기의 이름으로 남을 위하여 소송당사자가 된 사람에게 소송대리인이 있는 경우에 그 소송대리인의 대리권은 당사자가 자격을 잃더라도 소멸되지 아니한다.

② 제53조의 규정에 따라 선정된 당사자가 그 자격을 잃은 경우에는 제1항의 규정을 준용한다.

* 민사소송법

제53조(선정당사자) ① 공동의 이해관계를 가진 여러 사람이 제52조의 규정에 해당되지 아니하는 경우에는, 이들은 그 가운데에서 모두를 위하여 당사자가 될 한 사람 또는 여러 사람을 선정하거나 이를 바꿀 수 있다.

② 소송이 법원에 계속된 뒤 제1항의 규정에 따라 당사자를 바꾼 때에는 그 전의 당사자는 당연히 소송에서 탈퇴한 것으로 본다.

법정대리인에 관한 규정의 준용

소송대리인에게는 제58조 제2항ㆍ제59조ㆍ제60조 및 제63조의 규정을 준용한다(민소법 제97조).

> * 민사소송법
>
> **제58조(법정대리권 등의 증명)** ① 법정대리권이 있는 사실 또는 소송행위를 위한 권한을 받은 사실은 서면으로 증명하여야 한다. 제53조의 규정에 따라서 당사자를 선정하고 바꾸는 경우에도 또한 같다.
>
> ② 제1항의 서면은 소송기록에 붙여야 한다.
>
> **제59조(소송능력 등의 흠에 대한 조치)** 소송능력ㆍ법정대리권 또는 소송행위에 필요한 권한의 수여에 흠이 있는 경우에는 법원은 기간을 정하여 이를 보정(補正)하도록 명하여야 하며, 만일 보정하는 것이 지연됨으로써 손해가 생길 염려가 있는 경우에는 법원은 보정하기 전의 당사자 또는 법정대리인으로 하여금 일시적으로 소송행위를 하게 할 수 있다.
>
> **제60조(소송능력 등의 흠과 추인)** 소송능력, 법정대리권 또는 소송행위에 필요한 권한의 수여에 흠이 있는 사람이 소송행위를 한 뒤에 보정된 당사자나 법정대리인이 이를 추인(追認)한 경우에는, 그 소송행위는 이를 한 때에 소급하여 효력이 생긴다.
>
> **제63조(법정대리권의 소멸통지)** ① 소송절차가 진행되는 중에 법정대리권이 소멸한 경우에는 본인 또는 대리인이 상대방에게 소멸된 사실을 통지하지 아니하면 소멸의 효력을 주장하지 못한다. 다만, 법원에 법정대리권의 소멸사실이 알려진 뒤에는 그 법정대리인은 제56조 제2항의 소송행위를 하지 못한다.
>
> ② 제53조의 규정에 따라 당사자를 바꾸는 경우에는 제1항의 규정을 준용한다.

5. 소송구조

소송구조의 뜻

소송구조란 소송비용(재판비용, 당사자비용)을 지출할 자금능력이 부족한 사람의 신청에 의하여 또는 직권으로 법원이 소송비용의 납입을 유예하거나 면제시켜 줌으로써 비용을 들이지 않고 재판을 받을 수 있도록 하는 제도를 말한다. 다만 법원은 패소할 것이 분명한 경우에는 소송구조를 하지 아니한다. 소송구조의 신청인은 구조의 사유를 소명하여야 한다.

소송구조에 대한 재판은 소송기록을 보관하고 있는 법원이 한다.

소송구조 요건의 구체적인 내용과 소송구조 절차에 관하여 상세한 사항은 대법원규칙으로 정한다(민소법 제128조).

* 민사소송규칙[시행 2021. 11. 18.]

제24조(구조신청의 방식) ① 법 제128조 제1항의 규정에 따른 소송구조신청은 서면으로 하여야 한다.

② 제1항의 신청서에는 신청인 및 그와 같이 사는 가족의 자금능력을 적은 서면을 붙여야 한다.

제25조(소송비용의 지급 요청) ① 법 제128조 제1항의 규정에 따라 구조결정을 한 사건에 관하여 증거조사나 서류의 송달을 위한 비용, 그 밖에 당사자가 미리 내야 할 소송비용을 지출할 사유가 발생한 때에는 법원사무관등은 서면이나 재판사무시스템을 이용한 전자적인 방법으로 경비출납공무원에게 그 소송비용의 대납지급을 요청하여야 한다.

② 제1항의 경우에는 제21조 제2항의 규정을 준용한다.

소송구조의 객관적 범위

제129조(구조의 객관적 범위) ① 소송과 강제집행에 대한 소송구조의 범위는 다음 각 호와 같다. 다만, 법원은 상당한 이유가 있는 때에는 다음 각 호 가운데 일부에 대한 소송구조를 할 수 있다.

1. 재판비용의 납입유예
2. 변호사 및 집행관의 보수와 체당금(替當金)의 지급유예
3. 소송비용의 담보면제
4. 대법원규칙이 정하는 그 밖의 비용의 유예나 면제

② 제1항 제2호의 경우에는 변호사나 집행관이 보수를 받지 못하면 국고에서 상당한 금액을 지급한다.

소송구조 효력의 주관적 범위

소송구조는 이를 받은 사람에게만 효력이 미친다. 법원은 소송승계인에게 미루어 둔 비용의 납입을 명할 수 있다(민소법 제130조).

소송구조의 취소

소송구조를 받은 사람이 소송비용을 납입할 자금능력이 있다는 것이 판명되거나, 자금능력

이 있게 된 때에는 소송기록을 보관하고 있는 법원은 직권으로 또는 이해관계인의 신청에 따라 언제든지 구조를 취소하고, 납입을 미루어 둔 소송비용을 지급하도록 명할 수 있다(민소법 제131조).

납입유예비용의 추심

소송구조를 받은 사람에게 납입을 미루어 둔 비용은 그 부담의 재판을 받은 상대방으로부터 직접 지급받을 수 있다.
이 경우에 변호사 또는 집행관은 소송구조를 받은 사람의 집행권원으로 보수와 체당금에 관한 비용액의 확정결정신청과 강제집행을 할 수 있다.
변호사 또는 집행관은 보수와 체당금에 대하여 당사자를 대위(代位)하여 제113조 또는 제114조의 결정신청을 할 수 있다(민소법 제132조).

불복신청

소송구조의 절에 규정한 재판에 대하여는 즉시항고를 할 수 있다. 다만, 상대방은 제129조 제1항 제3호의 소송구조결정을 제외하고는 불복할 수 없다(민소법 제133조).

대법원판례

소송구조는 이를 받은 사람에게만 효력이 미치는 것이므로 여러 선정자가 그 중의 여러 사람을 선정당사자로 선정하고 그 선정당사자가 소송구조를 신청한 경우에 있어서는, 그 선정당사자와 선정자와의 관계를 밝히고 어느 선정자에 대하여 어느 범위에서 소송구조를 하는 것인지를 명백히 하여야 한다(대법원2003. 5. 23.자 2003마89 결정).

비송사건절차법에서 민사소송법의 개별 규정을 준용하고 있으나 소송구조에 관한 규정은 준용하지 않고 있으므로(비송사건절차법 제8조, 제10조 참조), 비송사건절차법이 적용 또는 준용되는 비송사건은 소송구조의 대상이 되지 아니하고, 이러한 비송사건을 대상으로 하는 소송구조 신청은 부적법하다(대법원2009. 9. 10.자 2009스89 결정).

민사소송법은 제128조 제1항에서 법원이 소송비용을 지출할 자금능력이 부족한 사람의 신청에 따라 또는 직권으로 소송구조(訴訟救助)를 할 수 있다고 규정하고, 제129조 제1항에서 소송구조의 객관적인 범위로 '변호사의 보수'(제2호)와 '소송비용의 담보면제'(제3호)를 별도로 규정하고 있다.

변호사의 보수에 대한 소송구조는 쟁점이 복잡하거나 당사자의 소송수행능력이 현저히 부족한 경우 또는 소송의 내용이 공익적 성격을 지니고 있는 경우에 소송수행과정에서 변호사의 조력이 필요한 사건을 위해 마련된 것이다. 여기에서 말하는 '변호사의 보수'는 변호사가 소송구조결정에 따라 소송구조를 받을 사람을 위하여 소송을 수행한 대가를 의미하고, 소송구조를 받을 사람의 상대방을 위한 변호사 보수까지 포함된다고 볼 수는 없다.

'소송비용의 담보면제'는 법원이 민사소송법 제117조에 따라 원고에게 피고가 부담하게 될 소송비용에 대한 담보를 제공하도록 명한 경우 소송구조의 요건을 갖춘 원고가 재판을 받을 수 있도록 위 담보를 제공할 의무를 면제해 주기 위해 마련된 것이다. 따라서 소송비용 담보제공명령의 담보액에 대해 소송구조를 받기 위해서는 민사소송법 제129조 제1항 제3호에서 정한 '소송비용의 담보면제'에 대한 소송구조결정을 받아야 한다(대법원 2017. 4. 7. 선고 2016다251994 판결).

행정소송법 제8조 제2항에 의하여 준용되는 민사소송법상 소송구조는 민사소송 등 인지법 제1조 본문에 정한 '다른 법률에 특별한 규정이 있는 경우'에 해당하므로, 소송구조신청이 있는 경우 원칙적으로 그에 대한 기각결정이 확정될 때까지는 인지첩부의무의 발생이 저지되어 재판장은 소장 등에 인지가 첩부되어 있지 않다는 이유로 소장 등을 각하할 수 없다. 소송구조신청이 있는 경우 인지첩부의무의 발생이 저지된다는 것은 소송구조신청을 기각하는 재판이 확정될 때까지 인지첩부의무의 이행이 정지 또는 유예되는 것을 의미하고, 소송구조신청이 있었다고 하여 종전에 이루어진 인지보정명령의 효력이 상실된다고 볼 근거는 없으므로, 종전의 인지보정명령에 따른 보정기간 중에 제기된 소송구조신청에 대하여 기각결정이 확정되면 재판장으로서는 다시 인지보정명령을 할 필요는 없지만 종전의 인지보정명령에 따른 보정기간 전체가 다시 진행되어 그 기간이 경과한 때에 비로소 소장 등에 대한 각하명령을 할 수 있다(대법원 2008. 6. 2.자 2007무77 결정).

소송구조신청서 작성례

소 송 구 조 신 청 서

신 청 인(원고)　　○○○ (000000-0000000)
주소 :
전화번호 :
전자우편주소 :

피신청인(피고)　　○○○ (000000-0000000)
주소 :
전화번호 :

신청인(원고)은 위 당사자 사이의 귀원 2022가합0000호(2022. 0. 0. 소제기) 사건에 관하여 아래와 같은 사유로 소송구조를 신청합니다.

아　　　래

1. 소송관계
별지 소장 사본과 같습니다.

2. 신청인의 자력
신청인은 ○○주식회사에 근무하여 월 2,000,000원 정도의 수입이 있었는데, 그 수입만으로는 처와 자녀 2명의 생활비로도 부족이 있었습니다. 그런데 이번 교통사고로 인하여 3개월 동안은 일을 할 수도 없었고, 다른 재산도 없습니다. 따라서 이 사건의 소송비용이 신청인에게는 과중하여 이를 지출할 자력이 없습니다.

3. 승소 가능성

이 사건 교통사고는 상대방(피신청인)의 피용자 ○○○가 중앙선을 침범함으로써 발생한 사고이므로, 상대방(피고)은 신청인(원고)에게 손해배상책임이 있습니다.

첨 부 서 류

1. 소장 사본 1통.
2. 주민등록등본 1통.
3. 급여증명서 1통.
4. 상해진단서 1통.
5. 교통사고증명서 1통.
6. 무자력 소명서 1통.

2022. 0. 0.

위 신청인(원고) ○○○ (인)

○○지방법원 귀중

참고사항

* 수입인지 및 송달료 : 수입인지와 송달료의 금액은 대법원 홈페이지에서 제공하는 서비스를 이용하여 그 액수를 확인한 다음 수납은행에 예납한다.

* 무자력 소명서 : 이는 증명(證明)이 필요한 것은 아니므로, 적극재산이 없거나 매우 빈곤함을 설명함으로써 소명(疏明)하면 충분하다.

* 신청서의 제출 시기 : 소송구조신청서는 소장과 함께 제출하여도 무방하고, 소장을 제출한 직후에(법원의 보정명령 전에) 제출하여도 무방하다.

6. 소의 제기

소제기의 뜻

소는 법원에 소장을 제출함으로써 제기한다(민소법 제제248조). 소장에는 당사자와 법정대리인, 청구의 취지와 원인을 적어야 한다. 소장에는 준비서면에 관한 규정을 준용한다(민소법 제249조).

청구의 취지는 판결서에서 판결주문에 적을 명령문이다. 청구의 원인은 청구취지를 이유있게 하는 설명문이다.

증서의 진정 여부를 확인하는 소

확인의 소는 법률관계를 증명하는 서면이 진정한지 아닌지를 확정하기 위하여서도 제기할 수 있다(민소법 제250조).

장래의 이행을 청구하는 소

장래에 이행할 것을 청구하는 소는 미리 청구할 필요가 있어야 제기할 수 있다(민소법 제251조).

정기금판결과 변경의 소

정기금(定期金)의 지급을 명한 판결이 확정된 뒤에 그 액수산정의 기초가 된 사정이 현저하게 바뀜으로써 당사자 사이의 형평을 크게 침해할 특별한 사정이 생긴 때에는 그 판결의 당사자는 장차 지급할 정기금 액수를 바꾸어 달라는 소를 제기할 수 있다. 이 소는 제1심 판결법원의 전속관할로 한다(민소법 제252조).

소의 객관적 병합

여러 개의 청구는 같은 종류의 소송절차에 따르는 경우에만 하나의 소로 제기할 수 있다(민소법 제253조).

▌소장 부본의 송달

법원은 소장의 부본을 피고에게 송달하여야 한다. 소장의 부본을 송달할 수 없는 경우에는 제254조 제1항 내지 제3항의 규정을 준용한다(민소법 제255조).

* 민사소송법

제254조(재판장등의 소장심사권) ① 소장이 제249조 제1항의 규정에 어긋나는 경우와 소장에 법률의 규정에 따른 인지를 붙이지 아니한 경우에는 재판장은 상당한 기간을 정하고, 그 기간 이내에 흠을 보정하도록 명하여야 한다. 재판장은 법원사무관등으로 하여금 위 보정명령을 하게 할 수 있다.

② 원고가 제1항의 기간 이내에 흠을 보정하지 아니한 때에는 재판장은 명령으로 소장을 각하하여야 한다.

③ 제2항의 명령에 대하여는 즉시항고를 할 수 있다.

▌소장 작성례(대여금청구의 소)

소　　장

원고　　○○○ (000000-0000000)

주소 :

전화번호 :

전자우편주소 :

피고　　○○○ (000000-0000000)

주소 :

전화번호 :

전자우편주소 :

대여금청구의 소

청 구 취 지

1. 피고는 원고에게 돈 100,000,000원 및 위 돈에 대하여 2020. 0. 0.부터 이 사건 소장부본 송달일까지는 연 18%의, 소장부본이 송달된 다음날부터 다 갚는 날까지는 연 12%의 각 비율에 의한 돈을 지급하라.
2. 소송비용은 피고의 부담으로 한다.
3. 위 제1항은 가집행할 수 있다.

라는 판결을 구합니다.

청 구 원 인

1. 원고는 피고에게 2020. 0. 0. 돈 100,000,000원을 대여한 사실이 있었고, 이에 대하여 피고는 2020. 0. 0. 원고에게 차용증을 작성하여 준 사실이 있는바, 변제기는 2021. 0. 0.까지로 하고 이자는 월 1.5%로 약정한 사실이 있습니다.
2. 그런데 피고는 위 변제기일이 지났음에도 불구하고 현재까지 위 차용금과 약정이자를 지급하지 않고 있습니다.
3. 따라서 이 사건 소장부본이 송달되기 전까지는 약정이자를, 소장부본이 송달된 다음날부터 다 갚는 날까지는 소송촉진등에 관한 특례법 소정의 지연손해금을 원금과 함께 지급받고자 이 소를 제기합니다.

입 증 방 법

1. 갑 제1호증 차용증 사본

첨 부 서 류

1. 위 입증방법 1통.
2. 송달료납부서 1통.
3. 소장부본 2통.

2022. 0. 0.

위 원고 ○○○ (인)

○○지방법원 ○○지원 귀중

참고사항

* 인지대 및 송달료 : 인지대와 송달료는 대법원 홈페이지에서 제공하는 계산 서비스를 이용하여 금액을 확인하고, 이를 수납은행에 예납한다.
* 가집행의 선고 : 청구취지에 금전의 지급을 명하는 내용이 포함된 경우에는 '가집행 선고'의 청구취지를 병기한다.
* 입증방법 : 문서 형식의 증거는 소장에 사본을 첨부하여 제출한다.
* 소장부본 : 소장부본은 상대방(피고)의 수에 단독사건은 1통, 합의부사건은 2통을 더한 수만큼 제출한다. 금전의 지급을 명해달라는 청구취지에 기재한 금액이 5억원 이상이면 합의부가 관할한다.
* 관할법원 : 금전을 지급할 채무는 채권자의 주소지를 관할하는 법원에 관할권이 있다.

7. 답변서 및 준비서면

▌답변서의 제출의무

피고가 원고의 청구를 다투는 경우에는 소장의 부본을 송달받은 날부터 30일 이내에 답변서를 제출하여야 한다. 다만, 피고가 공시송달의 방법에 따라 소장의 부본을 송달받은 경우에는 그러하지 아니하다. 법원은 소장의 부본을 송달할 때에 이러한 취지를 피고에게 알려야 한다.
법원은 답변서의 부본을 원고에게 송달하여야 한다.
답변서에는 준비서면에 관한 규정을 준용한다(민소법 제256조).

▌변론 없이 하는 판결

제257조(변론 없이 하는 판결) ① 법원은 피고가 제256조 제1항의 답변서를 제출하지 아니한 때에는 청구의 원인이 된 사실을 자백한 것으로 보고 변론 없이 판결할 수 있다. 다만, 직권으로 조사할 사항이 있거나 판결이 선고되기까지 피고가 원고의 청구를 다투는 취지의 답변서를 제출한 경우에는 그러하지 아니하다.
② 피고가 청구의 원인이 된 사실을 모두 자백하는 취지의 답변서를 제출하고 따로 항변을 하지 아니한 때에는 제1항의 규정을 준용한다.
③ 법원은 피고에게 소장의 부본을 송달할 때에 제1항 및 제2항의 규정에 따라 변론 없이 판결을 선고할 기일을 함께 통지할 수 있다.

▌변론의 집중과 준비

변론은 집중되어야 하며, 당사자는 변론을 서면으로 준비하여야 한다. 단독사건의 변론은 서면으로 준비하지 아니할 수 있다. 다만, 상대방이 준비하지 아니하면 진술할 수 없는 사항은 그러하지 아니하다(민소법 제272조).

▌준비서면의 제출 등

준비서면은 그것에 적힌 사항에 대하여 상대방이 준비하는 데 필요한 기간을 두고 제출하여야 하며, 법원은 상대방에게 그 부본을 송달하여야 한다(민소법 제273조).

준비서면에 기재할 사항

제274조(준비서면의 기재사항) ① 준비서면에는 다음 각 호의 사항을 적고, 당사자 또는 대리인이 기명날인 또는 서명한다.

1. 당사자의 성명·명칭 또는 상호와 주소
2. 대리인의 성명과 주소
3. 사건의 표시
4. 공격 또는 방어의 방법
5. 상대방의 청구와 공격 또는 방어의 방법에 대한 진술
6. 덧붙인 서류의 표시
7. 작성한 날짜
8. 법원의 표시

② 제1항 제4호 및 제5호의 사항에 대하여는 사실상 주장을 증명하기 위한 증거방법과 상대방의 증거방법에 대한 의견을 함께 적어야 한다.

준비서면의 첨부서류

당사자가 가지고 있는 문서로서 준비서면에 인용한 것은 그 등본 또는 사본을 붙여야 한다. 문서의 일부가 필요한 때에는 그 부분에 대한 초본을 붙이고, 문서가 많을 때에는 그 문서를 표시하면 된다. 위의 문서는 상대방이 요구하면 그 원본을 보여주어야 한다(민소법 제275조).

준비서면에 적지 아니한 효과

준비서면에 적지 아니한 사실은 상대방이 출석하지 아니한 때에는 변론에서 주장하지 못한다. 다만, 제272조 제2항 본문의 규정에 따라 준비서면을 필요로 하지 아니하는 경우에는 그러하지 아니하다(민소법 제276조).

번역문의 첨부

외국어로 작성된 문서에는 번역문을 붙여야 한다(민소법 제277조). 다만, 번역문의 작성자에는 제한이 없다.

요약준비서면

재판장은 당사자의 공격방어방법의 요지를 파악하기 어렵다고 인정하는 때에는 변론을 종결하기에 앞서 당사자에게 쟁점과 증거의 정리 결과를 요약한 준비서면을 제출하도록 할 수 있다(민소법 제278조).

답변서 작성례

답 변 서

사건 2020가단0000 대여금

원고 ○○○

피고 ○○○

청구취지에 대한 답변

1. 원고의 청구를 기각한다.
2. 소송비용은 원고가 부담한다.

라는 판결을 구합니다.

청구원인에 대한 답변

1. 원고가 청구한 대여금과 그 이자는 2021. 0. 0. 원고의 대리인 ○○○에게 모두 변제한 사실이 있습니다.
2. 따라서 이 사건 원고의 청구는 기각됨이 마땅합니다.

입증방법 및 첨부서류

1. 을 제1호증 영수증 사본 1통.
2. 답변서 부본 2통.

2022. 0. 00.

위 피고 ○○○ (인)

○○지방법원 ○○지원 귀중

참고사항

* 사건번호 : 법원으로부터 소장부본과 함께 송달받은 안내문에 기재된 사건번호를 그대로 옮겨 적는다.
* 당사자의 연락처 : 원고와 피고의 연락처는 원고가 작성한 소장의 개재 내용에 그릇된 점이 없다면 답변서에는 그 기재를 생략한다.
* 갑호증, 을호증 : 원고가 제출하는 증거에는 '갑호증'을, 피고가 제출하는 증거에는 '을호증'을 표기한다.
* 답변서부본 : 답변서의 부본은 상대방의 수에 단독사건은 1통을, 합의부사건은 2통을 더한 수만큼 제출한다.
* 비용 : 답변서에는 비용을 지출하지 않는다.

▒ 준비서면 작성례

준 비 서 면

사건 2022가단0000 토지인도청구

원고 ○○○

피고 ○○○

위 사건에 관하여 피고는 다음과 같이 변론을 준비합니다.

다 음

1. 원고는 소장과 준비서면을 통하여 이 사건 토지에 대하여 피고에게 임대한 사실이 없다고 주장하고 있습니다.
2. 그런데, 원고의 대리인인 사건외 ○○○는 피고와 임대차계약을 체결할 당시 원고 명의의 임감증명서와 인감인장을 가지고 있었고, 실제로도 그 인감인장을 사용하여 임대차계약서를 작성한 사실이 있습니다.
3. 따라서 피고는 원고와의 사이에 적법한 임대차계약이 성립되었으므로, 이 임대차계약에 따른 임대기간이 만료하기 전에는 이 사건 토지를 원고에게 인도하여야 할 의무가 없습니다.

2022. 0. 0.

위 피고 ○○○(인)

○○지방법원 귀중

8. 소송서류의 송달

▌송달사무를 처리하는 사람

송달에 관한 사무는 법원사무관등이 처리한다. 법원사무관등은 송달하는 곳의 지방법원에 속한 법원사무관등 또는 집행관에게 송달사무를 촉탁할 수 있다(민소법 제175조).

▌송달기관

송달은 우편 또는 집행관에 의하거나, 그 밖에 대법원규칙이 정하는 방법에 따라서 하여야 한다. 우편에 의한 송달은 우편집배원이 한다.

송달기관이 송달하는 데 필요한 때에는 경찰공무원에게 원조를 요청할 수 있다(민소법 제176조).

▌법원사무관등에 의한 송달

해당 사건에 출석한 사람에게는 법원사무관등이 직접 송달할 수 있다.

법원사무관등이 그 법원 안에서 송달받을 사람에게 서류를 교부하고 영수증을 받은 때에는 송달의 효력을 가진다(민소법 제177조).

▌교부송달의 원칙

송달은 특별한 규정이 없으면 송달받을 사람에게 서류의 등본 또는 부본을 교부하여야 한다.

송달할 서류의 제출에 갈음하여 조서, 그 밖의 서면을 작성한 때에는 그 등본이나 초본을 교부하여야 한다(민소법 제178조).

▌군관계인에게 할 송달

군사용의 청사 또는 선박에 속하여 있는 사람에게 할 송달은 그 청사 또는 선박의 장에게 한다(민소법 제181조).

▌구속된 사람 등에게 할 송달

교도소·구치소 또는 국가경찰관서의 유치장에 체포·구속 또는 유치(留置)된 사람에게 할 송달은 교도소ㆍ구치소 또는 국가경찰관서의 장에게 한다(민소법 제182조).

▒ 송달장소

송달은 받을 사람의 주소ㆍ거소ㆍ영업소 또는 사무소(이하 "주소등"이라 한다)에서 한다. 다만, 법정대리인에게 할 송달은 본인의 영업소나 사무소에서도 할 수 있다.
위와 같은 장소를 알지 못하거나 그 장소에서 송달할 수 없는 때에는 송달받을 사람이 고용ㆍ위임 그 밖에 법률상 행위로 취업하고 있는 다른 사람의 주소등(이하 "근무장소"라 한다)에서 송달할 수 있다.
송달받을 사람의 주소등 또는 근무장소가 국내에 없거나 알 수 없는 때에는 그를 만나는 장소에서 송달할 수 있다.
주소등 또는 근무장소가 있는 사람의 경우에도 송달받기를 거부하지 아니하면 만나는 장소에서 송달할 수 있다(민소법 제183조).

▒ 송달받을 장소의 신고

당사자ㆍ법정대리인 또는 소송대리인은 주소등 외의 장소(대한민국안의 장소로 한정한다)를 송달받을 장소로 정하여 법원에 신고할 수 있다. 이 경우에는 송달영수인을 정하여 신고할 수 있다(민소법 제184조).

▒ 송달장소변경의 신고의무

당사자ㆍ법정대리인 또는 소송대리인이 송달받을 장소를 바꿀 때에는 바로 그 취지를 법원에 신고하여야 한다.
이 신고를 하지 아니한 사람에게 송달할 서류는 달리 송달할 장소를 알 수 없는 경우 종전에 송달받던 장소에 대법원규칙이 정하는 방법으로 발송할 수 있다(민소법 제185조).

> * 민사소송규칙[시행 2021. 11. 18.]
> **제51조(발송의 방법)** 법 제185조 제2항과 법 제187조의 규정에 따른 서류의 발송은 등기우편으로 한다.

보충송달과 유치송달

제186조(보충송달 · 유치송달) ① 근무장소 외의 송달할 장소에서 송달받을 사람을 만나지 못한 때에는 그 사무원, 피용자(被用者) 또는 동거인으로서 사리를 분별할 지능이 있는 사람에게 서류를 교부할 수 있다.

② 근무장소에서 송달받을 사람을 만나지 못한 때에는 제183조 제2항의 다른 사람 또는 그 법정대리인이나 피용자 그 밖의 종업원으로서 사리를 분별할 지능이 있는 사람이 서류의 수령을 거부하지 아니하면 그에게 서류를 교부할 수 있다.

> ↳ **제183조(송달장소)** ① 송달은 받을 사람의 주소·거소·영업소 또는 사무소(이하 "주소등"이라 한다)에서 한다. 다만, 법정대리인에게 할 송달은 본인의 영업소나 사무소에서도 할 수 있다.
> ② 제1항의 장소를 알지 못하거나 그 장소에서 송달할 수 없는 때에는 송달받을 사람이 고용·위임 그 밖에 법률상 행위로 취업하고 있는 다른 사람의 주소등(이하 "근무장소"라 한다)에서 송달할 수 있다.

③ 서류를 송달받을 사람 또는 제1항의 규정에 의하여 서류를 넘겨받을 사람이 정당한 사유 없이 송달받기를 거부하는 때에는 송달할 장소에 서류를 놓아둘 수 있다.

우편송달

제186조의 규정에 따라 송달할 수 없는 때에는 법원사무관등은 서류를 등기우편 등 대법원규칙이 정하는 방법으로 발송할 수 있다(민소법 제187조).

발신주의

제185조 제2항 또는 제187조의 규정에 따라 서류를 발송한 경우에는 발송한 때에 송달된 것으로 본다(민소법 제189조).

공휴일 등의 송달

제190조(공휴일 등의 송달) ① 당사자의 신청이 있는 때에는 공휴일 또는 해뜨기 전이나 해진 뒤에 집행관 또는 대법원규칙이 정하는 사람에 의하여 송달할 수 있다.

② 제1항의 규정에 따라 송달하는 때에는 법원사무관등은 송달할 서류에 그 사유를 덧붙여 적어야 한다.

③ 제1항과 제2항의 규정에 어긋나는 송달은 서류를 교부받을 사람이 이를 영수한 때에만 효력을 가진다.

▌송달장소 및 송달영수인 신고서 작성례

송달장소 및 송달영수인 신고서

사건 2022가단0000 양수금

원고 ○○○

피고 ○○○

위 사건에 관하여 원고는 다음과 같이 송달장소 및 송달영수인을 신고합니다.

다 음

송달장소 :

송달영수인 : ○○○ (000000-0000000)

2022. 0. 0.

위 원고 ○○○(인)

○○지방법원 민사제○단독 귀중

9. 공시송달

▌공시송달의 요건

제194조(공시송달의 요건) ① 당사자의 주소등 또는 근무장소를 알 수 없는 경우 또는 외국에서 하여야 할 송달에 관하여 제191조의 규정에 따를 수 없거나 이에 따라도 효력이 없을 것으로 인정되는 경우에는 법원사무관등은 직권으로 또는 당사자의 신청에 따라 공시송달을 할 수 있다.

> ↳ **제191조(외국에서 하는 송달의 방법)** 외국에서 하여야 하는 송달은 재판장이 그 나라에 주재하는 대한민국의 대사·공사·영사 또는 그 나라의 관할 공공기관에 촉탁한다.

② 제1항의 신청에는 그 사유를 소명하여야 한다.

③ 재판장은 제1항의 경우에 소송의 지연을 피하기 위하여 필요하다고 인정하는 때에는 공시송달을 명할 수 있다.

④ 재판장은 직권으로 또는 신청에 따라 법원사무관등의 공시송달처분을 취소할 수 있다.

▌공시송달의 방법

공시송달은 법원사무관등이 송달할 서류를 보관하고 그 사유를 법원게시판에 게시하거나, 그 밖에 대법원규칙이 정하는 방법에 따라서 하여야 한다(민소법 제195조).

▌공시송달의 효력발생

첫 공시송달은 제195조의 규정에 따라 실시한 날부터 2주가 지나야 효력이 생긴다. 다만, 같은 당사자에게 하는 그 뒤의 공시송달은 실시한 다음 날부터 효력이 생긴다.

외국에서 할 송달에 대한 공시송달의 경우에는 2월이 지나야 효력이 생긴다.이상의 기간은 줄일 수 없다(민소법 제196조).

10. 가집행선고

가집행선고의 뜻

가집행선고(假執行宣告)는 민사소송법 상의 제도로서 확정되지 아니한 종국판결에 대해 확정판결과 동일한 집행력을 인정함으로써 판결의 내용을 실현시킨 가집행제도에 집행력을 부여한 형성적 재판을 뜻한다. 재산권의 청구에 관한 판결에는 상당한 이유가 없는 한, 당사자의 신청 유무를 불문하고 직권으로 가집행을 할 수 있다는 것을 선고하여야 한다.

그 판결주문에서 "판결을 가집행을 할 수 있다." 고 선고한 때에는 그것에 기초하여 강제집행을 할 수 있다. 패소자가 강제집행의 지연만을 목적으로 상소의 제기를 남용하는 것을 억제하는 역할을 할 뿐만 아니라 가집행선고에 따라 즉시 집행을 당하는 것을 피하기 위하여 제1심에서 모든 소송자료를 제출하게 되기 때문에 심리가 제1심에 집중되는 효과를 거둘 수 있다.

가집행선고 있는 본안판결이 바뀌는 경우에는 원고는 가집행선고에 따라 피고가 지급한 물건을 돌려주어야 할 뿐만 아니라, 가집행으로 말미암은 손해 또는 그 면제를 받기 위하여 입은 손해를 배상하여야 한다. 이를 가집행선고의 실효로 인한 원상회복과 손해배상이라고 한다. 굳이 채무자에게 커다란 위험을 가져오는 미확정판결에 따른 집행을 허용하였음에도 불구하고, 상소심에서 그것이 취소된 때에는 결국 그 집행은 부당한 것이고, 그 부당집행의 결과를 제거하기 위하여 채권자에게 그가 얻은 것을 채무자에게 돌려 줄 의무를 부담시키고 또한 채무자가 그것에 의하여 손해를 입은 경우에는 채무자의 부당한 손해를 피할 수 있기 때문이다.

재산권의 청구에 관한 판결은 가집행(假執行)의 선고를 붙이지 아니할 상당한 이유가 없는 한 직권으로 담보를 제공하거나, 제공하지 아니하고 가집행을 할 수 있다는 것을 선고하여야 한다. 다만, 어음금·수표금 청구에 관한 판결에는 담보를 제공하게 하지 아니하고 가집행의 선고를 하여야 한다.

법원은 직권으로 또는 당사자의 신청에 따라 채권전액을 담보로 제공하고 가집행을 면제받을 수 있다는 것을 선고할 수 있다.

위의 선고는 판결주문에 적어야 한다(민소법 제213조).

▌소송비용 담보 규정의 준용

제213조의 담보에는 제122조·제123조·제125조 및 제126조의 규정을 준용한다(민소법 제214조).

> * 민사소송법
>
> **제122조(담보제공방식)** 담보의 제공은 금전 또는 법원이 인정하는 유가증권을 공탁(供託)하거나, 대법원규칙이 정하는 바에 따라 지급을 보증하겠다는 위탁계약을 맺은 문서를 제출하는 방법으로 한다. 다만, 당사자들 사이에 특별한 약정이 있으면 그에 따른다.
>
> **제123조(담보물에 대한 피고의 권리)** 피고는 소송비용에 관하여 제122조의 규정에 따른 담보물에 대하여 질권자와 동일한 권리를 가진다.
>
> **제125조(담보의 취소)** ① 담보제공자가 담보하여야 할 사유가 소멸되었음을 증명하면서 취소신청을 하면, 법원은 담보취소결정을 하여야 한다.
>
> ② 담보제공자가 담보취소에 대한 담보권리자의 동의를 받았음을 증명한 때에도 제1항과 같다.
>
> ③ 소송이 완결된 뒤 담보제공자가 신청하면, 법원은 담보권리자에게 일정한 기간 이내에 그 권리를 행사하도록 최고하고, 담보권리자가 그 행사를 하지 아니하는 때에는 담보취소에 대하여 동의한 것으로 본다.
>
> ④ 제1항과 제2항의 규정에 따른 결정에 대하여는 즉시항고를 할 수 있다.
>
> **제126조(담보물변경)** 법원은 담보제공자의 신청에 따라 결정으로 공탁한 담보물을 바꾸도록 명할 수 있다. 다만, 당사자가 계약에 의하여 공탁한 담보물을 다른 담보로 바꾸겠다고 신청한 때에는 그에 따른다.

▌가집행의 실효, 원상회복과 손해배상

제215조(가집행선고의 실효, 가집행의 원상회복과 손해배상) ① 가집행의 선고는 그 선고 또는 본안판결을 바꾸는 판결의 선고로 바뀌는 한도에서 그 효력을 잃는다.

② 본안판결을 바꾸는 경우에는 법원은 피고의 신청에 따라 그 판결에서 가집행의 선고에 따라 지급한 물건을 돌려 줄 것과, 가집행으로 말미암은 손해 또는 그 면제를 받기 위하여 입은 손해를 배상할 것을 원고에게 명하여야 한다.

③ 가집행의 선고를 바꾼 뒤 본안판결을 바꾸는 경우에는 제2항의 규정을 준용한다.

11. 화해권고결정

▌화해권고결정의 뜻

법원·수명법관 또는 수탁판사는 소송에 계속중인 사건에 대하여 직권으로 당사자의 이익, 그 밖의 모든 사정을 참작하여 청구의 취지에 어긋나지 아니하는 범위 안에서 사건의 공평한 해결을 위한 화해권고결정(和解勸告決定)을 할 수 있다.

법원사무관등은 위의 결정내용을 적은 조서 또는 결정서의 정본을 당사자에게 송달하여야 한다. 다만, 그 송달은 제185조 제2항·제187조 또는 제194조에 규정한 방법으로는 할 수 없다(민소법 제225조).

* 민사소송법

제185조(송달장소변경의 신고의무) ① 당사자·법정대리인 또는 소송대리인이 송달받을 장소를 바꿀 때에는 바로 그 취지를 법원에 신고하여야 한다.

② 제1항의 신고를 하지 아니한 사람에게 송달할 서류는 달리 송달할 장소를 알 수 없는 경우 종전에 송달받던 장소에 대법원규칙이 정하는 방법으로 발송할 수 있다.

제186조(보충송달·유치송달) ① 근무장소 외의 송달할 장소에서 송달받을 사람을 만나지 못한 때에는 그 사무원, 피용자(被用者) 또는 동거인으로서 사리를 분별할 지능이 있는 사람에게 서류를 교부할 수 있다.

② 근무장소에서 송달받을 사람을 만나지 못한 때에는 제183조 제2항의 다른 사람 또는 그 법정대리인이나 피용자 그 밖의 종업원으로서 사리를 분별할 지능이 있는 사람이 서류의 수령을 거부하지 아니하면 그에게 서류를 교부할 수 있다.

③ 서류를 송달받을 사람 또는 제1항의 규정에 의하여 서류를 넘겨받을 사람이 정당한 사유 없이 송달받기를 거부하는 때에는 송달할 장소에 서류를 놓아둘 수 있다.

제187조(우편송달) 제186조의 규정에 따라 송달할 수 없는 때에는 법원사무관등은 서류를 등기우편 등 대법원규칙이 정하는 방법으로 발송할 수 있다.

제194조(공시송달의 요건) ① 당사자의 주소등 또는 근무장소를 알 수 없는 경우 또는 외국에서 하여야 할 송달에 관하여 제191조의 규정에 따를 수 없거나 이에 따라도 효력이 없을 것으로 인정되는 경우에는 법원사무관등은 직권으로 또는 당사자의 신청에 따라 공시송달을 할 수 있다.

② 제1항의 신청에는 그 사유를 소명하여야 한다.

③ 재판장은 제1항의 경우에 소송의 지연을 피하기 위하여 필요하다고 인정하는 때에는 공시송달을 명할 수 있다.

④ 재판장은 직권으로 또는 신청에 따라 법원사무관등의 공시송달처분을 취소할 수 있다.

▌화해권고결정에 대한 이의신청

제226조(결정에 대한 이의신청) ① 당사자는 제225조의 결정에 대하여 그 조서 또는 결정서의 정본을 송달받은 날부터 2주 이내에 이의를 신청할 수 있다. 다만, 그 정본이 송달되기 전에도 이의를 신청할 수 있다.

② 제1항의 기간은 불변기간으로 한다.

▌이의신청의 방식

제227조(이의신청의 방식) ① 이의신청은 이의신청서를 화해권고결정을 한 법원에 제출함으로써 한다.

② 이의신청서에는 다음 각 호의 사항을 적어야 한다.

1. 당사자와 법정대리인
2. 화해권고결정의 표시와 그에 대한 이의신청의 취지

③ 이의신청서에는 준비서면에 관한 규정을 준용한다.

④ 제226조 제1항의 규정에 따라 이의를 신청한 때에는 이의신청의 상대방에게 이의신청서의 부본을 송달하여야 한다.

▌이의신청의 각하와 즉시항고

법원·수명법관 또는 수탁판사는 이의신청이 법령상의 방식에 어긋나거나 신청권이 소멸된 뒤의 것임이 명백한 경우에는 그 흠을 보정할 수 없으면 결정으로 이를 각하하여야 하며, 수명법관 또는 수탁판사가 각하하지 아니한 때에는 수소법원이 결정으로 각하한다. 각하결정에 대하여는 즉시항고를 할 수 있다(민소법 제230조).

▌이의신청에 의한 소송복귀

이의신청이 적법한 때에는 소송은 화해권고결정 이전의 상태로 돌아간다. 이 경우 그 이전에 행한 소송행위는 그대로 효력을 가진다.

화해권고결정은 그 심급에서 판결이 선고된 때에는 그 효력을 잃는다(민소법 제232조)

화해권고결정의 효력

제231조(화해권고결정의 효력) 화해권고결정은 다음 각 호 가운데 어느 하나에 해당하면 재판상 화해와 같은 효력을 가진다.

1. 제226조 제1항의 기간 이내에 이의신청이 없는 때
2. 이의신청에 대한 각하결정이 확정된 때
3. 당사자가 이의신청을 취하하거나 이의신청권을 포기한 때

화해권고결정에 대한 이의신청서 작성례

화해권고결정에 대한 이의신청서

사건 2022가단0000호 손해배상(기)

원고 ○○○

피고 ○○○

위 사건에 관하여 귀원에서 한 화해권고결정은 2022. 0. 0. 송달을 받았습니다. 그러나 피고는 이 결정에 불복하므로 이의를 신청합니다.

2022. 0. 0.

위 피고 ○○○(인)

○○지방법원 민사제00단독 귀중

12. 증거의 신청

▌증거의 신청과 조사

증거를 신청할 때에는 증명할 사실을 표시하여야 한다. 증거의 신청과 조사는 변론기일 전에도 할 수 있다(민소법 제289조).

▌증거신청의 채택 여부

법원은 당사자가 신청한 증거를 필요하지 아니하다고 인정한 때에는 조사하지 아니할 수 있다. 다만, 그것이 당사자가 주장하는 사실에 대한 유일한 증거인 때에는 그러하지 아니하다(민소법 제290조).

▌증거조사의 장애

법원은 증거조사를 할 수 있을지, 언제 할 수 있을지 알 수 없는 경우에는 그 증거를 조사하지 아니할 수 있다(민소법 제291조).

▌직권에 의한 증거조사

법원은 당사자가 신청한 증거에 의하여 심증을 얻을 수 없거나, 그 밖에 필요하다고 인정한 때에는 직권으로 증거조사를 할 수 있다(민소법 제292조).

▌증거조사의 집중

증인신문과 당사자신문은 당사자의 주장과 증거를 정리한 뒤 집중적으로 하여야 한다(민소법 제293조).

▌조사의 촉탁

법원은 공공기관·학교, 그 밖의 단체·개인 또는 외국의 공공기관에게 그 업무에 속하는 사항에 관하여 필요한 조사 또는 보관중인 문서의 등본·사본의 송부를 촉탁할 수 있다(민소법 제294조).

법원 밖에서의 증거조사

법원은 필요하다고 인정할 때에는 법원 밖에서 증거조사를 할 수 있다. 이 경우 합의부원에게 명하거나 다른 지방법원 판사에게 촉탁할 수 있다.
수탁판사는 필요하다고 인정할 때에는 다른 지방법원 판사에게 증거조사를 다시 촉탁할 수 있다. 이 경우 그 사유를 수소법원과 당사자에게 통지하여야 한다(민소법 제297조).

소명의 방법

소명은 즉시 조사할 수 있는 증거에 의하여야 한다. 법원은 당사자 또는 법정대리인으로 하여금 보증금을 공탁하게 하거나, 그 주장이 진실하다는 것을 선서하게 하여 소명에 갈음할 수 있다.
이 선서에는 제320조, 제321조 제1항·제3항·제4항 및 제322조의 규정을 준용한다(민소법 제299조).

* 민사소송법

제320조(위증에 대한 벌의 경고) 재판장은 선서에 앞서 증인에게 선서의 취지를 밝히고, 위증의 벌에 대하여 경고하여야 한다.

제321조(선서의 방식) ① 선서는 선서서에 따라서 하여야 한다.

③ 재판장은 증인으로 하여금 선서서를 소리 내어 읽고 기명날인 또는 서명하게 하며, 증인이 선서서를 읽지 못하거나 기명날인 또는 서명하지 못하는 경우에는 참여한 법원사무관등이나 그 밖의 법원공무원으로 하여금 이를 대신하게 한다.

④ 증인은 일어서서 엄숙하게 선서하여야 한다.

제322조(선서무능력) 다음 각 호 가운데 어느 하나에 해당하는 사람을 증인으로 신문할 때에는 선서를 시키지 못한다.

1. 16세 미만인 사람
2. 선서의 취지를 이해하지 못하는 사람

거짓 진술에 대한 제재 등

제299조 제2항의 규정에 따라 보증금을 공탁한 당사자 또는 법정대리인이 거짓 진술을 한 때에 법원은 결정으로 보증금을 몰취(沒取)한다(민소법 제300조).

제299조 제2항의 규정에 따라 선서한 당사자 또는 법정대리인이 거짓 진술을 한 때에 법원은 결정으로 200만원 이하의 과태료에 처한다(민소법 제301조).
제300조 및 제301조의 결정에 대하여는 즉시항고를 할 수 있다(민소법 제302조).

13. 서증신청(書證申請)

서증신청의 방식

당사자가 서증(書證)을 신청하고자 하는 때에는 문서를 제출하는 방식 또는 문서를 가진 사람에게 그것을 제출하도록 명할 것을 신청하는 방식으로 한다(민소법 제343조).

문서의 제출의무

제344조(문서의 제출의무) ① 다음 각 호의 경우에 문서를 가지고 있는 사람은 그 제출을 거부하지 못한다.

1. 당사자가 소송에서 인용한 문서를 가지고 있는 때
2. 신청자가 문서를 가지고 있는 사람에게 그것을 넘겨 달라고 하거나 보겠다고 요구할 수 있는 사법상의 권리를 가지고 있는 때
3. 문서가 신청자의 이익을 위하여 작성되었거나, 신청자와 문서를 가지고 있는 사람 사이의 법률관계에 관하여 작성된 것인 때. 다만, 다음 각목의 사유 가운데 어느 하나에 해당하는 경우에는 그러하지 아니하다.

가. 제304조 내지 제306조에 규정된 사항이 적혀 있는 문서로서 같은 조문들에 규정된 동의를 받지 아니한 문서

↳ **제304조(대통령 · 국회의장 · 대법원장 · 헌법재판소장의 신문)** 대통령 · 국회의장 · 대법원장 및 헌법재판소장 또는 그 직책에 있었던 사람을 증인으로 하여 직무상 비밀에 관한 사항을 신문할 경우에 법원은 그의 동의를 받아야 한다.
제305조(국회의원 · 국무총리 · 국무위원의 신문) ① 국회의원 또는 그 직책에 있었던 사람을 증인으로 하여 직무상 비밀에 관한 사항을 신문할 경우에 법원은 국회의 동의를 받아야 한다.
② 국무총리 · 국무위원 또는 그 직책에 있었던 사람을 증인으로 하여 직무상 비밀에 관한 사항을

신문할 경우에 법원은 국무회의의 동의를 받아야 한다.

제306조(공무원의 신문) 제304조와 제305조에 규정한 사람 외의 공무원 또는 공무원이었던 사람을 증인으로 하여 직무상 비밀에 관한 사항을 신문할 경우에 법원은 그 소속관청 또는 감독관청의 동의를 받아야 한다.

나. 문서를 가진 사람 또는 그와 제314조 각 호 가운데 어느 하나의 관계에 있는 사람에 관하여 같은 조에서 규정된 사항이 적혀 있는 문서

↳ **제314조(증언거부권)** 증인은 그 증언이 자기나 다음 각 호 가운데 어느 하나에 해당하는 사람이 공소제기되거나 유죄판결을 받을 염려가 있는 사항 또는 자기나 그들에게 치욕이 될 사항에 관한 것인 때에는 이를 거부할 수 있다.

1. 증인의 친족 또는 이러한 관계에 있었던 사람
2. 증인의 후견인 또는 증인의 후견을 받는 사람

다. 제315조 제1항 각 호에 규정된 사항 중 어느 하나에 규정된 사항이 적혀 있고 비밀을 지킬 의무가 면제되지 아니한 문서

↳ **제315조(증언거부권)** ① 증인은 다음 각 호 가운데 어느 하나에 해당하면 증언을 거부할 수 있다.

1. 변호사·변리사·공증인·공인회계사·세무사·의료인·약사, 그 밖에 법령에 따라 비밀을 지킬 의무가 있는 직책 또는 종교의 직책에 있거나 이러한 직책에 있었던 사람이 직무상 비밀에 속하는 사항에 대하여 신문을 받을 때
2. 기술 또는 직업의 비밀에 속하는 사항에 대하여 신문을 받을 때

② 제1항의 경우 외에도 문서(공무원 또는 공무원이었던 사람이 그 직무와 관련하여 보관하거나 가지고 있는 문서를 제외한다)가 다음 각 호의 어느 하나에도 해당하지 아니하는 경우에는 문서를 가지고 있는 사람은 그 제출을 거부하지 못한다.

1. 제1항 제3호 나목 및 다목에 규정된 문서
2. 오로지 문서를 가진 사람이 이용하기 위한 문서

문서제출신청의 방식

제345조(문서제출신청의 방식) 문서제출신청에는 다음 각 호의 사항을 밝혀야 한다.

1. 문서의 표시
2. 문서의 취지
3. 문서를 가진 사람
4. 증명할 사실
5. 문서를 제출하여야 하는 의무의 원인

문서제출신청의 허가 여부에 대한 재판

법원은 문서제출신청에 정당한 이유가 있다고 인정한 때에는 결정으로 문서를 가진 사람에게 그 제출을 명할 수 있다.

문서제출의 신청이 문서의 일부에 대하여만 이유 있다고 인정한 때에는 그 부분만의 제출을 명하여야 한다.

제3자에 대하여 문서의 제출을 명하는 경우에는 제3자 또는 그가 지정하는 자를 심문하여야 한다.

법원은 문서가 제344조에 해당하는지를 판단하기 위하여 필요하다고 인정하는 때에는 문서를 가지고 있는 사람에게 그 문서를 제시하도록 명할 수 있다. 이 경우 법원은 그 문서를 다른 사람이 보도록 하여서는 안 된다(민소법 제347조).

불복신청

문서제출의 신청에 관한 결정에 대하여는 즉시항고를 할 수 있다(민소법 제348조).

당사자가 문서를 제출하지 아니한 때의 효과

당사자가 제347조 제1항·제2항 및 제4항의 규정에 의한 명령에 따르지 아니한 때에는 법원은 문서의 기재에 대한 상대방의 주장을 진실한 것으로 인정할 수 있다(민소법 제349조).

당사자가 사용을 방해한 때의 효과

당사자가 상대방의 사용을 방해할 목적으로 제출의무가 있는 문서를 훼손하여 버리거나 이를 사용할 수 없게 한 때에는, 법원은 그 문서의 기재에 대한 상대방의 주장을 진실한 것으로 인정할 수 있다(민소법 제350조).

제3자가 문서를 제출하지 아니한 때의 제재

제3자가 제347조 제1항·제2항 및 제4항의 규정에 의한 명령에 따르지 아니한 때에는 제318조의 규정을 준용한다(민소법 제351조).

> * 민사소송법
>
> **제318조(증언거부에 대한 제재)** 증언의 거부에 정당한 이유가 없다고 한 재판이 확정된 뒤에 증인이 증언을 거부한 때에는 제311조 제1항, 제8항 및 제9항의 규정을 준용한다.
>
> **제311조(증인이 출석하지 아니한 경우의 과태료 등)** ① 증인이 정당한 사유 없이 출석하지 아니한 때에 법원은 결정으로 증인에게 이로 말미암은 소송비용을 부담하도록 명하고 500만원 이하의 과태료에 처한다.
>
> ⑧ 제1항과 제2항의 결정에 대하여는 즉시항고를 할 수 있다. 다만, 제447조의 규정은 적용하지 아니한다.
>
> ⑨ 제2항 내지 제8항의 규정에 따른 재판절차 및 그 집행 그 밖에 필요한 사항은 대법원규칙으로 정한다.

문서송부의 촉탁

서증의 신청은 제343조의 규정에 불구하고 문서를 가지고 있는 사람에게 그 문서를 보내도록 촉탁할 것을 신청함으로써도 할 수 있다. 다만, 당사자가 법령에 의하여 문서의 정본 또는 등본을 청구할 수 있는 경우에는 그러하지 아니하다(민소법 제352조).

문서송부촉탁을 받은 사람의 협력의무

제352조에 따라 법원으로부터 문서의 송부를 촉탁받은 사람 또는 제297조에 따른 증거조사의 대상인 문서를 가지고 있는 사람은 정당한 사유가 없는 한 이에 협력하여야 한다.

문서의 송부를 촉탁받은 사람이 그 문서를 보관하고 있지 아니하거나 그 밖에 송부촉탁에 따를 수 없는 사정이 있는 때에는 법원에 그 사유를 통지하여야 한다(민소법 제352조의2).

> * 민사소송법
>
> 제297조(법원밖에서의 증거조사) ① 법원은 필요하다고 인정할 때에는 법원 밖에서 증거조사를 할 수 있다. 이 경우 합의부원에게 명하거나 다른 지방법원 판사에게 촉탁할 수 있다.
>
> ② 수탁판사는 필요하다고 인정할 때에는 다른 지방법원 판사에게 증거조사를 다시 촉탁할 수 있다. 이 경우 그 사유를 수소법원과 당사자에게 통지하여야 한다.

문서제출의 방법 등

법원에 문서를 제출하거나 보낼 때에는 원본, 정본 또는 인증이 있는 등본으로 하여야 한다. 법원은 필요하다고 인정하는 때에는 원본을 제출하도록 명하거나 이를 보내도록 촉탁할 수 있다.

법원은 당사자로 하여금 그 인용한 문서의 등본 또는 초본을 제출하게 할 수 있다.

문서가 증거로 채택되지 아니한 때에는 법원은 당사자의 의견을 들어 제출된 문서의 원본·정본·등본·초본 등을 돌려주거나 폐기할 수 있다(민소법 제355조).

대법원판례

민사소송법 제344조 제2항은 문서를 가지고 있는 사람은 제344조 제1항에 해당하지 아니하는 경우에도 원칙적으로 문서의 제출을 거부하지 못한다고 규정하면서 예외사유로서 '오로지 문서를 가진 사람이 이용하기 위한 문서'(이른바 '자기이용문서')를 들고 있다.

어느 문서가 오로지 문서를 가진 사람이 이용할 목적으로 작성되고 외부자에게 개시하는 것이 예정되어 있지 않으며 개시할 경우 문서를 가진 사람에게 심각한 불이익이 생길 염려가 있다면, 문서는 특별한 사정이 없는 한 위 규정의 자기이용문서에 해당한다. 여기서 어느 문서가 자기이용문서에 해당하는지는 문서의 표제나 명칭만으로 판단하여서는 아니 되고, 문서의 작성 목적, 기재 내용에 해당하는 정보, 당해 유형·종류의 문서가 일반적으로 갖는 성향, 문서의 소지 경위나 그 밖의 사정 등을 종합적으로 고려하여 객관적으로 판단하여야 하는데, 설령 주관적으로 내부 이용을 주된 목적으로 회사 내부에서 결재를 거쳐 작성된 문서일지라도, 신청자가 열람 등을 요구할 수 있는 사법상 권리를 가지는 문서와 동일한 정보 또는 직접적 기초·근거가 되는 정보가 문서의 기재 내용에 포함되어 있는 경우, 객관적으로 외부에서의 이용이 작성 목적에 전혀 포함되어 있지 않다고는 볼 수 없는 경우, 문서 자체를 외부에 개시하는 것은 예정되어 있지 않더라도 문서에 기재된 '정보'의 외부 개시가 예정되어 있거나 정보가 공익성을 가지는 경우 등에는 내부문서라는 이유로 자기이용문서라고 쉽게 단정할 것은 아니다.

한편, 자기이용문서 등 문서제출 거부사유가 인정되지 아니하는 경우에도 법원은 민사소송법 제290조에 따라 제출명령신청의 대상이 된 문서가 서증으로서 필요하지 아니하다고 인정할 때에는 제출명령신청을 받아들이지 아니할 수 있고, 민사소송법 제347조 제1항에 따라 문서제출신청에 정당한 이유가 있다고 인정한 때에 결정으로 문서를 가진 사람에게 제출을 명할 수 있으므로, 문서가 쟁점 판단이나 사실의 증명에 어느 정도로 필요한지, 다른 문서로부터 자료를 얻는 것이 가능한지, 문서 제출로 얻게 될 소송상 이익과 피신청인이 문서를 제출함으로 인하여 받게 될 부담이나 재산적 피해 또는 개인의 프라이버시나 법인 내부의 자유로운 의사 형성 및 영업 비밀, 기타 권리에 대한 침해와의 비교형량 및 기타 소송에 나타난 여러 가지 사정을 고려하여 과연 문서제출이 필요한지 및 문서제출신청에 정당한 이유가 있는지를 판단하여야 한다.

문서를 가진 사람에게 그것을 제출하도록 명할 것을 신청하는 것은 서증을 신청하는 방식 중의 하나이므로, 법원은 제출명령신청의 대상이 된 문서가 서증으로서 필요하지 아니하다고 인정할 때에는 제출명령신청을 받아들이지 아니할 수 있다. 또한 문서제출명령의 대상이 된 문서에 의하여 증명하고자 하는 사항이 청구와 직접 관련이 없는 것이라면 받아들이지 아니할 수 있다.

개인정보 보호법 제18조 제2항 제2호에 따르면 개인정보처리자는 '다른 법률에 특별한 규정이 있는 경우'에는 개인정보를 목적 외의 용도로 이용하거나 이를 제3자에게 제공할 수 있고, 민사소송법 제344조 제2항은 각 호에서 규정하고 있는 문서제출거부사유에 해당하지 아니하는 경우 문서소지인에게 문서제출의무를 부과하고 있으므로, 임직원의 급여 및 상여금 내역 등이 개인정보 보호법상 개인정보에 해당하더라도 이를 이유로 문서소지인이 문서의 제출을 거부할 수 있는 것은 아니다.

민사소송법 제344조 제2항 제1호, 제1항 제3호 (다)목, 제315조 제1항 제2호는 문서를 가지고 있는 사람은 제344조 제1항에 해당하지 아니하는 경우에도 원칙적으로 문서의 제출을 거부하지 못한다고 규정하면서 예외사유로서 기술 또는 직업의 비밀에 속하는 사항이 적혀 있고 비밀을 지킬 의무가 면제되지 아니한 문서를 들고 있다.
여기에서 '직업의 비밀'은 그 사항이 공개되면 직업에 심각한 영향을 미치고 이후 직업의 수행이 어려운 경우를 가리키는데, 어느 정보가 직업의 비밀에 해당하는 경우에도 문서 소지자는 비밀이 보호가치 있는 비밀일 경우에만 문서의 제출을 거부할 수 있다. 나아가 어느 정보가 보호가치 있는 비밀인지를 판단할 때에는 정보의 내용과 성격, 정보가 공개됨으로써 문서 소지자에게 미치는 불이익의 내용과 정도, 민사사건의 내용과 성격, 민사사건의 증거로 문서를 필요로 하는 정도 또는 대체할 수 있는 증거의 존부 등 제반 사정을 종합하여 비밀의 공개로 발생하는 불이익과 이로 인하여 달성되는 실체적 진실 발견 및 재판의 공정을 비교형량하여야 한다(대법원 2016. 7. 1.자 2014마2239 결정).

문서제출신청의 허가 여부에 관한 재판을 할 때에는 그때까지의 소송경과와 문서제출신청의 내용에 비추어 신청 자체로 받아들일 수 없는 경우가 아닌 한 상대방에게 문서제출신청서를 송달하는 등 문서제출신청이 있음을 알림으로써 그에 관한 의견을 진술할 기회를 부여하고, 그 결과에 따라 당해 문서의 존재와 소지 여부, 당해 문서가 서증으로 필요한지 여부, 문서제출신청의 상대방이민사소송법 제344조에 따라 문서제출의무를 부담하는지 여부 등을 심리한 후, 그 허가 여부를 판단하여야 한다.
문서제출신청 후 이를 상대방에게 송달하는 등 문서제출신청에 대한 의견을 진술할 기회를 부여하는 데 필요한 조치를 취하지 않은 채 문서제출명령의 요건에 관하여 별다른 심리도 없이 문서제출신청 바로 다음날 한 문서제출명령은 위법하다(대법원 2009. 4. 28.자 2009무12 결정).

민사소송법 제344조 제1항 제1호, 제374조를 신청 근거 규정으로 기재한 동영상 파일 등과 사진의 제출명령신청에 대하여, 동영상 파일은 검증의 방법으로 증거조사를 하여야 하므로 문서제출명령의 대상이 될 수는 없고, 사진의 경우에는 그 형태, 담겨진 내용 등을 종합하여 감정 · 서증 · 검증의 방법 중 가장 적절한 증거조사 방법을 택하여 이를 준용하여야 함에도, 제1심법원이 사진에 관한 구체적인 심리 없이 곧바로 문서제출명령을 하고 검증의 대상인 동영상 파일을 문서제출명령에 포함시킨 것이 정당하다고 판단한 원심의 조치에는 문서제출명령의 대상에 관한 법리를 오해한 잘못이 있다(대법원 2010. 7. 14.자2009마2105 결정).

민사소송법 제344조 제2항은 같은 조 제1항에서 정한 문서에 해당하지 아니한문서라도 문서의 소지자는 원칙적으로 그 제출을 거부하지 못하나, 다만 '공무원 또는 공무원이었던 사람이 그 직무와 관련하여 보관하거나 가지고 있는 문서'는 예외적으로 제출을 거부할 수 있다고 규정하고 있는바, 여기서 말하는 '공무원 또는 공무원이었던 사람이 그 직무와 관련하여 보관하거나 가지고 있는 문서'는 국가기관이 보유·관리하는 공문서를 의미한다고 할 것이고, 이러한 공문서의 공개에 관하여는 공공기관의 정보공개에 관한 법률에서 정한 절차와 방법에 의하여야 할 것이다(대법원 2010. 1. 19.자 2008마546 결정).

본조의 문서는 본법 제316조 각 호에 의하여 문서제출의무 있는 것이라야 하며 이와 같은 문서의 제출명령에 응하지 아니한 때에는 법원이 문서에 관한 상대방의 주장을 진실한 것으로 인정한다 함은 문서제출명령을 신청한 당사자가 주장하는 본법 제317조에 규정한 문서의 취지와 증명할 사실을 기재한 문서가 존재한다는 사실을 인정할 수 있다는 뜻이고, 그 문서에 의하여 증명할 사실이 직접으로 증명되었다고 볼 것이 아니다(대법원 1964. 9. 22. 선고 64다515 판결).

피고가 문서제출명령에 불구하고 제출명령받은 문서를 제출하지 아니하였다고 하더라도, 그렇다고 하여 문서제출의 신청에 문서의 표시와 문서의 취지로 명시된 위 문서들의 성질·내용·성립의 진정에 관한 원고의 주장을 진실한 것으로 인정할 수 있음은 별론으로 하고, 그 문서들에 의하여 입증하려고 하는 원고의 주장사실이 바로 증명되었다고 볼 수는 없다(대법원 1993. 11. 23. 선고 93다41938 판결).

▌문서제출명령신청서 작성례

문서제출명령신청서

사건　　　2022가합0000 손해배상(기)

원고　　　○○○

피고　　　○○○의료법인

위 사건에 관하여 원고는 주장사실을 입증하기 위하여 다음과 같이 문서제출명령을 신청합니다.

다　　음

1. 문서의 표시

피고 의료법인 소속 ○○○○병원에 입원하여 수술 후 가료 중 사망한 소외 망 ○○○에 대한 ○○○○병원의 진료기록 일체

2. 문서의 취지(내용)

위 문서에는 위 의료행위에 과실이 있음을 증명할 수 있는 상세한 내용이 기재되어 있습니다.

3. 문서를 가진 사람

○○○○병원(○○시 ○○길 00-0)

4. 증명할 사실

위 피고 의료법인이 고용한 ○○○○병원 소속 의료인들이 저지른 과실로 인하여 원고의 배우자 망 ○○○이 사망한 사실을 입증하고자 합니다.

5. 문서제출의무의 원인(해당란에 √표시)

□ 상대방이 소송에서 인용한 문서를 가지고 있음(인용문서)

□ 신청자가 문서를 가지고 있는 사람에게 그것을 넘겨달라고 하거나 보겠다고 요구할 수 있는 사법상의 권리를 가지고 있음(인도 · 열람문서)

□ 문서가 신청자의 이익을 위하여 작성되었음(이익문서)

□ 문서가 신청자와 문서를 가지고 있는 사람 사이의 법률관계에 관하여 작성된 것임(법률관계문서)

□ 그 밖에 제출이 필요한 문서
(사유 :)

2022. 0. 0.

위 원고 ○○○(인)

○○지방법원 민사제○부 귀중

▒ 문서송부촉탁신청서 작성례

문서송부촉탁신청서

사건	2022가단0000 손해배상(자)
원고	○○○
피고	○○○

위 사건에 관하여 원고는 주장사실을 입증하고자 아래와 같이 문서송부촉탁을 신청합니다.

아 래

1. 문서의 보관자

○○지방검찰청 집행과

2. 송부촉탁할 문서

○○지방검찰청 ○○○○형제○○○호 피고인 ○○○에 대한 교통사고처리특례법위반 사건 기록 일체

3. 증명하고자 하는 사실

이 사건 관련 교통사고는 피고의 과실에 의해 발생한 사실 및 기타 사고의 정황, 피해 상황 등

2022. 0. 0.

위 원고 ○○○(인)

○○지방법원 민사제○단독 귀중

14. 추완항소(追完抗訴)

추완항소의 뜻

'추완항소(追完抗訴)'란 당사자가 그 책임질 수 없는 사유로 인하여 불변기간을 준수할 수 없었던 경우에는 그 사유가 없어진 후 2주일 내에 게을리 한 소송행위를 보완하는 것을 말한다으로 민사소송법 제173조 제1항이 규정하고 있다. 추후보완항소라고도 한다. 예를 들어 천재지변이나 피고 자신도 모르게 판결이 선고되는 것과 같이 항소인이 책임질 수 없는 사유로 인하여 항소기간을 준수할 수 없었을 경우에 허용되며, 소송 당사자가 자발적으로 재판결과를 알아보기 위해 노력했고 항소기간을 경과한 기일이 비교적 짧을 때 인정을 받을 수 있다.

제173조(소송행위의 추후보완) ① 당사자가 책임질 수 없는 사유로 말미암아 불변기간을 지킬 수 없었던 경우에는 그 사유가 없어진 날부터 2주 이내에 게을리 한 소송행위를 보완할 수 있다. 다만, 그 사유가 없어질 당시 외국에 있던 당사자에 대하여는 이 기간을 30일로 한다.

② 제1항의 기간에 대하여는 제172조의 규정을 적용하지 아니한다.

* 민사소송법

제172조(기간의 신축, 부가기간) ① 법원은 법정기간 또는 법원이 정한 기간을 늘이거나 줄일 수 있다. 다만, 불변기간은 그러하지 아니하다.

② 법원은 불변기간에 대하여 주소 또는 거소가 멀리 떨어진 곳에 있는 사람을 위하여 부가기간(附加期間)을 정할 수 있다.

③ 재판장ㆍ수명법관 또는 수탁판사는 제1항 및 제2항의 규정에 따라 법원이 정한 기간 또는 자신이 정한 기간을 늘이거나 줄일 수 있다.

대법원판례

소장부본과 판결정본 등이 공시송달 방법으로 송달되었다면 특별한 사정이 없는 한 피고는 과실 없이 그 판결의 송달을 알지 못한 것이고, 이러한 경우 피고는 책임을 질 수 없는 사유로 불변기간을 준수할 수 없었던 때에 해당하여 그 사유가 없어진 후 2주일 내에 추완항소를 할 수 있다. 여기에서 '사유가 없어진 때'란 피고가 제1심판결이 있었고 그 판결이 공시송달의 방법으로 송달된 사실을 안 때를 가리킨다. 통상의 경우에는 피고가 그 사건기록의 열람을 하거나 새로이 판결정본을 영수한 때에 비로소 그 판결이 공시송달 방법으로 송달된 사실을 알게 되었다고 보아야 한다(대법원 2020. 2. 13. 선고 2018다222228 판결).

추완항소장 작성례

추 완 항 소 장

사건	2021가합0000 부동산소유권이전등기말소
항 소 인(피고)	○○○ (000000-0000000)
	주소 :
	전화번호 :

전자우편주소 :

피항소인(원고)　　○○○ (000000-0000000)

주소 :

전화번호 :

위 당사자 사이의 ○○법원 2021가합0000 부동산소유권이전등기 말소등기절차 이행 청구 사건에 관하여 항소인(피고)은 귀원에서 2021. 0. 0. 선고한 피고 패소판결에 전부 불복하므로 이에 항소를 제기합니다.

원판결 주문의 표시

1. 피고는 원고에 대하여 별지 목록 기재 부동산에 관하여 ○○지방법원 ○○등기소 2000. 0. 0. 제000호로 마친 소유권이전등기의 말소등기절차를 이행하라.
2. 소송비용은 피고의 부담으로 한다.

항 소 취 지

1. 원판결을 파기한다.
2. 원고의 청구를 모두 기각한다.
3. 소송비용은 1,2심 모두 원고의 부담으로 한다.

라는 판결을 구합니다.

소송행위 추완에 관한 주장

1. 원판결은 2021. 0. 0. 공시송달의 방법에 의하여 같은 해 0. 0. 피고에게 송달된 것으로 송달의 효력이 발생하여 같은 해 0. 0. 확정되었습니다.
2. 피고는 이 사건 소제기 이전부터 현재의 주소지에 주민등록을 마치고 거주해 왔으며, 이 사건 부동산과 관련하여 원고로부터 어떠한 말을 들은 적이 없고, 법원으로

부터도 소장 등 어떠한 서류도 송달받은 사실이 없습니다.

3. 항소인은 2022. 0. 0. 우연히 이 사건 관련 부동산에 관한 등기사항전부증명서를 발급받아 본 결과 항소인 명의의 부동산소유권이전등기가 이 사건 판결에 따라 말소된 사실을 확인하였고, 최종적으로 2022. 0. 0. 귀원에서 사건기록을 열람함으로써 소송서류들이 모두 공시송달에 의한 방법으로 송달된 사실이 있음을 확인하게 되었습니다.

창구원인에 대한 답변

원고의 청구원인 중 이 사건 부동산에 관하여 피고 명의의 소유권이전등기가 마쳐진 사실 부분에 관하여는 인정하고, 나머지 청구원인에 대하여는 모두 부인합니다.

입 증 방 법

1. 을 제1호증 주민등록등본

첨 부 서 류

1. 위 입증방법 1통.
2. 항소장 부본 2통.
3. 송달료납부서 1통.

2022. 0. 0.

위 항소인(피고) ○○○(인)

○○지방법원 귀중

15. 독촉절차(지급명령)

▒ 지급명령의 뜻

금전, 그 밖에 대체물(代替物)이나 유가증권의 일정한 수량의 지급을 목적으로 하는 청구에 대하여 법원은 채권자의 신청에 따라 지급명령을 할 수 있다. 다만, 대한민국에서 공시송달 외의 방법으로 송달할 수 있는 경우에 한한다(민소법 제462조).

▒ 관할법원

독촉절차는 채무자의 보통재판적이 있는 곳의 지방법원이나 제7조 내지 제9조, 제12조 또는 제18조의 규정에 의한 관할법원의 전속관할로 한다(민소법 제463조).

> * 민사소송법
>
> **제7조(근무지의 특별재판적)** 사무소 또는 영업소에 계속하여 근무하는 사람에 대하여 소를 제기하는 경우에는 그 사무소 또는 영업소가 있는 곳을 관할하는 법원에 제기할 수 있다.
>
> **제8조(거소지 또는 의무이행지의 특별재판적)** 재산권에 관한 소를 제기하는 경우에는 거소지 또는 의무이행지의 법원에 제기할 수 있다.
>
> **제9조(어음 · 수표 지급지의 특별재판적)** 어음 · 수표에 관한 소를 제기하는 경우에는 지급지의 법원에 제기할 수 있다.
>
> **제12조(사무소 · 영업소가 있는 곳의 특별재판적)** 사무소 또는 영업소가 있는 사람에 대하여 그 사무소 또는 영업소의 업무와 관련이 있는 소를 제기하는 경우에는 그 사무소 또는 영업소가 있는 곳의 법원에 제기할 수 있다.
>
> **제18조(불법행위지의 특별재판적)** ① 불법행위에 관한 소를 제기하는 경우에는 행위지의 법원에 제기할 수 있다.
>
> ② 선박 또는 항공기의 충돌이나 그 밖의 사고로 말미암은 손해배상에 관한 소를 제기하는 경우에는 사고선박 또는 항공기가 맨 처음 도착한 곳의 법원에 제기할 수 있다.

▒ 지급명령의 신청

지급명령의 신청에는 그 성질에 어긋나지 아니하면 소에 관한 규정을 준용한다(민소법 제464조).

지급명령신청의 각하

지급명령의 신청이 제462조 본문 또는 제463조의 규정에 어긋나거나, 신청의 취지로 보아 청구에 정당한 이유가 없는 것이 명백한 때에는 그 신청을 각하하여야 한다. 청구의 일부에 대하여 지급명령을 할 수 없는 때에 그 일부에 대하여도 또한 같다.
신청을 각하하는 결정에 대하여는 불복할 수 없다(민소법 제465조).

지급명령을 하지 아니하는 경우

제466조(지급명령을 하지 아니하는 경우) ① 채권자는 법원으로부터 채무자의 주소를 보정하라는 명령을 받은 경우에 소제기신청을 할 수 있다.
② 지급명령을 공시송달에 의하지 아니하고는 송달할 수 없거나 외국으로 송달하여야 할 때에는 법원은 직권에 의한 결정으로 사건을 소송절차에 부칠 수 있다.
③ 제2항의 결정에 대하여는 불복할 수 없다.

채무자의 심문 생략

지급명령은 채무자를 심문하지 아니하고 한다(민소법 제467조).

지급명령의 기재사항

지급명령에는 당사자, 법정대리인, 청구의 취지와 원인을 적고, 채무자가 지급명령이 송달된 날부터 2주 이내에 이의신청을 할 수 있다는 것을 덧붙여 적어야 한다(민소법 제468조).

지급명령의 송달과 이의신청

지급명령은 당사자에게 송달하여야 한다. 채무자는 지급명령에 대하여 이의신청을 할 수 있다(민소법 제469조).
채무자가 지급명령을 송달받은 날부터 2주 이내에 이의신청을 한 때에는 지급명령은 그 범위 안에서 효력을 잃는다. 이 기간은 불변기간으로 한다(민소법 제470조).
법원은 이의신청이 부적법하다고 인정한 때에는 결정으로 이를 각하하여야 한다. 이 각하결정에 대하여는 즉시항고를 할 수 있다(민소법 제471조).

소송으로의 이행(移行)

채권자가 제466조 제1항의 규정에 따라 소제기신청을 한 경우, 또는 법원이 제466조 제2항의 규정에 따라 지급명령신청사건을 소송절차에 부치는 결정을 한 경우에는 지급명령을 신청한 때에 소가 제기된 것으로 본다.

채무자가 지급명령에 대하여 적법한 이의신청을 한 경우에는 지급명령을 신청한 때에 이의신청된 청구목적의 값에 관하여 소가 제기된 것으로 본다(민소법 제472조).

소송으로 이행에 따른 처리

제473조(소송으로의 이행에 따른 처리) ① 제472조의 규정에 따라 소가 제기된 것으로 보는 경우, 지급명령을 발령한 법원은 채권자에게 상당한 기간을 정하여, 소를 제기하는 경우 소장에 붙여야 할 인지액에서 소제기신청 또는 지급명령신청시에 붙인 인지액을 뺀 액수의 인지를 보정하도록 명하여야 한다.

② 채권자가 제1항의 기간 이내에 인지를 보정하지 아니한 때에는 위 법원은 결정으로 지급명령신청서를 각하하여야 한다. 이 결정에 대하여는 즉시항고를 할 수 있다.

③ 제1항에 규정된 인지가 보정되면 법원사무관 등은 바로 소송기록을 관할법원에 보내야 한다. 이 경우 사건이 합의부의 관할에 해당되면 법원사무관등은 바로 소송기록을 관할법원 합의부에 보내야 한다.

④ 제472조의 경우 독촉절차의 비용은 소송비용의 일부로 한다.

지급명령의 효력

지급명령에 대하여 이의신청이 없거나, 이의신청을 취하하거나, 각하결정이 확정된 때에는 지급명령은 확정판결과 같은 효력이 있다(민소법 제474조).

대법원판례

지급명령이란 금전 그 밖에 대체물이나 유가증권의 일정한 수량의 지급을 목적으로 하는 청구에 대하여 법원이 보통의 소송절차에 의함이 없이 채권자의 신청에 의하여 간이, 신속하게 발하는 이행에 관한 명령으로 지급명령에 관한 절차는 종국판결을 받기 위한 소의 제기는 아니지만, 채권자로 하여금 간이, 신속하게 집행권원을 취득하도록 하기 위하여 이행의 소를 대신하여 법이 마련한 특별소송절차로 볼 수 있다.
그런데 재판상 청구에 시효중단의 효력을 인정하는 근거는 권리자가 재판상 그 권리를 주장하여 권리 위에 잠자는 것이 아님을 표명하고 이로써 시효제도의 기초인 영속되는 사실상태와 상용할 수 없는 다른 사정이 발생하였다는 점에 기인하는 것인데, 그와 같은 점에서 보면 지급명령 신청은 권리자가 권리의 존재를 주장하면서 재판상 그 실현을 요구하는 것이므로 본질적으로 소의 제기와 다르지 않다.
따라서 민법 제170조 제1항에 규정하고 있는 '재판상의 청구'란 종국판결을 받기 위한 '소의 제기'에 한정되지 않고, 권리자가 이행의 소를 대신하여 재판기관의 공권적인 법률판단을 구하는 지급명령 신청도 포함된다고 보는 것이 타당하다. 그리고 민법 제170조의 재판상 청구에 지급명령 신청이 포함되는 것으로 보는 이상 특별한 사정이 없는 한, 지급명령 신청이 각하된 경우라도 6개월 이내 다시 소를 제기한 경우라면 민법 제170조 제2항에 의하여 시효는 당초 지급명령 신청이 있었던 때에 중단되었다고 보아야 한다(대법원 2011. 11. 10. 선고 2011다54686 판결).

지급명령은 확정되어도 기판력이 생기지 않아서 그에 대한 청구이의의 소에는 기판력의 시간적 한계에 따른 제한은 적용되지 않으므로(민사소송법 제521조 제2항), 그 청구이의의 소송심리에서는 그 지급명령에 기재된 모든 청구원인 주장에 관하여 심리 · 판단되어야 하고, 그 청구원인 주장을 특정함에 있어서는 서면에 의한 일방 심문으로 이루어지는 독촉절차의 특성과 소송경제의 이념을 고려하면서 구체적 사안에 적응하여 지급명령 신청서상의 청구원인 기재를 합리적으로 선해할 수 있는 것이다(대법원 2002. 2. 22. 선고 2001다73480 판결).

확정된 지급명령의 경우 그 지급명령의 청구원인이 된 청구권에 관하여 지급명령 발령 전에 생긴 불성립이나 무효 등의 사유를 그 지급명령에 관한 이의의 소에서 주장할 수 있고, 이러한 청구이의의 소에서 청구이의 사유에 관한 증명책임도 일반 민사소송에서의 증명책임 분배의 원칙에 따라야 한다. 따라서 확정된 지급명령에 대한 청구이의 소송에서 원고가 피고의 채권이 성립하지 아니하였음을 주장하는 경우에는 피고에게 채권의 발생원인 사실을 증명할 책임이 있고, 원고가 그 채권이 통정허위표시로서 무효라거나 변제에 의하여 소멸되었다는 등 권리 발생의 장애 또는 소멸사유에 해당하는 사실을 주장하는 경우에는 원고에게 그 사실을 증명할 책임이 있다(대법원 2010. 6. 24. 선고2010다12852 판결).

지급명령은 채권자의 신청에 의하여 채권자를 심문하지 않고 일방적으로 할 수 있는 것으로, 신청이 지급명령을 할 수 있는 청구에 관한 것이고 관할 법원에 제출되었으며 신청의 취지와 이유의 기재에 의하여 이유 있는 것이면 신청이유로 기재된 사실에 대하여 증명의 사유를 고려함이 없이 발급되는 것이므로, 지급명령 신청서에 첨부된 서증이 위조된 것이라 하더라도 확정된 가집행선고부 지급명령에 대한 재심의 사유가 되지 않는다(대법원 1967. 7. 18. 선고67다826 판결).

○ 기판력(旣判力) : 한번 확정된 판결 후에는 같은 사건으로 다시 판결을 받거나 판결을 반복하는 것을 막는 원칙
○ 청구이의의 소 : 채무자가 집행권원의 내용인 청구권이 현재의 실체 상태와 일치하지 않는 것을 주장하여 그 집행권원이 가지는 집행력의 배제를 구하는 소

▌지급명령신청서 작성례

지급명령신청서

채권자 ○○○ (000000-0000000)
주소 :
전화번호 :
전자우편주소 :

채무자 ○○○ (000000-0000000)
주소 :
전화번호 :
전자우편주소 :

임차보증금 반환청구

신 청 취 지

채무자는 채권자에게 돈 50,000,000원 및 이에 대한 지급명령정본을 송달받은 다음날부터 다 갚는 날까지 연 12%의 비율에 의한 돈과 다음 독촉절차비용을 합한 돈을 지급하라는 명령을 구합니다.

다 음

독촉절차비용 : 원(내역 : 인지대 원, 송달료 원)

첨 부 서 류

1. 부동산임대차계약서 1통.
2. 부동산등기사항전부증명서 1통.
3. 송달료납부서 1통.

2022. 0. 0.

채권자 ○○○(인)

○○○지방법원 귀중

참고사항

* 인지대 및 송달료 : 이는 대법원 홈페이지에서 제공하는 계산 서비스를 이용하여 금액을 특정한 다음 수납은행에 예납한다.
* 채무자의 특정 : 채무자의 주민등록번호와 주소를 정확히 특정해야 한다.

16. 항소 및 상고

항소의 대상

항소(抗訴)는 제1심 법원이 선고한 종국판결에 대하여 할 수 있다. 다만, 종국판결 뒤에 양쪽 당사자가 상고(上告)할 권리를 유보하고 항소를 하지 아니하기로 합의한 때에는 그러하지 아니하다.

이 합의에는 제29조 제2항의 규정을 준용한다(민소법 제390조).

* 민사소송법

제29조(합의관할) ① 당사자는 합의로 제1심 관할법원을 정할 수 있다.

② 제1항의 합의는 일정한 법률관계로 말미암은 소에 관하여 서면으로 하여야 한다.

독립한 항소가 금지되는 재판

소송비용 및 가집행에 관한 재판에 대하여는 독립하여 항소를 하지 못한다(민소법 제391조).

항소심의 판단을 받는 재판

종국판결 이전의 재판은 항소법원의 판단을 받는다. 다만, 불복할 수 없는 재판과 항고(抗告)로 불복할 수 있는 재판은 그러하지 아니하다(민소법 제392조). '종국판결 이전의 재판'은 중간판결을 말한다.

항소의 취하

항소는 항소심의 종국판결이 있기 전에 취하할 수 있다. 항소의 취하에는 제266조 제3항 내지 제5항 및 제267조 제1항의 규정을 준용한다(민소법 제393조).

* 민사소송법

제266조(소의 취하) ③ 소의 취하는 서면으로 하여야 한다. 다만, 변론 또는 변론준비기일에서 말로 할 수 있다.

④ 소장을 송달한 뒤에는 취하의 서면을 상대방에게 송달하여야 한다.

⑤ 제3항 단서의 경우에 상대방이 변론 또는 변론준비기일에 출석하지 아니한 때에는 그 기일의 조서등본을 송달하여야 한다.

제267조(소취하의 효과) ① 취하된 부분에 대하여는 소가 처음부터 계속되지 아니한 것으로 본다.

항소권의 포기

항소권은 포기할 수 있다(민소법 제394조). 항소권의 포기는 항소를 하기 이전에는 제1심

법원에, 항소를 한 뒤에는 소송기록이 있는 법원에 서면으로 하여야 한다. 항소권의 포기에 관한 서면은 상대방에게 송달하여야 한다. 항소를 한 뒤의 항소권의 포기는 항소취하의 효력도 가진다(민소법 제395조).

항소기간

항소는 판결서가 송달된 날부터 2주 이내에 하여야 한다. 다만, 판결서 송달전에도 할 수 있다. 이 기간은 불변기간으로 한다(민소법 제396조).

항소의 방식 및 항소장의 기재사항

제397조(항소의 방식, 항소장의 기재사항) ① 항소는 항소장을 제1심 법원에 제출함으로써 한다.

② 항소장에는 다음 각 호의 사항을 적어야 한다.

1. 당사자와 법정대리인
2. 제1심 판결의 표시와 그 판결에 대한 항소의 취지

제398조(준비서면규정의 준용) 항소장에는 준비서면에 관한 규정을 준용한다.

부대항소

피항소인은 항소권이 소멸된 뒤에도 변론이 종결될 때까지 부대항소(附帶抗訴)를 할 수 있다(민소법 제403조).

부대항소는 항소가 취하되거나 부적법하여 각하된 때에는 그 효력을 잃는다. 다만, 항소기간 이내에 한 부대항소는 독립된 항소로 본다(민소법 제404조).

부대항소에는 항소에 관한 규정을 적용한다(민소법 제405조).

항소심에서의 반소 제기

반소는 상대방의 심급의 이익을 해할 우려가 없는 경우 또는 상대방의 동의를 받은 경우에 제기할 수 있다.

상대방이 이의를 제기하지 아니하고 반소의 본안에 관하여 변론을 한 때에는 반소제기에 동의한 것으로 본다(민소법 제412조).

상고의 대상

상고는 고등법원이 선고한 종국판결과 지방법원 합의부가 제2심으로서 선고한 종국판결에 대하여 할 수 있다.
제390조 제1항 단서의 경우에는 제1심의 종국판결에 대하여 상고할 수 있다(민소법 제422조).

> * 민사소송법
> 제390조(항소의 대상) ① 항소(抗訴)는 제1심 법원이 선고한 종국판결에 대하여 할 수 있다. 다만, 종국판결 뒤에 양 쪽 당사자가 상고(上告)할 권리를 유보하고 항소를 하지 아니하기로 합의한 때에는 그러하지 아니하다.

상고이유

상고는 판결에 영향을 미친 헌법·법률·명령 또는 규칙의 위반이 있다는 것을 이유로 드는 때에만 할 수 있다(민소법 제423조).

절대적 상고이유

제424조(절대적 상고이유) ① 판결에 다음 각 호 가운데 어느 하나의 사유가 있는 때에는 상고에 정당한 이유가 있는 것으로 한다.

1. 법률에 따라 판결법원을 구성하지 아니한 때
2. 법률에 따라 판결에 관여할 수 없는 판사가 판결에 관여한 때
3. 전속관할에 관한 규정에 어긋난 때
4. 법정대리권·소송대리권 또는 대리인의 소송행위에 대한 특별한 권한의 수여에 흠이 있는 때
5. 변론을 공개하는 규정에 어긋난 때
6. 판결의 이유를 밝히지 아니하거나 이유에 모순이 있는 때

② 제60조 또는 제97조의 규정에 따라 추인한 때에는 제1항 제4호의 규정을 적용하지 아니한다.

> * 민사소송법
>
> **제60조(소송능력 등의 흠과 추인)** 소송능력, 법정대리권 또는 소송행위에 필요한 권한의 수여에 흠이 있는 사람이 소송행위를 한 뒤에 보정된 당사자나 법정대리인이 이를 추인(追認)한 경우에는, 그 소송행위는 이를 한 때에 소급하여 효력이 생긴다.
>
> **제97조(법정대리인에 관한 규정의 준용)** 소송대리인에게는 제58조 제2항·제59조·제60조 및 제63조의 규정을 준용한다.

상고이유서의 제출

상고법원의 법원사무관등은 원심법원의 법원사무관등으로부터 소송기록을 받은 때에는 바로 그 사유를 당사자에게 통지하여야 한다(민소법 제426조).

상고장에 상고이유를 적지 아니한 때에 상고인은 제426조의 통지를 받은 날부터 20일 이내에 상고이유서를 제출하여야 한다(민소법 제427조).

▌항소장 작성례

항　소　장

사건	○○지방법원 2021가단00000호　물품대금
항 소 인(원고)	○○○ (000000-0000000)
	주소 :
	전화번호 :
	전자우편주소 :
피항소인(피고)	○○○ (000000-0000000)
	주소 :
	전화번호 :
	전자우편주소 :

위 사건에 관하여 항소인(원고)은 0000. 0. 0. ○○지방법원이 선고한 판결에 대하여 전부 불복하므로 항소를 제기합니다. 항소인은 0000. 0. 0. 판결정본을 송달받았습니다.

원판결의 표시

1. 원고의 청구를 기각한다.
2. 소송비용은 원고가 부담한다.

항　소　취　지

1. 원판결을 취소한다.
2. 피항소인(피고)은 항소인(원고)에게 돈 50,000,000원 및 이에 대하여 소장부본을 송달받은 다음날부터 다 갚는 날까지 연 12%의 비율에 의한 돈을 지급하라.

3. 소송비용은 피항소인이 부담한다.
4. 위 제2항은 가집행할 수 있다.
라는 판결을 구합니다.

항 소 이 유

나중에 제출하겠습니다.

첨 부 서 류

1. 항소장부본 2통.
2. 납부서 1통.

2022. 0. 0.

위 항소인(원고) ○○○(인)

○○고등법원 귀중

참고사항

* 인지대 및 송달료 : 이는 대법원 홈페이지에서 제공하는 계산식 서비스를 이용하여 각각의 금액을 확정한 다음 수납은행에 예납하고 납수서는 항소장에 덧붙여 제출한다.
* 항소장을 제출할 법원 : 제1심 관할법원에 재출한다.
* 항소이유서 : 이는 항소장과 함께 제출함이 실무관행이지만 제1심 판결문을 송달받은 날로부터 14일 이내에 준비가 어려운 경우에는 나중에 제출할 수 있다.

▒ 상고장 작성례

상 고 장

사건	ㅇㅇ고등법원 2022나0000호 부당이득금반환
원고(피상고인)	ㅇㅇㅇ (000000-0000000)
	주소 :
	전화번호 :
피고(상 고 인)	ㅇㅇㅇ (000000-0000000)
	주소 :
	전화번호 :
	전자우편주소 :

위 당사자 사이의 부당이득금반환청구 사건에 관하여 ㅇㅇ고등법원이 0000. 0. 0. 선고한 판결에 대하여 전부 불복하므로 상고합니다. 항소심의 판결문은 2022. 0. 0. 송달을 받았습니다.

제2심판결의 표시

1. 원판결 중 피고는 원고에게 돈 50,000,000원 및 이에 대한 0000. 0. 0.부터 다 갚는 날까지 연 12%의 비율에 의한 돈을 지급할 것을 명한 주문을 취소하고 그 부분에 대한 원고의 청구를 기각한다.
2. 피고의 나머지 항소를 기각한다.
3. 소송비용은 제1심과 제2심을 합하여 그 5분의 1은 원고의, 5분의 4는 피고의 부담으로 한다.

상 고 취 지

1. 원판결 중 피고 패소부분을 취소한다.
2. 원고의 청구를 모두 기각한다.
3. 소송비용은 모두 원고의 부담으로 한다.

라는 판결을 구합니다.

상 고 이 유

나중에 제출하겠습니다.

첨 부 서 류

1. 상고장부본 2통.
2. 납부서 1통.

2022. 0. 0.

위 상고인(피고) ○○○(인)

대법원 귀중

제5편

가사소송 일반

1. 통칙

적용법률

가사소송 절차에 관하여는 이 법에 특별한 규정이 있는 경우를 제외하고는 「민사소송법」에 따른다(가소법 제12조).

법원의 관할

가사소송은 이 법에 특별한 규정이 있는 경우를 제외하고는 피고의 보통재판적(普通裁判籍)이 있는 곳의 가정법원이 관할한다.

당사자 또는 관계인의 주소, 거소(居所) 또는 마지막 주소에 따라 관할이 정하여지는 경우에 그 주소, 거소 또는 마지막 주소가 국내에 없거나 이를 알 수 없을 때에는 대법원이 있는 곳의 가정법원이 관할한다.

가정법원은 소송의 전부 또는 일부에 대하여 관할권이 없음을 인정한 경우에는 결정(決定)으로 관할법원에 이송하여야 한다.

가정법원은 그 관할에 속하는 가사소송사건에 관하여 현저한 손해 또는 지연을 피하기 위하여 필요한 경우에는 직권으로 또는 당사자의 신청에 의하여 다른 관할가정법원에 이송할 수 있다.

이송결정과 이송신청의 기각결정에 대하여는 즉시항고를 할 수 있다(가소법 제13조).

가정법원의 직권조사

가정법원이 가류 또는 나류 가사소송사건을 심리할 때에는 직권으로 사실조사 및 필요한 증거조사를 하여야 하며, 언제든지 당사자 또는 법정대리인을 신문할 수 있다(가소법 제17조).

기판력의 주관적 범위에 관한 특칙

가류 또는 나류 가사소송사건의 청구를 인용(認容)한 확정판결은 제3자에게도 효력이 있다.

가류 또는 나류 가사소송사건의 청구를 배척한 판결이 확정된 경우에는 다른 제소권자는 사실심의 변론종결 전에 참가하지 못한 데 대하여 정당한 사유가 있지 아니하면 다시 소를 제기할 수 없다(가소법 제21조).

2. 가사조정

준용법률

가사조정에 관하여는 이 법에 특별한 규정이 있는 경우를 제외하고는 「민사조정법」을 준용한다. 다만, 「민사조정법」 제18조 및 제23조는 준용하지 아니한다(가소법 제49조).

> * 민사조정법
>
> **제18조(대표당사자)** ① 공동의 이해관계가 있는 다수(多數)의 당사자는 그중 한 사람 또는 여러 사람을 대표당사자로 선임할 수 있다.
>
> ② 제1항의 선임은 서면으로 증명하여야 한다.
>
> ③ 조정담당판사는 필요하다고 인정하면 당사자에게 대표당사자를 선임할 것을 명할 수 있다.
>
> ④ 대표당사자는 자신을 선임한 다른 당사자를 위하여 다음 각 호의 행위를 제외하고는 각자 조정절차에 관한 모든 행위를 할 수 있다.
>
> 1. 조정조항안(調停條項案)의 수락
> 2. 조정신청의 취하
> 3. 제30조 및 제32조에 따른 결정에 관계되는 행위
> 4. 대리인의 선임
>
> ⑤ 대표당사자가 선임된 경우에는 대표당사자 외의 나머지 당사자에게는 조정기일을 통지하지 아니할 수 있다.
>
> **제23조(진술의 원용 제한)** 조정절차에서의 의견과 진술은 민사소송(해당 조정에 대한 준재심은 제외한다)에서 원용(援用)하지 못한다.

조정 전치주의

나류 및 다류 가사소송사건과 마류 가사비송사건에 대하여 가정법원에 소를 제기하거나 심판을 청구하려는 사람은 먼저 조정을 신청하여야 한다.

조정전치주의를 적용 받는 사건에 관하여 조정을 신청하지 아니하고 소를 제기하거나 심판을 청구한 경우에는 가정법원은 그 사건을 조정에 회부하여야 한다. 다만, 공시송달의 방법이 아니면 당사자의 어느 한쪽 또는 양쪽을 소환할 수 없거나 그 사건을 조정에 회부하더라도 조정이 성립될 수 없다고 인정하는 경우에는 그러하지 아니하다(가소법 제50조).

나류 및 다류 가사소송사건에는 재판상 이혼사건, 재판상 파양사건, 친양자 입양과 파양에

관한 사건, 혼인의 무효 · 취소사건, 이혼의 무효 · 취소사건, 이혼을 원인으로 하는 손해배상청구(제3자를 상대로 한 청구도 포함함)사건 및 원상회복청구사건 등이 포함된다.

가사조정의 관할법원

가사조정사건은 그에 상응하는 가사소송사건이나 가사비송사건을 관할하는 가정법원 또는 당사자가 합의로 정한 가정법원이 관할한다. 가사조정사건에 관하여는 제13조 제3항부터 제5항까지의 규정을 준용한다(가소법 제51조).

> * 가사소송법
>
> **제13조(관할)** ③ 가정법원은 소송의 전부 또는 일부에 대하여 관할권이 없음을 인정한 경우에는 결정(決定)으로 관할법원에 이송하여야 한다.
>
> ④ 가정법원은 그 관할에 속하는 가사소송사건에 관하여 현저한 손해 또는 지연을 피하기 위하여 필요한 경우에는 직권으로 또는 당사자의 신청에 의하여 다른 관할가정법원에 이송할 수 있다.
>
> ⑤ 이송결정과 이송신청의 기각결정에 대하여는 즉시항고를 할 수 있다.

조정기관 및 조정위원 등

가사조정사건은 조정장 1명과 2명 이상의 조정위원으로 구성된 조정위원회가 처리한다.

조정담당판사는 상당한 이유가 있는 경우에는 당사자가 반대의 의사를 명백하게 표시하지 아니하면 단독으로 조정할 수 있다.

조정장이나 조정담당판사는 가정법원장 또는 가정법원지원장이 그 관할법원의 판사 중에서 지정한다.

조정위원회를 구성하는 조정위원은 학식과 덕망이 있는 사람으로서 매년 미리 가정법원장이나 가정법원지원장이 위촉한 사람 또는 당사자가 합의하여 선정한 사람 중에서 각 사건마다 조정장이 지정한다.

조정위원은 조정위원회에서 하는 조정에 관여할 뿐 아니라 가정법원, 조정위원회 또는 조정담당판사의 촉탁에 따라 다른 조정사건에 관하여 전문적 지식에 따른 의견을 진술하거나 분쟁의 해결을 위하여 사건 관계인의 의견을 듣는다(가소법 제52조~제54조).

조정의 신청

조정의 신청에 관하여는 제36조 제2항부터 제5항까지의 규정을 준용한다(가소법 제55조).

* 가사소송법

36조(청구의 방식) ② 심판의 청구는 서면 또는 구술로 할 수 있다.

③ 심판청구서에는 다음 각 호의 사항을 적고 청구인이나 대리인이 기명날인하거나 서명하여야 한다.

1. 당사자의 등록기준지, 주소, 성명, 생년월일, 대리인이 청구할 때에는 대리인의 주소와 성명
2. 청구 취지와 청구 원인
3. 청구 연월일
4. 가정법원의 표시

④ 구술로 심판청구를 할 때에는 가정법원의 법원사무관등의 앞에서 진술하여야 한다.

⑤ 제4항의 경우에 법원사무관등은 제3항 각 호의 사항을 적은 조서를 작성하고 기명날인하여야 한다.

사실의 사전 조사

조정장이나 조정담당판사는 특별한 사정이 없으면 조정을 하기 전에 기한을 정하여 가사조사관에게 사건에 관한 사실을 조사하게 하여야 한다(가소법 제56조).

관련사건의 병합신청

조정의 목적인 청구와 제14조에 규정된 관련 관계에 있는 나류, 다류 및 마류 가사사건의 청구는 병합하여 조정신청할 수 있다.

당사자 간의 분쟁을 일시에 해결하기 위하여 필요하면 당사자는 조정위원회 또는 조정담당판사의 허가를 받아 조정의 목적인 청구와 관련 있는 민사사건의 청구를 병합하여 조정신청할 수 있다(가소법 제57조).

조정의 원칙

조정위원회는 조정을 할 때 당사자의 이익뿐 아니라 조정으로 인하여 영향받게 되는 모든 이해관계인의 이익을 고려하고 분쟁을 평화적·종국적(終局的)으로 해결할 수 있는 방안을 마련하여 당사자를 설득하여야 한다.

자녀의 친권을 행사할 사람의 지정과 변경, 양육 방법의 결정 등 미성년자인 자녀의 이해(利害)에 직접적인 관련이 있는 사항을 조정할 때에는 미성년자인 자녀의 복지를 우선적으로 고려하여야 한다(가소법 제58조).

조정의 성립

조정은 당사자 사이에 합의된 사항을 조서에 적음으로써 성립한다. 조정이나 확정된 조정을 갈음하는 결정은 재판상 화해와 동일한 효력이 있다. 다만, 당사자가 임의로 처분할 수 없는 사항에 대하여는 그러하지 아니하다(가소법 제59조).

이의신청 등에 의한 소송으로의 이행(移行)

제57조 제2항에 따라 조정신청된 민사사건의 청구에 관하여는 「민사조정법」 제36조를 준용한다. 이 경우 가정법원은 결정으로 그 민사사건을 관할법원에 이송하여야 한다(가소법).

* 가사소송법

제57조(관련 사건의 병합신청) ② 당사자 간의 분쟁을 일시에 해결하기 위하여 필요하면 당사자는 조정위원회 또는 조정담당판사의 허가를 받아 조정의 목적인 청구와 관련 있는 민사사건의 청구를 병합하여 조정신청할 수 있다.

* 민사조정법

제36조(이의신청에 의한 소송으로의 이행) ① 다음 각 호의 어느 하나에 해당하는 경우에는 조정신청을 한 때에 소가 제기된 것으로 본다.

1. 제26조에 따라 조정을 하지 아니하기로 하는 결정이 있는 경우
2. 제27조에 따라 조정이 성립되지 아니한 것으로 사건이 종결된 경우
3. 제30조 또는 제32조에 따른 조정을 갈음하는 결정에 대하여 제34조 제1항에 따른 기간

내에 이의신청이 있는 경우

② 제1항에 따라 조정신청을 한 때에 소가 제기된 것으로 보는 경우 해당 신청인은 소를 제기할 때 소장(訴狀)에 붙여야 할 인지액(印紙額)에서 그 조정신청서에 붙인 인지액을 뺀 금액에 상당하는 인지를 보정(補正)하여야 한다.

3. 재판상이혼

혼인관계소송의 관할

제22조(관할) 혼인의 무효나 취소, 이혼의 무효나 취소 및 재판상 이혼의 소는 다음 각 호의 구분에 따른 가정법원의 전속관할로 한다.

1. 부부가 같은 가정법원의 관할 구역 내에 보통재판적이 있을 때에는 그 가정법원
2. 부부가 마지막으로 같은 주소지를 가졌던 가정법원의 관할 구역 내에 부부 중 어느 한쪽의 보통재판적이 있을 때에는 그 가정법원
3. 제1호와 제2호에 해당되지 아니하는 경우로서 부부 중 어느 한쪽이 다른 한쪽을 상대로 하는 경우에는 상대방의 보통재판적이 있는 곳의 가정법원, 부부 모두를 상대로 하는 경우에는 부부 중 어느 한쪽의 보통재판적이 있는 곳의 가정법원
4. 부부 중 어느 한쪽이 사망한 경우에는 생존한 다른 한쪽의 보통재판적이 있는 곳의 가정법원
5. 부부가 모두 사망한 경우에는 부부 중 어느 한쪽의 마지막 주소지의 가정법원

친권자 지정 등에 관한 협의권고

제25조(친권자 지정 등에 관한 협의권고) ① 가정법원은 미성년자인 자녀가 있는 부부의 혼인의 취소나 재판상 이혼의 청구를 심리할 때에는 그 청구가 인용될 경우를 대비하여 부모에게 다음 각 호의 사항에 관하여 미리 협의하도록 권고하여야 한다.

1. 미성년자인 자녀의 친권자로 지정될 사람
2. 미성년자인 자녀에 대한 양육과 면접교섭권

② 가정법원이 혼인무효의 청구를 심리하여 그 청구가 인용되는 경우에 남편과 부자관계가 존속되는 미성년자인 자녀가 있는 경우에도 제1항과 같다.

▌조정전치주의

재판상 이혼은 「가사소송법」 제2조 제1항 제1호 나목에서 규정한 나류 가사소송사건으로서 이혼청구소송을 제기하기 전에 이혼조정신청을 하여야 한다.

가사조정에 관하여는 이 법에 특별한 규정이 있는 경우를 제외하고는 「민사조정법」을 준용한다. 다만, 「민사조정법」 제18조 및 제23조는 준용하지 아니한다(가소법 제49조).

나류 및 다류 가사소송사건과 마류 가사비송사건에 대하여 가정법원에 소를 제기하거나 심판을 청구하려는 사람은 먼저 조정을 신청하여야 한다.

② 제1항의 사건에 관하여 조정을 신청하지 아니하고 소를 제기하거나 심판을 청구한 경우에는 가정법원은 그 사건을 조정에 회부하여야 한다. 다만, 공시송달의 방법이 아니면 당사자의 어느 한쪽 또는 양쪽을 소환할 수 없거나 그 사건을 조정에 회부하더라도 조정이 성립될 수 없다고 인정하는 경우에는 그러하지 아니하다(가소법 제50조).

가사조정사건은 그에 상응하는 가사소송사건이나 가사비송사건을 관할하는 가정법원 또는 당사자가 합의로 정한 가정법원이 관할한다(가소법 제51조).

▌가사조정의 신청

조정의 신청에 관하여는 제36조 제2항부터 제5항까지의 규정을 준용한다(가소법 제55조).

> * 가사소송법
>
> 제36조(청구의 방식) ② 심판의 청구는 서면 또는 구술로 할 수 있다.
>
> ③ 심판청구서에는 다음 각 호의 사항을 적고 청구인이나 대리인이 기명날인하거나 서명하여야 한다.
>
> 1. 당사자의 등록기준지, 주소, 성명, 생년월일, 대리인이 청구할 때에는 대리인의 주소와 성명
> 2. 청구 취지와 청구 원인
> 3. 청구 연월일

4. 가정법원의 표시

④ 구술로 심판청구를 할 때에는 가정법원의 법원사무관등의 앞에서 진술하여야 한다.

⑤ 제4항의 경우에 법원사무관등은 제3항 각 호의 사항을 적은 조서를 작성하고 기명날인하여야 한다.

관련사건의 병합신청

제57조(관련 사건의 병합신청) ① 조정의 목적인 청구와 제14조에 규정된 관련 관계에 있는 나류, 다류 및 마류 가사사건의 청구는 병합하여 조정신청할 수 있다.

② 당사자 간의 분쟁을 일시에 해결하기 위하여 필요하면 당사자는 조정위원회 또는 조정담당판사의 허가를 받아 조정의 목적인 청구와 관련 있는 민사사건의 청구를 병합하여 조정신청할 수 있다.

조정의 성립

조정은 당사자 사이에 합의된 사항을 조서에 적음으로써 성립한다. 조정이나 확정된 조정을 갈음하는 결정은 재판상 화해와 동일한 효력이 있다. 다만, 당사자가 임의로 처분할 수 없는 사항에 대하여는 그러하지 아니하다(가소법 제59조).

이의신청 등에 의한 소송으로의 이행(移行)

제57조 제2항에 따라 조정신청된 민사사건의 청구에 관하여는 「민사조정법」 제36조를 준용한다. 이 경우 가정법원은 결정으로 그 민사사건을 관할법원에 이송하여야 한다.

* 민사조정법

제36조(이의신청에 의한 소송으로의 이행) ① 다음 각 호의 어느 하나에 해당하는 경우에는 조정신청을 한 때에 소가 제기된 것으로 본다.

1. 제26조에 따라 조정을 하지 아니하기로 하는 결정이 있는 경우
2. 제27조에 따라 조정이 성립되지 아니한 것으로 사건이 종결된 경우
3. 제30조 또는 제32조에 따른 조정을 갈음하는 결정에 대하여 제34조 제1항에 따른 기간

내에 이의신청이 있는 경우

② 제1항에 따라 조정신청을 한 때에 소가 제기된 것으로 보는 경우 해당 신청인은 소를 제기할 때 소장(訴狀)에 붙여야 할 인지액(印紙額)에서 그 조정신청서에 붙인 인지액을 뺀 금액에 상당하는 인지를 보정(補正)하여야 한다.

이혼조정신청서 작성례

이혼조정신청서

신 청 인　　○○○ (000000-0000000)

등록기준지 :

주소 :

전화번호 :

전자우편주소 :

피신청인　　○○○ (000000-0000000)

등록기준지 :

주소 :

전화번호 :

신　청　취　지

신청인과 피신청인은 이혼한다.

라는 조정을 구합니다.

신 청 원 인

(이하 생략)

첨 부 서 류

1. 혼인관계증명서
2. 주민등록등본
3. 송달료납부서

2022. 0. 0.

위 신청인 ○○○(인)

○○가정법원 귀중

참고사항
* 인지대 및 송달료 : 이는 대법원 홈페이지에서 금액을 확인한 다음 수납은행에 예납한다.
* 신청원인 : 이혼이 필요한 이유를 구체적으로 설명한다.

4. 양육비 직접지급명령

가사소송법의 규정

제63조의2(양육비 직접지급명령) ① 가정법원은 양육비를 정기적으로 지급할 의무가 있는 사람(이하 "양육비채무자"라 한다)이 정당한 사유 없이 2회 이상 양육비를 지급하지 아니한

경우에 정기금 양육비 채권에 관한 집행권원을 가진 채권자(이하 “양육비채권자”라 한다)의 신청에 따라 양육비채무자에 대하여 정기적 급여채무를 부담하는 소득세원천징수의무자(이하 “소득세원천징수의무자”라 한다)에게 양육비채무자의 급여에서 정기적으로 양육비를 공제하여 양육비채권자에게 직접 지급하도록 명할 수 있다.

② 제1항에 따른 지급명령(이하 “양육비 직접지급명령”이라 한다)은 「민사집행법」에 따라 압류명령과 전부명령을 동시에 명한 것과 같은 효력이 있고, 위 지급명령에 관하여는 압류명령과 전부명령에 관한 「민사집행법」을 준용한다. 다만, 「민사집행법」 제40조 제1항과 관계없이 해당 양육비 채권 중 기한이 되지 아니한 것에 대하여도 양육비 직접지급명령을 할 수 있다.

↳ 「민사집행법」

제40조(집행개시의 요건) ① 집행을 받을 사람이 일정한 시일에 이르러야 그 채무를 이행하게 되어 있는 때에는 그 시일이 지난 뒤에 강제집행을 개시할 수 있다.

③ 가정법원은 양육비 직접지급명령의 목적을 달성하지 못할 우려가 있다고 인정할 만한 사정이 있는 경우에는 양육비채권자의 신청에 의하여 양육비 직접지급명령을 취소할 수 있다. 이 경우 양육비 직접지급명령은 장래에 향하여 그 효력을 잃는다.

④ 가정법원은 제1항과 제3항의 명령을 양육비채무자와 소득세원천징수의무자에게 송달하여야 한다.

⑤ 제1항과 제3항의 신청에 관한 재판에 대하여는 즉시항고를 할 수 있다.

⑥ 소득세원천징수의무자는 양육비채무자의 직장 변경 등 주된 소득원의 변경사유가 발생한 경우에는 그 사유가 발생한 날부터 1주일 이내에 가정법원에 변경사실을 통지하여야 한다.

양육비 직접지급명령 신청서 작성례

양육비 직접지급명령 신청서

신 청 인　　○○○ (000000-0000000)

(채권자)　　주소 :

　　　　　　전화번호 :

　　　　　　전자우편주소 :

피신청인　　○○○ (000000-0000000)

(채무자)　　주소 :

　　　　　　전화번호 :

소득세 원천징수 의무자

　　　　　　상호 : ○○주식회사(대표자 사내이사 ○○○)

　　　　　　주소 :

　　　　　　전화번호 :

청구채권 및 금액

별지 청구채권 목록과 같음

신 청 취 지

1. 채무자의 소득세원천징수의무자에 대한 별지 압류채권 목록 기재의 채권을 압류한다.
2. 소득세원천징수의무자는 채무자에게 위 채권에 관한 지급을 하여서는 아니 된다.
3. 채무자는 위 채권의 처분과 영수를 하여서는 아니 된다.
4. 소득세원천징수의무자는 매월 0일에 위 채권에서 별지 청구채권 목록 기재의 양육비 상당액을 채권자에게 지급하라.

라는 결정을 구합니다.

신 청 원 인

(기재 생략)

첨 부 서 류

1. 집행력 있는 정본 1통.
2. 송달(확정)증명서 1통.
3. 채무자의 주민등록표등(초)본 1통.
4. 소득세원천징수의무자의 자격을 증명하는 법인등기부등본 1통.

2022. 0. 0.

위 신청인 ㅇㅇㅇ(인)

ㅇㅇ가정법원 귀중

참고사항

* 인지대 및 송달료 : 이는 대법원 홈페이지에서 제공하는 서비스 프로그램을 이용하여 해당 금액을 산출한 다음 수납은행에 예납한다.
* 집행력 있는 정본 : 이는 확정된 판결문, 조정조서 등을 말한다.
* 소득세원천징수의무자 : 양육비채무자가 소속한 직장의 대표자를 말한다.
* 이 신청을 직접 하는 것이 불가능하거나 곤란한 양육비채권자는 양육비이행관리원의 도움을 받아 처리할 수 있다(양육비 이행확보 및 지원에 관한 법률 제18조).

5. 양육비 담보제공명령

▒ 양육비 담보제공명령의 뜻

제63조의3(담보제공명령 등) ① 가정법원은 양육비를 정기금으로 지급하게 하는 경우에 그 이행을 확보하기 위하여 양육비채무자에게 상당한 담보의 제공을 명할 수 있다.

② 가정법원은 양육비채무자가 정당한 사유 없이 그 이행을 하지 아니하는 경우에는 양육비채권자의 신청에 의하여 양육비채무자에게 상당한 담보의 제공을 명할 수 있다.

③ 제2항의 결정에 대하여는 즉시항고를 할 수 있다.

④ 제1항이나 제2항에 따라 양육비채무자가 담보를 제공하여야 할 기간 이내에 담보를 제공하지 아니하는 경우에는 가정법원은 양육비채권자의 신청에 의하여 양육비의 전부 또는 일부를 일시금으로 지급하도록 명할 수 있다.

⑤ 제2항과 제4항의 명령에 관하여는 제64조 제2항을 준용한다.

⑥ 제1항과 제2항의 담보에 관하여는 그 성질에 반하지 아니하는 범위에서 「민사소송법」 제120조 제1항, 제122조, 제123조, 제125조 및 제126조를 준용한다.

* 가사소송법

제64조(이행 명령) ① 가정법원은 판결, 심판, 조정조서, 조정을 갈음하는 결정 또는 양육비부담조서에 의하여 다음 각 호의 어느 하나에 해당하는 의무를 이행하여야 할 사람이 정당한 이유 없이 그 의무를 이행하지 아니하는 경우에는 당사자의 신청에 의하여 일정한 기간 내에 그 의무를 이행할 것을 명할 수 있다.

1. 금전의 지급 등 재산상의 의무
2. 유아의 인도 의무
3. 자녀와의 면접교섭 허용 의무

② 제1항의 명령을 할 때에는 특별한 사정이 없으면 미리 당사자를 심문하고 그 의무를 이행하도록 권고하여야 하며, 제67조 제1항 및 제68조에 규정된 제재를 고지하여야 한다.

제67조(의무 불이행에 대한 제재) ① 당사자 또는 관계인이 정당한 이유 없이 제29조, 제63조의2 제1항, 제63조의3 제1항·제2항 또는 제64조의 명령이나 제62조의 처분을 위반한 경우에는 가정법원, 조정위원회 또는 조정담당판사는 직권으로 또는 권리자의 신청에 의하여 결정으로 1천만원 이하의 과태료를 부과할 수 있다.

제68조(특별한 의무 불이행에 대한 제재) ① 제63조의3 제4항 또는 제64조의 명령을 받은 사람이

다음 각 호의 어느 하나에 해당하면 가정법원은 권리자의 신청에 의하여 결정으로 30일의 범위에서 그 의무를 이행할 때까지 의무자에 대한 감치를 명할 수 있다.

1. 금전의 정기적 지급을 명령받은 사람이 정당한 이유 없이 3기(期) 이상 그 의무를 이행하지 아니한 경우
2. 유아의 인도를 명령받은 사람이 제67조 제1항에 따른 제재를 받고도 30일 이내에 정당한 이유 없이 그 의무를 이행하지 아니한 경우
3. 양육비의 일시금 지급명령을 받은 사람이 30일 이내에 정당한 사유 없이 그 의무를 이행하지 아니한 경우

② 제1항의 결정에 대하여는 즉시항고를 할 수 있다.

* 민사소송법

제120조(담보제공결정) ① 법원은 담보를 제공하도록 명하는 결정에서 담보액과 담보제공의 기간을 정하여야 한다.

제122조(담보제공방식) 담보의 제공은 금전 또는 법원이 인정하는 유가증권을 공탁(供託)하거나, 대법원규칙이 정하는 바에 따라 지급을 보증하겠다는 위탁계약을 맺은 문서를 제출하는 방법으로 한다. 다만, 당사자들 사이에 특별한 약정이 있으면 그에 따른다.

제123조(담보물에 대한 피고의 권리) 피고는 소송비용에 관하여 제122조의 규정에 따른 담보물에 대하여 질권자와 동일한 권리를 가진다.

제125조(담보의 취소) ① 담보제공자가 담보하여야 할 사유가 소멸되었음을 증명하면서 취소신청을 하면, 법원은 담보취소결정을 하여야 한다.

② 담보제공자가 담보취소에 대한 담보권리자의 동의를 받았음을 증명한 때에도 제1항과 같다.

③ 소송이 완결된 뒤 담보제공자가 신청하면, 법원은 담보권리자에게 일정한 기간 이내에 그 권리를 행사하도록 최고하고, 담보권리자가 그 행사를 하지 아니하는 때에는 담보취소에 대하여 동의한 것으로 본다.

④ 제1항과 제2항의 규정에 따른 결정에 대하여는 즉시항고를 할 수 있다.

제126조(담보물변경) 법원은 담보제공자의 신청에 따라 결정으로 공탁한 담보물을 바꾸도록 명할 수 있다. 다만, 당사자가 계약에 의하여 공탁한 담보물을 다른 담보로 바꾸겠다고 신청한 때에는 그에 따른다.

6. 양육비 이행명령

▌양육비 이행명령의 뜻

제64조(이행 명령) ① 가정법원은 판결, 심판, 조정조서, 조정을 갈음하는 결정 또는 양육비부담조서에 의하여 다음 각 호의 어느 하나에 해당하는 의무를 이행하여야 할 사람이 정당한 이유 없이 그 의무를 이행하지 아니하는 경우에는 당사자의 신청에 의하여 일정한 기간 내에 그 의무를 이행할 것을 명할 수 있다.

1. 금전의 지급 등 재산상의 의무
2. 유아의 인도 의무
3. 자녀와의 면접교섭 허용 의무

② 제1항의 명령을 할 때에는 특별한 사정이 없으면 미리 당사자를 심문하고 그 의무를 이행하도록 권고하여야 하며, 제67조 제1항 및 제68조에 규정된 제재를 고지하여야 한다.

▌이행명령신청서 작성례

이 행 명 령 신 청 서

신 청 인　　○○○ (000000-0000000)
　　　　　　등록기준지 :
　　　　　　주소 :
　　　　　　전화번호 :
　　　　　　전자우편주소 :

피신청인　　○○○ (000000-0000000)
　　　　　　등록기준지 :
　　　　　　주소 :
　　　　　　전화번호 :

신청취지 및 이유

위 당사자 사이의 귀원 0000제00호 조정사건에 관하여 귀원에서 0000. 0. 0. ○○○ 조정이 성립되어 피신청인은 신청인에게 돈 0,000,000원의 사건본인 ○○○에 대한 양육비를 지급하기로 하였으나 그 지급기일이 지난 현재에 이르기까지 지급하지 않고 있으므로 피신청인에게 이행을 명하여 주시기 바랍니다.

첨 부 서 류

1. 조정조서등본 1통.
2. 납부서 1통.

2022. 0. 0.

위 신청인(권리자) ○○○(인)

○○가정법원 귀중

참고사항

* 인지대와 송달료는 대법원 홈페이지를 이용하여 계산한 다음 수납은행에 예납하고, 송달료납수서는 신청서와 함께 가정법원에 제출한다.
* 이행명령을 신청하는 절차와 비용 등은 양육비이행관리원의 조력을 받을 수도 있다("7. 양육비 이행확보 및 지원에 관한 법률" 부분 참조).

7. 금전(양육비)의 임치허가 신청

▒ 금전 임치허가신청의 뜻

판결, 심판, 조정조서 또는 조정을 갈음하는 결정에 의하여 금전을 지급할 의무가 있는 자는 권리자를 위하여 가정법원에 그 금전을 임치(任置)할 것을 신청할 수 있다.

가정법원은 임치신청이 의무를 이행하기에 적합하다고 인정하는 경우에는 허가하여야 한다. 이 경우 그 허가에 대하여는 불복하지 못한다.

허가가 있는 경우 그 금전을 임치하면 임치된 금액의 범위에서 의무자(義務者)의 의무가 이행된 것으로 본다(가소법 제65조).

8. 양육비 이행확보 및 지원에 관한 법률

양육비 이행확보 및 지원에 관한 법률(약칭 : 양육비이행법)

[시행 2024. 3. 26.] [법률 제20423호, 2024. 3. 26., 타법개정]

제1조(목적) 이 법은 미성년 자녀를 직접 양육하는 부 또는 모가 미성년 자녀를 양육하지 아니하는 부 또는 모로부터 양육비를 원활히 받을 수 있도록 양육비 이행확보 등을 지원하여 미성년 자녀의 안전한 양육환경을 조성함을 목적으로 한다.

제2조(정의) 이 법에서 사용하는 용어의 뜻은 다음과 같다.

1. "양육비"란 「민법」 제4조에 따른 성년이 아닌 자녀(이하 "미성년 자녀"라 한다)를 보호ㆍ양육하는 데 필요한 비용을 말한다.
2. "양육비 채무"란 「민법」 제836조의2 및 「가사소송법」상의 집행권원이 있는 양육비용 부담에 관한 채무를 말한다.
3. "양육부ㆍ모"란 미성년 자녀를 직접 양육하고 있는 부 또는 모를 말한다.
4. "비양육부ㆍ모"란 미성년 자녀를 직접 양육하지 아니하는 부 또는 모를 말한다.
5. "양육비 채권자"란 양육자로 지정된 부 또는 모이거나 법정대리인 등 실질적으로 미성년 자녀를 양육하고 있는 사람으로서 양육비 채무의 이행을 청구할 수 있는 사람을 말한다.
6. "양육비 채무자"란 미성년 자녀를 직접 양육하지 아니하는 부 또는 모로서 양육비

채무를 이행하여야 하는 사람(비양육부·모의 부모가 부양료를 지급하여야 하는 경우에는 비양육부·모의 부모를 포함한다)을 말한다.

제3조(미성년 자녀에 대한 양육 책임) ① 부 또는 모는 혼인상태 및 양육여부와 관계없이 미성년 자녀가 건강하게 성장할 수 있도록 의식주, 교육 및 건강 등 모든 생활영역에서 최적의 성장환경을 조성하여야 한다.

② 비양육부·모는 양육부·모와의 합의 또는 법원의 판결 등에 따라 정하여진 양육비를 양육비 채권자에게 성실히 지급하여야 한다. 다만, 비양육부·모가 부양능력이 없는 미성년자인 경우에는 그 비양육부·모의 부모가 지급하여야 한다.

제4조(국가 등의 책무) ① 국가는 부모가 미성년의 자녀를 최적의 환경에서 양육할 수 있도록 지원하여야 한다.

② 국가 또는 지방자치단체는 양육부·모의 양육비 이행확보를 지원하기 위하여 전담기구를 설치·운영하고, 이에 필요한 행정적·재정적 지원방안을 마련하여야 한다.

③ 국가와 지방자치단체는 미성년 자녀의 양육환경 조성을 위하여 양육부·모와 비양육부·모 등에게 자녀양육비 이행과 관련한 교육과 홍보를 실시하여야 한다.

④ 공공기관 등 관련 법인·기관 및 단체는 국가 또는 지방자치단체가 양육비 이행확보를 위하여 수행하는 업무에 적극 협력하여야 한다.

제6조(양육비이행심의위원회) ① 다음 각 호의 사항을 심의·의결하기 위하여 여성가족부에 양육비이행심의위원회(이하 "위원회"라 한다)를 둔다.

1. 양육비 이행확보를 위한 제도의 신설 및 개선에 관한 사항
2. 양육비 채무 불이행자에 대한 제재조치에 관한 사항
3. 관계 행정기관 및 공공기관과의 협조에 관한 사항
4. 양육비 가이드라인의 마련에 관한 사항
5. 여성가족부장관 또는 위원회의 위원장이 양육비 이행확보와 관련하여 위원회에서 심의할 필요가 있다고 인정하는 사항

② 위원회는 위원장 1명을 포함한 14명 이내의 비상임위원으로 구성하고, 위원장은 여성가족부차관이 된다.

③ 위원회의 위원은 다음 각 호의 사람으로 하되, 제3호의 위원의 경우 특정 성이 100분

의 60을 초과하지 아니하도록 하여야 한다.

1. 대통령령으로 정하는 중앙행정기관의 고위공무원단에 속하는 일반직공무원 또는 고위공무원단에 속하지 아니한 1급부터 3급까지의 공무원 중에서 소속 중앙행정기관의 장이 지명한 사람
2. 법원행정처장이 지명한 판사
3. 한부모가족 관련 정책 또는 양육비 이행지원과 관련한 학식과 경험이 풍부한 사람 중에서 위원장이 위촉하는 사람

④ 위원회에서 심의·의결할 사항을 미리 검토하고 전문적인 의견을 제출하기 위하여 위원회에 전문위원을 둔다.

⑤ 그 밖에 위원회 및 전문위원의 구성과 운영 등에 관하여 필요한 사항은 대통령령으로 정한다.

제7조(양육비이행관리원) ① 미성년 자녀의 양육비 청구와 이행확보 지원 등에 관한 업무를 수행하기 위하여 「건강가정기본법」에 따라 설립된 한국건강가정진흥원(이하 "한국건강가정진흥원"이라 한다)에 양육비이행관리원(이하 "이행관리원"이라 한다)을 둔다.

② 이행관리원은 다음 각 호의 업무를 수행한다.

1. 비양육부·모와 양육부·모의 양육비와 관련한 상담

1의2. 양육비 이행 촉진을 위한 비양육부·모와 미성년 자녀의 면접교섭 지원

2. 양육비 청구 및 이행확보 등을 위한 법률지원
3. 한시적 양육비 긴급지원
4. 합의 또는 법원의 판결에 의하여 확정된 양육비 채권 추심지원 및 양육부·모에게 양육비 이전
5. 양육비 채무 불이행자에 대한 제재조치
6. 양육비 이행의 실효성 확보를 위한 제도 등 연구
7. 자녀양육비 이행과 관련한 교육 및 홍보
8. 그 밖에 양육비 채무 이행확보를 위하여 필요한 업무

③ 이행관리원의 조직과 운영에 필요한 사항은 대통령령으로 정한다.

↳ 양육비 이행확보 및 지원에 관한 법률 시행령

제6조(양육비이행관리원의 조직과 운영) ① 법 제7조 제1항에 따른 양육비이행관리원(이하 "이행관리원"이라 한다)의 장은 여성가족부장관이 임명한다.

② 이행관리원의 장의 임기는 3년으로 하며, 1년 단위로 연임할 수 있다.

③ 이행관리원의 장은 이행관리원을 대표하며, 법령에 다른 규정이 있는 경우를 제외하고 양육비 이행확보 및 지원에 관한 업무를 총괄한다.

④ 이행관리원의 장은 법 제10조 제1항에 따른 양육비에 관한 상담을 지원하기 위하여 이행관리원에 상담을 담당하는 조직을 설치하고, 상담에 필요한 전문 상담원을 배치하여야 한다.

⑤ 제1항부터 제4항까지에서 규정한 사항 외에 이행관리원의 조직 및 운영에 필요한 사항은 「건강가정기본법」 제34조의2 제1항에 따른 한국건강가정진흥원의 정관으로 정한다.

제10조(양육비에 관한 상담 및 협의 성립의 지원) ① 비양육부·모 또는 양육부·모는 당사자 간 양육비 부담 등 협의가 이루어지지 아니할 경우 이행관리원의 장에게 양육비에 관한 상담 또는 협의 성립의 지원을 신청할 수 있다.

② 제1항의 상담 결과 비양육부·모와 양육부·모 간에 양육비 부담 등 협의가 이루어질 경우 이행관리원의 장은 협의한 사항이 이행될 수 있도록 하기 위한 지원을 할 수 있다.

③ 제1항에 따른 상담 또는 협의 성립의 지원 방법 및 절차 등 필요한 사항은 여성가족부령으로 정한다.

↳ 양육비 이행확보 및 지원에 관한 법률 시행규칙

제3조(양육비에 관한 협의 성립의 지원 방법 및 절차) ① 이행관리원의 장은 양육부·모등에게 협의 성립 지원 신청을 받은 경우 지체 없이 양육부·모등의 상대방이 양육비에 관한 협의에 동의하는지를 확인하여야 한다.

② 이행관리원의 장은 양육부·모등의 상대방이 제1항에 따른 양육비에 관한 협의에 동의하는 경우 양 당사자에게 우편, 전화, 팩스 또는 전자우편 등 적절한 방법으로 협의장소, 협의일 및 참석대상 등을 정하여 통지하고, 통지한 내용에 따라 협의를 진행하여야 한다.

③ 이행관리원의 장은 양 당사자가 협의한 사항에 대하여 「공증인법」에 따른 공정증서를 작성하도록 하거나 「가사소송법」에 따른 가사조정 절차를 이행하도록 하는 등의 지원을 하여야 한다.

제10조의2(면접교섭 지원) ① 이행관리원의 장은 비양육부·모와 미성년 자녀의 관계를 개선하기 위하여 비양육부·모 및 양육부·모의 신청이 있는 경우 비양육부·모와 미성년 자녀의 면접교섭을 위한 지원을 할 수 있다. 다만, 「민법」 제837조의2 제3항에 따라 면접교섭이 제한·배제되었거나, 면접교섭으로 인하여 양육부·모 및 자녀의 안전을 해할 우려가 있는 경우 지원을 배제·제한 또는 중단할 수 있다.

② 제1항에 따른 면접교섭의 지원 방법 및 절차 등에 필요한 사항은 여성가족부령으로 정한다.

↳ 양육비 이행확보 및 지원에 관한 법률 시행규칙

제3조의2(면접교섭의 지원 방법 및 절차 등) ① 법 제10조의2 제1항 본문에 따라 면접교섭 지원을 신청하려는 사람은 별지 제2호의2서식의 면접교섭 지원 신청서(전자문서로 된 신청서를 포함한다)에 다음 각 호의 서류를 첨부하여 이행관리원의 장에게 제출해야 한다.

1. 주민등록표 등본
2. 면접교섭에 관한 합의서 또는 법원의 판결·결정·조정 등에 관한 서류

② 이행관리원의 장은 제1항에 따라 면접교섭의 지원 신청을 받은 경우에는 지체 없이 다음 각 호의 사항을 확인해야 한다.

1. 면접교섭 지원에 대한 자녀의 의사와 비양육부·모 또는 양육부·모의 의사
2. 「민법」 제837조의2 제3항에 따라 면접교섭이 제한·배제되었는지의 여부

③ 제1항 및 제2항에서 규정한 사항 외에 면접교섭 지원 신청의 절차 및 방법에 관하여는 제2조 제3항부터 제6항까지의 규정을 준용한다.

④ 이행관리원의 장은 법 제10조의2 제1항 본문에 따라 다음 각 호의 방법으로 면접교섭을 지원할 수 있다.

1. 면접교섭 장소의 제공
2. 면접교섭 프로그램의 운영
3. 면접교섭 지원인력의 제공
4. 그 밖에 제1호부터 제3호까지의 규정에 준하는 방법으로서 이행관리원의 장이 필요하다고 인정하는 방법

제11조(양육비 청구 및 이행확보를 위한 법률지원 등의 신청) ① 양육부·모는 이행관리원의 장에게 자녀의 인지청구 및 양육비 청구를 위한 소송 대리 등양육비 집행권원 확보를 위한 법률지원을 신청할 수 있다.

② 양육비 채권자는 합의 또는 법원의 판결에 의하여 확정된 양육비를 양육비 채무자로부터 지급받지 못할 경우 이행관리원의 장에게 양육비 직접지급명령, 이행명령 신청의 대리 등 양육비 이행확보에 필요한 법률지원이나 양육비 채권 추심지원을 신청할 수 있다.
③ 국가는 제1항 및 제2항에 따른 법률지원 등에 드는 비용의 전부 또는 일부를 예산의 범위에서 지원할 수 있다.
④ 제1항 및 제2항에 따른 법률지원 등의 신청대상, 방법 및 절차 등에 필요한 사항은 여성가족부령으로 정한다.

> ↳ 양육비 이행확보 및 지원에 관한 법률 시행규칙
> **제4조(법률지원의 방법 및 절차 등)** ① 이행관리원의 장은 양육부·모등에게 법률지원 신청을 받은 경우 직접 법률지원을 하거나 「양육비 이행확보 및 지원에 관한 법률 시행령」(이하 "영"이라 한다) 제18조 제2항에 따라 법률지원에 관한 업무를 위탁한 법인 또는 대한법률구조공단이 지체 없이 법률지원을 시작할 수 있도록 필요한 조치를 하여야 한다.
> ② 이행관리원의 장은 법률지원을 위한 사실조사 결과 승소(勝訴) 가능성이 없는 등 지원의 실익이나 타당성이 없는 경우에는 법률지원을 중단할 수 있다.

제13조(비양육부·모 또는 양육비 채무자의 주소 등의 자료 요청 등) ① 여성가족부장관은 양육비 집행권원 확보 또는 양육비의 이행확보를 위하여 필요하다고 인정하는 경우에는 특별자치시장·특별자치도지사, 시장·군수·구청장(자치구의 구청장을 말한다. 이하 같다)에게 비양육부·모 또는 양육비 채무자의 주민등록표의 열람 및 등본·초본의 교부를 요청하거나 국민건강보험공단의 장에게 대통령령으로 정하는 바에 따라 비양육부·모 또는 양육비채무자의 근무지에 관한 정보자료를 요청할 수 있다.
② 제1항에 따른 요청을 받은 관계 기관의 장은 정당한 이유가 없으면 이에 따라야 한다.

제14조(한시적 양육비 긴급지원) ① 제11조에 따른 양육비 청구 및 이행확보를 위한 법률지원 등을 신청한 양육비 채권자는 양육비 채무자가 양육비 채무를 이행하지 아니하여 자녀의 복리가 위태롭게 되었거나 위태롭게 될 우려가 있는 경우에는 이행관리원의 장에게 한시적 양육비 긴급지원(이하 "긴급지원"이라 한다)을 신청할 수 있다.
② 제1항에 따라 긴급지원 신청을 받은 이행관리원의 장은 대통령령으로 정하는 긴급지원

기준에 해당하는 경우 긴급지원을 결정할 수 있다. 다만, 이 법에 따른 지원대상자가 「국민기초생활 보장법」 및 「긴급복지지원법」에 따라 동일한 내용의 보호를 받고 있는 경우에는 그 범위에서 이 법에 따른 긴급지원을 하지 아니한다.

↳ 양육비 이행확보 및 지원에 관한 법률 시행령

제8조(한시적 양육비 긴급지원의 기준 및 대상 등) ① 법 제14조 제2항 본문에 따른 한시적 양육비 긴급지원(이하 "긴급지원"이라 한다) 기준에 해당하는 경우는 다음 각 호의 어느 하나에 해당하는 경우로 한다.

1. 양육비 채권자가 속한 가구의 소득이 「국민기초생활 보장법」 제2조 제11호에 따른 기준 중위소득의 100분의 50 이하인 경우
2. 양육비 채권자가 「한부모가족지원법」 제5조 및 제5조의2에 따른 지원대상자로서 여성가족부장관이 정하여 고시하는 기준에 해당하는 경우

② 이행관리원의 장은 제1항에 따른 기준을 갖춘 양육비 채권자에 대하여 양육비 채권자와 그 가족의 장애 여부, 질환 유무, 생활수준, 그 밖의 긴급지원의 필요성 등을 종합적으로 고려하여 긴급지원의 대상을 결정하여야 한다.

③ 긴급지원 금액은 예산의 범위에서 통상적인 양육비, 긴급지원 수요 등을 고려하여 매년 여성가족부장관이 정하여 고시한다.

④ 양육비 채권자가 법 제14조 제1항에 따라 긴급지원을 신청하려는 경우에는 여성가족부령으로 정하는 바에 따라 이행관리원의 장에게 신청서를 제출하여야 한다.

⑤ 양육비 채권자가 법 제14조 제1항에 따라 긴급지원을 신청한 경우 이행관리원의 장은 특별한 사정이 없으면 양육비 채권자가 긴급지원을 신청한 날부터 10일 이내에 긴급지원 여부를 결정하여 긴급지원 금액을 지급하여야 한다.

⑥ 긴급지원 지급은 금융기관이나 우편관서의 양육비 채권자 명의 계좌에 입금하는 방법으로 한다. 다만, 양육비 채권자가 다음 각 호의 어느 하나에 해당하는 경우에는 양육비 채권자의 자녀 명의 계좌에 입금할 수 있다.

1. 성년후견개시의 심판, 한정후견개시의 심판 또는 특정후견의 심판이 확정된 경우
2. 채무불이행으로 금전채권이 압류된 경우

③ 제2항에 따라 결정된 긴급지원의 지급기간은 9개월을 넘지 아니하여야 하고, 자녀의 복리를 위하여 추가 지원이 필요한 경우에는 3개월의 범위에서 이를 연장할 수 있다.

④ 긴급지원의 대상, 금액, 지급시기 등 지원기준은 대통령령으로 정한다. 이 경우 긴급지원 금액은 제5조에 따른 양육비 가이드라인을 고려하여 책정한다.

⑤ 이행관리원의 장은 긴급지원을 한 경우에는 그 지급액의 전부 또는 일부를 양육비 채무자에게 통지하여 징수하고, 양육비 채무자가 이에 따르지 아니하는 경우 여성가족부장관의 승인을 받아 국세 체납처분의 예에 따라 징수한다.

제14조의2(긴급지원 종료 등) ① 이행관리원의 장은 양육비 채무자가 양육비를 지급하면 그 즉시 긴급지원을 종료하여야 한다.

② 양육비 채권자는 양육비 채무자가 양육비를 지급한 사실을 알게 되는 등 긴급지원의 지급 요건과 관련한 사항에 변화가 있는 경우 이를 지체 없이 이행관리원의 장에게 알려야 한다.

③ 제2항에 따라 알려야 하는 내용과 방법 등은 여성가족부령으로 정한다.

> ↳ 양육비 이행확보 및 지원에 관한 법률 시행규칙
>
> **제7조의2(양육비 채권자의 통보 내용 및 방법 등)** 양육비 채권자는 법 제14조의2 제2항에 따라 다음 각 호의 어느 하나에 해당하는 사실을 알게 된 경우에는 그 사실을 지체 없이 이행관리원의 장에게 우편, 팩스 또는 정보통신망 등의 방법으로 통보하여야 한다.
>
> 1. 양육비 채무자가 양육비를 지급한 경우
> 2. 영 제8조 제1항에 따른 한시적 양육비 긴급지원 기준에 해당하지 아니하게 되는 경우
> 3. 「국민기초생활 보장법」 제7조 제1항 제1호에 따른 생계급여를 지원받게 되는 경우
> 4. 「긴급복지지원법」 제9조 제1항 제1호 가목에 따른 생계지원을 받게 되는 경우

제14조의3(긴급지원 결정에 대한 이의신청) ① 제14조에 따른 긴급지원에 관한 이행관리원의 장의 결정에 이의가 있는 양육비 채권자는 결정을 통보받은 날부터 30일 이내에 여성가족부령으로 정하는 바에 따라 이행관리원의 장에게 서면으로 이의신청을 할 수 있다.

> ↳ 양육비 이행확보 및 지원에 관한 법률 시행규칙
>
> **제7조의3(이의신청의 방법)** 양육비 채권자는 법 제14조의3 제1항에 따라 이의신청을 하려는 경우에는 별지 제4호의2서식의 이의신청서를 작성하여 이행관리원의 장에게 제출하여야 한다.

② 이행관리원의 장은 제1항에 따른 이의신청에 대하여 30일 이내에 결정을 하여야 한다. 다만, 부득이한 사정으로 그 기간 내에 결정을 할 수 없을 때에는 30일의 범위에서 그 기

간을 연장할 수 있다.

③ 제1항에 따라 이의신청을 한 양육비 채권자는 그 이의신청과 관계없이 「행정심판법」에 따른 행정심판을 청구할 수 있다.

제14조의4(비용환수) ① 이행관리원의 장은 양육비 채권자가 거짓이나 그 밖의 부정한 방법으로 양육비를 긴급지원 받은 경우에는 지원한 비용의 전부 또는 일부를 반환하게 하여야 한다. 다만, 양육비의 반환이 미성년 자녀의 복리를 위태롭게 할 경우에는 감경할 수 있다.

② 제1항에 따른 긴급지원 양육비의 반환 기간, 절차 및 그 밖에 필요한 사항은 대통령령으로 정한다.

↳ 양육비 이행확보 및 지원에 관한 법률 시행령

제9조의2(비용환수) ① 이행관리원의 장은 법 제14조의4 제1항에 따라 양육비의 전부 또는 일부를 반환받으려는 경우에는 반환금액의 산출 근거 등을 명시하여 이를 납부할 것을 서면으로 양육비 채권자에게 통지하여야 한다.

② 제1항에 따른 통지를 받은 양육비 채권자는 그 통지를 받은 날부터 30일 이내에 반환금액을 납부하여야 한다.

제15조(양육비 이행 청구 및 조사) ① 이행관리원의 장은 제11조 제2항에 따른 양육비 채권추심 지원에 관한 신청이 있을 경우에는 다음 각 호에 해당하는 사항을 양육비 채무자에게 서면(「전자문서 및 전자거래 기본법」 제2조 제1호의 전자문서를 포함한다)으로 통지하여야 한다.

1. 양육비 채권자로부터 채권 추심을 위임받은 사실
2. 양육비 채무 이행 최고
3. 채권자, 채무금액 등 채무에 관한 사항
4. 채무의 변제 방법
5. 채무 불이행 시 조치사항
6. 양육비 채무자의 의견 진술 기회 부여에 관한 사항

② 이행관리원의 장은 제1항의 통지 후 1개월 이내에 양육비가 지급되지 아니한 경우에는

양육비 채무자의 소득, 재산 등 양육비 지급능력을 확인하기 위한 조사를 진행하여야 하며, 이를 위하여 필요한 경우 「가사소송법」에 따라 이해관계를 소명하여 재판장의 허가를 받아 관련 사건기록의 열람 등을 신청할 수 있다.
③ 이행관리원의 장은 양육비 채무자가 양육비 채무를 이행하는 경우에는 제2항에 따른 조사를 즉시 중지하여야 한다.
④ 제1항에 따른 통지의 방법 및 절차 등에 필요한 사항은 여성가족부령으로 정한다.

제16조(양육비 채무자의 재산 등에 관한 조사) ① 여성가족부장관은 양육비 지급능력을 확인·조사하기 위하여 양육비 채무자에게 필요한 서류나 소득·재산 등에 관한 자료의 제출을 요구할 수 있고, 소속 직원으로 하여금 양육비 채무자의 소득·재산 등에 관한 자료를 조사하게 하거나 관계인에게 필요한 질문을 하게 할 수 있다.
② 여성가족부장관은 제1항에 따른 조사를 위하여 필요한 국세·지방세, 토지·건물, 건강보험·국민연금, 출입국 등에 관한 자료의 제공을 본인의 동의를 받아 관계 기관의 장에게 요청할 수 있으며, 이 경우 요청을 받은 관계 기관의 장은 정당한 사유가 없으면 이에 따라야 한다. 다만, 제14조에 따라 한시적 양육비가 지급된 경우에는 본인 동의 없이도 이를 요청할 수 있다.
③ 제2항 단서에 따라 자료를 제공받은 여성가족부장관은 양육비 채무자에게 그 제공사실을 알려야 한다.
④ 제1항에 따라 조사를 하는 직원은 그 권한을 표시하는 증표를 지니고 이를 관계인에게 보여주어야 한다.
⑤ 제1항에 따른 조사·질문의 범위·시기 및 내용과 제3항에 따른 통지 등에 필요한 사항은 대통령령으로 정한다.

제17조(금융정보등의 제공) ① 여성가족부장관은 양육비 채무자의 재산을 조사하기 위하여 「금융실명거래 및 비밀보장에 관한 법률」 제4조 제1항과 「신용정보의 이용 및 보호에 관한 법률」 제32조 제2항에도 불구하고 양육비 채무자가 제출한 동의서면을 전자적 형태로 바꾼 문서에 의하여 대통령령으로 정하는 기준에 따라 인적사항을 기재한 문서 또는 정보통신망으로 금융기관등(「금융실명거래 및 비밀보장에 관한 법률」 제2조 제1호에 따른 금융회사등

및 「신용정보의 이용 및 보호에 관한 법률」 제2조 제6호에 따른 신용정보집중기관을 말한다. 이하 같다)의 장에게 금융정보ㆍ신용정보 또는 보험정보(이하 "금융정보등"이라 한다)를 제공하도록 요청할 수 있다. 다만, 제14조에 따라 한시적 양육비가 지급된 경우에는 본인 동의 없이 신용정보ㆍ보험정보를 요청할 수 있다.

② 제1항에 따라 금융정보등의 제공을 요청받은 금융기관등의 장은 「금융실명거래 및 비밀보장에 관한 법률」 제4조 제1항과 「신용정보의 이용 및 보호에 관한 법률」 제32조에도 불구하고 이를 여성가족부장관에게 제공하여야 한다.

③ 제2항에 따라 금융정보등을 제공하는 금융기관등의 장은 금융정보등의 제공 사실을 명의인에게 통보하여야 한다. 다만, 명의인의 동의가 있는 경우에는 「금융실명거래 및 비밀보장에 관한 법률」 제4조의2 제1항과 「신용정보의 이용 및 보호에 관한 법률」 제32조 제7항에도 불구하고 통보하지 아니할 수 있다.

④ 제1항 및 제2항에 따른 금융정보등의 제공 요청 및 제공은 「정보통신망 이용촉진 및 정보보호 등에 관한 법률」 제2조 제1항 제1호에 따른 정보통신망(이하 "정보통신망"이라 한다)을 이용하여야 한다. 다만, 정보통신망의 손상 등 불가피한 경우에는 그러하지 아니하다.

⑤ 제1항 및 제2항에 따른 업무에 종사하고 있거나 종사하였던 사람은 업무를 수행하면서 취득한 금융정보등을 이 법에서 정한 목적 외의 다른 용도로 사용하거나 다른 사람 또는 기관에 제공하거나 누설하여서는 아니 된다.

⑥ 제1항, 제2항 및 제4항에 따른 금융정보등의 제공 요청 및 제공 등에 필요한 사항은 대통령령으로 정한다.

제18조(양육비 이행확보를 위한 조치) ① 이행관리원의 장은 양육비 이행 지원을 위하여 필요한 경우 양육비 채권자가 「가사소송법」 및 「민사집행법」에 따른 다음 각 호의 신청을 할 때 필요한 법률지원을 하여야 한다.

1. 재산명시 또는 재산조회 신청
2. 양육비 직접지급명령 신청
3. 양육비 담보제공명령 신청
4. 양육비 이행명령 신청
5. 압류명령 신청
6. 추심 또는 전부명령 신청

7. 감치명령 신청 등

② 이행관리원의 장은 제1항에 따른 지원을 하는 경우 해당 법원에 관련 자료나 의견을 양육비 채권자 또는 그 대리인을 통하여 제출할 수 있다.

제19조(양육비 채무자의 재산에 대한 추심) ① 이행관리원의 장은 제18조에 따른 조치결과 지급받을 금전, 그 밖에 채무자의 재산에 대한 양육부·모의 추심을 지원할 수 있다.

② 이행관리원의 장은 제1항에 따라 추심한 금전, 그 밖의 재산이 있는 경우 이를 7일 이내에 양육비 채권자에게 이전하여야 한다.

③ 이행관리원의 장은 양육비 수령 여부를 확인하기 위하여 양육비 전용 계좌 개설 등 필요한 조치를 할 수 있으며, 양육비 채권자는 이에 협조하여야 한다. 이 경우 양육비 전용 계좌 개설 등에 필요한 사항은 여성가족부령으로 정한다.

④ 제1항 및 제2항에 따른 추심지원과 이전에 필요한 사항은 대통령령으로 정한다.

↳ 양육비 이행확보 및 지원에 관한 법률 시행령

제14조(양육비 채권 추심지원의 신청 및 범위 등) ① 법 제19조에 따라 양육비 채권 추심지원을 받으려는 사람은 여성가족부령으로 정하는 바에 따라 이행관리원의 장에게 양육비 채권 추심 위임장을 첨부하여 채권 추심지원을 신청하여야 한다.

② 이행관리원의 장이 양육비 채권 추심지원을 위하여 수행하는 업무의 범위는 다음 각 호와 같다.

1. 양육비 채무자에 대한 재산조사 및 신용조사
2. 양육비 채무자에 대한 소재 파악
3. 양육비 채무자에 대한 전화·우편·전자우편·방문 등을 통한 변제 촉구
4. 양육비 채무자로부터의 변제금 수령 등

③ 양육비 채권자는 제1항에 따라 양육비 채권 추심지원을 신청하는 경우에 다음 각 호의 정보 또는 자료를 이행관리원의 장에게 제공하여야 한다.

1. 양육비 채권의 발생 근거
2. 양육비 채무 불이행 금액 및 기간 등 양육비 채권 추심지원에 필요한 정보

제15조(양육비의 이전 등) ① 이행관리원의 장은 양육비를 수령한 경우에 지체 없이 양육비 채권자가 지정한 계좌로 그 양육비를 입금하여야 한다.

② 양육비 채권자는 양육비 채권 추심지원을 받는 기간 중에 양육비 채무자로부터 양육비를 수령한 경우에는 지체 없이 이행관리원의 장에게 그 사실을 알려야 한다.

제20조(세금환급예정금액의 압류 및 차감) ① 여성가족부장관은 제18조 및 제19조에 따른 조치로 양육비 지급 이행이 완전하지 못할 경우에는 국세청장 및 지방자치단체의 장에 대하여 양육비 채무자의 국세 및 지방세 환급 예정금액(이하 "세금환급예정금액"이라 한다)의 압류를 요청할 수 있다.
② 여성가족부장관은 압류된 세금환급예정금액에 대하여 양육비 미지급분만큼 차감하여 양육비 채권자의 계좌로 이체하여 지급하여야 한다.
③ 제1항 및 제2항에 따른 세금환급예정금액의 압류, 차감 및 이체방법 등에 필요한 사항은 대통령령으로 정한다.

제21조(체납자료의 제공) ① 여성가족부장관은 양육비 지급 이행확보를 위하여 필요한 경우로서 「신용정보의 이용 및 보호에 관한 법률」 제2조 제6호의 신용정보집중기관, 그 밖에 대통령령으로 정하는 자(이하 "신용정보회사등"이라 한다)가 양육비 채무자의 양육비 체납에 관한 자료(이하 "체납자료"라 한다)를 요구한 경우에는 이를 제공할 수 있다.
② 여성가족부장관은 양육비 채무자가 양육비를 지급하지 아니할 경우에는 체납자료를 신용정보회사등에 제공할 수 있음을 양육비 채무자에게 미리 알려야 한다.
③ 여성가족부장관은 제1항에 따라 체납자료를 제공한 경우에는 대통령령으로 정하는 바에 따라 해당 체납자에게 그 제공사실을 알려야 한다.
④ 제1항에 따른 체납자료의 제공 절차 등에 필요한 사항은 대통령령으로 정한다.

제21조의2(가정폭력피해자 정보보호) 이행관리원의 장은 이 법에 따라 법률지원 등을 신청한 양육부·모 또는 양육비 채권자가 「가정폭력방지 및 피해자보호 등에 관한 법률」 제2조 제3호의 피해자임을 알게 된 경우 가정폭력의 재발 방지 등을 위하여 양육부·모 또는 양육비 채권자의 주거·직장·연락처 등 신변 관련 정보가 같은 법 제2조 제2호의 가정폭력행위자인 비양육부·모 또는 양육비 채무자에게 노출되지 아니하도록 적절한 정보보호 조치를 강구하여야 한다.

제21조의3(운전면허 정지처분 요청) ① 여성가족부장관은 양육비 채무자가 양육비 채무 불이행으로 인하여 「가사소송법」 제68조 제1항 제1호·제3호에 따른 감치명령 결정을 받았음에

도 불구하고 양육비 채무를 이행하지 않는 경우에는 위원회의 심의·의결을 거쳐 지방경찰청장(지방경찰청장으로부터 운전면허 정지처분에 관한 권한을 위임받은 자를 포함한다. 이하 이 조에서 같다)에게 해당 양육비 채무자의 운전면허(양육비 채무자가 지방경찰청장으로부터 받은 모든 범위의 운전면허를 포함한다. 이하 이 조에서 같다)의 효력을 정지시킬 것(이하 이 조에서 "운전면허 정지처분"이라 한다)을 요청할 수 있다. 다만, 양육비 채무자가 해당 운전면허를 직접적인 생계유지 목적으로 사용하고 있어 운전면허의 효력을 정지하게 되면 양육비 채무자의 생계유지가 곤란할 것으로 인정되는 경우에는 그러하지 아니하다.
② 제1항에 따른 여성가족부장관의 요청을 받은 지방경찰청장은 정당한 사유가 없으면 이에 협조하여야 한다.
③ 여성가족부장관은 제1항 본문에 따라 운전면허 정지처분 요청을 한 후 해당 양육비 채무자가 양육비를 전부 이행한 때에는 지체 없이 운전면허 정지처분 요청을 철회하여야 한다.
④ 제1항부터 제3항까지에서 규정한 사항 외에 운전면허 정지처분 요청 등에 필요한 사항은 대통령령으로 정한다.

제21조의4(출국금지 요청 등) ① 여성가족부장관은 양육비 채무 불이행으로 인하여 「가사소송법」 제68조 제1항 제1호 또는 제3호에 따른 감치명령 결정을 받았음에도 불구하고 양육비 채무를 이행하지 아니하는 양육비 채무자 중 대통령령으로 정하는 사람에 대하여 위원회의 심의·의결을 거쳐 법무부장관에게 「출입국관리법」 제4조 제3항에 따라 출국금지를 요청할 수 있다.
② 법무부장관은 제1항에 따른 출국금지 요청에 따라 출국금지를 한 경우에는 여성가족부장관에게 그 결과를 정보통신망 등을 통하여 통보하여야 한다.
③ 여성가족부장관은 양육비 채무의 이행, 양육비 채무자의 재산에 대한 강제집행 등으로 출국금지 사유가 해소된 경우에는 즉시 법무부장관에게 출국금지의 해제를 요청하여야 한다.
④ 제1항부터 제3항까지에서 규정한 사항 외에 출국금지 요청 등에 필요한 사항은 대통령령으로 정한다.

제21조의5(명단 공개) ① 여성가족부장관은 양육비 채무자가 양육비 채무 불이행으로 인하여 「가사소송법」 제68조 제1항 제1호 또는 제3호에 따른 감치명령 결정을 받았음에도 불구

하고 양육비 채무를 이행하지 아니하는 경우에는양육비 채권자의 신청에 의하여 위원회의 심의·의결을 거쳐 다음 각 호의 정보를 공개할 수 있다. 다만, 양육비 채무자의 사망 등 대통령령으로 정하는 사유가 있는 경우에는 그러하지 아니하다.

1. 양육비 채무자의 성명, 나이 및 직업
2. 양육비 채무자의 주소 또는 근무지(「도로명주소법」 제2조 제5호의 도로명 및 같은 조 제7호의 건물번호까지로 한다)
3. 양육비 채무 불이행기간 및 양육비 채무액

② 여성가족부장관은 제1항에 따라 명단 공개를 할 경우 양육비 채무자에게 3개월 이상의 기간을 정하여 소명 기회를 주어야 한다.

③ 제1항에 따른 공개는 여성가족부 또는 양육비이행관리원의 인터넷 홈페이지에 게시하는 방법이나 「언론중재 및 피해구제 등에 관한 법률」 제2조 제1호에 따른 언론이 요청하는 경우 제1항 각 호의 정보를 제공하는 방법으로 한다.

④ 제1항부터 제3항까지의 규정에 따른 명단 공개 등에 필요한 사항은 대통령령으로 정한다.

↳ 양육비 이행확보 및 지원에 관한 법률 시행령

제17조의4(명단 공개) ① 법 제21조의5 제1항에 따른 명단 공개의 기간은 공개일부터 3년간으로 한다.

② 법 제21조의5 제1항 단서에서 "양육비 채무자의 사망 등 대통령령으로 정하는 사유가 있는 경우"란 다음 각 호의 어느 하나에 해당하는 경우를 말한다.

1. 양육비 채무자가 사망하거나 「민법」 제27조에 따라 실종선고를 받은 경우
2. 양육비 채무자가 양육비 채무액 중 절반 이상을 이행하고 나머지 금액에 대하여 이행계획을 제출하여 위원회가 명단 공개 대상에서 제외할 필요가 있다고 인정하는 경우
3. 양육비 채무자가 「채무자 회생 및 파산에 관한 법률」에 따른 회생절차개시 결정을 받거나 파산선고를 받은 경우
4. 제1호부터 제3호까지의 규정에 준하는 경우로서 위원회가 인적사항 등을 공개할 실효성이 없다고 인정하는 경우

③ 여성가족부장관은 법 제21조의5 제1항에 따른 명단 공개 후 제2항 각 호의 어느 하나에 해당하는 사유가 발생하거나 양육비 채무자가 양육비 채무 전액을 이행한 경우에는 그 명단을 삭제해야 한다.

제22조(양육비 이행확보 지원의 우선 제공) 이행관리원의 장은 다음 각 호의 어느 하나에 해당하는 사람에게 우선적으로 양육비 이행확보 지원을 하여야 한다. 다만, 신청자의 과다, 이행지원 절차의 지연 등 정당한 사유가 있는 경우에는 그러하지 아니하다.

1. 「국민기초생활 보장법」 제2조 제2호에 따른 수급자
2. 「국민기초생활 보장법」 제2조 제11호에 따른 차상위계층
3. 「한부모가족지원법」 제5조 및 제5조의2에 따른 지원대상자
4. 그 밖에 소득수준 등을 고려하여 여성가족부령으로 정하는 사람

> ↳ 양육비 이행확보 및 지원에 관한 법률 시행규칙
>
> 제10조(양육비 이행확보 지원의 우선 제공) 법 제22조 제4호에서 "여성가족부령으로 정하는 사람"이란 양육비 이행확보 지원을 신청한 사람이 속한 가구의 소득이 「국민기초생활 보장법」 제2조 제11호에 따른 기준 중위소득의 100분의 125 이하인 사람을 말한다.

제23조(수수료) ① 이행관리원의 장은 양육비 이행지원을 하는 경우 양육비 채무자에게 양육비 징수·이전에 소요되는 수수료를 납부하게 할 수 있다.
② 제1항에 따른 수수료 납부 대상과 방법 등에 관하여 필요한 사항은 여성가족부령으로 정한다.

제24조(업무의 위탁) ① 여성가족부장관은 대통령령으로 정하는 바에 따라 다음 각 호에 해당하는 업무를 이행관리원에 위탁할 수 있다.

1. 제13조에 따른 비양육부·모 또는 양육비 채무자의 주소 등 자료 요청에 관한 사항
2. 제16조에 따른 양육비 채무자의 재산 등에 관한 조사에 관한 사항
3. 제17조에 따른 금융정보등의 제공에 관한 사항
4. 제20조에 따른 세금환급예정금액의 압류에 관한 사항
5. 제21조에 따른 체납자료의 제공에 관한 사항

② 이행관리원의 장은 대통령령으로 정하는 바에 따라 이 법에 따른 업무의 일부를 관련 기관·법인 또는 단체에 위탁할 수 있다.

제6편

민사집행 일반

1. 강제집행일반(집행권원)

▌ 집행권원의 뜻

'집행권원'은 강제집행의 근거가 되는 것을 말한다. 더 구체적으로 말하자면, 청구권의 존재와 범위를 표시하여 그 집행력을 인정한 증서이다. 뒤집어 말하면 강제집행절차란 집행권원을 실현하는 절차인 것이다.

집행권원이 될 수 있는 것으로는 '확정된 종국판결', '가집행선고가 붙은 종국판결 및 결정', '외국판결에 대한 집행판결', '중재판정에 기초한 중재결정', '항고로만 불복할 수 있는 재판', '확정된 지급명령', '공증인이 작성한 집행증서', '검사의 과태료 집행명령', '소송상 화해조서', '청구의 인낙조서', '확정된 화해권고결정', '확정된 조정조서', '확정된 조정을 갈음하는 결정', '가압류결정', '가처분결정', '양육비부담조서', '확정된 배상명령' 등이 있다.

2. 강제집행에 관한 민사집행법의 규정

▌ 강제집행과 종국판결

강제집행은 확정된 종국판결(終局判決)이나 가집행의 선고가 있는 종국판결에 기초하여 한다(민집법 제24조).

▌ 집행력의 주관적 범위

제25조(집행력의 주관적 범위) ① 판결이 그 판결에 표시된 당사자 외의 사람에게 효력이 미치는 때에는 그 사람에 대하여 집행하거나 그 사람을 위하여 집행할 수 있다. 다만, 민사소송법 제71조의 규정에 따른 참가인에 대하여는 그러하지 아니하다.

② 제1항의 집행을 위한 집행문(執行文)을 내어 주는데 대하여는 제31조 내지 제33조의 규정을 준용한다.

* 민사소송법

제71조(보조참가) 소송결과에 이해관계가 있는 제3자는 한 쪽 당사자를 돕기 위하여 법원에 계속중

인 소송에 참가할 수 있다. 다만, 소송절차를 현저하게 지연시키는 경우에는 그러하지 아니하다.

* 민사집행법

제31조(승계집행문) ① 집행문은 판결에 표시된 채권자의 승계인을 위하여 내어 주거나 판결에 표시된 채무자의 승계인에 대한 집행을 위하여 내어 줄 수 있다. 다만, 그 승계가 법원에 명백한 사실이거나, 증명서로 승계를 증명한 때에 한한다.

② 제1항의 승계가 법원에 명백한 사실인 때에는 이를 집행문에 적어야 한다.

제32조(재판장의 명령) ① 재판을 집행하는 데에 조건을 붙인 경우와 제31조의 경우에는 집행문은 재판장(합의부의 재판장 또는 단독판사를 말한다. 이하 같다)의 명령이 있어야 내어 준다.

② 재판장은 그 명령에 앞서 서면이나 말로 채무자를 심문(審問) 할 수 있다.

③ 제1항의 명령은 집행문에 적어야 한다.

제33조(집행문부여의 소) 제30조 제2항 및 제31조의 규정에 따라 필요한 증명을 할 수 없는 때에는 채권자는 집행문을 내어 달라는 소를 제1심 법원에 제기할 수 있다.

집행력 있는 정본

강제집행은 집행문이 있는 판결정본(이하 "집행력 있는 정본"이라 한다)이 있어야 할 수 있다. 집행문은 신청에 따라 제1심 법원의 법원서기관·법원사무관·법원주사 또는 법원주사보(이하 "법원사무관등"이라 한다)가 내어 주며, 소송기록이 상급심에 있는 때에는 그 법원의 법원사무관등이 내어 준다. 집행문을 내어 달라는 신청은 말로 할 수 있다(민집법 제28조).

집행문

집행문은 판결정본의 끝에 덧붙여 적는다. 집행문에는 "이 정본은 피고 아무개 또는 원고 아무개에 대한 강제집행을 실시하기 위하여 원고 아무개 또는 피고 아무개에게 준다."라고 적고 법원사무관등이 기명날인하여야 한다(민집법 제29조).

집행문의 부여

집행문은 판결이 확정되거나 가집행의 선고가 있는 때에만 내어 준다. 판결을 집행하는 데에 조건이 붙어 있어 그 조건이 성취되었음을 채권자가 증명하여야 하는 때에는 이를 증명하는 서류를 제출하여야만 집행문을 내어 준다. 다만, 판결의 집행이 담보의 제공을 조건으로 하는 때에는 그러하지 아니하다(민집법 제30조).

집행문은 판결에 표시된 채권자의 승계인을 위하여 내어 주거나 판결에 표시된 채무자의 승계인에 대한 집행을 위하여 내어 줄 수 있다. 다만, 그 승계가 법원에 명백한 사실이거나, 증명서로 승계를 증명한 때에 한한다. 이 승계가 법원에 명백한 사실인 때에는 이를 집행문에 적어야 한다(민집법 제31조).

재판을 집행하는 데에 조건을 붙인 경우와 승계집행문의 경우에는 집행문은 재판장(합의부의 재판장 또는 단독판사를 말한다. 이하 같다)의 명령이 있어야 내어 준다. 재판장은 그 명령에 앞서 서면이나 말로 채무자를 심문(審問) 할 수 있다. 이 명령은 집행문에 적어야 한다(민집법 제32조).

채권자가 여러 통의 집행문을 신청하거나 전에 내어 준 집행문을 돌려주지 아니하고 다시 집행문을 신청한 때에는 재판장의 명령이 있어야만 이를 내어 준다. 재판장은 그 명령에 앞서 서면이나 말로 채무자를 심문할 수 있으며, 채무자를 심문하지 아니하고 여러 통의 집행문을 내어 주거나 다시 집행문을 내어 준 때에는 채무자에게 그 사유를 통지하여야 한다. 여러 통의 집행문을 내어 주거나 다시 집행문을 내어 주는 때에는 그 사유를 원본과 집행문에 적어야 한다(민집법 제35조).

집행력 있는 정본의 효력

집행력 있는 정본의 효력은 전국 법원의 관할구역에 미친다(민집법 제37조).

여러 통의 집행력 있는 정본에 의한 동시집행

채권자가 한 지역에서 또는 한 가지 방법으로 강제집행을 하여도 모두 변제를 받을 수 없는 때에는 여러 통의 집행력 있는 정본에 의하여 여러 지역에서 또는 여러 가지 방법으로 동시에 강제집행을 할 수 있다(민집법 제38조).

강제집행개시의 요건

강제집행은 이를 신청한 사람과 집행을 받을 사람의 성명이 판결이나 이에 덧붙여 적은 집행문에 표시되어 있고 판결을 이미 송달하였거나 동시에 송달한 때에만 개시할 수 있다. 판결의 집행이 그 취지에 따라 채권자가 증명할 사실에 매인 때 또는 판결에 표시된 채권자의 승계인을 위하여 하는 것이거나 판결에 표시된 채무자의 승계인에 대하여 하는 것일 때에는 집행할 판결 외에, 이에 덧붙여 적은 집행문을 강제집행을 개시하기 전에 채무자의 승계인에게 송달하여야 한다. 증명서에 의하여 집행문을 내어 준 때에는 그 증명서의 등본을 강제집행을 개시하기 전에 채무자에게 송달하거나 강제집행과 동시에 송달하여야 한다(민집법 제39조).

집행을 받을 사람이 일정한 시일에 이르러야 그 채무를 이행하게 되어 있는 때에는 그 시일이 지난 뒤에 강제집행을 개시할 수 있다. 집행이 채권자의 담보제공에 매인 때에는 채권자는 담보를 제공한 증명서류를 제출하여야 한다. 이 경우의 집행은 그 증명서류의 등본을 채무자에게 이미 송달하였거나 동시에 송달하는 때에만 개시할 수 있다(민집법 제40조).

반대의무의 이행과 동시에 집행할 수 있다는 것을 내용으로 하는 집행권원의 집행은 채권자가 반대의무의 이행 또는 이행의 제공을 하였다는 것을 증명하여야만 개시할 수 있다. 다른 의무의 집행이 불가능한 때에 그에 갈음하여 집행할 수 있다는 것을 내용으로 하는 집행권원의 집행은 채권자가 그 집행이 불가능하다는 것을 증명하여야만 개시할 수 있다(민집법 제41조).

집행관의 권한

집행관은 집행력 있는 정본을 가지고 있으면 채무자와 제3자에 대하여 강제집행을 하고 제42조에 규정된 행위를 할 수 있는 권한을 가지며, 채권자는 그에 대하여 위임의 흠이나 제한을 주장하지 못한다.

집행관은 집행력 있는 정본을 가지고 있다가 관계인이 요청할 때에는 그 자격을 증명하기 위하여 이를 내보여야 한다(민집법 제43조).

청구에 관한 이의의 소

채무자가 판결에 따라 확정된 청구에 관하여 이의하려면 제1심 판결법원에 청구에 관한 이의의 소를 제기하여야 한다.

이 이의는 그 이유가 변론이 종결된 뒤(변론 없이 한 판결의 경우에는 판결이 선고된 뒤)에 생긴 것이어야 한다. 이의이유가 여러 가지인 때에는 동시에 주장하여야 한다(민집법 제44조).

집행문부여에 대한 이의의 소

제30조 제2항과 제31조의 경우에 채무자가 집행문부여에 관하여 증명된 사실에 의한 판결의 집행력을 다투거나, 인정된 승계에 의한 판결의 집행력을 다투는 때에는 제44조의 규정을 준용한다. 다만, 이 경우에도 제34조의 규정에 따라 집행문부여에 대하여 이의를 신청할 수 있는 채무자의 권한은 영향을 받지 아니한다.

* 민사집행법

제30조(집행문부여) ② 판결을 집행하는 데에 조건이 붙어 있어 그 조건이 성취되었음을 채권자가 증명하여야 하는 때에는 이를 증명하는 서류를 제출하여야만 집행문을 내어 준다. 다만, 판결의 집행이 담보의 제공을 조건으로 하는 때에는 그러하지 아니하다.

제31조(승계집행문) ① **집행문은 판결에 표시된 채권자의 승계인을 위하여** 내어 주거나 판결에 표시된 채무자의 승계인에 대한 집행을 위하여 내어 줄 수 있다. 다만, 그 승계가 법원에 명백한 사실이거나, 증명서로 승계를 증명한 때에 한한다.

② 제1항의 승계가 법원에 명백한 사실인 때에는 이를 집행문에 적어야 한다.

제34조(집행문부여 등에 관한 이의신청) ① 집행문을 내어 달라는 신청에 관한 법원사무관등의 처분에 대하여 이의신청이 있는 경우에는 그 법원사무관등이 속한 법원이 결정으로 재판한다.

② 집행문부여에 대한 이의신청이 있는 경우에는 법원은 제16조 제2항의 처분에 준하는 결정을 할 수 있다.

제16조(집행에 관한 이의신청) ① 집행법원의 집행절차에 관한 재판으로서 즉시항고를 할 수 없는 것과, 집행관의 집행처분, 그 밖에 집행관이 지킬 집행절차에 대하여서는 법원에 이의를 신청할 수 있다.

② 법원은 제1항의 이의신청에 대한 재판에 앞서, 채무자에게 담보를 제공하게 하거나 제공하게 하지 아니하고 집행을 일시정지하도록 명하거나, 채권자에게 담보를 제공하게 하고 그 집행을 계속하도록 명하는 등 잠정처분(暫定處分)을 할 수 있다.

대법원판례

집행채권자가 집행채무자의 상속인들에 대하여 승계집행문을 부여받았으나 상속인들이 적법한 기간 내에 상속을 포기함으로써 그 승계적격이 없는 경우에 상속인들은 그 집행정본의 효력 배제를 구하는 방법으로서 구 민사소송법(2002. 1. 26. 법률 제6626호로 전문 개정되기 전의 것) 제484조의 집행문 부여에 대한 이의신청을 할 수 있는 외에 같은 법 제506조의 집행문 부여에 대한 이의의 소를 제기할 수도 있다.

집행권원에 표시된 채무가 여러 사람에게 공동상속된 경우에 그 채무가 가분채무인 경우에는 그 채무는 공동상속인 사이에서 상속분에 따라 분할되는 것이고, 따라서 이 경우 부여되는 승계집행문에는 상속분의 비율 또는 그에 기한 구체적 수액을 기재하여야 하며, 비록 그와 같은 기재를 누락하였다고 하더라도 그 승계집행문은 각 공동상속인에 대하여 각 상속분에 따라 분할된 채무 금액에 한하여 효력이 있는 것으로 보아야 할 것이고, 또한 이 경우 승계집행문 부여의 적법 여부 및 그 효력의 유무를 심사함에 있어서도 각 공동상속인별로 개별적으로 판단하여야 한다.

집행문 부여에 대한 이의의 소는 집행문이 부여된 후 강제집행이 종료될 때까지 제기할 수 있는 것으로서 강제집행이 종료된 이후에는 이를 제기할 이익이 없는 것인바, (1) 집행력 있는 집행권원에 터 잡아 집행채권의 일부에 관하여 채권의 압류 및 전부명령이 발하여진 경우에 전부명령에 포함된 집행채권과 관련하여서는 그 전부명령의 확정으로 집행절차가 종료하게 되므로 그 부분에 관한 한 집행문 부여에 대한 이의의 소를 제기할 이익이 없다 할 것이나, 전부명령에 포함되지 아니하여 만족을 얻지 못한 잔여 집행채권 부분에 관하여는 아직 압류사건이 존속하게 되므로 강제집행절차는 종료되었다고 볼 수 없고, (2) 한편, 추심명령의 경우에는 그 명령이 발령되었다고 하더라도 그 이후 배당절차가 남아 있는 한 아직 강제집행이 종료되었다고 할 수 없다(대법원2003. 2. 14. 선고 2002다64810 판결).

민사집행법 제33조에 규정된 집행문부여의 소는 채권자가 집행문을 부여받기 위하여 증명서로써 증명하여야 할 사항에 대하여 그 증명을 할 수 없는 경우에 증명방법의 제한을 받지 않고 그러한 사유에 터 잡은 집행력이 현존하고 있다는 점을 주장·증명하여 판결로써 집행문을 부여받기 위한 소이고, 민사집행법 제44조에 규정된 청구이의의 소는 채무자가 집행권원에 표시되어 있는 청구권에 관하여 생긴 이의를 내세워 집행권원이 가지는 집행력을 배제하는 소이다. 위와 같이 민사집행법이 집행문부여의 소와 청구이의의 소를 각각 인정한 취지에 비추어 보면 집행문부여의 소의 심리 대상은 조건 성취 또는 승계 사실을 비롯하여 집행문부여 요건에 한하는 것으로 보아야 한다. 따라서 채무자가 민사집행법 제44조에 규정된 청구에 관한 이의의 소의 이의 사유를 집행문 부여의 소에서 주장하는 것은 허용되지 아니한다(대법원 2012. 4. 13. 선고 2011다93087 판결).

집행문은 제1심법원의 법원사무관 등이 부여하되 소송기록이 상급심에 있는 때에는 그 법원의 법원사무관 등이 부여하는 것이므로, 제1심법원의 법원사무관 등은 그 법원에서의 소송절차가 종료되고 상소에 의하여 소송기록을 상급심법원에 송부한 후에는 집행문 부여의 권한을 잃게 되고, 따라서 제1심법원의 법원사무관 등이 한 집행문 부여 거절처분에 대한 이의신청은 이와 같이 그 거절처분을 한 법원의 법원사무관 등이 집행문 부여의 권한을 잃은 뒤에는 특별한 사정이 없는 한 신청의 이익이 없어 부적법하다(대법원 2000. 3. 13.자 99마7096 결정).

민사소송법 제505조에서 청구에 관한 이의의 소를 규정한 것은 부당한 강제집행이 행하여지지 않도록 하려는데 있다 할 것으로 판결에 의하여 확정된 청구가 그 판결의 변론종결후에 변경소멸된 경우 뿐만 아니라 판결을 집행하는 자체가 불법한 경우에는 그 불법은 당해 판결에 의하여 강제집행에 착수함으로써 외부에 나타나 비로소 이의의 원인이 된다고 보아야 하기 때문에 이 경우에도 이의의 소를 허용함이 상당하다 할 것이다(대법원 1984. 7. 24. 선고84다카572 판결).

- ○ 전부명령(轉付命令) : 압류한 금전채권을 권면액(券面額)으로 집행채권과 집행비용 청구권의 변제에 갈음하여 압류채권자에게 이전하는 집행법원의 명령
- ○ 추심명령 : 채무자가 제3채무자에 대하여 가지고 있는 채권을, 대위절차 없이 채무자에 갈음하여 직접 추심할 권리를 집행채권자에게 부여하는 집행법원의 결정

▒ 청구에 관한 이의의 소장 작성례

소 장

원고 ㅇㅇㅇ (000000-0000000)

주소 :

전화번호 :

전자우편주소 :

피고 ㅇㅇㅇ (000000-0000000)

주소 :

전화번호 :

청 구 취 지

1. 피고가 원고에 대하여 ㅇㅇ지방법원 2020가소ㅇㅇㅇ호 집행력 있는 판결정본에 의하여 실시한 강제집행은 이를 불허한다.
2. 소송비용은 피고의 부담으로 한다.
3. 제1항은 가집행할 수 있다.

라는 판결을 구합니다.

청 구 원 인

1. 피고는 원고에 대하여 대여금으로 돈 10,000,000원의 채권이 있다고 주장하여 ㅇㅇ지방법원 2020가소ㅇㅇㅇ호 집행력 있는 판결정본에 터 잡아 원고 소유인 별지 목록 기재 부동산에 대하여 압류를 실행하였습니다.

2. 그러나 원고는 위 판결을 받은 후 피고의 변제독촉을 견디기 어려워 2019. 0. 0. 무통장입금의 방법으로 위 채무 전액을 피고에게 송금함으로써 위 채무를 소멸케 한 사실이 있습니다.

3. 따라서 피고의 원고에 대한 강제집행은 허용될 수 없는 것입니다.

입 증 방 법

1. 무통장입금증 사본

첨 부 서 류

1. 위 입증방법 1통.
2. 압류집행조서등본 1통.
3. 부동산목록 1통.
4. 송달료납부서 1통.
5. 소장부본 1통.

2022. 0. 0.

위 원고 ㅇㅇㅇ(인)

ㅇㅇ지방법원 ㅇㅇ지원 귀중

참고사항

* 인지대 및 송달료 : 이는 대법원 홈페이지에서 제공하는 계산서비스를 이용하여 금액을 특정한 후 수납은행에 예납한다.
* 압류집행조서등본 : 이는 강제집행을 실시하고 있는 집행법원에서 발급받는다.

3. 제3자이의의 소

제3자이의의 소의 뜻

'제3자이의의 소'는 제3자가 강제집행의 목적물에 대해 소유권 기타 강제집행을 방해할 수 있는 권리를 주장하면서 집행의 배제를 구하는 소를 말한다. 집행관은 강제집행을 착수함에 있어 그 목적물이 실제로 채무자의 소유인지 여부를 조사할 권한이나 의무가 없기 때문에 채무자 아닌 자의 소유물에 대하여도 강제집행이 실시되는 경우가 왕왕 발생하곤 한다.

제3자가 강제집행의 목적물에 대하여 소유권이 있다고 주장하거나 목적물의 양도나 인도를 막을 수 있는 권리가 있다고 주장하는 때에는 채권자를 상대로 그 강제집행에 대한 이의의 소를 제기할 수 있다. 다만, 채무자가 그 이의를 다투는 때에는 채무자를 공동피고로 할 수 있다.

이 소는 집행법원이 관할한다. 다만, 소송물이 단독판사의 관할에 속하지 아니할 때에는 집행법원이 있는 곳을 관할하는 지방법원의 합의부가 이를 관할한다.

강제집행의 정지와 이미 실시한 집행처분의 취소에 대하여는 제46조 및 제47조의 규정을 준용한다. 다만, 집행처분을 취소할 때에는 담보를 제공하게 하지 아니할 수 있다(민집법 제48조).

> * 민사집행법
>
> **제46조(이의의 소와 잠정처분)** ① 제44조 및 제45조의 이의의 소는 강제집행을 계속하여 진행하는 데에는 영향을 미치지 아니한다.
>
> ② 제1항의 이의를 주장한 사유가 법률상 정당한 이유가 있다고 인정되고, 사실에 대한 소명(疎明)이 있을 때에는 수소법원(受訴法院)은 당사자의 신청에 따라 판결이 있을 때까지 담보를 제공하게 하거나 담보를 제공하게 하지 아니하고 강제집행을 정지하도록 명할 수 있으며, 담보를 제공하게 하고 그 집행을 계속하도록 명하거나 실시한 집행처분을 취소하도록 명할 수 있다.
>
> ③ 제2항의 재판은 변론 없이 하며 급박한 경우에는 재판장이 할 수 있다.
>
> ④ 급박한 경우에는 집행법원이 제2항의 권한을 행사할 수 있다. 이 경우 집행법원은 상당한 기간 이내에 제2항에 따른 수소법원의 재판서를 제출하도록 명하여야 한다.
>
> ⑤ 제4항 후단의 기간을 넘긴 때에는 채권자의 신청에 따라 강제집행을 계속하여 진행한다.
>
> **제47조(이의의 재판과 잠정처분)** ① 수소법원은 이의의 소의 판결에서 제46조의 명령을 내리고 이미 내린 명령을 취소·변경 또는 인가할 수 있다.
>
> ② 판결 중 제1항에 규정된 사항에 대하여는 직권으로 가집행의 선고를 하여야 한다.
>
> ③ 제2항의 재판에 대하여는 불복할 수 없다.

대법원판례

제3자이의의 소는 강제집행의 목적물에 대하여 소유권이나 양도 또는 인도를 저지하는 권리를 가진 제3자가 그 권리를 침해하여 현실적으로 진행되고 있는 강제집행에 대하여 이의를 주장하고 집행의 배제를 구하는 소이므로, 당해 강제집행이 종료된 후에 제3자이의의 소가 제기되거나 또는 제3자이의의 소가 제기된 당시 존재하였던 강제집행이 소송계속중 종료된 경우에는 소의 이익이 없어 부적법하다(대법원 1996. 11. 22. 선고 96다37176 판결).

제3자이의의 소의 원고적격은 강제집행의 목적물에 대하여 양도 또는 인도를 막을 권리가 있다고 주장하는 제3자에게 있고, 여기서 제3자는 집행권원 또는 집행문에 채권자, 채무자 또는 그 승계인으로 표시된 사람 이외의 사람을 말한다.
그리고 집행의 채무자가 누구인지는 집행문을 누구에 대하여 내어 주었는지에 의하여 정하여지고, 집행권원의 채무자와 동일성이 없는 사람 등 집행의 채무자적격을 가지지 아니한 사람이라도 그에 대하여 집행문을 내어 주었으면 집행문부여에 대한 이의신청 등에 의하여 취소될 때까지는 집행문에 의한 집행의 채무자가 된다(대법원 2016. 8. 18. 선고 2014다225038 판결).

제3자이의의 소는 모든 재산권을 대상으로 하는 집행에 대하여 적용되는 것이므로, 금전채권에 대하여 압류 및 추심명령이 있은 경우에 집행채무자 아닌 제3자가 자신이 진정한 채권자로서 자신의 채권의 행사에 있어 압류 등으로 인하여 사실상 장애를 받았다면 그 채권이 자기에게 귀속한다고 주장하여 집행채권자에 대하여 제3자이의의 소를 제기할 수 있다.
조합의 채권은 조합원 전원에게 합유적으로 귀속하는 것이어서, 특별한 사정이 없는 한 조합원 중 1인이 임의로 조합의 채무자에 대하여 출자지분의 비율에 따른 급부를 청구할 수 없는 것이므로, 조합원 중 1인의 채권자가 그 조합원 개인을 집행채무자로 하여 조합의 채권에 대하여 강제집행하는 경우, 다른 조합원으로서는 보존행위로서 제3자이의의 소를 제기하여 그 강제집행의 불허를 구할 수 있다(대법원 1997. 8. 26. 선고 97다4401 판결).

제3자이의의 소장 작성례

소　　장

원고　　　　○○○ (000000-0000000)

주소 :

전화번호 :

전자우편주소 :

피고　　　　○○○ (000000-0000000)

주소 :

전화번호 :

제3자 이의의 소

청　구　취　지

1. 피고와 소외 ○○○ 사이의 ○○지방법원 2020가단0000호 집행력 있는 판결정본에 의한 강제집행은 이를 불허한다.
2. 소송비용은 피고의 부담으로 한다.
3. 위 제1항에 한하여 가집행할 수 있다.

라는 판결을 구합니다.

청　구　원　인

1. 피고는 소외 ○○○에 대하여 대여금 20,000,000원의 채권이 있다고 주장하여 ○

○지방법원 2020가단0000호 집행력 있는 판결정본을 받은 다음 이에 터 잡아 별지 목록 기재 유체동산에 대하여 강제집행에 착수하였습니다.

2. 그러나 별지 목록 기재 유체동산은 위 ○○○의 주택에 소재하고 있지만 위 ○○○의 소유물이 아닙니다.
3. 집행관이 압류한 유체동산들은 원고가 위 ○○○에게 잠시 대여한 것들임에도 집행관은 위 ○○○가 소유하는 물건들이라고 그릇 판단하여 압류한 것입니다.
4. 이에 원고는 청구취지와 같은 판결을 구하고자 이 사건 소를 제기합니다.

입 증 방 법

1. 물건 사용대차계약서

첨 부 서 류

1. 위 입증방법 1통.
2. 압류집행조서(압류물건목록) 등본 1통.
3. 송달료납부서 1통.
4. 소장부본 1통.

2022. 0. 0.

위 원고 ○○○(인)

○○지방법원 귀중

4. 지급명령에 의한 강제집행

▒ 민사집행법의 규정

제58조(지급명령과 집행) ① 확정된 지급명령에 기한 강제집행은 집행문을 부여받을 필요 없이 지급명령 정본에 의하여 행한다. 다만, 다음 각 호 가운데 어느 하나에 해당하는 경우에는 그러하지 아니하다.

1. 지급명령의 집행에 조건을 붙인 경우
2. 당사자의 승계인을 위하여 강제집행을 하는 경우
3. 당사자의 승계인에 대하여 강제집행을 하는 경우

② 채권자가 여러 통의 지급명령 정본을 신청하거나, 전에 내어준 지급명령 정본을 돌려주지 아니하고 다시 지급명령 정본을 신청한 때에는 법원사무관등이 이를 부여한다. 이 경우 그 사유를 원본과 정본에 적어야 한다.

③ 청구에 관한 이의의 주장에 대하여는 제44조 제2항의 규정을 적용하지 아니한다.

④ 집행문부여의 소, 청구에 관한 이의의 소 또는 집행문부여에 대한 이의의 소는 지급명령을 내린 지방법원이 관할한다.

⑤ 제4항의 경우에 그 청구가 합의사건인 때에는 그 법원이 있는 곳을 관할하는 지방법원의 합의부에서 재판한다.

> * 민사집행법
>
> 제44조(청구에 관한 이의의 소) ① 채무자가 판결에 따라 확정된 청구에 관하여 이의하려면 제1심 판결법원에 청구에 관한 이의의 소를 제기하여야 한다.
>
> ② 제1항의 이의는 그 이유가 변론이 종결된 뒤(변론 없이 한 판결의 경우에는 판결이 선고된 뒤)에 생긴 것이어야 한다.

5. 공정증서에 의한 강제집행

▒ 민사집행법의 규정

제59조(공정증서와 집행) ① 공증인이 작성한 증서의 집행문은 그 증서를 보존하는 공증인이 내어 준다.

② 집행문을 내어 달라는 신청에 관한 공증인의 처분에 대하여 이의신청이 있는 때에는 그 공증인의 사무소가 있는 곳을 관할하는 지방법원 단독판사가 결정으로 재판한다.
③ 청구에 관한 이의의 주장에 대하여는 제44조 제2항의 규정을 적용하지 아니한다.
④ 집행문부여의 소, 청구에 관한 이의의 소 또는 집행문부여에 대한 이의의 소는 채무자의 보통재판적이 있는 곳의 법원이 관할한다. 다만, 그러한 법원이 없는 때에는 민사소송법 제11조의 규정에 따라 채무자에 대하여 소를 제기할 수 있는 법원이 관할한다.

* 민사집행법

제44조(청구에 관한 이의의 소) ① 채무자가 판결에 따라 확정된 청구에 관하여 이의하려면 제1심 판결법원에 청구에 관한 이의의 소를 제기하여야 한다.
② 제1항의 이의는 그 이유가 변론이 종결된 뒤(변론 없이 한 판결의 경우에는 판결이 선고된 뒤)에 생긴 것이어야 한다.

* 민사소송법

제11조(재산이 있는 곳의 특별재판적) 대한민국에 주소가 없는 사람 또는 주소를 알 수 없는 사람에 대하여 재산권에 관한 소를 제기하는 경우에는 청구의 목적 또는 담보의 목적이나 압류할 수 있는 피고의 재산이 있는 곳의 법원에 제기할 수 있다.

6. 재산명시 제도

재산명시제도의 뜻

금전의 지급을 목적으로 하는 집행권원에 기초하여 강제집행을 개시할 수 있는 채권자는 채무자의 보통재판적이 있는 곳의 법원에 채무자의 재산명시를 요구하는 신청을 할 수 있다. 다만, 민사소송법 제213조에 따른 가집행의 선고가 붙은 판결 또는 같은 조의 준용에 따른 가집행의 선고가 붙어 집행력을 가지는 집행권원의 경우에는 그러하지 아니하다.
이 신청에는 집행력 있는 정본과 강제집행을 개시하는데 필요한 문서를 붙여야 한다(민집법 제61조).

재산명시신청에 대한 재판

제62조(재산명시신청에 대한 재판) ① 재산명시신청에 정당한 이유가 있는 때에는 법원은

채무자에게 재산상태를 명시한 재산목록을 제출하도록 명할 수 있다.
② 재산명시신청에 정당한 이유가 없거나, 채무자의 재산을 쉽게 찾을 수 있다고 인정한 때에는 법원은 결정으로 이를 기각하여야 한다.
③ 제1항 및 제2항의 재판은 채무자를 심문하지 아니하고 한다.
④ 제1항의 결정은 신청한 채권자 및 채무자에게 송달하여야 하고, 채무자에 대한 송달에서는 결정에 따르지 아니할 경우 제68조에 규정된 제재를 받을 수 있음을 함께 고지하여야 한다.
⑤ 제4항의 규정에 따라 채무자에게 하는 송달은 민사소송법 제187조 및 제194조에 의한 방법으로는 할 수 없다.
⑥ 제1항의 결정이 채무자에게 송달되지 아니한 때에는 법원은 채권자에게 상당한 기간을 정하여 그 기간 이내에 채무자의 주소를 보정하도록 명하여야 한다.
⑦ 채권자가 제6항의 명령을 받고도 이를 이행하지 아니한 때에는 법원은 제1항의 결정을 취소하고 재산명시신청을 각하하여야 한다.
⑧ 제2항 및 제7항의 결정에 대하여는 즉시항고를 할 수 있다.
⑨ 채무자는 제1항의 결정을 송달받은 뒤 송달장소를 바꾼 때에는 그 취지를 법원에 바로 신고하여야 하며, 그러한 신고를 하지 아니한 경우에는 민사소송법 제185조 제2항 및 제189조의 규정을 준용한다.

* 민사집행법

제68조(채무자의 감치 및 벌칙) ① 채무자가 정당한 사유 없이 다음 각 호 가운데 어느 하나에 해당하는 행위를 한 경우에는 법원은 결정으로 20일 이내의 감치(監置)에 처한다.

1. 명시기일 불출석
2. 재산목록 제출 거부
3. 선서 거부

* 민사소송법

제185조(송달장소변경의 신고의무) ① 당사자·법정대리인 또는 소송대리인이 송달받을 장소를 바꿀 때에는 바로 그 취지를 법원에 신고하여야 한다.
② 제1항의 신고를 하지 아니한 사람에게 송달할 서류는 달리 송달할 장소를 알 수 없는 경우 종전에 송달받던 장소에 대법원규칙이 정하는 방법으로 발송할 수 있다.
제189조(발신주의) 제185조 제2항 또는 제187조의 규정에 따라 서류를 발송한 경우에는 발송한 때에 송달된 것으로 본다.

재산명시명령에 대한 이의신청

제63조(재산명시명령에 대한 이의신청) ① 채무자는 재산명시명령을 송달받은 날부터 1주 이내에 이의신청을 할 수 있다.

② 채무자가 제1항에 따라 이의신청을 한 때에는 법원은 이의신청사유를 조사할 기일을 정하고 채권자와 채무자에게 이를 통지하여야 한다.

③ 이의신청에 정당한 이유가 있는 때에는 법원은 결정으로 재산명시명령을 취소하여야 한다.

④ 이의신청에 정당한 이유가 없거나 채무자가 정당한 사유 없이 기일에 출석하지 아니한 때에는 법원은 결정으로 이의신청을 기각하여야 한다.

⑤ 제3항 및 제4항의 결정에 대하여는 즉시항고를 할 수 있다.

재산명시기일의 실시

제64조(재산명시기일의 실시) ① 재산명시명령에 대하여 채무자의 이의신청이 없거나 이를 기각한 때에는 법원은 재산명시를 위한 기일을 정하여 채무자에게 출석하도록 요구하여야 한다. 이 기일은 채권자에게도 통지하여야 한다.

② 채무자는 제1항의 기일에 강제집행의 대상이 되는 재산과 다음 각 호의 사항을 명시한 재산목록을 제출하여야 한다.

1. 재산명시명령이 송달되기 전 1년 이내에 채무자가 한 부동산의 유상양도(有償讓渡)
2. 재산명시명령이 송달되기 전 1년 이내에 채무자가 배우자, 직계혈족 및 4촌 이내의 방계혈족과 그 배우자, 배우자의 직계혈족과 형제자매에게 한 부동산 외의 재산의 유상양도
3. 재산명시명령이 송달되기 전 2년 이내에 채무자가 한 재산상 무상처분(無償處分). 다만, 의례적인 선물은 제외한다.

③ 재산목록에 적을 사항과 범위는 대법원규칙으로 정한다.

↳ 민사집행규칙

제28조(재산목록의 기재사항 등) ① 채무자가 제출하여야 하는 재산목록에는 채무자의 이름·주소와 주민등록번호등을 적고, 법 제64조 제2항 각 호의 사항을 명시하는 때에는 유상양도 또는 무

상처분을 받은 사람의 이름·주소·주민등록번호등과 그 거래내역을 적어야 한다.

② 법 제64조 제2항·제3항의 규정에 따라 재산목록에 적어야 할 재산은 다음 각 호와 같다. 다만, 법 제195조에 규정된 물건과 법 제246조 제1항 제1호 내지 제3호에 규정된 채권을 제외한다.

1. 부동산에 관한 소유권·지상권·전세권·임차권·인도청구권과 그에 관한 권리이전청구권
2. 등기 또는 등록의 대상이 되는 자동차·건설기계·선박·항공기의 소유권, 인도청구권과 그에 관한 권리이전청구권
3. 광업권·어업권, 그 밖에 부동산에 관한 규정이 준용되는 권리와 그에 관한 권리이전청구권
4. 특허권·상표권·저작권·디자인권·실용신안권, 그 밖에 이에 준하는 권리와 그에 관한 권리이전청구권
5. 50만원 이상의 금전과 합계액 50만원 이상의 어음·수표
6. 합계액 50만원 이상의 예금과 보험금 50만원 이상의 보험계약
7. 합계액 50만원 이상의 주권·국채·공채·회사채, 그 밖의 유가증권
8. 50만원 이상의 금전채권과 가액 50만원 이상의 대체물인도채권(같은 채무자에 대한 채권액의 합계가 50만원 이상인 채권을 포함한다), 저당권 등의 담보물권으로 담보되는 채권은 그 취지와 담보물권의 내용
9. 정기적으로 받을 보수·부양료, 그 밖의 수입
10. 「소득세법」상의 소득으로서 제9호에서 정한 소득을 제외한 각종소득 가운데 소득별 연간 합계액 50만원 이상인 것
11. 합계액 50만원 이상의 금·은·백금·금은제품과 백금제품
12. 품목당 30만원 이상의 시계·보석류·골동품·예술품과 악기
13. 품목당 30만원 이상의 의류·가구·가전제품 등을 포함한 가사비품
14. 합계액 50만원 이상의 사무기구
15. 품목당 30만원 이상의 가축과 농기계를 포함한 각종 기계
16. 합계액 50만원 이상의 농·축·어업생산품(1월 안에 수확할 수 있는 과실을 포함한다), 공업생산품과 재고상품
17. 제11호 내지 제16호에 규정된 유체동산에 관한 인도청구권·권리이전청구권, 그 밖의 청구권
18. 제11호 내지 제16호에 규정되지 아니한 유체동산으로 품목당 30만원 이상인 것과 그에 관한 인도청구권·권리이전청구권, 그 밖의 청구권
19. 가액 30만원 이상의 회원권, 그 밖에 이에 준하는 권리와 그에 관한 이전청구권
20. 그 밖에 강제집행의 대상이 되는 것으로서 법원이 범위를 정하여 적을 것을 명한 재산

③ 제2항 및 법 제64조제2항·제3항의 규정에 따라 재산목록을 적는 때에는 다음 각 호의 기준

을 따라야 한다.

1. 제2항에 규정된 재산 가운데 권리의 이전이나 그 행사에 등기·등록 또는 명의개서(다음부터 이 조문 안에서 "등기등"이라고 한다)가 필요한 재산으로서 제3자에게 명의신탁 되어 있거나 신탁재산으로 등기등이 되어 있는 것도 적어야 한다. 이 경우에는 재산목록에 명의자와 그 주소를 표시하여야 한다.
2. 제2항 제8호 및 제11호 내지 제19호에 규정된 재산의 가액은 재산목록을 작성할 당시의 시장가격에 따른다. 다만, 시장가격을 알기 어려운 경우에는 그 취득가액에 따른다.
3. 어음·수표·주권·국채·공채·회사채 등 유가증권의 가액은 액면금액으로 한다. 다만, 시장가격이 있는 증권의 가액은 재산목록을 작성할 당시의 거래가격에 따른다.
4. 제2항 제1호 내지 제4호에 규정된 것 가운데 미등기 또는 미등록인 재산에 대하여는 도면·사진 등을 붙이거나 그 밖에 적당한 방법으로 특정하여야 한다.

④ 법원은 필요한 때에는 채무자에게 재산목록에 적은 사항에 관한 참고자료의 제출을 명할 수 있다.

④ 제1항의 기일에 출석한 채무자가 3월 이내에 변제할 수 있음을 소명한 때에는 법원은 그 기일을 3월의 범위내에서 연기할 수 있으며, 채무자가 새 기일에 채무액의 3분의 2 이상을 변제하였음을 증명하는 서류를 제출한 때에는 다시 1월의 범위내에서 연기할 수 있다.

채무자는 재산명시기일에 재산목록이 진실하다는 것을 선서하여야한다.
선서에 관하여는 민사소송법 제320조 및 제321조의 규정을 준용한다. 이 경우 선서서(宣誓書)에는 다음과 같이 적어야 한다. "양심에 따라 사실대로 재산목록을 작성하여 제출하였으며, 만일 숨긴 것이나 거짓 작성한 것이 있으면 처벌을 받기로 맹세합니다."(민집법 제65조)
채무자는 명시기일에 제출한 재산목록에 형식적인 흠이 있거나 불명확한 점이 있는 때에는 제65조의 규정에 의한 선서를 한 뒤라도 법원의 허가를 얻어 이미 제출한 재산목록을 정정할 수 있다. 이 허가에 관한 결정에 대하여는 즉시항고를 할 수 있다(민집법 제66조).

재산목록의 열람과 복사

채무자에 대하여 강제집행을 개시할 수 있는 채권자는 재산목록을 보거나 복사할 것을 신청할 수 있다(민집법 제67조).

▒ 채무자의 감치 및 벌칙

제68조(채무자의 감치 및 벌칙) ① 채무자가 정당한 사유 없이 다음 각 호 가운데 어느 하나에 해당하는 행위를 한 경우에는 법원은 결정으로 20일 이내의 감치(監置)에 처한다.

1. 명시기일 불출석
2. 재산목록 제출 거부
3. 선서 거부

② 채무자가 법인 또는 민사소송법 제52조의 사단이나 재단인 때에는 그 대표자 또는 관리인을 감치에 처한다.

③ 법원은 감치재판기일에 채무자를 소환하여 제1항 각 호의 위반행위에 대하여 정당한 사유가 있는지 여부를 심리하여야 한다.

④ 제1항의 결정에 대하여는 즉시항고를 할 수 있다.

⑤ 채무자가 감치의 집행중에 재산명시명령을 이행하겠다고 신청한 때에는 법원은 바로 명시기일을 열어야 한다.

⑥ 채무자가 제5항의 명시기일에 출석하여 재산목록을 내고 선서하거나 신청채권자에 대한 채무를 변제하고 이를 증명하는 서면을 낸 때에는 법원은 바로 감치결정을 취소하고 그 채무자를 석방하도록 명하여야 한다.

⑦ 제5항의 명시기일은 신청채권자에게 통지하지 아니하고도 실시할 수 있다. 이 경우 제6항의 사실을 채권자에게 통지하여야 한다.

⑧ 제1항 내지 제7항의 규정에 따른 재판절차 및 그 집행 그 밖에 필요한 사항은 대법원규칙으로 정한다.

⑨ 채무자가 거짓의 재산목록을 낸 때에는 3년 이하의 징역 또는 500만원 이하의 벌금에 처한다.

⑩ 채무자가 법인 또는 민사소송법 제52조의 사단이나 재단인 때에는 그 대표자 또는 관리인을 제9항의 규정에 따라 처벌하고, 채무자는 제9항의 벌금에 처한다.

재산명시명령신청서 작성례

재산명시명령신청서

채권자　　○○○ (000000-0000000)
주소 :
전화번호 :
전자우편주소 :

채무자　　○○○ (000000-0000000)
주소 :
전화번호 :

집행권원의 표시 : ○○지방법원 2020. 0. 0. 선고 2020가합000호 손해배상 사건의 집행력 있는 판결정본

채무자가 이행하지 아니하는 금전채무액 : 돈50,000,000원 및 이에 대한 2020. 0. 0.부터 다 갚는 날까지 연 12%의 비율에 따른 지연손해금

신 청 취 지

채무자는 재산상태를 명시한 재산목록을 2022. 0. 0.까지 제출하라.
라는 재판을 구합니다.

신 청 이 유

1. 채권자는 채무자에 대하여 위 표시 집행권원을 가지고 있고, 채무자는 위 채무를

변제하지 않고 있습니다.

2. 따라서 민사집행법 제61조에 의하여 채무자에 대한 재산명시명령을 신청합니다.

첨 부 서 류

1. 집행력 있는 판결정본 1통.
2. 송달증명원 1통.
3. 확정증명원 1통.
4. 송달료납부서 1통.

2022. 0. 0.

위 신청인(채권자) ○○○(인)

○○지방법원 귀중

참고사항

* 집행력 있는 판결 정본 : 이는 판결서 정본에 집행문을 적은 것을 말한다. 이것이 공증인이 작성한 공정증서인 경우에도 마찬가지이다. 이 경우에는 공증인이 집행문을 내어 준다.
* 인지대 및 송달료 : 이는 대법원 홈페이지에서 계산을 한 다음 수납은행에 예납한다.
* 송달증명원 및 확정증명원 : 이는 재산명시명령신청서를 제출하는 기회에 법원 민원실에서 발급받을 수 있다.

7. 채무불이행자명부 등재 제도

채무불이행자명부 등재신청

제70조(채무불이행자명부 등재신청) ① 채무자가 다음 각 호 가운데 어느 하나에 해당하면 채권자는 그 채무자를 채무불이행자명부(債務不履行者名簿)에 올리도록 신청할 수 있다.

1. 금전의 지급을 명한 집행권원이 확정된 후 또는 집행권원을 작성한 후 6월 이내에 채무를 이행하지 아니하는 때. 다만, 제61조 제1항 단서에 규정된 집행권원의 경우를 제외한다.

> ↳ 제61조(재산명시신청) ① 금전의 지급을 목적으로 하는 집행권원에 기초하여 강제집행을 개시할 수 있는 채권자는 채무자의 보통재판적이 있는 곳의 법원에 채무자의 재산명시를 요구하는 신청을 할 수 있다. 다만, 민사소송법 제213조에 따른 가집행의 선고가 붙은 판결 또는 같은 조의 준용에 따른 가집행의 선고가 붙어 집행력을 가지는 집행권원의 경우에는 그러하지 아니하다.

2. 제68조 제1항 각 호의 사유 또는 같은 조 제9항의 사유 가운데 어느 하나에 해당하는 때

> ↳ 제68조(채무자의 감치 및 벌칙) ① 채무자가 정당한 사유 없이 다음 각호 가운데 어느 하나에 해당하는 행위를 한 경우에는 법원은 결정으로 20일 이내의 감치(監置)에 처한다.
>
> 1. 명시기일 불출석
> 2. 재산목록 제출 거부
> 3. 선서 거부
>
> ⑨ 채무자가 거짓의 재산목록을 낸 때에는 3년 이하의 징역 또는 500만원 이하의 벌금에 처한다.

② 제1항의 신청을 할 때에는 그 사유를 소명하여야 한다.

③ 제1항의 신청에 대한 재판은 제1항 제1호의 경우에는 채무자의 보통재판적이 있는 곳의 법원이 관할하고, 제1항 제2호의 경우에는 재산명시절차를 실시한 법원이 관할한다.

등재신청에 대한 재판

제70조의 신청에 정당한 이유가 있는 때에는 법원은 채무자를 채무불이행자명부에 올리는

결정을 하여야 한다.
등재신청에 정당한 이유가 없거나 쉽게 강제집행할 수 있다고 인정할 만한 명백한 사유가 있는 때에는 법원은 결정으로 이를 기각하여야 한다.
이 재판에 대하여는 즉시항고를 할 수 있다. 이 경우 민사소송법 제447조의 규정은 준용하지 아니한다(민집법 제71조).

* 민사소송법
제447조(즉시항고의 효력) 즉시항고는 집행을 정지시키는 효력을 가진다.

채무불이행자명부의 비치와 열람

채무불이행자명부는 등재결정을 한 법원에 비치한다. 법원은 채무불이행자명부의 부본을 채무자의 주소지(채무자가 법인인 경우에는 주된 사무소가 있는 곳) 시(구가 설치되지 아니한 시를 말한다. 이하 같다)·구·읍·면의 장(도농복합형태의 시의 경우 동지역은 시·구의 장, 읍·면지역은 읍·면의 장으로 한다. 이하 같다)에게 보내야 한다.
법원은 채무불이행자명부의 부본을 대법원규칙이 정하는 바에 따라 일정한 금융기관의 장이나 금융기관 관련단체의 장에게 보내어 채무자에 대한 신용정보로 활용하게 할 수 있다.
채무불이행자명부나 그 부본은 누구든지 보거나 복사할 것을 신청할 수 있다.
채무불이행자명부는 인쇄물 등으로 공표되어서는 아니된다(민집법 제72조).

채무불이행자명부 등재의 말소

제73조(명부등재의 말소) ① 변제, 그 밖의 사유로 채무가 소멸되었다는 것이 증명된 때에는 법원은 채무자의 신청에 따라 채무불이행자명부에서 그 이름을 말소하는 결정을 하여야 한다.
② 채권자는 제1항의 결정에 대하여 즉시항고를 할 수 있다. 이 경우 민사소송법 제447조의 규정은 준용하지 아니한다.
③ 채무불이행자명부에 오른 다음 해부터 10년이 지난 때에는 법원은 직권으로 그 명부에 오른 이름을 말소하는 결정을 하여야 한다.

④ 제1항과 제3항의 결정을 한 때에는 그 취지를 채무자의 주소지(채무자가 법인인 경우에는 주된 사무소가 있는 곳) 시·구·읍·면의 장 및 제72조 제3항의 규정에 따라 채무불이행자명부의 부본을 보낸 금융기관 등의 장에게 통지하여야 한다.

⑤ 제4항의 통지를 받은 시·구·읍·면의 장 및 금융기관 등의 장은 그 명부의 부본에 오른 이름을 말소하여야 한다.

채무불이행자명부 등재신청서 작성례

채무불이행자명부 등재신청서

신 청 인(채권자) ○○○ (000000-0000000)
주소 :
전화번호 :

피신청인(채무자) ○○○ (000000-0000000)
주소 :
전화번호 :

집행권원의 표시 및 채무자가 이행하지 아니하는 채무액

1. ○○지방법원 2020가단0000호 ○○○○사건에 대하여 선고한 판결정본
2. 채무자가 이행하지 아니한 금전채무액 : 돈 30,000,000원

신 청 취 지

채무자를 채무불이행자명부에 등재한다.
라는 재판을 구합니다.

신 청 이 유

1. 신청인(채권자)은 피신청인(채무자)에 대하여 위와 같은 집행력 있는 판결정본을 가지고 있습니다.
2. 위 판결은 2020. 0. 0. 확정되었으나 채무자는 지금까지도 그 채무의 이행을 하지 않고 있습니다.
3. 따라서 민사집행법의 관련 규정에 의하여 이 신청을 하오니 채무자를 채무불이행자 명부에 등재하는 결정을 해 주시기 바랍니다.

첨 부 서 류

1. 집행력 있는 판결 정본 1통.
2. 확정증명원 1통.
3. 송달증명원 1통.
4. 채무이행 촉구서(내용증명우편) 1통.
5. 소명자료 1통.
6. 송달료납부서 1통.

2022. 0. 0.

위 신청인(채권자) ○○○(인)

○○지방법원 귀중

참고사항

* 소명자료 : 판결이 확정된 후 6월이 경과되었으나 채무자가 채무를 변제하지 않고 있다는 취지의 소명자료를 말한다.

* 인지대 및 송달료 : 비용은 대법원 홈페이지를 이용하여 계산한 뒤 수납은행에 예납한다.

8. 재산조회 제도

▒ 재산조회의 신청

제74조(재산조회) ① 재산명시절차의 관할 법원은 다음 각 호의 어느 하나에 해당하는 경우에는 그 재산명시를 신청한 채권자의 신청에 따라 개인의 재산 및 신용에 관한 전산망을 관리하는 공공기관·금융기관·단체 등에 채무자명의의 재산에 관하여 조회할 수 있다.

1. 재산명시절차에서 채권자가 제62조 제6항의 규정에 의한 주소보정명령을 받고도 민사소송법 제194조 제1항의 규정에 의한 사유로 인하여 채권자가 이를 이행할 수 없었던 것으로 인정되는 경우

> ↳ **제194조(공시송달의 요건)** ① 당사자의 주소등 또는 근무장소를 알 수 없는 경우 또는 외국에서 하여야 할 송달에 관하여 제191조의 규정에 따를 수 없거나 이에 따라도 효력이 없을 것으로 인정되는 경우에는 법원사무관등은 직권으로 또는 당사자의 신청에 따라 공시송달을 할 수 있다.

2. 재산명시절차에서 채무자가 제출한 재산목록의 재산만으로는 집행채권의 만족을 얻기에 부족한 경우
3. 재산명시절차에서 제68조 제1항 각 호의 사유 또는 동조 제9항의 사유가 있는 경우

② 채권자가 제1항의 신청을 할 경우에는 조회할 기관·단체를 특정하여야 하며 조회에 드는 비용을 미리 내야 한다.

③ 법원이 제1항의 규정에 따라 조회할 경우에는 채무자의 인적 사항을 적은 문서에 의하여 해당 기관·단체의 장에게 채무자의 재산 및 신용에 관하여 그 기관·단체가 보유하고 있는 자료를 한꺼번에 모아 제출하도록 요구할 수 있다.

④ 공공기관·금융기관·단체 등은 정당한 사유 없이 제1항 및 제3항의 조회를 거부하지 못한다.

▒ 대법원규칙에의 위임

제74조 제1항 및 제3항의 규정에 따라 조회를 할 공공기관·금융기관·단체 등의 범위 및 조회절차, 제74조 제2항의 규정에 따라 채권자가 내야 할 비용, 제75조 제1항의 규정에 따른 조회결과의 관리에 관한 사항, 제75조 제2항의 규정에 의한 과태료의 부과절차 등은

대법원규칙으로 정한다(민집법 제77조).

여기에서 말하는 대법원규칙은 「민사집행규칙」 제36조 내지 제39조를 말한다.

9. 강제경매

▒ 부동산에 대한 강제집행

제78조(집행방법) ① 부동산에 대한 강제집행은 채권자의 신청에 따라 법원이 한다.

② 강제집행은 다음 각 호의 방법으로 한다.

1. 강제경매
2. 강제관리

③ 채권자는 자기의 선택에 의하여 제2항 각 호 가운데 어느 한 가지 방법으로 집행하게 하거나 두 가지 방법을 함께 사용하여 집행하게 할 수 있다.

④ 강제관리는 가압류를 집행할 때에도 할 수 있다.

▒ 부동산에 대한 강제집행법원

부동산에 대한 강제집행은 그 부동산이 있는 곳의 지방법원이 관할한다.

부동산이 여러 지방법원의 관할구역에 있는 때에는 각 지방법원에 관할권이 있다. 이 경우 법원이 필요하다고 인정한 때에는 사건을 다른 관할 지방법원으로 이송할 수 있다(민집법 제79조).

▒ 부동산 강제경매의 신청

제80조(강제경매신청서) 강제경매신청서에는 다음 각 호의 사항을 적어야 한다.

1. 채권자·채무자와 법원의 표시
2. 부동산의 표시
3. 경매의 이유가 된 일정한 채권과 집행할 수 있는 일정한 집행권원

▒ 부동산에 대한 강제경매신청서 첨부서류

제81조(첨부서류) ① 강제경매신청서에는 집행력 있는 정본 외에 다음 각 호 가운데 어느

하나에 해당하는 서류를 붙여야 한다.

1. 채무자의 소유로 등기된 부동산에 대하여는 등기사항증명서
2. 채무자의 소유로 등기되지 아니한 부동산에 대하여는 즉시 채무자명의로 등기할 수 있다는 것을 증명할 서류. 다만, 그 부동산이 등기되지 아니한 건물인 경우에는 그 건물이 채무자의 소유임을 증명할 서류, 그 건물의 지번·구조·면적을 증명할 서류 및 그 건물에 관한 건축허가 또는 건축신고를 증명할 서류

② 채권자는 공적 장부를 주관하는 공공기관에 제1항 제2호 단서의 사항들을 증명하여 줄 것을 청구할 수 있다.

③ 제1항 제2호 단서의 경우에 건물의 지번·구조·면적을 증명하지 못한 때에는, 채권자는 경매신청과 동시에 그 조사를 집행법원에 신청할 수 있다.

④ 제3항의 경우에 법원은 집행관에게 그 조사를 하게 하여야 한다.

경매개시결정 등

경매절차를 개시하는 결정에는 동시에 그 부동산의 압류를 명하여야 한다.

압류는 부동산에 대한 채무자의 관리·이용에 영향을 미치지 아니한다.

경매절차를 개시하는 결정을 한 뒤에는 법원은 직권으로 또는 이해관계인의 신청에 따라 부동산에 대한 침해행위를 방지하기 위하여 필요한 조치를 할 수 있다.

압류는 채무자에게 그 결정이 송달된 때 또는 제94조의 규정에 따른 등기가 된 때에 효력이 생긴다.

강제경매신청을 기각하거나 각하하는 재판에 대하여는 즉시항고를 할 수 있다(민집법 제83조).

* 민사집행법

제94조(경매개시결정의 등기) ① 법원이 경매개시결정을 하면 법원사무관등은 즉시 그 사유를 등기부에 기입하도록 등기관(登記官)에게 촉탁하여야 한다.

② 등기관은 제1항의 촉탁에 따라 경매개시결정사유를 기입하여야 한다.

▌배당요구의 종기결정 및 공고

제84조(배당요구의 종기결정 및 공고) ① 경매개시결정에 따른 압류의 효력이 생긴 때(그 경매개시결정전에 다른 경매개시결정이 있은 경우를 제외한다)에는 집행법원은 절차에 필요한 기간을 고려하여 배당요구를 할 수 있는 종기(終期)를 첫 매각기일 이전으로 정한다.

② 배당요구의 종기가 정하여진 때에는 법원은 경매개시결정을 한 취지 및 배당요구의 종기를 공고하고, 제91조 제4항 단서의 전세권자 및 법원에 알려진 제88조 제1항의 채권자에게 이를 고지하여야 한다.

③ 제1항의 배당요구의 종기결정 및 제2항의 공고는 경매개시결정에 따른 압류의 효력이 생긴 때부터 1주 이내에 하여야 한다.

④ 법원사무관등은 제148조 제3호 및 제4호의 채권자 및 조세, 그 밖의 공과금을 주관하는 공공기관에 대하여 채권의 유무, 그 원인 및 액수(원금·이자·비용, 그 밖의 부대채권(附帶債權)을 포함한다)를 배당요구의 종기까지 법원에 신고하도록 최고하여야 한다.

⑤ 제148조 제3호 및 제4호의 채권자가 제4항의 최고에 대한 신고를 하지 아니한 때에는 그 채권자의 채권액은 등기사항증명서 등 집행기록에 있는 서류와 증빙(證憑)에 따라 계산한다. 이 경우 다시 채권액을 추가하지 못한다.

⑥ 법원은 특별히 필요하다고 인정하는 경우에는 배당요구의 종기를 연기할 수 있다.

⑦ 제6항의 경우에는 제2항 및 제4항의 규정을 준용한다. 다만, 이미 배당요구 또는 채권신고를 한 사람에 대하여는 같은 항의 고지 또는 최고를 하지 아니한다.

▌집행관의 현황조사

법원은 경매개시결정을 한 뒤에 바로 집행관에게 부동산의 현상, 점유관계, 차임(借賃) 또는 보증금의 액수, 그 밖의 현황에 관하여 조사하도록 명하여야 한다. 집행관이 부동산을 조사할 때에는 그 부동산에 대하여 제82조에 규정된 조치를 할 수 있다(민집법 제85조).

> * 민사집행법
>
> **제82조(집행관의 권한)** ① 집행관은 제81조 제4항의 조사를 위하여 건물에 출입할 수 있고, 채무자 또는 건물을 점유하는 제3자에게 질문하거나 문서를 제시하도록 요구할 수 있다.
>
> ② 집행관은 제1항의 규정에 따라 건물에 출입하기 위하여 필요한 때에는 잠긴 문을 여는 등 적절한 처분을 할 수 있다.

경매개시결정에 대한 이의신청

이해관계인은 매각대금이 모두 지급될 때까지 법원에 경매개시결정에 대한 이의신청을 할 수 있다. 이의신청을 받은 법원은 제16조 제2항에 준하는 결정을 할 수 있다. 이의신청에 관한 재판에 대하여 이해관계인은 즉시항고를 할 수 있다(민집법 제86조).

> * 민사집행법
>
> **제16조(집행에 관한 이의신청)** ① 집행법원의 집행절차에 관한 재판으로서 즉시항고를 할 수 없는 것과, 집행관의 집행처분, 그 밖에 집행관이 지킬 집행절차에 대하여서는 법원에 이의를 신청할 수 있다.
>
> ② 법원은 제1항의 이의신청에 대한 재판에 앞서, 채무자에게 담보를 제공하게 하거나 제공하게 하지 아니하고 집행을 일시정지하도록 명하거나, 채권자에게 담보를 제공하게 하고 그 집행을 계속하도록 명하는 등 잠정처분(暫定處分)을 할 수 있다.

압류의 경합

강제경매절차 또는 담보권 실행을 위한 경매절차를 개시하는 결정을 한 부동산에 대하여 다른 강제경매의 신청이 있는 때에는 법원은 다시 경매개시결정을 하고, 먼저 경매개시결정을 한 집행절차에 따라 경매한다.

먼저 경매개시결정을 한 경매신청이 취하되거나 그 절차가 취소된 때에는 법원은 제91조 제1항의 규정에 어긋나지 아니하는 한도 안에서 뒤의 경매개시결정에 따라 절차를 계속 진행하여야 한다. 이 경우에 뒤의 경매개시결정이 배당요구의 종기 이후의 신청에 의한 것인 때에는 집행법원은 새로이 배당요구를 할 수 있는 종기를 정하여야 한다. 이 경우 이미 제84조 제2항 또는 제4항의 규정에 따라 배당요구 또는 채권신고를 한 사람에 대하여는 같은 항의 고지 또는 최고를 하지 아니한다.

먼저 경매개시결정을 한 경매절차가 정지된 때에는 법원은 신청에 따라 결정으로 뒤의 경매개시결정(배당요구의 종기까지 행하여진 신청에 의한 것에 한한다)에 기초하여 절차를 계속하여 진행할 수 있다. 다만, 먼저 경매개시결정을 한 경매절차가 취소되는 경우 제105조 제1항 제3호의 기재사항이 바뀔 때에는 그러하지 아니하다. 이 신청에 대한 재판에 대하여는 즉시항고를 할 수 있다(민집법 제87조).

* 민사집행법

제91조(인수주의와 잉여주의의 선택 등) ① 압류채권자의 채권에 우선하는 채권에 관한 부동산의 부담을 매수인에게 인수하게 하거나, 매각대금으로 그 부담을 변제하는 데 부족하지 아니하다는 것이 인정된 경우가 아니면 그 부동산을 매각하지 못한다.

제84조(배당요구의 종기결정 및 공고) ② 배당요구의 종기가 정하여진 때에는 법원은 경매개시결정을 한 취지 및 배당요구의 종기를 공고하고, 제91조 제4항 단서의 전세권자 및 법원에 알려진 제88조 제1항의 채권자에게 이를 고지하여야 한다.

④ 법원사무관등은 제148조 제3호 및 제4호의 채권자 및 조세, 그 밖의 공과금을 주관하는 공공기관에 대하여 채권의 유무, 그 원인 및 액수(원금·이자·비용, 그 밖의 부대채권(附帶債權)을 포함한다)를 배당요구의 종기까지 법원에 신고하도록 최고하여야 한다.

배당요구

집행력 있는 정본을 가진 채권자, 경매개시결정이 등기된 뒤에 가압류를 한 채권자, 민법·상법, 그 밖의 법률에 의하여 우선변제청구권이 있는 채권자는 배당요구를 할 수 있다. 배당요구에 따라 매수인이 인수하여야 할 부담이 바뀌는 경우 배당요구를 한 채권자는 배당요구의 종기가 지난 뒤에 이를 철회하지 못한다(민집법 제88조).

경매절차의 이해관계인

제90조(경매절차의 이해관계인) 경매절차의 이해관계인은 다음 각 호의 사람으로 한다.

1. 압류채권자와 집행력 있는 정본에 의하여 배당을 요구한 채권자
2. 채무자 및 소유자
3. 등기부에 기입된 부동산 위의 권리자
4. 부동산 위의 권리자로서 그 권리를 증명한 사람

인수주의와 잉여주의의 선택 등

압류채권자의 채권에 우선하는 채권에 관한 부동산의 부담을 매수인에게 인수하게 하거나, 매각대금으로 그 부담을 변제하는 데 부족하지 아니하다는 것이 인정된 경우가 아니면 그

부동산을 매각하지 못한다. 매각부동산 위의 모든 저당권은 매각으로 소멸된다.
지상권·지역권·전세권 및 등기된 임차권은 저당권·압류채권·가압류채권에 대항할 수 없는 경우에는 매각으로 소멸된다. 이 경우 외의 지상권·지역권·전세권 및 등기된 임차권은 매수인이 인수한다. 다만, 그 중 전세권의 경우에는 전세권자가 제88조에 따라 배당요구를 하면 매각으로 소멸된다.
매수인은 유치권자(留置權者)에게 그 유치권(留置權)으로 담보하는 채권을 변제할 책임이 있다(민집법 제91조).

제3자와 압류의 효력

제3자는 권리를 취득할 때에 경매신청 또는 압류가 있다는 것을 알았을 경우에는 압류에 대항하지 못한다.
부동산이 압류채권을 위하여 의무를 진 경우에는 압류한 뒤 소유권을 취득한 제3자가 소유권을 취득할 때에 경매신청 또는 압류가 있다는 것을 알지 못하였더라도 경매절차를 계속하여 진행하여야 한다(민집법 제92조).

경매개시결정의 등기

법원이 경매개시결정을 하면 법원사무관등은 즉시 그 사유를 등기부에 기입하도록 등기관(登記官)에게 촉탁하여야 한다. 등기관은 이 촉탁에 따라 경매개시결정사유를 기입하여야 한다(민집법 제94조).

부동산의 평가와 최저매각가격의 결정

법원은 감정인(鑑定人)에게 부동산을 평가하게 하고 그 평가액을 참작하여 최저매각가격을 정하여야 한다(민집법 제97조).

일괄매각결정

법원은 여러 개의 부동산의 위치·형태·이용관계 등을 고려하여 이를 일괄매수하게 하는 것이 알맞다고 인정하는 경우에는 직권으로 또는 이해관계인의 신청에 따라 일괄매각하도록 결정할 수 있다.
법원은 부동산을 매각할 경우에 그 위치·형태·이용관계 등을 고려하여 다른 종류의 재산(금전채권을 제외한다)을 그 부동산과 함께 일괄매수하게 하는 것이 알맞다고 인정하는 때에는 직권으로 또는 이해관계인의 신청에 따라 일괄매각하도록 결정할 수 있다. 이상의 결정은 그 목적물에 대한 매각기일 이전까지 할 수 있다(민집법 제98조).

남을 가망이 없을 경우의 경매취소

법원은 최저매각가격으로 압류채권자의 채권에 우선하는 부동산의 모든 부담과 절차비용을 변제하면 남을 것이 없겠다고 인정한 때에는 압류채권자에게 이를 통지하여야 한다.
압류채권자가 이 통지를 받은 날부터 1주 이내에 압류채권자의 채권에 우선하는 부담과 비용을 변제하고 남을 만한 가격을 정하여 그 가격에 맞는 매수신고가 없을 때에는 자기가 그 가격으로 매수하겠다고 신청하면서 충분한 보증을 제공하지 아니하면 법원은 경매절차를 취소하여야 한다. 이 취소결정에 대하여는 즉시항고를 할 수 있다(민집법 제102조).

매각기일과 매각결정기일 등의 지정

법원은 최저매각가격으로 제102조 제1항의 부담과 비용을 변제하고도 남을 것이 있다고 인정하거나 압류채권자가 제102조 제2항의 신청을 하고 충분한 보증을 제공한 때에는 직권으로 매각기일과 매각결정기일을 정하여 대법원규칙이 정하는 방법으로 공고한다.
법원은 매각기일과 매각결정기일을 이해관계인에게 통지하여야 한다. 이 통지는 집행기록에 표시된 이해관계인의 주소에 대법원규칙이 정하는 방법으로 발송할 수 있다(민집법 제104조).

매각물건명세서 등

제105조(매각물건명세서 등) ① 법원은 다음 각 호의 사항을 적은 매각물건명세서를 작성하여야 한다.

1. 부동산의 표시
2. 부동산의 점유자와 점유의 권원, 점유할 수 있는 기간, 차임 또는 보증금에 관한 관

계인의 진술

3. 등기된 부동산에 대한 권리 또는 가처분으로서 매각으로 효력을 잃지 아니하는 것

4. 매각에 따라 설정된 것으로 보게 되는 지상권의 개요

② 법원은 매각물건명세서·현황조사보고서 및 평가서의 사본을 법원에 비치하여 누구든지 볼 수 있도록 하여야 한다.

매각기일의 공고 내용

제106조(매각기일의 공고내용) 매각기일의 공고 내용에는 다음 각 호의 사항을 적어야 한다.

1. 부동산의 표시
2. 강제집행으로 매각한다는 취지와 그 매각방법
3. 부동산의 점유자, 점유의 권원, 점유하여 사용할 수 있는 기간, 차임 또는 보증금약정 및 그 액수
4. 매각기일의 일시·장소, 매각기일을 진행할 집행관의 성명 및 기간입찰의 방법으로 매각할 경우에는 입찰기간·장소
5. 최저매각가격
6. 매각결정기일의 일시·장소
7. 매각물건명세서·현황조사보고서 및 평가서의 사본을 매각기일 전에 법원에 비치하여 누구든지 볼 수 있도록 제공한다는 취지
8. 등기부에 기입할 필요가 없는 부동산에 대한 권리를 가진 사람은 채권을 신고하여야 한다는 취지
9. 이해관계인은 매각기일에 출석할 수 있다는 취지

매각기일의 진행

집행관은 기일입찰 또는 호가경매의 방법에 의한 매각기일에는 매각물건명세서·현황조사보고서 및 평가서의 사본을 볼 수 있게 하고, 특별한 매각조건이 있는 때에는 이를 고지하며, 법원이 정한 매각방법에 따라 매수가격을 신고하도록 최고하여야 한다(민집법 제112조).

매수신청의 보증 및 차순위매수신고

매수신청인은 대법원규칙이 정하는 바에 따라 집행법원이 정하는 금액과 방법에 맞는 보증을 집행관에게 제공하여야 한다. 이는 매수신청금액의 10%이다.

최고가매수신고인 외의 매수신고인은 매각기일을 마칠 때까지 집행관에게 최고가매수신고인이 대금지급기한까지 그 의무를 이행하지 아니하면 자기의 매수신고에 대하여 매각을 허가하여 달라는 취지의 신고(이하 "차순위매수신고"라 한다)를 할 수 있다.

차순위매수신고는 그 신고액이 최고가매수신고액에서 그 보증액을 뺀 금액을 넘는 때에만 할 수 있다(민집법 제114조).

새 매각기일

허가할 매수가격의 신고가 없이 매각기일이 최종적으로 마감된 때에는 제91조 제1항의 규정에 어긋나지 아니하는 한도에서 법원은 최저매각가격을 상당히 낮추고 새 매각기일을 정하여야 한다. 그 기일에 허가할 매수가격의 신고가 없는 때에도 또한 같다(민집법 제119조).

> * 민사집행법
>
> 제91조(인수주의와 잉여주의의 선택 등) ① 압류채권자의 채권에 우선하는 채권에 관한 부동산의 부담을 매수인에게 인수하게 하거나, 매각대금으로 그 부담을 변제하는 데 부족하지 아니하다는 것이 인정된 경우가 아니면 그 부동산을 매각하지 못한다.

매수인의 소유권 취득 및 부동산 인도명령

매수인은 매각대금을 다 낸 때에 매각의 목적인 권리를 취득한다(민집법 제135조).

법원은 매수인이 대금을 낸 뒤 6월 이내에 신청하면 채무자ㆍ소유자 또는 부동산 점유자에 대하여 부동산을 매수인에게 인도하도록 명할 수 있다. 다만, 점유자가 매수인에게 대항할 수 있는 권원에 의하여 점유하고 있는 것으로 인정되는 경우에는 그러하지 아니하다.

법원은 매수인 또는 채권자가 신청하면 매각허가가 결정된 뒤 인도할 때까지 관리인에게 부동산을 관리하게 할 것을 명할 수 있다. 이 경우 부동산의 관리를 위하여 필요하면 법원은 매수인 또는 채권자의 신청에 따라 담보를 제공하게 하거나 제공하게 하지 아니하고 부동산의 인도에 준하는 명령을 할 수 있다.
법원이 채무자 및 소유자 외의 점유자에 대하여 인도명령을 하려면 그 점유자를 심문하여야 한다. 다만, 그 점유자가 매수인에게 대항할 수 있는 권원에 의하여 점유하고 있지 아니함이 명백한 때 또는 이미 그 점유자를 심문한 때에는 그러하지 아니하다.
채무자ㆍ소유자 또는 점유자가 인도명령에 따르지 아니할 때에는 매수인 또는 채권자는 집행관에게 그 집행을 위임할 수 있다(민집법 제136조).

차순위매수신고인에 대한 매각허가결정

차순위매수신고인이 있는 경우에 매수인이 대금지급기한까지 그 의무를 이행하지 아니한 때에는 차순위매수신고인에게 매각을 허가할 것인지를 결정하여야 한다. 다만, 제142조 제4항의 경우에는 그러하지 아니하다.
차순위매수신고인에 대한 매각허가결정이 있는 때에는 매수인은 매수신청의 보증을 돌려줄 것을 요구하지 못한다(민집법 제137조).

* 민사집행법

제142조(대금의 지급) ④ 매수신청의 보증으로 금전 외의 것이 제공된 경우로서 매수인이 매각대금 중 보증액을 뺀 나머지 금액만을 낸 때에는, 법원은 보증을 현금화하여 그 비용을 뺀 금액을 보증액에 해당하는 매각대금 및 이에 대한 지연이자에 충당하고, 모자라는 금액이 있으면 다시 대금지급기한을 정하여 매수인으로 하여금 내게 한다.

공유물지분에 대한 경매

공유물지분을 경매하는 경우에는 채권자의 채권을 위하여 채무자의 지분에 대한 경매개시결정이 있음을 등기부에 기입하고 다른 공유자에게 그 경매개시결정이 있다는 것을 통지하여야 한다. 다만, 상당한 이유가 있는 때에는 통지하지 아니할 수 있다.
최저매각가격은 공유물 전부의 평가액을 기본으로 채무자의 지분에 관하여 정하여야 한다. 다만, 그와 같은 방법으로 정확한 가치를 평가하기 어렵거나 그 평가에 부당하게 많은 비용이 드는 등 특별한 사정이 있는 경우에는 그러하지 아니하다(민집법 제139조).

공유자의 우선매수권

공유자는 매각기일까지 제113조에 따른 보증을 제공하고 최고매수신고가격과 같은 가격으로 채무자의 지분을 우선매수하겠다는 신고를 할 수 있다. 이 경우에 법원은 최고가매수신고가 있더라도 그 공유자에게 매각을 허가하여야 한다.

여러 사람의 공유자가 우선매수하겠다는 신고를 하고 채무자의 지분을 우선매수하겠다고 신고하는 절차를 마친 때에는 특별한 협의가 없으면 공유지분의 비율에 따라 채무자의 지분을 매수하게 한다.

공유자가 우선매수신고를 한 경우에는 최고가매수신고인을 차순위매수신고인으로 본다(민집법 제140조).

매각대금의 배당

매각대금이 지급되면 법원은 배당절차를 밟아야 한다. 매각대금으로 배당에 참가한 모든 채권자를 만족하게 할 수 없는 때에는 법원은 민법·상법, 그 밖의 법률에 의한 우선순위에 따라 배당하여야 한다(민집법 제145조).

매수인이 매각대금을 지급하면 법원은 배당에 관한 진술 및 배당을 실시할 기일을 정하고 이해관계인과 배당을 요구한 채권자에게 이를 통지하여야 한다. 다만, 채무자가 외국에 있거나 있는 곳이 분명하지 아니한 때에는 통지하지 아니한다(민집법 제146조).

배당받을 채권자의 범위

제148조(배당받을 채권자의 범위) 제147조 제1항에 규정한 금액을 배당받을 채권자는 다음 각 호에 규정된 사람으로 한다.

1. 배당요구의 종기까지 경매신청을 한 압류채권자
2. 배당요구의 종기까지 배당요구를 한 채권자
3. 첫 경매개시결정등기 전에 등기된 가압류채권자
4. 저당권·전세권, 그 밖의 우선변제청구권으로서 첫 경매개시결정등기 전에 등기되었고 매각으로 소멸하는 것을 가진 채권자

배당표

법원은 채권자와 채무자에게 보여 주기 위하여 배당기일의 3일 전에 배당표원안(配當表原案)을 작성하여 법원에 비치하여야 한다.

법원은 출석한 이해관계인과 배당을 요구한 채권자를 심문하여 배당표를 확정하여야 한다.

배당표에는 매각대금, 채권자의 채권의 원금, 이자, 비용, 배당의 순위와 배당의 비율을 적어야 한다.

출석한 이해관계인과 배당을 요구한 채권자가 합의한 때에는 이에 따라 배당표를 작성하여야 한다.

기일에 출석한 채무자는 채권자의 채권 또는 그 채권의 순위에 대하여 이의할 수 있다. 이에 불구하고 채무자는 제149조 제1항에 따라 법원에 배당표원안이 비치된 이후 배당기일이 끝날 때까지 채권자의 채권 또는 그 채권의 순위에 대하여 서면으로 이의할 수 있다.

기일에 출석한 채권자는 자기의 이해에 관계되는 범위 안에서는 다른 채권자를 상대로 그의 채권 또는 그 채권의 순위에 대하여 이의할 수 있다. 기일에 출석하지 아니한 채권자는 배당표와 같이 배당을 실시하는 데에 동의한 것으로 본다. 기일에 출석하지 아니한 채권자가 다른 채권자가 제기한 이의에 관계된 때에는 그 채권자는 이의를 정당하다고 인정하지 아니한 것으로 본다(민집법 제149조~제153조).

배당이의의 소

집행력 있는 집행권원의 정본을 가지지 아니한 채권자(가압류채권자를 제외한다)에 대하여 이의한 채무자와 다른 채권자에 대하여 이의한 채권자는 배당이의의 소를 제기하여야 한다.

집행력 있는 집행권원의 정본을 가진 채권자에 대하여 이의한 채무자는 청구이의의 소를 제기하여야 한다.

이의한 채권자나 채무자가 배당기일부터 1주 이내에 집행법원에 대하여 배당이의의 소를 제기한 사실을 증명하는 서류를 제출하지 아니한 때 또는 청구이의의 소를 제기한 사실을 증명하는 서류와 그 소에 관한 집행정지재판의 정본을 제출하지 아니한 때에는 이의가 취하된 것으로 본다(민집법 제154조).

배당이의의 소는 배당을 실시한 집행법원이 속한 지방법원의 관할로 한다. 다만, 소송물이 단독판사의 관할에 속하지 아니할 경우에는 지방법원의 합의부가 이를 관할한다. 여러 개의 배당이의의 소가 제기된 경우에 한 개의 소를 합의부가 관할하는 때에는 그 밖의 소도 함께 관할한다. 이의한 사람과 상대방이 이의에 관하여 단독판사의 재판을 받을 것을 합의한 경우에는 법원은 그에 따른다(민집법 제156조).

배당이의의 소에 대한 판결에서는 배당액에 대한 다툼이 있는 부분에 관하여 배당을 받을 채권자와 그 액수를 정하여야 한다. 이를 정하는 것이 적당하지 아니하다고 인정한 때에는 판결에서 배당표를 다시 만들고 다른 배당절차를 밟도록 명하여야 한다(민집법 제157조).

이의한 사람이 배당이의의 소의 첫 변론기일에 출석하지 아니한 때에는 소를 취하한 것으로 본다(민집법 제158조).

배당실시 절차

법원은 배당표에 따라 다음과 같은 절차에 의하여 배당을 실시하여야 한다. 채권 전부의 배당을 받을 채권자에게는 배당액지급증을 교부하는 동시에 그가 가진 집행력 있는 정본 또는 채권증서를 받아 채무자에게 교부하여야 한다.

채권 일부의 배당을 받을 채권자에게는 집행력 있는 정본 또는 채권증서를 제출하게 한 뒤 배당액을 적어서 돌려주고 배당액지급증을 교부하는 동시에 영수증을 받아 채무자에게 교부하여야 한다. 배당실시절차는 조서에 명확히 적어야 한다(민집법 제159조).

배당금액의 공탁

제160조(배당금액의 공탁) ① 배당을 받아야 할 채권자의 채권에 대하여 다음 각 호 가운데 어느 하나의 사유가 있으면 그에 대한 배당액을 공탁하여야 한다.

1. 채권에 정지조건 또는 불확정기한이 붙어 있는 때
2. 가압류채권자의 채권인 때
3. 제49조 제2호 및 제266조 제1항 제5호에 규정된 문서가 제출되어 있는 때
4. 저당권설정의 가등기가 마쳐져 있는 때
5. 제154조 제1항에 의한 배당이의의 소가 제기된 때
6. 민법 제340조 제2항 및 같은 법 제370조에 따른 배당금액의 공탁청구가 있는 때

② 채권자가 배당기일에 출석하지 아니한 때에는 그에 대한 배당액을 공탁하여야 한다.

* 민사집행법

제49조(집행의 필수적 정지 · 제한) 강제집행은 다음 각 호 가운데 어느 하나에 해당하는 서류를 제출한 경우에 정지하거나 제한하여야 한다.

2. 강제집행의 일시정지를 명한 취지를 적은 재판의 정본

제266조(경매절차의 정지) ① 다음 각 호 가운데 어느 하나에 해당하는 문서가 경매법원에 제출되면 경매절차를 정지하여야 한다.

5. 담보권 실행을 일시정지하도록 명한 재판의 정본

* 민법

제340조(질물 이외의 재산으로부터의 변제) ① 질권자는 질물에 의하여 변제를 받지 못한 부분의 채권에 한하여 채무자의 다른 재산으로부터 변제를 받을 수 있다.

② 전항의 규정은 질물보다 먼저 다른 재산에 관한 배당을 실시하는 경우에는 적용하지 아니한다. 그러나 다른 채권자는 질권자에게 그 배당금액의 공탁을 청구할 수 있다.

제370조(준용규정) 제214조, 제321조, 제333조, 제340조, 제341조 및 제342조의 규정은 저당권에 준용한다.

공탁금에 대한 배당의 실시

제161조(공탁금에 대한 배당의 실시) ① 법원이 제160조 제1항의 규정에 따라 채권자에 대한 배당액을 공탁한 뒤 공탁의 사유가 소멸한 때에는 법원은 공탁금을 지급하거나 공탁금에 대한 배당을 실시하여야 한다.

② 제1항에 따라 배당을 실시함에 있어서 다음 각 호 가운데 어느 하나에 해당하는 때에는 법원은 배당에 대하여 이의하지 아니한 채권자를 위하여서도 배당표를 바꾸어야 한다.

1. 제160조 제1항 제1호 내지 제4호의 사유에 따른 공탁에 관련된 채권자에 대하여 배당을 실시할 수 없게 된 때
2. 제160조 제1항 제5호의 공탁에 관련된 채권자가 채무자로부터 제기당한 배당이의의 소에서 진 때
3. 제160조 제1항 제6호의 공탁에 관련된 채권자가 저당물의 매각대가로부터 배당을 받은 때

③ 제160조 제2항의 채권자가 법원에 대하여 공탁금의 수령을 포기하는 의사를 표시한 때

에는 그 채권자의 채권이 존재하지 아니하는 것으로 보고 배당표를 바꾸어야 한다.
④ 제2항 및 제3항의 배당표변경에 따른 추가 배당기일에 제151조의 규정에 따라 이의할 때에는 종전의 배당기일에서 주장할 수 없었던 사유만을 주장할 수 있다.

부동산 강제경매신청서 작성례

부동산 강제경매신청서

채권자　　○○○ (000000-0000000)
주소 :
전화번호 :
전자우편주소 :

채무자　　○○○ (000000-0000000)
주소 :
전화번호 :

청구금액 : 원금 100,000,000원 및 이에 대한 2020. 0. 0.부터 다 갚는 날까지 연 12%의 비율에 따른 지연손해금
경매할 부동산의 표기 : 별지 부동산목록 기재와 같음

경매 원인 된 채권과 집행권원

1. 채권자는 채무자에게 2020. 0. 0. ○○지방법원 2020가단0000호 ○○○청구사건에 관하여 위 법원이 2020. 0. 0. 선고하고 같은 해 0. 0. 위 판결이 확정됨에 따라 위 청구금액에 해당하는 채권을 가지고 있습니다.

2. 그런데 채무자는 지금까지 위 채무를 변제하지 않고 있습니다. 따라서 귀원에서는 채무자 소유인 별지 부동산목록에 기재된 부동산을 경매에 붙여 주시기 바랍니다.

첨 부 서 류

1. 집행력 있는 판결정본 1통.
2. 송달증명서 1통.
3. 부동산등기사항전부증명서 1통.
4. 부동산목록 20통.
5. 송달료납부서 1통.
6. 등록세 및 교육세 납부영수증 및 납부명세서 각 2통.

2022. 0. 0.

위 신청인(채권자) ㅇㅇㅇ(인)

ㅇㅇ지방법원 귀중

참고사항

* 비용 : 부동산에 대한 강제경매를 신청함에는 인지대, 송달료, 경매수수료, 부동산감정료, 집행관보수, 신문공고료 등 많은 비용을 예납하여야 한다. 변호사와 법무사 등 전문가가 아니라면 이들 비용을 정확히 계산하여 납부하는 일이 쉽지 않을 것이다. 이러한 경우에는 넉넉한 금액을 예납한 뒤 매각절차가 완료되면 잔액을 환급받는 방법도 있다.
* 조세의 납부 : 부동산의 경매신청을 할 때에는 등록세와 교육세를 납부하여야 한다. 채권원금의 1000분의2에 해당하는 등록세와 그 등록세의 100분의 20에 해당하는 지방교육세를 납부한 후 납부영수증 및 납부명세서 각 2통을 신청서에 덧붙인다.
* 부동산목록 : 이는 토지대장과 건축물관리대장의 기재 내용과 동일한 내용으로 작성하여 20통을 제출한다.

배당이의의 소장 작성례

소 장

원고 ○○○ (000000-0000000)
주소 :
전화번호 :
전자우편주소 :

피고 1. 김갑동 (000000-0000000)
주소 :
전화번호 :

2. 이을동 (000000-0000000)
주소 :
전화번호 :

배당이의의 소

청 구 취 지

1. ○○지방법원 2022타경000호 부동산강제경매사건의 배당에 관하여 법원이 작성한 배당표는 이를 변경하여 원고에게 돈 00,000,000원을, 피고 김갑동에게 돈 00,000,000원을, 피고 이을동에게 돈 00,000,000원을 각각 배당한다.
2. 소송비용은 피고들이 부담한다.

라는 판결을 바랍니다.

청 구 원 인

1. ㅇㅇ지방법원 2022타경000호 부동산강제경매사건에 관하여 원고는 압류채권자이고 피고들은 배당요구채권자들인데, 2022. 0. 0. 법원은 배당금 000,000,000원에서 원고에게는 청구금액 00,000,000원 중 00,000,000원을, 피고들에게는 각 청구금액 00,000,000원 중 각 00,000,000원씩을 배당한다는 배당표를 작성한 사실이 있습니다.
2. 그런데 원고가 확인한 결과 피고들은 소외 ㅇㅇㅇ에 대한 각 대여금채권 00,000,000원 중에서 각각 0,000,000원씩을 이미 변제받은 사실이 있습니다.
3. 따라서 배당금 000,000,000원 중에서 원고에게는 돈 00,000,000원을, 피고 김갑동에게는 돈 00,000,000원을, 피고 이을동에게는 돈 00,000,000원을 각각 배당한다는 종전 배당표의 변경을 구하고자 이 사건 소에 이르렀습니다.

입 증 방 법

1. 배당표등본
2. 영수증사본

첨 부 서 류

1. 위 입증방법 각 1통.
2. 소장부본 3통.
3. 납부서 1통.

2022. 0. 0.

위 원고 ○○○(인)

○○지방법원 귀중

참고사항

* 인지대 및 송달료 : 소송인지대 및 송달료의 금액은 대법원 홈페이지를 이용하여 금액을 특정하고, 이를 수납은행에 예납한다.

10. 자동차 등에 대한 강제집행

대법원규칙에 위임

자동차ㆍ건설기계ㆍ소형선박(「자동차 등 특정동산 저당법」 제3조 제2호에 따른 소형선박을 말한다) 및 항공기(「자동차 등 특정동산 저당법」 제3조 제4호에 따른 항공기 및 경량항공기를 말한다)에 대한 강제집행절차는 제2편 제2장 제2절부터 제4절까지의 규정에 준하여 대법원규칙으로 정한다(민집법 제187조).

강제집행의 방법

「항공안전법」에 따라 등록된 항공기(다음부터 "항공기"라 한다)에 대한 강제집행은 선박에 대한 강제집행의 예에 따라 실시한다(다만, 현황조사와 물건명세서에 관한 규정 및 제95조 제2항의 규정은 제외한다). 이 경우 법과 이 규칙에 "등기"라고 규정된 것은 "등록"으로, "등기부"라고 규정된 것은 "항공기등록원부"로, "등기관"이라고 규정된 것은 "국토교통부장관"으로, "정박"이라고 규정된 것은 "정류 또는 정박"으로, "정박항" 또는 "정박한 장소"라고 규정된 것은 "정류 또는 정박하는 장소"로, "운행"이라고 규정된 것은 "운항"으로, "수역"이라고 규정된 것은 "운항지역"으로, "선박국적증서"라고 규정된 것은 "항공기등록증명서"로, "선적항" 또는 "선적이 있는 곳"이라고 규정된 것은 "정치장"으로, "선적항을 관할하는 해운관서의 장"이라고 규정된 것은 "국토교통부장관"으로 보며, 법 제174조 제1항 중

"선장으로부터 받아"는 "받아"로, 제95조 제1항 중 "및 선장의 이름과 현재지를 적어야 한다."는 "를 적어야 한다."로 고쳐 적용한다(민사집행규칙 제106조).

「자동차관리법」에 따라 등록된 자동차(다음부터 "자동차"라 한다)에 대한 강제집행(다음부터 "자동차집행"이라 한다)은 이 규칙에 특별한 규정이 없으면 부동산에 대한 강제경매의 규정을 따른다. 이 경우 법과 이 규칙에 "등기"라고 규정된 것은 "등록"으로, "등기부"라고 규정된 것은 "자동차등록원부"로, "등기관"이라고 규정된 것은 "특별시장·광역시장·특별자치시장 또는 도지사"로 본다(민사집행규칙 제106조).

「건설기계관리법」에 따라 등록된 건설 기계(다음부터 "건설기계"라 한다) 및「자동차 등 특정동산 저당법」의 적용을 받는 소형선박(다음부터 "소형선박"이라 한다)에 대한 강제집행에 관하여는 제5절의 규정을 준용한다. 이 경우 제108조 내지 제110조에 "자동차등록원부"라고 규정된 것은 각 "건설기계등록원부", "선박원부·어선원부·수상레저기구등록원부"로 본다.

소형선박에 대한 강제집행의 경우 제108조에 "특별시장·광역시장·특별자치시장 또는 도지사"라고 규정된 것은 "지방해양수산청장(지방해양수산청해양수산사무소장을 포함한다. 다음부터 같다)"이나 "시장·군수 또는 구청장(자치구의 구청장을 말한다. 다음부터 같다)"으로 본다.

소형선박에 대한 강제집행의 경우 제109조 및 제110조에 "사용본거지"라고 규정된 것은 "선적항" 또는 "보관장소"로 본다(민사집행규칙 제130조).

집행법원

자동차집행의 집행법원은 자동차등록원부에 기재된 사용본거지를 관할하는 지방법원으로 한다. 다만, 제119조 제1항의 규정에 따라 사건을 이송한 때에는 그러하지 아니하다.

제113조 제1항에 규정된 결정에 따라 집행관이 자동차를 인도받은 경우에는 제1항 본문의 법원 외에 자동차가 있는 곳을 관할하는 지방법원도 집행법원으로 한다(민사집행규칙 제109조).

* 민사집행규칙

제119조(사건의 이송) ① 집행법원은 다른 법원 소속 집행관이 자동차를 점유하고 있는 경우에 자동차를 집행법원 관할구역 안으로 이동하는 것이 매우 곤란하거나 지나치게 많은 비용이 든다고 인정하는 때에는 사건을 그 법원으로 이송할 수 있다.

제113조(강제경매신청 전의 자동차인도명령) ① 강제경매신청 전에 자동차를 집행관에게 인도하지 아니하면 강제집행이 매우 곤란할 염려가 있는 때에는 그 자동차가 있는 곳을 관할하는 지방법원은 신청에 따라 채무자에게 자동차를 집행관에게 인도할 것을 명할 수 있다.

경매신청서 기재사항과 첨부서류

자동차에 대한 강제경매신청서에는 법 제80조에 규정된 사항 외에 자동차등록원부에 기재된 사용본거지를 적고, 집행력 있는 정본 외에 자동차등록원부등본을 붙여야 한다(민사집행규칙 제110조).

* 민사집행법

제80조(강제경매신청서) 강제경매신청서에는 다음 각 호의 사항을 적어야 한다.

1. 채권자·채무자와 법원의 표시
2. 부동산의 표시
3. 경매의 이유가 된 일정한 채권과 집행할 수 있는 일정한 집행권원

강제경매 개시결정

법원은 강제경매개시결정을 하는 때에는 법 제83조 제1항에 규정된 사항을 명하는 외에 채무자에 대하여 자동차를 집행관에게 인도할 것을 명하여야 한다. 다만, 그 자동차에 대하여 제114조 제1항의 규정에 따른 신고가 되어 있는 때에는 채무자에 대하여 자동차 인도명령을 할 필요가 없다.

강제경매의 개시결정에 기초한 인도집행은 그 개시결정이 채무자에게 송달되기 전에도 할 수 있다.

강제경매개시결정이 송달되거나 등록되기 전에 집행관이 자동차를 인도받은 경우에는 그때에 압류의 효력이 생긴다. 강제경매의 개시결정에 대하여는 즉시항고를 할 수 있다(민사집행규칙 제111조).

* 민사집행법

제83조(경매개시결정 등) ① 경매절차를 개시하는 결정에는 동시에 그 부동산의 압류를 명하여야 한다.

* 민사집행규칙

제114조(자동차를 인도받은 때의 신고) ① 집행관이 강제경매개시결정에 따라 자동차를 인도받은 때, 제112조에서 준용하는 법 제193조의 규정에 따른 재판을 집행한 때 또는 제113조의 규정에 따라 인도받은 자동차에 대하여 강제경매개시결정이 있는 때에는 바로 그 취지·보관장소·보관방법 및 예상되는 보관비용을 법원에 신고하여야 한다.

압류자동차의 인도

제3자가 점유하게 된 자동차의 인도에 관하여는 법 제193조의 규정을 준용한다. 이 경우 법 제193조 제1항과 제2항의 "압류물"은 "압류의 효력 발생 당시 채무자가 점유하던 자동차"로 본다(민사집행규칙 제112조).

* 민사집행법

제193조(압류물의 인도) ① 압류물을 제3자가 점유하게 된 경우에는 법원은 채권자의 신청에 따라 그 제3자에 대하여 그 물건을 집행관에게 인도하도록 명할 수 있다.

② 제1항의 신청은 압류물을 제3자가 점유하고 있는 것을 안 날부터 1주 이내에 하여야 한다.

③ 제1항의 재판은 상대방에게 송달되기 전에도 집행할 수 있다.

④ 제1항의 재판은 신청인에게 고지된 날부터 2주가 지난 때에는 집행할 수 없다.

⑤ 제1항의 재판에 대하여는 즉시항고를 할 수 있다.

강제경매신청 전의 자동차인도명령

강제경매신청 전에 자동차를 집행관에게 인도하지 아니하면 강제집행이 매우 곤란할 염려가 있는 때에는 그 자동차가 있는 곳을 관할하는 지방법원은 신청에 따라 채무자에게 자동차를 집행관에게 인도할 것을 명할 수 있다. 이 신청에는 집행력 있는 정본을 제시하고, 신청의 사유를 소명하여야 한다. 이 결정에 대하여는 즉시항고를 할 수 있다. 이 결정에는 법 제292조 제2항·제3항의 규정을 준용한다.

집행관은 자동차를 인도받은 날부터 10일 안에 채권자가 강제경매신청을 하였음을 증명하는 문서를 제출하지 아니하는 때에는 자동차를 채무자에게 돌려주어야 한다(민사집행규칙 제113조).

> * 민사집행법
>
> 제292조(집행개시의 요건) ② 가압류에 대한 재판의 집행은 채권자에게 재판을 고지한 날부터 2주를 넘긴 때에는 하지 못한다.
>
> ③ 제2항의 집행은 채무자에게 재판을 송달하기 전에도 할 수 있다.

자동차를 인도받을 때의 신고

집행관이 강제경매개시결정에 따라 자동차를 인도받은 때, 제112조에서 준용하는 법 제193조의 규정에 따른 재판을 집행한 때 또는 제113조의 규정에 따라 인도받은 자동차에 대하여 강제경매개시결정이 있는 때에는 바로 그 취지·보관장소·보관방법 및 예상되는 보관비용을 법원에 신고하여야 한다.

집행관은 위의 신고를 한 후에 자동차의 보관장소·보관방법 또는 보관비용이 변경된 때에는 법원에 신고하여야 한다(민사집행규칙 제114조).

자동차의 보관방법

집행관은 상당하다고 인정하는 때에는 인도받은 자동차를 압류채권자, 채무자, 그 밖의 적당한 사람에게 보관시킬 수 있다. 이 경우에는 공시서를 붙여 두거나 그 밖의 방법으로 그 자동차를 집행관이 점유하고 있음을 분명하게 표시하고, 제117조의 규정에 따라 운행이 허가된 경우를 제외하고는 운행을 하지 못하도록 적당한 조치를 하여야 한다(민사집행규칙 제115조).

인도집행불능시의 집행절차 취소

강제경매개시결정이 있은 날부터 2월이 지나기까지 집행관이 자동차를 인도받지 못한 때에는 법원은 집행절차를 취소하여야 한다(민사집행규칙 제116조).

▌운행의 허가

법원은 영업상의 필요, 그 밖의 상당한 이유가 있다고 인정하는 때에는 이해관계를 가진 사람의 신청에 따라 자동차의 운행을 허가할 수 있다. 법원이 이 허가를 하는 때에는 운행에 관하여 적당한 조건을 붙일 수 있다. 운행허가결정에 대하여는 즉시항고를 할 수 있다(민사집행규칙 제117조).

▌자동차의 이동

법원은 필요하다고 인정하는 때에는 집행관에게 자동차를 일정한 장소로 이동할 것을 명할 수 있다.

집행법원 외의 법원 소속의 집행관이 자동차를 점유하고 있는 경우, 집행법원은 제119조 제1항의 규정에 따라 사건을 이송하는 때가 아니면 그 집행관 소속법원에 대하여 그 자동차를 집행법원 관할구역 안의 일정한 장소로 이동하여 집행법원 소속 집행관에게 인계하도록 명할 것을 촉탁하여야 한다. 이에 따라 집행법원 소속 집행관이 자동차를 인계받은 경우에는 제114조의 규정을 준용한다(민사집행규칙 제118조).

▌사건의 이송

집행법원은 다른 법원 소속 집행관이 자동차를 점유하고 있는 경우에 자동차를 집행법원 관할구역 안으로 이동하는 것이 매우 곤란하거나 지나치게 많은 비용이 든다고 인정하는 때에는 사건을 그 법원으로 이송할 수 있다. 이 결정에 대하여는 불복할 수 없다(민사집행규칙 제119조).

▌매각의 실시시기

법원은 그 관할구역 안에서 집행관이 자동차를 점유하게 되기 전에는 집행관에게 매각을 실시하게 할 수 없다(민사집행규칙 제120조).

▌최저매각가격 결정의 특례

제121조(최저매각가격결정의 특례) ① 법원은 상당하다고 인정하는 때에는 집행관으로 하여

금 거래소에 자동차의 시세를 조회하거나 그 밖의 상당한 방법으로 매각할 자동차를 평가하게 하고, 그 평가액을 참작하여 최저매각가격을 정할 수 있다.

② 제1항의 규정에 따라 자동차를 평가한 집행관은 다음 각 호의 사항을 적은 평가서를 정하여진 날까지 법원에 제출하여야 한다.

1. 사건의 표시
2. 자동차의 표시
3. 자동차의 평가액과 평가일
4. 거래소에 대한 조회결과 또는 그 밖의 평가근거

매각기일의 공고

매각기일의 공고에는 법 제106조제2호, 제4호 내지 제7호, 제9호에 규정된 사항, 제56조 제1호·제3호에 규정된 사항, 자동차의 표시 및 자동차가 있는 장소를 적어야 한다.

* 민사집행법

제106조(매각기일의 공고내용) 매각기일의 공고내용에는 다음 각 호의 사항을 적어야 한다.

2. 강제집행으로 매각한다는 취지와 그 매각방법
4. 매각기일의 일시·장소, 매각기일을 진행할 집행관의 성명 및 기간입찰의 방법으로 매각할 경우에는 입찰기간·장소
5. 최저매각가격
6. 매각결정기일의 일시·장소
7. 매각물건명세서·현황조사보고서 및 평가서의 사본을 매각기일 전에 법원에 비치하여 누구든지 볼 수 있도록 제공한다는 취지
9. 이해관계인은 매각기일에 출석할 수 있다는 취지

* 민사집행규칙

제56조(매각기일의 공고내용 등) 법원은 매각기일(기간입찰의 방법으로 진행하는 경우에는 입찰기간의 개시일)의 2주 전까지 법 제106조에 규정된 사항과 다음 각 호의 사항을 공고하여야 한다.

1. 법 제98조의 규정에 따라 일괄매각결정을 한 때에는 그 취지
3. 법 제113조의 규정에 따른 매수신청의 보증금액과 보증제공방법

입찰 또는 경매 외의 매각방법

제123조(입찰 또는 경매 외의 매각방법) ① 법원은 상당하다고 인정하는 때에는 집행관에게 입찰 또는 경매 외의 방법으로 자동차의 매각을 실시할 것을 명할 수 있다. 이 경우에는 매각의 실시방법과 기한, 그 밖의 다른 조건을 붙일 수 있다.

② 법원은 제1항의 규정에 따른 매각의 실시를 명하는 때에는 미리 압류채권자의 의견을 들어야 한다.

③ 법원은 제1항의 규정에 따른 매각의 실시를 명하는 때에는 매수신고의 보증금액을 정하고 아울러 그 보증의 제공은 금전 또는 법원이 상당하다고 인정하는 유가증권을 집행관에게 제출하는 방법으로 하도록 정하여야 한다.

④ 제1항의 규정에 따른 결정이 있는 때에는 법원사무관등은 각 채권자와 채무자에게 그 취지를 통지하여야 한다.

⑤ 집행관은 제1항의 규정에 따른 결정에 기초하여 자동차를 매각하는 경우에 매수신고가 있는 때에는 바로 자동차의 표시ㆍ매수신고를 한 사람의 표시 및 매수신고의 액과 일시를 적은 조서를 작성하여, 보증으로 제공된 금전 또는 유가증권과 함께 법원에 제출하여야 한다.

⑥ 제5항의 조서가 제출된 때에는 법원은 바로 매각결정기일을 지정하여야 한다.

⑦ 제6항의 규정에 따른 매각결정기일이 정하여진 때에는 법원사무관등은 이해관계인과 매수신고를 한 사람에게 매각결정기일을 통지하여야 한다.

⑧ 제5항의 조서에 관하여는 법 제116조제2항의 규정을 준용한다.

양도명령에 따른 매각

법원은 상당하다고 인정하는 때에는 압류채권자의 매수신청에 따라 그에게 자동차의 매각을 허가할 수 있다. 매각을 허가하는 결정은 이해관계인에게 고지하여야 한다.

양도명령에 따른 매각절차에 관하여는 제74조, 법 제109조, 법 제113조, 법 제126조 제1항ㆍ제2항 및 법 제128조 제2항의 규정을 준용하지 아니한다(민사집행규칙 제124조).

* 민사집행규칙

제74조(매각허부결정 고지의 효력발생시기) 매각을 허가하거나 허가하지 아니하는 결정은 선고한 때에 고지의 효력이 생긴다.

* 민사집행법

제109조(매각결정기일) ① 매각결정기일은 매각기일부터 1주 이내로 정하여야 한다.

② 매각결정절차는 법원 안에서 진행하여야 한다.

제113조(매수신청의 보증) 매수신청인은 대법원규칙이 정하는 바에 따라 집행법원이 정하는 금액과 방법에 맞는 보증을 집행관에게 제공하여야 한다.

제126조(매각허가여부의 결정선고) ① 매각을 허가하거나 허가하지 아니하는 결정은 선고하여야 한다.

② 매각결정기일조서에는 민사소송법 제152조 내지 제154조와 제156조 내지 제158조 및 제164조의 규정을 준용한다.

제128조(매각허가결정) ① 매각허가결정에는 매각한 부동산, 매수인과 매각가격을 적고 특별한 매각조건으로 매각한 때에는 그 조건을 적어야 한다.

② 제1항의 결정은 선고하는 외에 대법원규칙이 정하는 바에 따라 공고하여야 한다.

매수인에 대한 자동차의 인도

매수인이 대금을 납부하였음을 증명하는 서면을 제출한 때에는 집행관은 자동차를 매수인에게 인도하여야 한다. 이 경우 그 자동차를 집행관 외의 사람이 보관하고 있는 때에는, 집행관은 매수인의 동의를 얻어 보관자에 대하여 매수인에게 그 자동차를 인도할 것을 통지하는 방법으로 인도할 수 있다.

집행관은 매수인에게 자동차를 인도한 때에는 그 취지와 인도한 날짜를 집행법원에 신고하여야 한다(민사집행규칙 제125조).

▒ 자동차 강제경매신청서 작성례

자동차 강제경매신청서

신 청 인(채권자)　　○○○ (000000-0000000)
주소 :
전화번호 :
전자우편주소 :

피신청인(채무자)　　○○○ (000000-0000000)
주소 :
전화번호 :

신청금액 : 원금 15,000,000원 및 이에 대한 0000. 0. 0.부터 다 갚는 날까지 연 12%의 비율에 의한 지연손해금

경매목적 자동차의 표시 : 별지 목록 기재와 같음

경매의 원인된 채권과 집행할 수 있는 지행권원

1. 채무자는 채권자에게 ○○지방법원이 2020. 0. 0. 선고한 2020가단0000 호 ○○청구사건의 집행력 있는 판결정본에 따라 위 신청금액을 변제할 의무가 있습니다.
2. 그런데 피신청인은 차일피일 미루기만 할 뿐 위 돈을 변제하지 않고 있 습니다. 따라서 채무자 소유인 위 자동차에 대한 강제경매절차를 개시해 주시기 바랍니다.

첨 부 서 류

1. 집행력 있는 판결정본 1통.
2. 송달증명원 1통.
3. 자동차등록원부 1통.
4. 별지 자동차 목록 1통.

2022. 0. 0.

위 신청인(채권자) ○○○(인)

○○지방법원 귀중

(별지)

자동차의 표시

1. 자동차등록번호 :
2. 자동차명 :
3. 형식 :
4. 차대번호 :
5. 원동기형식 :
6. 사용의 본거지 :
7. 소유자 :

자동차 인도명령 신청서 작성례

자동차 인도명령 신청서

신 청 인(채권자) ○○○ (000000-0000000)
주소 :
전화번호 :
피신청인(채무자) ○○○ (000000-0000000)
주소 :
전화번호 :
점유자(제3자) ○○○ (000000-0000000)
주소 :
전화번호 :

신 청 취 지

점유자는 별지 목록 표시의 자동차에 대한 점유를 풀고 채권자가 위임하는 집행관에게 인도하여야 한다.
라는 재판을 구합니다.

신 청 이 유

1. ○○지방법원 2022타경0000호 자동차 강제경매사건에 관하여 채권자는 귀원 집행관에게 자동차의 인도집행을 위임한 사실이 있습니다.
2. 집행관은 채무자로부터 자동차를 인도받으려고 하였으나 목적물인 자동차는 채무자

에게 없었습니다.

3. 그 이유를 조사한 결과 목적 자동차는 채무자가 자동차의 수리를 위하여 점유자에게 보관을 시킨 사실을 확인하였고, 이에 점유자에게 인도요청을 하였지만 점유자는 인도를 거절하고 있습니다. 따라서 부득이 이 사건 신청에 이르렀습니다.

첨 부 서 류

1. 집행조서등본 1통.

2022. 0. 0.

위 신청인(채권자) ㅇㅇㅇ(인)

ㅇㅇ지방법원 귀중

▒ 자동차 운행허가 신청서 작성례

자동차 운행허가 신청서

신 청 인(채무자)　　○○○ (000000-0000000)
주소 :
전화번호 :
피신청인(채권자)　　○○○ (000000-0000000)
주소 :
전화번호 :

1. 당사자 사이의 귀원 2022타경0000호 자동차강제경매사건의 인도명령의 집행에 따라 별지 목록 기재의 자동차를 2022. 0. 0. 집행관에게 인도함으로써 현재 귀원 집행관이 보관하고 있습니다.
2. 신청인은 위 자동차를 이용하여 화물을 운송하는 영업을 해왔는데, 이 사건 압류로 인하여 집행관이 보관을 하게 된 이후 신청인은 막대한 재산적 손실을 감내하고 있습니다.
3. 한편, 위 자동차를 신청인이 사용을 하더라도 법원의 명령이 있으면 언제든지 지정된 장소로 이동할 수 있습니다.

2022. 0. 0.

위 신청인(채무자)　○○○(인)

○○지방법원 귀중

11. 유체동산에 대한 강제집행

총설

민사집행법은 강제집행의 방법과 절차 등에 관하여 선박, 항공기, 자동차 및 유체동산을 각각 구분하고 있다. 따라서 여기에서 검토하는 동산에 대한 집행은 금전집행으로서의 유체동산에 대한 강제집행에 관한 것이다.

유체동산의 강제집행을 개시하고자 할 경우에는 그 실익이 있는지 여부를 꼼꼼히 살필 필요가 있다. 왜냐하면 채무자의 집 안에 있는 가전제품 등 유체동산에 대한 강제집행을 실시할 경우에는 압류가 금지된 물건들이 있고, 부부가 공동으로 소유하는 것으로 취급되기 때문에 부부 중 어느 한 사람만이 채무자인 경우에는 경매를 실시하더라도 매각대금의 절반만이 채권자들에게 배당할 배당금 총액이 된다.

따라서 채무자의 사업장에 있는 고가의 동산이나 기계류 등 유체동산에 대한 강제집행에는 그 실효성이 있겠으나, 주거 안에 있는 물건들을 대상으로 하는 강제집행은 그 실익에 의문을 가질 수밖에 없다.

채무자가 점유하고 있는 물건의 압류

제189조(채무자가 점유하고 있는 물건의 압류) ① 채무자가 점유하고 있는 유체동산의 압류는 집행관이 그 물건을 점유함으로써 한다. 다만, 채권자의 승낙이 있거나 운반이 곤란한 때에는 봉인(封印), 그 밖의 방법으로 압류물임을 명확히 하여 채무자에게 보관시킬 수 있다.

② 다음 각 호 가운데 어느 하나에 해당하는 물건은 이 법에서 유체동산으로 본다.

1. 등기할 수 없는 토지의 정착물로서 독립하여 거래의 객체가 될 수 있는 것
2. 토지에서 분리하기 전의 과실로서 1월 이내에 수확할 수 있는 것
3. 유가증권으로서 배서가 금지되지 아니한 것

③ 집행관은 채무자에게 압류의 사유를 통지하여야 한다.

부부 공유 유체동산의 압류

채무자와 그 배우자의 공유로서 채무자가 점유하거나 그 배우자와 공동으로 점유하고 있는 유체동산은 제189조의 규정에 따라 압류할 수 있다(민집법 제190조).

채무자 이외의 사람이 점유하고 있는 물건의 압류

채권자 또는 물건의 제출을 거부하지 아니하는 제3자가 점유하고 있는 물건은 제189조의 규정을 준용하여 압류할 수 있다(민집법 제191조).

제3자 점유 압류물의 인도

제193조(압류물의 인도) ① 압류물을 제3자가 점유하게 된 경우에는 법원은 채권자의 신청에 따라 그 제3자에 대하여 그 물건을 집행관에게 인도하도록 명할 수 있다.

② 제1항의 신청은 압류물을 제3자가 점유하고 있는 것을 안 날부터 1주 이내에 하여야 한다.

③ 제1항의 재판은 상대방에게 송달되기 전에도 집행할 수 있다.

④ 제1항의 재판은 신청인에게 고지된 날부터 2주가 지난 때에는 집행할 수 없다.

⑤ 제1항의 재판에 대하여는 즉시항고를 할 수 있다.

압류가 금지되는 물건

제195조(압류가 금지되는 물건) 다음 각 호의 물건은 압류하지 못한다.

1. 채무자 및 그와 같이 사는 친족(사실상 관계에 따른 친족을 포함한다. 이하 이 조에서 "채무자등"이라 한다)의 생활에 필요한 의복·침구·가구·부엌기구, 그 밖의 생활필수품
2. 채무자등의 생활에 필요한 2월간의 식료품·연료 및 조명재료
3. 채무자등의 생활에 필요한 1월간의 생계비로서 대통령령이 정하는 액수의 금전

↳ 민사집행법 시행령

제2조(압류금지 생계비) 「민사집행법」(이하 "법"이라 한다) 제195조 제3호에서 "대통령령이 정하는 액수의 금전"이란 185만원을 말한다. 다만, 법 제246조 제1항 제8호에 따라 압류하지 못한 예금(적금·부금·예탁금과 우편대체를 포함하며, 이하 "예금등"이라 한다)이 있으면 185만원에서 그 예금등의 금액을 뺀 금액으로 한다.

4. 주로 자기 노동력으로 농업을 하는 사람에게 없어서는 아니 될 농기구ㆍ비료ㆍ가축ㆍ사료ㆍ종자, 그 밖에 이에 준하는 물건
5. 주로 자기의 노동력으로 어업을 하는 사람에게 없어서는 아니 될 고기잡이 도구ㆍ어망ㆍ미끼ㆍ새끼고기, 그 밖에 이에 준하는 물건
6. 전문직 종사자ㆍ기술자ㆍ노무자, 그 밖에 주로 자기의 정신적 또는 육체적 노동으로 직업 또는 영업에 종사하는 사람에게 없어서는 아니 될 제복ㆍ도구, 그 밖에 이에 준하는 물건
7. 채무자 또는 그 친족이 받은 훈장ㆍ포장ㆍ기장, 그 밖에 이에 준하는 명예증표
8. 위패ㆍ영정ㆍ묘비, 그 밖에 상례ㆍ제사 또는 예배에 필요한 물건
9. 족보ㆍ집안의 역사적인 기록ㆍ사진첩, 그 밖에 선조숭배에 필요한 물건
10. 채무자의 생활 또는 직무에 없어서는 아니 될 도장ㆍ문패ㆍ간판, 그 밖에 이에 준하는 물건
11. 채무자의 생활 또는 직업에 없어서는 아니 될 일기장ㆍ상업장부, 그 밖에 이에 준하는 물건
12. 공표되지 아니한 저작 또는 발명에 관한 물건
13. 채무자등이 학교ㆍ교회ㆍ사찰, 그 밖의 교육기관 또는 종교단체에서 사용하는 교과서ㆍ교리서ㆍ학습용구, 그 밖에 이에 준하는 물건
14. 채무자등의 일상생활에 필요한 안경ㆍ보청기ㆍ의치ㆍ의수족ㆍ지팡이ㆍ장애보조용 바퀴의자, 그 밖에 이에 준하는 신체보조기구
15. 채무자등의 일상생활에 필요한 자동차로서 자동차관리법이 정하는 바에 따른 장애인용 경형자동차
16. 재해의 방지 또는 보안을 위하여 법령의 규정에 따라 설비하여야 하는 소방설비ㆍ경보기구ㆍ피난시설, 그 밖에 이에 준하는 물건

일괄매각

집행관은 여러 개의 유체동산의 형태, 이용관계 등을 고려하여 일괄매수하게 하는 것이 알맞다고 인정하는 때에는 직권으로 또는 이해관계인의 신청에 따라 일괄하여 매각할 수 있다. 이 경우에는 제98조 제3항, 제99조, 제100조, 제101조 제2항 내지 제5항의 규정을 준용한다(민집법 제197조).

* 민사집행법

제98조(일괄매각결정) ① 법원은 여러 개의 부동산의 위치·형태·이용관계 등을 고려하여 이를 일괄매수하게 하는 것이 알맞다고 인정하는 경우에는 직권으로 또는 이해관계인의 신청에 따라 일괄매각하도록 결정할 수 있다.

② 법원은 부동산을 매각할 경우에 그 위치·형태·이용관계 등을 고려하여 다른 종류의 재산(금전채권을 제외한다)을 그 부동산과 함께 일괄매수하게 하는 것이 알맞다고 인정하는 때에는 직권으로 또는 이해관계인의 신청에 따라 일괄매각하도록 결정할 수 있다.

③ 제1항 및 제2항의 결정은 그 목적물에 대한 매각기일 이전까지 할 수 있다.

제99조(일괄매각사건의 병합) ① 법원은 각각 경매신청된 여러 개의 재산 또는 다른 법원이나 집행관에 계속된 경매사건의 목적물에 대하여 제98조 제1항 또는 제2항의 결정을 할 수 있다.

② 다른 법원이나 집행관에 계속된 경매사건의 목적물의 경우에 그 다른 법원 또는 집행관은 그 목적물에 대한 경매사건을 제1항의 결정을 한 법원에 이송한다.

③ 제1항 및 제2항의 경우에 법원은 그 경매사건들을 병합한다.

제100조(일괄매각사건의 관할) 제98조 및 제99조의 경우에는 민사소송법 제31조에 불구하고 같은 법 제25조의 규정을 준용한다. 다만, 등기할 수 있는 선박에 관한 경매사건에 대하여서는 그러하지 아니하다.

제101조(일괄매각절차) ① 제98조 및 제99조의 일괄매각결정에 따른 매각절차는 이 관의 규정에 따라 행한다. 다만, 부동산 외의 재산의 압류는 그 재산의 종류에 따라 해당되는 규정에서 정하는 방법으로 행하고, 그 중에서 집행관의 압류에 따르는 재산의 압류는 집행법원이 집행관에게 이를 압류하도록 명하는 방법으로 행한다.

② 제1항의 매각절차에서 각 재산의 대금액을 특정할 필요가 있는 경우에는 각 재산에 대한 최저매각가격의 비율을 정하여야 하며, 각 재산의 대금액은 총대금액을 각 재산의 최저매각가격비율에 따라 나눈 금액으로 한다. 각 재산이 부담할 집행비용액을 특정할 필요가 있는 경우에도 또한 같다.

③ 여러 개의 재산을 일괄매각하는 경우에 그 가운데 일부의 매각대금으로 모든 채권자의 채권액과 강제집행비용을 변제하기에 충분하면 다른 재산의 매각을 허가하지 아니한다. 다만, 토지와 그 위의 건물을 일괄매각하는 경우나 재산을 분리하여 매각하면 그 경제적 효용이 현저하게 떨어지는 경우 또는 채무자의 동의가 있는 경우에는 그러하지 아니하다.

④ 제3항 본문의 경우에 채무자는 그 재산 가운데 매각할 것을 지정할 수 있다.

⑤ 일괄매각절차에 관하여 이 법에서 정한 사항을 제외하고는 대법원규칙으로 정한다.

압류물의 보존

압류물을 보존하기 위하여 필요한 때에는 집행관은 적당한 처분을 하여야 한다. 이 경우에 비용이 필요한 때에는 채권자로 하여금 이를 미리 내게 하여야 한다. 채권자가 여럿인 때에는 요구하는 액수에 비례하여 미리 내게 한다.

제49조 제2호 또는 제4호의 문서가 제출된 경우에 압류물을 즉시 매각하지 아니하면 값이 크게 내릴 염려가 있거나, 보관에 지나치게 많은 비용이 드는 때에는 집행관은 그 물건을 매각할 수 있다. 집행관은 이 규정에 따라 압류물을 매각하였을 때에는 그 대금을 공탁하여야 한다(민집법 제198조).

압류물의 매각

집행관은 압류를 실시한 뒤 입찰 또는 호가경매의 방법으로 압류물을 매각하여야 한다(민집법 제199조).

값비싼 물건의 평가

매각할 물건 가운데 값이 비싼 물건이 있는 때에는 집행관은 적당한 감정인에게 이를 평가하게 하여야 한다(민집법 제200조).

압류한 금정의 처리

압류한 금전은 채권자에게 인도하여야 한다. 집행관이 금전을 추심한 때에는 채무자가 지급한 것으로 본다. 다만, 담보를 제공하거나 공탁을 하여 집행에서 벗어날 수 있도록 채무자에게 허가한 때에는 그러하지 아니하다(민집법 제201조).

매각일

압류일과 매각일 사이에는 1주 이상 기간을 두어야 한다. 다만, 압류물을 보관하는 데 지나치게 많은 비용이 들거나, 시일이 지나면 그 물건의 값이 크게 내릴 염려가 있는 때에는 그러하지 아니하다(민집법 제202조).

▒ 매각장소

매각은 압류한 유체동산이 있는 시·구·읍·면(도농복합형태의 시의 경우 동지역은 시·구, 읍·면지역은 읍·면)에서 진행한다. 다만, 압류채권자와 채무자가 합의하면 합의된 장소에서 진행한다.

매각일자와 장소는 대법원규칙이 정하는 방법으로 공고한다. 공고에는 매각할 물건을 표시하여야 한다.

> ↳ 민사집행규칙
>
> **제11조(공고)** ① 민사집행절차에서 공고는 특별한 규정이 없으면 다음 각 호 가운데 어느 하나의 방법으로 한다. 이 경우 필요하다고 인정하는 때에는 적당한 방법으로 공고사항의 요지를 공시할 수 있다.
>
> 1. 법원게시판 게시
> 2. 관보·공보 또는 신문 게재
> 3. 전자통신매체를 이용한 공고
>
> ② 법원사무관등 또는 집행관은 공고한 날짜와 방법을 기록에 표시하여야 한다.

▒ 배우자의 우선매수권

압류한 유체동산을 매각하는 경우에 배우자는 매각기일에 출석하여 우선매수할 것을 신고할 수 있다. 우선매수신고에는 제140조 제1항 및 제2항의 규정을 준용한다(민집법 제206조).

> * 민사집행법
>
> **제140조(공유자의 우선매수권)** ① 공유자는 매각기일까지 제113조에 따른 보증을 제공하고 최고매수신고가격과 같은 가격으로 채무자의 지분을 우선매수하겠다는 신고를 할 수 있다.
>
> ② 제1항의 경우에 법원은 최고가매수신고가 있더라도 그 공유자에게 매각을 허가하여야 한다.

▒ 매각의 한도

매각은 매각대금으로 채권자에게 변제하고 강제집행비용을 지급하기에 충분하게 되면 즉시 중지하여야 한다. 다만, 제197조 제2항 및 제101조 제3항 단서에 따른 일괄매각의 경우에는 그러하지 아니하다(민집법 제207조).

집행관이 매각대금을 영수한 효과

집행관이 매각대금을 영수한 때에는 채무자가 지급한 것으로 본다. 다만, 담보를 제공하거나 공탁을 하여 집행에서 벗어날 수 있도록 채무자에게 허가한 때에는 그러하지 아니하다(민집법 제208조).

금은붙이의 현금화

금·은붙이는 그 금·은의 시장가격 이상의 금액으로 일반 현금화의 규정에 따라 매각하여야 한다. 시장가격 이상의 금액으로 매수하는 사람이 없는 때에는 집행관은 그 시장가격에 따라 적당한 방법으로 매각할 수 있다(민집법 제209조).

유가증권의 현금화

집행관이 유가증권을 압류한 때에는 시장가격이 있는 것은 매각하는 날의 시장가격에 따라 적당한 방법으로 매각하고 그 시장가격이 형성되지 아니한 것은 일반 현금화의 규정에 따라 매각하여야 한다(민집법 제210조).

특별한 현금화 방법

법원은 필요하다고 인정하면 직권으로 또는 압류채권자, 배당을 요구한 채권자 또는 채무자의 신청에 따라 일반 현금화의 규정에 의하지 아니하고 다른 방법이나 다른 장소에서 압류물을 매각하게 할 수 있다. 또한 집행관에게 위임하지 아니하고 다른 사람으로 하여금 매각하게 하도록 명할 수 있다. 이 재판에 대하여는 불복할 수 없다(민집법 제214조).

압류의 경합

유체동산을 압류하거나 가압류한 뒤 매각기일에 이르기 전에 다른 강제집행이 신청된 때에는 집행관은 집행신청서를 먼저 압류한 집행관에게 교부하여야 한다. 이 경우 더 압류할 물건이 있으면 이를 압류한 뒤에 추가압류조서를 교부하여야 한다. 이 경우에 집행에 관한 채권자의 위임은 먼저 압류한 집행관에게 이전된다. 이 경우에 각 압류한 물건은 강제집행을 신청한 모든 채권자를 위하여 압류한 것으로 본다.

먼저 압류한 집행관은 뒤에 강제집행을 신청한 채권자를 위하여 다시 압류한다는 취지를 덧붙여 그 압류조서에 적어야 한다(민집법 제215조).

채권자의 매각 최고

상당한 기간이 지나도 집행관이 매각하지 아니하는 때에는 압류채권자는 집행관에게 일정한 기간 이내에 매각하도록 최고할 수 있다. 집행관이 이 최고에 따르지 아니하는 때에는 압류채권자는 법원에 필요한 명령을 신청할 수 있다(민집법 제216조).

배당요구

민법·상법, 그 밖의 법률에 따라 우선변제청구권이 있는 채권자는 매각대금의 배당을 요구할 수 있다. 배당요구는 이유를 밝혀 집행관에게 하여야 한다(민집법 제217조·제218조).

매각대금의 공탁

매각대금으로 배당에 참가한 모든 채권자를 만족하게 할 수 없고 매각허가된 날부터 2주 이내에 채권자 사이에 배당협의가 이루어지지 아니한 때에는 매각대금을 공탁하여야 한다. 여러 채권자를 위하여 동시에 금전을 압류한 경우에도 같다(민집법 제222조).

■ 강제집행신청서 작성례

강 제 집 행 신 청 서

채권자(신청인)

성명 : ○○○ (000000-0000000)

주소 :

전화번호 :

채무자(피신청인)

성명 : ○○○ (000000-0000000)

주소 :

전화번호 :

집행목적물의 소재지 :

집행권원 :

집행의 목적물 및 집행 방법 :

청구금액 : 돈 원(그 내역은 별지와 같음)

위 집행권원에 터 잡아 강제집행을 실시하여 주시기 바랍니다. 단, 압류물을 채무자 또는 제3자에게 보관시킨 경우 그 물건에 대하여 고장이 발생하더라도 이의를 제기하지 않겠습니다.

첨 부 서 류

1. 집행력 있는 집행권원 정본 1통.
1. 송달증명서 1통.
1. 위임장 1통.
1. 목적물 소재지 약도 1통.

2022. 0. 0.

위 신청인(채권자) ○○○(인)

○○지방법원 집행관 귀하

12. 채권의 압류

채권의 압류명령

채권의 압류라고 함은 가령 다음과 같은 관계이다. 병(제3채무자)은 을(채무자)의 채무자이다. 을은 갑(채권자)의 채무자이다. 이 경우에서 갑이 자기의 채권을 강제집행의 방법으로 실행하기 위해서 을이 병에 대하여 가지고 있는 채권을 압류하는 경우이다. 여기에서 말하는 압류는 강제집행의 착수에 해당한다.

제3자에 대한 채무자의 금전채권 또는 유가증권, 그 밖의 유체물의 권리이전이나 인도를 목적으로 한 채권에 대한 강제집행은 집행법원의 압류명령에 의하여 개시한다(민집법 제223조).

▒ 채권압류명령의 관할법원

채권압류명령의 집행법원은 채무자의 보통재판적이 있는 곳의 지방법원으로 한다.
이러한 지방법원이 없는 경우 집행법원은 압류한 채권의 채무자(이하 "제3채무자"라 한다)의 보통재판적이 있는 곳의 지방법원으로 한다. 다만, 이 경우에 물건의 인도를 목적으로 하는 채권과 물적 담보권 있는 채권에 대한 집행법원은 그 물건이 있는 곳의 지방법원으로 한다.
가압류에서 이전되는 채권압류의 경우에 제223조의 집행법원은 가압류를 명한 법원이 있는 곳을 관할하는 지방법원으로 한다(민집법 제224조).

▒ 압류명령의 신청과 재판

채권자는 압류명령신청에 압류할 채권의 종류와 액수를 밝혀야 한다(민집법 제225조). 압류명령은 제3채무자와 채무자를 심문하지 아니하고 한다(민집법 제226조).

▒ 금전채권의 압류

금전채권을 압류할 때에는 법원은 제3채무자에게 채무자에 대한 지급을 금지하고 채무자에게 채권의 처분과 영수를 금지하여야 한다. 압류명령은 제3채무자와 채무자에게 송달하여야 한다. 압류명령이 제3채무자에게 송달되면 압류의 효력이 생긴다. 압류명령의 신청에 관한 재판에 대하여는 즉시항고를 할 수 있다(민집법 제227조).

▒ 저당권이 있는 채권의 압류 방법

저당권이 있는 채권을 압류할 경우 채권자는 채권압류사실을 등기부에 기입하여 줄 것을 법원사무관등에게 신청할 수 있다. 이 신청은 채무자의 승낙 없이 법원에 대한 압류명령의 신청과 함께 할 수 있다.
법원사무관등은 의무를 지는 부동산 소유자에게 압류명령이 송달된 뒤에 이 신청에 따른 등기를 촉탁하여야 한다(민집법 제228조).

▌대법원판례

채권에 대한 압류명령을 신청하는 채권자는 신청서에 압류할 채권의 종류와 액수를 밝혀야 하고(민사집행법 제225조), 채권에 대한 압류명령은 대상이 된 채권의 범위에서 효력이 발생한다.

그리고 압류명령의 대상이 되는 채권의 구체적인 범위는 '주문'과 '압류할 채권의 표시' 등 압류명령에 기재된 문언의 해석에 따라 결정된다. 그런데 제3채무자는 순전히 타의에 의하여 다른 사람들 사이의 법률분쟁에 편입되어 압류명령에서 정한 의무를 부담하는 것이므로, 이러한 제3채무자가 압류된 채권의 종류나 범위를 정함에 있어 과도한 부담을 지지 않도록 보호할 필요가 있다. 따라서 압류명령에 기재된 문언은 문언 자체의 내용에 따라 객관적으로 엄격하게 해석하여야 하고, 문언의 의미가 불명확한 경우 그로 인한 불이익은 압류명령을 신청한 채권자에게 부담시키는 것이 합당하므로, 제3채무자가 통상의 주의력을 가진 사회평균인을 기준으로 문언을 이해할 때 포함 여부에 의문을 가질 수 있는 채권은 특별한 사정이 없는 한 압류명령의 대상에 포함된 것으로 볼 수 없다(대법원 2015. 9. 10. 선고 2013다216273 판결).

▌채권압류명령신청서 작성례

채권압류명령신청서

채 권 자　　○○○ (000000-0000000)

주소 :

전화번호 :

전자우편주소 :

채 무 자　　○○○ (000000-0000000)

주소 :

전화번호 :

제3채무자 ○○○ (000000-00000000)

주소 :

청구채권의 표시

1. 돈 150,000,000원 및 이에 대한 2020. 0. 0.부터 다 갚는 날까지 연12%의 비율에 의한 지연손해금

압류할 채권의 표시

채무자가 제3채무자에 대하여 기지고 있는 2021. 0. 0.자 물품대금채권 200,000,000원 중 청구채권에 해당하는 금액

신 청 취 지

1. 채무자의 제3채무자에 대한 채권을 압류한다.
2. 제3채무자는 채무자에게 위 채권의 지급을 하여서는 아니 된다.
3. 채무자는 위 채권의 처분과 영수를 하여서는 아니 된다.

라는 재판을 구합니다.

신 청 이 유

1. 채권자는 채무자에 대하여 귀원 2020가단0000호 대여금청구사건의 집행력 있는 판결정본에 의하여 청구금액 기재의 채권을 가지고 있습니다.
2. 채무자는 제3채무자에 대하여 위 압류할 채권 표시의 채권을 가지고 있습니다.

3. 이에 채권자는 채무자가 제3채무자에 대하여 가지고 있는 채권에 대하여 압류명령을 발령해 주실 것을 신청합니다.

첨 부 서 류

1. 집행력 있는 판결정본 1통.
2. 송달증명원 1통.
3. 송달료납부서 1통.

2022. 0. 0.

위 신청인(채권자) ○○○(인)

○○지방법원 ○○지원 귀중

참고사항

* 인지대 및 송달료 : 이는 수납은행에 예납한다. 계산식은 대법원 홈페이지 참조.
* 송달증명원 : 이는 채권자가 채무자를 상대로 제기한 소송의 판결이 채무자에게 송달된 사실을 증명하는 문서이다. 제1심법원이 발급한다.

13. 추심명령(推尋命令) 및 전부명령(轉附命令)

금전채권의 현금화 방법

앞에서는 채권의 압류에 관하여 살펴보았다. 민사집행의 실무에서는 일반적으로 채권압류와 추심명령 또는 채권압류와 전부명령을 동시에 하나의 신청서에 의해 신청하고 있다. 그러나 엄밀히 말하면 채권압류와 추심명령, 채권압류와 전부명령은 같은 절차가 아니다. 일단 채권(채무자가 제3채무자에 대하여 기지고 있는 채권)을 압류해야만 추심명령이나 전부명령을 신청할 수 있는 것이다.

제229조(금전채권의 현금화방법) ① 압류한 금전채권에 대하여 압류채권자는 추심명령(推尋命令)이나 전부명령(轉付命令)을 신청할 수 있다.

② 추심명령이 있는 때에는 압류채권자는 대위절차(代位節次) 없이 압류채권을 추심할 수 있다.

③ 전부명령이 있는 때에는 압류된 채권은 지급에 갈음하여 압류채권자에게 이전된다.

④ 추심명령에 대하여는 제227조 제2항 및 제3항의 규정을, 전부명령에 대하여는 제227조 제2항의 규정을 각각 준용한다.

⑤ 전부명령이 제3채무자에게 송달될 때까지 그 금전채권에 관하여 다른 채권자가 압류·가압류 또는 배당요구를 한 경우에는 전부명령은 효력을 가지지 아니한다.

⑥ 제1항의 신청에 관한 재판에 대하여는 즉시항고를 할 수 있다.

⑦ 전부명령은 확정되어야 효력을 가진다.

⑧ 전부명령이 있은 뒤에 제49조 제2호 또는 제4호의 서류를 제출한 것을 이유로 전부명령에 대한 즉시항고가 제기된 경우에는 항고법원은 다른 이유로 전부명령을 취소하는 경우를 제외하고는 항고에 관한 재판을 정지하여야 한다.

* 민사집행법

제227조(금전채권의 압류) ② 압류명령은 제3채무자와 채무자에게 송달하여야 한다.

③ 압류명령이 제3채무자에게 송달되면 압류의 효력이 생긴다.

제49조(집행의 필수적 정지·제한) 강제집행은 다음 각 호 가운데 어느 하나에 해당하는 서류를 제출한 경우에 정지하거나 제한하여야 한다.

2. 강제집행의 일시정지를 명한 취지를 적은 재판의 정본
4. 집행할 판결이 있은 뒤에 채권자가 변제를 받았거나, 의무이행을 미루도록 승낙한 취지를 적은 증서

저당권 있는 채권에 대한 전부명령

저당권이 있는 채권에 관하여 전부명령이 있는 경우에는 제228조의 규정을 준용한다(민집법 제230조).

* 민사집행법

제228조(저당권이 있는 채권의 압류) ① 저당권이 있는 채권을 압류할 경우 채권자는 채권압류사실을 등기부에 기입하여 줄 것을 법원사무관등에게 신청할 수 있다. 이 신청은 채무자의 승낙 없이 법원에 대한 압류명령의 신청과 함께 할 수 있다.

② 법원사무관등은 의무를 지는 부동산 소유자에게 압류명령이 송달된 뒤에 제1항의 신청에 따른 등기를 촉탁하여야 한다.

전부명령의 효과

전부명령이 확정된 경우에는 전부명령이 제3채무자에게 송달된 때에 채무자가 채무를 변제한 것으로 본다. 다만, 이전된 채권이 존재하지 아니한 때에는 그러하지 아니하다(민집법 제231조).

추심명령의 효과

제232조(추심명령의 효과) ① 추심명령은 그 채권전액에 미친다. 다만, 법원은 채무자의 신청에 따라 압류채권자를 심문하여 압류액수를 그 채권자의 요구액수로 제한하고 채무자에게 그 초과된 액수의 처분과 영수를 허가할 수 있다.

② 제1항 단서의 제한부분에 대하여 다른 채권자는 배당요구를 할 수 없다.

③ 제1항의 허가는 제3채무자와 채권자에게 통지하여야 한다.

지시채권의 압류 방법

어음·수표 그 밖에 배서로 이전할 수 있는 증권으로서 배서가 금지된 증권채권의 압류는 법원의 압류명령으로 집행관이 그 증권을 점유하여 한다(민집법 제233조).

채권증서의 인도(引渡)

채무자는 채권에 관한 증서가 있으면 압류채권자에게 인도하여야 한다. 채권자는 압류명령에 의하여 강제집행의 방법으로 그 증서를 인도받을 수 있다(민집법 제234조).

채권압류의 경합

채권 일부가 압류된 뒤에 그 나머지 부분을 초과하여 다시 압류명령이 내려진 때에는 각 압류의 효력은 그 채권 전부에 미친다.
채권 전부가 압류된 뒤에 그 채권 일부에 대하여 다시 압류명령이 내려진 때 그 압류의 효력도 위와 같다(민집법 제235조).

추심의 신고

채권자는 추심한 채권액을 법원에 신고하여야 한다. 이 신고 전에 다른 압류·가압류 또는 배당요구가 있었을 때에는 채권자는 추심한 금액을 바로 공탁하고 그 사유를 신고하여야 한다(민집법 제236조).

제3채무자의 진술의무

제237조(제3채무자의 진술의무) ① 압류채권자는 제3채무자로 하여금 압류명령을 송달받은 날부터 1주 이내에 서면으로 다음 각 호의 사항을 진술하게 하도록 법원에 신청할 수 있다.

1. 채권을 인정하는지의 여부 및 인정한다면 그 한도
2. 채권에 대하여 지급할 의사가 있는지의 여부 및 의사가 있다면 그 한도
3. 채권에 대하여 다른 사람으로부터 청구가 있는지의 여부 및 청구가 있다면 그 종류
4. 다른 채권자에게 채권을 압류당한 사실이 있는지의 여부 및 그 사실이 있다면 그 청구의 종류

② 법원은 제1항의 진술을 명하는 서면을 제3채무자에게 송달하여야 한다.
③ 제3채무자가 진술을 게을리 한 때에는 법원은 제3채무자에게 제1항의 사항을 심문할 수 있다.

추심의 소제기

채권자가 명령의 취지에 따라 제3채무자를 상대로 소를 제기할 때에는 일반규정에 의한 관할법원에 제기하고 채무자에게 그 소를 고지하여야 한다. 다만, 채무자가 외국에 있거나 있는 곳이 분명하지 아니한 때에는 고지할 필요가 없다(민집법 제238조).

채권자의 추심 소홀에 대한 책임

채권자가 추심할 채권의 행사를 게을리 한 때에는 이로써 생긴 채무자의 손해를 부담한다(민집법 제239조).

추심권의 포기

채권자는 추심명령에 따라 얻은 권리를 포기할 수 있다. 다만, 기본채권에는 영향이 없다. 이 포기는 법원에 서면으로 신고하여야 한다. 법원사무관등은 그 등본을 제3채무자와 채무자에게 송달하여야 한다(민집법 제240조).

대법원판례

채권압류 및 추심명령은 제3채무자를 심문하지 않은 채 이루어지고 제3채무자에게 송달함으로써 효력이 생긴다. 그 후 채권압류 및 추심명령의 경정결정이 확정되는 경우 당초의 채권압류 및 추심명령은 경정결정과 일체가 되어 처음부터 경정된 내용의 채권압류 및 추심명령이 있었던 것과 같은 효력이 있으므로, 원칙적으로 당초의 결정이 제3채무자에게 송달된 때에 소급하여 경정된 내용으로 결정의 효력이 있다.

그런데 직접 당사자가 아닌 제3채무자는 피보전권리의 존재와 내용을 모르고 있다가 결정을 송달받고 비로소 이를 알게 되는 것이 일반적이기 때문에 당초의 결정에 잘못된 계산이나 기재, 그 밖에 이와 비슷한 잘못이 있음이 객관적으로는 명백하더라도 제3채무자의 입장에서는 당초의 결정 자체만으로 잘못된 계산이나 기재, 그 밖에 이와 비슷한 잘못이 있다는 것을 알 수 없는 경우가 있다. 이러한 경우에도 일률적으로 채권압류 및 추심명령의 경정결정이 확정되면 당초의 채권압류 및 추심명령이 송달되었을 때에 소급하여 경정된 내용의 채권압류 및 추심명령이 있었던 것과 같은 효력이 있다고 하게 되면 순전히 타의에 의하여 다른 사람들 사이의 분쟁에 편입된 제3채무자를 보호한다는 견지에서 타당하지 않다. 그러므로 제3채무자의 입장에서 볼 때 객관적으로 경정결정이 당초의 채권압류 및 추심명령의 동일성을 실질적으로 변경한 것이라고 인정되는 경우에는 경정결정이 제3채무자에게 송달된 때에 비로소 경정된 내용의 채권압류 및 추심명령의 효력이 생긴다(대법원 2017. 1. 12. 선고2016다38658 판결).

채권에 대한 압류 및 추심명령이 있으면 제3채무자에 대한 이행의 소는 추심채권자만이 제기할 수 있고 채무자는 피압류채권에 대한 이행소송을 제기할 당사자적격을 상실하나, 채무자의 이행소송 계속 중에 추심채권자가 압류 및 추심명령 신청의 취하 등에 따라 추심권능을 상실하게 되면 채무자는 당사자적격을 회복한다. 이러한 사정은 직권조사사항으로서 당사자가 주장하지 않더라도 법원이 직권으로 조사하여 판단하여야 하고, 사실심 변론종결 이후에 당사자적격 등 소송요건이 흠결되거나 그 흠결이 치유된 경우 상고심에서도 이를 참작하여야 한다(대법원 2010. 11. 25. 선고 2010다64877 판결).

채권집행에 있어서 압류 및 전부명령은 결정의 일종이므로 압류 및 전부명령에 위산, 오기 기타 이에 유사한 오류가 있는 것이 명백한 때에는 법원은 직권 또는 당사자의 신청에 의하여 경정결정을 할 수 있고(민사소송법 제210조 제1항, 제197조), 다만 경정결정으로 인하여 압류 및 전부명령의 동일성의 인식이 저해되는 경우에는 당초의 압류 및 전부명령의 내용이 실질적으로 변경되는 것으로서 허용되지 않고, 압류 및 전부명령의 경정결정이 확정되는 경우 당초의 압류 및 전부명령은 그 경정결정과 일체가 되어 처음부터 경정된 내용의 압류 및 전부명령이 있었던 것과 같은 효력이 있으므로, 당초의 압류 및 전부명령 정본이 제3채무자에게 송달된 때에 소급하여 경정된 내용의 압류 및 전부명령의 효력이 발생한다.
채권자가 이미 사망한 자를 그 사망 사실을 모르고 제3채무자로 표시하여 압류 및 전부명령을 신청하였을 경우 채무자에 대하여 채무를 부담하는 자는 다른 특별한 사정이 없는 한 이제는 사망자가 아니라 그 상속인이므로 사망자를 제3채무자로 표시한 것은 명백한 오류이고, 또한 압류 및 전부명령에 있어서 그 제3채무자의 표시가 이미 사망한 자로 되어 있는 경우 그 압류 및 전부명령의 기재와 사망이라는 객관적 사정에 의하여 누구라도 어느 채권이 압류 및 전부되었는지를 추인할 수 있다고 할 것이어서 그 제3채무자의 표시를 사망자에서 그 상속인으로 경정한다고 하여 압류 및 전부명령의 동일성의 인식을 저해한다고 볼 수는 없으므로, 그 압류 및 전부명령의 제3채무자의 표시를 사망자에서 그 상속인으로 경정하는 결정은 허용된다.
채권집행 절차에 있어서 제3채무자는 집행당사자가 아니라 이해관계인에 불과하여 그 압류 및 전부명령을 신청하기 이전에 제3채무자가 사망하였다는 사정만으로는 채무자에 대한 강제집행요건이 구비되지 아니하였다고 볼 수 없어, 이미 사망한 자를 제3채무자로 표시한 압류 및 전부명령이 있었다고 하더라도 이러한 오류는 위와 같은 경정결정에 의하여 시정될 수 있다고 할 것이므로, 채권압류 및 전부명령의 제3채무자의 표시를 사망자에서 그 상속인으로 경정하는 결정이 있고 그 경정결정이 확정되는 경우에는 당초의 압류 및 전부명령정본이 제3채무자에게 송달된 때에 소급하여 제3채무자가 사망자의 상속인으로 경정된 내용의 압류 및 전부명령의 효력이 발생한다.
사망한 자에 대하여 실시된 송달은 위법하여 원칙적으로 무효이나, 그 사망자의 상속인이 현실적으로 그 송달서류를 수령한 경우에는 하자가 치유되어 그 송달은 그 때에 상속인에 대한 송달로서 효력을 발생하므로, 압류 및 전부명령정본이나 그 경정결정 정본의 송달이 이미 사망한 제3채무자에 대하여 실시되었다고 하더라도 그 상속인이 현실적으로 그 압류 및 전부명령 정본이나 경정결정 정본을 수령하였다면, 그 송달은 그 때에 상속인에 대한 송달로서 효력을 발생하고, 그 때부터 각 그 즉시항고기간이 진행한다(대법원 1998. 2. 13. 선고 95다15667 판결).

장래의 불확정채권에 대하여 압류가 중복된 상태에서 전부명령이 있는 경우 그 압류의 경합으로 인하여 전부명령이 무효가 되는지의 여부는 나중에 확정된 피압류채권액을 기준으로 판단할 것이 아니라 전부명령이 제3채무자에게 송달된 당시의 계약상의 피압류채권액을 기준으로 판단하여야 하고, 장래의 불확정채권에 대한 전부명령을 허용하는 것은 가까운 장래에 채권이 발생할 것이 상당한 정도로 기대되기 때문이므로, 전부명령 송달 당시 피압류채권의 발생 원인이 되는 계약에 그 채권액이 정해지지 아니하여 그 채권액을 알 수 없는 경우에는 그 계약의 체결 경위와 내용 및 그 이행 경과, 그 계약에 기하여 가까운 장래에 채권이 발생할 가능성 및 그 채권의 성격과 내용 등 제반 사정을 종합하여 그 계약에 의하여 장래 발생할 것이 상당히 기대되는 채권액을 산정한 후 이를 그 계약상의 피압류채권액으로 봄이 상당하다(대법원 2010. 5. 13. 선고 2009다98980 판결).

가집행선고부 제1심판결에 기한 압류 및 전부명령 후 항소심 계속중에 채권액 중 일부금원을 지급받고 소송을 백지화 하기로 합의함에 따라 항소각하의 판결이 선고, 확정된 경우, 채권자가 수령한 전부금 중 합의에 의한 채권액을 공제한 나머지는 부당이득이 된다고 본 사례

채권압류 및 전부명령이 집행법상 적법하게 발부되어 채무자 및 제3채무자에게 송달되면 집행채권에 관하여 변제의 효과가 발생하고 강제집행절차는 종료하나, 채권압류 및 전부명령의 기초가 된 가집행선고부 판결이 상급심판결에 의하여 그 전부 또는 일부가 취소된 경우에는 그로 인하여 위 채권압류 및 전부명령에 의한 강제집행이 이미 종료된 것 자체에는 아무런 변동을 가져오지 아니하면서도 그 취소된 부분에 관하여는 집행채권자가 부당이득을 한 것이 되어 이를 반환할 의무를 진다.
채권압류 및 전부명령 송달 후에 그 강제집행의 당사자인 제3채무자의 참여 없이 채권자와 채무자가 위 "가"항과 같이 합의한 것이 이미 발하여진 채권압류 및 전부명령이나 그에 의한 강제집행 자체를 취소 변경하는 것에 해당하여 그 효력이 없는 것이라고 할 수 없다(대법원 1991. 8. 13. 선고 89다카27420 판결).

전부명령이 확정되면 피압류채권은 제3채무자에게 송달된 때에 소급하여 집행채권의 범위 안에서 당연히 전부채권자에게 이전하고 동시에 집행채권 소멸의 효력이 발생하는 것이므로, 전부명령이 제3채무자에게 송달될 당시를 기준으로 하여 압류가 경합되지 않았다면 그 후에 이루어진 채권압류가 그 전부명령의 효력에 영향을 미칠 수 없고, 이러한 이치는 피압류채권이 공사 완성 전의 공사대금 채권과 같이 장래의 채권액의 구체적인 확정에 불확실한 요소가 내포되어 있는 것이라 하여 달라질 수 없다.
채권액의 확정에 불확실한 요소가 내포된 공사 완성 전의 공사대금 채권에 대하여 전부명령을 허용하면서 동시에 그 전부명령의 효력이 장래의 채권 확정시가 아니라 전부명령이 제3채무자에게 송달된 때 발생된다고 해석하는 이상, 압류 및 전부명령을 받은 자보다 먼저 당해 피압류채권을 압류한 자가 있을 경우에 압류가 경합되어 전부명령이 무효로 되는지의 여부는, 나중에 확정된 피압류채권액을 기준으로 판단할 것이 아니라 전부명령이 제3채무자에게 송달된 당시의 계약상의 피압류채권액을 기준으로 판단하여야 한다(대법원1995. 9. 26. 선고 95다4681 판결).

- 피보전권리 : 채권자의 채무자에 대한 권리(금전채권상의 권리)
- 피압류채권 : 채권자의 신청에 따른 법원의 명령에 의해 압류된 채무자의 제3채무자에 대한 금전채권

채권압류 및 추심명령 신청서 작성례

채권압류 및 추심명령 신청서

채 권 자 ○○○ (000000-0000000)
주소 :
전화번호 :
전자우편주소 :

채 무 자 ○○○ (000000-0000000)
주소 :
전화번호 :
전자우편주소 :

제3채무자 ○○○
주소 :
전화번호 :

청구금액 합계금 : 000,000,000원
원 금 : 000,000,000원
이자등 : 00,000,000원(0000. 0. 0.까지는 연 5%의 지연이자, 0000. 0. 0.부터 다 0000. 0. 0.까지는 연 12%의 지연손해금)

압류할 채권의 종류 및 금액 : 별지 목록 기재와 같음

신 청 취 지

1. 채무자의 제3채무자에 대한 별지 목록 기재의 채권을 압류한다.
2. 제3채무자는 채무자에게 위 채권에 관하여 지급을 하여서는 아니 된다.
3. 채무자는 위 채권의 처분과 영수를 하여서는 아니 된다.
4. 위 압류된 채권은 채권자가 추심할 수 있다.

라는 재판을 구합니다.

신 청 이 유

1. 채권자는 채무자에 대하여 ○○지방법원 2020가단000호 ○○○○사건의 집행력 있는 확정판결정본에 표시된 금전채권을 가지고 있습니다.
2. 그런데 채무자는 위 채권에 대하여 변제를 하지 아니하므로 채무자가 제3채무자에 대하여 가지고 있는 별지 목록 기재 채권에 대한 압류 및 추심명령을 하여 주시기 바랍니다.

첨 부 서 류

1. 집행력 있는 판결 정본 1통.
2. 송달증명서 1통.
3. 송달료납부서 1통.
4. 압류할 채권의 종류 및 금액 목록

2022. 0. 0.

위 신청인 ○○○(인)

○○○○지방법원 귀중

참고사항

* 이자 : 청구채권에 포함되는 이자는 채권자와 채무자 사이에 약정이자가 있으면 그 이자를 표시하고, 약정이자가 없는 경우에는 민사채권은 연 5%, 상사채권은 연 6%를 표시한다.

* 지연손해금 : 지연손해금은 채무의 이행을 명한 판결 주문에서 "0000. 0. 0.부터 다 갚는 날까지는 연 12%의 비율에 의한 돈을 지급하라."고 명령한 내용을 적용한다.

* 추심명령과 전부명령의 차이점 : 추심명령에서는 압류가 경합하더라도 나중에 배당절차에 의하여 해결을 하면 되므로 경합하는 모든 압류가 효력을 갖는다. 그러나 전부명령에서는 전부명령보다 먼저 이루어진 압류가 있을 때에는 전부명령은 효력이 발생하지 않는다. 한편, 추심명령을 신청할 것인가 전부명령을 신청할 것인가는 채권자가 선택하면 된다. 전부명령이 확정되면 피압류채권은 전부명령이 제3채무자에게 송달된 때에 소급하여 집행채권의 범위 안에서 당연히 채권자에게 이전하고 동시에 집행채권 소멸의 효력이 발생한다. 전부명령이 확정된 채무자의 제3채무자에 대한 채권은 제3채무자에 대한 모든 채권자들이 압류할 수 없게 된다. 위 작성례를 응용하여 전부명령신청서를 작성할 때에는 '추심명령'을 '전부명령'이라고 고치고, 신청취지 제4항의 "위 압류된 채권은 채권자가 추심할 수 있다."를 "위 압류된 채권은 지급에 갈음하여 채권자에게 전부한다."라고 고치면 된다.

* 인지대 및 송달료 : 이는 대법원 홈페이지를 이용하여 계산한 다음 수납은행에 예납하면 된다.

추심금청구의 소장 작성례

소 장

원고 ○○○ (000000-0000000)

주소 :

전화번호 :

전자우편주소 :

피고 ○○○ (000000-0000000)

주소 :

전화번호 :

전자우편주소 :

추심금청구의 소

청 구 취 지

1. 피고는 원고에게 돈 100,000,000원 및 이에 대한 이 사건 소장부본을 송달받은 다음날부터 다 갚는 날까지 연 12%의 비율에 의한 돈을 지급하라.
2. 소송비용은 피고의 부담으로 한다.
3. 위 제1항은 가집행할 수 있다.

라는 판결을 구합니다.

청 구 원 인

1. 원고는 ○○지방법원 2020가단000호 소외 ○○○에 대한 집행력 있는 확정판결 정본에 의하여 ○○지방법원 2022타채000호에 터 잡아 제3채무자인 피고에 대하여 채권압류 및 추심명령을 신청하여 2022. 0. 0. 동원으로부터 위 명령이 발령되었습니다.
2. 피고는 위 채권압류 및 추심명령 정본을 수령하였음에도 불구하고 관련 채무금을 원고에게 변제하지 않고 있어 부득이 이 사건 소를 제기합니다.

입 증 방 법

1. 갑 제1호증 채권압류 및 추심명령 정본

2. 갑 제2호증 송달증명원

첨 부 서 류

1. 위 입증방법 각 1통.
2. 소장부본 2통.
3. 송달료납부서 1통.

2022. 0. 0.

위 원고 ○○○(인)

○○지방법원 ○○지원 귀중

참고사항

* 연 12%의 비율에 의한 돈 : 이는「소송촉진 등에 관한 특례법」소정의 지연손해금이다.
* 소송인지대 및 송달료 : 대법원 홈페이지를 이용하여 산출한 돈을 수납은행에 예납한다.
* 추심금 : 채무자(소외인)가 제3채무자(피고)에 대하여 갖고 있던 채권을 채권자(원고)가 직접 수령할 권능을 법원이 부여한 것이 '채권압류 및 추심명령'이다. 이와는 달리 전부명령은 채무자가 제3채무자에 대하여 갖고 있던 채권을 전부채권자에게 이전(移轉)케 하는 법원의 명령이다. 따라서 어느 경우이든 제3채무자가 채무를 이행하지 않으면 추심채권자나 전부채권자는 제3채무자를 피고로 지정하여 소를 제기할 수 있다. 전부금을 청구하는 소는 이 작성례를 응용하면 될 것이다.

14. 담보권 실행을 위한 경매

부동산에 대한 경매신청

제264조(부동산에 대한 경매신청) ① 부동산을 목적으로 하는 담보권을 실행하기 위한 경매신청을 함에는 담보권이 있다는 것을 증명하는 서류를 내야 한다.
② 담보권을 승계한 경우에는 승계를 증명하는 서류를 내야 한다.
③부동산 소유자에게 경매개시결정을 송달할 때에는 제2항의 규정에 따라 제출된 서류의 등본을 붙여야 한다.

'담보권 실행을 위한 경매'라고 함은 저당권, 근저당권, 전세권, 유치권, 질권 등의 담보물권을 실행하기 위한 경매를 말한다. 여기에서는 근저당권의 실행을 중심으로 검토한다.
민사집행법 제264조 제1항이 말하는 '담보권이 있다는 것을 증명하는 서류'는 부동산등기사항전부증명서이다. 위 제2항에서 말하는 '담보권을 승계한 것을 증명하는 서류'도 부동산등기사항전부증명서이다. 근저당권설정등기에 근저당권이전의 '부기등기(附記登記)'가 되어 있을 것이기 때문이다.

경매개시결정에 대한 이의신청사유

경매절차의 개시결정에 대한 이의신청사유로 담보권이 없다는 것 또는 소멸되었다는 것을 주장할 수 있다(민집법 제265조).

경매절차의 정지

제266조(경매절차의 정지) ① 다음 각 호 가운데 어느 하나에 해당하는 문서가 경매법원에 제출되면 경매절차를 정지하여야 한다.

1. 담보권의 등기가 말소된 등기사항증명서
2. 담보권 등기를 말소하도록 명한 확정판결의 정본
3. 담보권이 없거나 소멸되었다는 취지의 확정판결의 정본
4. 채권자가 담보권을 실행하지 아니하기로 하거나 경매신청을 취하하겠다는 취지 또는

피담보채권을 변제받았거나 그 변제를 미루도록 승낙한다는 취지를 적은 서류

5. 담보권 실행을 일시정지하도록 명한 재판의 정본

② 제1항 제1호 내지 제3호의 경우와 제4호의 서류가 화해조서의 정본 또는 공정증서의 정본인 경우에는 경매법원은 이미 실시한 경매절차를 취소하여야 하며, 제5호의 경우에는 그 재판에 따라 경매절차를 취소하지 아니한 때에만 이미 실시한 경매절차를 일시적으로 유지하게 하여야 한다.

③ 제2항의 규정에 따라 경매절차를 취소하는 경우에는 제17조의 규정을 적용하지 아니한다.

* 민사집행법

제17조(취소결정의 효력) ① 집행절차를 취소하는 결정, 집행절차를 취소한 집행관의 처분에 대한 이의신청을 기각·각하하는 결정 또는 집행관에게 집행절차의 취소를 명하는 결정에 대하여는 즉시항고를 할 수 있다.

② 제1항의 결정은 확정되어야 효력을 가진다.

부동산인도명령 신청서 작성례

부동산인도명령 신청서

신 청 인(매수인)　　○○○ (000000-0000000)

주소 :

전화번호 :

피신청인(채무자)　○○○ (000000-0000000)

주소 :

전화번호 :

신 청 취 지

○○지방법원 ○○지원 2021타경000호 부동산강제경매사건과 관련하여 피신청인은 신청인에게 별지 목록 기재의 부동산을 인도하라.
라는 재판을 구합니다.

신 청 이 유

1. 신청인은 ○○지방법원 ○○지원 2021타경000호 부동산강제경매사건의 경매절차에서 별지 목록 기재 부동산의 매수인으로서 2021. 0. 0. 매각허가결정을 받았고, 같은 해 0. 0. 매각대금을 전액 납부함으로써 그 소유권을 취득하였습니다.
2. 위 경매사건의 채무자인 피신청인은 위 부동산을 매수인에게 인도하여야 할 의무가 있음에도 이에 불응하고 있습니다.
3. 따라서 신청인은 피신청인으로부터 위 부동산을 인도받기 위하여 이 사건 인도명령을 신청합니다.
4. 신청인이 매각대금을 완납한 날은 2021. 0. 0.이므로 매수일로부터 6개월이 경과하지 않았습니다.

첨 부 서 류

1. 부동산 목록 1통.
2. 대금납부확인서 1통.
3. 납부서 1통.

2022. 0. 0.

위 신청인(매수인) ○○○(인)

○○지방법원 ○○지원 귀중

참고사항

* 소송인지대 및 송달료 : 이는 대법원 홈페이지를 이용하여 금액을 확인한 다음 수납은행에 예납한다. 그리고 그 납부서는 이 신청서와 함께 법원에 제출한다.
* 부동산 목록 : 부동산 목록을 작성함에는 토지는 토지대장을, 건축물은 건축물관리대장을 기초로 작성한다.

15. 가압류

가압류의 목적

가압류는 금전채권이나 금전으로 환산할 수 있는 채권에 대하여 동산 또는 부동산에 대한 강제집행을 보전하기 위하여 할 수 있다.

위 채권이 조건이 붙어 있는 것이거나 기한이 차지 아니한 것인 경우에도 가압류를 할 수 있다(민집법 제276조).

보전의 필요성

가압류는 이를 하지 아니하면 판결을 집행할 수 없거나 판결을 집행하는 것이 매우 곤란할 염려가 있을 경우에 할 수 있다(민집법 제277조).

가압류재판의 관할법원

가압류는 가압류할 물건이 있는 곳을 관할하는 지방법원이나 본안의 관할법원이 관할한다(민집법 제278조).

가압류의 신청

제279조(가압류신청) ① 가압류신청에는 다음 각 호의 사항을 적어야 한다.

1. 청구채권의 표시, 그 청구채권이 일정한 금액이 아닌 때에는 금전으로 환산한 금액
2. 제277조의 규정에 따라 가압류의 이유가 될 사실의 표시

② 청구채권과 가압류의 이유는 소명하여야 한다.

가압류신청에 대한 재판

가압류신청에 대한 재판은 변론 없이 할 수 있다. 청구채권이나 가압류의 이유를 소명하지 아니한 때에도 가압류로 생길 수 있는 채무자의 손해에 대하여 법원이 정한 담보를 제공한 때에는 법원은 가압류를 명할 수 있다. 청구채권과 가압류의 이유를 소명한 때에도 법원은 담보를 제공하게 하고 가압류를 명할 수 있다. 담보를 제공한 때에는 그 담보의 제공과 담보제공의 방법을 가압류명령에 적어야 한다민집법 제280조).

가압류신청에 대한 재판은 결정으로 한다. 채권자는 가압류신청을 기각하거나 각하하는 결정에 대하여 즉시항고를 할 수 있다. 담보를 제공하게 하는 재판, 가압류신청을 기각하거나 각하하는 재판과 즉시항고를 기각하거나 각하하는 재판은 채무자에게 고지할 필요가 없다(민집법 제281조).

가압류해방금의 공탁

가압류명령에는 가압류의 집행을 정지시키거나 집행한 가압류를 취소시키기 위하여 채무자가 공탁할 금액을 적어야 한다(민집법 제282조).

본안(本案) 제소명령

제287조(본안의 제소명령) ① 가압류법원은 채무자의 신청에 따라 변론 없이 채권자에게 상당한 기간 이내에 본안의 소를 제기하여 이를 증명하는 서류를 제출하거나 이미 소를 제기하였으면 소송계속사실을 증명하는 서류를 제출하도록 명하여야 한다.

② 제1항의 기간은 2주 이상으로 정하여야 한다.

③ 채권자가 제1항의 기간 이내에 제1항의 서류를 제출하지 아니한 때에는 법원은 채무자의 신청에 따라 결정으로 가압류를 취소하여야 한다.

④ 제1항의 서류를 제출한 뒤에 본안의 소가 취하되거나 각하된 경우에는 그 서류를 제출하지 아니한 것으로 본다.

⑤ 제3항의 신청에 관한 결정에 대하여는 즉시항고를 할 수 있다. 이 경우 민사소송법 제447조의 규정은 준용하지 아니한다.

* 민사소송법

제447조(즉시항고의 효력) 즉시항고는 집행을 정지시키는 효력을 가진다.

사정변경 등에 따른 가압류의 취소

제288조(사정변경 등에 따른 가압류취소) ① 채무자는 다음 각 호의 어느 하나에 해당하는 사유가 있는 경우에는 가압류가 인가된 뒤에도 그 취소를 신청할 수 있다. 제3호에 해당하는 경우에는 이해관계인도 신청할 수 있다.

1. 가압류이유가 소멸되거나 그 밖에 사정이 바뀐 때
2. 법원이 정한 담보를 제공한 때
3. 가압류가 집행된 뒤에 3년간 본안의 소를 제기하지 아니한 때

② 제1항의 규정에 의한 신청에 대한 재판은 가압류를 명한 법원이 한다. 다만, 본안이 이미 계속된 때에는 본안법원이 한다.

③ 제1항의 규정에 의한 신청에 대한 재판에는 제286조 제1항 내지 제4항·제6항 및 제7항을 준용한다.

가압류 집행개시의 요건

가압류에 대한 재판이 있은 뒤에 채권자나 채무자의 승계가 이루어진 경우에 가압류의 재판을 집행하려면 집행문을 덧붙여야 한다.

가압류에 대한 재판의 집행은 채권자에게 재판을 고지한 날부터 2주를 넘긴 때에는 하지 못한다.

가압류에 대한 재판의 집행은 채무자에게 재판을 송달하기 전에도 할 수 있다(민집법 제292조).

부동산가압류의 집행

부동산에 대한 가압류의 집행은 가압류재판에 관한 사항을 등기부에 기입하여야 한다. 집행법원은 가압류재판을 한 법원으로 한다. 가압류등기는 법원사무관등이 촉탁한다(민집법 제293조).

동산에 대한 가압류의 집행

제296조(동산가압류집행) ① 동산에 대한 가압류의 집행은 압류와 같은 원칙에 따라야 한다.

② 채권가압류의 집행법원은 가압류명령을 한 법원으로 한다.

③ 채권의 가압류에는 제3채무자에 대하여 채무자에게 지급하여서는 아니 된다는 명령만을 하여야 한다.

④ 가압류한 금전은 공탁하여야 한다.

⑤ 가압류물은 현금화를 하지 못한다. 다만, 가압류물을 즉시 매각하지 아니하면 값이 크게 떨어질 염려가 있거나 그 보관에 지나치게 많은 비용이 드는 경우에는 집행관은 그 물건을 매각하여 매각대금을 공탁하여야 한다.

제3채무자의 공탁

제3채무자가 가압류 집행된 금전채권액을 공탁한 경우에는 그 가압류의 효력은 그 청구채권액에 해당하는 공탁금액에 대한 채무자의 출급청구권에 대하여 존속한다(민집법 제297조).

대법원판례

가압류의 처분금지적 효력에 따라 가압류집행 후 가압류채무자의 가압류목적물에 대한 처분행위는 가압류채권자와의 관계에서는 그 효력이 없으므로, 가압류 집행 후 가압류목적물의 소유권이 제3자에게 이전된 경우 가압류채권자는 집행권원을 얻어 제3취득자가 아닌 가압류채무자를 집행채무자로 하여 그 가압류를 본압류로 전이하는 강제집행을 실행할 수 있고, 이 경우 그 강제집행은가압류의 처분금지적 효력이 미치는 객관적 범위인 가압류결정 당시의 청구금액의 한도 안에서는 집행채무자인 가압류채무자의 책임재산에 대한 강제집행 절차이므로, 제3취득자에 대한 채권자는 당해 가압류목적물의 매각대금 중 가압류의 처분금지적 효력이 미치는 범위의 금액에 대하여는 배당에 참가할 수 없다.

가압류 집행 후 가압류목적물의 소유권이 제3자에게 이전된 경우 가압류채권자는 집행권원을 얻어 제3취득자가 아닌 가압류채무자를 집행채무자로 하여 그 가압류를 본압류로 전이하는 강제집행을 실행할 수 있으나, 이 경우 그 강제집행은 가압류의 처분금지적 효력이 미치는 객관적 범위인 가압류결정 당시의 청구금액의 한도 안에서만 집행채무자인 가압류채무자의 책임재산에 대한 강제집행절차라 할 것이고, 가압류결정 당시의 청구금액이 채권의 원금만을 기재한 것으로서 가압류채권자가 가압류채무자에 대하여 원금 채권 이외에 이자와 소송비용채권을 가지고 있다 하더라도 가압류결정 당시의 청구금액을 넘어서는 이자와 소송비용채권에 관하여는 가압류의 처분금지적 효력이 미치는 것이 아니므로, 가압류채권자는 가압류목적물의 매각대금에서 가압류결정 당시의 청구금액을 넘어서는 이자와 소송비용채권을 배당받을 수 없다(대법원 1998. 11. 10. 선고 98다43441 판결).

법원이 가압류결정에서 특정된 대상채권을 가압류채무자의 채권이라고 기재하여 제3채무자에게 그 채권의 지급 금지를 명하고 있고 또 그러한 가압류가 절차법상으로는 유효한 이상, 그 집행이 취소되거나 대상채권의 진정한 채권자가 제기하는 제3자이의의 소 등을 통하여 그 가압류의 부당함이 밝혀질 때까지 제3채무자로서는 가압류의 절차적, 외관적 효력과 이중지급의 위험 등의 이유 때문에 가압류결정에서 채권자로 지목되어 있는 가압류채무자는 물론 진정한 채권자인 제3자에 대하여도 채무를 이행하는 것이 매우 어려워질 수밖에 없고, 또 적극적으로 그 채무액을 공탁할 수도 있다. 그러므로 제3채무자가 위와 같은 가압류결정이 있었다는 이유로 진정한 채권자인 제3자에게 그 채무의 이행을 거절하는 경우에는 진정한 채권자인 제3자로서는 결과적으로 위와 같은 부당한 가압류로 인하여 자신의 채권을 제때에 회수하지 못하는 손해를 입게 될 것이고, 이 경우 그 손해는 위 부당한 가압류와 상당인과관계가 있는 것이다. 따라서 비록 가압류가 법원의 재판에 의하여 집행되는 것이기는 하지만, 그 부당한 가압류에 관하여 고의 또는 과실이 있는 가압류채권자는 그 가압류집행으로 인하여 제3자가 입은 위와 같은 손해를 배상할 책임이 있다.
가압류채권자가 제3자 명의의 예금채권을 실제로는 가압류채무자의 것이라 주장하면서 가압류신청을 하고 그에 따른 가압류결정에 기해 가압류집행이 된 사안에서, 가압류집행으로 제3자가 입은 손해를 가압류채권자가 배상할 책임이 있다고 한 사례(대법원 2009. 2. 26. 선고 2006다24872 판결).

가압류의 효력은 가압류를 청구한 피보전채권액에 한하여 미치므로, 가압류결정에 피보전채권액으로서 기재된 액(이하 '가압류 청구금액'이라 한다)이 가압류채권자에 대한 배당액의 산정 기준이 되며, 배당법원이 배당을 실시할 때에 가압류채권자의 피보전채권은 공탁하여야 하고, 그 후 피보전채권의 존재가 본안의 확정판결 등에 의하여 확정된 때 가압류채권자가 확정판결 등을 제출하면 배당법원은 가압류채권자에게 배당액을 지급하게 된다(민사집행법 제160조 제1항 제2호, 제161조 제1항). 이 경우 확정된 피보전채권액이 가압류 청구금액

이상인 경우에는 가압류채권자에 대한 배당액 전부를 가압류채권자에게 지급하지만, 반대로 확정된 피보전채권액이 가압류 청구금액에 미치지 못하는 경우에는 집행법원은 그 확정된 피보전채권액을 기준으로 하여 다른 동순위 배당채권자들과 사이에서의 배당비율을 다시 계산하여 배당액을 감액 조정한 후 공탁금 중에서 그 감액 조정된 금액만을 가압류채권자에게 지급하고 나머지는 다른 배당채권자들에게 추가로 배당하여야 한다.

가압류에 대한 본안의 확정판결에서 그 피보전채권의 원금 중 일부만이 남아 있는 것으로 확정된 경우라도, 특별한 사정이 없는 한 가압류 청구금액 범위 내에서는 그 나머지 원금과 청구기초의 동일성이 인정되는 지연손해금도 피보전채권의 범위에 포함되므로, 이를 가산한 금액이 가압류 청구금액을 넘는지 여부를 가리고 만약 가압류 청구금액에 미치지 못하는 경우에는 그 금액을 기초로 배당액을 조정하여야 한다. 그리고 위와 같이 배당채권자들과 사이에서 배당비율을 다시 계산하여 공탁되었던 배당액을 감액 조정하여 지급하는 것은 그 범위 내에서 잠정적으로 보류되었던 배당절차를 마무리 짓는 취지이고, 동순위 채권자들 사이에서는 배당채권으로 산입될 수 있는 채권원리금액 산정에 형평을 기하여야 할 터인데 가압류채권자에 대한 배당금 조정 시에 다른 배당채권자들의 잔존 채권원리금액을 모두 다시 확인하기 쉽지 아니함을 고려하면, 배당금 조정 시에 다른 배당채권자들의 채권액은 종전 배당기일의 채권원리금액을 기준으로 하고 가압류채권자의 경우에도 종전 배당기일까지의 지연손해금을 가산한 채권원리금액을 기준으로 하여 조정한 후 공탁금 중에서 그 감액 조정된 금액을 가압류채권자에게 지급하며, 나머지 공탁금은 특별한 사정이 없는 한 종전 배당기일의 채권액을 기준으로 하여 다른 배당채권자들에게 추가로 배당함이 타당하다.

본안소송 결과 배당액 전액을 지급받기에 부족한 피보전권리만이 확정되어 다른 배당채권자들에게 추가배당하여야 할 경우임이 밝혀진 때에는 당초의 배당액 중 다른 배당채권자들에게 추가배당하여야 할 부분에 관하여는 가압류채권자가 처음부터 그 부분에 대한 배당금 지급청구권을 가지고 있지 않았다고 보아야 하므로, 가압류채권자가 그 부분 채권을 부당이득하였다고 할 수 없다(대법원 2013. 6. 13. 선고 2011다75478 판결).

* **판례해설 :** 채권에 대한 가압류에서 제3채무자는 가압류와 가압류, 또는 가압류와 압류가 경합한 경우 – 즉 여러 명이 각각 신청한 가압류와 압류가 중첩적으로 발령된 경우 – 에는 해당 채무액 전액을 법원에 공탁할 수 있다. 이를 '집행공탁'이라고 한다. 이 공탁금은 훗날 집행법원이 배당을 실시하게 된다.

가압류명령의 송달 이후에 채무자의 계좌에 입금될 예금채권도 그 발생의 기초가 되는 법률관계가 존재하여 현재 그 권리의 특정이 가능하고 가까운 장래에 발생할 것이 상당한 정도로 기대된다고 볼만한 예금계좌가 개설되어 있는 경우 등에는 가압류의 대상이 될 수 있다. 채권가압류에서 가압류될 채권에 장래 채무자의 계좌에 입금될 예금채권도 포함되느냐 여부는 가압류명령에서 정한 가압류할 채권에 그 예금채권도 포함되었는지 여부에 따라 결정되는 것이고, 이는 곧 가압류명령상의 '가압류할 채권의 표시'에 기재된 문언의 해석에 따라 결정되는 것이 원칙이다. 그런데 제3채무자는 순전히 타의에 의하여 다른 사람들 사이의 법률분쟁에 편입되어 가압류명령에서 정한 의무를 부담하는 것이므로, 이러한 제3채무자가 가압류된 채권이나 그 범위를 파악함에 있어 과도한 부담을 가지지 않도록 보호할 필요가 있다. 따라서 '가압류할 채권의 표시'에 기재된 문언은 그 문언 자체의 내용에 따라 객관적으로 엄격하게 해석하여야 하고, 그 문언의 의미가 불명확한 경우 그로 인한 불이익은 가압류 신청채권자에게 부담시키는 것이 타당하므로, 제3채무자가 통상의 주의력을 가진 사회평균인을 기준으로 그 문언을 이해할 때 포함 여부에 의문을 가질 수 있는 채권은 특별한 사정이 없는 한 가압류의 대상에 포함되었다고 보아서는 아니 된다.
가압류명령의 가압류할 채권의 표시에 '채무자가 각 제3채무자들에게 대하여 가지는 다음의 예금채권 중 다음에서 기재한 순서에 따라 위 청구금액에 이를 때까지의 금액'이라고 기재된 사안에서, 위 문언의 기재로써 가압류명령의 송달 이후에 새로 입금되는 예금채권까지 포함하여 가압류되었다고 보는 것은 통상의 주의력을 가진 사회평균인을 기준으로 할 때 의문을 품을 여지가 충분하다고 보이므로, 이 부분 예금채권까지 가압류의 대상이 되었다고 해석할 수는 없다고 한 사례(대법원 2011. 2. 10. 선고 2008다9952 판결).

가압류를 위하여 법원의 명령으로 제공된 공탁금은 부당한 가압류로 인하여 채무자가 입은 손해를 담보하는 것이므로, 가압류의 취소에 관한 소송비용은 가압류로 인하여 제공된 공탁금이 담보하는 손해의 범위에 포함된다. 그리고 담보권리자가 공탁금회수청구권을 압류하고, 추심명령이나 확정된 전부명령을 받은 후 담보취소결정을 받아 공탁금회수청구를 하는 경우에도 그 담보공탁금의 피담보채권을 집행채권으로 하는 것인 이상, 담보권리자의 위와 같은 담보취소신청은 어디까지나 담보권을 포기하고 일반 채권자로서 강제집행을 하는 것이 아니라 오히려 적극적인 담보권실행에 의하여 그 공탁물회수청구권을 행사하기 위한 방법에 불과하다고 보는 것이 합리적이므로, 이는 담보권의 실행방법으로 인정된다(대법원 2019. 12. 12. 선고 2019다256471 판결).

* **판례해설 :** 채권자가 가압류신청을 하면 법원은 그 가압류로 인하여 채무자가 입게 될 수도 있는 손해를 담보하게 하기 위하여 금전이나 지급보증위탁체결문서의 공탁을 명한다. 이 공탁금등의 회수청구권은 채권자에게 있다. 여기에서 공탁금의 담보권리자는 채무자이다.

민법 제168조에서 가압류를 시효중단사유로 정하고 있는 것은 가압류에 의하여 채권자가 권리를 행사하였다고 할 수 있기 때문인데 가압류에 의한 집행보전의 효력이 존속하는 동안은 가압류채권자에 의한 권리행사가 계속되고 있다고 보아야 할 것이므로, 가압류에 의한 시효중단의 효력은 가압류 집행보전의 효력이 존속하는 동안은 계속된다. 따라서 유체동산에 대한 가압류결정을 집행한 경우 가압류에 의한 시효중단 효력은 가압류 집행보전의 효력이 존속하는 동안 계속된다. 그러나 유체동산에 대한 가압류 집행절차에 착수하지 않은 경우에는 시효중단 효력이 없고, 집행절차를 개시하였으나 가압류할 동산이 없기 때문에 집행불능이 된 경우에는 집행절차가 종료된 때로부터 시효가 새로이 진행된다(대법원 2011. 5. 13. 선고 2011다10044 판결).

가압류신청서 작성례(부동산)

부동산가압류신청서

채권자　　○○○ (000000-0000000)
주소 :
전화번호 :
전자우편주소 :

채무자　　　○○○ (000000-0000000)

(소유자) 주소 :

청구채권의 표시 : 돈 50,000,000원(임차보증금반환청구채권)

가압류할 부동산의 표시 : 경기도 ○○시 ○○동 00-0 대 223㎡

신 청 취 지

채권자가 채무자에 대하여 기진 위 청구채권 표시 채권의 집행을 보전하기 위하여 채무자 소유의 가압류할 부동산의 표시 기재 부동산을 가압류한다.

라는 재판을 구합니다.

신 청 이 유

1. 채권자는 0000. 0. 0. ○○시 000번길 00-0 소재 채무자 소유인 토지에 임차보증금 50,000,000원, 임대차기간 24개월(만기 : 0000. 0. 0.)로 하는 내용의 임대차계약을 체결한 후 위 임차보증금 전액을 지급하고 현재까지 점유·사용하고 있습니다.
2. 그런데 채권자는 위 임대차기간이 만료하였으므로 채무자에게 그 보증금의 반환을 청구하였으나, 채무자는 이에 응하지 않고 있습니다.
3. 따라서 채권자는 장차 채무자를 상대로 위 임차보증금반환청구의 소를 준비하고 있습니다. 그런데 채권자가 본안소송에서 승소하더라도 채무자가 그의 유일한 재산인 위 부동산을 처분해 버리면 강제집행을 하지 못할 염려가 있습니다.
4. 채권자는 자력이 충분치 않으므로 담보제공에 관하여는 지급보증위탁계약체결문서를 제출하는 방법으로 담보를 제공하는 것을 허가하여 주시기 바랍니다.

소 명 방 법

1. 소갑 제1호증 임대차계약서 사본
2. 소갑 제2호증 부동산등기사항전부증명서
3. 소갑 제3호증 내용증명우편

첨 부 서 류

1. 위 소갑호증 각 1통.
2. 가압류신청진술서 1통.
3. 송달료납부서 1통.

2022. 0. 0.

위 신청인(채권자) ○○○(인)

○○지방법원 귀중

참고사항

* 소갑호증 : 이는 소명자료가 문서인 때 붙이는 번호이다.
* 가압류신청진술서 : 가압류를 신청할 때에는 이 진술서를 의무적으로 제출한다.
* 인지대 및 송달료 : 인지대와 송달료는 대법원 홈페이지를 이용하여 정확한 금액을 산출한 다음 수납은행에 예납한다.
* 지급보증위탁계약체결문서 : 이는 이른바 '보증보험증권'이라고 불리는 것을 말한다.

▌가압류신청서 작성례(채권)

채권가압류신청서

채 권 자　　　○○○ (000000-0000000)
주소 :
전화번호 :
전자우편주소 :

채 무 자　　　○○○○ (000000-0000000)
주소 :
전화번호 :

제3채무자　　　주식회사 ○○○ (대표이사 ○○○)
주소 :
전화번호 :

신청채권의 표시 : 돈 30,000,000원(대여금) 및 이에 대한 0000. 0. 0.부터 다 갚는 날까지 연 10%에 의한 약정이자

가압류할 채권의 표시 : 별지 목록 기재와 같음

신 청 취 지

1. 채무자의 제3채무자에 대한 별지 목록 채권을 가압류한다.
2. 제3채무자는 채무자에게 위 채무에 관한 지급을 하여서는 아니 된다.
3. 채무자는 위 채권을 처분하거나 영수를 하여서는 아니 된다.

라는 재판을 구합니다.

신 청 원 인

1. 채권자는 채무자에게 0000. 0. 0. 돈 30,000,000원을 대여한 사실이 있고, 그 지급기는 0000. 0. 0.로, 이자는 연 10%로 각각 약정하였습니다.
2. 그런데 위 채무자는 위 변제기가 지났음에도 불구하고 위 원금을 지급하지 않고 있으며, 0000. 0. 0.부터는 약정한 이자도 지급하지 않고 있습니다. 따라서 패권자는 채무자를 상대로 대여금 등 청구의 소를 제기하기 위하여 준미하고 있습니다.
3. 채무자는 제3채무자인 주식회사 ○○○의 총무과에 대리로 근무하고 있는데, 만약 채무자가 위 회사에서 퇴직을 하게 되면 채권자가 위 본안소송에서 승소를 하더라도 신청채권의 집행이 불가능하거나 매우 곤란하게 될 가능성이 있습니다. 따라서 급히 별지 채권을 가압류할 필요가 있다고 생각하여 이 사건 가압류를 신청하게 되었습니다.
4. 채권자는 하루하루 일용노동으로 생계를 잇고 있는 실정이어서 현금을 동원할 능력이 없습니다. 담보의 제공에 관하여는 보증보험회사와 체결한 지급보증위탁계약체결문서로 제공할 수 있도록 허가해 주시기 바랍니다.

소 명 방 법

1. 소갑 제1호증 지불각서
1. 소갑 제2호증 내용증명우편(대여금 등 지급청구서)
1. 소갑 제3호증 재직증명서
1. 소갑 제4호증 법인등기부등본

첨 부 서 류

1. 위 소명방법 각 1통.

2. 가압류할 채권 목록 5통.

3. 가압류신청진술서 1통.

4. 송달료납부서 1통.

2022. 0. 0.

위 채권자 ○○○(인)

○○지방법원 귀중

(별지)

가압류할 채권 목록

가압류할 금액 : 돈 30,000,000원 및 이에 대한 0000. 0. 0.부터 다 갚는 날까지 연 10%의 이자

채무자가 제3채무자로부터 매월 수령하는 통상임금(월급 및 제수당) 및 매년 분기마다 수령하는 상여금 중 제세공과금을 뺀 잔액의 2분의1씩 위 신청금액에 이를 때까지의 금액. 단, 위 금액에 이르지 아니한 사이에 채무자가 퇴직한 때에는 퇴직금 중 제세공과금을 뺀 잔액의 2분의 1로써 위 신청금액에 이를 때까지의 금액.

■ 가압류신청진술서 작성례

가압류신청진술서

채권자는 가압류신청과 관련하여 다음 사실을 진술합니다. 다음의 진술과 관련하여 고의로 누락하거나 허위로 진술한 내용이 발견된 경우에는 그로 인하여 보정명령 없이 신청이 기각되거나 가압류 이외의 절차에서 불이익을 받을 것임을 잘 알고 있습니다.

2022. 0. 0.

신청인(채권자) ○○○(인)

다 음

1. **피보전권리와 관련하여**

가. 채무자가 신청서에 기재한 청구채권을 인정하고 있습니까?

□ 예

□ 아니오 → 채무자의 주장의 요지 :

나. 채무자가 청구채권과 관련하여 오히려 채권자로부터 받을 채권을 가지고 있다고 주장하고 있습니까?

□ 예 → 채무자의 주장의 요지 :

□ 아니오

다. 채권자가 신청서에 기재한 청구금액은 본안소송에서 승소할 수 있는 금액으로 적정하게 산출된 것입니까?(과도한 가압류로 인해 채무자가 손해를 입으면 배상하여야 함)

□ 예 □ 아니오

2. 보전의 필요성과 관련하여

가. 채권자가 채무자의 재산에 대하여 가압류하지 않으면 향후 강제집행이 불가능하거나 매우 곤란해질 사유의 내용은 무엇입니까?(필요하면 소명자료를 첨부할 것) :

나. 〔유체동산가압류 또는 채권가압류사건인 경우〕 채무자에게는 가압류할 부동산이 있습니까?

□ 예

□ 아니오 → 채무자의 주소지 소재 부동산등기사항증명서를 첨부할 것

다. 〔"예"라고 대답한 경우〕 가압류할 부동산이 있다면 부동산가압류 이외에 유체동산 및 채권가압류신청을 하는 이유는 무엇입니까?

□ 이미 부동산상의 선순위 담보 등이 부동산 가액을 초과함 → 부동산등기사항증명서를 첨부할 것

□ 기타 사유 → 내용 :

3. 본안소송과 관련하여

가. 채권자는 신청서에 기재한 청구채권의 내용과 관련하여 채무자를 상대로 본안소송을 제기한 사실이 있습니까?

□ 예 □ 아니오

나. 〔"예"로 대답한 경우〕

① 본안소송을 제기한 법원 · 사건번호 · 사건명은?

② (소송이 계속중인 경우) 현재 진행상황은?

③ (소송이 종료된 경우) 소송의 결과는?

다. 〔"아니오"로 대답한 경우〕 채권자는 본안소송을 제기할 예정입니까?

□ 예 □ 아니오

4. **중복가압류와 관련하여**

가. 채권자는 이 신청 이전에 채무자를 상대로 동일한 가압류를 신청하여 기각된 적이 있습니까?

□ 예 □ 아니오

나. 채권자는 신청서에 기재한 청구채권을 원인으로 이 신청과 동시에 또는 이 신청 이전에 채무자의 다른 재산에 대하여 가압류를 신청한 적이 있습니까?

□ 예 □ 아니오

다. 〔나.항을 "예"로 대답한 경우〕

① 동시 또는 이전에 가압류를 신청한 법원 · 사건번호 · 사건명은?

② 현재 진행상황은?

③ 신청결과(취하/각하/인용/기각 등)는?

▒ 제3자 진술최고 신청서 작성례

제3자 진술최고 신청서

채 권 자 ○○○ (000000-0000000)

주소 :

전화번호 :

채 무 자 ○○○ (000000-0000000)

주소 :

전화번호 :

제3채무자　　○○○ (000000-00000000)

주소 :

전화번호 :

위 당사자 사이의 귀원 2020타기0000호 채권가압류신청사건에 관하여 채권자는 귀원에서 제3채무자에게 다음 사항을 서면으로 진술하도록 요청하여 줄 것을 신청합니다.

다　　음

1. 채무자의 제3채무자에 대한 채권을 인정하는지 여부 및 인정한다면 그 한도
2. 채권에 대하여 지급할 의사가 있는지 여부 및 의사가 있다면 그 한도
3. 채권에 대하여 다른 사람으로부터 청구가 있었는지 여부 및 있었다면 그 종류와 내용
4. 다른 채권자에게 채권을 압류 당한 사실이 있는지 여부 및 있었다면 그 청구의 종류와 내용

2022. 0. 0.

위 신청인(채권자)　○○○(인)

○○지방법원 귀중

16. 가처분

▒ 가처분의 목적

제300조(가처분의 목적) ① 다툼의 대상에 관한 가처분은 현상이 바뀌면 당사자가 권리를 실행하지 못하거나 이를 실행하는 것이 매우 곤란할 염려가 있을 경우에 한다.
② 가처분은 다툼이 있는 권리관계에 대하여 임시의 지위를 정하기 위하여도 할 수 있다. 이 경우 가처분은 특히 계속하는 권리관계에 끼칠 현저한 손해를 피하거나 급박한 위험을 막기 위하여, 또는 그 밖의 필요한 이유가 있을 경우에 하여야 한다.

▒ 가처분절차의 준용

가처분절차에는 가압류절차에 관한 규정을 준용한다. 다만, 아래의 여러 조문과 같이 차이가 나는 경우에는 그러하지 아니하 다(민집법 제301조).

▒ 가처분의 관할법원

가처분의 재판은 본안의 관할법원 또는 다툼의 대상이 있는 곳을 관할하는 지방법원이 관할한다(민집법 제303조).

▒ 임시의 지위를 정하기 위한 가처분

제300조 제2항의 규정에 의한 가처분의 재판에는 변론기일 또는 채무자가 참석할 수 있는 심문기일을 열어야 한다. 다만, 그 기일을 열어 심리하면 가처분의 목적을 달성할 수 없는 사정이 있는 때에는 그러하지 아니하다(민집법 제304조).

▒ 가처분의 방법

법원은 신청목적을 이루는 데 필요한 처분을 직권으로 정한다.
가처분으로 보관인을 정하거나, 상대방에게 어떠한 행위를 하거나 하지 말도록, 또는 급여를 지급하도록 명할 수 있다.
가처분으로 부동산의 양도나 저당을 금지한 때에는 법원은 제293조의 규정을 준용하여 등기부에 그 금지한 사실을 기입하게 하여야 한다(민집법 제305조).

법인 임원의 직무집행정지 등 가처분의 등기촉탁

법원사무관등은 법원이 법인의 대표자 그 밖의 임원으로 등기된 사람에 대하여 직무의 집행을 정지하거나 그 직무를 대행할 사람을 선임하는 가처분을 하거나 그 가처분을 변경·취소한 때에는, 법인의 주사무소 및 분사무소 또는 본점 및 지점이 있는 곳의 등기소에 그 등기를 촉탁하여야 한다. 다만, 이 사항이 등기하여야 할 사항이 아닌 경우에는 그러하지 아니하다(민집법 제306조).

담보제공과 가처분의 취소

특별한 사정이 있는 때에는 담보를 제공하게 하고 가처분을 취소할 수 있다.
이 경우에는 제284조, 제285조 및 제286조 제1항 내지 제4항·제6항·제7항의 규정을 준용한다(민집법 제307조).

* 민사집행법

제284조(가압류이의신청사건의 이송) 법원은 가압류이의신청사건에 관하여 현저한 손해 또는 지연을 피하기 위한 필요가 있는 때에는 직권으로 또는 당사자의 신청에 따라 결정으로 그 가압류사건의 관할권이 있는 다른 법원에 사건을 이송할 수 있다. 다만, 그 법원이 심급을 달리하는 경우에는 그러하지 아니하다.

제285조(가압류이의신청의 취하) ① 채무자는 가압류이의신청에 대한 재판이 있기 전까지 가압류이의신청을 취하할 수 있다.

② 제1항의 취하에는 채권자의 동의를 필요로 하지 아니한다.

③ 가압류이의신청의 취하는 서면으로 하여야 한다. 다만, 변론기일 또는 심문기일에서는 말로 할 수 있다.

④ 가압류이의신청서를 송달한 뒤에는 취하의 서면을 채권자에게 송달하여야 한다.

⑤ 제3항 단서의 경우에 채권자가 변론기일 또는 심문기일에 출석하지 아니한 때에는 그 기일의 조서등본을 송달하여야 한다.

제286조(이의신청에 대한 심리와 재판) ① 이의신청이 있는 때에는 법원은 변론기일 또는 당사자 쌍방이 참여할 수 있는 심문기일을 정하고 당사자에게 이를 통지하여야 한다.

② 법원은 심리를 종결하고자 하는 경우에는 상당한 유예기간을 두고 심리를 종결할 기일을 정하여 이를 당사자에게 고지하여야 한다. 다만, 변론기일 또는 당사자 쌍방이 참여할 수 있는 심문기일에는 즉시 심리를 종결할 수 있다.

③ 이의신청에 대한 재판은 결정으로 한다.
④ 제3항의 규정에 의한 결정에는 이유를 적어야 한다. 다만, 변론을 거치지 아니한 경우에는 이유의 요지만을 적을 수 있다.
⑥ 법원은 제3항의 규정에 의하여 가압류를 취소하는 결정을 하는 경우에는 채권자가 그 고지를 받은 날부터 2주를 넘지 아니하는 범위 안에서 상당하다고 인정하는 기간이 경과하여야 그 결정의 효력이 생긴다는 뜻을 선언할 수 있다.
⑦ 제3항의 규정에 의한 결정에 대하여는 즉시항고를 할 수 있다. 이 경우 민사소송법 제447조의 규정을 준용하지 아니한다.

원상회복재판

가처분을 명한 재판에 기초하여 채권자가 물건을 인도받거나, 금전을 지급받거나 또는 물건을 사용·보관하고 있는 경우에는, 법원은 가처분을 취소하는 재판에서 채무자의 신청에 따라 채권자에 대하여 그 물건이나 금전을 반환하도록 명할 수 있다(민집법 제308조).

가처분의 집행정지

제309조(가처분의 집행정지) ① 소송물인 권리 또는 법률관계가 이행되는 것과 같은 내용의 가처분을 명한 재판에 대하여 이의신청이 있는 경우에, 이의신청으로 주장한 사유가 법률상 정당한 사유가 있다고 인정되고 주장사실에 대한 소명이 있으며, 그 집행에 의하여 회복할 수 없는 손해가 생길 위험이 있다는 사정에 대한 소명이 있는 때에는, 법원은 당사자의 신청에 따라 담보를 제공하게 하거나 담보를 제공하게 하지 아니하고 가처분의 집행을 정지하도록 명할 수 있고, 담보를 제공하게 하고 집행한 처분을 취소하도록 명할 수 있다.
② 제1항에서 규정한 소명은 보증금을 공탁하거나 주장이 진실함을 선서하는 방법으로 대신할 수 없다.
③ 재판기록이 원심법원에 있는 때에는 원심법원이 제1항의 규정에 의한 재판을 한다.
④ 법원은 이의신청에 대한 결정에서 제1항의 규정에 의한 명령을 인가·변경 또는 취소하여야 한다.
⑤ 제1항·제3항 또는 제4항의 규정에 의한 재판에 대하여는 불복할 수 없다.

대법원판례

가처분의 피보전권리는 채무자가 소송과 관계없이 스스로 의무를 이행하거나 본안소송에서 피보전권리가 존재하는 것으로 판결이 확정됨에 따라 채무자가 의무를 이행한 때에 비로소 법률상 실현되는 것이어서, 민사집행법상 다툼이 있는 권리관계에 대하여 임시의 지위를 정하는 가처분의 집행에 의하여 피보전권리가 실현된 것과 마찬가지의 상태가 사실상 달성되었다 하더라도 그것은 어디까지나 임시적인 것에 지나지 않으므로, 가처분 집행에 의하여 임시의 이행상태가 작출되었다 하더라도 본안소송의 심리에서는 그와 같은 임시적, 잠정적 이행상태를 고려함이 없이 본안소송의 당부를 판단하여야 한다. 다만 그와 같은 임시적, 잠정적 이행상태가 계속되는 동안 피보전권리에 관하여 가처분 집행과는 별개의 새로운 사태가 발생한 경우에는 이를 본안소송의 심리에서 고려하여야 할 것이나, 그러한 사태가 당해 가처분 결정 당시부터 예정되어 있었던 것으로 사실상 가처분의 목적에 해당하여 이미 그 필요성에 대한 법원의 심리를 거쳤을 뿐만 아니라 당해 가처분 집행의 결과로 발생한 것이어서 실질적으로 당해 가처분 집행의 일부를 이룬다고 볼 만한 특별한 사정이 있는 때에는 그와 같은 새로운 사태를 고려함이 없이 본안청구의 당부를 판단하여야 한다(대법원 2011. 2. 24. 선고 2010다75754 판결).

가처분채권자가 가처분으로 인하여 가처분채무자가 받게 될 손해를 담보하기 위하여 법원의 담보제공명령으로 일정한 금전을 공탁한 경우에, 피공탁자로서 담보권리자인 가처분채무자는 담보공탁금에 대하여 질권자와 동일한 권리가 있다(민사집행법 제19조 제3항, 민사소송법 제123조).

한편, 가처분채권자가 파산선고를 받게 되면 가처분채권자가 제공한 담보공탁금에 대한 공탁금회수청구권에 관한 권리는 파산재단에 속하므로, 가처분채무자가 공탁금회수청구권에 관하여 질권자로서 권리를 행사한다면 이는 별제권을 행사하는 것으로서 파산절차에 의하지 아니하고 담보권을 실행할 수 있다.

그런데 담보공탁금의 피담보채권인 가처분채무자의 손해배상청구권이 파산채무자인 가처분채권자에 대한 파산선고 전의 원인으로 생긴 재산상의 청구권인 경우에는 채무자 회생 및 파산에 관한 법률(이하 '채무자회생법'이라 한다) 제423조에서 정한 파산채권에 해당하므로, 채무자회생법 제424조에 따라 파산절차에 의하지 아니하고는 이를 행사할 수 없다. 그리고 파산채권에 해당하는 채권을 피담보채권으로 하는 별제권이라 하더라도, 별제권은 파산재단에 속하는 특정재산에 관하여 우선적이고 개별적으로 변제받을 수 있는 권리일 뿐 파산재단 전체로부터 수시로 변제받을 수 있는 권리가 아니다. 따라서 가처분채무자가 가처분채권자의 파산관재인을 상대로 파산채권에 해당하는 위 손해배상청구권에 관하여 이행소송을 제기하는 것은 파산재단에 속하는 특정재산에 대한 담보권의 실행이라고 볼 수 없으므로 이를 별제권의 행사라고 할 수 없고, 결국 이는 파산절차 외에서 파산채권을 행사하는 것이어서 허용되지 아니한다.

한편, 이러한 경우에 가처분채무자로서는 가처분채권자의 파산관재인을 상대로 담보공탁금의 피담보채권인 손해배상청구권의 존부에 관한 확인의 소를 제기하여 확인판결을 받는 등의 방법에 의하여 피담보채권이 발생하였음을 증명하는 서면을 확보한 후, 민법 제354조에 의하여 민사집행법 제273조에서 정한 담보권 존재 증명 서류로서 위 서면을 제출하여 채권에 대한 질권 실행 방법으로 공탁금회수청구권을 압류하고 추심명령이나 확정된 전부명령을 받아 담보공탁금 출급청구를 함으로써 담보권을 실행할 수 있고, 또한 피담보채권이 발생하였음을 증명하는 서면을 확보하여 담보공탁금에 대하여 직접 출급청구를 하는 방식으로 담보권을 실행할 수도 있다(대법원 2015. 9. 10. 선고 2014다34126 판결).

가처분취소사유로서 민사집행법이 규정하는 "특별사정"은 "피보전권리가 금전적 보상에 의하여 그 종국의 목적을 달성할 수 있는 사정" 또는 "채무자가 가처분에 의하여 통상 입는 손해보다 훨씬 큰 손해를 입게 될 사정" 중 어느 하나가 존재하는 경우를 말하는 것이고, 그중 후자의 사정이 있는지 여부는 가처분의 종류, 내용 등 제반 사정을 종합적으로 고려하여 채무자가 입을 손해가가처분 당시 예상된 것보다 훨씬 클 염려가 있어 가처분을 유지하는 것이 채무자에게 가혹하고 공평의 이념에 반하는지 여부에 의하여 결정된다.

공사금지가처분의 취소를 구하는 피신청인이 가처분 이후에 신청인에 대한 피해를 줄이기 위하여 설계를 변경하고 가처분의 대상이 된 지역의 지하굴착시에는 폭약으로 발파하지 아니하고 팽창력에 의하여 바위를 갈라지게 하는 무진동 파쇄제를 사용하여 굴착하기로 계획하고 있고, 신청인 소유의 건물 자체는 지하층이 지하의 암반 위에 기초되어 있는 한편 피신청인이 건축하고자 하는 건물은 지하 6층 지상 18층의 오피스텔로서 50%가 이미 분양되어 있으며, 가처분결정의 대상 지역을 제외한 나머지 부분은 지하굴착공사가 거의 완료되어 있다면 가처분결정이 취소되어 공사가 속행될 경우 신청인 소유의 건물이 입게 될 추가피해가 그다지 크지 않으리라고 보여지나 가처분결정이 유지될 경우 피신청인은 더 이상 공사를 진행할 수 없어 막대한 손해를 입게 될 우려가 있는 점을 인정할 수 있어 위와 같은 제반 사정을 종합하여 보면 피신청인에게 위 "가"항의 "특별사정"이 있다고 한 사례.
"특별사정"의 유무는 채무자가 가처분에 의하여 통상 입는 손해보다 훨씬 큰 손해를 입게 될 사정이 있느냐의 여부에 의할 것이지 그 손해가 반드시 공익적 손해임이 요구되는 것은 아니다(대법원 1992. 4. 14. 선고 91다31210 판결).

처분금지가처분신청서 작성례(부동산)

부동산처분금지가처분신청서

신 청 인(채권자) ○○○ (000000-0000000)
주소 :
전화번호 :
전자우편주소 :
피신청인(채무자) ○○○ (000000-0000000)
주소 :
전화번호 :

가처분의 목적물 : 별지 목록 기재 부동산 표시와 같음

신 청 취 지

피신청인은 그 소유 명의의 별지 목록 기재 부동산에 관하여 양도, 전세권·저당권·

임차권의 설정 및 기타 일체의 처분행위를 하여서는 아니 된다.
라는 재판을 구합니다.

신 청 이 유

1. 별지 목록 기재 부동산은 원래 피신청인 소유 부동산인데, 2020. 0. 0. 신청인이 돈 300,000,000원에 매수하기로 하여 계약 당일 계약금으로 30,000,000원을 지급하고, 중도금은 0000. 0. 0. 120,000,000원을 지급하였으며, 0000. 0. 0. 잔금 150,000,000원을 지급함과 동시에 피신청인은 소유권이전등기에 필요한 일체의 서류를 신청인에게 넘겨주기로 약정한 사실이 있습니다.
2. 위 약정에 따라 신청인은 피신청인에게 약정한 날 중도금을 지급하였고, 0000. 0. 0. 잔금을 지급하려고 했으나, 피신청인은 잔금의 수령을 거부하면서 그동안 지가가 상승했다는 이유로 돈 50,000,000원을 추가로 요구하였습니다.
3. 이에 따라 신청인은 부득이 피신청인 앞으로 잔금 150,000,000원을 ㅇㅇ지방법원 공탁공무원에게 변제공탁한 사실이 있습니다.
4. 신청인은 피신청인을 상대로 위 부동산에 대한 소유권이전등기청구의 소를 제기하기 위하여 준비중에 있는바, 최근 들리는 소문에 의하면 피신청인은 위 부동산을 제삼자에게 처분하기 위하여 매수인을 물색하고 있다고 합니다. 따라서 신청인이 본안소송에서 승소하더라도 원래의 목적을 달성하는 것이 불가능하거나 현저히 곤란할 처지에 있습니다.
5. 담보제공에 관하여는 보증보험증권회사와 지급보증위탁계약을 체결한 문서로 제출하고자 하오니 허가하여 주시기 바랍니다.

소명방법 및 첨부서류

1. 부동산등기사항증명서 2통.

2. 부동산매매계약서 1통.

3. 계약금 영수증 1통.

4. 중도금 영수증 1통.

5. 공탁서 1통.

6. 납부서 1통.

7. 부동산목록 1통.

8. 신청서 부본 1통.

2022. 0. 0.

위 신청인(채권자) ㅇㅇㅇ(인)

ㅇㅇ지방법원 귀중

참고사항

* 부동산목록 : 이는 토지대장과 건축물대장에 등록된 내용을 토대로 작성한다.
* 납부서 : 소송인지대와 송달료는 대법원 홈페이지에서 제공하는 계산시스템을 이용하여 각각의 금액을 확인한 다음 수납은행에 예납하고, 납부서는 이 신청서와 함께 법원에 제출한다.

영업금지가처분신청서 작성례

영 업 금 지 가 처 분 신 청 서

채권자　　○○○ (000000-0000000)

주소 :

전화번호 :

채무자　　○○○ (000000-0000000)

피보전권리의 표시 : 별지 목록 기재와 같음

가처분 목적물의 표시 : 별지 목록 기재와 같음

신 청 취 지

1. 피신청인은 ○○시 지역 안에서 별지 목록 기재의 영업행위를 하여서는 아니 된다.
2. 만약 피신청인이 영업을 계속하는 경우에는 채권자에게 1일 500,000원의 손해를 배상하여야 한다.

라는 재판을 구합니다.

신 청 이 유

1. 채무자는 가맹사업거래인 '○○○맛집'의 가맹본부이고, 채권자는 위 가맹사업에 관한 ○○지역 가맹사업자입니다.

2. 채무자와 채권자는 0000. 0. 0. 위 ○○○맛집에 관한 가맹사업거래와 관련하여 가맹사업거래계약을 체결함에 있어 ○○시 지역에서는 채권자가 5년 동안 독점적 지위를 갖고 영업을 하기로 약정하였으며, 채무자는 위 기간 동안 위 지역 안에서는 채권자 아닌 자를 가맹사업자로 선정하거나 채무자가 직접 동종영업을 하지 않기로 약정한 사실이 있습니다.
3. 그런데 채무자는 0000. 0. 0. ○○시 ○○길 00-0에 있는 ○○빌딩 1층에 '○○○맛집 제2호점'이라는 상호로 채권자의 영업과 동종의 영업을 시작하면서 채권자의 고객들을 채무자의 영업장소로 유인하는 부당경쟁행위를 하고 있습니다.
4. 따라서 채권자는 채무자를 상대로 본안소송을 제기하기 위하여 준비하고 있는바, 채권자가 그 소송에서 승소확정판결을 받더라도 회복할 수 없는 손해가 발생할 위험이 크므로 본안소송이 확정될 때까지 채무자의 부정한 경업행위를 금지케 하여 주시기 바랍니다.

소 명 방 법

1. 소갑 제1호증 가맹거래계약서
2. 소갑 제2호증 부정영업행위 금지 최고서(내용증명우편)
3. 소갑 제3호증 일별 매출액 및 수익금 내역표

첨 부 서 류

1. 위 소갑호증 각 1통.
2. 납부서 1통.

2022. 0. 0.

위 채권자　○○○(인)

○○지방법원 귀중

참고사항

* 소송인지대 및 송달료 : 이는 대법원 홈페이지에서 금액을 확인한 다음 수납은행에 예납하고, 그 납부서는 신청서와 함께 법원에 제출한다.
* 이 신청과 같은 유형의 가처분을 '만족적 가처분'이라고 한다. 즉, 가처분만으로도 본안소송에서 확정판결을 받은 것과 같은 효과를 거두기 때문이다. 이러한 가처분을 신청함에는 본안소송에서 '증거'를 제출하는 것과 같은 정도의 증명력이 있는 '소명'을 제출하여야 한다.

찾아보기

1

ㄱ

ㄴ

ㄷ

ㅁ

ㅂ

ㅅ

ㅇ

ㅈ

ㅊ

저자

• 행 정 사 · 법학박사 김 동 근

[대한민국 법률전문도서 출간 1위 : 한국의 기네스북 KRI 한국기록원 공식인증저자]

숭실대학교 법학과 졸업
숭실대학교 일반대학원 법학과 졸업(행정법박사)

현, 숭실대학교 겸임교수
행정심판학회 학회장
국가전문자격시험 출제위원
대한행정사회 중앙연수교육원 교수
경기대학교 탄소중립협력단 전문위원
대한탐정협회 교육원장
YMCA병설 월남시민문화연구소 연구위원

전, 대통령후보 디지털성범죄예방 특별위원회 자문위원
서울시장후보 법률특보단장
숭실대학교 행정학부 초빙교수
대한행정사회 대의원
공인행정사협회 법제위원회 법제위원장
공인행정사협회 행정심판전문가과정 전임교수
중앙법률사무교육원 교수

저서, 출입국관리법 이론 및 실무(법률출판사)
외국인출입국사범심사 이론 및 실무(법률출판사)
실전 형사소송 실무편람(법률출판사)
고소장 작성 이론 및 실무 (법률출판사)
사건유형별 행정심판 이론 및 실무(진원사)
사건유형별 행정소송 이론 및 실무(법률출판사) 외 70권

• 변호사 최 나 리

성균관대학교 법학과
대법원 사법연수원 수료(41기)
인천지방검찰청 부천지청 검사직무대리
수원지방법원 민사조정위원

현, 법률사무소 로앤어스 대표변호사

저서, 외국인출입국사범심사 이론 및 실무(법률출판사)
한권으로 끝내는 민사소송준비부터 가압류 강제집행까지(법률출판사)

누구나 꼭 알아야 할 법률상식백과

2025년 4월 15일 초판 1쇄 인쇄
2025년 4월 25일 초판 1쇄 발행

저 자 김동근 · 최나리
발 행 인 김용성
발 행 처 법률출판사
서울시 동대문구 휘경로2길 3, 3층
☎ 02) 962-9154 팩스 02) 962-9156
등 록 번 호 제1- 1982호
ISBN 978-89-5821-458-8 13360
e-mail : lawnbook@hanmail.net

정 가 42,000원